高等院校公共课教材

大学体育与健康

Sports and Health

主　编

王庆军

副主编

李志荣　王洪兵

编写人员（按姓氏笔画排序）

丁苏东　王庆军　王洪兵　王晓燕　吉灿忠　朱会生
仲　达　刘　学　刘同记　刘晓丽　李志荣　杨　宁
吴晓芳　佘　芳　张春甫　陈　晶　陈奕霖　周建林
胡莉萍　钟　莉　夏俊彪　钱裕嘉　倪　欣　徐　晖
龚　锐　康庆武　韩方廷

南京师范大学出版社

图书在版编目(CIP)数据

大学体育与健康/王庆军主编. —南京：南京师范大学出版社，2021.1
高等院校公共课教材
ISBN 978-7-5651-3331-2

Ⅰ.①大… Ⅱ.①王… Ⅲ.①体育—高等学校—教材 ②健康教育—高等学校—教材 Ⅳ.①G807.4 ②G647.9

中国版本图书馆 CIP 数据核字(2020)第 219375 号

书　　名	大学体育与健康
主　　编	王庆军
策划编辑	张　春　于丽丽
责任编辑	于丽丽
出版发行	南京师范大学出版社
地　　址	江苏省南京市玄武区后宰门西村 9 号(邮编：210016)
电　　话	(025)83598919(总编办)　83598412(营销部)　83373872(邮购部)
网　　址	http://press.njnu.edu.cn
电子信箱	nspzbb@njnu.edu.cn
照　　排	南京开卷文化传媒有限公司
印　　刷	江苏扬中印刷有限公司
开　　本	787 毫米×1092 毫米　1/16
印　　张	29
字　　数	724 千
版　　次	2021 年 1 月第 1 版　2021 年 1 月第 1 次印刷
书　　号	ISBN 978-7-5651-3331-2
定　　价	69.00 元
出 版 人	张志刚

前　言

体育作为一种社会文化现象，既是教育的一环，又是生活的一环。诚如著名教育家马约翰教授所说："体育是培养健全人格的最好工具。"事实上，体育既是素质教育的重要内容，又可以通过育体进而全面育人。参与体育运动不仅能够强身健体，而且对于陶冶情操、启迪智慧、壮美人生，对于人的意志品质、自信心、心理调节能力以及健康生活方式的培养等，都有着不可或缺的作用。因此，学校重视体育教学，无疑将对学生的健康成长和个人发展有着莫大的帮助。

然而，长期以来，关于高校体育教学实践存在着两种失之偏颇的论调：一是"名师出高徒"以及"师不高弟子拙"的"教师中心论"；二是"一切教育本质上都是'自我教育'"以及学生"生而知之"并"无师自通"的"学生中心论"。导致存在于高校体育教学中的这些"不和谐"之音的原因是多方面的，除了"人"的因素外，作为"物"的大学体育教材在教学中的地位和意义没有得到应有重视，也是一个不容小觑的现实问题。

教材是教师教和学生学的主要凭借，是教师教学、做好教书育人工作的具体依据，是学生获得系统知识、发展智力、提高思想品德觉悟的重要工具。我国近代教育家、出版家，中华书局创办人陆费逵，在《中华书局宣言书》中曾明确提出"教科书革命"的口号，他指出："国立根本，在乎教育，教育根本，实在教科书。"因此，就教材本身而言，其应该是根据教育目的、学生身心发展规律和认识特点专门研制和编写的文本，它不仅是课程标准的代言人，更应是学科知识的精华、智慧的结晶——集众多专家、学者的集体智慧，并体现学科专业水平。对于大学生来说，大学时代是学习的黄金期，他们须在面向现代化、面向世界、面向未来的大局中不断提升自己的智识和体能。根据身体认识过程的普遍规律和体育教学过程中学生的认知特点，要系统掌握体育知识，一般应是从对体育相关教材的感知入手，感知越丰富，观念将越清晰，形成概念和理解知识也就越容易。同时，好的教材可以使学生在身体运动学习过程中获得的体育知识更加系统化、规范化，并有助于他们对教材内容的理解和掌握，从而习得科学的体育锻炼方法，养成良好的体育活动态度、体育行为方式，提升体育运动能力，不断提高体育文化素养。可见大学体育教育的目的不能仅限于强身健体，而更应重视人格的塑造与意志品质的培养，重视集体建设和团队精神，在促进大学生的全面发展上下足功夫。因此，编写一本高质量的大学体育教材就显得尤为重要。

多年来，南京师范大学体育系的老师们在面向大学生开展体育教育教学的过程中，积累了丰富的教学经验，并且其间曾对大学生所喜爱的体育运动进行过深入的调查，还对兄弟院校体育教师、在职教育硕士、中学体育教师等进行过访谈，以全面了解大学生的体育知识和参与体育运动的基本情况。随着我国社会经济的迅速发展，大学生作为特殊的知识群体，其参与体育运动的经验将更加丰富，而作为一门公共必修课程，必须与时俱进，以体现教师主导、学生主体，将内容向深度与广度拓展，反映学科前沿，渗透专业理念，培养批判思维，注重课程思政目标，弘扬学生家国情怀。故此，我们将这部教材命名为《大学体育与健康》，除了导论与附录之外，共分为五大板块，即现代体育篇、民族传统体育篇、艺术体育篇、休闲体育篇、特色体育篇。全书各章节的作者为：导论（王庆军、杨宁），第一章（胡莉萍），第二章（刘学），第三章（周建林），第四章（徐晖），第五章（韩方廷），第六章（仲达），第七章（王洪兵、曾少昽），第八章（朱会生），第九章（夏俊彪），第十章（吉灿忠），第十一章（丁苏东），第十二章（夏俊彪），第十三章（佘芳），第十四章（康庆武），第十五章（刘同记），第十六章（钟莉），第十七章（杨宁、唐苏丽），第十八章（龚锐、刘晓丽），第十九章（王晓燕），第二十章（吴晓芳），第二十一章（倪欣），第二十二章（周建林），第二十三章（王庆军、陈奕霖），第二十四章（陈晶），第二十五章（李志荣），第二十六章（钱裕嘉），第二十七章（韩方廷），第二十八章（张春甫），附录（韩方廷）。

本教材历经院系及编写团队多次讨论，并以此前周学荣教授主编的《大学体育》为基础，对内容进行了全面修订、更新，既生动地介绍体育与健康的知识、技能，又在传统体育运动项目的基础上增加了大学生喜闻乐见的一些运动项目的学习，融系统性、针对性和可操作性为一体，并编配了丰富的二维码数字资源；既可以作为大学体育教师的专用教材，也可以作为学生学习与拓展的体育书。当然，教材的功能是潜在的，教材的作用须通过师生共同发掘方能最终实现。因此，期望本教材能引起大学生们的阅读关注，并给予我们反馈的声音；也期望相关专家学者、高校体育教师，提出改进的意见。

因疫情原因，《大学体育与健康》从策划、分工，到编写、修改，再到最终付梓，其间费尽周折，几经延宕。感谢教务员张洁老师在编写者与出版社之间事务沟通与协调上所做的不厌其烦的工作和奉献；感谢我的研究生徐磊博士、牟向前博士、邹浩硕士对于资料的查阅以及文本的修改与完善；感谢南京师范大学出版社张春编审以及于丽丽编辑的支持、奉献与给予的最大包容；感谢好友杨阳以及我的研究生杨立远二位摄影师的倾力相助。

温故而知新。学习大学体育，必须了解大学体育，并在大学体育教育教学中不断深入研究和实践。路还长，我们还需要继续学习，不断探索！

王庆军

2021 年 1 月 3 日

目　录

现代体育篇

民族传统体育篇

艺术体育篇

休闲体育篇

特色体育篇

导 论

一、健康中国战略与大学体育使命

在党的十九大报告中，习近平总书记指出，“青年兴则国家兴，青年强则国家强，青年一代有理想、有本领、有担当，国家就有前途，民族就有希望”。中国正在积极推动体育强国、健康中国的建设，“青年强，则国家强”“青年健康，则国家健康”是青年大学生体育培养的重要政策指导目标。从教育的角度来说，就是强调青少年德、智、体、美、劳全方面发展，用“健康第一”的思想指导青少年体育教育的开展。大学生作为主要的青少年群体，是国家建设发展最重要的动力源之一。当下大学生多是 1990 年后出生的，相关研究指出，90 后青少年在肺活量、速度、爆发力、力量及耐力素质上存在显著代际性下降状况①，因此，丰富大学生群体的精神文化生活，并促其形成健康的生活方式，提升其运动素质、健康水平和生活质量等具有重要意义，大学体育教育具有提升大学生体质健康、促进学生培养“健康第一”思想的重任。

（一）大学体育与国家建设

习近平总书记在全国会议上多次诠释了青年与国家的关系，“青年兴则国家兴，青年强则国家强”。实现“两个一百年”的奋斗目标、实现中华民族伟大复兴的中国梦，离不开青年这支生力军的努力，更是青年应担当的历史使命。

从 2007 年党中央、国务院颁布的《关于加强青少年体育增强青少年体质的意见》到 2016 年颁布的《关于强化学校体育促进学生身心健康全面发展的意见》以及《“健康中国 2030”规划纲要》，均显示出党和国家治理青少年体质健康问题的坚决态度。但现实中我国青少年体质健康问题仍较为突出②。大学体育作为青年进入社会前的最后一道体育教育关卡，肩负着修正体育观念和增强青年体质的双重责任。拥有顽强拼搏、公平公正、吃苦耐劳、团结协作、永不气馁、追求卓越等体育精神正是青年进入社会，为实现“中国梦”、建设国家必备的优秀品格，因此大学体育文化的培养是大学青年的必修课，也是国家建设人才的必备要素。深入领会“青年兴则国家兴，青年强则国家强”重要论述的战略价值、精神实质，对当代大学生的成长具有重要意义。当然，对指导大学生体质发展也具有重要意义，大学体育已经成为人才培养的重要基石。总而言之，大学体育与国家培育人才的方略紧密相连，大学体育建设不仅助力个体健康成长，也是提升整个国家群体品质的重要动力。

---

① 董海军，史昱锋.90 后青年体质健康状况研究——基于 80 后的比较分析[J].中国青年研究，2012，196(6)：57－62.

② 陈长洲，王红英，项贤林，等.改革开放 40 年我国青少年体质健康政策的回顾、反思与展望[J].体育科学，2019，39(3)：38－47，97.

（二）大学体育与大学生体质健康培养

“健康中国”是基于中国社会现实和人民对健康的全面需求而提出的，从健康治理上回应了中国深化改革的基础所在，这一基础不仅指向社会的全面健康，也指向民族和国家的未来，[①]即当代青年大学生群体的健康。青年大学生体育之所以在“健康中国”的建设过程中具有关键的战略意义，关键在于体育能够将青年的身心发展和社会发展统一起来，形成一个整体的健康促进体系，这既是“健康中国”大健康观的要求，也是青年群体面临“疾病群”而进行大健康治理的现实需要。体质健康知识在青年大学生体育教育中的价值是毋庸置疑的。以体质健康知识为核心的体质健康教育在近二十年内成为体育教育中的课程焦点，对促进青少年体力活动质量和提高体质健康水平具有重要作用。

重构大学生体育的本质诉求、培养体育科学素养、塑造生态文明以及培育正向文化，是“健康中国”大背景下青年体育问题的研究导向。当下和未来的青年体育健康发展应该从健康观念、制度完善、资源供给、健全体育和健全人格五个方面展开。“健康中国”起始于当下，着眼于未来，这就赋予了“健康中国”当下与未来的建设者——青年大学生群体以健康使命。体育与健康的天然联系，奠定了大学体育在建设“健康中国”中的使命，即当下青年体育既面临着困境与难点，也面临着时代的机遇，深刻影响着学生个体和学校集体的发展。[②]《中国青少年体育发展报告(2015)》曾指出，近年来中学生体质水平呈现止跌回升的趋势，而大学生在各项身体素质测试中仍处于较低水平，同一项目的测试成绩往往还不如中学生。在此严峻形势下，《高等学校体育工作基本标准》等相关文件相继发布，但即使有现实文件的支撑，大学生体质健康水平推进工作仍然举步维艰。这里所说的“体质健康水平”，代表大学生身体健康状况、身体运动能力，是对特定状态的描述和能力的评价。这其中的影响因素非常复杂，既包括身体条件、营养水平等内在生理性因素，也包括教育环境、运动知识技能的学习水平等外在影响因素。这些纷繁复杂的因素使大学生体质健康状况无法用单向度的体测成绩来衡量。所以，明确体质健康与体测成绩的不对等关系是寻求更好发展的前提。在大学环境中，体质健康知识体系的构建与传播也往往被忽略。国内外体质健康知识与体力活动关系的实证研究可以在一定程度上佐证体质健康知识在体力活动促进中的价值。有关青少年体质健康知识的定量评价表明，不同年龄阶段的学生基本都不具备足够的体质健康知识；而定性研究同样认为，大学生对体力活动和体质健康持有错误或不成熟的观念。大学生体质健康知识的不足对他们的体力活动行为甚至是与健康相关的行为产生了负面影响。因此，在青少年的体育教育中，传授科学的体质健康知识非常重要。

我国的学校体育教育，不仅应鼓励学生在较短时间内变得更加活跃和健康，更重要的是，要为学生提供终身体育活动所需的工具，即保持体力活动所需的知识与技能。[③]尝试构建体质健康知识体系及其多样化的体育文化传播方式，形成相对独立的体质健康课程，目的在于让学生更全面地了解自己即将参与的体质健康测试项目设置的原理与依据，厘清体测与自身体质健康水平之间的关联性，了解走、跑、跳、投这些人类基本运动技能的原理等科学

---

① 万炳军，曾肖肖，史岩，等.“健康中国”视域下青少年体育使命及其研究维度的诠释[J].体育科学，2017，37(10)：3－12.

② 杨韵.大学生体质健康危机的现实困境与缓解之道——基于大学公共体育教学实践的反思[J].教育发展研究，2018，38(5)：23－28.

③ 陈华卫，窦丽，蒋晔.美国“综合学校体力活动计划”解读及启示[J].体育学刊，2018，25(2)：98－104.

知识，能够形成对体质健康问题的深入认识。同时，健全大学体育的医疗支撑机制，达到“健康中国”的要求，将运动与医学紧密结合，使两者优势互补，共同打造“运动是良医”的交互体系。

二、高校体育的目的与任务

随着现代科技的日益发展，世界经济正在向信息化、网络化、知识化、数字化、全球化和一体化方向迈进。经济巨变推动着高等教育迅速发展，促使21世纪的高等教育成为充分体现科技化、知识化、信息化和智慧化浪潮的教育。在这一浪潮下的高校体育指导思想正在经历着三大转变。首先是从“教师中心”到“学生中心”的转变；其次是从“以体育技术、技能为中心”到“以体育动机、体育素养为中心”的转向；再次是高校公共体育课程思政的融入与渗透。当然，这并不意味着未来学习体育技术和技能不再重要，而是要弘扬现代教育，并将其与健康教育和谐融合，提倡用现代科技成果改革高校体育教学方法、手段及管理模式等。同时，随着社会的发展，社会一方面对高校体育提出了新的要求，人们对体育的认识也发生了根本的变化，人们的健康意识普遍得到增强；另一方面，由社会的进一步发展所导致的人类生存空间以及自身生理、心理等多方面的问题，也使人们比以往任何时候更迫切重视自身的健康。因此，高校体育教育只有紧跟时代发展的步伐，与时俱进，才能为社会培养出高素质的合格人才。

（一）新时代高校体育的目的与任务阐述

在我国，总体来说，高等学校已是学校体育教育的最后阶段，其与社会相衔接的特点决定了高校体育的任务必须从未来社会的需要以及学生的生理与心理特征出发，立足自身的人才培养目标与毕业要求，整体考量高校体育的目标、计划与任务。我国高校体育的目的可概括为增强学生体质，增进学生健康，全面提高学生体能及其对环境的感应能力，使他们在掌握体育的基本知识、基本技术和基本技能的过程中，建立正确的体育价值观念和体育道德观，养成体育锻炼的良好习惯，具备勇敢顽强、团结进取、开拓创新的精神，以适应高速度、高科技、高效率的社会发展需要。根据高校体育的目的，可以具体制定并实施高校体育的具体任务。

1. 发展校园体育文化，增进学生身心健康

校园体育文化作为学校教育的重要组成部分，在贯彻德、智、体、美、劳全面发展的教育方针中，在培养身心健康和具有实践能力与创新精神的社会主义现代化建设的合格人才中，具有十分重要的作用。高校体育是高校教育体系的重要一环。高校体育不仅指体育教学，也包括体育教学与训练、体育竞赛与管理、体育活动与经营、体育交流与传播、体育条件与保障以及体育师资与队伍建设等一系列既单独存在与运转，又相互依赖与渗透的系统文化工程。高校校园体育文化是以大学生为主体，以课外体育文化活动为主要内容，以校园为主要空间，以校园精神为特征的一种群体文化。高校校园体育文化作为一种社会文化，也是在一定社会政治、经济、文化、教育、体育等条件下，由学校广大师生在实践过程中共同创造的体育物质财富和精神财富的总和。因此，在新时代背景下，我国高校需要大力发展并健全校园体育文化体系，并设法通过完善体育基础设施，对体育及其环境施以硬性的规定与要求，从而强化校园体育文化氛围，提高体育教师的教学水平，丰富体育活动内容，以此激发学生的体育激情，真正实现学生身心素质和谐提高这一体育教育的根本目的。

2. 培养自我锻炼能力,促进学生个性发展

养成自我锻炼能力是高校体育的一个重要目的,这是指学生能够运用在高校体育课堂或运动竞赛与活动中所掌握的科学进行身体活动的方法抑或理论,并能够结合适当环境与自身条件加以个性化的改造与创新,进而有目的地独自进行锻炼的一种能力素养。而要真正实现这一目标,高校体育教育必须做到区别对待和因材施教,以满足并促进学生的多元化需求与个性化发展。这就要求体育教师应根据学生的身体素质以及体育禀赋,科学、合理地安排体育活动及其相应内容,并以此来激发每一位学生的体育兴趣与潜能,从而不断促进学生的个性化发展。有鉴于此,教师在具体教学中应该注意培养学生能根据人体机能反应情况,随时判断并考虑对运动负荷加以调节的知识与理论。当然,适宜的运动负荷是体育锻炼产生良好作用的重要保障,欲想获得体力的理想"超量恢复",必须让学生掌握好前后两次锻炼之间的合理间歇。此外,还必须使学生知晓强健的体魄是长期不间断地锻炼累积的效果,只有在日常生活中有计划地、科学地坚持体育锻炼,才能养成健康的体育锻炼方法和良好的生活方式。

3. 掌握多项运动技术,涵化组织管理能力

传统体育运动项目林林总总,现代体育运动项目层出不穷,而且都各有千秋。但因受诸多主客观条件的限制,高校不可能把所有的运动项目都教授给学生。因此,高校在体育教学中应为学生提供尽可能多的可选体育项目,促使学生能根据自身的兴趣特点选择自己心仪的体育项目,并在具体教学中设法引导他们积极参加到相应的体育运动与竞赛中,进而让学生在体育课堂内外的运动体验中慢慢具备一定的身体素质、心理条件,并学会不同体育运动的基本要领、技术关键、基本规则和裁判方法等。与此同时,在学生掌握了一项运动技术的基础上,高校体育教师还需要鼓励学生尝试系统地掌握另一项或更多项行之有效的身体锻炼方法。但需要注意的是,在体育运动项目的教学过程中,应让学生重点掌握对发展耐力素质和力量素质有帮助的方法,以提高自身的心肺功能和基础体力。

无疑,体育的"三基"(基础知识、基本技术和基本技能)是为达到一定的目的而发挥作用的手段。高校体育要从学生的潜在与显在特点出发,为增强学生的体质服务,更为学生养成终身体育的习惯服务。要教育学生不能仅仅满足于养成独立进行体育锻炼的能力,更要通过一定的体育活动养成组织管理能力。可以通过体育课堂、课外体育活动及多样化的体育竞赛等来加以培养学生的组织管理能力,促使他们将学到的体育知识在与社会实践相结合的过程中得到巩固与迁移,这将为开展全民健身运动以及举办相关社会活动储备相应的人才。

4. 发扬奥林匹克精神,拓展体育文化素养

体育作为一种无需中介的国际语言,其精神是体育的整体系统特质——公平、公正、公开及感染力、号召力和凝聚力的反映,也是体育理想、信念、节操及体育价值、体育道德、体育审美水平的表征,更是体育的灵魂和社会的文化支柱之一。无疑,体育精神对体育实践活动起着导向作用,并规定着体育文化模式的选择。它作为一种具有能动作用的意识,是体育行为的动力源泉;作为一种规范性力量,是"健康向上"的精神,具体表现为体育面貌、体育风范、体育心态和体育期望等。奥林匹克是体育精神的代名词,是现代社会文明的标志——其追求和平与友谊为特征的精神,为当下和未来人们所向往;其尊崇公正、平等、竞争的精神,成为人们所追求的理想;其锻炼体能、展示健美,成为人们所青睐的目标。奥林匹克精神

是现代社会文明的奇迹，它让人与人之间更容易沟通，让人们的合作更广泛。作为连接社会和学生的重要桥梁，我国高校体育既要考虑到社会的实际需求，又要关注学生的全面发展。

体育文化素养是现代社会素质教育的重要内容之一。它是由个人关于体育知识、技能、意识、兴趣、习惯、情感、精神以及价值观等综合因素所决定的，是人们通过对体育知识的学习、对体育活动的参与以及体育现象的反思而形成的各种体育能力、行为和思想的综合表现。由于它符合素质教育的要求，因此得到了人们的广泛认同和重视。有鉴于此，大学生的体育文化素养，作为由人的各种体育精神要素及其品质所同步交织、相互激荡而形成的一种体育素质，自然就成为适应现代教育由应试教育向素质教育转化的必然要求。这一方面是由于大学体育是学校体育的最后阶段，是学校体育与社会体育的衔接点，是大学生最终形成良好体育意识，养成终身体育习惯和体育能力的最关键时期；另一方面是因为大学生的身心发展日趋成熟，其思维、认识和判断达到了较高的水平，这一阶段正是他们接受高等教育、实现人格社会化的最佳时期。

（二）当前我国高校体育面临的现实困境

高校体育教育是大学教育的基石，表面上看其工作主要是针对并落脚于学生的身体素质，但其意义却远远超越了身体的范畴，而与整个社会相互勾连、彼此渗透。因此，高校体育教育亦如科学教育一般，与人文教育并存，亦如车之双轮、鸟之双翼，并应该在二者盘根错节与交互渗透的张力中协调发展——关注人的生命意义与价值理解，以追求人的全面发展为终极目标。然而，多年来，我国高校体育人文教育的缺失是导致我国大学体育遭受种种诟病的直接原因，而且这一状况在当下依然存在，以致我国高校体育改革面临着诸多的现实困境，集中体现在以下几个方面。

1. 重体轻德：体育育人目标达成度低

教书必育人，育人先育德。有人说："有德有才为圣人，有德无才为凡人，无才无德为庸人，有才无德是危害。"纵使一个人拥有渊博的知识、高超的技能，但如果德行败坏、人所不齿，那他迟早会给国家、社会带来更大的危害。由此可见德育在教育中的重要地位。教育学生如何做人的问题应该引起全社会的普遍重视。只有使学生懂得应该做一个什么样的人和如何做一个对社会有用的人，才能有助于他们成长为有理想、有道德、有文化、有纪律的一代新人，才能在未来担负起社会主义现代化建设的历史重任。重体轻德会导致青少年体育道德素质低下，给人的发展和社会发展带来巨大的危害。

然而，受技术育人思想的影响，长期以来我国高校体育教育一直存在着重体魄轻品德的倾向。在体育育人过程中，教师偏重传授学生体育技术及其相关知识，而忽视对学生的思想品德和社会责任意识培养，学生为了求得体育课的过关或高分，往往满足于学习直接技术化的体育运动知识，而无暇顾及可以与体育运动技术彼此相融的思想品德元素，这一普遍存在的体育教育模式无疑片面理解了开设体育课程的价值预设。事实上，2002 年教育部颁布的《全国普通高校体育课程教学指导纲要》第二条就规定："体育课程是寓促进身心和谐发展、思想品德教育、文化科学教育、生活与体育技能教育于身体活动并有机结合的教育过程；是实施素质教育和培养全面发展的人才的重要途径。"可见，体育知识和技能的传授，任何时候都不应成为高校体育教育的全部，对大学生体育精神和思想道德的培育不可偏废。因此，无论各高校体育课程培养目标表述多么不同，促进学生的体质健康、培养学生的意志品质和立德树人的教育价值都应是其固有内容。当然,“积土成山,积水成渊”,德育工作并非一蹴而就,而是需要高校体育工作者从点滴中收获实效,让学生以体励志,以德立身,立足社会,立足未来。

2. 重教轻育:课程育人功能遭遇异化

当今的学校体育教育,无论是高等教育还是基础教育,总体来说,教,常有计划,育,却靠发挥。学校在“教”上下的功夫颇多——资源投入集中、评价最为看重,抓手多且指标细,而在“育”上,不同学校、老师之间,差别相当大。我们应当反思,教育的目标是培养工具还是培养全人?其实,教与育不能偏废,重视教不能忽视育,不做好或者做不好育的功夫,培养出来的就是“半人”,不是“全人”。

就体育教育而言,“健体”谓之“健康体魄”,“育魂”谓之“培养理想信念之魂”,二者相互依赖、彼此强化,共同解决体育教育“培养什么人”的问题。然而,长期以来,人们总是一厢情愿地坚持高校体育就是传授与践行运动技能的实践性课程,只强调狭义的教、学和练的功能,而忽略了立德树人的根本育人功能——教师“教”而不“育”,“教”而不“研”,重技能轻德育已然成为各高校体育教学工作的普遍现象,在这一过程中往往忽略了对学生理想信念、体育精神和社会责任感的培养。但事实上,学生掌握必备的体育知识与运动技能仅仅只是体育课程育人的基础,当然也是“健体”的关键,而学生的思想品德教育才是体育课程育人的核心,更是体育课程“育魂”的本质。

因此,高校体育教育不仅要教会学生强身健体的知识和方法,促进学生的身心健康,更要培养他们的理想信念、意志品质以及应有的社会责任感。这就要求高校体育教师要与时俱进,不断更新教育理念,树立新时代高校体育的育人观和使命观。

3. 重技轻文:体育育人内涵失之偏颇

校园体育文化是学校教育的重要组成部分,它通过开展丰富多彩的校园体育运动与体育文化活动,培养学生的体育技能、体育精神和体育意识,增进学生的身心健康,提高学生的体育文化素养,其在培养身心健康并具有一定的开拓能力和创新精神的现代化人才中具有不可忽视的重要作用。然而,在高校体育的实际育人过程中,现代竞技体育运动项目事实上一直充当着我国高校体育课程与活动开展的主体和重要内容,尽管其为提高大学生的身体素质和运动技能水平发挥了重要功能与促进作用,但长期以来我国各高校所使用的相关体育教材中,无论是运动技术抑或是体育基础知识等方面的内容,以及在具体体育教学中都实际存在着重技术轻文化的严重失衡倾向。有人做过统计,在现行的高校体育教材中,运动技术内容约占90%,而体育基础知识内容仅约占10%,涉及体育人文方面的内容则更是少之又少,甚至直接被无端屏蔽。即使出现一些体育文化相关内容,也只是零星般地点到即止,缺乏系统的概括论述,更缺乏深刻的思想内涵与批判意识。

体育是文化的一部分。高校体育教育必须以运动的文化价值为导向,从文化中去理解体育,而非科学主义的体育技术教育或纯粹的体育本体的训练。技能的学习是必要的,但如果只注重技术,必然会失之偏颇,导致其文化的缺失,进而淡化高校体育教育的育人内涵。因此,高校体育如果仅仅强调体育的基本知识、基本技术与基本技能,只能涉及作为文化的体育的浅表层面,而无法触及体育文化的内核,也就不能够真正引领和指导体育课程并促使育人内涵向更高层次发展,更难以达到高校体育所追求的育人理念与育人精神。毕竟技术和技巧的资源总是有限的,在其背后支撑它们的文化才是生生不息的源泉。

4. 重果轻历:体育育人价值急功近利

任何教育要想取得好的效果,其过程应当是缓慢而优雅的。然而,当下社会中,很多人在很多事情上做着过程与结果之间的不当抉择:有些人偏重结果,但往往会为达成目的而不择手段;有些人偏重过程,但由于不在乎结果如何,因而会导致做事随心所欲。殊不知,过程与结果相辅相成,过程是事物发展所经过的程序、阶段,而结果是在某一阶段内事物达到的最后状态。就高校体育教育而言,"过程"与"结果"之间其实是一种相互制约、彼此促进的辩证关系,二者共存于"促进学生的体育学习发展"这一教学终极目标上。过程与结果,孰重孰轻?事实上,积极的体育教学"过程"必然带来丰硕的"结果";而只有对体育教学"结果"准确地定位,才能把握体育教学"过程"的方向。反之,如果体育教学的"过程"缺失了,其"结果"必然是机械死板、缺乏活力的;迷失了"结果"的"过程",也必然是空洞乏味、毫无发展可言的。因此,对于学生的体育学习发展而言,"过程"与"结果"同等重要,两者不可偏废。

事实上,在以既定教学目标为依据的体育教学评价中,往往要求人们运用有效的评价技术和手段,对体育教学活动的过程和结果进行测量、分析、比较,并给予价值判断。然而,当前流行于我国高校的体育教学评价,主要包括对学生体能的考核,对运动技能掌握情况的考查以及对学生体质健康水平的测试,偏偏缺失了对学生有关思想品德的考核。其中,从评价内容看,体能与运动技能仍是对体育教学评价的主要内容,对此各高校都已积累了丰富的经验,可是在学生思想品德和合作精神的养成等方面还缺乏行之有效的可操作手段与方法。从评价形式看,学生自评互评和教师评定相结合,以及正在大力推进的过程性评价与结果性评价相结合等,仍然是评价的主要方式,不过这种评价方式比较理想化,容易导致随心所欲的主观臆断倾向。因此,设计一套科学、合理而又可行的体育课程教学的德育评价体系,使学生通过评价能够正确认识自我、完善自我和发展自我已成为当务之急。

(三) 调和冲突,完善人格:高校教育中"体"育的价值意蕴

毋庸置疑,体育具有一定的教育功能业已经过严密的逻辑论证。在高校场域中,体育是隶属于教育的下位概念,高校体育的发展隶属于高校教育的发展,换言之,高校体育是为高校教育而服务的。高校体育集竞技体育、社会体育、学校体育三者于一身。具体而言,既有以全国大学生运动会、世界大学生运动会为主导的竞技色彩较强的专业化运动队伍,也有以俱乐部形式而存在的体育社团,更有以增强学生体质、促进学生身心全面发展为目的的学校公共体育必修课程存在。因此,高校体育无论从形式上还是种类上,其目的与价值都具有相当的复杂性,但只要以调和高校教育多重目的之间的冲突为主线,就不难看出体育对高校教育的反哺价值。

1. 重拾学生缺失的主体性

在教育活动中,学生的主体参与一般在两个维度上展开:主体接受性参与和主体体验性参与。前者是接受主体的求真活动,指向逻辑认知层面,旨在生成人的知识性、技术性和实用性;后者是体验主体的趋善活动,指向情感态度层面,以生成人的道德人格为价值归宿。目前高校教育中存在对前者的过度强化,却忽视了学生在教育活动中的自身体验,而此时体育的价值便凸显出来。正如陈琦等人在论及体育价值的时候更强调主观体验和感受,强调体育价值是一种主观认定和意义。与"静坐式"课堂不同,在体育课堂上,学生自身的身体活动与身体体验是主体参与的主要依据,并且由于高校鼓励学生利用课余时间发展自身的爱

好，以俱乐部形式存在的体育社团不胜枚举，学生能够选择自身喜欢的运动项目，诸如轮滑、街舞、武术等。相较于中小学体育，高校体育能够最大程度上帮助学生重拾缺失已久的主体参与性。

有鉴于此，教师要帮助学生在自主探索和合作交流的体育运动过程中，真正理解和掌握基本的体育知识与技能、体育思想和方法，获得广泛的体育活动经验。这一论述明确了“过程”的意义所在，即“过程”必须为“结果”服务，体育教学活动过程必须体现“体育味”。为此，高校体育教育需要做到：深入研究教材体系和学生的认知规律，准确把握体育活动的目标。这是展开体育活动过程的前提。教材内容的编排总是根据体育运动与学生身体的内在联系、学生的年龄特征和认识规律，循序渐进并螺旋上升的。

2. 全面发展学生的完整人格

身心全面而和谐地发展是体育发展的目标，是体育核心价值体系的主题。体育的主体是人，参与运动的身体是体育活动中的客体，通过体育运动，学生塑造了健壮的身体，形成了开朗、开放、敢于竞争的性格和精神，促进了人与人的交往，进而促进了人的全面发展。在这其中，以人为本是体育核心价值体系中的灵魂，体现体育的指导思想。但由于体育自身的复杂性，我们翻译这个西方舶来语时常将“身体锻炼”“竞技比赛”“体育教学”等都翻译为体育。而实际上它们的目标、手段是不同的，它们虽然都是通过身体运动的方式，但核心价值却各不相同。值得注意的是，无论是“身体锻炼”还是“竞技比赛”抑或是“体育教学”，在高校中都能被统摄成以全面发展学生完整人格为主线。首先，高校体育在价值表现上，体现为生物层面的健康价值、社会层面的和谐（秩序）价值以及精神层面的进取（竞争）价值。作为身体活动形式的体育活动，通过肢体的位移作用于人体，促进人体骨骼肌肉的发展，促进人体健康，这是体育的根本功能；而作为社会生物的人，在日常生活中需要与人交往，不仅有竞争，更有合作，这些都需要在一定秩序中进行，此时高校体育社团的独立性为学生通过体育进行交流交往提供了广阔舞台。当学生的身体技能达到一定程度后，为了寻求超越，会尝试与更多的对手相互比拼，这时高校体育运动会、全国大学生体育运动会便能很大程度上满足学生积极竞争的精神。在三种体育模式的运转之下，高校体育的价值体现出了人的价值和追求，更彰显了全面发展学生完整人格的价值意蕴。

3. 能动养成终身体育习惯

安德鲁·阿伯特曾在芝加哥大学开学典礼上发表致辞，他认为：“教育本身没有目的，而是其他事物的目的。教育的‘教化’之处，就是养成一种好习惯，以探求新的含义，寻找新的联系，将体验复杂化，广泛化使其更丰富更持久。”但实际上，教育没有目的，是指不应希冀现在接受教育会在日后得到回报，同时接受教育也不应是为了利用教育得到其本身之外的东西。尽管大学期间获得的技能对职业生涯发展规划有一定的作用，但并非决定性作用。那么，高等教育所要达到的最终目的究竟是什么呢？实际上，接受教育就是要培养一种习惯，要去挖掘学生所研究的各种事物或现象中的多重的全新意义。教育本身不是示例、方法，而是一种本能的习性，即一种人生的状态，并使之生活化。因此，无论是美国教育家杜威提出的“教育即生活”，还是我国教育家陶行知先生提倡的“生活即教育”，均表明高校教育应与学生个人生活密切关联。其中，最有可能伴随学生一生的便是体育的生活化。

由于高校教育的特殊性，高校体育的生活化还有其独特的内涵。首先，教育活动本质上是育人的活动，其最终目的是促进人的发展，因此高校体育生活化的根本任务是人的体育生活化。在高校场域中,体育教学化与体育生活化相辅相成,高校体育将生活化的目标、内容等融于体育教学活动当中,促使体育活动与个体的日常活动相结合,从而将体育内化为学生自觉自愿的生活方式,成为其课堂学习生活、校园日常生活和社会生活的自觉习惯,进而达到养成学生终身体育的习惯,而这种习惯一定是主观能动的,而非被外界迫使的。在功利文化、职业文化盛行大学校园的今天,学生个体可以通过养成体育习惯去达到"无所为而为"的宏远境界。

21 世纪是知识经济时代,社会的发展迫切需要高素质的优秀人才。素质教育的对象是全体学生,其主要目标是有效提升每个学生的身体素质,培养能够满足社会发展需求和富有鲜明个性的人才。高校体育在促进学生内化丰富的体育知识、习得良好的体育技能、养成终身体育习惯,以及促进个性形成、身心健康与完整人格发展方面均具有重要的作用。因此,我们要通过"育体"与"育人"相结合的体育教育教学,引导学生主动进行积极的体育运动,使他们不断提升自身的体育文化素养,从而实现体育在强身健体、形成个性、促进身心全面发展等方面的价值意蕴。

三、运动损伤与康复

(一) 运动损伤的预防与处理

在运动中发生的各种损伤统称为运动损伤,其含义有两个方面:一是指在运动中发生的损伤,二是指运动性损伤即运动技术性伤病。运动损伤与一般损伤不同,有其自身的特点和规律。了解运动损伤发生的原因和发病规律,认真做好预防工作,就能最大限度地减少或避免运动损伤的发生。

1. 运动损伤的原因

造成运动损伤的原因是多方面的,既与锻炼者的运动基础、体质水平有关,也与运动项目的特点、技术难度以及运动环境等因素有关。其主要原因如下。

(1) 运动前缺乏准备活动或准备活动不充分,特别是缺乏针对性准备活动。

(2) 技术动作的缺点和错误,主要是违反了人体结构功能特点和运动时的力学原理。

(3) 运动负荷安排不当,如局部负荷过大,疲劳阶段练习高难度动作等。

(4) 场地器材不合乎运动要求,如运动场地狭窄,地面不平坦,器械安置不当或不牢固,锻炼者拥挤或多种项目在一起活动等。

(5) 空气污浊、噪声、光线暗淡、气温过高或过低,以及运动服装不符合运动要求等原因,都有可能直接或间接造成伤害事故。

2. 运动损伤的预防

(1) 运动前认真做好准备活动。运动前要做好充分的准备活动,针对各运动项目的特点进行专项准备活动,对运动负荷较大和易发生运动损伤的环节和部位,要及时做好预防措施。

(2) 运动前认真检查场地、器材及周围环境,并且要选择合适的运动服装,注意运动环境的变化。

(3) 运动时加强保护与帮助,特别要注意提高自我保护能力,如摔倒时,立即屈肘低头,团身滚动,切忌直臂或肘部撑地。

(4) 运动时本着循序渐进的原则,科学、合理地安排运动量。

3. 常见运动损伤及处理

(1) 开放性软组织损伤。开放性损伤是指损伤部位有伤口与外界相通，容易引起出血和感染。

① 出血的分类及症状。(表 1)

表 1　出血的分类及症状

分类	症状	备　注
动脉性出血	呈喷射状出血，出血量较多，出血速度快，血色鲜红	大动脉损伤时，短时间大量出血，会引起出血性休克而死亡 中小动脉损伤时，由于血管平滑肌的收缩和血管弹性的原因，可以自然愈合，产生血块，自然止血
静脉性出血	呈持久性出血，出血量多，血色暗红	大静脉损伤时，会出现同大动脉损伤一样的结果，引起出血性死亡
毛细血管性出血	呈渗透性出血，出血量较少，血色介于动、静脉出血血色之间	出血时间过长时，也可能影响血压，但随着血块的形成，自然止血，在外伤出现后，稍停一会儿才会止血
皮下组织出血	呈渗出性出血，出血量少，色红	血液和淋巴液干枯，结痂口可自然保护，达到止血

② 止血法。

第一，绷带压迫止血法：适用于小动脉、小静脉及毛细血管破裂的止血。

第二，指压止血法法：用指腹压迫在出血动脉近心端的血管处，压迫时应压在相应的骨头上，以阻断血流，达到止血效果。在动脉行走中最容易被压住的部位叫压迫点。

常用的指压止血法如下。颞浅动脉止血法，即在耳屏前上方一指宽处，将动脉压在颞骨上。此法适用于前额部及颞部出血的止血。颌外动脉止血法，即在下颌前 1.5 厘米处，将颌外动脉压在下颌骨上。此法适用于一侧面部出血。锁骨下动脉止血法，即在伤侧锁骨上内 1/3 处，用拇指指腹将动脉压向第一肋骨。此法适用于肩和上肢出血。肱动脉止血法，即在肱二头肌内缘中点，将伤臂微外展，用大拇指将动脉压在肱骨上。此法适用于前臂和手出血。股动脉止血法，即在腹股沟中点下方，伤员仰卧，患侧大腿稍外展外旋，用双手拇指重叠将动脉压在股骨上端。此法适用于大腿和小腿出血。胫前或胫后动脉止血法，即在踝关节背侧和内踝后方，将胫前或胫后动脉压向胫骨。此法适用于足部出血。

③ 开放性软组织损伤的处理。

第一，擦伤：指皮肤受外力摩擦所引起的表面损伤，如运动时摔倒或被器械擦伤。

症状：皮肤出血或组织液渗出。

处理：小面积擦伤，用红药水或碘酊涂抹伤口即可；大面积擦伤，或嵌入泥、沙等异物时，应先用生理盐水彻底地清洗(如果现场没有生理盐水，也可用冷开水，甚至自来水清洗)，避免留下异物引起疤痕和色素沉着，然后创面涂药(可用云南白药粉、抗生素的粉剂等)，再用消毒布覆盖和纱布包扎。

第二，撕裂伤：在运动时受到突然猛烈撞击引起皮肤和软组织撕裂。

症状：伤口出血，周围肿胀。

处理：轻度撕裂伤，先压迫止血，用生理盐水清洗消毒伤口后，用创可贴胶布贴紧即可；

裂口大时,应止血、包扎,及时送医院进行缝合并预防破伤风。

第三,刺伤:指锐利物器刺入体内。

症状:物器被拔出后,会即刻出血,剧烈疼痛。

处理:小而浅的伤口,止血,在伤口周围涂抹碘酊、包扎;深而宽的伤口,应止血、包扎,及时送医院缝合并预防破伤风。

④ 开放性软组织损伤的包扎方法。

第一,环形包扎法。包扎时将绷带绕肢体包扎,绕第二圈时把绷带头一小角反折,使第二圈压住带头,然后继续绕圈,根据出血情况决定包扎圈数。适用于损伤面积小,肢体粗细均匀处,如前臂近手腕,小腿近踝关节、额头等部位。

第二,螺旋形包扎法。第一、二圈的包扎方法同环形包扎法,然后每一圈盖住前一圈的1/2或1/3,绕绷带时,应注意从伤口的远心端向近心端缠绕。此法适用于面积较大且伤肢不均匀处,如前臂、小腿、大腿等部位。

第三,三角巾包扎法。手出现大面积损伤时,使三角巾大角与手指方相一致,然后反折大角,再把两小角交叉重叠包扎。头顶、耳部、下颏受伤时,把三角巾折成四折由下颏向头顶(或由头顶向下颏)绕,在额侧交叉向前额、后脑缠绕包扎。

(2) 闭合性软组织损伤。闭合性损伤指损伤部位无裂口与外界相通。

① 挫伤:指运动时撞击器械或练习者之间相互碰撞所引起的损伤。

症状:轻度挫伤引起局部红肿,皮下出血而且皮肤变得青紫,并有疼痛。如撞击部位是腹部,应注意是否还存在其他内脏器官的损伤。撞击后出现头晕、脸色苍白、心慌气短、出虚汗、四肢发凉、烦躁不安、脉搏弱而快,甚至休克等症状,说明内脏器官合并损伤。

处理:轻度挫伤立即冷敷,加压包扎或外敷中药。24～48小时后可按摩或理疗。引起并发症的挫伤应先抗休克,及时送医院检查和治疗。

② 拉伤:指肌肉过度收缩或被拉长而引起的损伤。

症状:轻度拉伤时局部肿胀、疼痛、瘀血,还可以摸到肌纤维痉挛的硬结;严重的肌肉拉伤会使肌纤维和毛细血管断裂,表现为局部肿胀明显,皮下瘀血严重,肌肉的功能出现障碍,在断裂处可摸到凹陷或一端异常膨大。

处理:轻度的肌肉拉伤应立即冷敷,局部加压包扎,抬高患肢,24小时后可施行按摩或理疗;如果肌肉已大部分或完全断裂者,在加压包扎急救后,立即送医院进行手术缝合。

③ 扭伤:指在外力作用下使关节发生超常范围的活动而引起关节囊和韧带的损伤。运动时最容易引起扭伤的部位是踝关节和膝关节,其次是肩关节和腰。

症状:轻度扭伤主要是局部疼痛、肿胀;严重扭伤则会出现整个关节肿胀、青紫;如韧带完全断裂则关节会出现“松动”现象。

处理:轻度扭伤应立即冷敷,加压包扎,并抬高患肢,24小时后,可热敷或按摩治疗;严重扭伤应先冷敷,加压包扎,外敷中药或按摩治疗;如韧带完全断裂应尽快送医院进行手术缝合。待病情好转后,应尽早进行伤肢功能性练习。

④ 闭合性软组织损伤的包扎方法。

一是环形包扎法;二是螺旋形包扎法;三是“8”字形包扎法:包扎时从环形包扎开始,然后由上而下、由下而上地作“8”字形缠绕,每一圈压住前一圈的1/2或1/3。此法主要适用于踝关节损伤包扎。

(3) 关节脱位。因受外力作用，使关节面之间失去正常的连接关系，叫关节脱位，又称脱臼。关节脱位可分为完全脱位和半脱位(或称错位)两种，严重的关节脱位，伴有关节囊撕裂，甚至损伤神经。

症状：出现畸形，与健肢对比不对称，因软组织损伤而出现炎症反应，局部疼痛，压痛和关节肿胀，并失去正常的生活功能，甚至发生肌肉痉挛等现象。

处理：止痛，抗休克。用长度和宽度相称的夹板固定患肢。如果没有夹板，可将患肢固定在自己的躯干或健肢上，防止震动，随后及时送医院治疗。

(4) 脑震荡。指头部受到外力打击后，使大脑管理平衡的膜半规管、椭圆囊、球囊等感受器机能失调，直至引起意识和机能的一时性障碍。

症状：致伤时，神志昏迷，脉搏徐缓，肌肉松弛，瞳孔稍大但能对称；神经反射减弱或消失；清醒后，患者有头痛、头晕、恶心、呕吐感；平时情绪烦躁，注意力不易集中，耳鸣、心悸、多汗、失眠、记忆力减退等。

处理：立即让患者平卧，头部冷敷；若有昏迷，立即指压人中、内关、合谷穴；若呼吸发生障碍，立即进行人工呼吸。上述处理后，出现反复昏迷或耳鼻口出血，两瞳孔放大，又不对称时，表示病情严重，应立即护送至医院治疗。在运送途中，要让患者平卧，头部固定，避免颠簸。

(5) 骨折。运动中，身体受到直接或间接的暴力撞击时，使骨的正常结构遭到破坏，称为骨折。骨折可分为开放性骨折和闭合性骨折，也可分为完全性骨折和不完全性骨折。

症状：患肢剧烈疼痛，断处有明显的压痛，并出现肿胀，皮下瘀血。完全性骨折时出现畸形，假关节活动，移动会产生骨茬的摩擦音，肢体失去正常功能，肌肉产生痉挛。严重的开放性骨折时，伴有出血和神经损伤，出现发烧、口渴，甚至休克等症状。

处理：若出现休克时，应先进行抗休克处理，点按人中穴、百会穴，并进行口对口人工呼吸或心脏胸外按摩；若出血，应止血、包扎伤口、固定患肢。固定时夹板要用绷带缠住或用软纸包上，长度和宽度要与骨折肢体相称，松紧度要合适、牢靠。如没有夹板，可将患肢固定在伤者的躯干或健肢上，及时护送医院检查和治疗。

(二) 运动中常见的生理反应与处理

1. 低血糖症

正常状态下人体内血糖应维持在每100毫升血液中80～120毫克。当血糖低于50～60毫克时，人体会出现饥饿感，极度疲乏、头晕、面色苍白、出冷汗，重者神志模糊、语言不清、四肢发抖、骚动不安或精神暂时错乱(如在长距离赛跑中，出现返身向相反方向跑)，甚至昏迷，这一系列症状称为低血糖症。此症多发生于长跑、超长跑和长时间的剧烈运动中。

(1) 原因。由于长时间剧烈运动，体内血糖大量消耗和减少，大脑皮层调节糖代谢的机制暂时紊乱所造成的。运动前饥饿或情绪过分紧张，病后初愈即参加较长时间的运动也会造成低血糖。

(2) 处理和预防。低血糖症发生时，首先要平躺保暖，神志清醒者可喝浓糖水或吃少量食品，一般即可恢复。若出现昏迷，应先抗休克，立即按人中、百会、涌泉、合谷等穴位，并迅速送医院救治。预防该症状应注意患病未愈、空腹饥饿时或体质较差者，都不宜参加长时间的剧烈运动。在长时间运动中，可准备和补充一些含糖的饮料。

2. 重力休克

在疾跑后突停，使大脑突然供血不足引起一时性知觉丧失，这种现象叫重力休克。

(1) 原因。疾跑后突停,失去肌肉收缩对下肢毛细血管和静脉血管的挤压作用,使大量血液积聚在下肢舒张的血管中,加上血液的重力关系,回心血量减少,使大脑突然供血不足引起重力休克。

(2) 症状。突然晕倒,失去知觉。晕倒后,面色苍白,手脚发凉,脉搏慢而弱,呼吸缓慢,瞳孔缩小。一般在晕倒片刻后即会恢复知觉,清醒后精神不佳,伴有头晕。

(3) 处理和预防。平卧保暖,抗休克,点按人中、合谷等穴位。足略抬高,要高于头部,自小腿向大腿心脏方向推摩或拍击,使血液回心。如停止呼吸,应立即进行人工呼吸。预防的方法就是疾跑后减速慢跑并进行深呼吸,切忌疾跑后突停。

3. “极点”和“第二次呼吸”

在剧烈运动时,特别是在中长跑时,人体会产生胸闷,呼吸急促,肌肉酸痛,动作迟缓不协调现象,这种现象称为“极点”。“极点”出现后,适当减慢运动速度,并注意加深呼吸,坚持运动,上述生理反应将逐步缓解与消失。运动能力逐步恢复,动作变得协调而有力,呼吸均匀自如,一切不良感觉消失。此种现象,运动生理学上称之为“第二次呼吸”。

(1) 原因。由于内脏器官由植物神经支配,运动器官由躯体运动神经支配,因此,内脏器官的惰性大于运动器官。在剧烈运动中运动器官的机能很快达到最高水平,而内脏器官的机能则一时跟不上运动器官需求,造成机体缺氧和酸性代谢物的堆积,从而引起呼吸困难,循环系统活动失调,大脑皮层动力定型暂时紊乱,产生“极点”现象。“极点”现象出现后,运动速度减缓,内脏器官惰性逐渐被克服,氧的供给得到改善,减少酸性物质代谢,使运动器官和内脏器官的机能关系相互协调,动力定型恢复,因而出现“第二次呼吸”。“第二次呼吸”出现后,循环机能将稳定在新的较高的水平上。

(2) 处理和预防。“极点”与“第二次呼吸”是长跑运动中常见的生理现象,无须恐惧,只要坚持经常锻炼并处理得当,“极点”现象是可以延缓和减轻的。

4. 运动中腹痛

运动时,特别是在中长跑、马拉松跑、竞走运动中容易产生腹痛。

(1) 原因。内脏器官不适应运动中的剧烈变化而引起腹痛。如运动前大量饮水或运动前吃得过饱,使胃肠受机械性牵引,引起腹痛;准备活动不充分,开始运动时过于剧烈,或者跑得过快,内脏器官功能尚未达到竞赛状态,致使脏腑功能失调,引起腹痛;训练水平差的人,长时间高强度运动时,由于心脏功能较差,心搏力量较弱,静脉血回心慢,使肝脾瘀血引起腹痛;患有肝炎、慢性胃病或阑尾炎等也会引起腹痛。

(2) 症状。一般情况下,胃痉挛的疼痛部位在上腹部;肠痉挛部位多在左下腹部;肝脾瘀血引起的疼痛,肝疼在右侧肋部;各种疾病引起的疼痛部位,同病变部位一致。

(3) 处理和预防。没有内脏器官病变的运动中腹痛,一般可采用减慢跑速,加深呼吸,按压疼痛部位或弯腰跑一段距离等方法处理,疼痛常可减轻或消失。如疼痛仍不减轻,甚至加重,应停止运动,同时揉按内关、合谷、足三里等穴位。如仍不见效,应送医院做进一步检查和治疗。预防运动中腹痛应注意运动卫生,合理安排进食和饮水,做好准备活动,运动负荷循序渐进,运动中要注意呼吸节奏。有各种慢性病的人应在医生和体育教师指导下进行体育锻炼。

5. 肌肉痉挛

肌肉痉挛是指肌肉不自主地强直收缩,俗称抽筋。运动中最易发生的肌肉为小腿腓肠肌,其次是屈拇肌和屈趾肌。

(1) 原因。体育锻炼时,肌肉受到寒冷的强烈刺激时,引发肌肉痉挛;运动前准备活动不充分或同一块肌肉进行猛力收缩,使肌肉舒张不完全而引起肌肉痉挛;长时间高强度运动,特别是夏天,由于大量出汗,使体内水盐代谢失调而引起痉挛;运动者情绪过分紧张也会引起痉挛。

(2) 症状。局部肌肉剧烈挛缩发硬,疼痛难忍而且一时不能缓解。痉挛缓解后仍有不适感。

(3) 处理和预防。牵引痉挛的肌肉即可缓解。例如腓肠肌痉挛时,即伸直膝关节,并配合按摩揉捏和叩及点压委中、承山、涌泉等穴位,以促使痉挛缓解和消失。对肌肉痉挛的预防应加强锻炼,提高身体的耐寒力,冬季锻炼注意保暖;夏季长时间运动时,要注意补充盐分;运动前要做好准备活动,对容易发生痉挛的部位,运动前应做适当按摩;游泳下水前,应先用冷水淋浴;游泳时间不宜过长;疲劳和饥饿时,不要进行剧烈运动。

6. 运动性肌肉酸痛

运动后肌肉常会有酸痛感觉,特别是刚开始参加锻炼的人,在运动医学中称为运动性肌肉酸痛。

(1) 原因。运动时肌肉活动量大,引起局部肌纤维及结缔组织的细微损伤,以及部分肌纤维的痉挛所致。

(2) 症状。肌肉酸痛一般不是运动结束后立即发生的,大多发生在运动结束一两天以后,因此,也被称为延迟性疼痛。由于这种酸痛现象只是局部肌纤维损伤和痉挛,不影响整块肌肉内部对细微损伤的修复,肌肉组织会变得更加强壮,以后同样负荷将不易再发生酸痛。

(3) 处理和预防。当已经出现肌肉酸痛后,可采用以下方法减轻或缓解酸痛症状。一是热敷,对酸痛的局部肌肉进行热敷,促进血液循环及代谢过程,有助于损伤组织修复及痉挛的缓解。二是伸展练习,对酸痛局部进行静力牵张练习,保持伸展状态 2 分钟、休息 1 分钟,重复进行,有助于缓解痉挛。三是按摩,按摩能使肌肉放松,促进血液循环,缓解肌肉痉挛和损伤修复。四是口服维生素 C,维生素 C 能促进结缔组织中的胶原合成,有助于损伤的结缔组织修复。五是针灸、电疗等,这也能够对肌肉酸痛有一定的缓解作用。

在参加体育锻炼时,应根据自己的身体状况安排运动量,尽量避免局部肌肉负担过重;同时注意在锻炼时,应充分做好运动前的准备活动和运动后的放松活动。

运动小贴士

1. 体育锻炼对增进健康、增强体质有积极作用,而要取得良好锻炼效果,必须重视运动、营养、休息这三个因素。

2. 经常进行体育锻炼者,必须注意蛋白质的摄取量,蛋白质主要从食物中摄取,肉类、鱼类、大豆中蛋白质含量较高,运动后,饮食中可多增加此类食物。

3. 运动中和运动后补充水是一个值得重视的问题。运动中,补水方法应采取少量多次的措施,每次饮水 150~200 毫升,每隔 10~15 分钟补充一次。同时,还应补充少量的葡萄糖、盐和维生素 C 等物质。运动后还应补充 500 毫升水。

4. 注意运动和进餐的合理时间:饭后一个半小时才能开始运动,运动后半小时到 40 分钟再进餐。

（三）运动损伤康复

1. 康复的生理效应及治疗机理

（1）康复的定义。世界卫生组织有关康复的定义是：综合地运用医学的（medical）、教育的（education）、职业的（occupation）与社会的（social）措施对伤病后可能出现或已出现的功能障碍（dysfunction）进行功能训练为主的干预，尽可能改善患者的功能，提高其生活质量，以帮助其回归社会。可见，康复的手段是多样的，主要是功能训练，目标是消除功能障碍，目的是帮助患者提高生活质量、回归社会。

（2）生理效应及治疗机理。损伤痊愈一方面是机体的组织结构与功能的恢复，另一方面是机体与外界的相互关系得到恢复。而对疾病的治疗分为两个层次：一是在疾病发生和进行性发展时，要迅速采取各种措施，消灭引起疾病和加速疾病发展的因素，加强机体抵抗疾病的防御措施，促进暂时性代偿机制的形成；二是在疾病恢复过程中，要积极采取各种措施，促进机体组织结构功能恢复，当遗留有不可恢复性的功能障碍时，要建立牢固的永久代偿功能。

康复训练在疾病的恢复过程中通过神经反射机制，神经—体液调节机制和机械作用对患者全身和局部产生良好的生理效应，来促进组织结构和生理活动功能的恢复，以形成暂时性的和永久性的功能代偿机制。

第一，提高中枢神经系统的调节机能。神经系统特别是中枢神经系统对全身器官起主要调节作用，同时各种外周器官（眼、鼻、耳、口、皮肤等）和本体感受器（关节、肌肉、肌腱和韧带）的神经冲动的刺激和反馈维持着中枢神经系统，特别是大脑皮层的兴奋性，从而维持其正常的生理功能。运动是重要的生理刺激，对神经系统有较好的调节作用。当大脑皮层的兴奋过程和抑制过程之间失去平衡时，可选择适当的功能运动调节这种关系。如加速运动主要加速兴奋过程，而慢性重复性体力活动主要加强皮层抑制过程；多次短时间快速运动和慢速运动突然交替，既能加强兴奋过程，又能加强抑制过程，更加强了兴奋与抑制的转变过程。

第二，改善血液循环和新陈代谢。受伤和患病时，疾病会影响某些内脏器官功能，加上缺乏运动，整个身体机能活动处于较低水平，特别是血液循环功能的减退和新陈代谢功能的失调，不利于健康的恢复。康复训练能通过神经反射和神经体液调节，来改善全身血液循环和呼吸功能，改善新陈代谢和组织器官的营养过程，使整个身体功能活动水平提高，从而有利于疾病痊愈和康复。

曾经有研究者在运动实验中观察到：受伤的动物经过早期运动后，肌肉的缺损部分完全由肌肉组织填充而愈合，并且恢复肌肉的弹性功能。其他没有运动的动物在肌肉受伤后则由疤痕组织代替，而肌肉功能减弱。另一个韧带切断实验证明，虽然损伤的韧带可以愈合，但是运动的韧带细胞及胶原纤维排列零乱。在骨折病变的临床观察中可以看到，早期采用运动疗法的患者，骨痂形成的时间比不进行锻炼者缩短三分之一，而且骨痂生长良好，新生骨痂很快就具有了正常骨组合的功能。

第三，维持和恢复运动器官、内脏器官的正常功能。康复训练对运动器官产生的生理效应最明显。肌肉运动时，肌肉本身的血液循环，首先得到改善，随之骨、软骨、韧带、关节囊的整个组织的血液供应量增加，从而改善了这些组织的营养，同时运动还可以促进关节滑液的分泌，这对改善关节囊软组织的营养状况有着重要的作用。运动器官的形态与其功能有着密切的依存关系，完整而良好的组织形态是产生良好功能运动的物质基础，而功能运动的锻炼反过来可以促进组织形态更加完善；相反，组织形态的破坏直接限制了功能，而功能丧失反过来导致组织形态的进一步破坏，如骨折、脱位后，关节功能活动受到限制，长期固定可引起骨质疏松、软骨退行性变化、肌肉萎缩、关节囊挛缩，甚至发生关节面粗糙，关节间隙变窄和消失。适时而合理地进行医疗体育的功能运动，不但可以预防上述组织形态的不良变化，而且可以加速组织形态的恢复。

第四，发展机体代偿能力。运动疗法中的锻炼活动是由一系列条件反射所组成的，正常动作正是通过不断反复的运动所形成和熟悉的。不运动会使复杂的条件反射消退，从而使动作生疏甚至遗忘，当由于损伤或疾病可能使身体某些器官功能发生严重损害，甚至完全消失时，人类为了生存，必然需要产生各种代偿功能，来弥补丧失的功能。运动疗法是促进代偿功能恢复的最积极措施，可以最大限度地发展代偿能力。如肺切除术后进行专门的呼吸锻炼，可使余肺膨胀完全，充填残腔；又如肋间神经麻痹后引起的呼吸功能障碍，虽可用横膈呼吸来代偿，但通过有步骤的膈肌和腹肌锻炼，使代偿更为充分；当一侧肢体丧失功能后，对患侧进行有计划的训练，可充分代偿患侧的功能。因此，运动疗法可以促进形成各种反射性联系，即能促进代偿功能的发展。

2. 康复训练实施的原则

（1）早期性原则。运动疗法的目的在于缩短临床痊愈和功能恢复之间的时距，使患者早日恢复工作能力，或者通过锻炼以取得增强体质、防病健身的效果。因此根据病情或体质适时地、尽可能早地采用运动疗法是首要的基本原则。运动疗法当作综合治疗的一部分时，只有按照病情在早期采用，才能使病人早日恢复健康，功能得到完全性恢复。任何疾病或创伤患者，首先是神经系统功能和血液循环受到影响，而运动疗法是改善神经系统功能和血液循环的重要方法。组织损伤后，很快在组织间隙形成粘连，接着形成瘢痕组织而影响功能。只有在早期进行功能活动，才能阻止肌腱、血管及神经等与周围组织的粘连。如果在粘连和瘢痕组织形成后再开始体疗，则功能恢复不完全，甚至不能恢复健康，而且治疗时间相应拉长。

（2）系统性与长期性原则。运动疗法是一种带有运动性的治疗，只有系统地进行才有疗效。所谓系统性，就是每日进行一次，至少也要隔日进行一次，否则起不到锻炼作用。对有的外伤后遗症，如关节功能障碍、肌肉萎缩和麻痹等，每日需要多次重复进行，才能见效。同时尽管运动疗法对机体的功能恢复有良好作用，但这一过程往往比较缓慢，常落后于临床痊愈，而且运动疗法除了一般恢复病变部分的功能外，还应改善机体的协调性和提高对外界环境的适应力。因此这种疗法具有长期性，只有长期坚持下去，才能维持机体的良好健康水平。

（3）循序渐进原则。运动疗法的锻炼在开始时要有一个过渡期，运动强度和运动总量要由小到大，运动内容由简到繁，使身体逐渐适应，并在不断适应过程中提高机能，治愈疾病。任何突然的加大运动量，都可能损害机体，加重病情。此外，在加大运动量时，必须根据病人机体当时接受运动的可能性，给予应有的作用强度，才能产生治疗效果。以后随着病人全身情况和局部功能的改善，运动量亦随之改变。只有遵循这一原则，机体功能才能不断得到改善。

（4）全面锻炼原则。将病人机体的全身作用和局部作用结合，即一般全身性保健与患者肢体的专门运动结合起来是选择运动疗法种类和方法的基本原则。人的机体是一个统一的整体，人体各部分之间有密切的内在联系。无论疾病的轻重，或创伤的大小，其恢复过程都不可能是局部的，而在很大程度上取决于病人的全身情况。因此在利用专门运动对肢体去局部作用时，要考虑结合应用全身作用的健侧肢运动和呼吸运动。在编制医疗体操时，要注意防止运动过分集中于某一部位或某一肢体，既要突出重点，又要与全身运动相结合。

(5) 个别对待原则。疾病的性质、程度不同，或处于不同阶段，需用不同的锻炼方法。病人的功能损害及代偿情况不同，体质、年龄不同，运动方法及运动量也应有所差异。一般情况下，慢性病人、病情较轻者和年龄体力较好者的运动负荷，要比急性病人、病情较重者和中老年人大。此外，运动负荷的增加速度也要因人而异，有的病人可逐次参加，有的病人一周或数周增加一些，有的病人可能数月后才能有所增加。应向病人说明，不要相互比较，原则上不能组织竞赛。

3. 运动损伤的康复

(1) 急性闭合性软组织损伤的病理变化、处理原则与方法。

① 早期：伤后 24～72 小时以内。

第一，病理学的变化。当软组织损伤(扭伤、拉伤或挫伤)发生时，会出现细胞和软组织结构破裂、肿胀和血管损伤。破损组织内和周围区域瘀血引起连锁的炎症反应，表现为疼痛、肿胀、发红和局部温度上升，并出现水肿和渗出物堆积。在肌肉肌腱损伤中，会发生肌丝破坏和在两个小时之内外周肌纤维收缩。水肿和缺氧会导致前 24 小时之内细胞破坏和死亡，从遭破坏细胞中释放出的蛋白质破碎产物会导致进一步水肿、组织缺氧和细胞死亡。

第二，处理原则。根据这阶段的病理学的变化，其处理原则是：制动、止血、防肿、镇痛、减轻炎症、防止进一步受伤。

第三，处理方法。本阶段使用的最重要物理治疗方式是低温疗法(冰疗，Ice)，通常结合休息(Rest)、加压(Compression)和架高(Elevation)，这种组合常被称为 R.I.C.E.治疗。它能帮助降低组织温度、减少血流和肿胀、促进血管收缩、减轻疼痛和痉挛。

② 中期：伤后 2～3 天至几周。

第一，病理学的变化。在此阶段肉芽组织开始萌生，毛细血管为受伤部位带来营养，并清除坏死的组织。成纤维细胞开始合成瘢痕组织。胶原约在 4 天左右出现，但其纤维组织无规则且不成熟。随着这个过程的继续，成纤维细胞数量开始减少，但却出现更多的胶原，其边缘区域也在缩小，发生组织结构重建和再生。

第二，处理原则。改善伤部的血液和淋巴循环、促进组织的新陈代谢、促进瘀血及渗出物的吸收、加速再生与修复。

第三，处理方法。理疗和康复训练如下。

理疗方式：热疗已被证明可增加温度、血流和软组织的伸展性。可采用热敷法、发热灯照射、热水疗法和石蜡浸泡、超声和短波透热法。电刺激是另一种有用方式。由于患者可能仍有痛感和关节肿胀，运动单位的激活可能会少于正常数量。电刺激可以加强练习中运动单位的募集，并有利于肌肉训练。

康复训练：一是伸展或柔韧性练习，练习的类型取决于其目的，例如，对正常活动范围的恢复需要伸展或柔韧性练习。应优先恢复柔韧性，因为之后的力量和有氧体能练习会依赖于在此之前达到的充分关节活动范围。二是肌肉力量练习，肌肉动作可分为静力性(等长)和动力性(等张)两种，这在不同的临床情况下都有用途。动力性肌肉练习，可进一步分为向心和离心两组，二者都可用于机能、素质训练。力量素质练习采用的方法或设备包括：无关节动作（静力性训练）、不同关节角度下的最大力量随意收缩、随意收缩过程中的电刺激、重力负荷（体疗师或训练者施加阻力、自由重量）等。三是有氧能力训练，种类包括蹬车（定位）、水中练习、游泳和划船，可提高有氧能力和促进关节完全动作范围的恢复。

（2）慢性闭合性软组织损伤的病理变化、处理原则与方法。

① 病理变化。局部血液循环差，代谢水平低，组织出现退行性变性，表现为增生或萎缩。

② 处理原则。主要是改善伤部血液循环，促进组织的新陈代谢，合理安排局部负担量。

③ 处理方法。与急性闭合性软组织损伤的中、后两期大致相同，但功能锻炼要与医疗紧密结合。

参考文献

1. 沈建.体验性：学生主体参与的一个重要维度[J].中国教育学刊，2001(2).

2. 陈琦，杨文轩，等.我国当代体育价值观的研究[J].体育科学，2006，26(8).

3. 孙睿诒，陶双宾.身体的征用：一项关于体育与现代性的研究[J].社会学研究，2012，27（6）.

4. 蒋菠，黄巾.大学体育人文精神缺失的致因解析.体育研究与教育，2016，31(6).

5. 刘宏，安斗.高校体育目的存在问题及改革途径[J].昭通师范高等专科学校学报，2008，30(5).

6. 宋江浩.浅谈高校体育的教学任务和目的[J].学校体育学，2016，6(4).

7. 余新丽.浅析高校体育教育的目的与任务[J].九江职业技术学院学报，2003(4).

8. 张力强.浅析高校体育教育的目的与任务[J].克山师专学报，2002(3).

9. 黄涛.运动损伤的治疗与康复[M].北京：北京体育大学出版社，2016.

10. 姚鸿恩.体育保健学[M].北京：高等教育出版社，2006.

11. 王予彬，王惠芳.运动损伤康复治疗学（第二版）[M].北京：科学出版社，2019.

12. 胡毓诗.体育保健学[M].北京：高等教育出版社，2019.

现代体育篇

第一章　田径运动

第一节　田径运动概述

一、田径运动的起源与发展

田径运动是一项古老的体育运动，被人们誉为“运动之母”，以走、跑、跳跃和投掷等运动形式为主，是其他各类运动的基础。1896 年，在希腊雅典举行的第一届现代奥林匹克运动会上，田径项目是比赛的核心项目，其中包括 100 米、400 米、800 米、1 500 米、马拉松、110 米栏、跳高、撑竿跳高、跳远、三级跳远、铅球和铁饼，共 12 个男子项目。这些运动项目都极具代表性，体现出“更快、更高、更强”的现代奥林匹克格言。

20 世纪 80 年代以来，世界田联为组织更多的世界田径比赛采取了一系列改革举措：1983 年设立了四年一届的世界田径锦标赛，1985 年设立每年 15 场的田径系列大奖赛（甲级），从 20 世纪 90 年代起，将世界田径锦标赛改为每两年一届。

二、田径运动的分类

田径运动分为田径竞技运动项目和实用田径运动两部分。

（一）田径竞技运动项目分类

田径竞技运动项目，分为竞走、跑、跳跃、投掷以及由跑、跳、投部分项目组成的全能运动五类。国内外通常进行的成人各类田径竞赛项目和我国进行的少年甲组（16、17 岁）、乙组（15 岁）各类田径竞赛项目如表 1－1－1 至表 1－1－5 所示。

表 1－1－1　竞走类

类别	成人		少年			
	男子	女子	男子甲组	男子乙组	女子甲组	女子乙组
场地	20 km 50 km	5 km 10 km 20 km	5 km 10 km		3 km 5 km	
公路	20 km 50 km	20 km				

表 1－1－2　跑类

类别	成人		少年			
	男子	女子	男子甲组	男子乙组	女子甲组	女子乙组
短距离跑	100 m 200 m 400 m	100 m 200 m 400 m	100 m 200 m 400 m	60 m 100 m 200 m	100 m 200 m 400 m	60 m 100 m 200 m

续 表

类别	成人		少年			
	男子	女子	男子甲组	男子乙组	女子甲组	女子乙组
中距离跑	800 m 1 500 m 3 000 m	800 m 1 500 m 3 000 m	800 m 1 500 m	400 m 800 m	800 m 1 500 m	400 m 800 m
长距离跑	5 000 m 10 000 m	5 000 m 10 000 m	3 000 m 5 000 m		3 000 m	
超长距离跑	马拉松 (42.195 km)	马拉松 (42.195 km)				
跨栏跑	110 m 栏(栏高 1.067 m) 400 m 栏(栏高 0.914 m)	100 m 栏(栏高 0.84 m) 400 m 栏(栏高 0.762 m)	110 m 栏(栏高 1.00 m) 400 m 栏(栏高 0.914 m)	110 m 栏(栏高 0.914 m)	100 m 栏(栏高 0.84 m) 400 m 栏(栏高 0.762 m)	100 m 栏(栏高 0.762 m)
障碍跑	3 000 m					
接力跑	4×100 m 4×400 m	4×100 m 4×400 m	4×100 m	4×100 m	4×100 m	4×100 m
公路赛和越野赛	包括马拉松在内的公路赛以及由大会决定的各种距离不等的公路赛和越野赛					

表 1-1-3 跳跃类

类别	成人		少年			
	男子	女子	男子甲组	男子乙组	女子甲组	女子乙组
高度	跳高 撑竿跳高	跳高 撑竿跳高	跳高 撑竿跳高	跳高 撑竿跳高	跳高 撑竿跳高	跳高 撑竿跳高
远度	跳远 三级跳远	跳远 三级跳远	跳远 三级跳远	跳远 三级跳远	跳远 三级跳远	跳远 三级跳远

表 1-1-4 投掷类

类别	成人		少年			
	男子	女子	男子甲组	男子乙组	女子甲组	女子乙组
推铅球	7.26 kg	4 kg	6 kg	5 kg	4 kg	3 kg
掷标枪	0.8 kg	0.6 kg	0.7 kg	0.6 kg	0.6 kg	0.5 kg
掷铁饼	2 kg	1 kg	1.5 kg	1 kg	1 kg	1 kg
掷链球	7.26 kg	4 kg	6 kg	5 kg	4 kg	3 kg

表 1-1-5 全能运动类

组别	项目	内容和比赛顺序
成人男子	十项全能	第 1 天：100 m、跳远、推铅球、跳高、400 m 第 2 天：110 m 栏、掷铁饼、撑竿跳高、掷标枪、1 500 m
成人女子	七项全能	第 1 天：100 m 栏、跳高、推铅球、200 m 第 2 天：跳远、掷标枪、800 m
少男甲组	七项全能	第 1 天：110 m 栏、跳高、掷标枪、400 m 第 2 天：掷铁饼、撑竿跳高、1 500 m
少男乙组	四项全能	第 1 天：110 m 栏、跳高 第 2 天：掷标枪、1 500 m
少女甲组	五项全能	第 1 天：100 m 栏、推铅球、跳高 第 2 天：跳远、800 m
少女乙组	四项全能	第 1 天：100 m 栏、跳高 第 2 天：掷标枪、800 m

（二）健身性、趣味性等实用田径运动内容分类

1. 健身性田径运动内容分类

田径健身运动是以走、跑、跳、投为手段，以增进健康、增强体质、推迟衰老、延年益寿为目的的身体运动。由于它是人的基本活动技能，其实施要求和难度较田径竞技运动要低得多，是一种有效的全民健身运动的项目和手段。田径健身运动按人体自然运动方式可划分为健身走、健身跑、健身跳、健身投 4 类。

2. 少儿田径运动内容分类

“世界田联少儿田径”依照不同年龄阶段分为三组：第一组 7～8 岁，第二组 9～10 岁，第三组 11～12 岁。第一、二组的活动项目为集体项目；第三组以接力项目或个人项目为主，每个队都有两个组参加每个项目。“世界田联少儿田径”的比赛空间只需一块平地（如草地、空地、灰土或沥青球场，规格为 60 米×40 米）。

少儿田径的设施组装和运输比较容易，拆卸方便。如果由于某些原因而缺乏这些设施，可以因地制宜，采用当地的材料自制设施器材。最为重要的一条标准是器材的性能和特征必须符合世界田联少儿田径项目的要求。

3. 自然环境中的田径运动内容分类

自然环境中的田径运动分自然环境中的走、跑、跳、投以及克服各种障碍的健身运动和游戏。

第二节 田径运动的基本技术

一、竞走

竞走是运动员与地面保持接触、连续向前迈进的过程，没有（人眼）可见的腾空。前腿从

触地瞬间至垂直部位应该伸直的(即膝关节不得弯曲)。

(一) 基本技术

身体重心移过支撑点垂直上方时,支撑腿快速有力地伸展髋关节、踝关节和趾关节,用脚尖蹬离地面。在支撑腿后蹬的同时,摆动腿屈膝迅速前摆,骨盆随摆动腿的前摆绕支撑腿髋关节垂直轴转动,小腿依靠大腿向前摆动的惯性而前摆,脚掌沿地面向前迈步,并逐渐伸直膝关节。

向前摆的腿膝关节伸直时,用脚跟在身体前方靠近运动中线的地方着地。着地后,支撑腿膝关节伸直由脚跟经脚掌外侧柔和、快速地滚动到全脚掌。与此同时,蹬离地面的腿脚尖朝下,离地较近,依靠蹬地反作用力的惯性自然、快速向前摆动。(图 1-2-1)

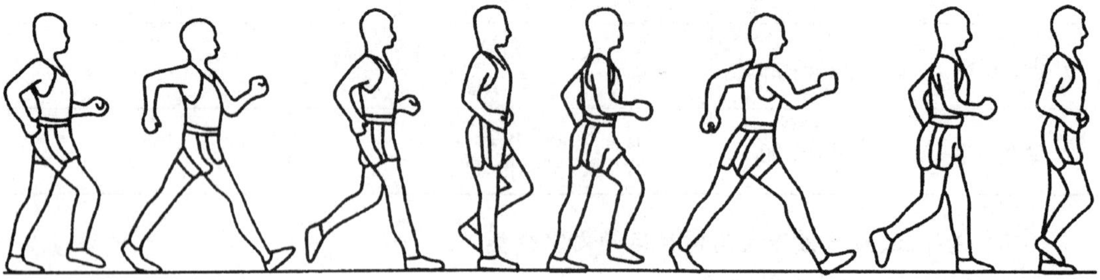

图 1-2-1

在前支撑阶段摆动腿向前的摆动过程中,骨盆适度绕支撑腿髋关节矢状轴转动,垂直支撑时,支撑腿一侧的髋关节和膝关节稍高于摆动腿一侧的髋关节和膝关节。支撑腿同侧肩稍下沉,使其低于另一侧肩的高度。

支撑腿在垂直支撑时,躯干基本正直,目视前方,颈部自然放松。后蹬过程中躯干稍前倾。两臂配合下肢动作半握拳屈肘约 90 度前后摆动,迈步过程中,肩关节冠状轴与髋关节冠状轴成扭转状态。向前摆臂时,手摆至胸骨前方,不超过身体中线,高度不超过下颏。向后摆动时,肘稍向外,上臂摆至稍低于肩的位置。

(二) 练习方法

1. 沿直线大步走

要求脚跟先着地,逐渐加大步幅行走。

2. 慢速和中速竞走 100～200 米

要求逐渐加大动作幅度和骨盆转动,增大步幅。

3. 骨盆转动与髋关节灵活性练习

(1) 原地交换支撑脚练习:支撑腿伸直,另一腿屈膝、放松。体重落在支撑脚一侧,两腿交替练习,练习时注意骨盆围绕垂直轴前后转动。

(2) 两脚尽可能左右开立,以一脚的脚跟和另一脚的前脚掌撑地,转髋时膝关节伸直,做左、右原地交替转髋的练习。

(3) 原地和行进间的交叉步练习(要求加大动作幅度。以脚跟柔和着地,动作逐渐加速)。

(4) 反复练习身体在垂直部位时向前迈步,髋部前送,做前腿脚跟着地和后腿脚尖蹬地的动作(身体成垂直部位时的正确姿势,摆动腿前迈时,以骨盆带大腿,大腿带小腿,屈膝前摆，脚跟稍离地面向前摆动，以脚跟先着地）。

4. 变速竞走

要求步长大、小，步频快、慢交替走等。

5. 弯道竞走

（1）沿半径为 10～15 米的圆圈竞走。

（2）在田径场弯道上竞走 100～120 米。

6. 完整竞走技术巩固

（1）中速竞走 100～400 米。

（2）中速竞走 200 米和快速竞走 200 米相结合的变速走。

（3）竞走 400 米或 800 米。

二、短跑

短跑是一项典型的发展速度素质的运动项目。长期练习短跑，能够有效地发展学生快速奔跑的能力。

（一）基本技术

短跑基本技术分为起跑、起跑后的加速跑、途中跑以及终点跑四部分。

1. 起跑

起跑一般采用蹲踞式起跑，并使用起跑器。

起跑过程包括“各就位”“预备”“鸣枪”。

（1）“各就位”。听到“各就位”口令后，轻快地走至起跑器前，俯身两手撑地，两脚依次踏在前、后起跑器的抵足板上，将力量大的腿放在前面，后膝跪地，然后两手收回，四指并拢，与拇指构成“八”字形，拇指相对，虎口向前，两臂伸直，两手距离与肩同宽或稍宽。重心前移，肩与起跑线齐平或稍后，颈部自然放松，两眼看前下方，注意听“预备”口令。（图 1－2－2）

（2）“预备”。听到“预备”口令后，抬起臀部，使之与肩平或稍高于肩，同时身体重心前移，体重主要落在两手、臂和前腿上，两脚压紧抵足板，此时，前腿的膝角 90～100 度，后腿膝角 110～130 度，整个身体像压紧的“弹簧”，静候枪声。（图 1－2－3）

（3）“鸣枪”。听到枪声时，两手迅速离地，屈肘做快速、有力、大幅度的前后摆动，两腿几乎同时猛蹬起跑器，以较大的前倾姿势把身体推向前方。后腿蹬离起跑器后，以膝领先，脚沿着地面，迅速有力地向前抬摆，膝关节摆至最高点后，大腿积极下压，用前脚掌着地，配合后腿动作，前腿迅速蹬伸下肢三关节，当后腿膝关节摆至最高点时，前腿三关节也应蹬直，完成第一步动作。（图 1－2－4）

图 1－2－2

图 1－2－3

图 1－2－4

2. 起跑后的加速跑

加速跑时腿要充分后蹬。摆动腿迅速向前上方摆出，将髋前送，并积极用前脚掌着地。两臂摆动要有力，摆幅较大，步长要不断增加，步频要逐渐加快。加速跑的距离一般为20～25米（以100米跑为例），此后自然进入途中跑。

3. 途中跑

途中跑在整个短跑中要跑最长的一段距离。

（1）两腿动作：当身体重心移过支点垂直面后，即开始支撑腿的后蹬和摆动腿的前摆。后蹬时，首先伸髋关节，当身体重心远离支点时，迅速伸展膝、踝关节，最后用脚趾末节用力蹬离地面。此时，后蹬角度一般约为50度。（图1－2－5）在后蹬结束时，髋、膝、踝关节迅速伸直，使后蹬反作用力有效地通过身体重心，更快地推动身体向前运动。（图1－2－6）

图1－2－5

图1－2－6

（2）腿的摆动动作：腿的摆动是从后蹬腿蹬离地面时开始。当后蹬腿蹬离地面身体腾空时，小腿要随大腿前摆，顺应惯性自然折叠。当大腿摆至垂直面时，小腿折叠到最大限度。大腿摆过垂直部位后，继续积极主动地向前摆动，带动同侧髋关节。当摆动动作结束时，支撑腿已完全伸直。

（3）落地动作：当摆动腿摆至最大限度后，大腿积极下压，膝关节放松，小腿顺应惯性前摆，在重心投影点前用前脚掌完成向后下方的“扒地”动作，着地点应在膝关节的垂直下方。脚着地后顺势屈膝、伸踝。

（4）在途中跑时，头部正直，上体稍前倾。两手半握拳，两臂以肩关节为轴，上臂带动前臂，屈肘前后摆动。

（5）弯道途中跑：为了克服直线的惯性和产生向心力，躯干应向左倾斜，右臂后摆时，肘稍向外，前摆时，稍向内，左臂摆动靠近体侧。右腿前摆时膝关节稍内扣，用前脚掌内侧蹬地。左腿前摆时，膝稍向外，用前脚掌外侧蹬地。

4. 终点跑

终点跑需要尽量保持高速度冲过终点。在跑至终点前15～20米处，尽量保持上体前倾角度,加快两臂摆动的速度和力量,调节下肢的频率。在跑至距离终点线1米处时,上体迅速前倾,用胸部或肩部撞击终点线,并跑过终点,顺应惯性逐渐降低跑的速度,直至慢慢停下。

（二）练习方法

1. 直道途中跑技术练习

(1) 摆臂技术练习:可在原地、慢跑、快跑中进行反复练习,练习中要注意以肩为轴,肩部放松,大幅度前后摆臂,前摆时,一般左右不过中线,高度稍超过下颏。

(2) 跑的专门练习:① 小步跑;② 高抬腿跑;③ 后蹬跑。

(3) 过渡跑练习:专门练习过渡到跑的练习,主要根据专门练习在短距离跑技术中的作用,进行专门技术的强化体验练习。每次练习分三个过程:① 专门练习;② 慢跑中体验专门练习动作技术要领;③ 快跑中体验动作技术要领。

(4) 直道途中跑练习:可采用反复的60～80米中速跑,50～80米加速跑,30～50米行进间跑和计时跑等。

2. 蹲踞式起跑和起跑后加速跑技术练习

(1) 各种"反应"能力的练习,如:快速倒报数游戏;跳起,以双脚落地为定格的猜拳游戏(脚前后开立为"剪刀",脚左右开立为"布",双脚并拢为"石头");由各种身体姿势听信号迅速跑出游戏(如站、蹲、坐、卧、背向等);不同信号形式的起跑游戏(如口令、旗示、击掌、鸣枪等)。

(2) 蹲踞式起跑的练习:① 学习蹲踞式起跑,练习"各就位""预备"动作;② 加速跑练习,先可采用描点跑的形式练习,随后结合蹲踞式起跑,进行10米、20米、30米的加速跑练习。

3. 终点跑技术练习

(1) 原地练习:站在距终点约一步距离的地方,练习上体前倾的撞线动作。

(2) 在走和慢跑中练习撞线动作。

(3) 中速跑和快速跑30～40米练习。

4. 弯道跑技术练习

(1) 在小圆圈上(半径10～15米)用慢速跑、中速跑、快速跑进行练习。

(2) 在弯道上,用中速、加速、快速跑60～80米。

(3) 从直道进入弯道跑:先在直道上跑20～30米,进入弯道再跑20～30米。体会并掌握从直道进入弯道的衔接技术。

(4) 从弯道转入直道跑:先在弯道上跑20～30米,转入直道后再跑20～30米。体会并掌握从弯道转入直道的衔接技术。

(5) 弯道起跑25～30米:按弯道起跑器安装方法安装起跑器,然后听口令练习弯道起跑和起跑后的加速跑。

5. 巩固提高全程跑技术

(1) 全程跑100米、200米。

(2) 计时跑200米、400米,并适当组织模拟比赛。

三、中长跑

中长跑主要发展心肺功能和肌肉耐力,是中距离跑和长距离跑的简称。

（一）基本技术

1. 起跑和起跑后的加速跑

中长跑一般采用站立式起跑。发令前，队员位于3米集合线处听候起跑口令。

（1）“各就位”。听到“各就位”口令后，运动员走至起跑线后，两脚前后开立，将有力脚放置起跑线后，前脚掌着地，另一只脚放置在有力脚后一脚至两脚的距离处，前脚掌着地或脚尖点地，两脚左右间距约为半脚左右，两腿弯曲，上体前倾，身体重心主要落在前脚上，前脚的异侧臂在体前自然下垂，同侧臂放置体后，眼看前下方4～5米处，颈部放松，身体保持稳定，集中精力听枪声。（图1－2－7）

图1－2－7

（2）鸣枪。听到枪声后，后腿立即蹬地以膝领先并迅速前摆，前腿也迅速用力充分蹬伸。两臂配合两腿动作做快速而有力的前后摆动，使身体迅速向前冲出，进入加速跑阶段。应尽量按跑道内突沿的切线方向和朝着有利跑进位置跑去。

2. 途中跑

途中跑时，速度要均匀有节奏。中长跑的后蹬力量比短跑小，后蹬角度比短跑大，约为50～55度。中长跑脚着地时，要求柔和而有弹性，两脚要落在一条直线上。可用前脚掌，也可用全脚掌着地。摆臂的动作幅度小于短跑，肩关节放松，跑动时腾空时间少于短跑。

3. 终点跑

临近终点时，运动员要加快摆臂，加强腿部蹬摆，奋力跑至终点。通常800米跑可在最后约300米、1 500米跑可在最后约400米、3 000米以上跑可在最后400米或更长一些的距离时进行冲刺跑。

4. 中长跑的呼吸

中长跑一般可配合跑步频率有节奏地用鼻和半张开嘴同时进行呼吸。呼吸要有节奏，一般是二步一呼、二步一吸或三步一呼、三步一吸。随着疲劳的出现，呼吸频率应随之增快。由于吸气的深度决定于呼气的深度，因此，要特别注意将气呼出。中长跑会出现“极点”现象。“极点”出现后，要加深呼吸的深度，适当调整跑速。

5. 中长跑比赛战术

中长跑主要有匀速跑、变速跑、跟随跑、领先跑和跟随跑交替等战术。

（二）练习方法

1. 提高身体素质和跑的能力的练习

（1）重复跑400～800米。

（2）变速跑1 200～2 000米。

（3）中速跑600～1 200米。

（4）越野跑或自然地形跑2 000～3 500米。

2. 途中跑的练习

（1）站立原地摆臂练习。

（2）匀速慢跑40～60米。在慢跑中体会正确的上体姿势和摆臂动作。

（3）反复跑40～60米。用弹性的步伐慢跑，主要体会跑的落地方法。

（4）大步放松跑40～60米。

(5) 加速跑40～60米，反复进行，体会蹬摆动作。

(6) 变速跑(30米快+20米慢+20米快+30米放松)，要求快慢跑之间过渡自然，动作完整。

(7) 节奏跑80～100米。

(8) 练习弯道跑技术。

3. 站立式起跑的练习

(1) 上体前倾，保持上体前倾姿势顺势跑30～40米。

(2) 反复做30～40米的起跑练习，体会站立式起跑和起跑后加速跑的技术。

(3) 半蹲踞式起跑和起跑后加速跑的练习。

(4) 听口令做站立式起跑和起跑后加速跑练习30～80米。

四、接力跑

接力跑成绩不仅取决于每名运动员的单项跑成绩，而且很大程度上取决于运动员之间的密切配合和传、接棒技术。

(一) 基本技术

1. 起跑

(1) 第一棒运动员的起跑。第一棒运动员采用蹲踞式起跑，起跑技术与弯道起跑基本相同，不同点是运动员手持接力棒。运动员用右手中指、无名指和小指握住接力棒末端，用大拇指和食指分开八字形支撑在起跑线后，使接力棒不触及起跑线和起跑线前的地面。(图1-2-8)

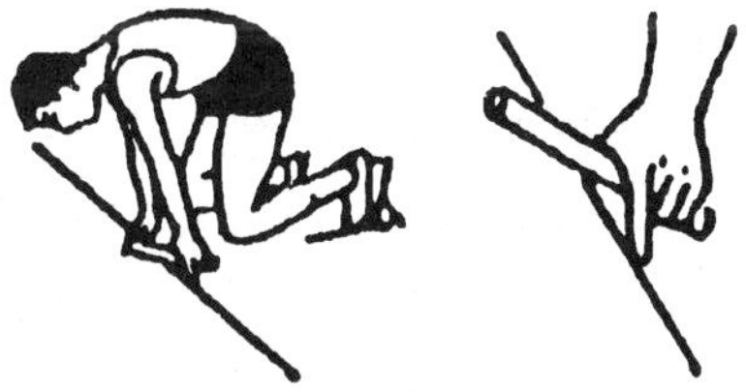

图1-2-8

(2) 接棒人的起跑。第二、三、四棒运动员采用站立式或一手撑地的半蹲踞式起跑姿势，站在接力区后端或选定的起跑位置上，两脚前后开立，两膝弯曲，上体前倾。第二、四棒运动员站在跑道外侧，左腿放在前面，右手撑地，身体重心稍向右偏，头转向左后方，目视跑来的同队队员和起动标记。(图1-2-9)第三棒运动员站在跑道内侧，右腿在前，左手撑地，身体重心稍向左偏，头转向右后方，目视跑来的同队队员和起跑标记。(图1-2-10)当传棒运动员跑到起动标记线时，接棒队员迅速起跑。

图1-2-9

图1-2-10

2. 传、接棒方法

传、接棒分为上挑式和下压式。

(1) 上挑式。接棒运动员听到传棒运动员信号后，手臂自然伸向后下方，四指并拢，拇指分开，并靠近体侧，其余指尖向外，掌心向后，传棒运动员将棒由下向前上方传到接棒运动员手中。(图1-2-11)

(2) 下压式。接棒运动员手臂向后下方伸直，四指并拢，虎口张开向后(四指尖向外侧方)，掌心向上。传棒运动员将棒的前端由上向前下方传到接棒运动员手中。(图 1-2-12)

图 1-2-11

图 1-2-12

3. 标记线的确定和传接棒的时机

(1) 标记线的确定。根据传、接棒运动员的速度和传接棒的技术熟练程度以及接棒运动员的反应快慢来决定的。

(2) 传接棒的时机。接棒运动员站在接力区后端线前沿内，当传棒运动员跑至标记线时，接棒运动员立即沿跑道一侧向前跑出，并加快速度。当两队员相距 1.5～2 米时，传棒运动员发出信号，接棒运动员立即伸手，传棒运动员迅速而准确地把棒传到接棒运动员手中。

(二) 练习方法

1. 传、接棒技术的练习

(1) 原地徒手上挑式、下压式传、接棒技术的单个动作练习。

(2) 原地徒手上挑式、下压式传、接棒技术的配合动作练习。

(3) 原地持棒上挑式、下压式传、接棒技术的配合动作练习。

(4) 慢跑持棒上挑式、下压式传、接棒技术的配合动作练习。

(5) 中速跑持棒上挑式、下压式传、接棒技术的配合动作练习。

2. 各棒起跑技术的练习

(1) 第一棒弯道蹲踞式起跑技术练习。

(2) 第二、四棒直道半蹲踞式或站立式技术练习。

(3) 第三棒弯道半蹲踞式或站立式技术练习。

3. 接力区内的传、接棒技术的练习

(1) 教师讲解接力区的范围、起动标志线的确定及适宜的传、接棒时机。

(2) 两人一组在接力区内进行传、接棒技术练习。

(3) 2×50 米接力跑练习。

4. 全程接力跑技术的练习

(1) 4 人成队的接力跑练习。

(2) 4×50 米接力跑练习。

(3) 4×100 米接力跑练习。

五、跨栏跑

跨栏跑技术较为复杂，是在快速奔跑中连续过规定数量、有一定高度的栏架的短距离径赛项目，能够使速度、弹跳、柔韧、协调、灵敏、力量和速度耐力得到全面发展。跨栏跑项目主要包括：男子 110 米栏、女子 100 米栏、男女 400 米栏。

（一）基本技术

1. 起跑及起跑至第一栏技术

起跑和起跑器的安装方法与短跑基本相同。起跑后加速跑时，身体前倾角度比短跑小。110 米栏和 100 米栏一般采用八步起跑，高大、腿长的运动员可采用七步起跑。400 米栏男子一般采用 21～23 步起跑，女子一般采用 22～25 步起跑。

2. 跨栏步技术

跨栏步技术包括起跨攻栏和腾空过栏两个过程。一般起跨点距离栏架约 1.8～2.1 米（可根据自身情况合理调整起跨点）。起跑最后一步转换为跨栏步动作时，起跨腿蹬地的同时，摆动腿大腿高抬，小腿自然放松下垂；当起跨腿髋、膝、踝关节充分伸直蹬离地面瞬间，摆动腿高抬至栏架以上时，大腿带动小腿折叠前伸，异侧手臂前伸，身体前倾，起跨腿由后下向侧前上方提拉；当身体重心在栏架正上方时，摆动腿依靠小腿的前伸积极下压鞭打，起跨腿大小腿折叠，勾脚尖，由侧平拉至正前方，膝关节在提拉过程中要高于踝关节；当摆动腿脚触地瞬间时，同侧手臂成屈肘姿势向前，异侧手臂由前向外至体侧画圆成屈肘摆臂姿势。（图 1－2－13）

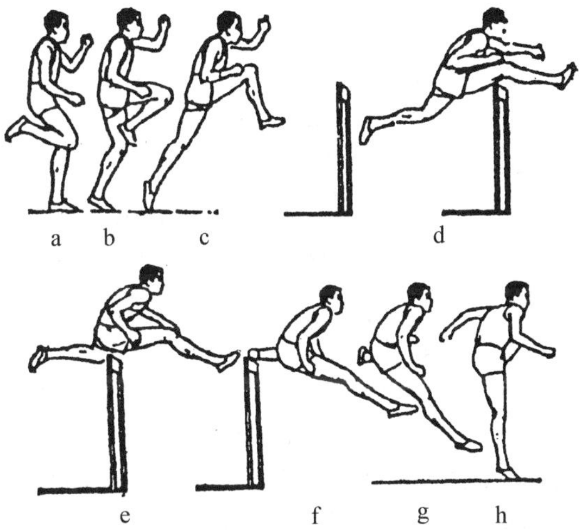

图 1－2－13

3. 栏间跑

110 米栏、100 米栏的男、女运动员全程每个栏间均用三步跑完。400 米栏男运动员栏间一般用 13～15 步跑完，女运动员一般用 15～19 步跑完，每个栏间的步数与 110 米栏和 100 米栏相比并不固定，根据运动员自身身体条件、跑动技术、体能状况等可进行适当调整。跑动技术基本上同短跑。

4. 终点跑

当跨越最后一栏摆动腿落地时，加强后蹬，加快两臂摆动，加大躯干前倾，以加快步频，竭尽全力跑过终点。

（二）练习方法

1. 跨栏步的练习方法

（1）摆动腿攻栏技术的练习方法。原地摆动腿攻栏练习（图 1－2－14）；上步摆动腿攻栏练习；高抬腿跑攻摆练习（图 1－2－15）；慢跑栏侧做摆动腿过栏练习。（图 1－2－16）

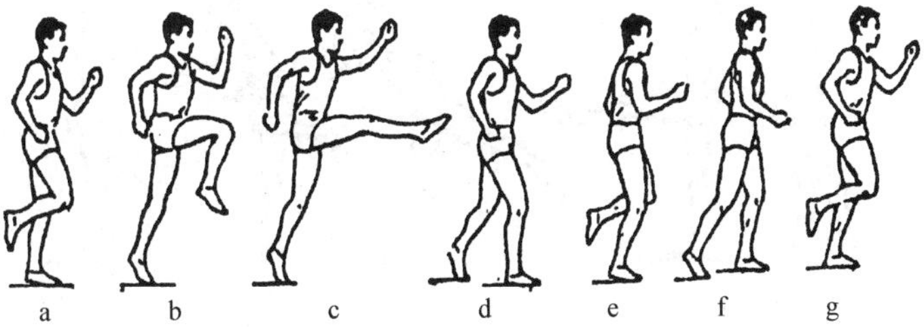

图 1－2－14

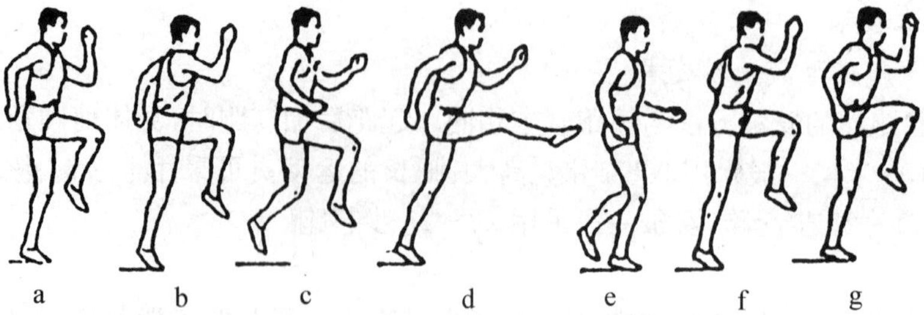

图 1-2-15

图 1-2-16

(2) 起跨腿过栏技术的练习方法。起跨腿原地过栏练习(图 1-2-17);行进间徒手做起跨腿提拉练习(图 1-2-18);栏侧站立做起跨腿提拉练习。(图 1-2-19)

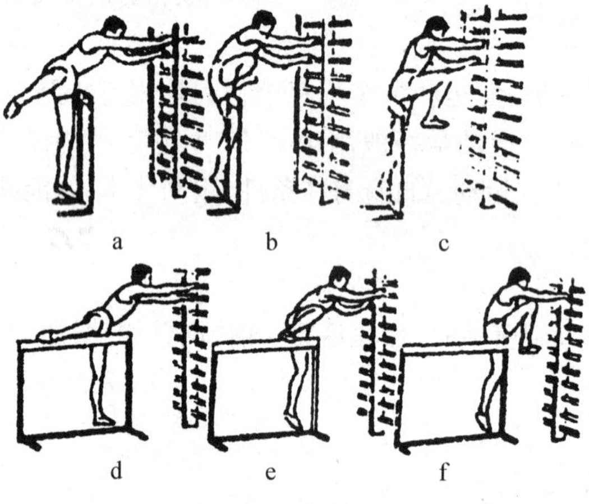

图 1-2-17

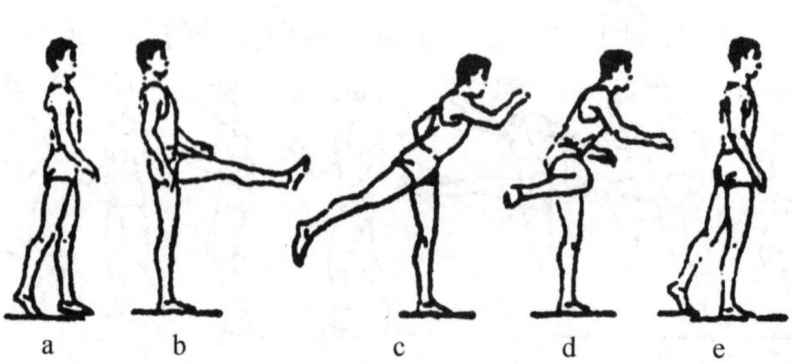

图 1-2-18

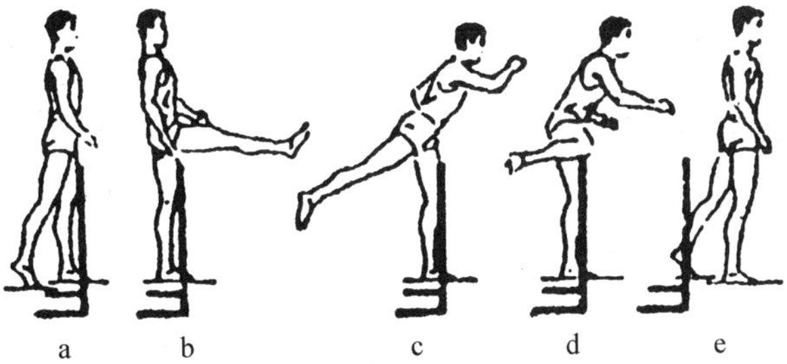

图 1－2－19

（3）过栏的练习方法。原地过栏练习：上体正直，站于栏后 20～30 厘米处，将摆动腿屈膝放于栏架上，起跨腿脚跟提起，摆动腿直膝向上摆起后，大腿迅速下压，用前脚掌落地的同时，起跨腿迅速提拉过栏（图 1－2－20）；原地栏侧做攻摆过栏练习：站在栏侧后 100～150 厘米处，做摆动腿攻摆和起跨腿腾空过栏练习，上体适当前倾，充分蹬、摆，用前脚掌落地；栏侧高抬腿跑过栏练习（图 1－2－21）；放松跑栏侧过栏练习。（图 1－2－22）

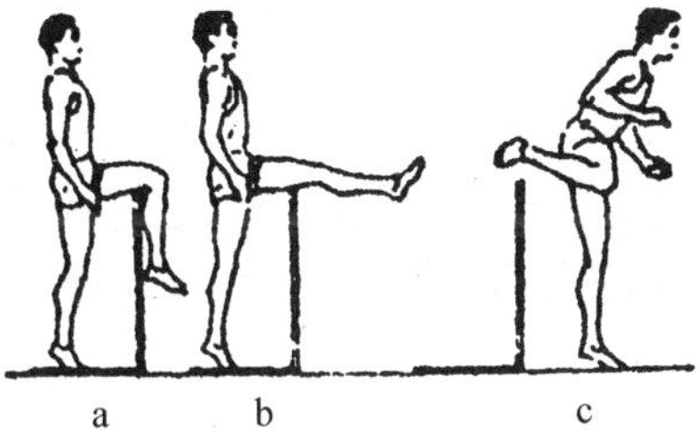

图 1－2－20

图 1－2－21

图 1－2－22

2. 栏间跑的练习方法

练习方法主要有：（1）在地上按比例画出一、二、三步的标志，练习栏间步跑；（2）在栏后按比例画出一、二、三步的标志，要求过一个栏后栏间跑踏上标记点；(3) 跨过一个栏后，按地上的步点标志做三步栏间跑，再跨第二个“空栏”的练习；(4) 两脚前后站立，上体前倾，顺势跑出八步跨过第一个栏，接着用三步栏间跑，跨过第二个栏(用低栏的高度)；(5) 步点准确后，进行跨过 3～5 个低栏的练习。

3. 起跑过第一栏的练习方法

练习方法主要有：(1) 蹲踞式起跑技术复习 2～4 次(跑 20 米左右)；(2) 站立式起跑，以八步上第一栏；(3) 蹲踞式起跑，以八步上第一栏；(4) 蹲踞式起跑，以八步上第一栏后连续跨过 2～3 个栏。

4. 终点跑和全程跑的练习方法

练习方法主要有：(1) 平跑前半程跨后 5 个栏的后半程及终点跑练习，注意平跑结束后衔接上第 6 个栏前，应调整好步子，以便准确踏到起跨点上；(2) 起跑过 10 个栏的全程练习；(3) 计时模拟比赛。

六、跳高

跳高是以单足起跳越过一定高度横杆的运动项目，通过跳高运动发展下肢力量，提高弹跳力，发展灵活性和协调性。跳高技术由助跑、起跳、过杆和落地四个部分动作组成，主要有跨越式、背越式和俯卧式三种跳高技术，而现代田径运动中一般采用背越式跳高，下面仅介绍背越式跳高。

(一) 基本技术

1. 助跑

背越式助跑为弧形，助跑距离一般是 6～8 步，前段是直线助跑，后段是弧线 3～4 步，前段助跑接近普通跑法，后段助跑身体向圆心倾斜，倾斜度随速度而定。最后 4 步节奏逐渐加快。丈量弧线助跑方法(图 1-2-23)，起跳点选择在离近侧跳高架 1 米左右，离横杆投影点 50～80 厘米处。由起跳点沿横杆平行的方向自然向前走 5 步，再向右转 90 度，向前走 6 步做一标记，以 5 米为半径划弧连接此点和起跳点，这段弧线即为最后 4 步的弧线，最后从标记点再向前走 7 步做标记为起跑点，作为前 4 步的助跑距离。

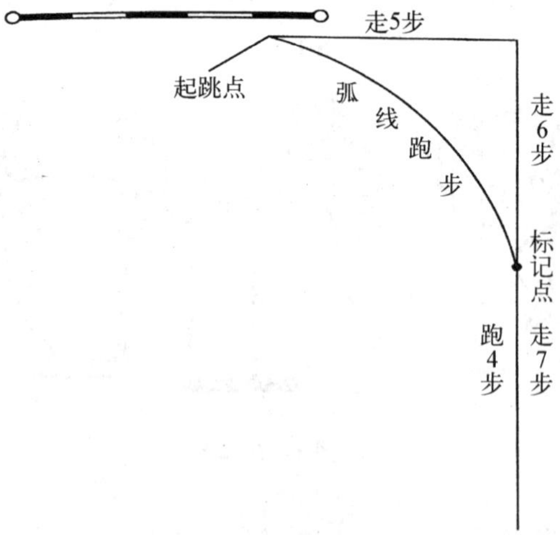

图 1-2-23

2. 起跳

起跳脚顺弧线的切线方向踏上起跳点，用脚跟先落地并迅速地滚动到前脚掌着地。起跳脚落地时摆动腿蹬离地面开始摆腿，同时重心迅速跟上，上体积极前移，使起跳腿缓冲。当身体重心移到支撑点上方时，身体由倾斜迅速转为正直，摆动腿和两臂快速有力地向上摆动，同时起跳腿积极地蹬伸，完成起跳动作。在起跳过程中摆动腿应屈腿，扣膝向起跳腿一侧肩部摆动。手臂的摆动可采用双臂交替或双臂同时上摆带动身体向上腾起。

3. 过栏和落地

完成起跳，进入腾空。身体逐渐转向背对横杆，摆动腿的膝关节放松并自然下放，肩向后伸展，头和肩先过杆，髋部充分展开，身体呈"桥"状，背部与横杆呈正交叉状态。当躯干、臀部飞越横杆后，随即收腹，两小腿积极地向上甩起，两腿伸直，以肩背部领先落垫。

（二）练习方法

1. 学习跳高起跳技术

（1）侧对横杆和肋木或在地上画横线，起跳脚放在前面，即（左脚）迈步放脚做摆腿、送髋和起跳腿蹬伸的练习。要求摆动腿屈膝内扣向异侧肩的方向摆动，同时盆骨跟着扭转，起跳腿蹬伸并提踵。

（2）走动中做上述练习，接着起跳腿蹬离地面完成起跳。

2. 练习弧线助跑与起跳相结合技术

（1）练习弧线助跑 10～15 米为直径的圆圈快跑。

（2）沿直径 10～15 米的圆圈跑，每 4 步做一次起跳。

（3）弧线助跑起跳后，头和手触高物（篮网、吊球等）。

（4）弧线助跑后在横杆旁起跳。

3. 学习过杆和落地技术

（1）在垫子上仰卧，两肩和两脚掌撑地，做向上抬臀、挺髋动作。

（2）背对垫子站立，然后提脚跟、挺髋和仰头、挺胸，肩向后倒落在垫子上。

（3）立定背越式跳高，此练习可站在弹跳板或低跳箱上进行，也可以在横杆和橡皮筋上练习。

（4）4 步弧线助跑，背越式过横杆。

4. 全程助跑练习、完整技术练习

（1）8 步全程助跑跳上 1.3～1.6 米高的高台垫子，起跳后拔腰竖肩向上腾起，膝关节以上落在高台上，仰头、挺髋，大腿下放，小腿后背。

（2）做 4 步弧线助跑过低杆练习。

（3）做 6～8 步弧线助跑背越式过杆练习。

（4）全程助跑越过横杆练习。

七、跳远

跳远能发展人的速度、弹跳力和灵巧性，其主要有蹲踞式、挺身式和走步式三种跳远技术。跳远技术是由助跑、起跳、腾空和落地四个部分组成。

（一）基本技术

1. 助跑

助跑为起跳创造条件。助跑为 18～24 步，距离在 35～45 米之间，因人而异，男子比女子稍长一些，初学者 25 米左右也可。

(1) 助跑的开始：可采用站立式、半蹲式和走步式起动的方式。

(2) 助跑的加速方式：一是积极加速，二是逐渐加速。助跑最后几步(4～6 步)比较关键，是起跳的前奏，助跑的节奏有变化，最明显的是倒数第二步的步幅稍长，重心降低，最后一步比倒数第二步稍短，身体重心高而进入起跳。

(3) 助跑步点的确定：在确定助跑步点时，一般采用两个标记，第一个标记是起跑点，第二个标记设在离起跳板 6～8 步的地方。第二个标记的作用是检查助跑是否准确。

2. 起跳

助跑最后一步，摆动腿落在支撑起跳腿大腿向起跳板下压着板时，就开始起跳动作。此时起跳腿积极下压，以全脚掌踏板。经过快速支撑缓冲后，迅速过渡到前脚掌，踏板时要快速有力地攻板，上板后身体重心继续积极前移，当身体重心移至起跳腿支点的垂直部位时，摆动腿积极折叠带髋迅速前摆，起跳腿迅速全力蹬伸，使髋、膝、踝关节充分伸直，摆动带髋前摆至水平位置时，两臂应配合腿的动作，迅速有力地摆动。起跳腿同侧臂屈肘向前摆起、摆动腿的手臂屈肘向侧摆起，当双臂肘关节摆至肩部时应停止摆动。

3. 腾空

腾空后起跳腿自然放松，膝关节稍屈，留在身体后面，摆动腿的大腿保持高抬，小腿放松保持在体前不动。上体正直稳定，成腾空步姿势。空中姿势有蹲踞式、挺身式和走步式三种。

(1) 蹲踞式。起跳成腾空步姿势后，上体仍保持正直，摆动腿的大腿继续高抬，两臂向前挥摆，起跳腿开始向前上方提举，逐渐与摆动腿靠拢，空中形成蹲踞式的姿势，随后两腿上收，上体前倾。将要落地时，两臂由前向下、向后摆动，同时前伸小腿落地。(图 1-2-24)

图 1-2-24

(2) 挺身式。起跳后，摆动腿积极下压，小腿向前、向下、向后呈弧形摆动，起跳腿逐渐与摆动腿靠拢，两臂向下、侧、后上绕环，继而展髋，挺胸展腹，在空中形成挺身式的动作。接着向前收腹抬大腿，两臂从上向前、下后摆动。上体前倾，前伸小腿落地。(图 1-2-25)

图 1-2-25

（3）走步式。腾空步后，以髋为轴开始下放摆动腿，同时，起跳腿屈膝高抬，髋部随着两腿交换而扭转，肩轴向反方向转动、带动两臂做相应的环摆动作，在空中完成一个自然的换步动作，形成起跳腿在前，摆动腿在后的“跨步”姿势。随后摆动腿迅速屈膝前摆，向起跳腿靠拢，并向前伸出小腿，两臂摆至体前，上体前倾准备落地，完成两步半的走步动作。（图 1－2－26）

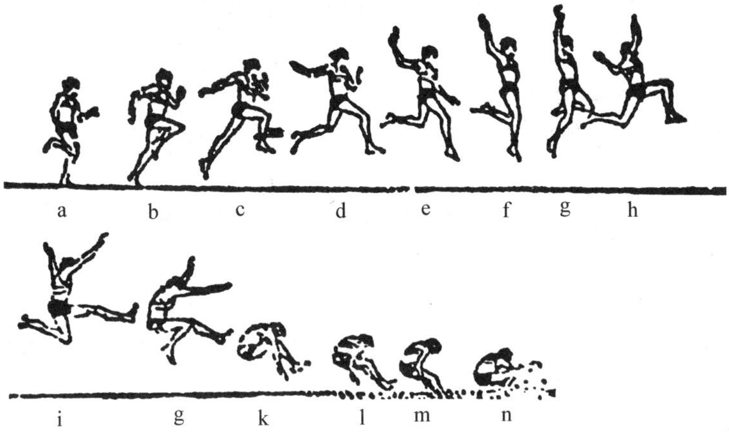

图 1－2－26

4. 落地

落地前，上体不要过于前倾，大腿要向前提举，小腿前伸，准备落地。落地时，膝关节伸直，脚尖勾起，两臂同时后摆，脚接触沙面时，两腿迅速屈膝，髋部前移，两臂屈肘时前摆，使身体迅速移过支撑点。落地分为前倒落地和侧倒落地两种姿势。

（二）练习方法

1. 初步掌握蹲踞式跳远技术

（1）原地向高跳起，在空中收腹举腿屈膝成蹲踞姿势，此练习可连续做。

（2）助跑 4～8 步，在起跳区做蹲踞式跳远。

（3）助跑 6～10 步，在缩小的起跳区或起跳板做蹲踞式跳远。在进行这一练习时，可采用“先高后远”的作业条件限制方法。所谓“先高后远”是在起跳区或起跳板前所跳远度的 1/3处放置一根高约 30 厘米左右的横杆或松紧带，在沙坑里所跳的约 2/3 处的沙面上放一明显的标志物（如白布带），练习者经助跑起跳后，先做“腾空步”跨过横杆再做蹲踞动作，接着两腿前伸越过沙面上的标志物，然后下落于沙坑。

2. 初步掌握挺身式跳远技术

（1）原地向高跳起，在空中做挺身送髋和两侧向上展的动作，然后举腿前伸落于沙坑。

（2）助跑 4～6 步，在跳箱用的助跳板上起跳（或在起跳区起跳，但将沙坑沙子适当挖低），做挺身式跳远。

（3）助跑 4～6 步，在起跳区起跳做挺身式跳远。

（4）助跑 6～8 步，在缩小的起跳区或跳板起跳做挺身式跳远。

3. 初步掌握走步式跳远技术

原地或行进间的走步式练习，与挺身式模仿练习相同，只是在下放摆动腿时，起跳腿屈膝前摆，使两腿成一前一后的“跨步”姿势。

4. 助跑与起跳相结合技术的练习

(1) 原地模仿练习起跳,起跳脚在后,摆动腿在前,做腾空起跳的动作。

(2) 做 3 步结合起跳的练习。

(3) 上一步起跳练习,练习时可以连续做。

(4) 在跑道或平坦的草地上,做 3 步助跑起跳和"腾空步"的练习。可以串联起来连续做。

(5) 助跑 4～6 步,在跑道上连续做一步起跳"腾空步"。起跳成"腾空步"后,摆动腿主动伸髋下压着地,在空中起跳腿主动"赶超"摆动腿并做积极的上板放脚起跳动作。可以连续进行。

(6) 助跑 4～6 步,在起跳板(或起跳区)起跳,在空中做"腾空步"然后将摆动腿下落于沙坑,继续向前跑进。

(7) 同上练习,但助跑步可增加到 8～10 步。

(8) 助跑 8～10 步,在起跳板(或起跳区)起跳,在空中经"腾空步"后做蹲踞式或挺身式跳远练习,体会摆动腿的快速"跟摆"。

(9) 全程助跑的练习。

5. 空中技术练习

(1) 蹲踞式。步骤:① 助跑 4～6 步,起跳后做"腾空步"练习。② 助跑 4～6 步,起跳成"腾空步"后,将起跳腿向前上提举与摆动腿靠拢(形成空中蹲踞动作),然后两腿伸下落于沙坑。③ 逐渐加上助跑距离,做完整的蹲踞式跳远练习。

(2) 挺身式。步骤:① 通过立定或行进间的挺身式跳远模仿练习,学会下放摆动腿,接着做挺身送髋和两臂的配合等动作。② 从 50 厘米左右的高处向前跳下,在空中做挺身式跳远模仿动作。③ 助跑 4～6 步起跳至跳箱盖上做摆动腿下放,并能在跳箱盖后过渡到两步跳下跳箱盖的挺身式技术模仿练习。④ 助跑 4～6 步,起跳成"腾空步"后,摆动腿向下,向后摆动,起跳腿屈膝向摆动腿靠拢,两臂配合摆动,髋部前送,挺胸展体成挺身姿势,然后收腹举腿,两腿前伸落于沙坑。⑤ 逐渐加长助跑距离,做完整的挺身式跳远练习。

(3) 走步式。与挺身式练习基本内容相似。可增加短中距离助跑的完整练习,强调换步后的"跨步"姿势。

6. 下落着地技术的练习

(1) 原地向高跳起,在空中做收腹举腿练习。练习时,要求大腿向胸部靠近,几乎触及胸部。

(2) 立定跳远练习:在沙坑边缘站立练习立定跳远。

7. 完整跳远技术的练习

丈量全程助跑的步点,全程助跑的蹲踞式、挺身式和走步式跳远练习,全面巩固和提高技术。

八、三级跳远

三级跳远是在助跑后沿直线连续进行三次跳跃的一项运动。它要求运动员要有快速的助跑速度、良好的弹跳力以及强有力的腿部力量。

三级跳远第一跳由起跳腿起跳，起跳腿落地，称为“单足跳”；第二跳仍由起跳腿起跳，但由摆动腿落地，称为“跨步跳”；第三跳由摆动腿起跳，由双腿落入沙坑，称为“跳跃”。

（一）基本技术

1. 助跑

三级跳远助跑步数一般为18～20步，距离长达38～40米。

2. 第一跳（单足跳）

当起跳腿以直腿踩上起跳板时，随即以全脚掌迅速滚动着地，上体稍前倾。起跳腿着地后，重心迅速前移，起跳腿膝关节稍放松，此时摆动腿的大小腿折叠，快速屈腿前摆，而后积极且快速地蹬直髋、膝、踝关节。与此同时，两臂有力地配合上述动作向前摆出。起跳腾空后，有一个短暂的腾空步时间，做交换腿动作。换腿时，上体要保持正直或稍向前倾。起跳腿从身体后下方屈腿并带动同侧髋部向上方提摆，而摆动腿自然地向后下方做剪绞动作。两臂配合腿的动作从体前向后下方摆动。当起跳腿前摆与地面接近平行时，开始做扒地式的落地动作。起跳腿大腿带动髋部积极下压并用全脚掌加速着地。起跳腿落地后，身体重心很快前移到支撑点的垂直部位，上体恢复到正直姿势，向前摆动的两臂和摆动腿快速接近身体位置。（图1－2－27）

图1－2－27

3. 第二跳（跨步跳）

上体稍前倾，起跳脚离地后，仍然形成一个腾空步姿势。落地前，要有一个顺势高抬大腿的动作，起跳腿弯曲，继续留在身体后下方。当身体到达腾空抛物线2/3时，开始落地并准备第三次起跳动作。（图1－2－28）

图1－2－28

4. 第三跳（跳跃）

第二跳落地后，支撑腿经过短暂的缓冲，迅速蹬伸髋、膝、踝各关节，另一腿则屈膝向前上方摆起，两臂同时配合腿的动作上摆。起跳腾空后，仍保持腾空步的姿势，腾空步中动作和跳远一样，可采用蹲踞式、挺身式或走步式落入沙坑。（图1－2－29）

图 1-2-29

（二）练习方法

1. 三级跳远着地技术练习

（1）原地着地动作模仿练习。小腿加速向前、向下、向后扒地，以前脚掌或脚跟先着地迅速过渡到全脚掌接触地面，落地点靠近身体重心投影点，膝关节放松。

（2）原地进行上一步着地动作模仿练习。

（3）走动着地动作模仿练习。

2. 单足跳技术练习

（1）原地模仿单足跳动作。

（2）连续单足跳。起跳腿蹬伸后，大小腿尽快折叠，以膝领先向前上方摆出，摆动腿向后摆动。两腿交换协调有力并积极落地，配合下肢的摆动，使摆动的力量与躯干和腿的用力一致。

（3）单足连续跳上、跳下跳箱盖。

（4）单足连续跳跃低障碍。

3. 立定三级跳远和跨步跳技术练习

（1）原地立定三级跳。原地站立，双脚左右开立，起跳时，双脚蹬地，摆臂摆腿用力一致，用有力的腿落地，另一腿配合摆臂向前上方快速摆出，形成跨步，摆动腿落地后，再次跨步双脚落入沙坑。

（2）立定多级跨步跳。

（3）短助跑连续跨步。

4. 第一跳与第二跳衔接技术练习

（1）4～6 步助跑起跳，起跳脚着地。

（2）4～6 步助跑单足跳，跳入沙坑。

（3）2～4 步助跑，单足跳连接跨步跳。

（4）4～6 步助跑，“单足跳＋跨步跳”连续做 50 米。

5. 第二跳与第三跳衔接技术练习

（1）2～4 步助跑起跳跨进沙坑，摆动腿着地向前跑出。

（2）4～6 步助跑跨步跳，摆动腿着地起跳，双脚落入沙坑。

6. 短中程助跑三级跳远技术练习

（1）6～8 步助跑起跳练习。

（2）4 步助跑三级跳远。

（3）6～8 步助跑三级跳远。

7. 完整三级跳远技术练习

(1) 10～12 步助跑起跳练习。

(2) 12～14 步助跑三级跳远。

(3) 全程助跑练习。

(4) 全程助跑起跳练习。

(5) 全程助跑三级跳远。

九、标枪

标枪可发展人的快速力量、柔韧、灵敏、协调等身体素质。

(一) 基本技术

1. 握枪

握枪方法有两种。

(1) 现代式握法:即拇指和中指握法。(图 1-2-30)

(2) 普通式握法:即拇指和食指握法。(图 1-2-31)

图 1-2-30

图 1-2-31

2. 持枪

有持枪于右耳旁,枪身与地面平行(图 1-2-32);有持枪于头的右上侧,枪头稍向上(图 1-2-33);采用最广的是持枪于右肩稍高于头,枪头稍低于枪尾。(图 1-2-34)

图 1-2-32

图 1-2-33

图 1-2-34

3. 助跑

投掷步的形式有两种:(1) 跑步式,用跑一样的步伐完成投掷步;(2) 跳跃式,像弹跳步,腾空时间较长,有利于加大后蹬力量并完成引枪超越器械的动作。

投掷步动作:

第一步,左脚踏上第二标志线,右腿开始前迈第一步,上体开始向右转动,左臂稍屈摆向体前,右臂开始向后引枪,眼向前看,右脚掌落地的部位稍偏右。

第二步,当右脚落地,左脚开始前迈第二步。左腿前迈的同时,髋轴向右转动,形成侧对投掷方向的姿势。这时持枪臂继续后引，左肩靠近标枪并稍含胸，以防右臂下降，左臂摆至身体左侧，眼向前看。

第三步，交叉步。第二步落地，接着右腿自然屈膝，大腿带动小腿快速向前迈出，左腿用力蹬伸，促使右腿加速前迈超过上体而积极落地，投掷臂充分伸直后引，支撑点在身体前方，而标枪又落在身体后方，形成良好的"超越器械"动作。

第四步，由助跑过渡到最后用力的衔接步，要保持超越器械的姿势，不停顿地转入最后用力。

4. 最后用力与缓冲

第四步未着地前就开始了最后用力。左腿落地后形成左侧支撑，右腿加速蹬地，转送右髋，使髋轴超过肩轴，从而拉紧了胸部和腹部的肌肉。当上体转至正对投掷方向时，投掷臂已翻到肩上，形成"满弓"姿势(图1-2-35)，这时胸部继续向前，以胸带动臂做快速"鞭打"的动作，蹬直左腿，挥臂甩腕，使标枪从右肩前上方沿30～35度向前飞出。标枪出手后，因惯性身体必须向前运动，这时右脚及时向前跨出一大步即为缓冲步，身体稍向左转，降低重心保持平衡。

图1-2-35

（二）练习方法

1. 最后用力技术练习

(1) 学习握枪与持枪方法。

(2) 原地正面插枪。

面对投掷方向，两脚前后开立，左脚在前，身体成"反弓"形姿势，转肩翻肘，投掷臂伸直持枪于右肩后上方，枪尖低于枪尾，左臂微屈于体前。然后两腿蹬地，以胸带臂，沿枪尖指向掷出标枪。① 向目标插枪：在投掷前方约10米处的地上画小圆圈或设置其他目标，投掷时使枪尖插中目标。② 逐渐抬高准备姿势时枪尖的位置，逐渐加大出手角度进行原地正面插枪。

(3) 正面上一步插枪。

(4) 原地侧向掷标枪。

练习主要有：① 徒手或持标枪练习原地侧向掷标枪的准备姿势。② 徒手、持标枪或两人互拉手，从准备姿势开始用力完成"满弓"动作。③ 右手持软树枝，做好原地侧向掷标枪的准备姿势，然后按最后用力顺序快速向前上方的标志物做"鞭打"动作。④ 原地侧向掷小垒球、小沙包等轻器械。⑤ 原地侧向掷标枪。

(5) 侧向上一步掷标枪。

2. 投掷步掷标枪技术练习

(1) 投掷步第三、四步的练习。

步骤：① 徒手、扶同伴两肩或扶支撑物做右腿屈膝前摆、左腿蹬伸两腿交叉的练习。② 徒手、持标枪做交叉步结合左脚着地的练习。③ 徒手、持标枪连续向前交叉步走和交叉步跑。④ 侧向上两步成"满弓"练习。⑤ 侧向上两步掷标枪练习。

(2) 投掷步第一、二步(引枪)的练习。

步骤：① 原地引枪练习。② 上两步引枪练习。③ 走和慢跑4步接引枪练习。

(3) 投掷步掷标枪练习。

步骤：① 徒手或持标枪做投掷步练习。② 徒手或持标枪做投掷步接"满弓"练习。

③ 投掷步掷标枪练习。

3. 全程助跑掷标枪技术练习

(1) 持枪助跑练习。

(2) 持枪慢跑 4～6 步接投掷步的练习。

(3) 持枪中速跑 4～6 步接投掷步的练习。

(4) 4～6 步助跑掷标枪或小垒球。

(5) 丈量全程助跑步点。

(6) 8～10 步助跑掷标枪。

(7) 全程助跑掷标枪练习,重点强调动作的连贯性和节奏。

(8) 确定个人助跑速度,全程逐渐加速助跑掷标枪。

(9) 组织助跑掷标枪的模拟比赛。

十、铅球

推铅球对增强体质,发展躯干、上肢、下肢力量效果明显。推铅球技术可分为滑步推铅球技术和旋转推铅球技术两大类。滑步推铅球技术又可分为侧向滑步推铅球技术和背向滑步推铅球技术。目前教学当中侧向和背向滑步推铅球技术较为常见。

(一) 基本技术

1. 握球和持球

(1) 握球时五指自然分开,手腕背曲。把球放在食指、中指和无名指根处,大、小拇指自然地扶在球的两侧,握球要稳。

(2) 握好球后把球放在肩上锁骨窝处,贴着颈部,手稍外转,掌心向前,右臂屈肘。持球和握球的方法,可根据个人情况在实践中调整确定。

2. 预备姿势

背向滑步推铅球技术有高姿势和低姿势两种。

(1) 高姿势。持球后,背对投掷方向,两脚前后开立,右脚在前,脚尖贴近投掷圈后沿,体重落在右腿上,左脚稍后,放松而自然弯曲,脚尖点地,距右脚 15～20 厘米。上体正直放松,持球臂肘低于肩,左臂自然上举微屈,形成左肩高、右肩低的姿势。两眼注视前方 50 厘米左右。

(2) 低姿势。持球后,背对投掷方向,两脚前后开立,右脚在前,脚尖贴近投掷圈后沿,左脚在后,前脚掌或脚尖着地,与右脚相距 50～60 厘米。上体屈,左臂自然下垂并稍向内,重心落在右腿上,两眼看前下方。

3. 滑步

(1) 背向滑步技术。背向滑步前先做一两次预摆,预摆时左脚离地,左腿向后上方摆出,上体自然前俯,左臂自然前伸,然后左腿回收,同时弯曲右腿,上体前俯,当左膝回收靠近右膝时,身体重心略向后移,右腿用力蹬伸,右腿向抵趾板中间偏右方摆出。由于右腿的蹬伸和左腿的后摆,使身体向投掷方向移动,这时迅速收回到右腿的重心下面,右前脚掌在圆心处着地,与投掷方向成 90～130 度角移动中,右脚、右膝和右髋要向投掷方向转动,右脚落地,左脚内侧支撑稍向外转,落地在抵趾板中线靠右处,两腿落地时间几乎同时。

注意滑步结束时,上体前倾左肩向右扣成扭转,重心落右脚上。铅球的投影点在右脚掌外侧。

(2) 侧向滑步技术。滑步前预摆一两次,预摆时左膝微屈,大腿用力向投掷方向摆动,上体向右倾,当身体平衡后,左腿回摆靠近右腿。接着左大腿用力向投掷方向摆出,同时右腿用力蹬伸。当右腿蹬直后,迅速将小腿向投掷方向收拉,脚尖稍向内转动,并用前脚掌落在圆心附近。在收腿过程中,左腿积极下落,以前脚掌内侧落在中线稍偏左处,形成推铅球前的动作。

4. 最后用力和维持身体平衡

最后用力是推铅球的主要环节,当滑步结束时,左脚着地的一刹那开始时最后用力,在拉收右小腿过程中,右膝和右脚向投掷方向转动,右脚着地后还要不停地蹬转,并推动右髋向投掷方向转动。由于右脚的蹬转,重心开始向左腿移动上体迅速向投掷方向抬起,加快了铅球的运行速度。此时身体和头转到几乎面对投掷的方向上,上体向右侧倾斜,左肩高于右肩,右腿继续蹬转,头和胸部快速转向投掷方向,重心移至左腿,迫使左腿微屈压紧支撑,并不停蹬伸支撑,快速将球推出,球从手指外翻拨出。

(二) 练习方法

1. 原地推铅球的技术练习

(1) 原地徒手做最后用力的模仿练习,可持轻重量实心球练习。

(2) 正面轻推铅球练习,体会下肢协调用力,结合上肢推球的动作,两脚平开与肩同宽。

(3) 侧向原地推铅球,左侧正对投掷方向。

(4) 原地背向推铅球。

2. 学习滑步推铅球

(1) 圈外徒手滑步。步骤:① 摆动腿摆动练习,这个练习可拉住同伴的手和肋木练习,两脚前后开立,成预备姿势,摆动腿后摆,带动身体向投掷方向移动。② 在摆动腿摆动的同时(左),右腿蹬伸练习,注意蹬摆结合。③ 收拉右小腿,蹬摆结束,迅速收拉右小腿,形成最后用力。④ 徒手连续滑步,要求动作协调。

(2) 持球滑步。持球滑步从预备姿势开始做预摆和团身。

(3) 滑步推铅球和最后用力结合,反复练习。

3. 完整技术练习

在练习中既要注意动作的连贯,又要注意技术的细节。

田径运动的基本规则

参考文献

1. 吴旭东,戎成.大学体育新编(第三版).[M].上海:上海交通大学出版社,2017.

2. 尹军,袁守龙.身体运动功能训练[M].北京:人民体育出版社,2017.

3. 刘建国,等.田径(第三版).[M].北京:高等教育出版社,2014.

4. 田麦久.运动训练学(第二版).[M].北京:高等教育出版社,2017.

5. 杨世勇.体能训练[M].北京:人民体育出版社,2012.

第二章　篮　球

第一节　篮球运动概述

篮球运动是加拿大体育教师詹姆士·奈史密斯(James Naismith)在1891年发明的。他鉴于当地冬季气候寒冷、不宜在室外活动的情况,受"石头上的鸭子"游戏启发,在综合美式橄榄球、长柄曲棍球、英式橄榄球及足球等球类项目的方法与原则基础上,发明了篮球运动。

最初的篮球游戏是在体育馆两边距地面3.05米的墙上各钉一个篮子,两队(无严格人数限制,但必须人数相等)运用运球、传球、防守、投篮等技术,把球投入筐中,以投中次数的多少决定胜负。篮球游戏因为受到学生的喜爱而迅速传遍美国,继而传到欧洲、亚洲、澳洲和非洲等,成为世界性体育运动项目。

1. 初创试行时期(1891—1929)

19世纪90年代,篮球运动无明确的竞赛规则,场地大小、活动人数不限,攻守技术简单,以单兵作战为攻守的主要形式,在室内一块狭长的空地两端各放一个桃筐,竞赛时将参加者分成人数相等的两队,当竞赛主持者把球向场地中心区域抛去后,两队便集体向球落点奔抢,随即展开攻守对抗,球进筐者得一分,累计得分多者为胜。1891—1920年,由于篮球比赛的趣味性强,篮球运动在美国教会学校迅速得以推广。

2. 完善和推广时期(1930—1949)

20世纪30年代以后,篮球运动迅速向欧洲、亚洲、非洲等大洲的许多国家推广,得到了进一步的发展。篮球运动参与者的技术水平不断提高,单兵作战的基本形式逐渐被掩护、协防等多人相互配合的形式所替代。为了适应并推动世界各国篮球运动的普及与发展,1932年6月18日,在瑞士的日内瓦,欧美八国代表酝酿并初步制定了13条国际统一的竞赛规则。在1936年第11届奥运会上,篮球运动被列为男子正式竞赛项目,现代篮球运动从此登上国际竞技舞台。

3. 普及和发展时期(1950—1969)

20世纪50至60年代,篮球运动在世界各地广泛普及,特别是随着篮球运动技术、战术的创新发展,规则与技术、战术之间不断制约和相互促进,篮球运动员平均身高加速增长。世界篮球运动开始形成以美国队为代表的高度、速度与技巧结合的美国型打法;以苏联为代表的高度、力量和速度相结合的欧洲型打法;以韩国、中国队为代表的矮、快、灵、准结合的亚洲型打法。篮球运动跨入普及与发展的新时期。

4. 全面提高时期(1970—1989)

20世纪70年代以后,2米以上的队员大量涌现。篮球竞赛空间争夺越发激烈,高度与速度的矛盾更加尖锐,高空技术的发展和占有高空优势就代表着实力,篮球竞赛实际上成为了巨人们的空间游戏。80 年代中期，篮球竞赛规则对进攻时间、犯规罚则又做了新的修正，例如规定了远投区、增加了 3 分球规定等，篮球运动向更高水平发展。

5. 创新和发展时期(1990 年至今)

20 世纪 90 年代，国际奥委会允许职业篮球队员参赛，给世界篮球运动开创了新的发展渠道和方向。现代篮球运动无论男子或者女子，朝着“智”“高”“快”“全”“准”“狠”“变”方向转变。技术、战术运用技艺化的方向和各种风格、不同打法，形成高度技艺性、高度文化性、高度观赏性、高度商业性的新的方向发展。

篮球运动的价值

重大篮球赛事介绍

第二节　篮球基本技术及练习方法

一、篮球运动基本技术

篮球基本技术包括移动、传接球、投篮、运球、持球突破、防守、抢篮板球等。

(一) 移动

移动技术是篮球比赛中队员为了改变位置、方向、速度和争取高度时所采用的各种脚步动作方法的总称。包括起动、跑、跳、急停、跨步、转身、后撤步、滑步、交叉步等。

(二) 传接球

传接球是篮球运动中队员之间有目的地支配球、转移球的方法，是发挥集体力量和团结合作、组织进攻的纽带，也是实现战术配合的具体手段。现代篮球比赛中运用传接球技术应做到隐蔽、及时、多变、准确。

1. 双手胸前传接球

双手胸前传球时，两脚蹬地、膝关节伸直，两臂向传球方向伸出的同时，用翻腕和拇指、食指、中指的力量为主将球传出，身体重心随之前移。(图 2－2－1)

a　　b　　c

图 2－2－1

接球时，两臂自然向前伸出迎球，手指自然分开，两拇指成八字形，两手成半圆状。手指触球时，两臂随球后冲把球接住单手肩上传接球。（图 2－2－2）

a b c

图 2－2－2

2. 单手肩上传接球

以右手为例，传球时两脚前后开立（右脚在后），双手持球，将球引到右肩上方，肘关节外张，手腕后仰，右手托球，身体稍向右转，右脚蹬地，转身，前臂迅速向前挥摆，用手腕通过手指的力量将球传出。（图 2－2－3）

a b c d e f

图 2－2－3

接球时，右手伸出迎球，手指自然分开，掌心正对来球方向，当球触及手指时，立即顺势后引，另一只手立即扶球呈双手持球姿势。（图 2－2－4）

a b c d e

图 2－2－4

（三）投篮

投篮是进攻队员将球投入对方球篮而采用的各种动作方法的总称，是篮球比赛中得分的唯一手段。掌握正确的投篮技术，对投篮命中率和取得比赛的胜利有着十分重要的意义。

1. 原地双手胸前投篮

双手持球于胸前，两脚前后开立，两膝微屈。投篮时，双脚蹬地，腰腹伸展，两臂向前上方伸直，拇指下压，手腕外翻，食指、中指拨球，通过指端将球拨出，两手用力要均匀，全身动作要协调一致。（图 2－2－5）

a　b　c　d　e

图 2－2－5

2. 原地单手肩上投篮

以右手为例，两脚前后开立，两膝微屈，重心落在两脚之间。右手五指分开，手心空出，用指根以上部位托球的后下方，左手扶球，右臂屈肘，置球于右肩上，前臂与地面接近垂直。投篮时两脚蹬地，同时右臂向前上方伸展，最后用手腕前屈和食、中指力量将球投出。（图 2－2－6）

a　b　c　d　e　f

图 2－2－6

3. 行进间单手肩上投篮

以右手为例，在快速奔跑或快速运球中，右脚跨出一大步，在脚未落地前接球，落地后左脚再向前跨一步并用力蹬地跳起，同时举球于肩上，身体至最高点时，右臂向前上方伸直时手腕前屈，食指、中指用力拨球，通过指端柔和地将球拨出。（图 2－2－7）

a　b　c　d　e　f

图 2－2－7

（四）运球

运球技术是持球队员原地或行进间用单手连续推、按、拍球，将球推进的一种动作技术。

1. 高运球

运球时，两腿微屈，上体稍前倾，目视前方，以肘关节的屈伸使前臂上扬、下压，五指自然分开，用手指、手腕用力向前下方快速推、按球，使球落于体侧前方，球弹起高于膝盖。

2. 低运球

低运球时，两脚前后开立，两膝弯曲，上体稍前倾，抬头看前方，手腕放松，手掌与地面平行，以肘关节为轴，用手指拍球，球反弹高度在膝关节以下，左臂屈臂抬起，用上体和腿护球，球的落点应控制在运球手同侧脚的外侧稍前。

3. 体前变向换手运球

以右手为例，先向对手左侧运球，使对手误认为是向其左手突破。当对手重心移位时，运球队员突然向对手右侧变向拍球的右后上方，使球从自己身体的右侧拍向左侧前方。（图 2－2－8）

a　　b　　c　　d

图 2－2－8

（五）持球突破

持球队员以脚步动作和运球相结合的技术快速超越对手，称为持球突破。这是一项攻击性很强的技术。持球突破可分交叉步突破、同侧步突破、前转身突破和后转身突破等。

其中，交叉步突破以右脚为中枢脚，突破前应结合瞄篮、虚晃等动作吸引防守队员，使其重心偏于自己右侧，左脚前脚掌用力蹬地，并向右前方跨出一大步，落在对方左脚侧，上体右转，左肩下压，将球引于右侧接着运球，右脚蹬地向前跨出，超越对手。（图 2－2－9）

a　　b　　c　　d　　e

图 2－2－9

（六）防守

防守技术是队员在防守时为了阻挠和破坏对手的进攻，达到夺球反攻的目的所采取的各种专门动作方法的总称。防守技术内容主要包括防守移动,抢、打、断球,防守有球队员和防守无球队员等。

(七) 抢篮板球

比赛中,双方队员在空中争抢投篮未中的球称为抢篮板球。抢篮板球技术由抢占位置、起跳动作、空中抢球动作、获球后动作 4 个环节组成。

二、篮球运动的基本战术

篮球战术是比赛中充分发挥队员的身体和技术特长,合理地组织同伴之间相互配合的形式,也是最有效的集体行动。同伴之间必须相互依赖,团结合作,依靠集体力量,在全队的努力配合下更好地发挥个人的作用。篮球战术可分为进攻战术和防守战术两个部分。

(一) 进攻战术基础配合

1. 传切配合

传切配合是队员之间运用传球和切入技术组成的简单进攻配合,在半场、全场比赛中均可使用。传切配合的方法(图 2-2-10):④传给⑥,④向反方向做假动作,迅速摆脱对手向篮下切入,接⑥的回传球投篮。

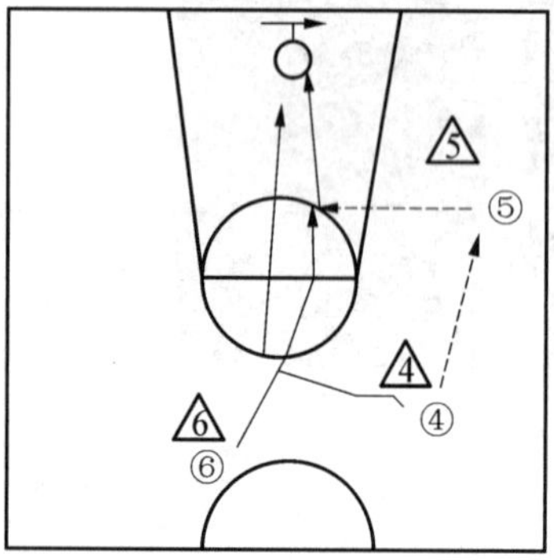

图 2-2-10

2. 掩护配合

掩护人从侧面或后面跑向防守者的侧后方距离对方半步左右,两膝弯曲,两脚左右开立,两臂屈肘抬起,上体稍前倾,面向防守者。当同伴借用自己的掩护切入时,掩护者要随切入人后转身,继续挡住防守人的移动路线,并准备接切入人的回传球或抢篮板球,给持球队员掩护。(图 2-2-11、图 2-2-12)

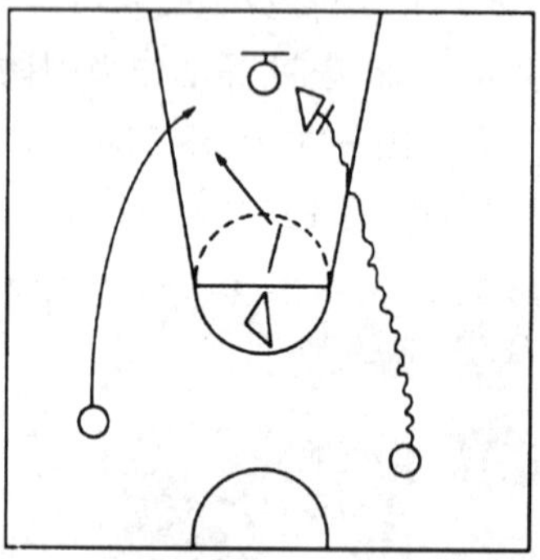

图 2-2-11

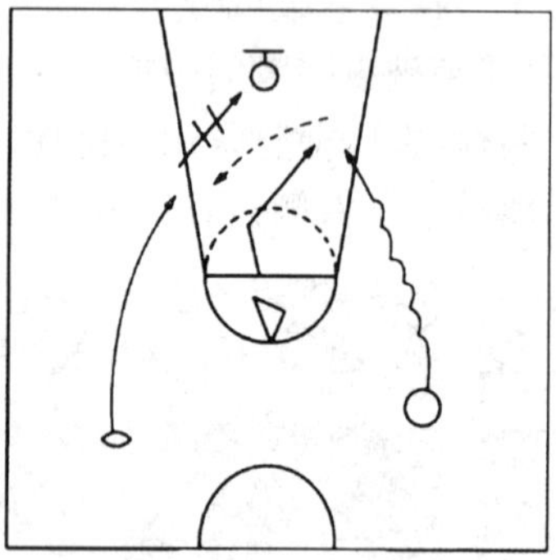

图 2-2-12

(二) 防守战术基础配合

防守战术基础配合是两三名队员在防守中运用协同防守配合的方法,包括挤过、穿过、交换防守、“关门”、夹击、补防等防守配合,这些也是组成全队防守战术的基础。

(三) 快攻与防守快攻

1. 快攻

快攻是由守转攻时,以最快的速度、最短的时间,在人数上造成以多打少的优势,或在人数相等及人数少于对方的情况下，趁对方立足未稳，强行进攻。快攻战术形式有长传快攻、传球与运球结合的快攻和个人突破快攻。

抢篮板球发动快攻在比赛中运用最多，获球后传球的快慢直接关系到快攻的成功与否，第一传应出手快，传球距离远，可以超越对手，造成以多打少的局面。（图 2－2－13、图 2－2－14）接应有固定接应人和不固定接应人。当本方拿到篮板球的同时，接应人侧身迅速跑到接应点。

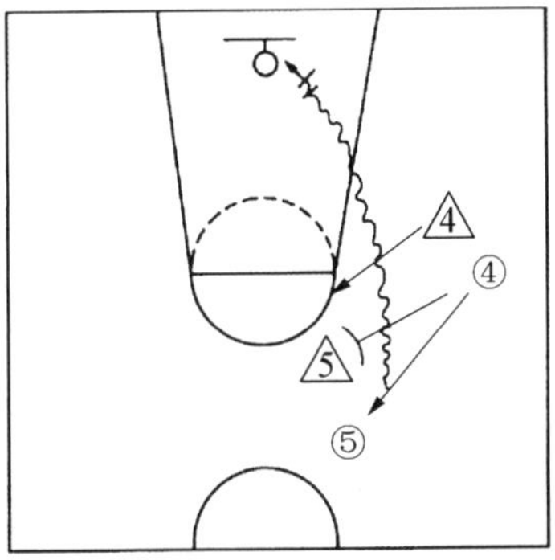

图 2－2－13

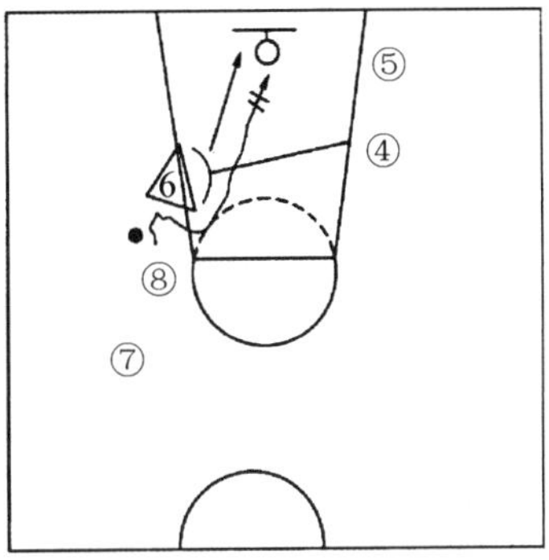

图 2－2－14

2. 防守快攻

防守快攻要从全力拼抢篮板球开始，合理地运用封、夹、断等手段破坏对方的第一传和快攻接应，并伺机夹击运球队员，破坏其快攻。退守时，要前后照应，边退边防，提高个人以少防多的能力，降低对方快攻的成功率，并迅速落位组织阵地防守。

（四）防守战术

1. 半场人盯人防守

半场人盯人防守是在预先分工盯人的前提下，以球为主，人球兼顾，分工明确，针对性强，能较好发挥队员的积极性，强化责任感，根据对方进攻情况，有效地控制对方进攻重点。防守选位是根据对手、球篮、来球选位，近球紧、远球松、随时抢占有利位置。防持球队员一般要逼近对方，保持与对手、球篮成一条线。防不持球队员要以球为主，人球兼顾。根据对手与场上情况的变化，准确及时抢断球、夹击、协防和补防。

2.“2－1－2”区域防守

区域联防是进攻转入防守时，迅速跑回后场，每个队员负责防守一个区域，并与同伴密切配合，将每个队员的防区联系起来，组成集体的联合防守。它的特点是篮下防守较严密，有利于争抢篮板球和及时发动进攻，对中、远投篮不准，但善于个人突破或内线威胁较大的队采取区域联防效果最佳。（图 2－2－15）

图 2－2－15

三、篮球运动的练习方法

（一）球感练习

1. 球绕头

方法：两脚直立，两手交替使球绕头。

要求：动作迅速，可经常改变绕球方向。

2. 球绕腰、腿

方法：两脚直立，持球于腹部，球绕腰后上体前屈，使球绕腿(膝部高度)，两手连续交替进行。

要求：手指端控制球，上下动作要连贯。

3. 胯下绕“8”字

方法：两脚开立，上体前屈，持球于膝前。练习时，右手将球从两腿中间递给左手，左手持球绕过左腿外侧，再将球递给右手，交替进行。

要求：眼不看球，快速连做，绕的方向可随时改变。

4. 体前两手传接球

方法：直立，两臂伸直持球，用手指和指端将球从一手传向另一手，交替进行。

要求：两手之间保持一定距离，指端用力。

5. 高抬腿绕“8”字

方法：一腿屈膝抬起，一手持球从屈膝后部递给另一手，交替进行。

要求：手脚要快速且协调一致。

(二) 传接球练习

1. 原地向上抛、接球练习

方法：每人一球，先将球向上抛起，待球下落至头顶时，用双手将球接住。

要求：要提前伸出手臂，使双手呈半圆形，手接触球后要立即收至胸前，呈基本站立姿势。

2. 对墙传接球练习

方法：每人一球，距墙 3 米左右站立，用双手胸前传球的方法将球传向墙壁，在球反弹回来经过地面弹起时，用双手接住，再传向墙壁。

要求：在传接球过程中，两脚要积极移动，并加强手指、手腕动作的力量。

3. 原地单手、双手传接球练习

方法：两人一组，相距 4～6 米，相互进行双手胸前传接球、单手胸前传接球等。

要求：传球动作要规范，传球准确、快速。

4. 两人移动传接球练习

方法：两人一组边跑动边传球、接球，向前场推进，在接近前场球篮时，其中一人行进间投篮，另一人抢篮板球。

要求：两人跑动的速度要适当，传球要有适当的提前量，要根据同伴的速度和距离来决定用力的大小。

5. 传接球二攻一

方法：每三人一组，两人距离 3～4 米练习传接球，另一名队员位于中间进行防守，每当防守者碰到球时立即交换位置。

要求：防守者要积极移动进行防守，传接球动作应快速多变，落点准确。

(三) 运球技术练习

1. 运球起动与急停的练习

方法：每人一球，于场地一侧端线站立。先做原地运球练习，看到(听到)信号作运球起动，再看到(听到)信号，作运球急停，一直做到对侧端线。

要求：身体姿势要正确，重心要降低，练习时要处理好手和球的关系，使球始终控制在身体的一侧,急停时要注意保护球,起动时要突然、快速。

2. 变向运球练习

方法:每人一球,于场地一侧端线站立,在纵向半场内,做变向运球练习,一直做到前场。过中线后,做变向岸球突破。

要求:身体重心要降低,变向与换手动作要协调,换手变向后的起动要突然加速。

3. 保护球运球游戏

方法:每人一球,听到信号后,在规定的限制区内运球,同时,要积极地打、捅其他人的球,还要保护好自己的球,失误者即罚出场,坚持到最后的一个人为优胜。

要求:主动出击,切不可为消极保护自己而不动,同时也尽量保护好自己的球。

4. 全场绕三圆圈变向运球练习

方法:每人一球于端线球篮下站立。开始用右手运球绕第一个圈,当绕过圆并向第二个圆运球前进时,要及时更换为左手运球,当绕过第三个圆时,向相反方向至开始处结束。

要求:整个练习在低姿势下完成,手脚要协同配合,并保持抬头观察。

5. 两人对抗一攻一运球

方法:两人一组,一人进攻,另一人防守,开始时速度可慢些,防守相对消极些,逐渐加强对抗的强度。

要求:进攻者要采用各种运球姿势,结合各种假动作,同时要保护好球。防守者要积极移动,全力抢打堵截。

(四) 投篮技术练习

1. 原地投篮动作练习

方法:每人一球,首先做向上投篮练习,体会动作的全过程和方法,特别要体会手腕、手指用力的方法。

要求:投篮前的准备姿势要正确,蹬地、伸臂、翻腕、拨指等几个环节要连贯,出手方向要正确。

2. 自抛自接投篮练习

方法:练习由向前抛球开始,抛球后立即起动去追下落的球,做跨步接球并投篮。

要求:接球与投篮的动作练习要衔接,尽量将球投中。

3. 运球急停跳投练习

方法:由低运球开始,运两至三下球后,做跨步和跳步急停,同时立即起跳并投篮。

要求:空中动作要控制身体重心,适当含胸收腹。要在最高点出手以保证球飞行的抛物线。

4. 两人自投自抢练习

方法:两人一组,在半场内练习,开始时一人跳起投篮,落地后立即起动去抢篮板球,并传给另一人投篮,传球后跑到自己下一个准备投篮的位置,两人依次往返练习。

要求:整个练习要在移动中进行,接球时要采用正确的急停步伐,投篮动作要协调完整,投篮后要冲抢篮板球。

5. 接策应传球的跳投练习

方法:练习开始时,先传球给教练员,然后做摆脱变向移动,再去接教练员的回传球投篮。

要求：摆脱动作要逼真，跳投动作要正确。

（五）综合练习

1. 接球—急停—跳投练习

方法：每人一球，于场地一侧站立。第一名队员不持球，练习开始时，他先跑向场地中间，同时第二名队员传球给他，他接住球的同时做急停跳起投篮。

要求：跑动的速度要适宜，传球要准确到位，空中动作要稳定。

2. 半场运、传、投技术组合练习

方法：每人一球，站立于端线外，练习由运球开始，至中线时停步并作转身、传球给教练员，传球后拉开，变向跑切入接教练员的回传球跑动投篮。

要求：运球跑动的速度要快，急停时要控制好身体重心，系列动作连贯，投篮准确。

3. 全场综合性技术练习

方法：每人一球，练习由传球给教练员开始，起动侧身跑，接教练员的回传球，运球中传球给第二名教练员，传球后拉开，突然变向纵切篮下，接回传球跑动投篮。

要求：整个练习要求在跑动中完成，传球要准确到位，技术动作完成要连贯，注意动作的节奏和手脚配合。

4. 半场实战比赛练习

半场比赛练习，是篮球爱好者最常采用的活动与练习方法，特别是在活动人数不足，不能打全场比赛时所采取的主要活动手段。通常分为两个组，在一个半场内进行对抗比赛，每组的人数不限，根据到场的人数而定，带有强烈的娱乐色彩。

篮球比赛规则

参考文献

1. 王家宏.球类运动——篮球(第三版)[M].北京：高等教育出版社，2015.
2. 金晶，季锋.大学体育健康与安全教程[M].北京：北京体育大学出版社，2019.
3. 中国篮球协会.篮球规则[M].北京：北京体育大学出版社，2019.

第三章 排 球

第一节 排球运动概述

一、排球运动的起源与发展

（一）排球运动的起源与传播

19 世纪末，体育运动在美国盛行，但当时适合中老年人的体育运动项目却非常有限，所以人们希望能找到一种既参与人数多，又趣味性强，而且运动强度适中的运动项目。1895 年，美国马萨诸塞州霍利约克市基督教青年会体育干事威廉·摩根在网球运动的启发下，构思出一种由多人参加，互相用手努力将球击过网的游戏。1896 年，这种游戏在美国开始流行，春田市的哈尔斯戴特博士将此项运动命名为“volley ball”，即“空中击球”之意，并沿用至今。1897 年，美国体育杂志介绍了排球比赛的打法及简单规则，从此排球运动在全美开展起来，并很快得到美国社会的广泛重视，且被列为美国的军事体育项目。

1900 年排球运动首先传入加拿大、印度，1905 年传入古巴、中国，1908 年传入日本，1910 年传入菲律宾，1912 年传入乌拉圭，1914 年传入墨西哥。排球运动传入欧洲是第一次世界大战时由美军带入的，首先是在法国出现，随后又传入俄国、捷克斯洛伐克、波兰等东欧国家。

随着排球运动在世界各地的传播，排球比赛的上场人数由不限(双方人数对等即可)，逐渐形成了一套稳定的规则体系。6 人制排球比赛在美洲和欧洲国家实行较早，而亚洲排球运动却经历了 16 人制、12 人制、9 人制的发展过程，直到 20 世纪 50 年代才正式开展 6 人制的排球运动。

（二）排球运动的发展

世界排球运动发展历程大致可分为娱乐排球、竞技排球和现代排球三个阶段。

1. 娱乐排球阶段

排球运动诞生之初，是作为一种娱乐性较强的游戏活动而被人们所接受的。当时，人们隔网来回拍打用篮球胆做成的排球，比赛也只是力求一次性将球击过网。但是，随着人们实践体会的增多，发现通过集体配合获胜的机会更多。由此人们的战术配合意识逐步开始形成，比赛的激烈程度也开始加剧，因此，三次击球过网的规定也就出现了，进而促进了传球与扣球技术的分化，也使场上的位置分工更加明确化。排球运动的竞技性、对抗性逐渐显露出来。

2. 竞技排球阶段

第二次世界大战后的 1947 年 4 月间，国际排联在巴黎正式召开成立大会。会议制定了国际排联宪章；选举了法国的保尔·黎柏为第一任主席，并指定巴黎为总部所在地；英语和法语为联合会工作语言；成立了排球技术委员会、竞赛委员会和裁判委员会，并正式出版了国际竞技排球通用排球竞赛规则。会议决定于 1948 年在罗马举行欧洲男子排球锦标赛，1949 年在布拉格举行世界男子排球锦标赛。国际排联的成立标志着排球运动从娱乐游戏时代进入竞技时代。

3. 现代排球阶段

20 世纪 80 年代排球运动进入了现代排球阶段。首先从技战术来说，其风格向全攻全守方向发展。随着各种流派的相互借鉴与交流，各队取长补短，以一技之长称霸天下的时代一去不复返了。具有代表性的是 80 年代的中国女排和美国男排，全攻全守的整体排球思想，使他们获得辉煌，也被世界排坛所接受，并使现代排球运动得到了蓬勃发展。

排球运动重点赛事　　排球运动的意义

第二节　排球基本技术与练习方法

一、准备姿势

1. 准备姿势的基本技术

准备姿势是为了满足活动需要，身体表现的预备状态。排球活动中的准备姿势，一般分为便于起动的一般准备姿势和利于发挥最佳接球技术的接球准备姿势。

（1）一般准备姿势技术描述。两脚自然开立，稍比肩宽，脚尖朝前，脚跟稍提，两膝内收，适当弯曲，上体含胸收腹，上体前倾，即做到肩的垂线超过膝盖，膝盖的垂线超过脚尖。同时两臂自然放松弯曲，置于腹前。活动中注视来球，保持人体微动、随时启动的状态。（图 3 - 2 - 1）

（2）接球准备姿势技术描述。① 半蹲接球准备姿势（图 3 - 2 - 2）：面对来球，含胸收腹，身体前倾，两脚前后成“丁”字站立，两腿微屈，同时两手臂直臂夹肘，置于腹前。② 低蹲接球准备姿势（图 3 - 2 - 3）：面对来球，在半蹲接球准备姿势基础上，最大限度地降低重心，准备接较低的来球。

图 3 - 2 - 1

图 3 - 2 - 2

图 3 - 2 - 3

2. 准备姿势学习方法

(1) 模仿练习:原地模仿、理解技术要领。

(2) 运用练习:原地跑步接球准备姿势。

(3) 综合练习:多方向滑步顺势接球准备姿势。

二、移动步法

排球运动的理想击球效果是建立在人与球合理的相对位置上的,而正确、熟练、灵活地移动步法可以加快移动速度,争取到最佳击球位置和时机。

1. 移动技术介绍

(1) 并步技术。从一般准备姿势开始,移动时同侧方向腿横向迈出,重心跟上,同时异侧方向腿并上。(图 3-2-4)

a b c

图 3-2-4

(2) 滑步技术。从一般准备姿势开始,连续并步。注意滑步移动中应动作连贯,重心平稳。

(3) 跨步技术。从一般准备姿势开始,后腿蹬地,前腿跨出,降低重心,后腿跟上做好击球准备。(图 3-2-5)

a b c

图 3-2-5

(4) 交叉步技术。将跨步的蹬地腿先经前交叉后,再完成跨步动作。(图 3-2-6)

a　b　c　d　e

图 3-2-6

2. 移动练习方法

(1) 动作模仿与技术结构理解：在教练指导下，进行技术模仿练习，重点体会理解技术结构。

(2) 单个技术掌握练习：在反复练习中熟练掌握移动技术。

(3) 连续技术动作练习：综合多项移动技术，交替练习，进一步巩固、熟练移动技术。

(4) 结合多点抛球移动练习：教练有意识创造各种接球环境，提高移动的实战运用能力。注意尽量早启动，快移动，准到位。

三、垫球

垫球是排球活动中最普及、最运用的技术，常运用于接发球、防守救球中。

(一) 垫球技术介绍

1. 正面一般垫球技术描述

a　b　c

图 3-2-7

(1) 垫球准备姿势：以半蹲或低蹲状态对准来球，同时直臂夹肘置于腹前，等待来球。

(2) 用力：伴随腿蹬地，跟腰，手臂在基本完整手型下继续压腕顶肘前送发力将球击出。(图 3-2-7)

(3) 手臂触球部位：前臂近腕关节的左右桡骨内侧。(图 3-2-8)

(4) 垫球手型：两手臂直臂提肩夹肘置于腹前(图 3-2-9)。两手以叠掌型(图 3-2-10)或抱拳型相握(图 3-2-11)。注意控制两手互握的对称状态，否则会出现两手臂有高低，破坏垫球平面的形成。

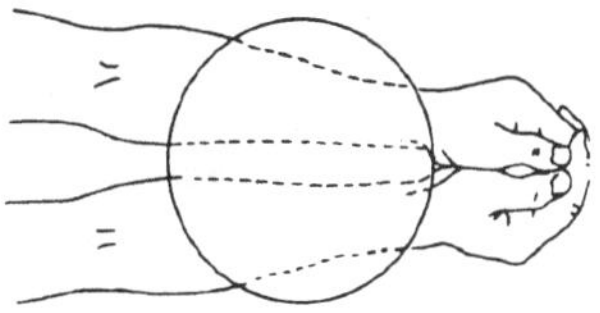

图 3-2-8

图 3-2-9

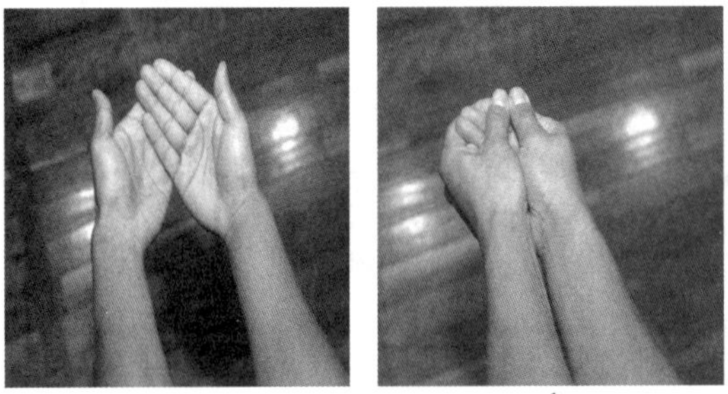

a　　b

图 3-2-10

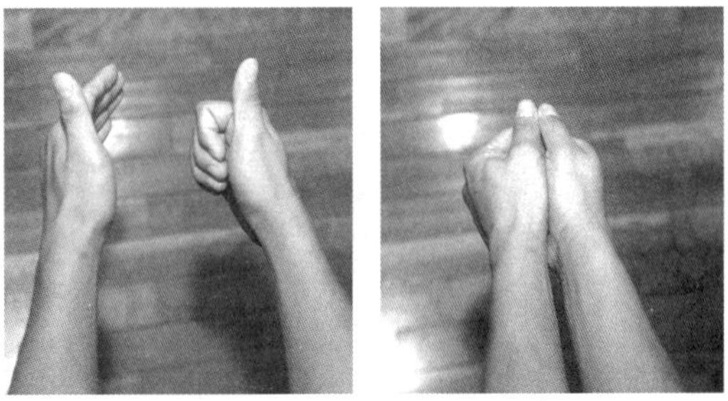

a　　b

图 3-2-11

2. 其他垫球技术举例

(1) 侧身垫球。当来球比较靠近胸部时，一般采用侧身垫球方式。(图 3-2-12)

a　　b　　c

图 3-2-12

(2) 背垫球。当需要追球回垫，或将球垫远时，常采用背垫方式。注意背垫接球位置不宜太高或太低。(图 3-2-13)

a　　b　　c

图 3-2-13

(3) 前扑救球。当需要以极低姿势，救自己身边的球时，常采用前扑方式进行救球。(图 3－2－14)

图 3－2－14

(4) 滚翻垫球。当需要救侧前方球时，常采用滚翻技术进行救球。(图 3－2－15)

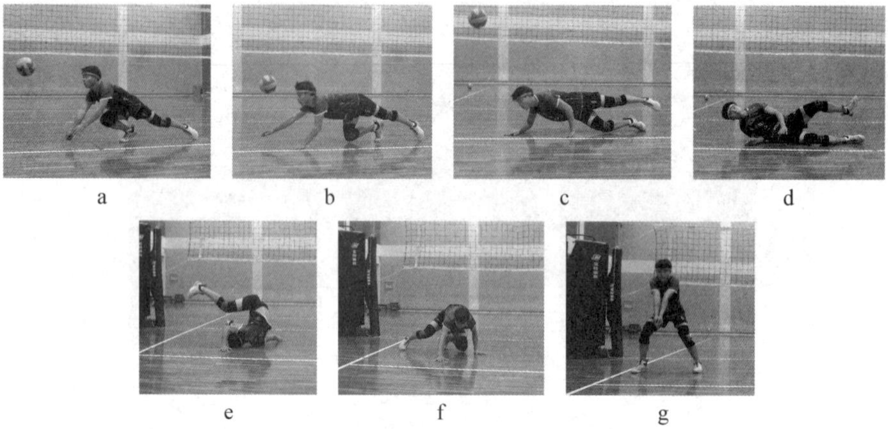

图 3－2－15

(5) 鱼跃救球。当运动员来不及移动到位救起相对稍远的球时，可以采取鱼跃方式进行救球。鱼跃救球既是空中飞行击球动作，也可以是原地救球后的自我保护性延续动作。(图 3－2－16)

图 3－2－16

（二）垫球技术练习方法

（1）垫球技术徒手模仿练习：面对镜面或在他人指导下完成徒手模仿练习。目的是熟练掌握垫球技术，形成稳定的最佳击球手型和养成借助蹬地跟腰压腕顶肘的用力习惯。

（2）非连续垫自抛球练习：向上抛球，在球还处于上升期时，迅速做好接球准备姿势，当球下降临近头顶，蹬地完成接球。目的是在有球状态下形成正确的单个垫球动作。

（3）连续自垫球练习（图 3－2－17）：以单个最佳自垫球经验，逐步增加连续重复的次数。注意事项如下：第一，在连续自垫球练习中尽量保持最佳手型状态；第二，借助腿蹬地发力；第三，根据经验，一般能连续坚持正确技术自垫球 40 次以上则表示垫球技术已基本稳定。

a b c d

图 3－2－17

（4）近距离对墙垫球（图 3－2－18）：离墙约一步距离，保持手臂适宜角度，借助蹬地发力对墙连续垫球。墙上落点尽量固定在略于高头顶位置。

a b c

图 3－2－18

（5）远距离对墙垫球（图 3－2－19）：在近距离对墙垫球基础上，逐步加大摆臂角度，增加离墙距离，培养控球能力。

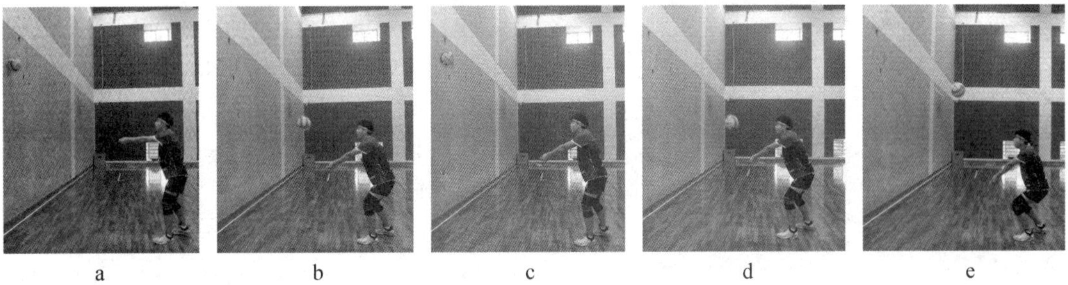

a b c d e

图 3－2－19

(6) 两人近距离轮流向上垫球(图 3－2－20):借助自垫球经验,两人轮流向上垫球。注意要点:早判断,同启动,快移动,准到位,稳起球。

(7) 两人自垫接对垫(图 3－2－21):两人距离约两米,自垫一次后再垫给对方,培养移动取位能力,调控垫准能力。

(8) 两人远距离对垫球(图 3－2－22):在近距离垫球基础上逐步拉开两人垫球距离,提高移动取位,调控垫准能力。

图 3－2－20

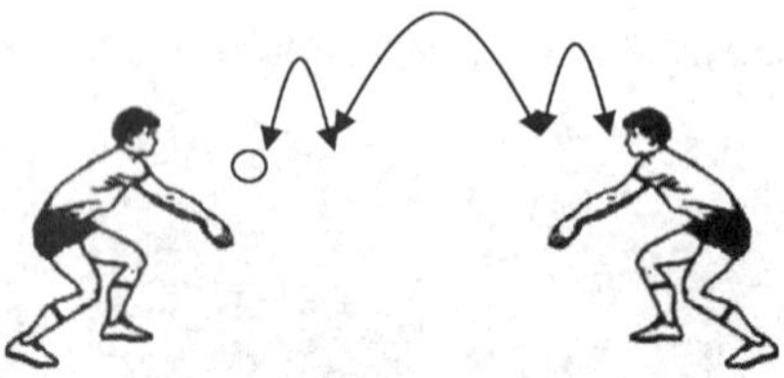

图 3－2－21

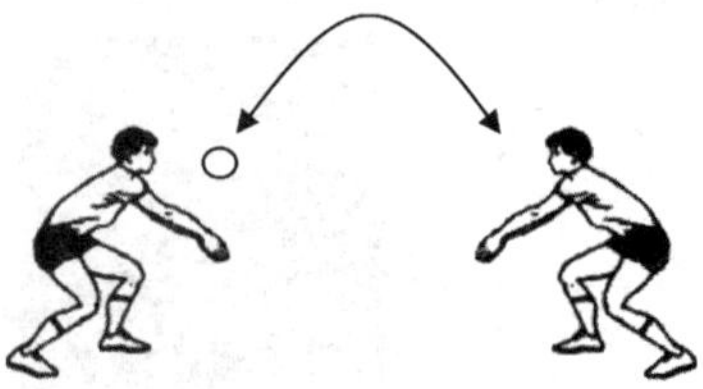

图 3－2－22

(9) 结合自垫三角垫球:三人三角分布站立,垫球者自垫后再垫给他人,并以一个方向连续下去,从而提高变向调控能力。注意调控方向时需控制手臂接球面的用力方向。

(10) 三人直接三角垫球:三人三角分布站位,按照一个方向直接连续依次垫球。

(11) 两人远距离一抛一接:两人距离六米左右,一人适当难度地任意抛球,一人判断,取位接球,以逐步培养接发球能力。

(12) 一发一接:固定垫球落点,两人远距离一发一接。注意要做到有把握地接发球,不仅需要有接发球的积极状态,而且接球者应努力取位,使自己尽力做到正面腹前接球。

(13) 实战练习:同伴间垫球数量或时间比赛,接近防守的一人原地扣球喂球,一人尽力防守。

四、传球

传球技术在排球所有击球技术中调控能力是最强的,因此它是二传组织进攻的最佳手段。

(一) 传球技术介绍

1. 一般正面传球技术描述(图 3－2－23)

(1) 准备姿势,两脚自然"丁"字步站立,正面迎向来球,同时两臂自然抬起,两肘间距略宽于肩,两肘屈度约 130 度,两手以传球手型置于额前上方约一球距离,等待来球。

a　　b

图 3－2－23

(2) 传球用力,对准来球,蹬地跟腰,伸肘抖腕,以大拇指、食指、中指发力为主,无名指、小拇指控球为辅,瞬间完成整个用力过程。球入手到弹出尽量以包球形式完成动作,避免两手外翻弹球。

(3) 传球手型。两手五指分开,手指伸直,指根微屈,两拇指呈"八字形"或"一字形"并与余指组成略微后仰的半球状,食指间距略大于拇指间距。(图 3－2－24)

(4) 传球击球位置:理想击球点最好处于额头正

前上方约一个球的距离。(图 3 - 2 - 25)

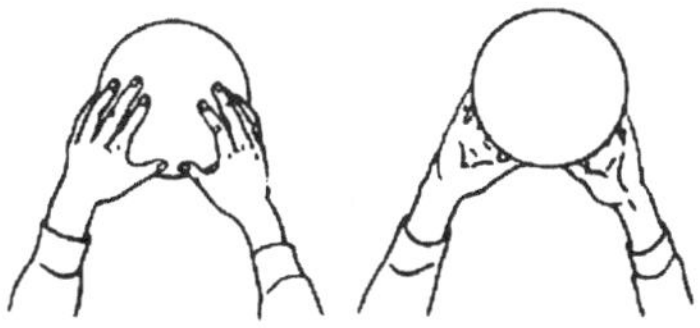

图 3 - 2 - 24

图 3 - 2 - 25

2. 其他传球技术举例

(1) 侧向传球。侧向传球不仅是一个隐蔽性的变向传球动作,同时也是弥补来不及转身而采取的调整传球手段。注意侧向传球的传球点应在出手方向同侧的肩上。(图 3 - 2 - 26)

a b c d e

图 3 - 2 - 26

(2) 跳传球。当需要处理高位球或为了缩短与进攻手的配合时间时,二传常采用跳起传球技术。(图 3 - 2 - 27)

a b c d e

图 3 - 2 - 27

(3) 背传球。其具有较强的隐蔽性,是理想的战术性调整传球方式。背传球手型与向前传球略有区别,特点是两肘分开比前传略大,两手呈近"一"字形(图 3-2-29),两大拇指朝前,为向后上挑球做好准备。(图 3-2-28)

a　　b　　c　　d

图 3-2-28

图 3-2-29

(二) 正面传球练习方法

(1) 徒手掌握传球手型。两手自然合掌,屈肘抬臂上举置于额前上方,两手合掌后仰,然后在食指、大拇指相连状态下,肘关节分开带动,两手从小拇指开始依次分开,最后食指、大拇指再适当分开,手指伸直,指根微屈,使两手型呈半球状。(正面见图 3-2-30,侧面见图3-2-31)注意:在重复练习中固定正确传球以及肘关节的正确位置。

a　　b　　c　　d

图 3-2-30

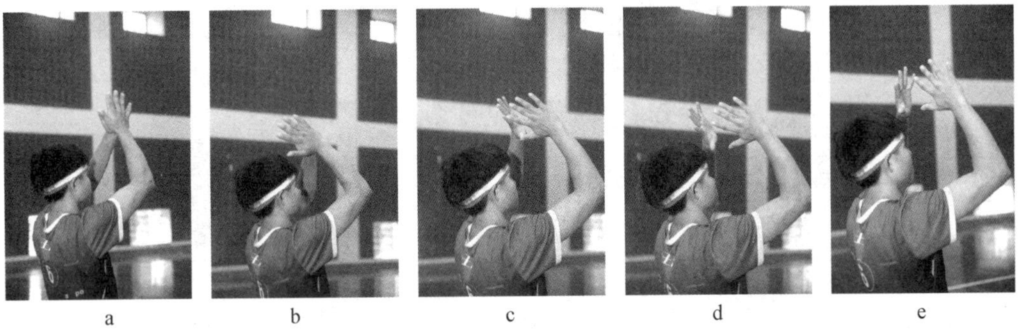

图 3-2-31

(2) 体会手指触球部位。在徒手完成传球手型后，一人协助将球置于传球手型中，体会正确的手指触球部位。

(3) 接自抛球。自抛球后迅速降重心完成传球准备姿势，当球下降接近额前传球位置时，迅速蹬地，用传球手型迎球入手。(图 3-2-32)

图 3-2-32

(4) 单个传自抛球。在接自抛球基础上，由迎球入手改为蹬地弹出。

(5) 连续向上自传球。尽力在保持单个传球经验基础上逐步增加向上自传球次数。(图 3-2-33)

(6) 两人结合自垫对传球。两人各自在自垫后，再将球传给对方。

(7) 两人对传垫。一人垫球喂球，一人传球。(图 3-2-34)

(8) 两人对传球：两人互相对传球。

图 3-2-33

图 3-2-34

(9) 对墙传球:连续对墙传球。注意:根据自己的素质条件,选择适宜的离墙距离及墙上的落点高度,从而确保连续传球。(图 3-2-35)

a　　b　　c

图 3-2-35

(10) 连续对墙交替传垫练习:离墙约两米距离进行对墙交替传垫练习。注意:用力上要适当轻传,重垫。(图 3-2-36)

a　　b　　c　　d　　e

图 3-2-36

五、发球

发球是排球比赛的开始。虽然规则中规定发球不属于进攻性击球,但实战中强有力的发球不仅可以直接得分,也可以起到破坏对方组织进攻的效果。

(一) 发球技术介绍

1. 侧身平摆发飘球技术描述(右手发球为例)(图 3-2-37)

(1) 准备姿势:自然侧身,肩对网站立,左手持球置于腹左前,右手同时扶于球侧抬起。

a　　b　　c　　d　　e

图 3-2-37

(2) 抛球预摆:右手右后预摆,顺势左手抛球至左肩。

(3) 转体击球:当抛起的球开始下落接近腹前时,左脚迅速左转,同时转体,右手臂平摆腹前击准球的后下方。

(4) 击球手型与位置:掌根形(图 3-2-38),半握拳形。(图 3-2-39)

图 3-2-38

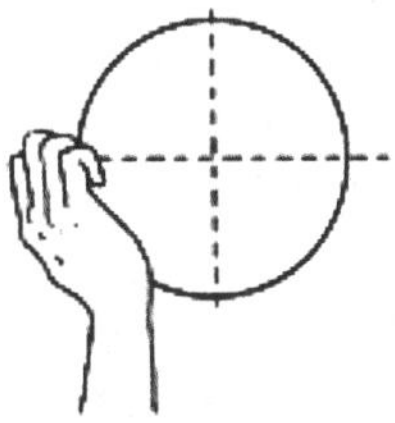

图 3-2-39

注意:全程需全神贯注,视线焦点在球后部。

2. 其他发球技术举例

(1) 正面下手发球。一般是由身体素质较弱者采用,如小学生、女生等。由于击球点较低,所以发出的球威胁不大。(图 3-2-40)

图 3-2-40

(2) 正面上手发飘球。面向球网,出左脚同时左手抛球于身前,右臂引臂,待球下落,右手鞭打前击额前上方球的后部。击球时手掌平直紧张,掌根触球。(图 3-2-41)

a　b　c　d

图 3-2-41

图 3-2-42

注意:飘球的效果来自击准球心,并保持球不旋转,从而球在高速中才会产生飘晃。因此,击球时手腕要固定,并击准球心。

(3) 正面上手发大力球。正面上手发大力球技术与平飘球的技术相近，只是击球点相对飘球偏后一点，以便发大力球时可以挥臂压腕，求得球的上旋，从而加大球速，增强威胁。(图 3－2－43)击球时全掌包球。(图 3－2－44)

a　b　c　d　e　f

图 3－2－43

图 3－2－44

(4) 正面上手跳发飘球。技术同正面上手发飘球，只是借助助跑与起跳，加大发球力量，提高击球位置，从而获得更佳的发球效果。(图 3－2－45)

a　b　c　d　e

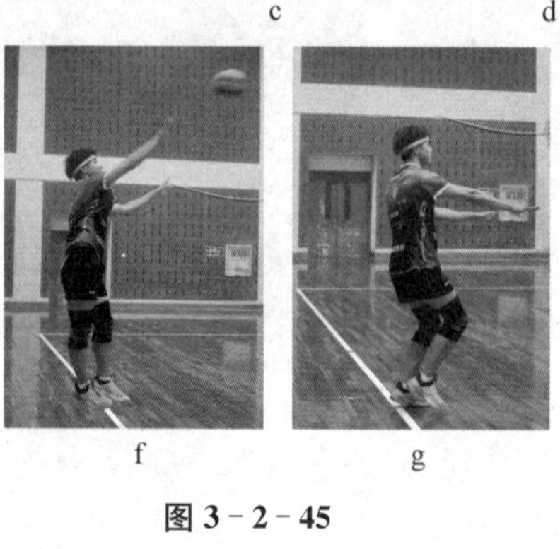

f　g

图 3－2－45

（5）正面上手跳发大力球。技术类似正面上手发大力球，只是起跳空中发球能发出类似后排进攻的效果。（图 3-2-46）

a b c d e f g

图 3-2-46

（二）侧身平摆发飘球练习方法

（1）徒手模仿。掌握动作结构：无球状态下，重复完成完整发球动作。

（2）近距离发球过网。离网约六米，体会发球动作，力争熟练掌握动作结构。

（3）近距离加力发球过网。离网约六米，加力发球，力争将球发出端线。

（4）端线发球过网。站在断线，将球加力发球过网。

（5）指定落点发球。站在断线，控制手腕用力面与方向，将球发到指定位置。

（6）结合实战发球。同伴间进行落点、难度、成功率等发球比赛。

六、扣球

扣球是实战中主动得分最强有力的进攻手段。一个球队若拥有了强劲的扣球手，也就获得了主动得分和战胜对手的机会。

（一）扣球技术介绍

1. 一般正面扣球技术描述（以右手选手四号位扣球为例）（图 3-2-47）

（1）两步助跑起跳。自然站立，第一步右手臂或双手臂前伸同时重心前移出左脚，第二步（起跳步）两手臂尽力后摆同时出右脚，左脚迅速跟上，适当超越右脚稍内旋落地，然后向前上摆臂助力双脚起跳。

（2）空中击球。起跳后左臂继续上摆，随着身体适当右转同时右臂屈肘后上引。预感击球时机来临，左臂内下收，同时身体回转带动右臂屈肘上摆，顺势甩开手臂尽力用掌心高点压腕击球。

（3）落地缓冲。收腹并左右脚依次落地缓冲。

图 3-2-47

2. 其他扣球技术举例

(1) 二号位扣球。二号位扣球技术结构与四号位扣球基本相同,但也稍有区别,如以右手扣球为例,四号位时扣球右手是内侧手,首先接近来球,易判断,而二号位扣球时,右手臂则是外侧手,所以在判断与控制起跳点上与四号位相比,有一个身位差异,所以,扣球难度略高于四号位。注意:二号位扣球可以先从面向来球扣集中球开始,然后逐步过渡到正常二号位扣球。

(2) 近体一般快球。这种快球也俗称为 2.5 快球,即二传传球高度为高于网 2.5 球的快球。扣球手虽第一步启动早,但第二步待球到最高点时才迅速起跳,并及时挥臂扣球。(图 3-2-48)

图 3-2-48

(3) 近体真快球。这种快球是跟球上步,待球入二传手时及时起跳,果断下手。(图3-2-49)

图 3-2-49

(4) 远网扣球。一般是后排队员发起的进攻。由于扣球点离网较远,所以技术上往往起跳点靠近球下,击球点近似头上,在伴随推压动作下完成鞭打击球动作。(图 3-2-50)

图 3-2-50

(二) 扣球技术练习方法

原地扣球挥臂练习(以右手扣球者为例)。

(1) 徒手挥臂练习。原地徒手按照左抬右引,屈肘上摆,甩肘击球步骤反复练习徒手鞭打动作。(图 3-2-51)

图 3-2-51

(2) 挥臂对地击固定球。左手持球,右手以鞭打动作击球。持球位置可以随着鞭打技术的娴熟而逐步提高。(图 3－2－52)

a　　b　　c　　d

图 3－2－52

(3) 跳起空中挥臂击固定球。原地持球并引臂,待屈臂收肘时起跳击球。(图 3－2－53)

a　　b　　c　　d　　e

图 3－2－53

(4) 原地挥臂扣自抛球。原地抛球,球上升时同时引臂,伴随球开始下降,屈肘收臂,抓住时机及时甩开手臂击球。(图 3－2－54)

a　　b　　c　　d　　e

图 3－2－54

(5) 原地起跳空中挥臂击球。原地抛球,待球开始下降,迅速起跳完成鞭打击球动作。注意:初学时,起跳时机为球刚开始下降时。(图 3－2－55)

(6) 掌握两步助跑技术。首先,按照“左(第一步)—右左(第二步)”口令掌握步法;其

次，按照配图所示进行手臂配合摆动整体练习；再者，按照“慢—快、小—大”节奏进行练习。(图 3－2－56)

a　b　c　d　e

图 3－2－55

a　b　c　d　f

图 3－2－56

(7) 掌握起跳时机。第一步出左脚等待，当教师抛出的球刚开始下降时，第二步迅速跟上并顺势起跳。

(8) 无网助跑扣教师右侧抛球。扣球者右侧助跑起跳，扣教师抛过来的球。

(9) 四号位上网扣球。从一般球开始练起，然后逐步变化到扣高弧度、低弧度、调整球等。(图 3－2－47)

(10) 二号位上网扣球。注意：二号位扣球技术，从迎球上步起跳扣球开始，逐步过渡到正常二号位扣球。

(11) 三号位扣 2.5 近体快球。从定点扣球到活点扣球练习。注意：跟球上步，球刚开始下降及时起跳扣球。(图 3－2－58)

(12) 三号位真快球。从定点扣球到活点扣球练习。注意：跟球上步，球入二传手即刻起跳扣二传的喂球。(图 3－2－49)

(13) 后排扣球。逐步增加离网距离的扣球练习。注意：起跳位置应在球下，击准球的后下部位，鞭打挥臂应伴随推压技术。(图 3－2－50)

七、拦网

拦网一般是比赛场上前排近网队员，当用手臂高于球网阻拦对方进攻的试图时触及对方的进攻球就形成了拦网。比赛中拦网既可以起到削弱对方进攻作用，也有可能会达到直接得分的效果。

（一）拦网技术介绍

1. 原地起跳个人拦网技术描述(图 3－2－57)

a　　b　　c

图 3－2－57

（1）准备。贴近球网面向对方稍蹲站立，做好移动取位准备。

（2）判断与取位。判断对方扣球者的上步方向，沿网移动，迅速卡住对方上步方向，取位等待起跳。短距离采用并步移动，见图 3－2－58；较远距离，采用交叉步移动，向右移动见图 3－2－59，向左移动见图 3－2－60。注意：不管左右哪个方向，始终是同方向腿先启动。

a　　b　　c　　d　　e

图 3－2－58

a　　b　　c　　d　　e　　f

图 3－2－59

（3）起跳。跟随扣球者，夹臂上摆，带动起跳。注意：拦网起跳不可太早，一般是跟随对方扣球者起跳。

a b c d e f

图 3-2-60

(4) 空中拦击:起跳后,身体保持收腹状态,手指紧张展开,两臂平行伸直上提,尽力伸到对方空间,阻拦对方扣球路线。当拦网触及球时,手及手臂迅速条件反射直接直臂压腕将球盖向对方场内。

2. 集体拦网

集体拦网有双人(图 3-2-61)或三人组合拦网,常见配合方式如下。

图 3-2-61

(1) 一人根据判断主抓扣球线路,其余队员密切配合组成屏障。

(2) 分管拦网线路基础上进行密切配合。

(3) 按照教练安排与全队整体组成立体拦防组合。

(二) 拦网技术练习方法

(1) 拦网手型练习。原地以拦网手型进行触球练习,体会拦网的触球感觉。

(2) 体会空中拦截练习。原地含胸收腹对固定球做压腕练习。注意:避免手臂下扑。

(3) 原地近网起跳拦网练习。连续原地近网起跳拦网练习,要求连续练习中,加大滞空能力。

(4) 判断与取位拦网练习。两人隔网,一人主动移动起跳,练习者被动跟随移动取位起跳拦网。

(5) 实战练习。扣球与拦网对抗练习。

八、小球技术

以上介绍的排球技术是处理球时最常见的规范技术,我们应尽量创造条件采用规范技术以保障球的处理效果,但是实战中,并不是始终都有良好的条件,往往灵活的小球技术却是最实用的致胜法宝。

1. 挡球

当来球较高,速度较快,不便传或垫时,可采用单手或双手挡球的形式处理球。在比赛中若采用挡球技术,可以扩大防守区域,使防守队员防守位置前压,提高防守效果。双手挡球分为抱拳式(图 3-2-62)和并掌式(图 3-2-63),它们都是利用双手手掌外侧和掌跟所组成的平面进行挡球;单手挡球(图 3-2-64)是利用掌根或掌心平面进行挡球。

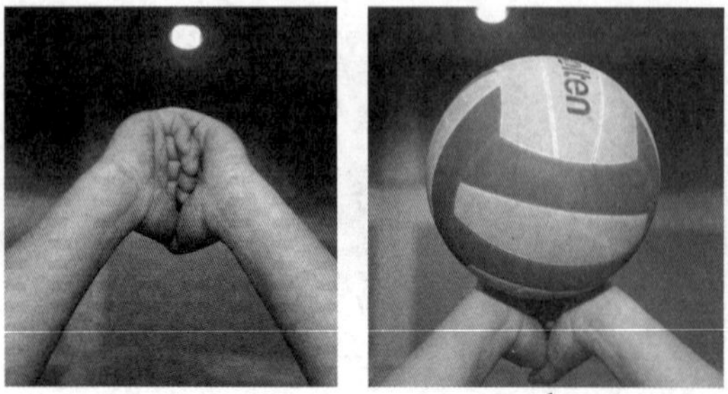

a　b

图 3 - 2 - 62

a　b

图 3 - 2 - 63

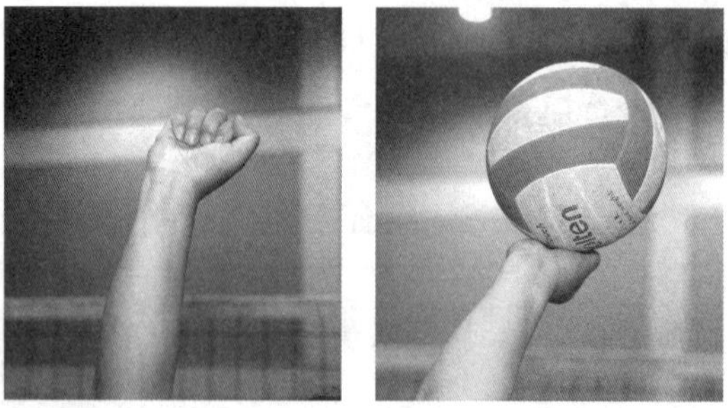

a　b

图 3 - 2 - 64

常见练习方法：挡自抛球；挡墙上反弹球；结合打防进行练习等。

2. 吊球

在比赛中，当扣球进攻受挫时，常需要采用一些非常规的进攻办法，吊球就是一种有效的积极进攻手段，虽然其进攻球速不快，但由于控球能力强，而且若与其他进攻手段结合使用，更能发挥其隐蔽进攻的优势，达到出奇制胜的效果。吊球种类很多，常见的有双手传球吊球和各种单手击球形式的吊球。单手传球式的吊球见图 3 - 2 - 65，其主要技术特征为五指握成马蹄形，手指保持紧张，用手指和手腕弹力将球弹向对方场地的空当。

a　b

图 3 - 2 - 65

常见练习方法：单手传球练习；进行有战术意图的吊球练习；在实战中有意寻找机会，灵活采用吊球技术，培养吊球战术意图，提高吊球能力。

3. 脚踢球

当来球用手无法触及时，可用脚踢球。采用此技术可以达到意想不到的起死回生的效果，具有明显的实用性。脚踢球技术还处于探索阶段，尚未形成完善的技术动作。目前，该技术一般是在脚面较为平整的部位，见图 3－2－66，用适当的力量和角度触及球，使球弹起一定的高度。

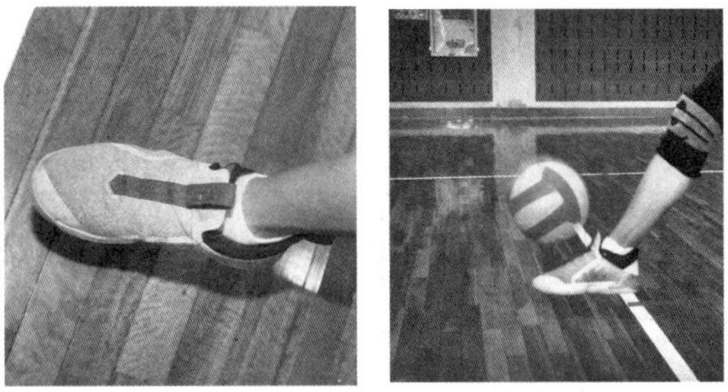

图 3－2－66

常见练习方法：在平时有意识地加强类似足球的用脚颠球的练习。

第三节 排球的基本战术

一、个人战术

个人战术是队员根据临场比赛情况，有目的、有针对性地运用个人技术。排球个人具体战术举例如下。

（1）发球：不同性能的发球、控制落点的发球、变化节奏的发球、变化线路的发球等。

（2）二传：隐蔽传、晃传、时间差跳传、高点传、选择突破点传等。

（3）扣球：路线变化、轻重变化、打手出界、超手扣球、时间差、空间差、打吊结合等。

（4）一传：根据本方组织进攻的需要选择落点、组织两次进攻战术、直接吊球过网等。

（5）拦网：变化拦网方向、快起跳、慢起跳、过网盖帽拦、向上直臂拦等。

（6）防守：虚站位实卡位防守、前取位扩大防守面、全身并用卡位防守、补位防守等。

二、集体战术

集体战术是指两个或两个以上队员之间有组织、有目的地集体协同配合。

（一）阵容配备

阵容配备是指比赛时上场队员的合理组成。

（1）“四二”配备：上场阵容由 4 个进攻队员和 2 个二传队员组成。

（2）“五一”配备：上场阵容由 5 个进攻队员和 1 个二传队员组成。

（二）“一攻”战术

1. 接发球站位

接发球站位是指在对方发球时，接发球一方的队员位置分布。接发球站位形式可以根据本队战术需要，在遵循“越位规则”条例基础上，安排多种站位。最常见的有以下三种。

（1）“中一二”站位。前排 3 号位二传队员突前近网取位，其他五个位置队员如图分布

取位。(图 3-2-67)

(2)“边一二”站位。正边一二:图 3-2-68 中,前排 2 号位二传队员突前近网取位,其余位置队员分布取位。反边一二:图 3-2-69 中,前排 4 号位二传队员突前近网取位,其余位置队员如图分布取位。

(3)“后排插上”站位。后排二传队员靠近同列前排队员,待对方发球队员击球一瞬前移前排进行二传组织。其余队员如图分布取位。(图 3-2-70)

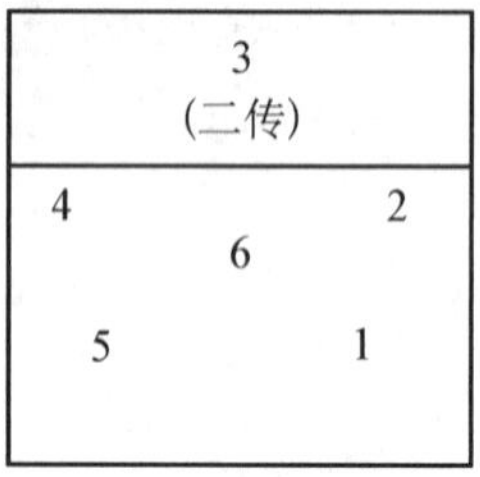

图 3-2-67

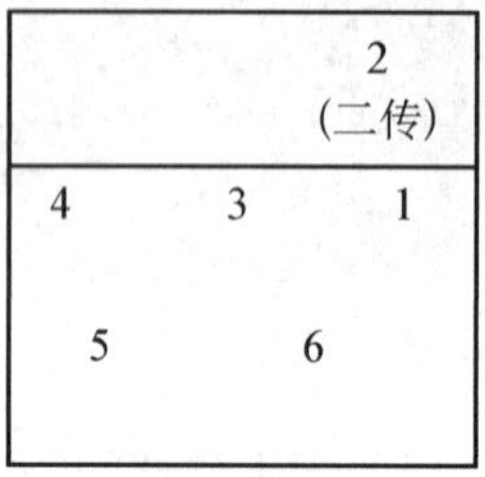

图 3-2-68

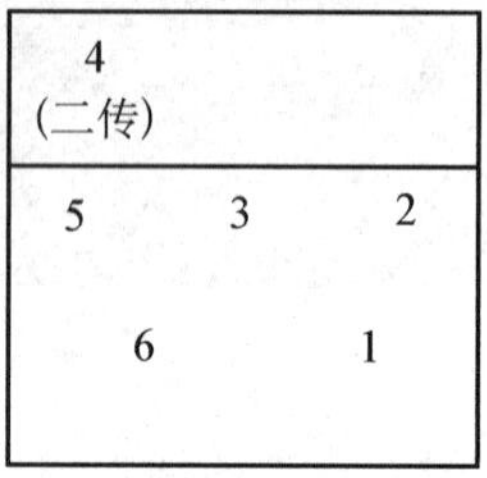

图 3-2-69

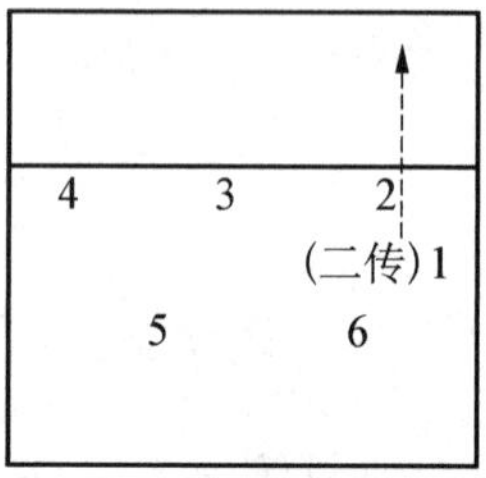

图 3-2-70

(4) 其他接发球站位举例。如“四人接发球”举例(图 3-2-71),“三人接发球”举例。(图3-2-72)

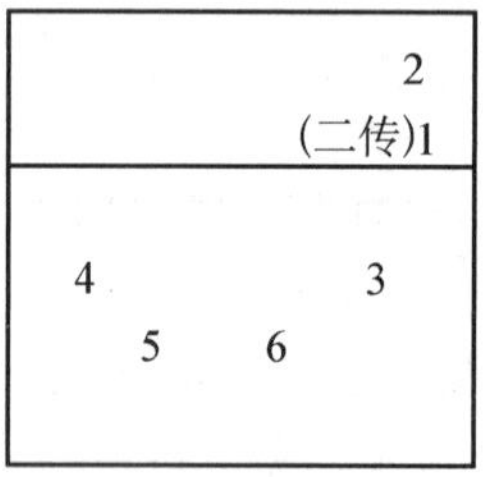

图 3-2-71

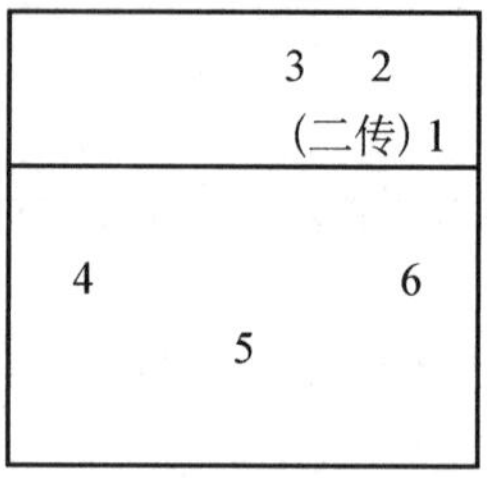

图 3-2-72

2.“一攻”战术

“一攻”战术是指接发球方在接发球后所发起的有组织的进攻。根据二传组织进攻时所处的位置,一攻战术可分为以下两种。

(1)“中一二进攻”战术形式举例:二传手在 3 号位组织进攻。(图 3-2-73)

(2)“边一二进攻”战术形式举例:二传手在 2 号位组织进攻。(图 3-2-74)

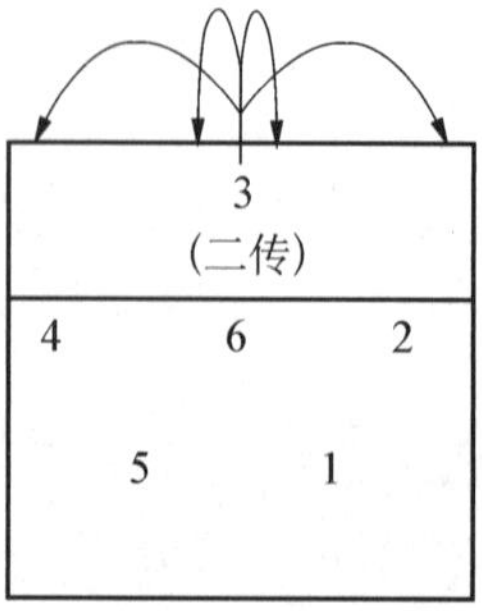

图 3-2-73

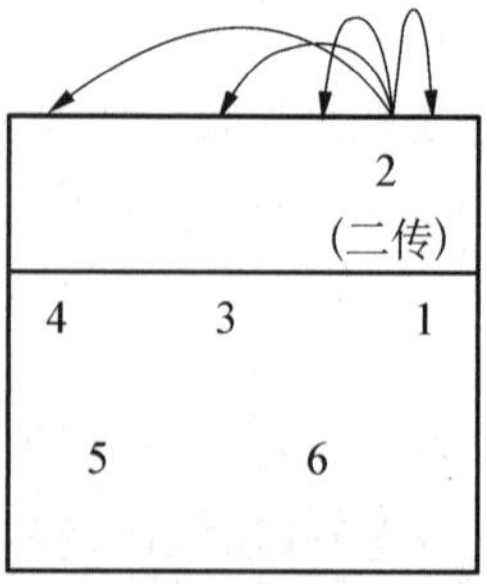

图 3-2-74

3.“一攻”进攻集体组合形式举例

(1) 近体快为掩护的进攻组合形式。

第一种，3 号位队员近体快球或掩护，4 号位队员在 3 号位队员左面选择扣半高球或平拉开扣球。(图 3－2－75)

第二种，3 号位队员先扣快球或掩护，2 号位队员突然从 3 号位队员身后交叉上步至 3 号位队员左侧形成交叉进攻，或至 3 号位队员身后形成梯次进攻。(图 3－2－76)

第三种，3 号位队员交叉至二传身后打近体背快，2 号位队员交叉至二传身前打半高球。(图 3－2－77)

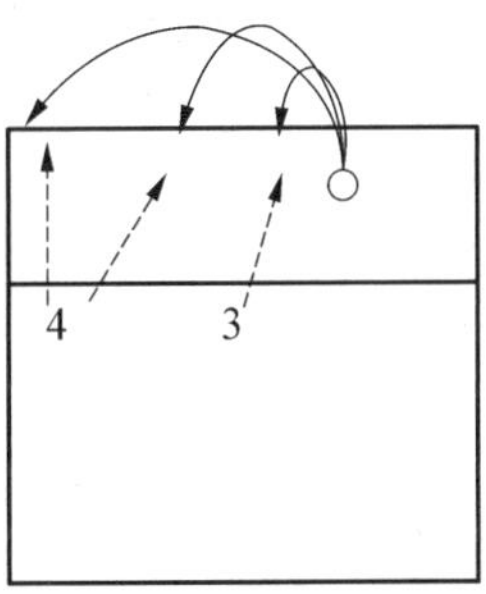

图 3－2－75

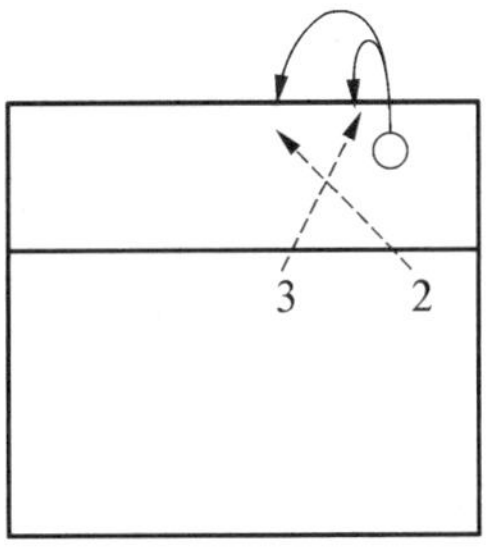

图 3－2－76

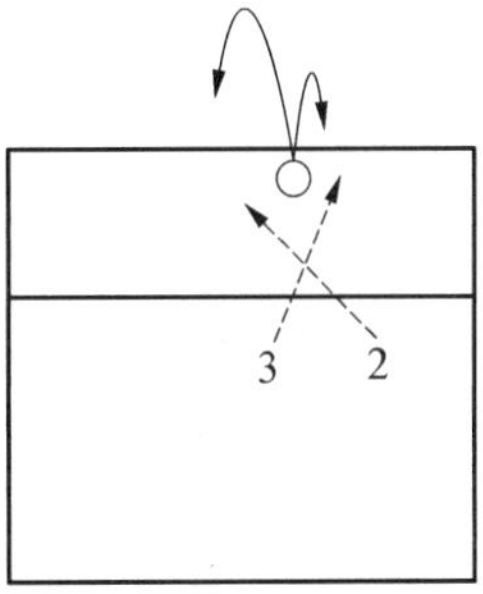

图 3－2－77

图示说明：----→ 代表球飞行路线；——→ 代表人移动路线； T 代表拦网； ○ 代表二传

(2) 短平快为掩护的进攻组合形式。

第一种，3 号位短平快，4 号位队员交叉至 3 号位队员与二传间打半高球形成“加塞进攻”形式。(图 3－2－78)

第二种，3 号位短平快，2 号位队员交叉至 3 号位队员与二传间打半高球形成“加塞进攻”形式。(图 3－2－79)

第三种，4 号位队员扣短平快球或掩护时，3 号位队员夹在二传与进攻队员之间跳起扣半高球形成“加塞进攻”。(图 3－2－80)

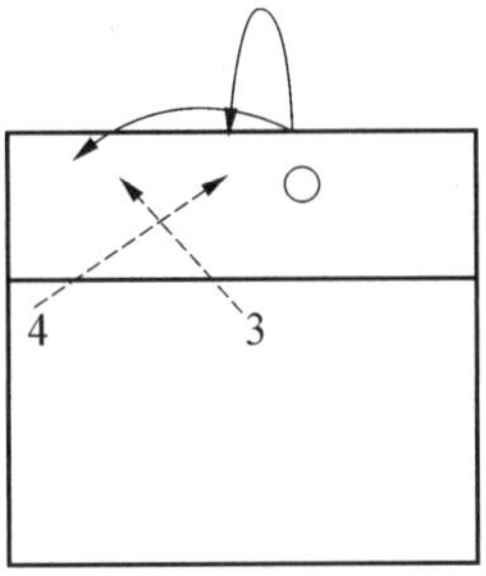

图 3－2－78

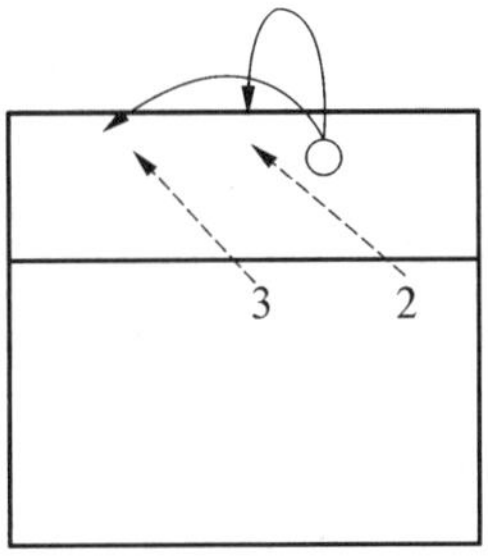

图 3－2－79

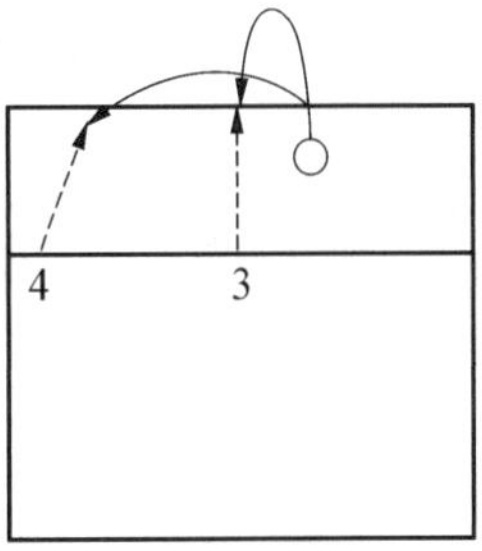

图 3－2－80

(3) 双快—游动的进攻组合形式。

第一种，3 号位队员短平快，2 号位队员近体快，4 号位队员游动至 2 号位打半高球形成“双快—游动”。(图 3－2－81)

第二种，4 号位队员短平快，3 号位队员近体快，2 号位队员游动至 4 号位打一般球形成“双快—游动”。(图 3－2－82)

(4) 前排快攻掩护后排进攻组合形式。

在前排任意点的快攻掩护下发动后排进攻。(图 3－2－83)

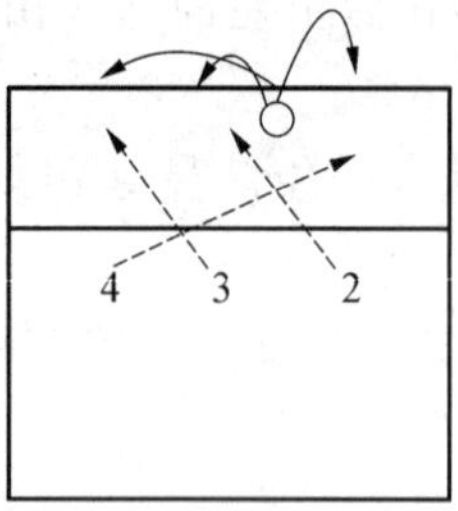

图 3－2－81

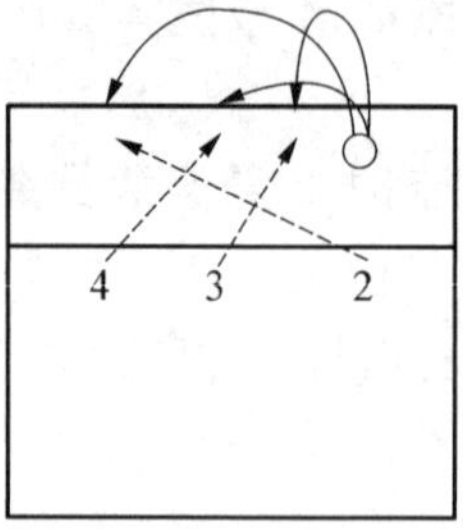

图 3－2－82

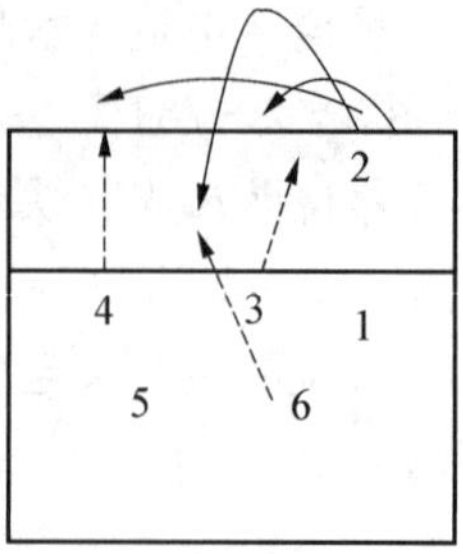

图 3－2－83

(5) 两次进攻,即队员直接将一传球扣过网。常见的是二传队员利用传球为掩护,直接将本方一传球处理过网。

(三) 防守及其反攻战术

防守反攻(即防反)是指在拦、防起对方进攻球后组成的反击,由防守和反击两部分组成。

1. 防守阵型

为了防住对方进攻,场上前排拦网队员与其他队员所组成的合理取位分布。

(1) 单人拦网防守:在对方攻势不大或对方快速多变来不及形成集体拦网时常采用单人拦网防守。3 号位拦网取位分布图见图 3－2－84。2 号位拦网见图 3－2－85,与 4 号位拦网相反。

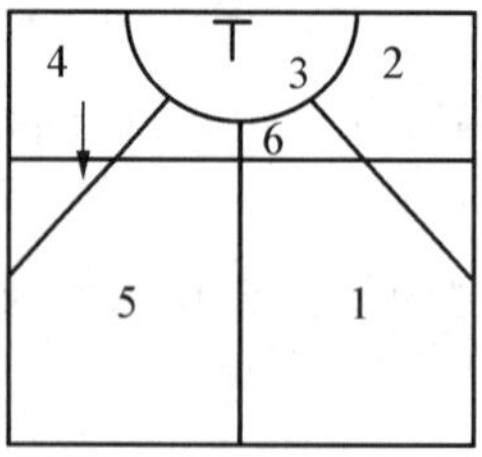

图 3－2－84

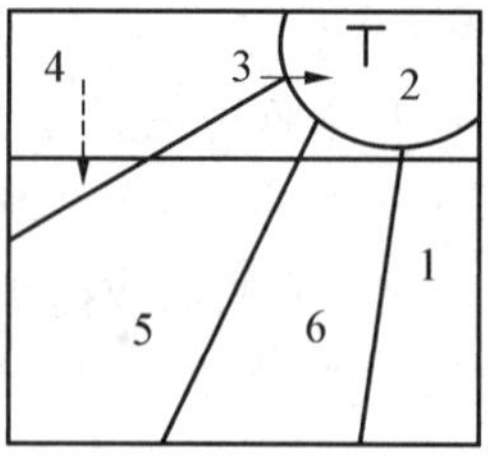

图 3－2－85

(2) 双人拦网防守:双人拦网时有“心跟进”“边跟进”两种防守阵形。

“心跟进”是由 6 号位队员跟进保护的防守阵型如 2、3 号位队员在 3 号位集体拦网,见图 3－2－86,2、3 号位队员在 2 号位集体拦网,见图 3－2－87,4、3 号位队员在 4 号位的集体拦网与之相反。

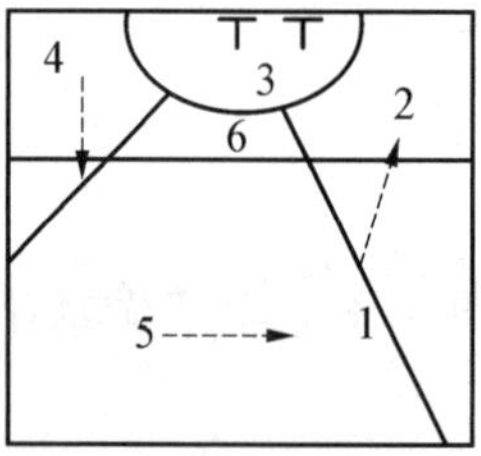

图 3－2－86

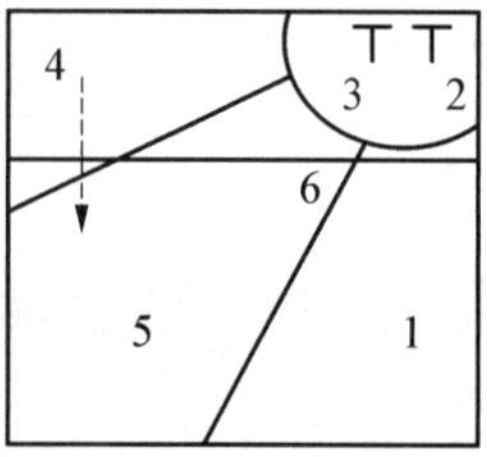

图 3－2－87

"边跟进"是由1号或5号位跟进保护的防守阵型。如2、3号位队员在3号位集体拦网,见图3-2-88,2、3号队员在2号位集体拦网,见图3-2-89,4、3号位队员在4号位的集体拦网与之相反。

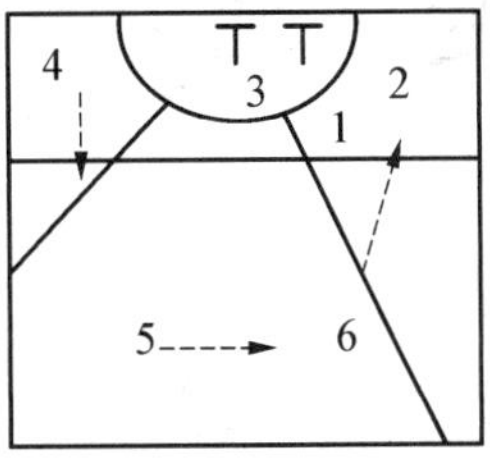

图3-2-88

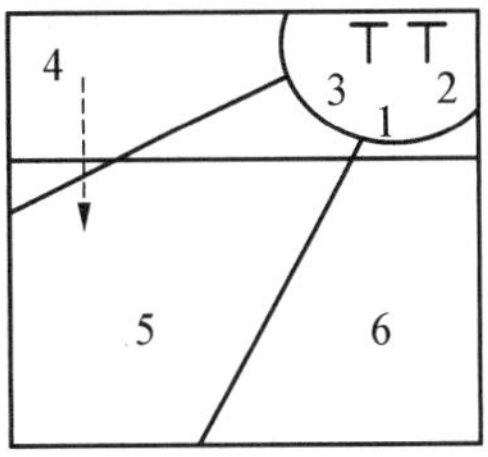

图3-2-89

(3) 三人拦网防守:当对方有明显的高点强攻意图时,可组织三人拦网,而此时后排队员在组成弧形防守站位同时,应特别注意补漏和防吊。(图3-2-90、图3-2-91)

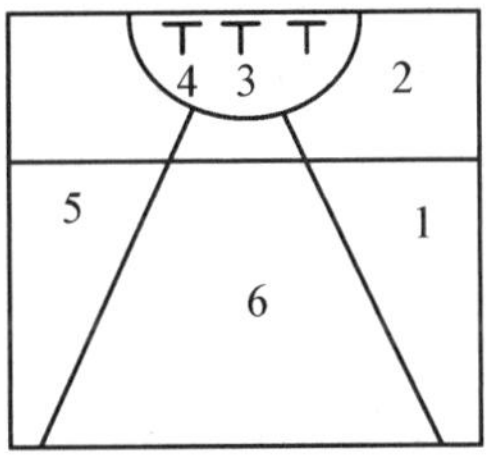

图3-2-90

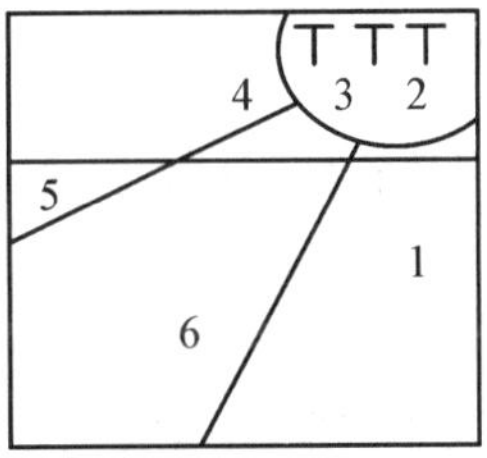

图3-2-91

2. 换位

在一攻过网或本方发球击球后,本方场上队员阵型应迅速调整到本方固有的防守反击阵型,这种反击阵型是本方在长期训练中根据自身特点发挥最大化优势的固定阵型。如,一攻后前排二传或接应二传始终换到2号位,便于组织进攻,前排副攻手始终换到3号位便于快攻,前排主攻手始终换到4号位,便于强攻。后排二传或接应队员始终换到1号位,便于参与接应,后排主攻始终换到6号位,便于后排攻,后排副攻或自由人始终换到5号位,便于最大面防守。(图3-2-92)

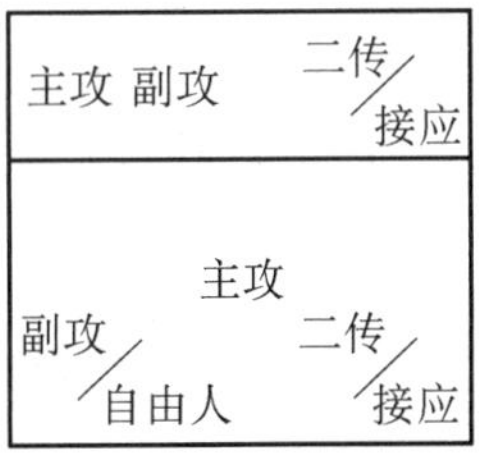

图3-2-92

3. 反击战术

在尽量成功换位后,可以根据防起球的状态适时采用一攻的进攻战术。

4. 攻手与二传的常规默契方式

副攻可以根据防起球的状态,自主走位要球,尽量形成真快攻。二传在观察防起球的同时,根据副攻走位,做好球的最佳分配,形成配合。主攻根据二传给出各种球,及时跟上完成进攻。此默契合作方式一攻也可以沿用。

排球比赛规则与裁判法

参考文献

1. 黄汉升.球类运动——排球[M].北京:高等教育出版社,2005.
2. 虞重干.排球运动教程[M].北京:人民体育出版社,2009.
3. 周学荣.大学体育[M].南京:南京师范大学出版社,2008.
4. 周建林.球类运动体育教程[M].南京:南京师范大学出版社,2005.

第四章　足　球

第一节　足球运动概述

一、足球运动的起源

足球运动是一项古老的运动项目。它的起源可以追溯到人类社会的史前时代，在中国的战国时代（公元前 475 年至公元前 221 年），有一种被称为“蹴鞠”或“蹋鞠”的游戏开始在民间、军队中流传，当时它还属于娱乐的游戏和练兵的工具。在欧洲古代亦有苏里特游戏、萨依游戏等，虽然名称不同，时间不一，游戏方法也不尽相同，但都属于足球游戏的范畴。

古希腊人和罗马人在中世纪以前玩一种名为“哈巴斯托姆”的足球游戏，双方的目的就是把球带过对方的底线。1066 年，“哈巴斯托姆”这种足球游戏传入英国，1490 年它正式被定名为足球（football）。

1980 年 4 月，前国际足联主席布拉特在亚洲足联举办的各会员国协会和秘书长学习班上所做的《国际足球发展史》报告中说，“足球发源于中国，由于战争而传入西方”。2004 年 2 月 4 日，国际足联宣布：足球起源于中国古代的蹴鞠。

二、现代足球运动发展简况

现代足球运动起源于英国。1857 年，英国成立第一个足球俱乐部——谢菲尔德足球俱乐部。1863 年 10 月 26 日，英国 12 个足球俱乐部的代表在伦敦举行会议，成立了第一个足球运动组织——英格兰足球协会。因此，国际上一般都把 1863 年 10 月 26 日作为现代足球运动的诞生日。

1846 年，英国剑桥大学为了适应本国各学校的比赛而综合制定了一个简单的规则，当时称之为《剑桥大学规则》。1863 年的伦敦会议以后，修改了《剑桥大学规则》，制定了最早的足球竞赛规则，这也是现代世界足球史上第一部统一的足球竞赛规则。

1863 年以后，欧洲一些国家纷纷成立足球协会。各国间的比赛、形势的发展迫切需要成立一个世界性的足球组织。1904 年 5 月 21 日，法国、瑞士、瑞典、比利时、西班牙、丹麦、荷兰等国在巴黎发起成立了国际性的足球组织——国际足球联合会，简称国际足联。法文缩写为“FIFA”。此后，世界各国相继成立足球协会，会员国由原来的 7 个发展到目前的 210 个，遍布全球五大洲。

第二节 足球基本技战术

一、基本技术

(一) 运球技术

运球是运动员在跑动中,用脚的推拨动作有目的地使球保持在自己控制范围内而做的连续触球动作。

1. 运球技术方法

常用的运球方法有脚背正面运球、脚背外侧运球、脚背内侧运球和脚内侧运球等。

(1) 脚背正面运球:脚背正面运球多在越过对手之后,前方纵深距离较长,需要在快速运球前进情况下使用。

动作要领:跑动时,身体自然放松,上体稍前倾,两臂自然摆动,步幅不宜过大。运球脚提起时,膝关节弯曲,脚跟提起,脚尖下指,在迈步前伸脚着地前,用脚背正面向前推拨球前进。

(2) 脚背外侧运球:脚背外侧运球动作的特点是灵活性、可变性强,可做直线、弧线和向外变向运球,易于控制运球方向和发挥运球速度,并便于对球进行保护。

动作要领:直线运球时,身体自然放松,上体稍前倾,两臂自然摆动,步幅要小些。运球脚提起时,膝关节弯曲,脚跟提起,脚尖稍内转,在迈步前伸脚着地前,用脚背外侧向前推拨球。曲线运球时,触球作用力方向应偏离球心,使球呈弧线运行。

(3) 脚背内侧运球:脚背内侧运球的特点是控球稳,运球速度较慢,适用于掩护性运球或变向。

动作要领:跑动时身体自然放松,上体稍前倾并稍向运球方向转动,两臂自然摆动,步幅要小些。运球脚提起时,膝关节弯曲,脚跟提起,脚尖稍外转,在迈步前伸脚着地前,用脚背内侧向前侧推拨球,球向前侧曲线或弧线运行。

(4) 脚内侧运球:脚内侧运球的动作特点是易控球,但球速慢,适用于掩护性运球。

动作要领:运球时,支撑脚稍向前跨,踏在球的前侧方,膝关节稍弯曲,上体前倾并向里转。随着身体的向前移动,运球脚提起,用脚内侧推球的后中部。

2. 运球时常用的动作

(1) 拨球:是用脚腕扭拨的动作,以脚背内侧或脚背外侧触球,使球向侧方或侧前方运动,用脚背内侧拨球的动作称“里拨”,用脚背外侧拨球的动作称“外拨”。

(2) 扣球:是指用突然的转身和脚腕急转扣压的动作,以脚背内侧或脚背外侧触球,将球向侧后方停下或改变方向运行。用脚背内侧扣球的动作称“里扣”;用脚背外侧扣球的动作称“外扣”。

(3) 拉球:是指用脚掌将球由前向后或由左(右)向右(左)拖拉的动作。

(4) 挑球:一般是指用脚背与脚尖翘起上挑的动作或用脚背上撩的动作,使球向前上方改变方向。

3. 运球练习方法

(1) 走或慢跑中用单脚或双脚交替进行各种技术运球。

(2) 单脚拨球练习。用单脚脚背外侧连续向外侧转圈拨球。一步一步拨球,球沿小圆圈进行。

(3) 用右(左)脚脚背外侧将球推出,然后用右(左)脚外侧扣球动作将球停住(此时,支撑脚在球后面)。以右(左)脚为轴转身 180 度,然后用右(左)脚背外侧向前推出。

(4) 圆圈运球。以一只脚为轴,另一只脚的脚背内侧不停向内运球转球。练习一个星期后,换另外一只脚进行练习。

(5) 两脚分开与肩同宽,双脚拨球练习。用双脚脚内侧来回拨球。可在原地拨动,也可边拨边向前或向后移动。

(6) 以左脚脚内侧跨过球,用右脚的脚内侧将球向前方推出,接着右脚跨过球,反复练习。

(7) 运球向侧前方,踩球转身 90 度,脚背外侧推拨球。

(8) 假踢后踩球向后拉球练习,两脚交替进行练习。

(9) 向前运球,左(右)腿在球绕一圈后做假动作,继续向前运球练习。

(二) 踢球技术

踢球是指运动员有目的地运用脚的不同部位将球击向预定目标的动作方法。踢球是足球技术中最基本的技术动作之一,主要运用于传球和射门。

1. 踢球技术方法

踢球动作主要有脚内侧踢球、脚背正面踢球、脚背内侧踢球、脚背外侧踢球、脚尖踢球和脚跟踢球等。

(1) 脚内侧踢球:是运用大趾骨、舟骨和跟骨所连成的三角部位击球。这个部位触球的面积较大,出球平稳,但力量较小。

动作方法:踢定位球时,直线助跑,脚落地时足尖应与出球方向保持一致,距离球 10～15 厘米,膝关节微屈,两臂自然张开,维持身体平衡。踢球腿以髋关节为轴由后向前摆动,在前摆过程中膝、踝关节外展,脚尖翘起,脚内侧与出球方向约呈 90 度角,以大腿带动小腿快摆击球。击球时,脚跟前顶,脚腕用力绷紧,以脚内侧部位击球的后中部。击球后,踢球腿应继续保持击球时的形状随球前摆。(图 4-2-1)

图 4-2-1

踢地滚球时,脚内侧踢地滚球的动作方法基本上和踢定位球相同,不同的是球在地面滚动。因此,在支撑与摆腿击球的过程中,要根据球滚动的方向、速度,对动作方法中的某些环节适当调整。

(2) 脚背正面踢球：由于腿的摆动与人的髋膝关节的自然结构相适应，其用力方向与出球方向一致，并且同人的日常走、跑动作相一致，便于加大摆幅和摆速，从而便于大力踢球。

动作方法：踢定位球时，直线助跑，支撑脚踏在球的后侧方 10～15 厘米处，足尖与出球方向一致，膝关节微屈。踢球腿在跨步支撑的同时大腿后摆，小腿后屈。在支撑脚着地的同时，以髋关节为轴，大腿带动小腿由后向前摆动。当膝盖提至接近球的后上方时，小腿加速前提。击球瞬间，脚背绷直，脚趾扣紧，以脚背的正面击球的后中部。击球后，踢球腿应随球继续前摆。(图 4－2－2)

图 4－2－2

踢空中球时，首先要判断好球运行的路线和击球点。踢球时，身体侧对出球方向，支撑脚跨上一步，脚尖指向出球方向，上体向支撑脚一侧倾斜，踢球腿的大腿高抬接近地面平行，然后以大腿带动小腿急剧向出球方向摆动，用脚背正面踢球的后中部。在摆腿踢球的过程中身体随之向出球方向扭转，当要踢球的刹那，两眼要注视着球，身体正对来球方向，踢球后面对出球方向。

(3) 脚背内侧踢球：踢摆动作顺畅，幅度大，脚触球面积大，出球平稳有力，且性能和线路富于变化，是中远距离射门和传球的重要方法。

动作方法：踢定位球时，斜线助跑，助跑方向与出球方向约呈 45 度角，支撑脚以脚掌积极着地，踏在球的侧后方 25～30 厘米处，膝关节微屈，足尖指向出球方向，身体稍向支持脚一侧斜。在支持脚着地的同时，身体顺势向出球方向转动，踢球腿以髋关节为轴，大腿带动小腿呈弧形由后向前摆动。当膝盖提到接近球的内侧垂直上方时，小腿加速前提，脚尖稍外转，脚面绷直，脚趾扣紧，脚尖指向斜下方，以脚背内侧部位击球的后下部。踢球后，踢球腿随球继续前摆。(图 4－2－3)

a　　b　　c　　d

图 4－2－3

踢内弧线球时，助跑和支撑脚与踢定位球的动作方法相同，用脚背内侧踢球的后外侧，摆腿用力的方向不通过球的中心。在踢球的一刹那，踝关节用力向里转，脚稍上翘，使球成侧旋并沿一定的弧线运行。

(4) 脚背外侧踢球:预摆动作小,出脚快,能利用膝、踝关节的灵活变化改变出球的方向和性质,是实用性较强的技术手段。

动作方法:踢定位球时,助跑、支撑脚的位置和踢球腿的摆动基本上与脚背正面踢球相同。在踢球腿的膝盖摆到接近球的垂直上方的刹那,小腿加速前摆,脚尖内转,脚背外侧与地面垂直,脚面绷直,脚趾扣紧,以脚背外侧部位击球的后中部。踢球后,踢球腿随球继续前摆。(图 4-2-4)

图 4-2-4

(5) 脚尖踢球:是用脚尖触球的一种踢球方法。特点是脚触球面积小,出球较快,但准确性较差。

动作方法:支撑脚踏在球的侧后方,击球时脚背翘起,脚趾下扣,踝关节紧张用力并保持稳定,以脚尖部位击球的后中部稍偏下的部位。脚尖捅球时,如支撑脚离球过远,踢球腿要屈膝前跨,送髋,在踢球脚落地前,用脚尖捅球的后中部。

(6) 脚跟踢球:是用脚跟部位将球踢到身体后面的踢球方法。

动作方法:球在支撑脚内侧时,踢球腿自然提跨到球的前方,然后以膝关节为轴将小腿快速后摆,踝关节紧张用力,以脚跟触球前中部把球向后踢出。球在支撑脚外侧时,踢球腿先自然前提,当摆过支撑脚时,立即向支撑脚一侧成交叉动作后摆,踝关节紧张用力,以脚跟击球的前中部把球向后踢出。

2. 比赛中常见的击球方法

(1) 摆击。摆击动作的突出表现是在摆腿击球过程中有明显的随摆动作,踢球腿的摆动幅度大,距离长,这种击球动作出球力量大、平稳,多适于中远距离的传球和射门。

(2) 弹击。弹击动作的突出表现是摆腿击球时,以膝关节作轴,充分利用小腿的快速前摆击球,击球后随摆动作自然。这种击球动作摆动幅度较小,起脚快,动作小而突然。这适于踢地滚球和反射弹球的中、近距离射门。

(3) 抽击。抽击动作的突出表现是在摆腿击球的刹那具有明显的提拉动作。提拉的时间是在运用脚踢球部位即将触脚的刹那,大腿积极上提,小腿前摆突停顺势上拉。抽击的击球点一般选在球的后中部稍偏下部,以有助于提拉动作的完成,抽击动作完成的关键在于提拉时间。这种击球动作出球急并带有强烈上旋,前冲力大,故适于向空档传球、落地反弹球和空中球射门。

(4) 敲击。敲击动作的突出表现是后摆小、前摆快,击球动作急而快速,击球后具有较明显的突停和自然后撤动作。这种击球动作出球平直而急,多用于直接传球和近距离射门。

(5) 推击。推击动作的突出表现是踢球腿没有明显的后摆，前摆击球动作类似弹击。当脚触球后，运用支撑腿的后蹬所产生身体重心向前平移的速度平稳推球。推击多是在支撑脚离球较远，为能控制球高度，保证出球方向的准确，一般在冲刺切入射门时，由于步法不易调整，为做到不失时机地快速完成射门动作而采用之。

3. 踢球练习方法

(1) 各种踢球的模仿练习。

(2) 向画有标志的足球墙或各种目标练习定位球踢准。可按规定的距离、目标，运用各种踢球方法进行。

(3) 二人相距 15 米左右用脚的各个部位相互练习踢定位球。

(4) 在一定距离外放一个标记物，以标记物作为传球的目标练习踢准。要求踢球前抬头看传球的目标，然后用脚背内侧踢球。

(三) 头顶球技术

头顶球技术的种类主要以顶球时运用头的部位来区分。正确的部位是用前额骨正面顶球，前额正面坚硬平坦，触球面积大，它处于头的正前方和两眼上方，便于在顶球时观察来球周围情况，使击球准确有力。头顶球技术分为原地头顶球和跳起头顶球。

1. 原地头顶球技术

顶球时先选好站位，使身体正对来球方向，两脚前后开立，膝关节微屈，重心在后，两眼注视来球，判断好来球的速度，做好准备工作，两腿前后开立腰部前挺，胸部上提、下颏平收、两臂自然张开，上体后倾、身体重心放在右脚上，顶球时后脚迅速蹬地，上体由后向前摆动，在即将触击球的刹那，两腿迅速用力蹬伸，以腰腹和颈部的快速摆动主动迎击来球。击球时，颈部肌肉保持紧张，两眼注视出球方向。（图 4－2－5）

a　　b　　c　　d

图 4－2－5

2. 跳起头顶球技术

(1) 原地双脚起跳顶球：身体正对来球，两脚左右开立约 15～20 厘米，脚尖稍内转，膝关节微屈，上体稍前倾，两臂屈肘后伸，身体重心平均落在两脚上，两眼注视来球。起跳时，两臂由后向前上方振臂，同时弓身、提胸、收下颏，两脚积极用力蹬伸，在跳起上升过程中挺胸展腹，两臂自然张开，两眼注视来球，当跳起最高点准备顶球时，身体成背弓，当球运行到身体垂直部位前的刹那，快速收腹，折体前摆并且甩头，用前额正面将球顶出，顶球后两腿自然屈膝，屈踝落地。

(2) 单脚起跳顶球：可做 3～5 步助跑，在助跑过程中判断来球运行路线和起跳方向，起跳时，有利脚迅速蹬地，另一腿屈膝上摆，两臂自然上提，使身体向上跃起，成原地顶球预备姿势。

顶球的动作要求与跳起顶球基本相同，落地时双脚同时落地。

3. 头顶球练习方法

(1) 自己向空中或对墙抛球，待球下落或弹回时对墙顶球。

(2) 个人连续顶球，顶起的高度可不断调整。3 至 4 人围成一小圈连续顶球，练习时，尽量使球不落地。

(3) 在排球场内，用头顶球，进行排球式的比赛。

(4) 一人抛球，另一人原地跳起顶球。也可做上步或退步跳起顶球。

(5) 跑动中正面顶球射门。练习顶球队员持球站在罚球弧附近，将球掷给站在球门内或球门侧面(或罚球点侧面)的队员。该队员用手接球后再抛至罚球点附近，顶球队员跑上顶球射门。

(6) 顶边路传中球。中间插上做原地、跑动中或跳起前额正面、前额侧面顶球。

(四) 停球技术

停球是指运动员运用身体的有效部位，将运行中的球有目的地接控在所需要位置上的动作方法。它是运动员获得球的主要手段。

1. 脚内侧停球

脚内侧停球比较容易掌握。脚接触球的面积大，易停稳，便于和下一个动作衔接。

(1) 脚内侧停地滚球。支撑脚正对来球，膝关节微屈，停球腿屈膝外转并前迎。脚尖稍翘起，当脚与球接触前的一刹那开始后撤，在后撤过程中用脚内侧接触球，把球控制在衔接下一个动作需要的位置上。如果需要将球停到自己的侧后方，在停球撤到支撑脚的侧方时，再继续以髋关节外转和腿后引的动作将球引向侧后方，同时以支撑脚脚掌为轴使身体转向出球方向。(图 4-2-6)

a　b　c　d　e

图 4-2-6

脚内侧停地滚球时还可用挡压法。当球运行到支撑脚的侧方或侧前方时，停球脚以脚内侧挡压球的后上部。挡压球的力量大小要随来球力量大小而有所增减：来球力量大，挡压力量要小些；来球缓慢，挡压力量可稍大些。当需要将球停到支撑脚外侧时，停球脚的脚尖稍向前，脚内侧挡压球侧后上部，同时脚尖里转，支撑脚以前脚掌为轴身体转向出球方向。

(2) 脚内侧停空中球。一种方法是根据来球的高度，将停球脚举起前迎，脚内侧对准来球路线，在脚与球接触前的刹那开始后撤。在后撤过程中，用脚内侧接触球，把球控制在衔接下一个动作需要的位置中。

另一种方法是将脚提起位置稍高于所选择的停球点，在脚与球接触前的一刹那即开始下切，在下切过程中用脚内侧切于球的侧上部，将球停在地上。

2. 胸部停球

因胸部面积较大，有弹性，位置高，能停高球和空中平直球。一般高于胸部的下落球，可采用挺胸停球方法。准备停球时，面对来球，收下颚，两臂自然张开，两脚前后开立，重心落在两脚之间，两膝微屈，当球运行到与胸部接触前的刹那，两脚蹬地稍上挺，同时展腹，上体稍后仰，挺胸，使球弹起改变运行路线然后落于体前。（图 4－2－7）

a b c d

图 4－2－7

3. 大腿停球

大腿接球一般用于接抛物线较大的下落球。接球时，面对来球方向，根据球的落点迅速移动到位，接球腿大腿抬起，当球与大腿接触的瞬间大腿下撤将球接到需要的位置上。（图 4－2－8）

a b c d e

图 4－2－8

4. 停球练习方法

(1) 停地滚球练习方法主要如下：① 二人距离 10 米左右，甲用手抛地滚球。乙迎球用脚内侧把球停在体前或向左、右侧停球。停球后将球拾起再用手抛球给对方。二人依次反复进行。② 两人相距 10～15 米，甲向乙两侧传球，乙跑动用规定部位停球，乙停球后再回传给甲。③ 三人站成一条直线，每人相距 10 米左右。甲传球给乙，乙用脚内侧或脚背外侧向两侧或转身停球，然后传给丙，丙再回传给乙。反复练习，做够规定的次数后，互换位置。

(2) 停反弹球练习方法主要如下：① 自己向上抛（踢）球，练习停反弹球。② 自己向足球墙上抛或踢球，然后迎上去停反弹球。③ 两人相距 15 米左右。甲踢有一定弧度的抛物线下落球，乙迎上停反弹球。

（3）停空中球练习方法主要如下：① 用各种停空中球的方法自抛自停凌空球。② 二人互抛互停空中球，逐渐改变球的运行弧度、落点，使停球者练习移动停球。③ 二人相互传高球，练习停空中球。

（五）守门员技术

1. 位置选择

一般情况下，守门员应站在两球门柱与射门时球所处的位置所形成的分角线上。此外，守门员向前移动应选择最大限度地封堵对方射门角度，向后移动要有效地防止对方的吊射。

2. 准备姿势

两脚左右开立，与肩同宽，两腿自然弯曲并稍内扣，脚跟稍提起，身体重心落在前脚掌上，上体稍前倾。两臂于体前自然弯曲，两手五指自然张开，掌心相对，两眼注视来球。

3. 移动

守门员为了更好地堵截和接住对方的传球和射门，必须根据对方射门前球和人的位置变化而相应调整自己的位置，向左、右方移动调整位置，一般采用侧滑步和交叉步。

4. 接球

接球是守门员最主要的技术，包括接地滚球、接平直球、接高空球等内容。

（1）接地滚球。地滚球接球方式有直腿式和单腿跪撑式两种。① 直腿式接球：两腿自然张开，脚尖正对来球，上体前倾，两臂自然下垂，两小手指靠近，手掌对球稍前迎，两手接球的后底部，在手触球的一刹那，立即后引、屈肘、屈腕、两臂靠近将球抱于胸前。② 单腿跪撑式接球：身体正对来球，两腿前后开立，前腿弯曲支撑身体重心，后腿跪立，膝盖接近地面并靠近前脚脚踵。上体前倾，手臂下垂，手掌对准来球，稍向前迎，两手接球的后底部。在手触球的一刹那，两手后引，屈肘屈腕，两臂靠近将球抱于胸前，然后起立。

（2）接平直球。平直球又分为低于胸部和与胸齐肩的两种平直球，在接法上有所不同。① 接低于胸部的平直球：身体正对来球，两脚左右开立，上体稍前倾，两臂下垂并屈肘前迎，两手小指相靠，手掌对球，当手触球的一刹那，两臂后引并屈肘，顺势将球抱于胸前。② 接齐胸高平直球：身体正对来球，两臂屈肘并稍上举，两拇指相靠，手掌对球，当手触球时，手腕和手指适当用力，同时屈臂后引，翻掌将球抱于胸前。

（3）接高空球。当判断好球在空中运行路线和确定接球点后，迅速移动并跳起，两臂上伸迎球，两手拇指相靠，手掌对球。当手触球时，手腕和手指适当用力将球接住，同时屈肘回缩并下引，顺势翻掌将球抱于胸前。

5. 扑球

守门员来不及用其他接球动作时，常采用扑球动作把球接住，扑球是守门员技术中难度较大的技术动作。

（1）扑两侧的低球。如扑一侧低球时，右脚迅速蹬地，左腿屈膝向左跨出一步，身体左倒，左脚着地后，随着用小腿、大腿、臀部、上体和手臂的外侧依次触地，同时两臂向球伸出，左手掌心正对来球，右手在左手前上方，两拇指靠近，两手腕稍向内屈，触球后把球收回胸前，然后立即站起。

（2）跃起扑侧面地滚球。来球离守门员较远时，可用这样扑球方法，扑球时，两膝弯曲，身体重心下降，在身体向扑球方向侧倒的同时，同侧脚用力蹬地跃出，身体展开，两臂自然伸出，两手拇指靠近手指自然分开，掌心对球，向球扑去。手触球时，手指和手腕用力，以屈肘、扣腕，翻掌的连续动作将球抱于胸前，同时屈膝团身。落地时，以小腿、大腿、臀部、上体侧面和肩外侧依次着地。

(3) 扑侧面平高球。扑这种球时，身体重心先移向靠近来球一侧的脚上，同时该脚用力蹬地向侧面跃起，身体展开，两臂自然伸出，两手拇指靠近，手指自然张开，手掌对球，当手触球时，以扣腕动作将球接住，落地时，以两手按球，前臂、肩部、上体侧面和下肢依次着地，同时屈肘、翻掌将球抱于胸前，并屈膝团身。

6. 拳击球和托球

在守门员没有把握接住或有对方猛烈冲力的情况下，为了避免接球脱手，可采用拳击球。拳击球有单拳击球和双拳击球两种。

(1) 单拳击球：单拳击球动作灵活，活动范围较大，击球点高，击球力量大，多用于击两侧的传中球和高空球。

动作方法：屈肘握拳于肩前，身体跳起接近来球，在击球前的一刹那，快速冲拳，以拳面将球击向预定的目标。

(2) 双拳击球：双拳击球动作接触球的面积大，准确性高，多用于击正面高球或平高球。

动作方法：两臂屈肘握拳于胸前，拳心相对，当跳起接近最高点即将触球的一刹那，两拳同时快速冲击，以拳面将球击向预定的目标。

(3) 托球：托球主要在来球弧度较大，其落点又在球门横梁附近，守门员起跳接球把握性不大时运用，跳起托球的一臂快速上伸，掌心向上，用手掌前部击球，手触球后，将球稍往后上方托起，使球越过球门横梁。

二、基本战术

足球战术是指比赛双方为了充分发挥个人与集体的特长，进攻对方弱点，取得比赛胜利所采用的手段和方法。根据攻防的基本特点，足球战术可分为进攻战术、防守战术、比赛阵型三大部分。在进攻和防守战术中，又分别包括个人、局部和整体攻防战术。

(一) 进攻战术

1. 局部配合进攻战术——“二过一”战术配合

顾名思义，“二过一”是两个进攻队员，通过传球配合突破一个防守队员。“二过一”是集体配合的基础，可以在任何场区、任何位置上运用。“二过一”的形式主要有直传斜插“二过一”、斜传直插“二过一”(图 4－2－9)、回传反切“二过一”、踢墙式“二过一”。(图 4－2－10)

图 4－2－9

图 4－2－10

2. 全队进攻战术

全队进攻战术是指比赛中一方获得球后，通过队员之间的传递配合达到射门的目的而采用的配合方法。

(1) 边路进攻。利用球场两侧地区发起进攻的方法叫边路进攻。边路进攻是全队进攻战术的主要形式之一，其主要特点是有利于发挥进攻速度，打破对方防线制造缺口。边路进攻形式主要有下底传中、下底回扣传中(图 4－2－11)、外围传中。(图 4－2－12)

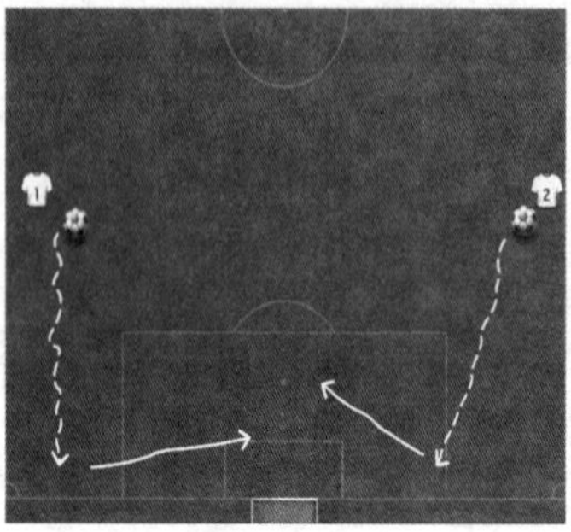

图 4－2－11

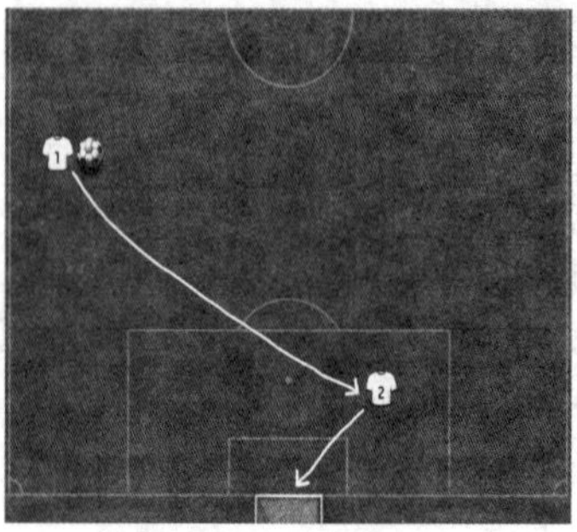

图 4－2－12

(2) 中路进攻。其是利用球场中间区域组织的进攻，这种进攻虽能直接射门，但难度最大，因中路防守最为严密，前攻击手必须是反应极其敏锐、意识强、技术高、敢于冒险、速度快和善于路位策应的队员。(图 4－2－13)

(3) 转移进攻。其是指由一个区域转向另一个区域的进攻配合，一般有中路进攻受阻时转移到边路、边路进攻受阻时转移到中路或大范围转移到另一边。(图 4－2－14)

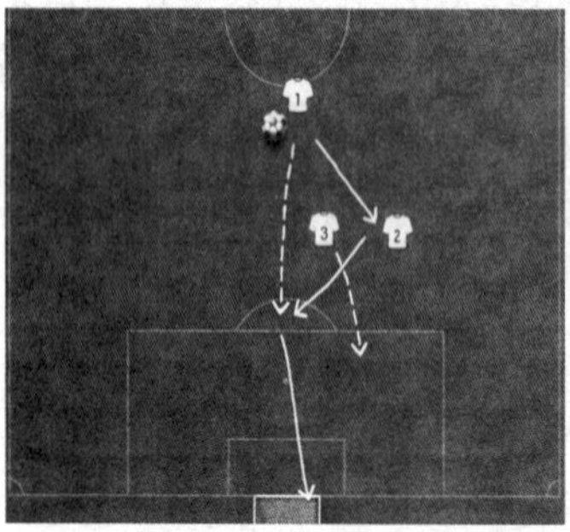

图 4－2－13

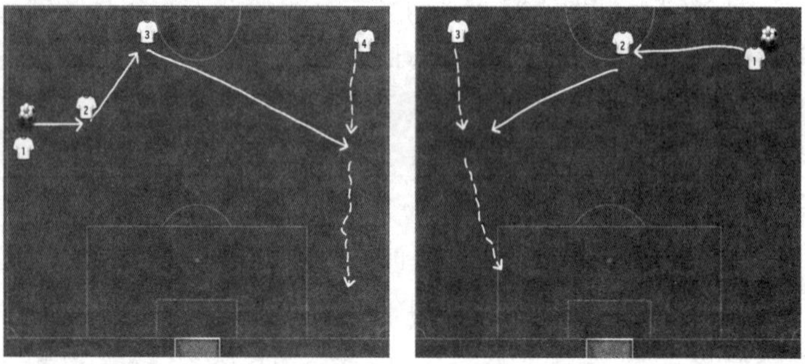

a　　b

图 4－2－14

(4) 快速反击。其是指防守方在获得球权后，在对方尚未形成稳固的防守态势时，快速攻击对方，从而创造射门得分机会的配合。

(二) 防守战术

1. 局部配合防守战术

(1) 补位：是足球比赛中局部地区集体配合进行防守的一种方法。当防守过程中一个防守队员被对手突破时，另一个队员则立即上前进行封堵。

(2) 围抢：是指比赛中在某局部位置上，防守一方利用人数上的相对优势(通常是两三个队员)同时围堵对方的持球队员，以求在短暂时间内达到抢断或破坏对方防守的目的。

（3）保护：是指给逼抢对方队员的同伴心理和行动上的支持，使其无后顾之忧，全力以赴地逼抢对手。

2. 全队防守战术

全队防守战术可分为两种基本类型：盯人紧逼防守（人盯人防守），即在全场攻守的时间和空间范围内盯人紧逼，不交换防守对象；区域紧逼防守（盯人和区域相结合），在个人防守区域内紧逼在此区域内的进攻队员，跨区交换防守对象。

三、足球运动练习方法

足球运动的练习方法很多，虽然在足球比赛中，单个技术的独立运用机会较少，但单个技术的练习是必不可少的，下面就介绍几种常用的练习方法。

（一）个人练习

（1）颠球、接空中球、运球练习。用身体的各部位（脚、大腿、肩、头等）颠球，然后将球踢高，练习用脚背正面、大腿接空中球，接球后再做转身运球练习。这个练习可将颠球、接球、运球分开练习，也可按上述顺序组合练习。

（2）踢球、接球练习。利用墙壁做各种脚法的踢球练习，然后对反弹回来的球进行接球练习，再进行控运球练习。练习接球时，应根据反弹回来的球的高度、方向，运用正确的方法接球。

（3）平行于墙壁运球，距离5米左右，接球练习。练习时，先斜线向墙壁踢球，然后平行于墙壁向前跑动，接弹回来的球，再运球，踢球，如此反复。练习时，应运用脚内侧踢地平球、接球，另外，还要根据踢球的力量、角度来决定接球的跑速、角度。

（二）双人练习

（1）颠球练习。两人相距2～3米，一人颠球，然后传给另一人，另一人接球后，继续颠球，如此反复。练习时，可适当增加难度，如一个人颠球1个，传给另一人，另一人颠球2个后，再传回，如此反复，但每换一人只增加1个，看最高能到多少。

（2）两人相距5～8米，平行向一方跑动，进行运、传、接球练习。练习时，应根据不同情况采用不同的方法做运、传、接球练习。

（3）两人相距20米，做长传、接球练习。练习时也可直接将球传回、射门或用头顶球。

（4）两人相距5米，互相用头顶球进行练习。练习过程中，可不断变化两人之间距离，先大后小，先小后大。

（三）三人练习

（1）颠球练习。方法同双人练习的颠球练习方法。

（2）头顶球练习。练习时三人站成三角形，各相距5米，一抛，一顶，一接，连续循环。

（3）三人一组的传、接、控球练习。练习时三人成三角形站位，互相做传、接、控球练习。

（4）二打一练习。利用篮球场地的3分区，两人进攻，一人防守，进攻队员只有把球射中篮球架的立柱才算赢，而防守者只要抢断球或将控球者逼出3分区，就可于进攻队员互换位置，如此反复。

（四）多人练习

1.“耍猴”

方法：三人以上站在一定范围内，其中一人站在中间，游戏开始时，外边的同学互相传球或带球以及用头顶球等技术，中间的同学抢截球。传球或带球的同学不让抢截同学碰到球，如被抢截同学碰到球，则造成失误的责任人与抢截的人位置对调换，游戏继续进行。

规则：不允许用手，按照足球的规则进行，在一定的范围内进行，出界也视为失败，造成的责任人与抢截的人交换位置。

要求：抢截的同学要跑动，传球的同学不要传到一个固定的位置。根据参与人数可进行3V1、4V2练习，也可限制传球人的触球次数1～2次。

2. 网式足球

目的：培养球感和脚法。

方法：用网球的场地，场地大小可根据情况自己选择。人数三对三或更多。方法同网球规则，在练习中不能用手碰球。发球时用脚把球踢到对方场地内比赛就开始。发球方获胜才能得分，否则交换发球权。看得分谁先得到10分。

规则：按照网球规则，球落地一次后就要把球踢到对方场地。

3. 颠球空中接力

目的：巩固提高颠球、脚踢球的各种技术及头顶球的技术。

方法：两人或更多，一人将球颠起后传给其他人，其他人用头顶球或用脚踢互相传球，在练习中不允许球落地，球落地的责任人为失败。

4. 小场比赛

目的：巩固传球、接球、运球、射门等技术，初步了解足球战术。

方法：此练习规则同足球比赛规则相同。具体方法是设两个小球门，场地较小，在比赛中不设守门员。两队人数相等，猜拳决定球权。游戏开始后各方想办法运用足球技术把球射入对方球门。在一定时间内，射入球多的一方为胜。

规则：按照足球规则进行，不同的是没有越位规则，不发角球。球出底线后由出底线的的这方发球门球。出边线，由出边线点用脚开出。在整个比赛中不能用手。

足球比赛规则与裁判法　　　足球鞋的选用

参考文献

1. 王崇喜.球类运动——足球(第三版)[M].北京：高等教育出版社，2015.

2. 冯涛.足球教学设计与训练实践研究[M].长春：吉林大学出版社，2018.

3.（美）托马斯·杜利，克里斯蒂安·蒂茨.足球训练完全图解：完美技术（全彩图解版）[M].陈柳，译.北京：人民邮电出版社，2017.

4. 张廷安，徐鹏，肖辉.足球技术教学与训练[M].北京：北京体育大学出版社，2018.

5. 中国足球协会.足球竞赛规则 2018/2019[M].北京：人民体育出版社，2019.

第五章　乒乓球

第一节　乒乓球运动概述

一、乒乓球运动的起源

乒乓球(Table Tennis)运动起源于1880年前后的英国,是由中世纪网球运动派生出来的运动形式。起初乒乓球运动对器材、场地、规则等没有统一的标准要求,仅仅以游戏形式存在,可以根据个人喜好选择器材和比赛方法,具有随意性。

1900年,英国成立了乒乓球协会,同年12月在伦敦的皇花大厅举行了英国的第一次大型乒乓球赛,参与者达三百多人,开创了乒乓球运动正式比赛的历史。直到1918年后,第一次世界大战的结束后,欧洲许多国家才相继成立了乒乓球协会。乒乓球运动逐渐由游戏进入了竞技体育运动阶段。

1926年1月,在柏林举行国际乒乓球邀请赛期间,由德国的G·勒曼博士倡议在柏林网球俱乐部召开一次座谈会,会议成立了临时国际乒联,并委托英国乒协举办第一届欧洲乒乓球锦标赛。同年12月在伦敦举行的第一届欧洲乒乓球锦标赛期间,国际乒联召开了第一次代表大会。会议通过了正式成立国际乒乓球联合会的决议和章程,讨论了乒乓球规则,推选蒙塔古先生为国际乒联第一任主席。鉴于参加比赛的9个队伍中的印度队是非欧洲球队,国际乒联便把这次比赛命名为第一届世界乒乓球锦标赛,它标志着乒乓球运动已经成为一种竞技体育运动项目,正式冲入了世界体坛。

二、世界乒乓球运动的发展

世界乒乓球运动随着乒乓球规则的不断修订、技战术的创新、运动器材的改进而不断发展,所以需要结合世界乒乓球锦标赛(简称世乒赛)的成绩来看世界乒乓球运动的发展。

(一) 削球打法主导时期(1926—1951)

在1926—1951年期间共举办了18届世乒赛。在7个正式比赛项目产生的117枚金牌中,除8枚金牌由美国选手获得外,其余109枚均由欧洲选手获得,占全部金牌总数的93.1%,欧洲占有绝对的优势。削球打法是这个阶段的主导型打法,在35枚男、女单打金牌中,男子单打的12枚金牌和女子单打的7枚金牌是由削球运动员获得的,占单打金牌总数的54.3%。随着削球技术的发展,赛场上的"蘑菇球"现象越来越多,一场比赛数小时才能结束的情况时常出现,比赛场面变得枯燥乏味,乒乓球发展走入瓶颈期。1937年,国际乒联修改规则,增宽球台、降低网高、软球改变为硬球、限制比赛时间,鼓励了积极进攻技术的使用,从而使乒乓球重新焕发活力。

（二）中远台单面长抽打法主导时期(1952—1959)

中远台单面长抽打法是日本人在乒乓球运动发展史上的一次重要贡献。日本乒协于1928年加入国际乒联，1952年第一次参加世乒赛。日本队第一次参加世乒赛就取得了优异战绩，获得了男单、男双、女团和女双共4个冠军。值得关注的是，佐藤博治使用8毫米厚的黄色软海绵球拍，采用中远台单面攻打法一举夺得男子单打冠军。8毫米厚的海绵球拍虽然很快被国际乒联限制使用，但中远台单面长抽打法却为日本乒乓球队的技术打法风格指出了正确的前进方向。在第21届至第25届世乒赛中，日本运动员获得全部49枚金牌中的24枚。其中在1959年第25届世乒赛上夺得7项比赛中的6项冠军，是日本队长抽打法的最辉煌时期。

（三）近台快攻打法主导时期(1960—1969)

1959年第25届世乒赛上，中国运动员荣国团运用近台左推右攻打法在男单比赛中连闯七关，为中国夺得了世界体育比赛中的第一个世界冠军，拉开了中国乒乓球队进军世界乒坛强队的序幕。在中国参加的1961年至1965年的三届世乒赛中共夺得11个冠军，占冠军总数的52%，其中男子团体和男子单打保持了“三连冠”。在1965年第28届世乒赛中，中国队夺得了男团、男单、男双、女团、女双的5个冠军，达到了中国乒乓球队有史以来的第一个高峰，也标志着中国左推右攻打法的成熟。近台快攻打法的成功除了依靠正胶海绵球拍的速度支持外，还总结了战胜长抽打法、削球打法的经验，确定了站位近台、以左推右攻和两面攻为主的快攻打法，形成了“快、准、狠、变”的独特技术风格。

（四）弧圈球进攻打法兴起和新近台快攻打法形成对抗时期(1970—1988)

1960年弧圈球技术在日本逐步形成，在一次日本邀请赛上，欧洲人学会了弧圈球技术。进入70年代，欧洲涌现出一大批有实力的年轻选手，瑞典队的本格森是代表人物之一。他很好地将弧圈球技术和近台快攻技术结合起来，形成了弧圈结合快攻的打法，在第31届世乒赛上夺得了男子单打冠军；第32届世乒赛上，本格森领衔的瑞典男队打破了亚洲保持长达20年之久的团体冠军记录，最终获得冠军。与此同时，欧洲还出现了一批像本格森一样打法的优秀运动员，如约尼尔、舒尔贝克、斯蒂潘契奇等。欧洲选手经过20年的努力，以弧圈结合快攻的打法走上了复兴之路。

（五）弧圈球进攻打法主导时期(1989—2006)

在1989年第40届世乒赛上，瑞典的弧圈结合快攻兵团以5∶0击败中国近台快攻兵团，瓦尔德内尔第一次夺得男单金牌后，标志着弧圈球打法成为乒坛的主流打法。此后的瑞典队不仅在男单上三度捧杯，更是完成了男团三连冠的伟业。在1989年以来的世乒赛中，除了1999年第45届世乒赛的单打金牌归近台快攻型选手外，其他均被弧圈型打法选手获得。顶级赛事夺冠充分证明了弧圈球进攻打法的先进性，乒乓球技术的发展进入了弧圈球打法主导的时期。

第二节　乒乓球基本技战术

一、基本概念

（一）球台

左、右半台，又称1/2台，球落点的范围，“左、右”是相对等待还击球的一方而言，可以理解为球台中线两边的范围。2/3 台，即球落点范围占球台的三分之二。全台是指整个球台。

（二）站位与击球距离

站位：运动员开始击球前的基本位置。击球距离：击球时站位距离球台的远近，有近台、中近台、中远台、远台之分，它们距离球台的端线分别为 30～50 厘米、50～70 厘米、700～100 厘米、100 厘米以上。

（三）击球线路

击球线路：球在球台上空飞行弧线的投影线。五条基本线路：右方斜线、右方直线、左方斜线、左方直线、中路直线。

（四）击球时间

击球时间：对方来球在落台后弹起所经历的时间段。依照先后顺序可分为五个时期：上升前期、上升后期、高点期、下降前期、下降后期。

（五）击球部位

击球部位：球拍触及球的部位。球拍触球可分为五个部位，分别是：上部、中上部、中部、中下部、下部。

（六）拍面角度与拍面方向

拍面角度：拍面与球台面所形成的夹角。一般情况下根据夹角大小不同可分为前倾、稍前倾、垂直、稍后仰、后仰五个角度。拍面方向：拍面相对人体纵轴的角度，一般有拍面向左或向右之分。

（七）击球点

击球点：击球时，球拍与球接触的那一点所属空间的位置，是相对击球者躯干所处的相对位置而言的。它包含三个因素，一是击球时，球处于身体的前后位置；二是击球时，球与身体的远近距离；三是击球时，球的高低位置。

（八）基本姿势

基本姿势（图 5－2－1）是指准备击球时的身体姿态。基本姿势有以下要求（以右手执拍为例，下同）：一是两脚开立、略比肩宽、右脚稍落后于左脚半脚距离，双脚稍提踵、前脚掌着地，身体重心置于两脚之间；二是两膝关节微屈、收腹含胸，两眼注视来球；三是执拍手臂自然弯曲置于身体一侧，手腕放松将球拍置于胸前，离身体约 30 厘米。

图 5－2－1

（九）握拍方法

1. 直拍握拍法

直拍握拍法的要点（图 5－2－2、图 5－2－3）：拍柄正对虎口穴；球拍前，拇指的第一指关节与食指的第二指关节做环形相扣，两手指间相距约 1～2 厘米；球拍后，其他三个指头自然弯曲，中指的第一指关节抵住球拍，其他两手指依次抵住前一根手指。这种方法是传统的左推右攻握拍方法，如果是弧圈球打法，在握拍时拍前食指的第一指关节适当扣住拍柄，拍后三指自然伸直，第一指关节抵住球拍的中间即可。

直拍握拍法的优点：正反手击球转换快，更换击球线路时拍面角度调整不明显，击球变化灵活；缺点：受到身体阻碍的影响，反手发力难以掌控，防守时照顾面积较小。

图 5-2-2

图 5-2-3

2. 横拍握拍法

横拍握拍方法(图 5-2-4,图 5-2-5):球拍侧面对准虎口穴;中指、无名指、小指与手掌一起自然握住拍柄;拇指在拍的正面扣住拍柄前沿,轻贴在中指旁;食指自然伸直,斜放于球拍的背面。

横握拍的优点:无论是进攻还是防守时,左右两边照顾面积大,反手易于发力且容易拉弧圈球;缺点:击球力量大,但击球手法变化较少。

图 5-2-4

图 5-2-5

(十) 步法

步法是指乒乓球击球过程中脚步的走动方法,被称为乒乓球运动的"灵魂和生命",是击球质量的保证。基本步法的技术有单步、滑步、跨步、交叉步和还原步。

单步的动作方法:以一脚为轴心,另一脚向前、后、左、右移动一步,身体重心也随之落到移动脚上,挥臂击球。特点是移动简单、范围小、重心平稳。适合来球离身体较近时使用。

滑步的动作方法:两脚几乎同时向来球方向蹬地,几乎同时离地,来球异方向脚先蹬地,同方向脚紧随着移动落地,挥臂击球。特点是移动范围较大,重心转换快。适合在来球离身体较远时使用。移动后两脚距离基本不变,适合连续快速回击来球。

跨步的动作方法:来球异方向脚蹬地,同方向脚向来球方向跨出一大步,身体重心移到该脚,异方向脚随后迅速跟进。特点是移动范围比单步大,且速度快。用于回击较突然的大角度来球。

交叉步的动作方法:以靠近来球方向的脚作为支撑脚,该脚的脚尖调整指向移动方向,远离来球方向的脚在体前交叉,向来球方向跨出一大步,身体随之向来球方向转动,支撑脚跟着向来球方向再迈一步,这是前交叉步,后交叉步是在体后完成交叉。特点是移动范围和幅度都大。在快攻或弧圈打法中运用于侧身攻、拉后扑打右角空当,或从右向左后用正手攻、拉补反手位空当;在削球打法中运用于接近网短球、削突击球和在走动中拉削球。

还原步的动作方法:同滑步的动作方法。其特点是以上几种步法使用后还原的步法,移动迅速,移动范围可根据下一板来球进行调整。它是保证下一次移动的先决条件。

二、乒乓球基本技术

（一）发球技术

1. 平击发球

平击发球的特点是动作小、速度慢、无旋转，是乒乓球发球中最基本的一种发球方法，也是其他发球方法变化的基础，初学发球的人应当首先学习这种发球方法。平击发球的动作方法如下（以正手右手为例）。

击球前：从身体基本姿势开始，站位近台，身体面对球台，两脚平行开立、稍比肩宽。左脚稍前，左手掌心托球于身体右侧前，在球拍前约 10～20 厘米处。引拍：上体稍右转，身体重心落在右脚，右手前臂随身体转动稍向外向后引拍。击球：左手向上抛球，等球下落后击球。击球时，右脚蹬地转胯，上体转动，向前收前臂；击球后，手臂随前挥动，球拍挥至身体正前方后制动，还原挥拍动作。

动作要点：球拍稍前倾，击球发力以前臂为主，动作过程中身体重心从右脚移至左脚，击球结束后再回到右脚。反手平击发球时，左脚稍后，持球于身体左侧前，右臂内旋。

2. 奔球

奔球也叫急长球，现在也有很多人称其为侧上旋球。随着球拍胶皮黏性增加，制造旋转的能力也随之加强。传统的奔球特点是球速快、弧线低、落点长，现在的奔球在这些特点上又增加了强烈上旋的特点。初学者可以从传统奔球学起，水平提高后再增加发球的旋转。

（1）正手发奔球。动作方法见图 5－2－6，击球前：站位近台，左脚在前，身体稍向右偏斜，左手掌心托球置于身体前方偏右侧，身体稍向右转。引拍：将球抛起后，持拍手向右后方引拍，前臂放松，使球拍顺势下降，当球降至约与网同高时，身体由右向左转动，手臂迅速向左前方挥动，拇指压拍，拍面略向左偏斜。击球：球拍触球的刹那间，手腕向左上方抖动，使拍从球的右侧中部向上部撞击，球的第一落点靠近端线处。击球后：前臂和手腕随势向前挥动。

a　　b　　c

图 5－2－6

动作要点：击球高度与网高接近，击球瞬间手腕抖动向球的右侧中部向上部撞击。

发右侧上旋奔球的方法：身体蹬转后小臂向前略向上迅速挥动球拍，用拍头中上部向中下部撞击摩擦球的右侧后中上部，使球产生旋转。

（2）反手发奔球。动作方法见图 5－2－7，右脚在前，身体稍向左转，左手掌心托球置于身体前方偏左侧，持拍手置于体前。将球抛起的同时，持拍手向左后方引拍，拍形稍前倾，当球降至约与球网同高或比球网稍低时，前臂带动手腕发力，击球左侧中部向上撞击，拍触球的刹那间，前臂加速向右前上方横摆，手腕抖动使拍面撞击球，第一落点靠近本方球台端线。击球后，前臂和手腕随势向右前挥动。

动作要点：身体收紧，通过转体带动手臂、手腕发力。增加旋转即为左侧上旋奔球，具体方法可参见正手右侧上旋球奔球发球的方法。

a　b　c　d　e

图 5－2－7

3. 转不转发球

转不转发球的特点是在几乎相同的发球动作下发出转或不转的球，不转发球的使用是以能够发出比较强烈的下旋球为前提的。落点以近网短球为主。以右手正手发球为例，转不转发球方法如下。(图 5－2－8)

a　b　c　d

图 5－2－8

选位：侧对球台，左脚在前，右脚在侧后。引拍：抛球后，右手将球拍引至身体右侧上与肩部同高的位置。挥拍：拍型后仰，身体重心由右脚向左脚转换，上体带动上臂、前臂转动，在球下落与网同高或稍高于网时，前臂带动手腕加速向前下方击球。还原：发球后球拍动作制动、还原。当用球拍的拍肩触球的时候，发出去的球为不转球，当用球拍的拍头前下部位触球的时候，发出去的球为下旋球。

技术要点：拍肩触球时为不转球，拍头触球时为下旋球。

4. 左侧上(下)旋发球

左侧上(下)旋发球是比赛中一种较为常见的发球方法，上、下旋转的控制与球拍接触球前的一瞬间的挥拍方向和触球部位有直接关系。其特点是旋转强、弧线低且偏向左侧，落台

后球向右侧跳动。正手左侧上旋球的动作方法如下。(图 5 - 2 - 9)

选位:侧身站位于左半台,左脚在前,右脚在侧后,左手掌心托球于身体右前方。引拍:将球抛起后,右手臂做外旋,手腕做外展动作,拍面偏向左侧。向右侧后上方引拍、转腰,身体重心置于右脚。挥拍:身体重心由左向右变化,上体转动,带动上臂、前臂,球拍从右后上方向左下方挥动。击球:球下降至接近网高时,前臂加速向左方挥摆,直握拍手腕做屈,横握拍手腕做内收,击球中部,向左侧上方摩擦。击球后:手臂随前挥动后,迅速制动、还原。

动作要点:发力以前臂、手腕为主。

a　b　c　d

图 5 - 2 - 9

正手左侧下旋球的动作方法(图 5 - 2 - 10)与左侧上旋球的动作方法大致相同,区别在于击球中下部向左侧下方向摩擦,触球高度略高于球网。横握拍发左侧旋球的时候,握拍方法略作改变,拇指与食指配合握住拍肩与拍柄之间的位置,另外三指松开,以保证手腕灵活发力。

a　b　c　d

图 5 - 2 - 10

5. 右侧上(下)旋球

右侧上(下)旋球的特点是以旋转变化为主,飞行弧线向左方偏拐,对方回球向左侧反弹。反手右侧上旋发球的动作方法如下。(图 5 - 2 - 11)

选位:站位于左侧半台,通常右脚稍前,身体向左偏斜,左手持球于身体左前方。引拍:球被抛起后,右臂稍内旋,使球拍拍面后仰或几乎垂直,腰部向左转动,球拍向左后方引。击球:球下降至接近网高的时候,前臂在完成由上至下的挥动后,加速向右前上方挥摆,同时,直握拍手腕做伸,横握拍手腕做内收。腰部配合转动,球拍击球中部向右侧上方摩擦。还原:击球后,随势挥拍,制动还原。

动作要点:手臂、手腕发力为主,蹬地转腰为辅。重心由左脚向右脚转换。

右侧下发球动作与右侧上发球动作过程类似，区别在于拍面后仰，击球瞬间球拍加速向球的右前下方挥摆，击球部位由球的中部向右侧下方摩擦。

右侧上(下)旋发球一般用于反手位发球，正手位发球特别是横板正手位发右侧上(下)旋球也在比赛中成为一种流行趋势，有兴趣的同学可以结合其他发球的动作方法探究学习正手发右侧上(下)旋球。

a b c

图 5-2-11

6. 下蹲式发球

下蹲式发球种类分为：下蹲发正手右侧上(下)旋发球，下蹲发反手左侧上(下)旋发球。下蹲式发球在比赛中可以起到变化旋转，搅乱对方接发球节奏的作用，动作相对复杂，经常使用会减弱发球产生的效果，比赛中使用的次数较少。以易于掌握的下蹲式正手右侧上旋发球为例进行介绍，动作方法如下。

选位：左脚稍前或两脚平行站立，身体向右偏斜，左手持球于身体右侧前。引拍：将球抛起后，身体下蹲，右臂举高、球拍置于右侧后上的位置，手腕外展，拍面向左偏斜。挥拍：执拍手手臂从左向右前上方挥动。击球时，当球下降至球网高的位置时，前臂加速从左后向右前方挥动，手腕同时作内收，击球中部向右侧上方摩擦。击球后，手臂手腕继续向右前上方随势挥动，两腿迅速蹬起，制动还原动作。

动作要点：前臂、手腕发力为主，重心在两脚之间。

运动小贴士

发球的教学方法

初学者应基本了解和掌握发球的几个步骤。一是持球和持拍两手的配合；二是球台落点与弧线长短、高度的关系；三是弧线、落点与旋转的变化。从基本技术方法入手，如从发不转的或略带旋转的球循序渐进地练习。练习步骤分以下几步：

1. 按照发球技术的步骤，做台下的徒手模仿练习。
2. 在球台上做单一的发球练习。
3. 斜线球与直线球交替、线路长与短交替的不同落点练习。
4. 从单一旋转性能的发球开始，到多种旋转的发球练习。

(二) 接发球技术

接发球是比赛中与发球机会基本对等的一项技术，相对发球而言，又是一项被动的技术。接发球技术如果不能稳妥地应对对方来球，可能会导致回球质量较低。当然，如果能合理使用技术也可以在比赛中反制对方，获得进攻的机会。合理使用接发球技术应从以下几点做起。

首先，接发球的站位与判定。如果对方准备用正手在球台的右角发球，可能发出右方斜线或右方直线，考虑到右方斜线来球角度较大，这时站位应在中间偏右些；对方用反手或侧身在球台左方发球时，则接发球的站位偏左些。所以站位应考虑来球角度大的情况。站位离台远近，可根据自身打法确定。近台快攻打法的站位一般要考虑来球较长的情况，选择略远于近台的站位，等对手发出球后再判断来球长短，调整站位。

其次，来球运动性质的判断。从五个方面判断：① 根据拍面朝向和挥拍方向判断来球的线路是直线还是斜线。如拍面倾斜往身体的侧向挥拍，为斜线；拍面朝前，向前挥拍，为直线。② 根据发球时球拍触球的移动方向判断来球的性质。球拍触球刹那间，击球中下部且向前下挥拍，来球为下旋，击球中侧面的后上部且向前上挥拍，来球为侧上旋；球拍由向侧前下突然变为向侧上勾手挥拍，如果击球时球拍触球中下部来球为侧下旋球，触球中上部则为侧上旋球；一般由球拍拍头触球为转球，用板肩触球为不转球。③ 根据摆臂振幅和手腕用力程度判断来球落点。一般摆臂幅度大的多为长球，手腕抖动的多为转球。④ 根据来球弧线和球的运行判断来球落点和旋转性能。一般弧线最高点决定落点的长短，第一落点越近，网的落点也越近。⑤ 通过击球声音判断来球性质。声音较响的来球不会特别转，声音不太响的会有旋转。

最后，接发球的方法。一接急球，急球往往来球速度快、略带上旋。左方来球，一般采用推拨球或反手攻球即可，判断准、脚步快的运动员可以侧身攻拉球。右方来球，正手攻拉球、点带球都可以。如果想采用搓削方法接球，脚步可稍退后一步。二接下旋球，下旋球往往速度慢，用搓球方法时，球拍后仰向前下挥拍。采用攻拉方法时，要注意增加提拉的力量。三接左侧上（下）旋球，左侧上旋球是左侧旋与上旋结合的球，一般采用推攻回击为宜。接球时注意拍面稍前倾且朝向左偏斜来抵消来球的左侧旋，向下用力相对加大，防止球拍触球时向自己右上方反弹。搓削接时，拍面角度朝外，加大向下摩擦力量。攻拉接时，加大拍面向前倾，挥拍多向前，少向上发力。左侧下旋球时左侧旋转与下旋结合的旋转球，接这种球搓接最合适。接球时，拍面朝向左偏斜抵消来球的左侧旋，稍向上用力，防止球拍触球时向自己左下方反弹。推拨、攻拉接时，除了注意拍面角度和朝向外，还要加大对球向上的摩擦力度。四接右侧上（下）旋球，与接左侧上（下）旋球的原理基本一致，拍面朝向相反。五接短球，回接台内短球时，要主动向前引动脚步，使身体获得合适的击球位置，并控制身体的前冲力量。接球后，应迅速还原动作。发力部位，以前臂和手腕发力为主。

接发球的教学方法

（三）攻球技术

攻球是一项争取主动和获取胜利的进攻性技术。它的特点是速度快、力量大、连续性和攻击性强。在比赛中能争取主动、克敌制胜，是乒乓球技术中得分的重要技术之一，也是各类打法中必须掌握的技术之一。下面以右手直拍正手攻球为例介绍攻球的方法。（图 5－2－12）

站位：左脚稍前，身体离台 40～50 厘米，站位于右半台。引拍：身体重心移至右脚，转腰沉肩，引拍至台面水平面以上、右侧下方的位置。大拇指扣住球拍，食指适当放松固定球拍，使拍面前倾。挥拍击球：蹬地转腰，向前稍上方收手臂挥拍，在球的高点期将球击出。击球部位为球的中上部。还原:手臂随势挥动,至身体正前方时制动,将动作还原到击球前的姿势。

动作要点:注意使用蹬地转腰的动作,手臂在击球前加速挥动,击球瞬间中指向前抵住球拍。

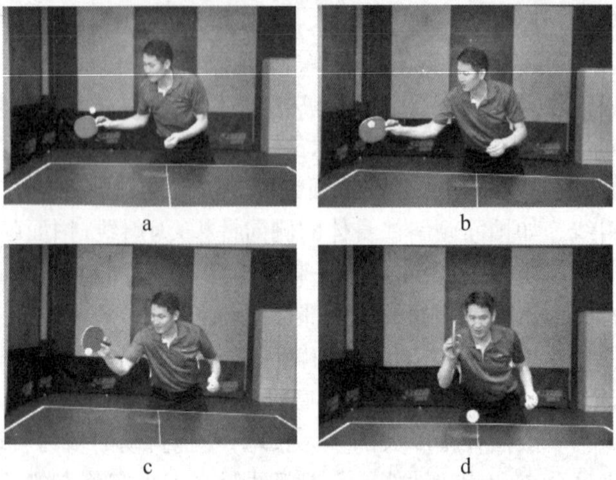

图 5-2-12

(四) 推、拨球技术

推、拨球技术都是反手击球技术,直拍常用推挡,横拍常用推拨。两种技术有一定的区别,但是特点都是站位近、动作小、速度快、变化多,在比赛中既可以争取主动,也可以进行防御。因此,推、拨球技术也是乒乓球击球技术的重要内容之一,以下以直拍反手推挡、横拍反手推拨为代表进行介绍。

1. 直拍反手推挡球技术

直拍反手推挡球技术的动作方法。(图 5-2-13)

选位:左脚稍前,站位近台(身体离台约 40~50 厘米)。引拍:手臂自然弯曲并作外旋,球拍拍面稍前倾,拍头略向下,上臂和肘关节内收,自然靠近身体右侧,将球拍引到身体前。

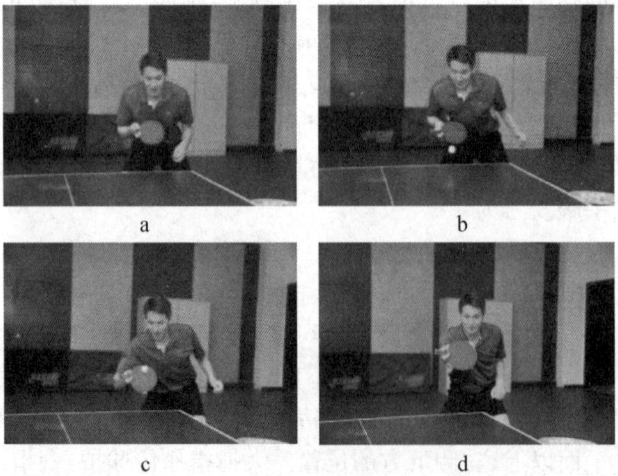

图 5-2-13

身体稍右转，重心偏向右脚。挥拍：来球落台后，右脚蹬地、转胯，上体左转带动上臂。当球跳至上升期时，前臂和手腕借力迅速向前并略向上推出去，球拍击中球的中上部。还原：击球后，手臂和手腕随势向前挥动后，迅速制动，还原成击球前姿势。

动作要点：握拍时，食指压住球拍，拇指适当放松固定球拍，使拍面稍前倾。发力主要以前臂和手腕为主，动作过程中身体重心在两脚之间转换。

推挡球可以分为挡球、快推、加力推、减力挡、推下旋等更加细化的技术。这些技术动作的方法原理有一定的共性，也存在不同之处。不同的地方主要表现在对球的力量、速度、击球时间、拍面角度，以及击球时的挥拍方向等诸多方面的改变。初学者在熟练推挡球动作后，也可以改变击球方式来体会击球后的效果，从中寻找方法原理，打出自己的风格。

2. 横拍推拨球技术

横拍推拨球技术的动作方法。（图 5－2－14）

选位：两脚平行站立或右脚稍前，站立于执拍手的异侧半台。引拍：上体前倾，沉肩坠肘，手臂自然将球拍引至胸前，手腕稍内收，拍面稍前倾。挥拍击球：当来球落台时，上臂稍向前送，前臂向前稍上方伸出，球拍以肘关节为轴向前向上挥出。当球运动至上升后期时，加速挥动前臂，将球在高点期击出。还原：挥拍后随之制动，将动作还原到击球前的姿势。

动作要点：肘关节略提起，手腕略放松下垂。在击球前前臂、手腕加速挥拍击球。

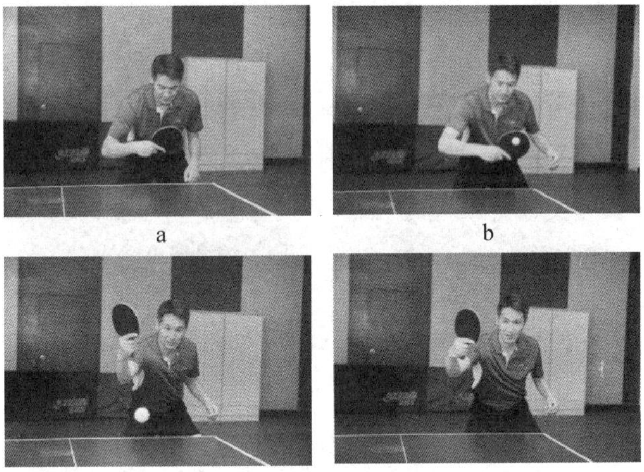

a　b

c　d

图 5－2－14

（五）搓球技术

搓球是一项近台还击下旋球比较稳健的过渡性技术。搓球的特点是站位近、动作小、回球线路短。比赛中运用搓球的快与慢、转与不转的变化，使对方回球困难，为自己创造进攻机会。

1. 直拍反手搓球方法

直拍反手搓球的动作方法。（图 5－2－15）

站位：两脚平行站立或右脚稍前，身体离球台约 40～50 厘米。引拍：击球前，执拍手的前臂向左上引拍至左胸前上方，拍形稍后仰。挥拍击球：击球时，前臂和手腕向前下方用力，同时配合内旋转腕的动作，在来球高点期或下降前期击球，摩擦球的中下部。还原：击球后，前臂随势前送。

动作要点：击球前，提臂引拍；击球时，拍形后仰，向前下方用力，摩擦球的中下部。

搓球技术复杂多变，通过击球时期、触球速度、击球部位、挥拍方向等因素的改变，可以搓出不同性质的球，如劈长、摆短、快搓、慢搓、搓转不转球等等。

a　　b　　c

图 5－2－15

2. 直拍正手搓球方法

直拍正手的搓球方法（图 5－2－16）与反手搓球方法的原理基本一致，区别在于：引拍时手臂外旋使拍面角度稍后仰，后引动作小，前臂向右上方提起，将球拍引至身体右前上方，手臂向左前下方迎球。动作要点：击球时前臂、手腕加速向左前下方用力。

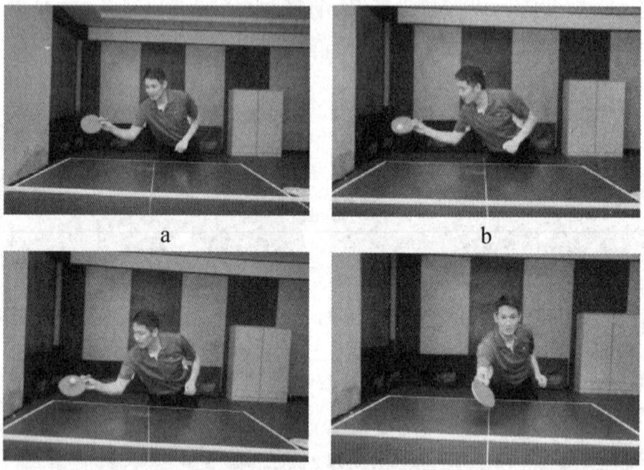

a　　b　　c　　d

图 5－2－16

（六）弧圈球技术

弧圈球技术产生于 20 世纪 60 年代的日本，后来被欧洲选手发扬光大，如今成为乒乓球最先进的击球技术。其特点是在有利于将下旋球转换为上旋球的同时，实施进攻。正手拉弧圈球技术方法如下。（图 5－2－17）

站位：左脚稍前，身体离球台约 60 厘米。引拍：转腰沉肩，重心放在右脚，执拍手手臂向右后下方引拍，前臂和上臂之间的夹角在 135 度左右，球拍拍面前倾，拍头向右侧下。挥拍击球：蹬地转腰，挥动前臂，当球在高点时加速挥拍，上臂由后向前上方提拉挥动，配合手腕动作，在下降前期用力摩擦球的中上部，重心由右脚移至左脚。还原：保持身体平衡，左脚蹬地重心移至右脚，上体和手臂还原到击球前的姿态。

动作要点：在来球落台后，蹬地转腰加速收前臂，在球的上升后期击球。

反手拉弧圈球时，左脚蹬地，蓄力于腰间，手腕由下垂开始，挥臂时顶肘、甩臂、抖腕，用球拍的拍头中上部击球的中后上部，并向球拍中下部摩擦。

a　　b　　c

d　　e

图 5－2－17

（七）挑打技术

挑打是一种主动处理台内球的技术，它包括正手挑打技术、正手侧身挑打技术、反手挑打技术和直拍反面挑打技术。以直拍正手挑打为例，技术方法如下。（图 5－2－18）

选位：通过单步或跨步，将身体重心向来球落点方向移动，使身体靠近球台，上体稍前倾。引拍：伸前臂至来球方向的前下位置，球拍拍面打开外撇。挥拍击球：在球落台跳起时，收紧身体，前臂向前向上挥拍，在来球的高点期击球。触球时，手腕发力挑打球的中部，顺势转肩带腰。还原：击球后，右脚蹬地还原，等待迎击下一板球。

动作要点：手腕在放松中迅速发力击球，以手带腰，动作轻快紧凑。

a　　b　　c

图 5－2－18

（八）杀高球技术

杀高球也有人称扣杀机会球，这种来球往往速度慢、弧线高、旋转弱，对接球方来说是一次进攻得分的好机会。杀高球技术的动作方法以右手直拍为例，见图 5－2－19。

选位：根据来球弧线的高度和落台的深浅判断来球，选好位置。引拍：球拍向后下引，转腰重心右移。挥拍击球：等待来球从高点下落，下落至头的右侧上方时，蹬地转腰，挥动球拍。在球下降至头部高度的位置时，加速挥拍击球。击球时，手臂向前，手腕下压。身体重心由右脚转移至左脚。还原：保持身体平衡，并迅速还原。

动作要点：积极调整击球位置，击球时身体收紧，蹬地转腰，手臂加速向前挥，压手腕。

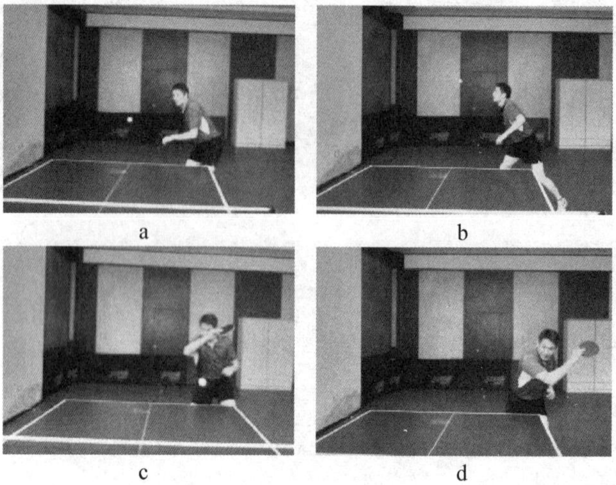

图 5-2-19

乒乓球击球技术的教学方法

三、乒乓球基本战术

乒乓球战术是指在乒乓球比赛中为了战胜对方，根据主客观情况所采取的发挥自己特点、限制对方长处的个人行动或集体配合。比赛实践证明，合理巧妙地使用战术是取得比赛胜利的重要因素。战术制订的基本原则有以下四条：一是了解对手，有的放矢；二是机动灵活，随时而变；三是以己之长，攻彼之短；四是勇敢果断，敢打敢拼。战术种类包括以下几种。

（一）发球抢攻战术

近年来，特别是大球和 11 分制实行后，各种打法的运动员越来越重视发球抢攻战术的运用，这一战术得到空前的发展。其意识首先是发球直接得分，其次是迫使对方回球质量低，为下一板进攻制造机会，再次是控制对手接发球不具备杀伤力。战术方法具体有以下几套。第一套，急长球与轻短球结合，伺机抢攻，发左中右三个落点，临场变化运用，发左长右短、右长左短、中长中短，或者无规律长短；第二套，上旋或下旋结合落点变化，伺机抢攻；第三套，侧上、侧下结合落点变化进行抢攻；第四套，转与不转发球；以及以上各旋转落点的交替变化，伺机抢攻。

（二）对攻战术

对攻战术是进攻型打法对阵时常用的一项重要战术。直拍快攻打法往往通过速度和落点变化牵制对方，弧圈球打法通过旋转扣杀来调动对手。第一套战术，攻两角，对角斜线攻击、双边直线攻击、逢直线变斜线、逢斜线变直线、连续压一角突袭另外一角等；第二套，侧身攻，先压对方反手，再侧身攻左中右三点、先压中路再攻左右两角、接发球侧身抢攻对方左中右三角；第三套，攻追身，攻追身杀两角、攻两角杀追身、攻追身杀追身；第四套，攻防结合，轻重结合。

（三）拉攻战术

拉攻战术主要运用在对付削球打法上。拉攻战术要尽可能做到先拉的稳、然后再杀的狠。拉球时要注意落点、旋转和力量轻重的结合。在条件成熟时要有拉中突击或拉冲结合和连续扣杀的能力。常用战术与对攻战术有类似之处，最大的区别在于，拉攻战术中还强调转与不转或轻重结合，以及长短球的结合。如加转弧圈与前冲弧圈球的结合、真弧圈球与假弧圈球的结合、攻球与挡球的结合，以及攻球与搓削球的结合等等。

（四）搓攻战术

搓攻战术是进攻型运动员的一项辅助战术，是通过搓球落点和旋转变化为进攻制造机会，伺机抢攻的战术打法。有以下几种战术打法。第一套，搓不同落点进行突击，搓两角伺机进攻、搓异线长短球伺机进攻、搓同线或追身伺机进攻；第二套，搓转不转结合落点变化进行进攻，快搓或慢搓转不转结合不同落点伺机进攻、用下旋结合侧旋搓球伺机进攻；第三套，搓拉结合落点伺机进攻；第四套，搓削结合伺机进攻。

（五）接发球战术

接发球战术是与发球抢攻战术抗衡的一项技术，其目的在于破坏对方发球抢攻战术的运用，争取形成相持或主动的局面。主要战术方法有以下几种。一是用拉球、快拨或推挡球回击，相持对攻的相持局面；二是用快搓或摆短，限制对方抢攻抢拉；三是用削球或搓球的旋转落点来控制对方；四是接发球直接抢攻或抢拉，形成优势。

乒乓球战术的教学应融入日常的技术教学之中，从培养单一技术到组合技术，从进攻到防御，遵循由浅入深、由易到难的原则，在不断进阶中树立战术意识。在战术教学中，应坚决贯彻战术的指导思想，发现薄弱技术应及时加强训练，保证战术训练的结果。教学进度在保持同步的基础上应区别对待，对不同能力的学生提出不同的要求，对特殊打法的练习者提出针对性训练要求，以期共同进步。

第三节　乒乓球常用比赛规则

一、比赛器材标准

球台：球台长 2.74 米，宽 1.525 米，离地面高 76 厘米。球网高 15.25 厘米。

乒乓球：直径为 40 毫米+，球重约 2.7 克。

球拍的两面必须是一面鲜红色，一面黑色，覆盖物连同黏合剂的厚度不超过 2 毫米。国际乒联允许的胶皮应有 ITTF 的标志。

二、常用术语

回合：球处于比赛状态的一段时间。从有意识发球前，球静止在不执拍手掌中的最后瞬间，到该回合被判得分或重发球。

击球：用握在手中的球拍或执拍手手腕以下部位触球。

阻挡：对方击球后，在比赛台面上方或向比赛台面方向运动的球，在没有触及本方台区，也未越过端线之前即触及本方运动员或其穿戴的任何物品。

合法发球：发球时，运动员必须将球放置在不执拍手上，手掌张开伸平，将球垂直向上抛起，并不得使球旋转，球离手的高度不少于 16 厘米，当球从最高点下落时运动员方可击球。

击球时，球和球拍应在台面的水平面以上和端线之后，抛球手和手臂抛球后，应立即撤回一边，确保从接发球方向看球不能被任何物体遮挡，且这一行为被裁判员或副裁判员认可。

合法还击：对方发球或还击后，本方运动员必须击球，使球直接越过或绕过球网装置，或触及球网装置后，再触及对方台区。

一分：予以判分的回合为一分。有以下情况：未能合法发球、阻挡、连击；用不符合规定的拍面击球；穿戴物触及球网装置；使台面移动、不执拍手触及台面；双打未按正确顺序击球；没有合法还击；轮换发球法被接发球方合法还击 13 板。

重发球：不予判分的回合。有以下情况：发球擦网或擦网后被阻挡；接发球方没有准备好；发生了无法控制的外界干扰；要纠正发球接发球次序或方位错误；要实行轮换发球法；要警告或处罚运动员；比赛环境受到干扰。

间歇：除一方运动员提出外，比赛应该继续进行；在局与局之间，不超过 1 分钟的休息时间；每局比赛中，每得 6 分后，或决胜局交换方位时，有短暂的休息。

三、获胜的判定

一局比赛：先获得 11 分的一方为胜方。比分 10 比 10 平后，每当有 1 分判定，就轮换发球一次，先多得 2 分的一方为胜方。

一场比赛：一场比赛采用 7 局 4 胜制。一场比赛应连续进行，但在局与局之间有不超过两分钟的休息时间。

四、发球、接发球和方位的选择

首先，用抽签的方法来决定哪一方发球或接发球。中签者可以选择先发球或先接发球，或选择先在某一方位。当一方选择了先发球或先接发球，或选择先在某一方后，另一方应有另一个选择的权利。

其次，比赛中，发球方连续发球两次后即成为接发球方，接发球方即成为发球方。当双方比分 10 比 10 平时，实行轮换发球法，发球和接发球的次序不变，但每人只轮发一次球。

再次，一局中首先发球的一方，在下一局应首先接发球。一局中，在某一方位比赛的一方，在下一局应换到另一方位。在决胜局中，一方先得 5 分时，双方应交换方位。当一局比赛进行 10 分钟仍未结束（双方都已获得 9 分时除外），或者在此之前应双方运动员要求应实行轮换发球法，即每位运动员都轮发 1 分球，直至该场比赛结束。

参考文献

1. 唐建军.乒乓球运动教程[M].北京：北京体育大学出版社，2005.
2. 全国体育学院教材委员会.乒乓球[M].北京：人民体育出版社，1992.
3. 中国乒乓球协会.乒乓球竞赛规则 2016[M].北京：人民体育出版社，2017.

第六章　羽毛球

第一节　羽毛球运动概述

羽毛球运动从产生、演变并发展到现今，经历了漫长的过程。世界上许多国家和地区很早就有类似羽毛球运动的游戏。据载，原始的羽毛球游戏活动至少在2 000年前，在中国、日本、印度、泰国等国家就流行这项游戏活动了。不过由于民族、地区及语言的差异，对这项游戏活动的叫法也不一样，如法国称“羽毛球”(Feather Ball)，英国、瑞典、丹麦等国称“毽子板球”(Battledore and Shuttlecock)，印度称“普那”(Poona)。这些就是现代羽毛球运动名称的前身。

现代羽毛球运动起源于英国。1873年，英国公爵鲍弗特在格拉斯哥郡伯明顿镇的庄园里进行了一次羽毛球游戏表演。从此，羽毛球运动便逐渐开展起来，“伯明顿”(Badminton)即成了羽毛球的名字。那时的活动场地是葫芦形，两头宽中间窄，窄处挂网，直至1901年才改作长方形。1875年，世界上第一部羽毛球比赛规则出现于印度的普那。1878年后，英国又制定了更趋完善和统一的规则，当时规则的不少内容仍然沿用至今。

羽毛球重要赛事简介

羽毛球运动的特点与锻炼价值

第二节　羽毛球基本技术与练习方法

一、羽毛球运动的基础理论

(一) 羽毛球运动常用术语

1. 羽毛球场地

羽毛球场地是一个长13.40米，双打宽6.10米，单打宽5.18米，场地中央被球网(两边柱子高1.55米，中间网高1.524米)平均分开的长方形场地。羽毛球场地横向被中线平分为左右两个半区；纵向被分为前场、中场、后场。前场是指从前发球线附近到球网之间的区域；后场是指从端线到场地内1米左右的区域；中场是指前场和后场之间的区域。(图6-2-1)

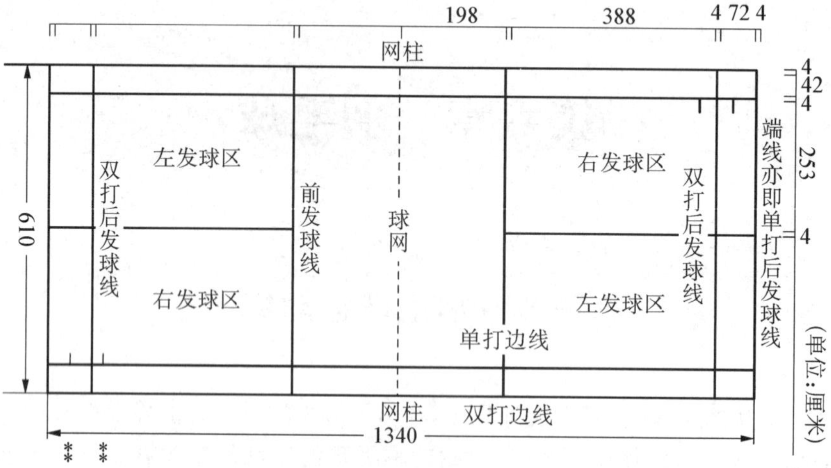

图 6-2-1

羽毛球与球拍　　羽毛球网与羽毛球柱

2. 站位与击球

运动员站在羽毛球场上的位置称为站位。站位有两种情况:一种是受限制的站位,如发球(图 6-2-2)、接发球时运动员的站位,就必须按要求站在规定的区域内(左半区或右半区);另一种是不受限制的站位,可根据自己或同伴(双打)的需要而选择的站位。如,单打站位一般在离前发球线 1 米左右的中线附近,双打站位可根据两名运动员的具体战术需要而选择前后或左右的站位。根据对羽毛球场地的划分,又可把不受限制的站位具体分为:左半区站位、右半区站位、前场站位、中场站位、后场站位。

图 6-2-2

击球是指运动员挥拍击球时,拍与球接触的一刹那。运动员站在左半区迎击对方来球叫作左半区击球;在右半区的击球叫作右半区击球;站在前场、中场、后场的击球,则分别叫作前场击球、中场击球、后场击球。除此之外,根据来球高度的不同,我们又可分为上手击球(高于肩的来球,击球点在肩上)和下手击球(击球点低于肩)。

3. 击球点

击球点是运动员击球时球拍与球相接触那一点的时间、空间位置。

击球点包括三个方面的内容:第一是拍和球的接触点距地面的高度;第二是接触点与身体的前后距离;第三是接触点与身体的左右距离。对击球点的选择是否合适,将决定着击球质量的好坏,它将直接影响运动员击球的力量、速度、弧线、落点,最终将影响运动员击球的命中率。因此,选择合适的击球点至关重要。选择合适的击球点应做到如下两点:第一是判断要准，第二是步法移动要到位(步法要快)。只要做到了这两点，才能保证调整到最合适的位置，击球点才有保障。

(二) 羽毛球击球技术分类

羽毛球击球技术方法多种多样，球的飞行形式变化万千。通常从以下几个方面加以区分。

1. 以击球点在击球者身体位置的方向区分

(1) 正手(正拍)：用持拍手掌心一边的拍面击球，一般用来击打持拍手身体同侧的球。

(2) 反手(反拍)：用持拍手手背一面的拍面击球，一般用以击打持拍手身体异侧的球。

(3) 头顶球：指击球者用正拍面还击持拍手身体异侧肩部上方的来球。

(4) 上手球：在后场击球时，击球点在击球者肩部以上。在网前击球时，击球点在球网下沿以上的位置。

(5) 下手球：在后场击球时，击球点在击球者肩部以下。在网前击球时，击球点在球网下沿以下的位置。

2. 以击球者击球时在场上的位置区分

(1) 前场：前发球线附近至球网区域。

(2) 后场：从端线至场内约 1 米处。

(3) 中场：前、后场区之间的区域。(图 6－2－3)

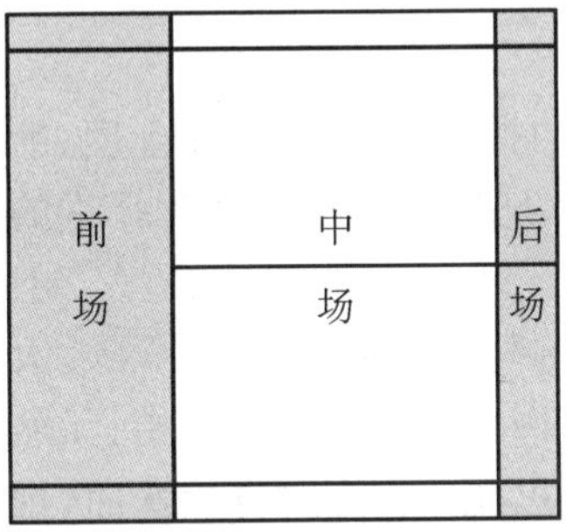

图 6－2－3

(4) 左、右场区：以场地的中线为界，分为左、右两个场区。

3. 以球的飞行弧线和落点区分

(1) 高球：从场地一边的后场，将球以较高的弧度还击到对方后场的一种技术方法。

(2) 平高球：从场地一边的后场，以刚好不让对方中途拦截到的弧线高度，把球击到对方后场的一种技术方法。

(3) 吊球：从场地的后场，将球以向前下方飞行的弧线，还击到对方近网区域的一种技术方法。

(4) 杀球：从场地一边的中、后场，将来球用力向前下方快速扣压到对方场区的一种技术方法。

(5) 平抽：击球点在击球员身体的两侧，击出的球以与地面平行或稍向下的弧线飞向对方场区的一种技术方法。

(6) 平挡：与平抽球相似，只是击球动作幅度较小，借对方来球的力量还击到对方近网区域的一种技术方法。

(7) 挑高球：把球从网前或中场的低处，向上以较高的弧线击到对方后场区域的一种技术方法。

(8) 推球：击球点在靠近网的上沿位置，以较平的弧线，将球还击到对方后场区域的一种技术方法。

(9) 搓球：击球时用拍面切击球托和羽毛，使球在飞行时产生旋转与翻滚，将球从本方网前区域直接还击到对方网前区域的一种技术方法。

(10) 勾对角球：在网前或接杀球时，将来球斜线还击到对方另一侧网前的一种技术方法。

(11) 扑球：在近网高于球网高度的位置，将来球向前下方快速击到对方场区的一种技术方法。

综合以上的名称，可以用两个或三个名称组合，来表示某一击球在场上的位置和击出球的形式，如正手杀球、头顶吊球、反手扑球等。

(三) 羽毛球击球技术基本环节

在羽毛球比赛时，运动员的每一次击球动作都是从站位准备开始的，在判断对方来球的路线、落点后反应起动，移动到击球位置击球，然后做下一次的击球准备。判断、选位→反应、起动→移动、引拍→到位、击球→判断、选位……在比赛的对击过程中，双方都按此程序击球，周而复始，直至成死球。这些环节都会影响球员的击球技术，并且它们之间有着密切的内在联系，环环相扣。

击球技术基本环节介绍

二、羽毛球基本技术

羽毛球基本技术是该项运动的主体，它主要是由上肢基本手法和下肢基本步法两大部分组成。在羽毛球运动中，上下肢的基本技术既相互独立，各成一体，又缺一不可，共同构成一个完整的有机体。

(一) 手法

羽毛球的手法包括握拍法、发球法和击球法三个部分。

1. 握拍法

握拍法是初学者首先要掌握的羽毛球基本技术之一，正确的握拍方法是掌握合理、准确、全面的击发球技术的前提条件，不正确的握拍法会妨碍各种击发球技术的掌握和技术的进一步提高。握拍法可分为正手握拍和反手握拍两种。

(1) 正手握拍法。拍弦面和地面保持垂直，右手像握手一样握住拍柄(图 6-2-4)，大拇指内侧放在内侧的宽面上，食指第二指节放在外侧宽面上，并和中指自然分开，中指、无名指和小指并拢握住拍柄下部，掌根靠近拍柄下方突起的部分，掌心空出，大小臂自然弯曲，拍头高度约与视线平齐。(图 6-2-5)

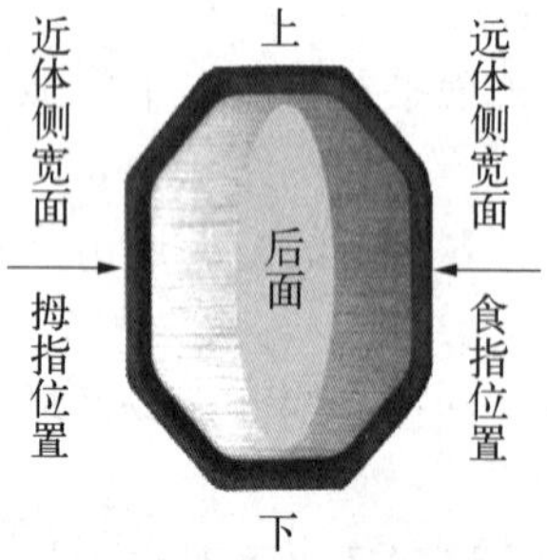

图 6-2-4

图 6-2-5

(2) 反手握拍法。在正手握拍的基础上，拍柄稍外旋，食指收回靠近中指，大拇指指腹顶在内侧的宽面上，掌心稍空出。(图 6-2-6)

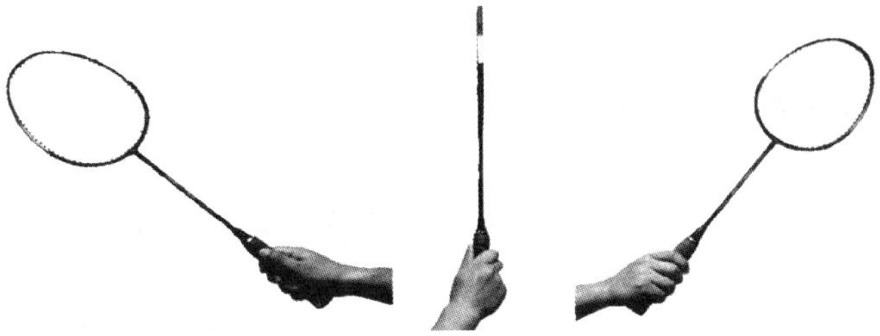

图 6-2-6

2. 发球法

发球法是羽毛球运动中一项重要的基本技术。它不仅是羽毛球比赛中每一个比赛段落的开始，也是羽毛球技术方法中唯一可以不受对方制约，而由发球者随意运用的一项技术。发球法可分为正手发球和反手发球两种。

(1) 正手发球法。

① 正手发高远球。这是以正手握拍，以正拍面击出又高又远的球，球飞行到对方场区上空，垂直下落到对方底线附近的一种发球方法。(图 6-2-7)

图 6-2-7

正手发高远球动作要领。准备动作：发球者站在离前发球线 1 米左右，靠近中线的位置，侧身对网。两脚自然分开同肩宽，左脚脚尖指向网，右脚脚尖指向右侧边线；左手大拇指、食指和中指持球中部置于身体斜前方约同肩高；右手正手握拍，手肘自然弯曲，拍框指向右侧边线；两眼注视对方接发球动向。引拍动作：身体重心后移，右臂稍向后引拍。挥拍动作：左手松手放球，右腿蹬地，身体重心前移，上体左转约 90 度，持拍手前臂外旋伸腕，肘关节靠近身体向前挥拍至身体右前下方，拍面仰角约 130 度。击球动作：前臂迅速内旋，手腕由伸到展闪动，快速向左前上方挥拍击球。击球后动作：击球后，身体重心移到左腿上，持拍手自然随惯性向左上方挥动，还原成接球的准备姿势。

② 正手发平高球。这是以正手握拍，以正拍面击球，球飞行的弧线比高远球低，以对方在中场无法拦截的高度飞向对方的底线附近的一种发球方法。

正手发平高球动作要领：基本同正手发高远球，只是击球时前臂内旋和手腕闪动更快加速，拍面仰角约 120 度。

③ 正手发平快球。这是以正手握拍，以正拍面击又平又快径直飞到对方底线附近的一种发球方法。

正手发平快球动作要领：基本同正手发平高球，只是球飞行的弧度更低更快，拍面仰角约 110 度。

④ 正手发网前球。这是以正手握拍，以正拍面发出贴网而过，落在对方前发球线附近发球区内的一种发球方法。

正手发网前球动作要领：准备动作、引拍、挥拍和发球后动作基本同正手发高远球，只是击球时，挥拍要放松手腕和手指的控制力量，用斜拍面向前推送球，拍面后仰角约 110 度。

(2) 反手发球技术。

① 反手发网前球。这是以反手握拍，以反拍面击出同正手发网前球飞行弧度相同的球的发球方法。

反手发网前球动作要领。准备动作：站在靠前发球线和中线附近的发球区内，右脚在前，左脚在后且脚尖点地，身体重心在右脚上，面对球网；左手大拇指、食指和中指持球的羽毛，置于左侧腹前腰部以下；右手反手握拍，肘部上抬，使拍框垂于左侧腹前下方球托处，两眼注视对方动向。引拍动作：前臂回拉向后引拍，随后向前挥拍。击球动作：击球时靠手腕、手指控制击球力量，用斜拍面向前方推送球，拍面仰角约 110 度。(图 6－2－8)

a　　b　　c　　d

图 6－2－8

② 反手发平高球。这是以反手握拍，以反拍面发出同正手发平高球飞行弧度一样的球的发球方法。

反手发平高球动作要领。准备动作：引拍与击球后动作同反手发平高球。引拍动作：持拍手前臂内旋回收，带动手腕展腕向后做回环半弧形挥动。击球动作：左手放球，持拍手前臂迅速外旋、收腕向前上方挥拍，击球时拍面仰角约 120 度。击球后动作：击球后迅速制动，将反手握拍转变成正手握拍，成接球准备姿势。

3. 击球法

羽毛球的各种挥拍击球技术统称为击球法。它大致可分为后场击球法、网前击球法和中场击球法三大类。(图 6－2－9)

(1) 后场击球法。后场击球法主要由高远球、平高球、吊球和扣杀球等几项技术组成，它的主要特点是击球点高、击球力量大、速度快、威力大，是后场进攻的主要手段。

① 正手击高远球。这是以正手握拍，以正拍面击又高又远的球，球几乎垂直落到对方端线附近场区内的一种击球方法。

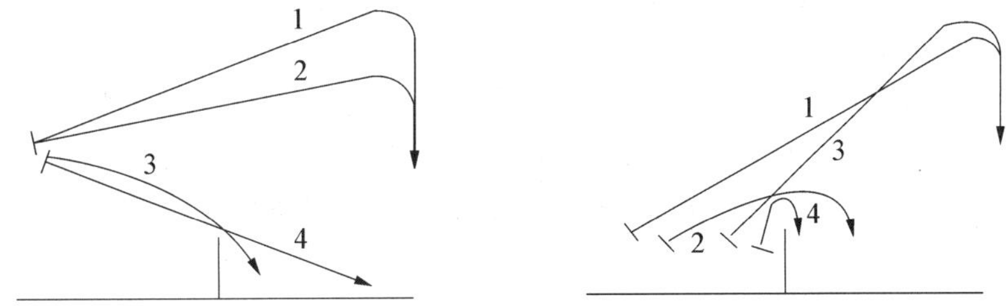

1 高远球　2 平高球　3 吊球　4 扣杀球　　1 挑高球　2 挡网前；网前　3 挑高球
4 放网前球

图 6-2-9

正手击高远球动作要领。（图 6-2-10）准备动作：左脚在前，右脚在后，两脚间距离同肩宽，身体侧对网，重心在右脚上，左手自然上举，右手正手握拍，曲臂举于右侧，眼睛注视来球。引拍动作：手肘上抬高于肩，同时小臂手腕放松，球拍自然下垂。击球动作：右腿蹬地转体，身体重心前移，大臂上伸，前臂内旋向前挥拍至身体右肩前上方，拍面后仰，正拍面击球托的后下部，迅速向前挥动，击球瞬间手臂自然伸直，手腕曲腕发力，中指、无名指和小指抓紧球拍。击球后动作：持拍手击球后，随惯性向左前下方挥动，同时右脚向前跨步缓冲，还原成接球准备姿势。

图 6-2-10

② 正手击平高球。这是以正拍面击出比高远球飞行弧度更低，其高度以对方在中场即使起跳也拦截不了的一种进攻性击球。

正手击平高球动作要领：基本同正手击高远球，拍面后仰角度小于击高远球，关键是要掌握好击球的力量和球飞行的弧度。

③ 正手吊球。这是以正手握拍，以正拍面将后场区的球击到对方网前区域的，球过网后迅速下落的一种击球方法。

正手吊球动作要领。准备动作：同正手击高远球。引拍动作：同正手击高远球。击球动作：击球点在右肩前上方。吊对角线时，运用前臂和手腕外旋使拍面切搓球的右侧后上方，击球瞬间，手腕要控制好拍面角度，使球向对角线网前飞行。如吊直线球，击球瞬间，拍面和击球方向水平面夹角约为 90 度，击球时拍面切搓球托的动作要小。击球后动作：球拍随击球惯性和转体向左下方挥动，收拍到体前。

④ 正手扣杀球。这是以正手握拍以正拍面将中、后场区的球，争取尽可能高的击球点，用全力向对方场区扣压下去的一种击球方法。

正手扣杀球动作要领。准备动作：同正手击高远球。引拍动作：基本同正手击高远球，注意身体后仰挺胸成反“弓”形。击球动作：基本同正手击高远球，击球点较高远球稍前，击球时拍面前倾，击球的后上部。击球后动作：杀球后，随惯性向左下方挥动，然后成接球的准备姿势。

⑤ 反手击高远球。这是以反手握拍，以反拍面击出同正手击高远球一样性质的球的一种击球方法。

反手击高远球动作要领。准备动作：身体背对网，右腿成弓步在前，右手反手握拍，屈肘举于身体右侧约同肩高，前臂放松内旋展腕，眼睛注视来球。击球动作：持拍臂手肘上举，同时带动前臂迅速外旋，收腕，大拇指顶压拍柄发力，拍面后仰击球托后下方，将球击到对方后场。击球后动作：击球后迅速制动，然后随挥拍惯性和右脚向右后蹬转的力量，身体立刻转成面对网成正手握拍，向中心位置回动。（图 6 - 2 - 11）

a　b　c　d　e　f

图 6 - 2 - 11

⑥ 反手击平高球。这是以反手握拍，以反拍面击出同正手击平高球一样性质的球的一种击球方法。

反手击平高球动作要领：基本同反手击高远球，不同的是反手击平高球时，拍面后仰角度较击高远球小，击球爆发力更强，球的飞行弧度较高远球低。

⑦ 反手吊球。这是以反手握拍，以反拍面击出同正手吊球一样性质的球的一种击球方法。

反手吊球动作要领：基本同反手击高远球，不同的是反手吊球挥拍速度稍慢，击球时手腕转动，以反拍面切搓球托的左后侧上方。

⑧ 反手扣杀球。这是以反手握拍，以反拍面击出同正手扣杀球一样性质的球的一种击球方法。

反手扣杀球动作要领：基本同反手击高远球，不同的是反手扣杀球击球时，拍面前倾与地面约成 80 度角，发力方向是往前下方。

（2）网前击球法。网前击球技术主要包括放网前球、搓球、推球、勾球、挑高球和扑球等。它的主要特点是击球力量和动作幅度较小，主要以肘关节为轴，靠前臂内旋带动手腕和手指发力击球，同后场击球技术相比，击球手法更加灵活细腻。

① 正手网前挑高球。这是以正手握拍，以正拍面将网前低手位置的球挑高至对方底线附近的一种击球方法。

正手网前挑高球动作要领。准备动作：运用正手上网步法向来球方向移动，同时右臂、球拍前伸，前臂外旋，伸腕，保持拍面后仰，左手后伸，维持身体平衡。击球动作：击球时前臂迅速内旋，手腕由伸至展快速闪动，向前方挥拍击球托的后下方。击球后动作：击球后迅速蹬地回位，转换成接球的站位和姿势。（图 6－2－12）

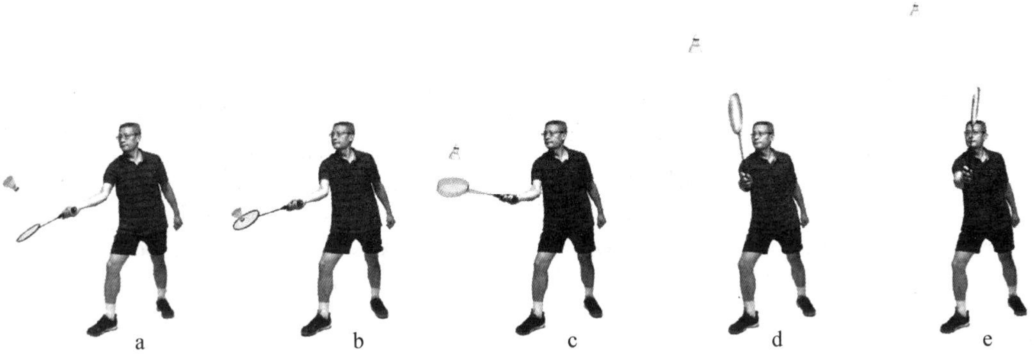

图 6－2－12

② 正手放网前球。这是以正手握拍，以正拍面将网前区域低手位置的球，用斜拍面轻轻向上提击球托，使球过网后迅速下落到对方网前区域的一种击球方法。

正手放网前球动作要领。准备动作：基本同正手挑高球。击球动作：争取较高击球点，握拍手自然放松，手指控制击球力量，以斜拍面轻轻提击球托的下部，使球过网后贴网下落。

③ 正手搓球。这是以正手握拍，以正拍面收搓或展搓球托，使球旋转翻滚越过网顶落入对方网前场区内的一种击球方法。

正手搓球动作要领：基本同正手放网前球，不同点是击球时用斜拍面切搓球托的后下部。

④ 正手推球。这是以正手握拍，以正拍面将球推送到对方底线附近的一种击球方法。

正手推球动作要领：基本同正手放网前球，不同点是击球时，前臂迅速内旋，手腕由伸至展快速闪动，充分发挥食指的力量，用正拍面将球推送到对方后场。

⑤ 正手勾球。这是以正手握拍，以正拍面将右侧网前区域的球，回击到对方右侧网前区域的一种击球方法。

正手勾球动作要领。准备动作、击球后动作同正手放网前球。击球动作：争取高击球点，击球瞬间前臂内旋，屈肘拉收，手腕由伸到内收，闪腕挥拍拨击球托的右侧下部，使球沿对角线飞行。

⑥ 正手扑球。这是以正手握拍，以正拍面将网前高球迅速扑击到对方场区内的一种击球方法。

正手扑球动作要领。准备动作：运用上网步法向来球方向移动，当右脚向前跨步的同时，右手正手握拍斜上举，保持伸腕，拍面朝前。击球动作：右脚蹬地跃起，前臂伸臂内旋，手腕由伸展姿势快速向前下方挥拍发力扑击球。击球后动作：击球后，握拍手迅速制动，右脚前脚掌落地缓冲，并及时回动。

⑦ 反手挑高球。这是以反手握拍,以反拍面将网前低手位置的球挑向对方后场底线附近的一种击球方法。

反手挑高球动作要领。准备动作:运用反手上网步法向来球方向移动,同时右臂、球拍前伸,前臂内旋,展腕,保持拍面后仰。左手后伸,维持身体平衡。击球动作:击球时,以肩为轴,主要以前臂外旋带动手腕闪动发力。由左下方往右上方作弧形挥拍击球。击球后动作:前臂随惯性向上挥动,逐渐减速,然后收拍于体侧,同时右脚蹬地回位。(图 6-2-13)

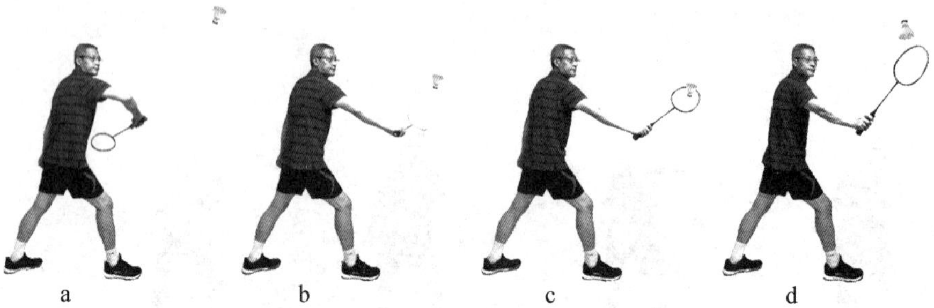

a　　b　　c　　d

图 6-2-13

⑧ 反手放网前球。这是以正手握拍,以反拍面击出同正手放网前球性质相同的球的一种击球方法。

反手放网前球动作要领。准备动作:同反手挑高球。击球动作:争取较高击球点,握拍手自然放松,手指控制击球力量,以斜拍面轻轻提击球托的底部,使球过网后贴网下落。击球后动作:同正手放网前球。

⑨ 反手搓球。这是以反手握拍,以反拍面收搓或展搓球托,使球旋转翻滚越过网顶落入对方网前场区内的一种击球方法。

反手搓球动作要领:基本同反手放网前球,不同点是击球时主要靠手腕和手指发力,用斜拍面切搓球托底部。

⑩ 反手推球。这是以反手握拍,以反拍面击出同正手推球相同性质的球的一种击球方法。

反手推球动作要领。准备动作、击球后动作基本同反手放网前球。击球动作:击球时,前臂由内旋至外旋,手腕由展至收,闪腕,击球瞬间大拇指前顶,其余手指屈指发力,往前挥拍推击球托的后部。

⑪ 反手勾球。这是以反手握拍,以反拍面将网前左侧的球击出同正手勾球相同性质的球的一种击球方法。

反手勾球动作要领。准备动作、击球后动作基本同反手放网前球。击球动作:击球时,肘部突然下压,前臂外旋带动手腕伸腕发力,挥拍击球托的左侧部,使球沿对角线飞行。

⑫ 反手扑球。这是以反手握拍,以反拍面将网前左侧区域的球扑击到对方场区内的一种击球方法。

反手扑球动作要领。准备动作:与正手扑球相似,只是方向在左前,反手握拍,持拍于左侧。击球动作:击球时,手腕由展至收快速闪动向前下加速挥拍扑击球。击球后动作:与正手扑球相似。

(3) 中场击球法。中场击球技术主要包括平抽快挡和接杀球技术。它的主要特点是来球速度快，要求接杀球者判断和反应要快，引拍、挥拍、击球动作快，幅度小，攻防转换意识要强。

① 平抽快挡。这是指在中场区域，采用半蹲的击球姿势，将与肩部高度相当、弧度平、速度快的球，迅速平抽快挡过去的一种击球方法。

平抽快挡动作要领。准备动作：两脚与肩同宽自然分开，两膝弯曲成半蹲。右手持拍屈肘举拍于肩上，两眼注视来球。击球动作：以前臂带动手腕快速挥拍，在体前以较高的击球点推压击球。击球后动作：击球后，迅速转换成接球的准备姿势。

② 接杀球技术。

正手抽球是指用正手握拍，以正拍面将身体右侧肩部以下腰部以上高度的球向对方场区平抽过去的一种击球方法。

正手抽球动作要领。准备动作：面对球网，右脚稍前，膝微屈，前脚掌着地，右手握拍于体前。引拍动作：右脚稍向右迈出一小步，同时上体稍往右侧，右臂向右侧上摆。球拍上举，肘关节保持一定角度，前臂稍后摆而带有外旋，手腕稍外展至后伸，使球拍到后下方。击球动作：前臂急速往右侧挥动，从外旋转为内旋，球拍由后伸至伸直闪腕，挥拍抽压击球托底部。击球后动作：球拍向左边顺势盖过去，收拍于胸前回位。

正手挡球是指正手握拍，以正拍面将对方扣杀过来的球轻挡到对方网前区域的一种击球方法。

正手挡球动作要领。准备动作：两脚开立面对网，上体直立。引拍动作：屈肘，前臂外展伸展腕，手指放松握拍。击球动作：持拍臂前伸，前臂内旋，屈指发力挥拍向前下方击球，上臂制动。击球后动作：击球后立即收拍于体前成接球的准备姿势。

反手抽球是指用反手握拍，以反拍面将身体左侧肩部以下腰部以上高度的球向对方场区平抽过去的一种击球方法。

反手抽球动作要领。准备动作：同正手抽球动作。引拍动作：身体左转，右前臂往身前收，肘部稍上抬，前臂内旋，手腕外展，球拍引向左侧。击球动作：右前臂向前挥拍的同时外旋，手腕由外展伸直到内收闪腕，手指突然抓紧拍柄，大拇指前顶，迎球挥拍，从球托的底部盖压过去。击球后动作：击球后，顺势回动，成接球站位及姿势。

反手挡球是指用反手握拍，以反拍面将对方扣杀过来的球轻挡到对方网前或中场区域的一种击球方法。

反手挡球动作要领。准备动作：同正手挡球。引拍动作：对着来球向反手一侧伸拍，屈肘，转换成反手握拍，伸展腕，手指放松握拍。击球动作：伸前臂，外旋，保持伸展腕，屈指发力向前下方击球，上臂做制动动作。击球后动作：基本同正手挡球。

（二）步法

步法有基本步法和场上移动步法。基本步法主要指垫步、蹬跨步、蹬转步、并步和交叉步等。场上移动步法的结构由起动、移动、到位击球和回动（回位）几个基本环节组成，它一般是从中心位置开始，按移动方向分为后退步法、上网步法和中场两侧移动步法。（图 6-2-14）右手持拍者，到位击球的最后一步一般都是右脚在前，而左脚总是靠近中心位置，向着场地中心。图 6-2-15 中，A 圆圈内的移动为一步移动，B 圆圈内的移动为两步移动，B 圆圈外的四角 C 区域的移动为三步移动。

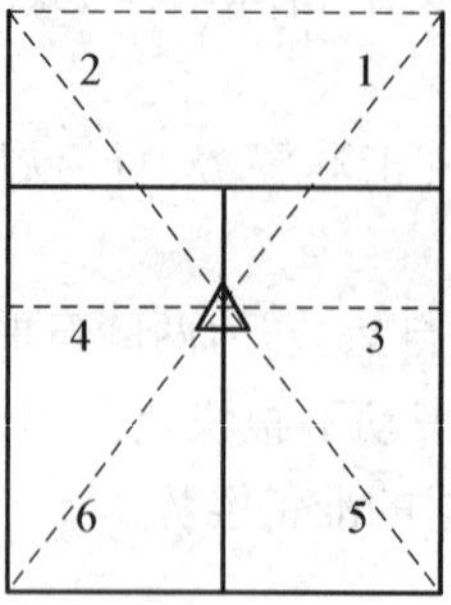

图 6－2－14

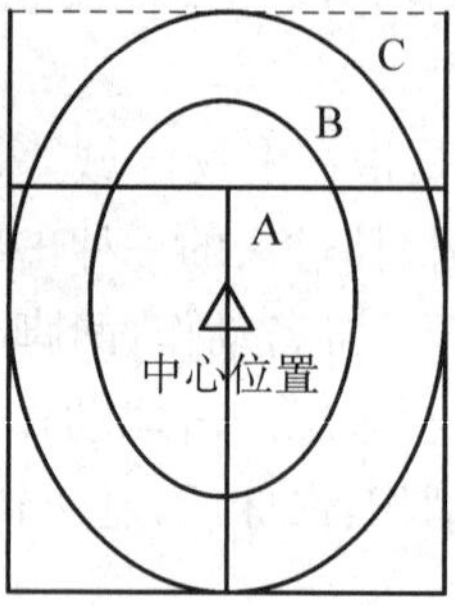

图 6－2－15

1. 站位与基本姿势

接球时，站在本方场区的中心位置。两脚自然分开同肩宽，右脚在前，左脚在后且脚跟提起，两膝微屈，上体稍前倾，身体重心在左腿上；右手正手握拍，屈肘自然放在胸前，拍框处在左肩前方与视线平齐位置，左手自然放于身体左侧，两眼注视来球。（图 6－2－16 ）

接发球站位与姿势。在右发球区时，站在右场区中心偏左位置；在左场区时，站在左发球区中心位置。接发球时左脚在前，右脚在后且脚跟提起，其他同接球基本姿势。（图 6－2－17）

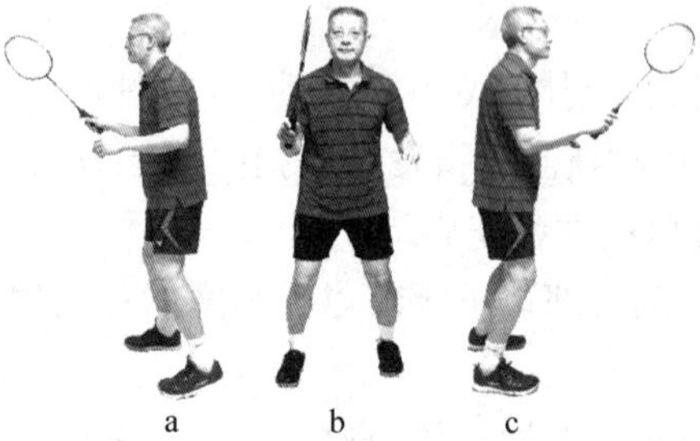

图 6－2－16

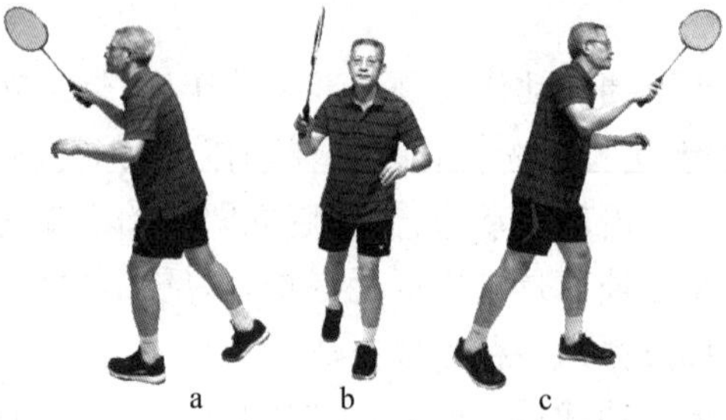

图 6－2－17

2. 基本步法

(1) 垫步：是指场上移动中，同一只脚落地后迅速再垫一步，多用于调整步距。

(2) 蹬跨步：左脚蹬地，右脚向球的方向跨出一步，脚跟落地后迅速过渡到全脚掌，右腿成弓步，多用于网前和两侧移动步法。

(3) 蹬转步：是指以一脚为轴，另一脚向前或向后蹬转迈步。

(4) 并步：是指右脚向前或向后移动一步，左脚即刻向右脚跟并一步，紧接着右脚再向前或向后移一步。

(5) 交叉步：左右脚交替向前、向侧或向后移动为交叉步。经另一脚前面超越为前交叉，经另一脚跟后超越为后交叉。

3. 场上移动步法及图示

(1) 后退步法：是指从中心位置移动到后场各个击球点的位置上击球的步法。

① 正手后退：一步移动、两步移动和三步移动。（图 6－2－18）

② 正手头顶后退：一步移动、两步移动和三步移动。（图 6－2－19）

③ 反手后退：一步移动、两步移动和三步移动。（图 6－2－20）

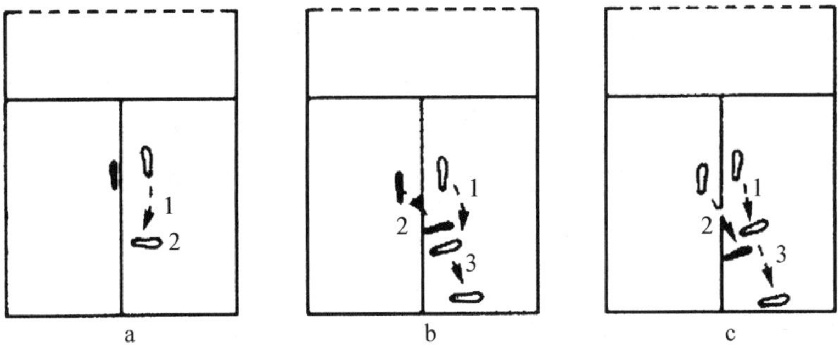

图 6－2－18

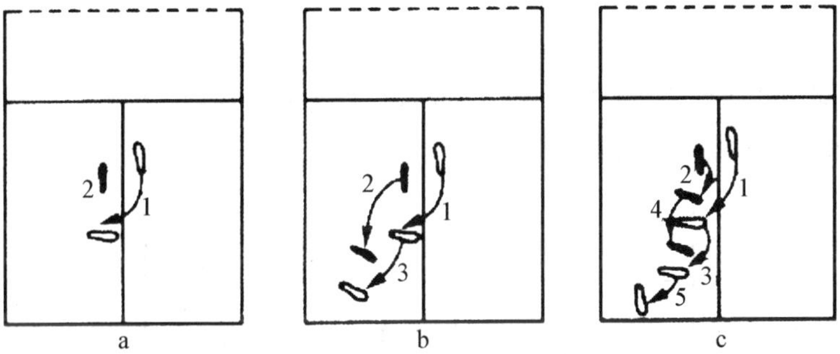

图 6－2－19

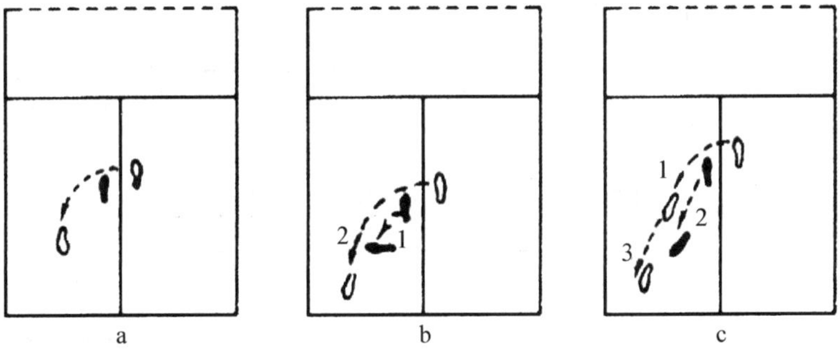

图 6－2－20

(2) 上网步法：是指从中心位置移动到网前击球的步法。

① 正手上网：一步移动、两步移动和三步移动。(图 6－2－21)

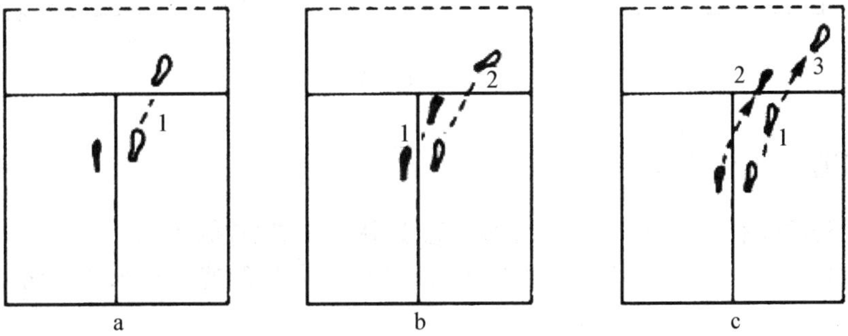

图 6－2－21

② 反手上网：一步移动、两步移动和三步移动。（图 6－2－22）

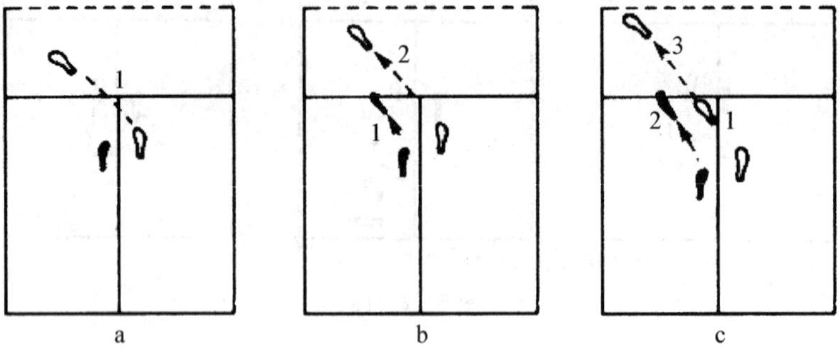

图 6－2－22

（3）中场两侧移动步法：是指从中心位置向左右两侧移动到击球点上击球的方法。

① 向右侧移动步法：一步移动、两步移动。（图 6－2－23）

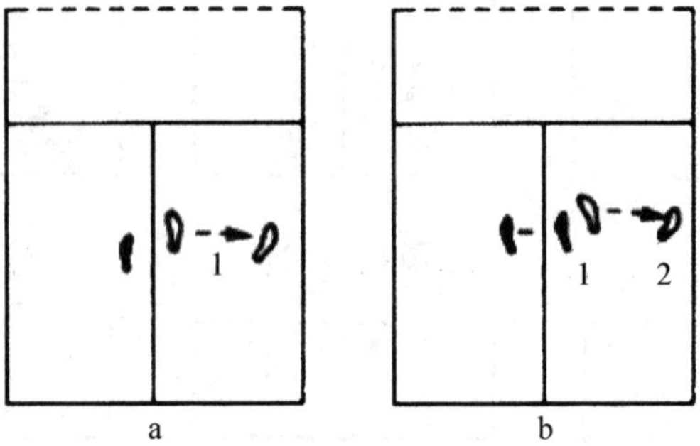

图 6－2－23

② 向左侧移动步法：一步移动、两步移动。（图 6－2－24）

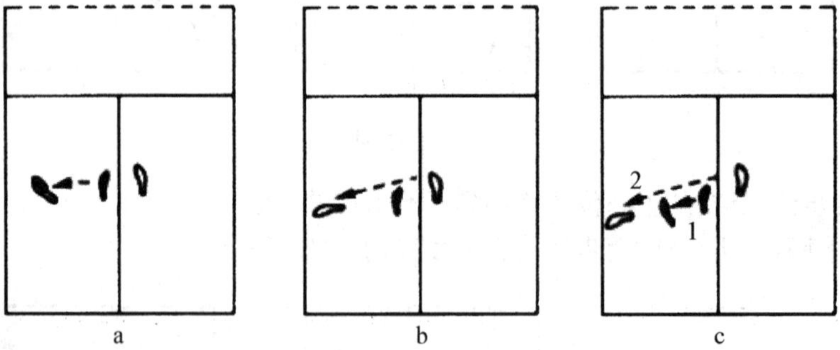

图 6－2－24

三、羽毛球基本战术

我国羽毛球战术的指导思想是“以我为主、以快为主、以攻为主”。

以我为主：不受或尽可能少受对方影响，积极施展自己的特长技术和打法，压制对方技术的发挥，掌握比赛场上的主动权。

以快为主：在手法、步法、意识上都要抢时间、争速度，从而能抓住有利时机控制场上的主动权。同时，也要善于根据战术变化的需要，把握快慢节奏的转换，使快速进攻收到更好的效果。

以攻为主：进攻是得分的最好手段，任何时候都要把进攻放在首位。同时，也强调要能攻善守，在防守时仍要根据各种球路变化来积极地转守为攻。

羽毛球竞赛方法、规则与裁判法

参考文献

1. 国家体育总局职业技能鉴定指导中心.羽毛球·初级[M].北京：高等教育出版社，2018.

2. 肖杰.羽毛球运动理论与实践[M].北京：人民体育出版社，2011.

3. 徐大鹏.零基础学羽毛球[M].北京：人民体育出版社，2020.

4. 杨锡岩，邓正富，等.大学生体育健身教程[M].厦门：厦门大学出版社，2016.

第七章 网 球

第一节 网球运动概述

一、网球运动的起源与发展

网球运动起源于十二三世纪的法国。当时法国的传教士常常在教堂的回廊里用手掌击打一种类似小球的物体，以此调剂生活。渐渐地，这种活动传入法国宫廷，并很快成为王室贵族的一种娱乐游戏。人们把这种游戏叫作“掌球戏”，并将其由室内移向室外，即在一块开阔的空地上，将一条绳子架在中间，两边各站一人，双方用手来回击打一种裹着头发的布球。14 世纪中叶，这种游戏传入英国，而裹球的布是用埃及坦尼斯镇所产的最为著名的绒布斜纹兰绒制作的，因此英国人将这种球称为“Tennis”，这个名称也流传至今。现代网球还保留着一层柔软的绒面。

15 世纪，这种游戏由手掌击球改用板拍打球，并很快出现了一种用羊皮纸做拍面的椭圆球拍。同时，场地中央的绳子也改成了网线。十六七世纪是这一活动的兴盛时期，逐渐形成了一种比赛。因为这种运动只在法国和英国的宫廷中流行，所以网球运动又被称为“宫廷网球”或“皇家网球”。随后，瑞典国王戈斯塔夫五世、俄罗斯皇室及欧洲的贵族都开始疯狂地热衷于这项运动。

1873 年，英国的温菲尔德少校改进了早期网球的打法，并将场地移向草坪，同年出版了《草地网球》一书，提出了一套接近于现代网球的打法。1874 年又规定了球网的大小和高低，在英国创办了简易的草地网球比赛。1875 年，英国板球俱乐部修订了网球比赛规则，于 1877 年 7 月举办了第一届温布尔登草地网球锦标赛。后来这个组织把网球场地定为长 23.77 米、宽 8.23 米的长方形，球网中央的高度为 0.99 米(以前球网中央的高度是 2.134 米)，并确定了每局采用 15、30、40 平分的记分方法。1884 年，英国伦敦玛丽靳本板球俱乐部又把球网中央的高度定为 0.914 米。至此，现代网球正式形成，并很快在欧美盛行起来，成为一项仅次于足球的世界第二大运动项目。随着网球的发展，以主动进攻为主、过渡防守为辅的指导思想为核心，网球技术也快速向力量、速度、快节奏的方向发展。

二、网球运动的特点及价值

网球运动的重大比赛简介

(一) 网球运动的特点

网球运动是一个以有氧为主、无氧为辅的肌肉记忆的运动项目，其主要特点如下。

(1) 比赛时间长。网球正式的比赛为男子五盘三胜、女子三盘两胜。一般比赛时间在3～5小时，历史上最长的比赛时间达到6个多小时。

(2) 跑动距离长。一场双方水平相当、紧张激烈的比赛，男子的跑动距离接近6 000米，女子达到5 000米。

(3) 挥拍次数多。一场比赛挥拍次数达上千次。

(4) 心理素质要求高。网球除团体比赛在交换场地时教练可以进行场外指导外，其他任何时候的比赛都不允许有教练进行指导，哪怕是手势指挥也不行。整个比赛全靠个人独立作战，没有良好的心理素质，很难取得比赛的胜利。

(二) 网球运动的健身、健心效果

网球运动可以提高人的心血管系统的能力，降低人体的血脂，防止高血压。运动量的大小可以自己控制，想要强度大可以单打，不想太累就双打。随着比分的交替上升，运动者会感到网球的魅力所在，增强自尊和自信。

网球运动的经济价值

第二节　网球基本技术和战术

一、准备姿势

准备姿势是指在比赛过程中，发球、接发球、对手击球时所采取的身体动作姿势。下面主要介绍接发球、接对方回击球时的准备姿势：面对球网，两脚分开与肩同宽或比肩略宽，踝关节、髋关节、膝关节轻微弯曲，身体的重心落在两脚的拇趾上，用正手握拍法握住球拍，另一只手轻轻地扶住拍头的颈部，同时，双眼密切注意对方的击球动作，根据对方来球的方向和落点来进行身体的下一个动作。(图7-2-1、图7-2-2)

图7-2-1　网球准备姿势(正面)

图7-2-2　网球准备姿势(侧面)

二、底线进攻型步法

底线进攻型运动员的步法有以下几种。(图7-2-3)

(1) 在来球角度不大的情况下，正、反拍击球大多采用“关闭式”步法，即以前脚掌为轴，另一脚向前45度跨步，以形成击球步法。

(2) 在正拍击球时，还有一种步法叫“开放式”步法，即两脚平行站位，以右脚掌为轴，转跨转体形成击球步法。

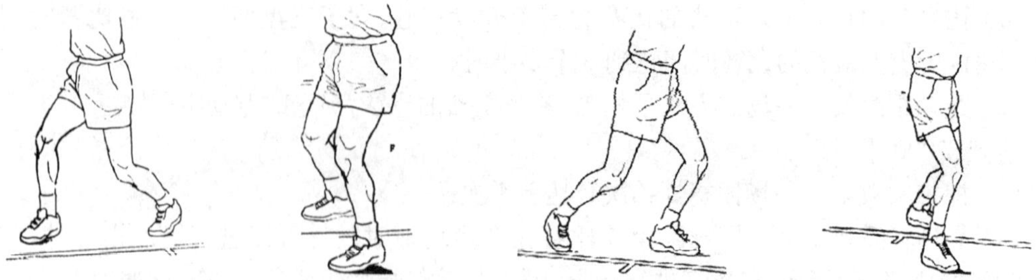

a 正手开放式　　b 正手关闭式　　c 反手开放式　　d 反手关闭式

图 7－2－3

(3) 在来球速度较快、角度较大的情况下击球时，正、反手拍的击球步法应是向来球方向斜插跑动。以正拍为例：左脚随转体向右侧跨出，然后是右→左→右→左的向击球方向移动。正拍大角度击球步法分为“开放式”和“关闭式”，反拍击球的移动方式与正拍相同，也可采用“开放式”和“关闭式”步法击球。

(4) 在来球速度较慢、落点位于中场发球线附近时，大多采用跑动迎上的击球步法，正拍有“开放式”和“关闭式”两种步法，反拍为“关闭式”。

三、基本握拍法

在所有的网球技术中，最基本的是握拍法，它能直接影响球拍面接触球的角度。由于世界各地网球场的建造材料不同，每次的击球动作几乎都不是相同的，而且每位球员的身体状况也不相同，所以对于握拍方法的模式不必强求一致。

如何选择网球拍

1. 握拍图析(图 7－2－4、图 7－2－5、图 7－2－6)

(1) 东方式正手——食指底部关节按在第三面上。

(2) 东方式反手——食指底部关节按在第一面上。

(3) 大陆式——食指底部关节按在第二面的上部。

(4) 西方式正手——食指底部关节按在第四面上。

(5) 半西方式——食指关节按在第三面和第四面之间。

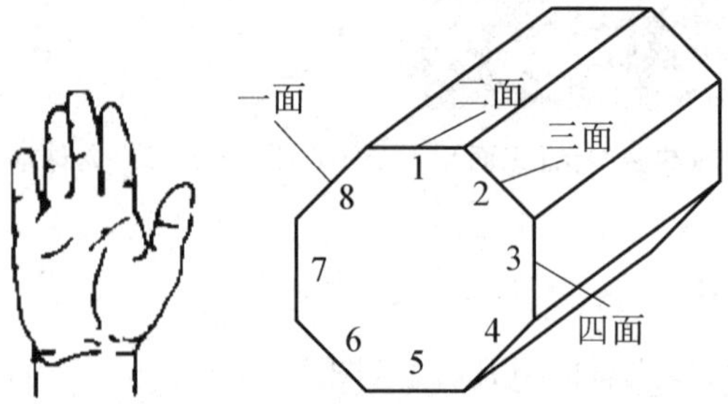

食指底部　　拍柄底部示意图

图 7－2－4　食指底部与拍柄面的对应

基本握拍法见图 7－2－5。

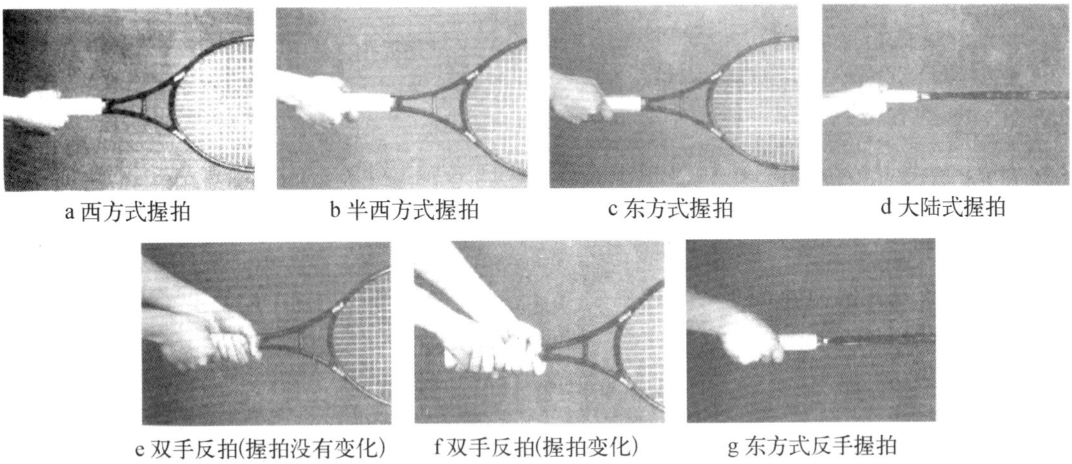

a 西方式握拍　b 半西方式握拍　c 东方式握拍　d 大陆式握拍

e 双手反拍(握拍没有变化)　f 双手反拍(握拍变化)　g 东方式反手握拍

图 7-2-5 不同握拍方法

四、底线正手击球技术

(一) 正手击球动作图示(图 7-2-6)

正手击球是网球运动中最重要的击球方式之一。对于所有类型的球员来说,好的正手击球都可发展为强有力的"武器"。这种击球方式常用来迫使对手处于被动并控制比赛的局势。

a　b　c　d　e

f　g　h

图 7-2-6 底线正手引拍、挥拍、随挥动作图解

(二) 底线正手击球详析

底线正拍击球分为平击球击球法、上旋球抽击法和下旋击球法三各种类。

1. 平击球击球法技术要点

(1) 东方式握拍或东西方混合握拍法，以腰的扭转带动拉拍，动作放松，手腕控制好拍面。

(2) 充分利用腰回转和腿部力量，整个手臂的挥动要快，用力要集中，球拍击球中部直接将球击出。

(3) 挥拍动作不应过于向上，几乎平行地向前挥动击球，这样便于压住球并控制好球过网的高度。

2. 上旋球抽击法技术要点

(1) 握拍法应是东西方混合式。握拍时让左肩向前，上体作扭转，以全身协调握拍，拍头下垂，手腕下转。

(2) 击球时，用腰扭转，左肩拉开，右肩推出，做到左右肩的交互变换，手腕与肘应稳定地使用。

(3) 击球后，把球拍挥至内侧，靠近身体。击球部位在球的中部偏上的位置。

3. 下旋击球法技术要点

(1) 判断来球，及早做好准备，在球弹起后的上升期迎击球。后摆动作小，拍面略开，在击球瞬间，拍面几乎要垂直于地面。

(2) 击球点在身体的侧前方，击球时身体重心随挥拍动作一起向前，同时步法也相应跟上。

(3) 若对方来球是上旋，跳得又高，球拍应击球的中部，向前向下推动用力；若对方来球是下旋，跳得又较低时，球拍应击球的中下部，向前并略向上推动。

五、底线反手击球技术

(一) 反手击球动作图示(图 7-2-7)

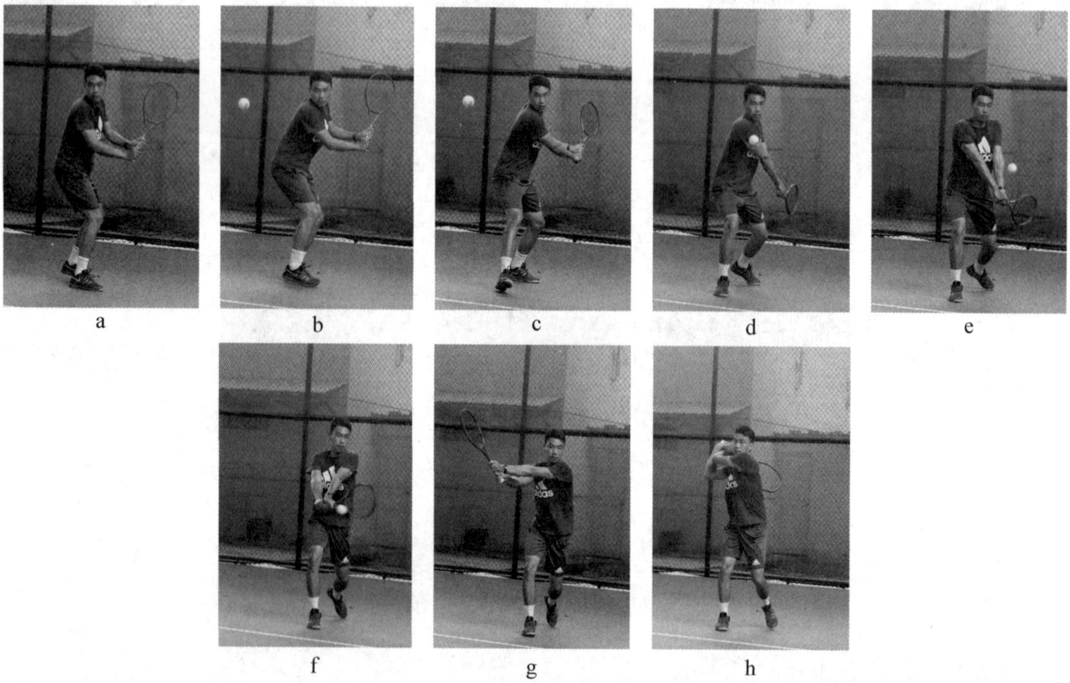

图 7-2-7 双手反拍底线击球技术图解

初学网球时，反手击球出现的错误应该少得多。因为反手击球时身体是比较闭合的，而且在反手侧比较容易建立良好的平衡，握拍手不要伸出去，非握拍手靠近身体以帮助保持平衡。由于底线反拍抽击球的力量较正拍小，因此，在比赛中都被对方当作弱点来对付，如果底线反拍抽击球技术掌握得好，就能在比赛中扭转被动挨打的局面，提高自信心。

（二）底线反手击球详析

1. 底线反拍上旋球击球技术要点

（1）向后拉拍要早，持拍手肘关节微屈并靠近身体，向后引足拉拍。

（2）击球时，球拍由后下方向前上方挥出，击球点在身体侧前方，击球时的拍面垂直地面，击球的中部偏下。

（3）击球后动作，重心由左脚移到右脚，同时正面对网，结束动作要放松并顺其自然。

a　　b　　c　　d

图 7－2－8　底线反拍切削球击球技术图解

2. 底线反拍切削球击球技术要点

（1）击球前的后摆动作是持拍手借助转肩侧身向后上方摆动拍，拍头约与头部同高，右脚向前上方跨出，重心在左脚。

（2）如果想打斜线，击球点要提前一些；如果想打直线，击球点可稍后一点。当向前挥拍击球时，朝着球网回身转腰，肘关节外展，手臂伸直，重心前移，膝关节微屈。

（3）击球时拍面要微张开（后仰），球拍由后上向前下方挥动做切削动作，击球后球的随挥动作应由下稍微向上呈弧形挥动到肩或头部的高度并面向球网。

六、网前正手截击球技术

（一）网前截击动作

截击球是在网前进行的一种攻击性击球方法，即当球在落地之前，便将来球击回对方场区。在现代网球比赛中，一个突出的特点是“快”，而截击具有速度快、力量重、威胁大的特点，因此，无论是在双打比赛还是单打比赛中，占据了网上的有力位置，也就控制了整个的局面。

（二）网前正手截击球动作要点

网前正手截击球动作要领：眼睛看球，紧握球拍，绷紧手腕，保持拍头向上，用较短的撞击动作击球，击球点在前脚之前。（图 7－2－9）

（三）网前反手截击球动作要点

网前反手截击球动作要领：眼睛看球，手腕绷紧，手臂伸直，在身体前面击球，保持拍头向上，用短促侧撞击动作击球。（图 7－2－10）

a　　b　　c　　d

图 7-2-9　网前正手截击球动作图示

a　　b　　c　　d

图 7-2-10　网前反手击球动作图示

七、发球

在现代网球运动中，发球技术是非常重要的，是唯一由自己掌握的击球法。它可以不受对方制约，在较大的程度上能够发挥出个人的特点，用以控制对方，为自己的进攻创造有利条件。为此，要求运动员必须比较全面地掌握各种发球技术，以在比赛中争取主动。

（一）预备姿势

发球的站位要求在端线后，身体自然、舒适、放松地站好，两脚分开与肩同宽，前脚与端线成 45 度角，重心放在后脚上，后脚与端线平行，左肩侧对着球网，前脚距离端线 7～10 厘米。发球的握拍方法是采用大陆式握拍法。

（二）抛球

抛球动作是用中指托住球，拇指和食指控制球，持球手臂徐徐向上抬起，最后放松，尽可能让球垂直向上，要避免用手臂手腕的突然动作，而要用稳定、均匀的力量和动作将球抛出。球在身体前面放到球拍能达到的最高限度。

（三）击球

当抛球的手向上时，持拍手臂要大幅度地环绕向后拉拍。将球拍拉到身后，双膝微屈，腰成反弓形，球拍向前向上提升，身体像拉紧的弹簧，再利用腿部肌肉向前弹起的动力，使球拍头部十分迅速地打在球上。同时肘与手腕将球下压。击球点是在球抛至最高点，尚未下降而停留时的那一瞬间。

向前挥拍击球时，重心应落在前脚，双肩与球网平行，抛球手收至身旁保持平衡。当击球后球拍下落时，应自然划弧，向抛球手一侧下方挥动。并要完全自然跟进，可快速上网，做好回击球的准备动作。（图 7－2－11）

图 7－2－11　发球完整动作图示

（四）三种基本发球方法

发球有三种基本方法：平击发球、切削发球和上旋发球。每一种发球都有自己的特点和用途。

1. 平击发球

平击发球是一种几乎不带旋转的大力发球方法，球的运行轨迹近于直线。发出的球力量大、速度快、落点深，给对方很大威胁。如果掌握合理，运用得法，可直接得分，素有“炮弹式”发球之称。但命中率较低，又消耗体力，一般用于第一发球。

平击发球的技术要领：球要抛在握拍手侧的前上方。向上挥拍时，身体要像放开的弹簧，重心落在前腿，在身体前面击球，并使重心跟进。球拍应斜挥过身体，结束于持拍手异侧的身体下方。

2. 切削发球

切削发球是一般运动员经常使用的发球方法。它采用东方式反手握拍法，发球带有侧旋，是用球拍头部在一定位置在与球接触时，擦过球的背面，使球曲线进入发球区。这种发球安全率较高，可用于第一发球，也可用于第二发球。此种发球比平击发球速度要慢。

切削发球的技术要领：采用东方式反手握拍法，球拍正确地拉至背后，并抬起肘关节，保持抬头，以便眼睛始终看球，击球时做扣腕动作，球拍斜挥至身体另一侧，完成随挥动作。

3. 上旋发球

上旋发球落地反弹高而且弹起后的飞行轨迹转向远离对手的方向，容易使对手判断错误，而且击球点也远离对手习惯的击球区，这就打乱了对手的击球时机和站位，让对手的接发球趋于保守甚至是防御性的。网球上旋发球也增加了战术的选择，使比赛水平上升一个档次，可以让对手不断地失去平衡。

上旋发球的技术要领：以右手持拍为例，抛球方向应该向身体的左后方，这样球拍接触球时产生从左至右的旋转，上旋发球要求击球点在身体后面而且球还在运动中，击球要做到弯曲膝盖，臀部前顶，抛球臂上举到位后维持时间比平时延长半秒左右，抛球后的屈膝顶髋有助于平均分布体重，保持平衡，且能产生向上迎球的动力而不是依赖背部发力。

八、高压球

（一）高压球击球动作图示

a　　b　　c　　d

图 7-2-12　高压球完整动作图示

（二）底线正手击球详析

（1）侧身举拍：在调整过程中，应该侧身对球，举起球拍准备击球。调整位置：跟球移动到了球后，要注意调整自己的位置以利于击球。

（2）移动跟球：当对方挑高球时，应迅速根据来球位置移动，切不可在原地等球。目视来球：眼睛注视来球，正确判断来球方向和位置。

（3）扣腕击球：选好击球点，一般击球点在身体前方、头的上方。如果准备打反弹球，则球应该落在前脚趾前面，越接近脚趾越好。扣腕击球动作是高压球发力的关键，收腹、转肩、挥臂使球拍前挥时通过扣腕的动作使拍头加速，加大扣球力量。在击球的瞬间，手臂、手腕和球拍在同一条直线上，身体也应略向前倾，击球后扣腕动作仍要继续到身体的另一侧，像发球那样完成随挥动作。

九、网球的双打技术

（一）双打的基本站位

在双打中，发球员和接发球员以及同伴的站位，与移动、判断和击球有着密切的联系：站位合理，移动迅速，配合默契，击球质量高，比赛中就能占主动位置。

网球业余比赛办法

1. 双打中发球员及其同伴的站位

（1）同伴站位在网前，发球员发球后立即上网。

（2）澳大利亚式站位，即同伴在网前中线或靠近中线，发球员发球后根据同伴的要求进行上网。

（3）发球员的站位应根据网前同伴站位以及战术意图来及时调整，便于上网和封网的站位，以达到发挥自己的进攻优势，控制网前的目的。

2. 双打中接发球员及其同伴的站位

（1）前后站位：指同伴站在发球线和球网中间，接发球员站在底线后或地线内。

（2）双底线站位：指同伴与接发球员都站在底线。

接发球员与同伴的站位，应根据对方发球与网前的威胁及发球与网前的成功率进行调整，在接发球破网的防守反击中伺机上网，抢占网前的有利位置。

（二）双打的基本技术

1. 双打中的发球与通常站位

双打的发球一般应达到如下要求。

（1）提高第一发球的成功率和质量，用80%的力量发出平击、侧旋、上旋球，命中率达到70%以上；第二发球利用旋转，加强落点的控制，尽量减少第一发球和第二发球之间的差别，从而真正显示出发球在双打中的直接进攻优势。

（2）用不同的发球及变幻无常的落点来控制发球局的主动权，使对方接球员难以适应，以破坏对方接发球员的进攻节奏。

（3）根据同伴在网球封网的位置和对方接发球员的站位及技术特点来选择发球落点，为网前同伴的抢网和发球上网截击得分创造有利条件。

（4）双打发球方除了极少数采取双底线站位外，绝大多数选手会选择前后站位，前后站位一般分为普通前后站位和澳大利亚式站位。普通前后站位场地区域分工较为明确，一般以自己控制区域为主，在战术需要的情况下换位、补位，双上也是这种站位战术的实践应用。澳大利亚式站位更偏向于控制中场以及设计好的两侧相向移动战术，战术变换更有隐蔽性，在同伴一发成功的前提下，对对手的接发球质量提出了较高的要求。（图7-2-13、图7-2-14）

图7-2-13　双打发球方前后站位图示

图7-2-14　双打发球方澳大利亚式站位图示

2. 双打中的接发球与通常站位

双打接发球的原则：向前逼近，采取攻势，给对方发球者造成心理压力，为我方从被动转为主动并为上网截击创造有利条件。

双打的接发球应达到如下要求。

（1）面对发球员早做准备，站好位置，判断准确，胆大心细，向前迎击。动作小而快的接发球能提高接球的成功率和质量，使发球方处于困难的境地。

（2）双打的接发球应有计划地向发球者进行回击，决不能轻易打给网前选手。判断出对方发球上网后，应立即迎上击球，用低球回击至对方脚底下，然后随接发球上网。

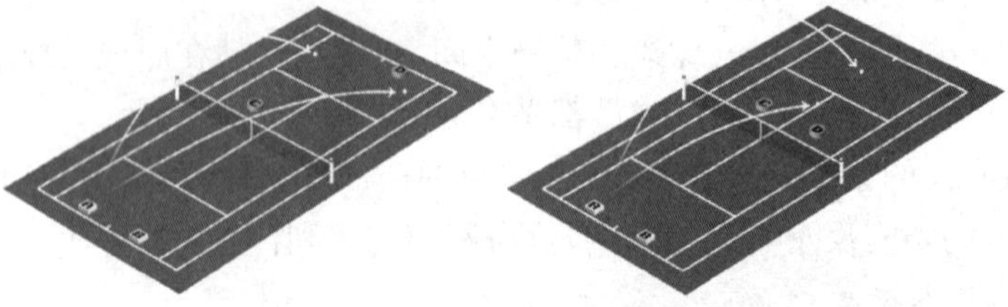

双打中的接球的站位战术示意图

图 7-2-15　双打接发球方双底线站位战术图示

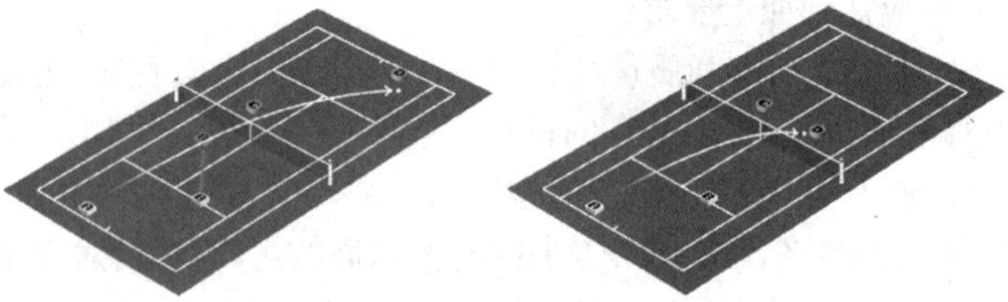

图 7-2-16　双打接发球方前后站位战术图示

3. 双打中的网前技术

双打中的网前技术，不仅要有良好的判断、快速的反应，还需要有敏捷的步法移动和娴熟的截击球技术，网前截击球要求干净、利落并具有威胁。

双打时的网前技术应达到如下要求。

（1）发球方。

① 若对方接发球员没有上网，发球上网后的第一次截击球应截击至接发球员处，然后继续向网前贴近。要求截击拦得平而深，质量要高。

② 若对方接发球上网，发球上网后的中场第一拦应拦至对方上网者的脚下或二条双打线内。要求控制好球的力量，以便拦出好的落点。

③ 发球方同伴应根据发球员的发球质量及对方接发球的习惯，进行抢网，干扰对方接发球。要求拦网球拦至对方脚下或二条双打线内。

（2）接发球方。

① 接发球上网后的网前截击球，应根据对方发球后的拦网质量，迎上截击或控制球截击，将球拦至对方脚下，或二人中间的空当，或二条边线区内。

② 如果发球质量高的，对方发上中场第一拦起高球，接发球员的同伴立即抢网截击，要求动作突然，击球凶狠。

4. 双打中的挑高球技术

挑高球技术在双打比赛中有一定的地位和作用，若能挑出好的带进攻性的上旋高球，就能控制对方上网的速度，使对方上网后多一层心理顾虑，同时又能有效的变被动为主动。

在双打中挑高球要注意以下几点。

(1) 挑高球时动作要隐蔽,出手要快,尽量朝贴近网前的对手的后面挑。

(2) 不要对方一上网就挑高球,要等对方拦了一板球后贴近了网前,再突然挑高球。

(3) 高球要挑到防守的后场,同时应立即上网抢占网前进攻位置。

5. 双打中的高压球技术

双打中的高压球与单打中的高压球一样,要求干脆果断,不拖泥带水,对于打高压球来说,力量不是主要的,更重要的是球的落点与角度。

双打中的高压球应达到以下要求。

(1) 若对方两人都站在底线不上网,高压球应压在落点深的地方,或对方两人的中间,或压大角度至双打边线。

(2) 当对方有一人还在中场或网前,高压球应压到对方网前选手的脚下。

(3) 若防守高球挑得深,这时应注意先压成功率,把落点压深,以求得第二次进攻,若对方挑得浅,可上前一板将其扣死。

6. 双打中的底线技术

双打中的底线抽击球技术主要适用于接发球破网和底线破网,要变被动为主动,并能得分。在双打中的底线抽击球破网应达到以下要求。

(1) 底线破网要有成功率,力争每个球能回击过去让对方网前出错,然后再伺机进攻。

(2) 底线破网要凶猛、巧结合,平、高结合,快打与软打相结合,平抽与挑高球相结合,使对手在网前捉摸不定,判断不准而出错。

网球比赛规则、裁判法简介

参考文献

1. 纪斯超.网球入门捷径[M].北京:北京体育大学出版社,1998.

2. 张学军.现代网球运动实用手册[M].北京:人民体育出版社,2003.

3. 周海雄,郑建岳.网球教程[M].北京:学苑出版社,2003.

4. 丸山薰.网球技巧图解[M].北京:北京体育大学出版社,2003.

5. 董杰.网球教程[M].北京:高等教育出版社,2005.

6. 中国网球协会.网球竞赛规则[M].北京:光明日报出版社,1999.

7. 王希升.网球(软网)规则问答[M].北京:人民体育出版社,1996.

8. 曲绵域,高云秋.现代运动医学诊疗手册[M].北京:北京医科大学、中国协和医科大学联合出版社,1997.

9. 张路萍,陈国耀.运动创伤学推拿与按摩[M].桂林:广西师范大学出版社,2002.

10. 陶志翔,汪鸽,周正,等.跟专家练网球[M].北京:北京体育大学出版社,2000.

11. 杨亚琴.运动康复[M].北京:东方出版社,1999.

12. 体育保健学编写组.体育保健学[M].北京:高等教育出版社,1987.

第八章　游　泳

第一节　游泳运动概述

一、游泳运动的发展

随着社会的发展，游泳逐渐成为人们增强体质以及生产、生活、军事的需要，并逐渐发展成为体育运动的比赛项目。

现代游泳运动起源于英国。17 世纪 60 年代，英国不少地区的游泳活动就开展得相当活跃。1828 年，英国在利物浦乔治码头修造了第一个室内游泳池。1837 年，在英国伦敦成立了第一个游泳组织，同时举办了英国最早的游泳比赛。1869 年 1 月，在伦敦成立了大城市游泳俱乐部联合会(现英国业余游泳协会前身)，并把游泳作为一个专门的运动项目正式固定下来，随之传入英国的各殖民地，继而传遍全世界。

在 1896 年第一届雅典奥运会上，男子游泳被列为 9 个比赛项目之一(包括 100 米、500 米和 1 200 米自由泳)。在 1908 年第四届伦敦奥运会上，国际业余游泳联合会成立了，并审定了当时的世界纪录，制定了国际游泳规则。1912 年的第五届奥运会上，正式设立了女子游戏比赛项目。1952 年，国际游泳规则正式将蛙泳和蝶泳分成两个姿势进行比赛。从此，竞技游泳形成了蝶泳、仰泳、蛙泳和自由泳等泳式。游泳已成为奥运会上令人瞩目的大项之一，国际泳联每四年举行一次世界游泳锦标赛，每两年举行一次世界杯。

当今世界，欧美体育强国的游泳仍处于领先水平。我国泳坛健儿吴传玉早在 1953 年布加勒斯特第一届国际青年友谊运动会上，就取得过 100 米仰泳的冠军。而中国女将在 20 世纪 90 年代初创造的一系列优异成绩，才真正使中国游泳引起国际泳坛的注意。

二、游泳运动的分类

游泳的形式多种多样，根据游泳活动的目的，目前较为普遍开展的游泳运动大致有以下几种。

(一) 竞技游泳

竞技游泳是指具有特定的技术规格，并按游泳竞赛规则进行比赛的游泳运动项目。随着竞赛内容的不断改革，当代竞技游泳包括爬泳(自由泳)、仰泳、蛙泳、蝶泳(海豚泳)等泳式，由这些泳式组成的混合泳也被列为正式比赛项目。

(二) 实用游泳

实用游泳是指直接为生产、军事、生活服务的游泳活动，包括踩水、侧泳、反蛙泳、潜泳、水上救护、武装泅渡等非竞技游泳技术。

（三）特种竞技游泳

1. 游渡海峡

1810 年著名诗人拜伦横渡了赫勒斯湾海峡，揭开了横渡海峡近代史的第一页。目前横渡海峡已成为世界性的游泳活动。从 20 世纪 50 年代起，横渡海峡引起越来越多人的兴趣。目前，横渡海峡的活动不但有男子参加，而且许多女子也都加入了这项运动。

2. 长距离游泳

长距离游泳也称“马拉松游泳”，是一种不限姿势、不限时间、不限距离的比赛项目。目的是创造最长时间、最长距离的游泳纪录，如意大利运动员创造了 100 小时游完 225 公里的纪录。

3. 竞速潜水运动

竞速潜水运动又称水下体育运动，是指运动员穿戴特制装具，在自然水域（江、河、湖、海）和游泳池中进行水下训练和比赛。竞速潜水运动分蹼泳、屏气潜泳、器泳等。

（四）大众游泳

随着人类社会的发展与社会物质生活的不断丰富，人们对物质、文化、娱乐生活的要求也相应地在变化。以增强体质为宗旨，丰富人们文化生活为目的的大众游泳活动，如康复游泳、娱乐游泳、水中游戏、健身游泳、减肥游泳等，已在世界各国蓬勃地发展起来。由于其以“健身、实用、娱乐”为目的，以及不追求严格的技术和速度，形式简便、多样，已越来越被人们重视，发展相当迅速。大众游泳已与竞技游泳并驾齐驱，成为现代游泳运动的一个重要组成部分。

第二节 游泳运动基本技术

一、蛙泳

蛙泳是模仿青蛙的游泳动作而形成的一种泳姿。蛙泳时，身体俯卧水中，两臂在胸前对称向两侧做弧形外划、内划、前伸动作，两腿同时对称地做收、翻、蹬、夹动作。蛙泳的身体姿势平稳，动作省力，呼吸自然，特别适合于长时间、长距离的游泳。蛙泳还具有动作隐蔽、易于观察目标和转换方向的特点，有很大的实用价值，在渔猎、泅渡、水上作业及救护等方面有着广泛的应用。

（一）身体姿势

传统蛙泳的身体姿势是身体俯卧于水中，头置于两臂间，两眼注视前下方，掌心朝下，身体纵轴与水平面成 5～10 度角，当吸气时，下颏露出水面，肩部升起，这时身体与水面约成 15 度角。

（二）腿部技术

蛙泳时的腿部动作是推动身体前进的主要动力。蛙泳时腿的技术可以分为收腿、翻脚、蹬夹腿、滑行四个紧密相连的动作阶段。

1. 动作要点

(1) 收腿。开始收腿时，腿部肌肉略微放松，大腿自然下沉，两膝开始弯曲并逐渐分开，小腿和脚跟在大腿后面向前运动。收腿时，踝关节放松，脚底基本朝上，脚跟向上、向前移动，向臀部靠拢，两腿边收边分开。收腿动作应柔和，在收腿的过程中臀部略下降，收腿结束时，两膝内侧的距离约同肩宽，大腿与躯干的角度约为130～140度，大、小腿折叠紧，小腿接近于与水面垂直，为翻脚和蹬夹腿做好准备。

(2) 翻脚。翻脚动作的目的在于使腿在蹬夹时有一个良好的对水面。当收腿使脚跟接近臀部时，两膝稍内扣，小腿向外张开，两脚背屈使脚掌勾紧向外翻开，脚尖转向两侧，使小腿和脚的内侧面向后，形成良好的对水面，为蹬夹动作做好准备。

(3) 蹬夹腿。蹬夹腿动作是推动身体前进的重要动力来源。蹬夹腿动作的推进效果主要取决于蹬腿时腿的运动方向、对水面的大小及运动速度。蹬夹腿是在翻脚的连贯动作下开始的，即翻脚后不停顿地向后做弧形蹬夹水。蹬夹腿时应以大腿发力，先伸髋，后伸膝，再伸踝关节，直至两腿伸直并拢。动作应由慢到快地加速进行，形成鞭状蹬水动作。

(4) 滑行。蹬腿结束后，腿处于较低的位置，脚距离水面为30～40厘米。此时两腿伸直并拢，腰、腹、臀及腿部的肌肉保护适度紧张，使身体成良好的流线型，利用蹬夹腿产生的推进力向前滑行。

2. 练习方法

(1) 陆上模仿：坐在池边前沿，两手后撑，上体稍后仰，两腿伸直并拢，进行相应练习。

(2) 俯卧在平凳、池边按口诀练习，可互练。

(3) 下到浅水区由同伴托举自己的胸腹，练习腿部动作。

(4) 扶浮板在水中进行腿部的反复练习。

3. 常见错误及纠正方法

(1) 过分收大腿、臀部起伏大；脚绷太直，不会外翻。纠正方法：重建概念，模仿练习；双人扶脚蹬夹水练习。

(2) 宽收蹬腿，只蹬不夹。纠正方法：着重领会大腿内旋收腿膝内压翻脚的要领；扶槽双人扶脚蹬夹水。

(3) 高低脚蹬水。纠正方法：在窄水线间两脚勾水线上，慢动作体会蹬水；两脚掌在水线下接触水线的蹬夹水练习；扶板蹬夹水，由他人触摸脚低的一侧。

(4) 收腿时，两脚跟靠近。纠正方法：收腿前准备腿内旋，脚尖相对，脚跟分开；双人扶脚练习；收腿时，两脚先分后收。

(三) 手臂技术

现代蛙泳技术中通过臂划水产生的推进力，越来越接近于腿部蹬夹水时产生的推进力。蛙泳过程中，两臂所有动作都应同时，并在同一水平面进行，即两手要同时在水面、水下或水上由胸前伸出，然后在水面或水下向后划水。蛙泳臂部的一个动作周期由开始姿势、滑下、划水、收手和移臂等几个阶段紧密连接组成，不可分割。

1. 动作要点

(1) 开始姿势。蹬腿结束时，两臂前伸，与水平面平行，掌心向下，身体保持流线型。

(2) 滑下。其也叫作抓水，两肩和手臂前伸，手腕向前、向外、向下方勾手，应感觉到水对前臂和手掌的压力。抓水结束时，两臂分开，约成45度角。滑下(抓水)的目的是给划水创造有利条件，并使身体上浮。

(3) 划水。划水是产生推进力的主要部分。划水开始时，两手继续外分，手臂向外旋转，同时屈肘、屈腕，保持高肘划水。划水的前一部分手臂同时向外、向下和向后运动，而后一部分手臂同时向内、向下和向后运动。划水的整个过程应加速并始终保持高肘姿势完成，肘关节弯曲的角度随划水的进行不断减小，到划水即将结束时，肘关节屈至约 90 度角，手位于肩的前下方。

(4) 收手。划水结束后，手臂向外旋转，手同时向内、向上和向前快速运动，开始了收手过程。收手时，两掌心相对。收手结束时，肘的位置低于手，肘关节弯曲成较小的锐角。

(5) 移臂。该阶段是在收手的基础上完成的。在臂向前伸出时，掌心由朝上逐渐转成向下，两臂完全伸直并拢后有短暂的滑行。

蛙泳整个划水的轨迹是向"侧—下—后—内(上)—前"的方向移动，划水的力量由小到大，速度由慢到快，收手(内划)时达到最快。

2. 练习方法

(1) 陆上模仿：两脚左右开立，身体稍前倾，两臂并拢前伸，手指并拢，手心向下。按口令做两手同时向侧后划动作；然后屈臂收手至颏下，掌心斜相对；两手向前伸直并拢；稍等。

(2) 在浅水区站立和行走做该练习，并努力体会划水时手掌和小臂的水感。

3. 常见错误及纠正方法

(1) 划水超过肩的垂直平面。纠正方法：重建概念，模仿练习；大臂不动，只用手腕划水。

(2) 伸臂太深。纠正方法：伸向水面。

(3) 臂不滑行。纠正方法：伸臂后两肘关节靠近，"像要穿过一个洞后才划水"。

(四) 呼吸及完整配合技术

1. 呼吸

正常蛙泳一般是采用 1∶1∶1 的配合技术，即在一个完整动作周期中，蹬腿 1 次，划臂 1 次，呼吸 1 次。配合游时应在充分发挥臂、腿力量的基础上，努力做到协调、连贯、有节奏，尽量保持匀速前进。

蛙泳呼吸采用抬头吸气，相对于划水来说，有早吸气和晚吸气两种配合形式。早吸气是指手臂刚开始划水时抬头吸气，吸气时间相对较长，收手和移臂时低头呼气。这种配合易于掌握，可以利用划水时的下压产生升力，有助于上身浮起，抬头吸气。晚吸气是指划水结束收手时吸气，吸气时间较短，移臂时低头呼气。这种技术有一定难度，但由于抬头时间短，身体重心和浮心失去平衡的时间短，因而阻力小，一般被高水平运动员采用。

2. 配合方法

蛙泳动作完整的配合应是在手臂划水时抬头吸气；屈肘收手后开始慢收腿；并手前伸时继续收腿，直到收腿即将结束时向后做弧形蹬夹水，从而使身体成流线型向前滑行。蛙泳完整技术配合动作口诀：划水腿不动，收手又收腿，先伸手臂后蹬夹，臂腿伸直向前滑。

3. 常见错误及纠正方法

(1) 蹬水太深。纠正方法：注意腿向后用力，而不是向下方蹬水；重复做好压膝翻脚动作；蹬水后，两腿放松，稍抬向水面。

(2) 前推后拉，即划水时收腿，伸臂时蹬腿，动作乱。纠正方法：重建概念，模仿练习；游动时，手动腿不动，腿动手不动。

二、爬泳(自由泳)

爬泳是俯卧在水中，两腿上下交替打水，两臂轮流划水而使身体向前游进的一种泳势，由于动作很像爬行，故被称为“爬泳”。

爬泳，俗称“自由泳”，是四种竞技游泳中速度最快的一种姿势，按规则要求，在自由泳比赛中，可采用任何一种姿势游进。但由于游爬泳时，身体俯卧在水中，成较好的流线型，两腿不停地上下交替打水，两臂依次轮流向后划水，动作结构简单，推进力均匀，划水效果好，动作配合协调，既省力又能发挥最大的速度，是游泳中的“快艇”，也是续航力极强的“巡洋舰”。所以在自由泳比赛中，人们都采用爬泳技术。

现代爬泳技术的特点是：运动员身体姿势高平，采用高肘、屈臂、曲线、加速划水和晚呼吸配合技术。

(一) 身体姿势

游爬泳时，身体应伸直成流线型，几乎水平地俯卧在水面。稍收腹，脸部和前额浸入水中，臀部接近于水面，身体纵轴与水平面构成3～5度的迎角，眼睛注视前下方。由于划臂和转头吸气，形成身体围绕纵轴有节奏地转动。

(二) 腿部技术

1. 动作要点

爬泳腿的动作，主要是维持身体平衡，使下肢抬高，保持身体流线型，以及协调两臂有力的划水动作，产生一定的推进力。

爬泳腿的动作可以描述为“大腿带小腿，两腿鞭打水”。具体来说，两腿自然伸直，两脚稍向内扣，踝关节放松，以髋关节为轴，大腿带动小腿做向上直腿、向下屈腿的上下交替鞭状打水。动作应有力而有弹性。打水幅度约30～40厘米。

注意：向上打水时，用较小的力量来完成，而向下打水时要用较大的力量和较快的速度来完成，以便产生较大的推进力和上浮力。

2. 练习方法

(1) 陆上模仿：练习者俯卧在池边，两腿伸直，脚稍内旋，做直腿上下打水动作。

(2) 浅水区两人相互协助，托胸腹平俯卧水面，做直腿上下打水动作练习。

(3) 请同伴托扶自己在水中移动，在身体俯滑过程中练习屈腿小幅度鞭状打水动作。

(4) 扶浮板做屈腿小幅度鞭状打水动作。练习中尽量眼视前方，保持自然呼吸；逐步练习面部浸入水中吐气，侧转头看肩露出水面时用嘴快吐快吸。

3. 常见错误及纠正方法

(1) 以小腿为轴，屈膝打水。纠正方法：直腿打水；扶其大腿打水，体会以髋为轴；不要打出水面的练习。

(2) 直腿紧张打水。纠正方法：放松踝关节的练习；扶其膝关节，使其放松打水；长时间的快、慢打水练习。

(3) 怕沉，抬头过高；手压板、肩露出水面打水。纠正方法：建立正确概念，躯干和上肢放松，身体姿势要平。

（三）手臂技术

1. 动作要点

游爬泳时，两臂轮流交替向后划水，是推动身体前进的主要力量，为了描述方便，将手臂动作习惯性分为入水、抱水、划水、出水和空中移臂5个部分。（图8-2-1）

图8-2-1

（1）入水是伸展手臂的水中定位动作，臂入水时，肘关节微屈并高于手，手指自然伸直并拢，约与水面成45度角，由大拇指领先，斜插入水，然后前臂和上臂依次入水。入水的范围在肩的延长线上或在肩的延长线和人体中线之间。入水点约是臂前伸的2/3位置上。臂入水后积极向前方伸肘伸肩，掌心朝下。（图8-2-2）

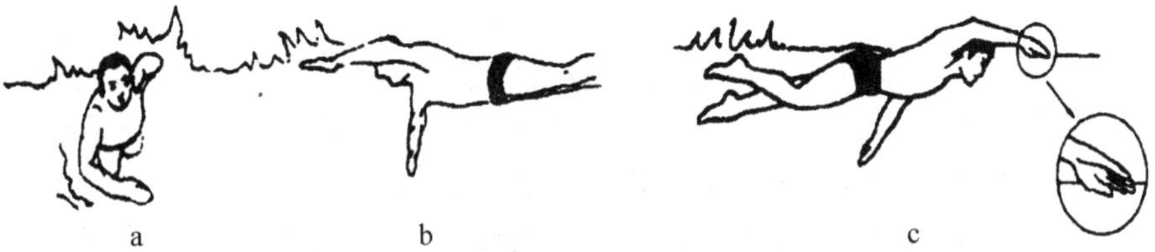

图8-2-2

（2）抱水是手臂寻找发力点和支撑点的抱球动作。臂入水后，积极插向前下方，手臂伸直，外旋，掌心转在正下方，紧接着勾手腕、屈肘、手向下后方移动，而上臂则几乎保持不动。当手移至头的前下方，手臂与水面约成40度角时，抱水动作结束，此时肘关节弯曲成150度角左右，并保持高肘。整个手臂像抱一个大圆球一样，使肩带肌群充分拉开，给划水创造有利条件。（图8-2-3）

图8-2-3

（3）划水是获得推进力的主要阶段，分为拉水和推水两个部分。拉水时，手同时向内、向上和向后运动，应保持高肘姿势。拉水结束时，手在身体下方靠近身体中线，手臂与水平面基本垂直，屈肘角度约90度（图8-2-4），此时转入推水阶段。

图 8-2-4

推水时，手同时向外、向上和向后运动，应在拉水的基础上加速连贯地完成。中间不能有停顿。推水过程中肘关节从屈曲过渡到伸直，手臂的推水速度是整个划水过程中最快的。当手臂在后方与水平面约成 20 度角时，推水结束，转入出水阶段。（图 8-2-5）

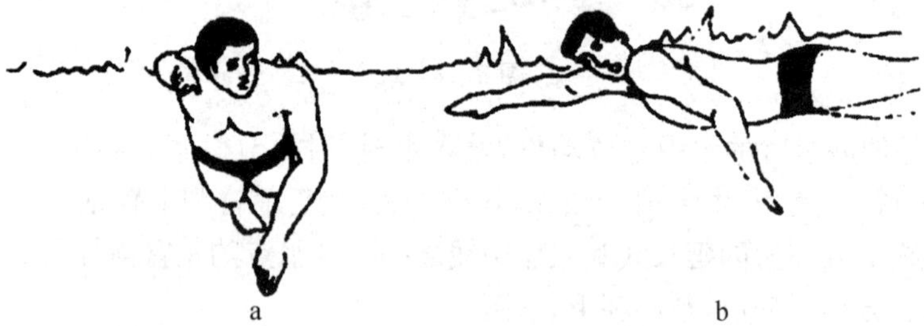

图 8-2-5

从拉水到推水，应连贯地加速完成，中间没有停顿，特别是经过肩下垂直线时，不要失掉手对水的支撑感觉，要使上臂与前臂同时向后划动，同时肩部后移，以加长有效的划水路线。

（4）出水和移臂。划水结束后，前臂和手腕放松，提肩提肘使整个手臂出水，动作迅速而不停顿。接着，在肩的转动下，带动整个手臂向前移动，移臂时仍保持高肘屈臂的姿势。出水和移臂动作要放松，使用力划水后的肌肉得到短暂的休息。

在爬泳划臂的整个周期中，动作是不停顿的，划水动作的内部循环是有节奏进行的，随着阶段的不同，各部分所用力量也不同，动作速度也不一样。整个水下划臂的路线从仰视图来看呈“倒问号”型或“S”型。

（5）两臂的配合，依照两臂所处的位置不同，分为三种基本形式，即前交叉配合、中交叉配合和后交叉配合。

前交叉配合是指一臂入水时另一臂在肩前方，与水平面约成 30 度角；中交叉配合是指一臂入水时另一臂位于肩下，与水平面约成 90 度角；后交叉配合是指一臂入水时另一臂位于腹下，与水平面约成 150 度角。

三种配合形式各有其特点，第一种滑行长，速度均匀性差，动作频率慢，但对初学者来说易掌握，尤其是呼吸动作容易掌握。第二、三种有利于发挥两臂力量和提高动作频率，加快速度，保持均匀的推进力。

2. 两臂配合动作的练习方法

（1）陆上模仿：双脚开立，身体前倾，手臂前伸做直臂向后划水动作练习，并逐渐过渡到由单臂动作练习到双臂交替进行的动作练习。

（2）站立于浅水区做上述动作练习。

（3）在浅水区中行进，同时做双臂交替划水动作练习。

(4) 水中俯卧夹浮板做双臂交替划水动作练习。

3. 常见错误及纠正方法

(1) 降肘(或直臂)空中前移。纠正方法:移臂时,肘关节像吊在空中一样,移臂是肩带臂,而不是手带臂;陆上模仿练习,臂内旋,自然放松下垂,手向后外拨绕圈,从小到大,空中放松前移;"像从裤袋里抽出手一样",然后靠肩带动前移。陆上、水中均可练习。

(2) 压水(或降肘)划水。纠正方法:着重模仿抱水,"像肘关节处有个球一样",然后抬肘向后划水。

(四) 呼吸及完整配合技术

1. 呼吸与臂的配合

(1) 呼吸方法。自由泳一般多采用俯卧水面向体侧转头进行呼吸。以右侧换气为例,右手完成入水动作后,用嘴慢慢吐气,待右手用力划水至肩部下方时,开始向右侧转头并增大吐气量,直到右臂划至推水动作即将结束时,用力吐尽气,在右臂进行出水动作的同时,用嘴猛吸一口新鲜空气。空中移臂动作过程中稍闭气,最后将头转正,在右臂再次做入水动作后开始下一次换气练习。

(2) 练习方法。① 陆上模仿:双脚开立,身体前倾,两臂交替进行直臂—屈臂划水动作练习,并逐步配合进行呼吸。② 站立浅水区,手扶膝屈体做转头换气动作练习。③ 在浅水区行进过程中做双臂交替划水动作与呼吸配合的练习。④ 俯卧水面,请人帮助托扶脚做划水动作与呼吸的练习。

2. 腿、臂、呼吸完整配合动作

(1) 配合方法。自由泳的完整技术动作通常采用6∶2∶1(长距离也用4∶2∶1)的配合方法,即腿6(4)次,两臂交替各划水1次,配合1次呼吸动作。

(2) 练习方法。① 陆上模仿:练习者俯卧在高台上按动作要点、节奏,进行完整配合模拟练习。② 下到浅水中进行两腿交替打水和单臂划水动作练习,并逐步配合换气练习。③ 蹬池边在水中向前俯滑过程中反复强化完整技术动作的配合练习。

(3) 常见错误及纠正方法。① 抬头吸气,造成体沉。纠正方法:重复水中练习,反复提醒。② 吸气时,另一臂下压。纠正方法:放松,注意水下的臂向上放松伸肩。③ 动作乱,吸气时沿身体纵轴转动过大,动作不协调。纠正方法:臂、腿配合慢游;多次划水与一次呼吸的配合;要求按正规动作配合,延长距离游,在慢游中加深呼吸和放松。

三、仰泳

仰泳是因游泳过程中人体仰卧水面的姿势而得名。仰泳竞赛规则规定,游泳者身体必须保持正常的仰卧姿势。仰泳包括反蛙泳和反爬泳两种。仰泳动作结构和爬泳基本上是相同的,只是身体有仰、俯之别。

(一) 身体姿势

游泳者采用仰泳姿势时保持身体成流线型仰卧水面,头和肩位置稍高于臀部,胸腹几乎成一直线,身体纵轴与水平面构成4～6度的迎角(图8-2-6)。游进过程中尽量利用水流的上升力,使身体上升,从而减少迎面阻力和移臂阻力。踢水时膝部不能露出水面,以便充分发挥腿部踢水时产生的推进力,和自由泳相似,腿的用力过程以鞭状进行。游进过程中头如掌握方向的舵,要保持相对稳定,后脑浸入水中,面部露出水面,眼看脚尖踢水方向,划水臂有节奏地围绕身体纵轴向体侧转动约 40 度(图 8－2－7),为另一臂出水、减小水阻力和加长划水路线创造条件。

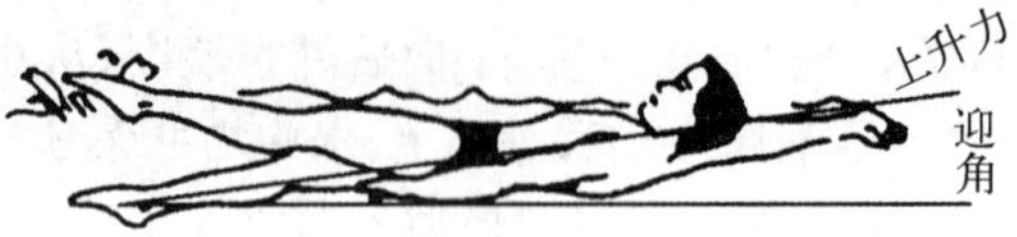

图 8－2－6

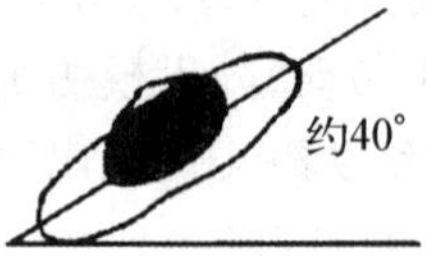

图 8－2－7

(二) 腿部动作

1. 动作要点

仰泳双腿踢水能起到维持游泳者身体平衡和推动身体前进的作用。仰泳踢水动作是以髋关节为轴心,大腿发力带动小腿和脚向后上方用力踢水和向下直腿压水。踢水时脚稍内旋,踝关节保持自然放松,展髋,膝关节不要露出水面。

2. 练习方法

(1) 陆上模仿:坐在池边,双手向后撑,上体略后仰,做直腿和屈腿交替踢水动作练习。

(2) 在浅水区请同伴托扶后背或后脑,练习踢水动作。

(3) 在水中垫浮板于头下,练习踢水动作。

(4) 蹬池壁或池底,仰卧水面漂浮过程中练习踢水动作。(图 8－2－8)

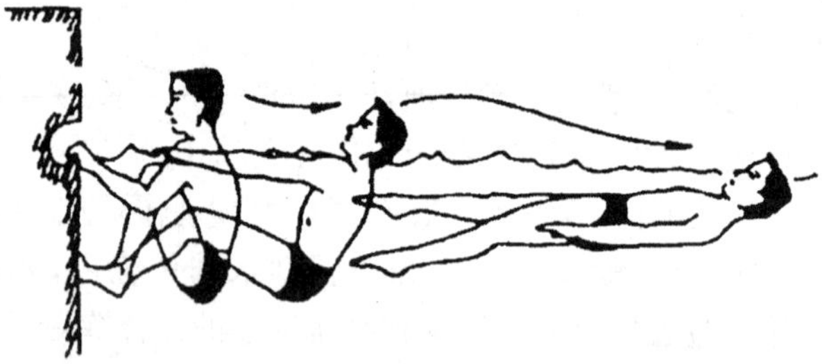

图 8－2－8

3. 常见错误及纠正方法

(1) 屈腿打水使膝露出水面,或直腿打水,下打重,上不踢。纠正方法:讲明动作概念,双人扶膝助打。

(2) 怕沉收腹坐水中打水。纠正方法:伸腰,放松头颈,体会打水。

(3) 挺胸抬头打水。纠正方法:含胸收下颏,放松打水。

(三) 臂部动作

仰泳中臂部的动作是产生前进力的主要因素。当前仰泳都采用两臂在体侧交替屈臂划水技术。其优点是:加长了有效划水路线;使推进力的方向指向前方,划水效果好;调动更多的肌肉群参加工作,增加生理横断面。

1. 动作要点

(1) 入水。入水时,手臂自然伸直,手掌展平,小指领先入水,入水点在身体纵轴的延长线上,为了更好地对准水,手掌与前臂应构成 150～160 度角。

(2) 抱水。当手臂切入水中后,躯干向入水的同侧方向转动,借助前移速度,直臂向深水处积极抓水，同时做转腕和肩臂内旋动作，并开始屈臂尽量向前伸肩，使手掌、前臂和上臂处于最有利的向后对水位置，形成有利的划水面，这种动作，通常叫“抱水”，完成抱水动作时，臂和身体纵轴构成的角度为40度左右，手掌离水面30厘米左右，肘关节自然弯曲。

(3) 划水。仰泳的划水动作是推进身体前进的主要动力，整个动作是由抱水开始，以肩为中心，划至大腿侧下方为止，划水包括拉水和推水两部分。

拉水是在臂前伸抱水的基础上进行的，开始拉水时，前臂内旋，肘关节向下弯曲150度左右，并逐渐下沉至靠近腰部。当手臂划过肩线时，应充分利用拉水的速度和划水面，使手掌、前臂和上臂同时用力向后下方做推压的动作，并利用推水的惯性，使手腕做内旋下压的动作，推水结束时，手掌在臂部下方，离水面40～50厘米左右。划水的整个路线呈“S”型。(图8-2-9、图8-2-10)

图8-2-9

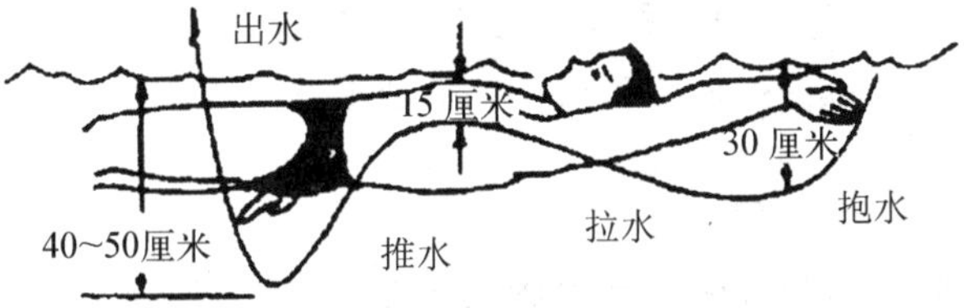

图8-2-10

(4) 出水。臂出水是指手臂划水结束后迅速提出水面这一动作过程，正确的出水动作是先压水后提肩，使肩露出水面后由肩带动上臂、前臂和手依次出水。

(5) 空中移臂。臂出水后，应迅速沿着肩的垂直面向肩前移动。当手臂移过垂直部位后，手掌即开始内旋，使掌心向外翻转(如采用小指先出水则无此动作)，为入水动作做好准备。

仰泳两臂的正确配合是保持均匀游进速度的关键，一般采用中后交叉的“连接式”：当一臂入水时，另一臂推水结束。

2. 练习方法

(1) 陆上模仿：站立陆地上练习单臂和两臂交替划水动作。具体练习要做到：右臂上举划水时左臂做空中移臂，左臂划水时右臂进行空中移臂。动作练习熟练后，可仰卧凳上进行这一交替划水动作练习。

(2) 下到浅水中，边后退边做双臂交替划水动作，配合练习。

(3) 仰卧水面，请同伴托扶膝部做上述动作练习。

(4) 下到浅水区后，在倒蹬池底仰卧水面漂滑过程中，练习双臂交替划水动作配合。

3. 常见错误及纠正方法

(1) 降肘划水。纠正方法：重复模仿练习，强调抓水；直臂划水。

(2) 臂划水后在身旁停留，两臂配合间断。纠正方法：重复模仿练习，向后走动划水——后倒动作配合，双人扶肩配合。

(3) 每划水都呼吸一次。纠正方法:讲明动作概念,多次重复。

(4) 过分抬头。纠正方法:眼看脚踢出的水花(或后方池边)游。

(5) 入水太偏外。纠正方法:要求直臂擦耳入水。

(四) 呼吸及完整配合技术

1. 配合方法

仰泳时,游泳者面部始终露在水面上,呼吸随动作节奏自然进行。呼吸时,通常采用一臂空中做移动时以嘴吸气,待到另一臂做空中移动时则以嘴吐气。呼吸和臂部、腿部动作三者的完整配合比例通常采用 1∶2∶6,即两腿交替踢水 6 次,两臂各划水 1 次,则配合呼吸 1 次。

2. 练习方法

(1) 在水中仰滑过程中做单臂划水动作练习,具体练习方法是游泳者保持一臂在头部前方伸直,另一臂做划水动作练习。

(2) 在水中仰滑过程练习踢水动作和两臂交叉划水动作配合。在这两种方法的练习中,均应按仰泳的呼吸要求,配合时机,主动进行呼吸与臂部、腰部动作的配合。

四、蝶泳(海豚泳)

(一) 身体姿势

蝶泳与其他泳式不同,身体没有稳定的姿势,在游进中,游泳者的头、颈、躯干、腿、脚沿身体纵轴做传递式的、有节奏的、依次起伏不大的波浪曲线运动,这种运动,又使游泳者保持相对稳定姿势。

(二) 腿部动作

蝶泳的波浪式打腿似乎与别的泳式打腿差别很大,可实际上它与爬泳打腿有很相似的地方,都是直腿向上,大腿带动小腿和脚屈腿向下的鞭状打水。不同之处是蝶泳是两腿并拢同时动作,并加上腰的带动。(图 8-2-11)

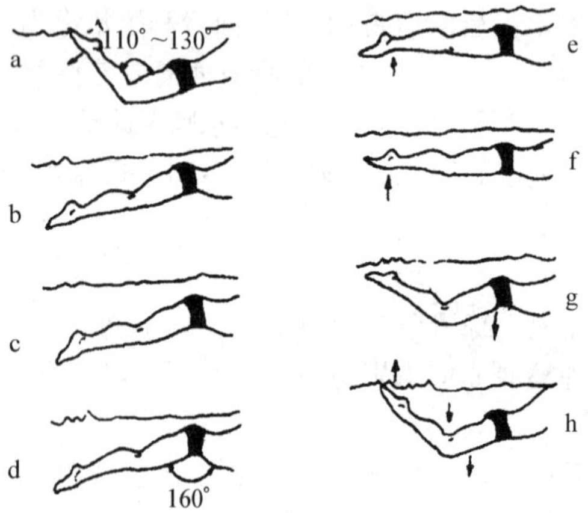

图 8-2-11

(三) 臂部动作

蝶泳的臂部动作可分为入水、划水、出水和移臂等部分。

1. 入水

两臂经空中向前再移后,在头前与肩同宽,手稍外翻,斜插入水。

2. 划水

臂入水后向外侧方屈腕抓水，再转向内侧形成屈臂高肘姿势，这时臂在肩下，上臂、前臂和手处于向后对水的有力划水面；然后进一步屈臂，不停顿地在躯干下用力加速划水，直划到髋部两侧。两臂划水路线是两条对称曲线。(图 8－2－12)

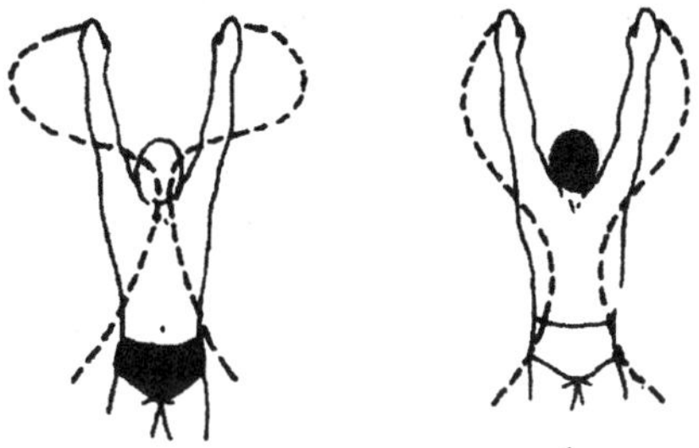

图 8－2－12

3. 出水和移臂

划水结束，利用推水的惯性提肘带动整个手臂出水，并向前移臂。蝶泳的移臂对肩关节的灵活性要求很高，肩关节灵活性好，移臂就轻松。

(四) 臂、腿、呼吸完整配合

1. 配合方法

蝶泳技术多采用早吸气和晚吸气两种呼吸方法。初学者一般采用早吸气为好。其配合可依据 2∶1∶1 的比例安排，即双腿打水 2 次，双臂划水 1 次，配合呼吸 1 次。

配合过程双臂入水吐气时，腿部打水 1 次；等双臂划水抬头张嘴吸气时，腿部再打水 1 次；双臂出水做空中移臂动作时稍闭气，等双臂入水后再慢慢吐尽气。(图 8－2－13)

图 8－2－13

2. 练习方法

(1) 陆上模仿，在池边按要求和节奏进行完整动作配合练习。

(2) 反复练习一个动作周期配合。

3. 常见错误及纠正方法

(1) 降肘划水或过早压水，身体起伏大。纠正方法：浅水区模仿臂部动作，滑行不吸气划水，两眼看臂；不要过分紧张，保持平稳。

(2) 吸气抬头过高。纠正方法：明确抬头时是以耳下为轴，前伸下颏，而不是把头肩抬起。

(3) 移臂时降肘。纠正方法：双人扶肩，被扶者两臂放松，被动体会肩带头的动作；明确臂内旋、肩带手的概念，站立在水中练习；游进中，移臂时稍低头，形成头带手入水。

(4) 臂、腿脱节，打腿时忘手的动作，划水时忘腿的动作。纠正方法：模仿练习，强调臂、腿配合。蝶泳的腿、臂、呼吸完整配合动作，通常采用打腿 2 次、划臂 1 次、呼吸 1 次的 2∶1∶1 的配合。

五、出发与转身

游泳的出发和转身技术会直接影响比赛的成绩。

(一) 出发

出发根据规则，自由泳、蛙泳和蝶泳的各项目比赛，运动员都要从出发台出发，仰泳则应在水中出发。

1. 自由泳、蛙泳、蝶泳出发

自由泳、蛙泳、蝶泳出发大体可分为抓台式和摆臂式两种（图 8－2－14）。由于抓台式具有预备姿势，所以重心更稳定、离台早、入水快、初速度快，一般采用抓台式。

(1) 出发动作要点。出发动作由准备姿势、起跳、腾空、入水、滑行和游进六个阶段组成。两腿用力蹬台腾空跃起，两臂向前上摆，成一定角度离台；入水成流线型，按手—肩—髋—脚的顺序依次入水。不同项目的入水角度不尽相同，自由泳稍小，蛙泳、蝶泳稍大（图 8－2－15）。自由泳、蝶泳入水后迅速打水并过渡到游进中，而蛙泳应通过滑行接一次长划臂滑行接腿部动作，头露出水面。

图 8－2－14

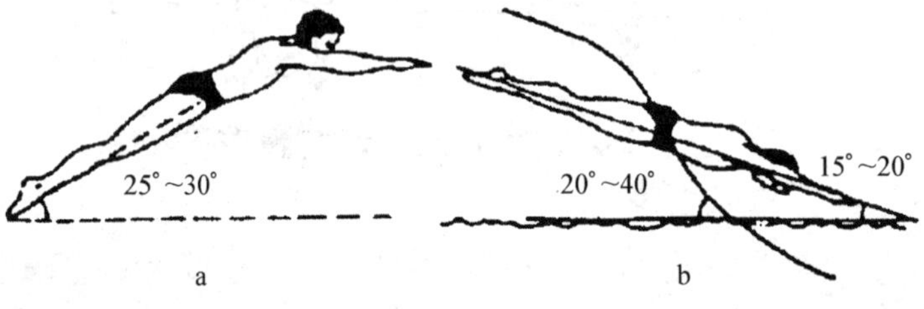

图 8－2－15

(2) 练习方法：坐台边倒下入水；蹲池边出发入水；站立池边出发入水；站立出发入水。

(3) 常见错误及纠正方法：① 屈膝或腿分开。纠正方法：蹬台后，两腿紧张伸直，可采用并脚、两拇趾间夹一物的方式，腾空中要夹紧勿掉。② 挺腹入水，胸拍水。纠正方法：腾空结束，低头，注意微收腹。③ 入水过深。纠正方法：起跳时，抬头向前看，入水时再低头。

2. 仰泳出发

动作要点：仰泳出发动作由准备姿势、起跳、腾空、入水、滑行和游进六个阶段组成。（图 8－2－16）

图 8－2－16

游泳者拉蹬池边，背对泳池方向，听到出发信号，迅速伸膝、拉臂、推手，两臂顺势伸直从体侧向后前摆出，两脚用力蹬池壁，同时吸气做向后甩头动作。当双腿完成蹬直时，展身与水面约成 15～20 度角，蹬离池壁腾空跃起。腾空过程中坚持挺胸，并促使两臂做后下摆，使头和平面位置低于臀部入水，成背弓形。身体入水后，在水面下做滑行或反海豚泳打水动作。滑行或反海豚泳动作必须在 15 米以内开始第一次划水动作。

（二）转身

由于四种姿势的转身各不相同，但根据动作技术原理，自由泳和仰泳为一种，蛙泳和蝶泳为另一种。我们只简单介绍自由泳和蛙泳的转身。（图 8－2－17）

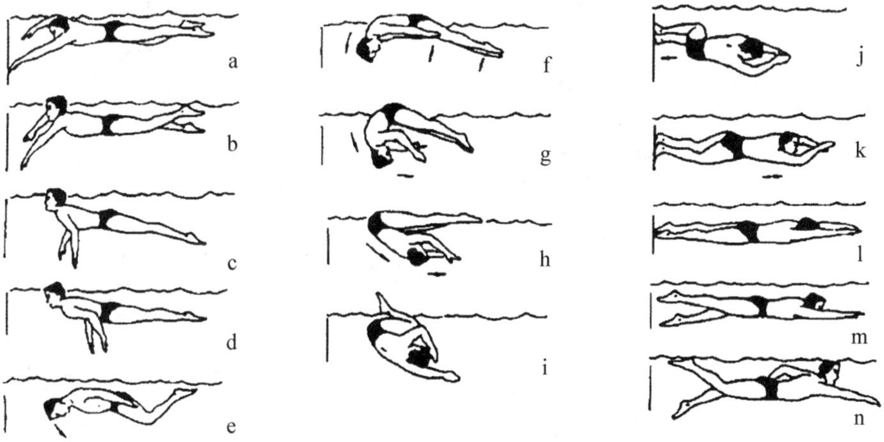

图 8－2－17

1. 自由泳转身

（1）自由泳转身分为摆动式转身和前滚翻转身两种。① 摆动式转身。动作要点：一手划水，另一手触壁时，借助前进速度：吸气—收腹—屈腿—空中摆臂—双脚蹬池边—蹬出游进。② 前滚翻转身。规则规定：自由泳转身可用身体任何部位触壁。动作要点：前滚翻转身先不用触壁，动作连贯，顺游进速度身体先绕横转做前滚翻转动，再绕纵轴转动半周，蹬离池壁时，身体由侧向逐渐成俯卧，并迅速向前游。

(2) 练习方法。① 陆上模仿：在垫上进行原地前滚翻并逐渐过渡到鱼跃前滚翻练习，滚翻结束时，不抱膝，而是略微甩腿。② 在浅水区由同伴帮助做低头、收腹、提臀团身向前滚翻 180 度的动作练习。③ 在浅水区距池边 5～8 米游进，在同伴帮助下完成练习。④ 反复练习前滚翻完整技术动作，速度由慢到快。

(3) 常见错误及纠正方法。① 沿横轴前滚翻。纠正方法：讲明概念，重复水中练习。② 脚触不到壁或蹬壁无力。纠正方法：调整转身的距离，不过早蹬壁，靠游泳的惯性，触壁后有准备才蹬壁。

2. 蛙泳转身

根据规则规定：蛙泳转身动作，两手应同时无高低触壁，触壁前两肩应与水面平行，转身动作完成后只能在水下做一次完整的蛙泳配合周期动作。

(1) 动作要点。蛙泳转身动作由触壁、转身、蹬壁、滑行接一次动作周期组成。

(2) 练习方法。① 在陆地上对墙做原地和行进状态下的蹬墙转身动作练习。(图 8-2-18) ② 在浅水中做上述动作练习。③ 从泳池距池边 3～5 米处游近池壁做慢速转身动作练习，上述动作中逐步加入一次蹬壁后的完整配合练习。

(3) 常见错误及纠正方法。① 动作太慢。纠正方法：游近池壁不要减速，重视甩头、空中摆臂动作。② 潜泳壁压水，推进作用差。纠正方法：重复陆上练习，多次潜泳，保持平潜位置。③ 潜水太深，潜泳动作结束后仍露不出头。纠正方法：头手稍仰起，引身体上浮。

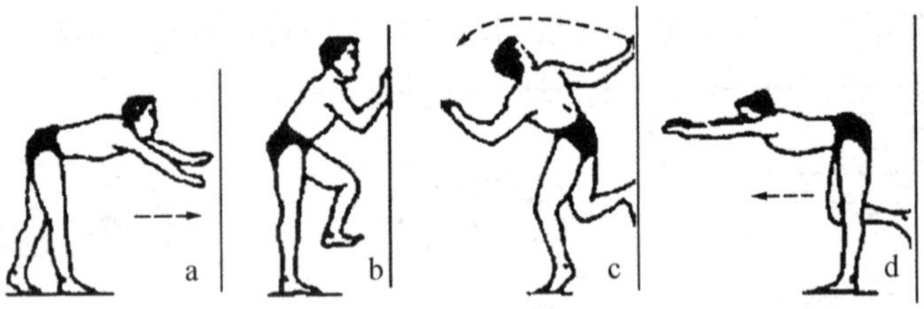

图 8-2-18

第三节 游泳救护

游泳是一项男女老少都喜爱的运动项目，加强游泳的安全保护，防止不幸事故的发生有着极为重要的意义。在游泳中，不幸事故的发生，大多与安全观念和规章制度的松懈有直接关系。反复强调安全第一，对于发展游泳运动是十分必要的。作为一个会游泳者，不仅能够游泳、教人，还要能够救人。要有“勇于救人”的精神，更要有水中救护的知识和过硬的救生本领。自救、互救、拯溺、救难，缺一不可。

游泳救护包括自我救护、间接救护、直接救护等。我们只简单介绍一下直接救护。

一、观察

发现险情后，要迅速对周围环境进行观察，冷静判断溺水者在水中的具体情况，并在观察的同时，大声呼救，以争取他人的帮助和支持。

二、入水

在游泳池和熟悉的水域,可采用竞技游泳的出发式入水:跑动后单脚起跳头先入水,入水要浅,出水动作要快,以便迅速注视目标。在游客众多的游泳池和不熟悉的水域,则可以采用跨步式或直角入水式,脚先入水。在较高的地方入水,可采用抱膝团身式入水。在水情复杂的地区,则可采用步入式入水,俟水深至胸部时则开始游进。

三、游近和判断

为了以最快的速度接近溺水者,施救者一般采用抬头爬泳和蛙泳,以便观察目标,待游至离溺水者2米左右,应踩水调整一下呼吸,观察判断,深吸气后下潜水中,尽量从背后托其腋下,使溺水者口、鼻露出水面,然后再进行拖带。若正面接触,则可下潜水中,从下面转动溺水者髋部(转髋法),使之背向自己。亦可用右(左)手反握溺水者左(右)手腕,向右(左)拉动(拉手法),使其背向自己,切忌被溺水者死死抱住而导致无法施救。(图8－3－1)

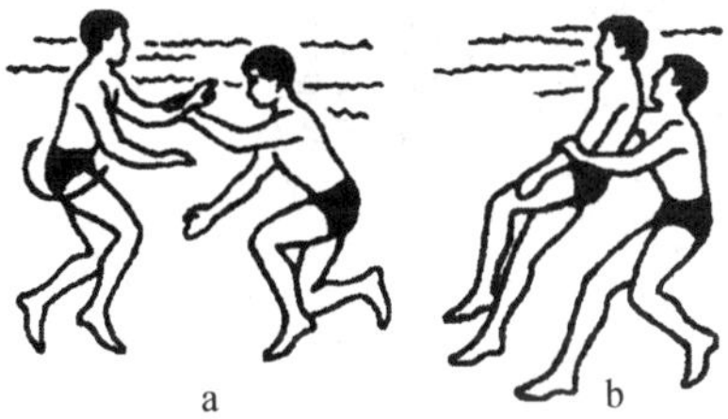

a　b

图8－3－1

四、水中解脱

溺水者在水中挣扎时,凡能抓到的东西,轻易不肯放。救护时,施救者也容易被其抓、抱,解脱方法包括虎口解脱法[图8－3－2(a)]、扳指解脱法[图8－3－2(b)]、托肘解脱法[图8－3－2(c)]、推扭解脱法[图8－3－2(d)]、外撑下滑解脱法[图8－3－2(e)]等。

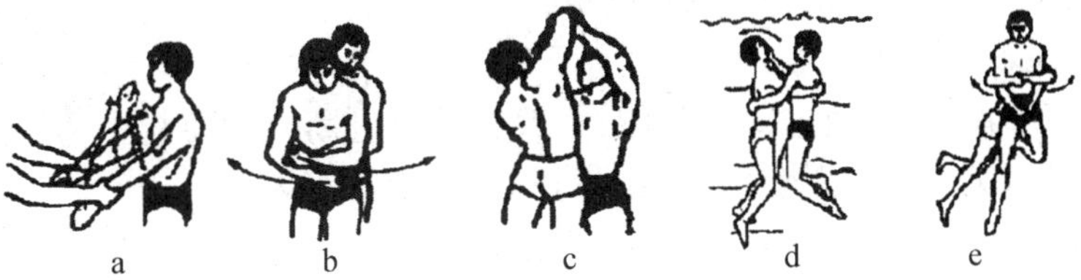

a　b　c　d　e

图8－3－2

五、拖带

拖带溺水者应根据具体情况而采取不同的拖带方式,不管采用何种方式,都应始终保持溺水者脸部露出水面通畅呼吸,否则会使溺者重新惊慌,乱抓乱抱不能配合。对神志清醒能积极配合者,可采用蛙泳、侧泳拖带法[图8－3－3(a)];对神志不清、乱抓乱动不能积极配合者,可采用强制性侧泳拖带法。[图8－3－3(b)(c)]

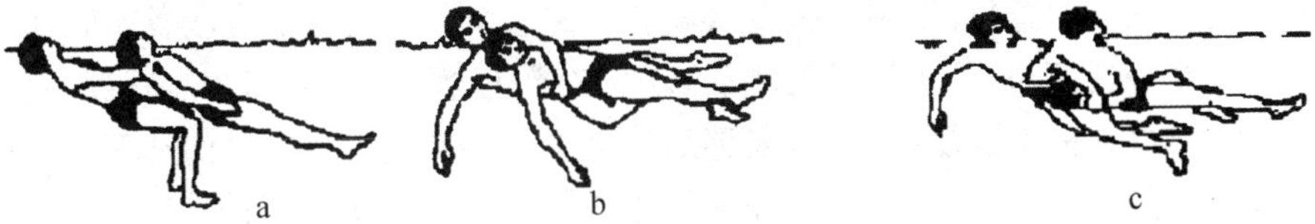

a　b　c

图8－3－3

六、上岸出水

在浅滩、河流岸边，地势平缓的水域，溺者处于昏迷状态，常用俯卧肩背法。（图 8－3－4）在游泳池或陡坡，首先应将溺者的一只手放在池边，救护者异侧手压在其上，自己上岸后，将溺者翻转背向池边，双手握其手腕，在水中沉一沉，借助水的浮力用力提拉使其臀部坐在池边上岸。使用压手上岸法，注意防止池边棱角刮伤溺者脊背。（图 8－3－5）

图 8－3－4

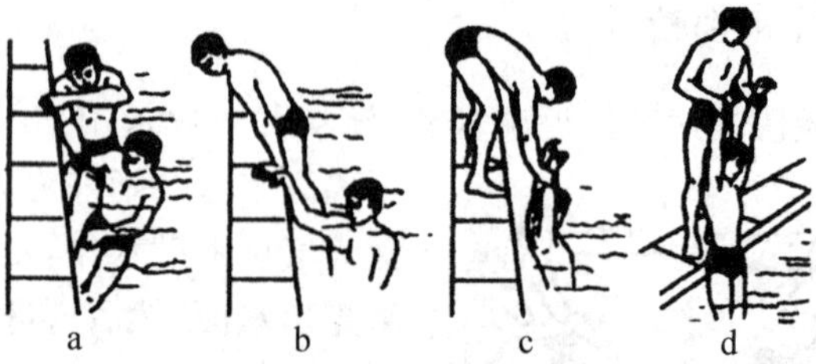

图 8－3－5

七、岸上急救

游泳者出现意外，往往是先停止呼吸后停止心跳，对此应立即采取急救措施，进行心肺复苏术，帮助溺水者建立呼吸和血液循环，防止大脑缺氧导致死亡。

（一）清除溺水者口、鼻杂物

在施行心肺复苏前应清除溺水者口、鼻中的杂物，松开衣领和腰带，及时进行倒水，将溺水者的呼吸道、肺部和食道中的水排出，保证上呼吸道畅通。倒水常用方法是膝上压背倒水法。（图 8－3－6）

图 8－3－6

（二）心肺复苏术徒手操作步骤

（1）发现溺水者后，即通过简短的喊话、轻拍面颊判断有无意识，手触颈动脉判断有无心跳，用镜片放在溺者鼻孔处，观察有无雾气，确认有无呼吸，如确认心跳停止，则呼吸肯定停止。

（2）判断溺水者有无意识后，立即呼救，争取他人协助，并通知急救医疗单位。

（3）判断有明显心跳而无呼吸，应立即实施“口对口吹气法”。此法较之其他人工呼吸法通气量大，便于及时配合胸外心脏按压，进行心肺复苏等措施，效果较好。

（4）若判断溺水者呼吸和心跳全已停止，单纯采用人工呼吸法是无法恢复溺水者的自主心跳的，必须在口对口人工呼吸的同时，配合胸外心脏按压进行抢救，才有可能恢复溺水者的自主呼吸和心跳。

八、复苏后处理

溺水者经过现场的急救，自主呼吸及心跳得以恢复，严重缺氧稍有改善，血压可回升，颈动脉或股动脉可明显触到跳动，才算施救有效，但体力和缺氧状况很难在短时间内得到根本恢复。因此，复苏后应注意氧气的摄入、热量的补充、身体的保暖、脑部的冷敷、空气的流通，并及时送往医院进一步观察和护理。

游泳比赛裁判法简介

参考文献

1. 李珈基，郭绍炎.教你学游泳[M].南京：江苏科学技术出版社，1999.

2. 温宇红.游泳竞赛工作指南[M].北京：北京体育大学出版社，2004.

3. 唐桂萍.游泳[M].北京：人民体育出版社，1997.

4. (美)鲁本·古斯曼.游泳技法练习——91种提高游泳技术的练习方法[M].温宇红，译.北京：人民体育出版社，2000.

5. 俞继英，等.奥林匹克铁人三项[M].北京：人民体育出版社，2005.

6. 艾姆迈特·海尼斯.健身游泳[M].温宇红，译.北京：人民体育出版社，2000.

7. 中国游泳协会.游泳竞赛规则2003[M].北京：人民体育出版社，2003.

第九章 跆拳道

第一节 跆拳道概述

跆拳道起源于朝鲜半岛，是以腿法和拳法的攻防格斗为主要内容，通过实战、品势、击破等表现形式修炼身心的一项体育运动。“跆”指脚踢，以及与腿部有关的各种攻击与防守技术；“拳”为拳打，以及与手臂有关的各种攻击与防守技术；“道”是指在“跆”与“拳”修炼过程中的精神要求，是一种外练技击格斗与内练精神气质相结合的武道。

一、跆拳道的发展

跆拳道起源于朝鲜民间武术。1955 年，崔洪熙首次提出将跆拳道作为朝鲜格斗术的统一名称。1959 年，崔洪熙创立了大韩跆拳道协会，1963 年成为第四十四届韩国全运会正式比赛项目，跆拳道竞技步入正规化，形成现代跆拳道体系。

1966 年，第一个国际组织——国际跆拳道联盟成立。1973 年，在汉城（即今首尔）成立世界跆拳道联盟。同年，举行第一届世界跆拳道锦标赛。1975 年，世界跆拳道联合会被国际体育联合会接纳为正式成员。1986 年，第十届亚运会将跆拳道列为正式比赛项目。同年，举办第一届世界跆拳道世界杯比赛。2000 年，悉尼奥运会将跆拳道列为正式比赛项目。

二、跆拳道的基本内容

跆拳道运动主要包括实战、品势、击破与特技、礼仪与精神等内容。

（一）实战

实战是在一定的时间和空间内，同性别、同级别的运动员运用允许的技术，攻击允许部位，在规则限制下进行的攻防格斗。比赛主要有三部分组成人员，即教练员、运动员和裁判员。运动员是比赛主体，教练员对参赛运动员进行临场组织和指挥，比赛的胜负由裁判员根据规则和裁判法来裁决。跆拳道比赛场地面积为 8 米×8 米，一场比赛分为 3 局，每局 2 分钟，局间休息 1 分钟。比赛规定头部只能使用脚攻击，躯干可以使用直拳和脚攻击。2009 年，在世界范围内开始使用电子护具比赛。

（二）品势

品势是将基本技术按照一定原理进行有机排列和组合，每章品势都有固定形式的起势和收势，每章品势都有各自的动作运行路线和文化含义。跆拳道晋升级位包括太极一章至太极八章等八个品势，晋升段位包括高丽、金刚、太白、平原、十进、地跆、天拳、汉水、一如。跆拳道品势包括自编品势，用于品势表演和品势比赛。

（三）击破与特技

击破与特技是跆拳道练习功力和展示功力的主要形式。在跆拳道特技表演中，练习者能完成较大难度的技术动作，充分表现跆拳道练习者的速度、准确度和腾空高度，表现跆拳道高超的技巧和攻击能力。

（四）礼仪与精神

跆拳道训练，要求以礼开始，以礼结束。跆拳道精神包括礼仪廉耻、忍耐、克己、百折不屈。礼仪是每个跆拳道练习者在接触跆拳道运动时要上的第一堂课所学内容，练习者只有树立谦虚的学习态度，才能获得理想的人格。

三、跆拳道的特点

1. 腿法为主，拳脚并用

由于竞赛的需要、规则的限制和跆拳道进攻方法的特点，跆拳道以腿法攻击为主。据统计，在跆拳道技术当中，腿法约占总技法的 70%。腿法无论在攻击范围还是攻击力量等方面都远远超过拳法的攻击，而拳法的招式一般偏重于防守和格挡。

2. 动作追求速度、力量和效果，以击破为测试功力的手段

跆拳道不讲究花拳绣腿，所有动作都以技击格斗为核心，要求速度快，力量大，击打效果好。在功力的检测方面，以拳脚击碎的木板厚度来判定功力。

3. 强调呼吸，发声扬威

在跆拳道的练习当中，要求在气势上给人以威严的感觉，练习者常以洪亮并带有威慑力的声音来显示自己的威力。据日本有关研究资料证明，人在无负荷工作时，10%的肌肉的收缩速度会由于发声而提高 9%，在有负荷工作时更是可以提高 14%。

4. 以刚制刚，方法简练

受跆拳道精神影响，运动员在比赛当中多是直击直打，接触防守，躲闪技术运用得比较少。进攻都采用直线连续进攻，以连贯快速的脚法组合击打对手。防守多采用格挡技术，或采取以攻对攻、以攻代防的技术。

5. 礼始礼终，内外兼修

在任何场合下，跆拳道练习者始终以礼相待。练习活动都要以礼开始，以礼结束，以养成谦虚、友好、忍让的作风，在道德修养方面不断提高自己。

第二节　竞技跆拳道的基本技战术

跆拳道的作用

一、实战姿势

跆拳道实战姿势是与对手比赛时的准备姿势。头面部正对对手，眼睛注视对手头部或肩部，并用余光观察对手全身。两肩放松，胸部自然内含，上体侧对或斜对对手。两臂肘部弯曲 90 度左右，两手半握拳。两脚前后开立，距离比肩稍宽，站在与对手相连的一条假想直线的两侧，两脚尖斜向前方，脚跟离地，用前脚掌承担体重。实战姿势站位形式包括开式站

位和闭式站位。闭式站位，两名选手一个用左势（右势），另一个也用左势（右势）。开式站位，两名选手一个用左势，另一个用右势。（图 9－2－1）

a　　b　　c

图 9－2－1

二、步法技术

（一）步法作用

跆拳道步法是根据比赛对手位置、运动状态情况，通过两脚及身体的协调配合，有目的地转移身体位置的方法。

跆拳道步法有以下作用：① 抢占有利位置。通过步法的快速移动，在比赛区域中抢占双方对峙下的有利位置。② 连接技术。连续攻击动作之间需要调整与对方的距离和角度，这时步法起到了连接技术动作的作用。③ 防守。通过机智灵活的移动，能使对手攻击落空或距离不够，达到防守目的。④ 干扰对手。步法可以作为假动作来使用，使对手难以辨别己方战术，从而抓住更多战机。

（二）步法类型

1. 前滑步

动作方法：以左实战式开始为例，两眼目视前方，双脚同时蹬地，使身体获得向前移动的动力，然后双脚随身体一起迅速向前移动一小步，随后继续保持左实战姿势。

动作要点：在移动过程中，两脚距离不变，步法完成后成实战姿势；双脚要尽量贴地面移动，重心要平稳。

动作作用：① 在离对手距离稍远时，可以用前滑步接近对手，然后寻找机会实施攻击。② 用前滑步做假动作，扰乱对手思路，然后寻找机会攻击对手。

2. 后滑步

动作方法：以左实战式开始为例，双脚同时蹬地，使身体获得移动的动力，双脚随身体一起迅速向后移动一小步（约一脚长距离），然后继续保持左实战姿势。

动作要点：重心起伏和移动距离不要过大，向后移动时眼睛要始终目视前方，不要低头。全身自然放松，两膝和两脚弓要富有弹性，移动时全身要协调迅速。

动作作用：① 当对手进攻时，可使用后滑步向后移动，使对手进攻落空，然后进行快速反击。② 判断不清对手进攻意图时，可使用后滑步连续后退，使自己赢得时间和距离。

3. 前进步

动作方法：以右实战式开始为例，左脚蹬地，右脚掌轻离地面向前滑进约一脚长距离，右脚掌着地后，恢复成右实战姿势。

动作要点：在移动过程中，尽量减少身体重心起伏。两脚滑进要贴地而行，后脚跟进距离与前脚前滑距离相同。两脚移动必须连贯、迅速，前滑距离不宜过长。

动作作用：向前接近对手，寻找进攻。

4. 后退步

动作方法：以右实战式开始为例，右脚蹬地，左脚微离地面，向后滑动约一脚长，随即右脚向后跟进约一脚长，恢复右实战姿势。

动作要点：在步法移动过程中，尽量减少身体重心起伏。两脚滑进与跟进要贴地而行。两脚移动必须连贯、迅速，后滑距离不宜过大。

动作作用：与对手拉开距离，寻机攻击。

5. 上步

动作方法：以左实战式开始为例，以左脚掌为轴，后脚蹬地经前脚内侧向前迈出一步，身体左转，成右实战姿势。

动作要点：上步时身体各部位要协调一致，步子大小适中，动作要轻松快速。在动作过程中，重心要保持平稳，两眼注视目标。

动作作用：① 根据战术需要，向前移动并变换实战式。② 可以利用上步接近对手，为攻击做准备。

6. 撤步

动作方法：以左实战式开始为例，以右前脚掌为轴，左脚迅速蹬地经右腿内侧向后撤一步，同时身体向左转动 180 度，成右实战姿势。

动作要点：步子移动时重心要平稳，动作要迅速，左脚后撤和身体左转要协调一致。

动作作用：① 根据战术需要变换实战式。② 与对手拉开距离。③ 为反击做准备。

7. 前垫步

动作方法：以左实战式开始为例，身体重心前移，双脚蹬地，右脚向左脚并拢，右脚落地同时左脚向前迈出一步，成左实战姿势。

动作要点：后脚前移要迅速。右脚前移同时左脚要快速向前移动。身体上下协调，重心起伏不要过大，整个动作要迅速连贯。

动作作用：① 快速接近对手。② 前脚不落地，可直接用推踢、横击和下劈腿等腿法进攻对手。

8. 后垫步

动作方法：以左实战式开始为例，身体重心后移，双脚蹬地，左脚向右脚并拢，左脚落地同时右脚向后迈出一步，成左实战姿势。

动作要点：全身上下配合协调，尽量减少重心起伏，移动距离要适当。

动作作用：① 迅速向后移动。② 为反击做准备。

三、基本进攻技术

（一）拳法

拳法是竞技跆拳道攻击技法之一，适合近距离使用，用于攻击对手被护具遮盖的躯干部位。拳法的作用：① 近距离攻击对手躯干得分部位。② 控制距离，为腿法攻击创造条件。《跆拳道竞赛规则》限制了拳法打击部位，即不允许攻击面部和颈部，只可以攻击人体锁骨以下、髋骨以上身体的前面。

拳法技术包括前手拳和后手拳。

1. 前手拳

动作方法：以左实战式为例，后腿用力蹬地，重心前移，前脚向前迈出约一脚距离，左手握拳由胸部高度迅速内旋向前冲击，力达拳面。（图 9－2－2）

a

b

图 9－2－2

动作要点：出拳之前，全身要充分放松。当拳面接近目标时，拳握紧，手腕伸直，并借助腰部的迅速转动，快速有力出击。

攻防作用：① 直接击打对手躯干得分部位。② 格挡防守同时用拳反击。③ 控制距离，为腿部攻击打下基础。

2. 后手拳

动作方法：以左实战姿势开始为例，右手握拳，随着右脚蹬地，左脚向前移动约一脚长距离，腰部左转，右臂内旋向前击打，用拳的正面接触目标。（图 9－2－3）

a

b

图 9－2－3

动作要点：发力时蹬地，转腰送肩。

攻防作用：① 直接击打对手躯干得分部位。② 格挡防守同时用拳反击。③ 控制距离，为腿部攻击打下基础。

（二）腿法

竞技跆拳道腿法脱胎于传统跆拳道品势技术与攻防格斗技术。竞技跆拳道腿法主要有前踢、横踢、侧踢、下劈、后踢等。

1. 前踢

动作方法：① 右架站立，重心移至左腿。② 提起右大腿同时髋部略向左转，膝盖朝前，脚面稍绷直，手握拳自然放在身体两侧。③ 继续将髋关节前送，右大腿向前提膝，当大腿抬至水平或稍高时，向前弹出小腿，用脚面击打目标。④ 直接向右转髋，使右小腿折叠，快收至原位，然后后撤右腿，还原为右架准备姿势。

动作要领：① 提起右腿时，两大腿内侧之间的距离尽量小，即右腿尽量直线提膝。② 为保持重心，躯干可稍向后倾，尽量将髋部向前送出。③ 小腿弹出后，在弹直一刹那，要有一个制动过程，使脚产生鞭打效果。

易犯错误：① 髋部没有向前送。② 击打时脚面没有绷直。③ 提膝时没有直线出腿。④ 支撑腿没有配合髋部转动。⑤ 小腿弹出后，在弹直一刹那，小腿没有制动过程。

2. 横踢

动作方法：① 右架站立，重心移至左腿。② 提起右大腿同时髋部略向左转，膝盖朝前，大小腿折叠，脚面绷直。③ 继续将右大腿向前提高，左脚向外侧转动，右腿快速鞭打踢出小腿，膝盖朝向左侧。④ 击打后，右脚自然落下成左架，然后后撤右脚，还原成右架准备姿势。(图 9-2-4)

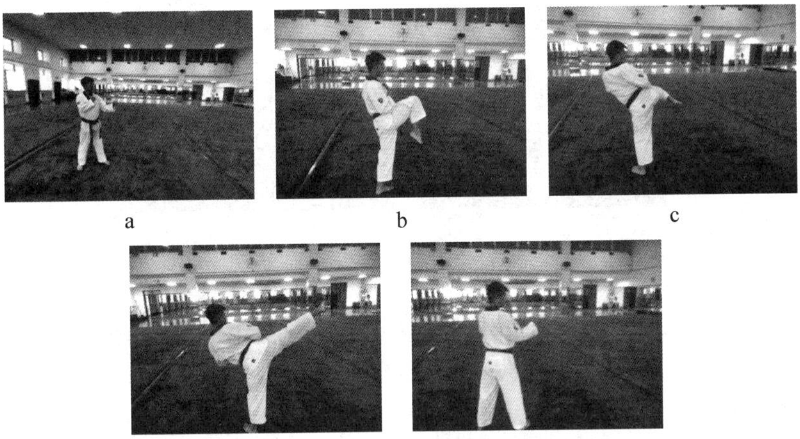

a　b　c

d　e

图 9-2-4

动作要领：① 横踢与前踢类似，区别在于，横踢腿膝盖在击打一刹那，瞬间转髋朝向对方腹部，而前踢腿膝盖方向是前上方。② 提起右腿时，两大腿内侧之间距离尽量小，即右腿尽量直线提膝。③ 为保护重心，躯干稍向左后倾，以配合快速转髋。④ 击打时脚面稍绷直，但踝关节要放松。⑤ 小腿弹出后，在弹直一刹那，要有一个制动过程，使脚面产生鞭打效果。⑥ 提膝应尽量伴随着转髋。

易犯错误：① 右腿没有沿直线，向前上方提膝。② 躯干没有稍后倾。③ 大小腿折叠回收不够。④ 击打时，脚面没有绷直。⑤ 小腿弹出后，在弹直一刹那，没有制动过程；转髋与提膝没有协调一致。

动作作用：① 踢击对手躯干(图 9-2-5)。② 踢击对手头部。

a　b

图 9-2-5

3. 侧踢

动作方法：① 右架准备姿势站立，将重心移至左腿，同时以左腿前脚掌为轴将脚跟内旋。② 直线提起右大腿，弯曲小腿同时向左转髋，身体右侧侧对对方。③ 膝盖方向朝内，勾脚面，展髋，走直线平蹬出右腿，用脚掌外侧攻击对方。④ 右腿自然落下，撤回原位。（图 9-2-6）

a　b　c　d　e

图 9-2-6

动作要领：① 左脚一定要配合，积极向前移动。② 侧踢主要攻击对方肋部、胸腹部。

易犯错误：① 击打对方时，髋部没有展开，致使击打力度不够。② 大小腿折叠不够，或是蹬出的速度不够。

动作作用：① 踢击对手躯干得分点(图 9-2-7)。② 踢击对手头部得分点。

a　b

图 9-2-7

4. 下劈

动作方法：① 右架站立，重心先移至左腿。② 提起右腿，同时略转髋，向左并向上送髋，使右腿膝盖与胸部尽量贴近，身体重心尽量向上。③ 右腿高举过头，右腿伸直贴紧上体，上体保持正直或稍前俯，重心向上。④ 右脚脚面绷直，右腿快速下劈，用脚跟下劈对方头部，身体重心前移至右腿上，身体稍后仰，控制重心。⑤ 击打后，右脚自然落下成左架，然后后撤右脚，还原成右架准备姿势。（图 9-2-8）

a　b　c　d

图 9-2-8

图 9-2-9

动作要领：① 右腿上摆时，大腿应放松，踝关节应举过头顶。② 下劈时，身体重心向前移。③ 下劈落地时，要有控制。

易犯错误：① 起腿高度不够，支撑脚脚跟没有离地，髋关节没有上送。② 下劈时，膝关节和踝关节过于紧张，造成动作僵硬。③ 下劈落地时，没有控制，落地太重。

动作作用：主要用于攻击对手头部。（图 9-2-9）

5. 后踢

动作方法：① 右架站立，重心移至左腿。② 以左脚尖为轴，左脚跟外旋，身体向后方转动同时提起右大腿，使大小腿几乎折叠，脚尖勾起，头部稍向右后方转动。③ 右腿向后平伸后，再蹬直前膝盖稍外翻。④ 用脚跟部分击打对方腹部或胸部。⑤ 击打后，右脚自然落下成左架，然后后撤右脚，还原成右架准备姿势。（9-2-10）

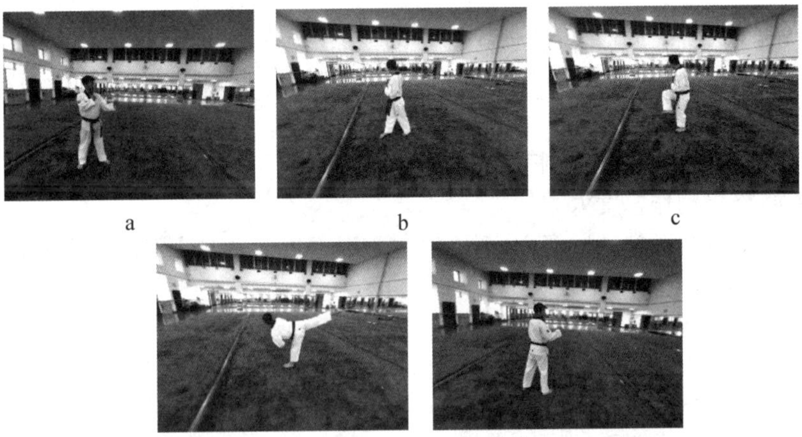

a　b　c　d　e

图 9-2-10

动作要领：① 后踢时，上体与踢出腿应在同一平面内，要控制住肩部不要随之转动。② 提腿时大小腿应充分回收，蓄力待发。③ 转身、提腿、后踢三个动作要连贯有力。

易犯错误：① 踢击腿路线不直、左右偏斜或弧线出腿。② 击打时，肩和上体随之转动，造成动作过大，容易被对方反击。③ 转身、提腿、后踢三个动作分解，踢击力点不准。

动作作用：① 攻击对手躯干部位。② 攻击对手头部。

四、基本防守技术

在跆拳道技术体系中，防守技术是不可或缺的内容。在竞技跆拳道比赛中，防守技术主要分为两类，即接触式防守和非接触式防守。接触式防守包括两种形式，即格挡防守和截击防守；非接触式防守分为利用距离防守和利用角度防守两种。

（一）接触式防守

1. 格挡防守

格挡防守又分为上格挡防守和下格挡防守。

(1) 上格挡防守。利用手臂自下向上的格挡动作称为上格挡。

动作方法：实战姿势站立，左(右)手握拳，手臂沿身体正中线向上迅速上格。格挡时，前

臂与地面平行，格挡位置应在头部正上方；格挡时前臂内旋，以尺骨外侧接触对手的攻击腿。（图 9－2－11）

动作要领：要准确判断对手进攻，上格要迅速有力。

易犯错误：格挡时手臂距离头部太近，造成防守效果不好。

实战作用：在竞技跆拳道比赛中，主要用于防守对方下劈进攻。（图 9－2－12）

图 9－2－11

图 9－2－12

（2）下格挡防守。利用手臂自上向下的格挡动作称为下格档。

动作方法：实战姿势站立，身体重心向前移动，用前臂向下或向斜外侧格挡对方的攻击。（图 9－2－13）

动作要领：应以前臂尺骨外侧接触对方攻击脚背。

易犯错误：格挡动作幅度太大。

实战作用：在竞技跆拳道比赛中，下格挡主要用于防守对方使用横踢攻击我方腹部或肋骨。（图 9－2－14）

图 9－2－13

图 9－2－14

2. 截击防守

截击防守是利用进攻技术阻截或破坏对手进攻，从而达到防守目的的防守技术。（图 9－2－15）

a

b

图 9－2－15

（二）非接触式防守

1. 利用距离防守

利用距离防守包括两种形式：一是利用步法拉大与对方的距离，造成对方进攻距离不够，不能击打目标；二是利用步法缩短距离，贴近对方，造成对方攻击力点因超越目标而失去作用。

（1）利用步法拉大与对方的距离。实战中对方运用横踢腿攻击我方腹部时，我方迅速向后滑步，远离对方，造成对方横踢落空。（图 9－2－16）

（2）利用步法缩短与对方的距离。实战中对方运用横踢腿进攻我方腹部时，我方迅速向前上步，使对方力点超越允许攻击部位而失去作用。（图 9－2－17）

图 9－2－16

图 9－2－17

2. 利用角度防守

利用角度防守是指通过调整与对方相对角度来进行防守的方法。通过步法，向左或向右移动，改变与对方的相对位置关系，使对方在原来位置进攻失去意义，从而达到防守目的。

五、基本组合技术

1. 前腿横踢接后腿横踢

动作重点：前腿横踢动作完成后，前脚迅速落地，身体重心前移，同时后腿横踢快速向前踢出。（图 9－2－18）

a　　b

图 9－2－18

2. 前腿横踢接后腿下劈

动作重点：前腿横踢动作完成后，左腿迅速落地，身体重心前移，同时右脚蹬地起腿连接下劈动作。动作衔接要连贯，下劈技术运用得当。（图 9－2－19）

a　　b

图 9－2－19

3. 前腿侧踢接后腿横踢

动作重点：前腿侧踢动作完成后，左腿迅速落地，身体重心前移，同时右脚蹬地起腿连接

横踢动作。动作衔接要连贯，横踢技术运用得当。（图 9－2－20）

a　　　　b

图 9－2－20

4. 前腿侧踢接后腿下劈

动作重点：动作衔接要快，实战运用时，要注意对方的反应。（图 9－2－21）

a　　　　b

图 9－2－21

跆拳道竞技比赛标准手势

参考文献

1. 中国跆拳道协会.中国大众跆拳道教程：基本技术与品势篇[M].北京：人民体育出版社，2009.

2. 王智慧.竞技跆拳道[M].北京：人民体育出版社，2006.

3. 盛文林.跆拳道：脚上的艺术[M].北京：台海出版社，2014.

4. 张岩.高校跆拳道竞技教程[M].北京：旅游教育出版社，2017.

民族传统体育篇

第十章 长 拳

现代“长拳”是在查拳、华拳、炮拳、洪拳等拳种基础上形成，以拳、掌、勾为主要手型，以弓步、马步、仆步、虚步、歇步为基本步型，并由蹿蹦跳跃、闪展腾挪、起伏转折和跌扑滚翻等动作和技术组成的姿势舒展、动作灵活、快速有力、节奏鲜明的拳术。

第一节 长拳基本功和基本动作

一、上肢练习

（一）手型

1. 拳

部位名称：拳眼、拳心、拳面、拳背、拳轮。（图 10－1－1）

动作说明：五指卷紧，拇指压于食指、中指第二指节。

要点：拳握紧，拳面平，直腕。

2. 掌

部位名称：掌心、掌背、掌指、掌根、掌外沿。（图 10－1－2）

动作说明：四指伸直并拢，拇指弯曲紧扣于虎口处。

要点：掌心展开，竖指。

3. 勾

部位名称：勾尖、勾顶。（图 10－1－3）

动作说明：五指撮拢成勾，屈腕。

要点：屈腕。

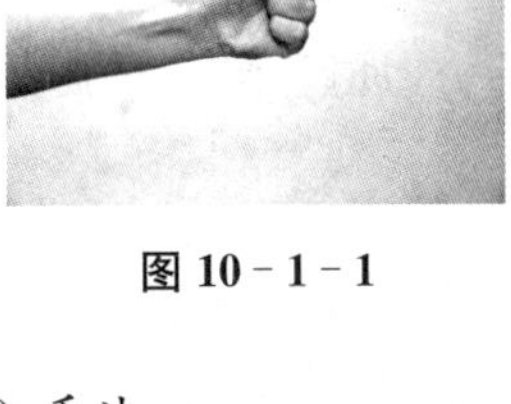

图 10－1－1

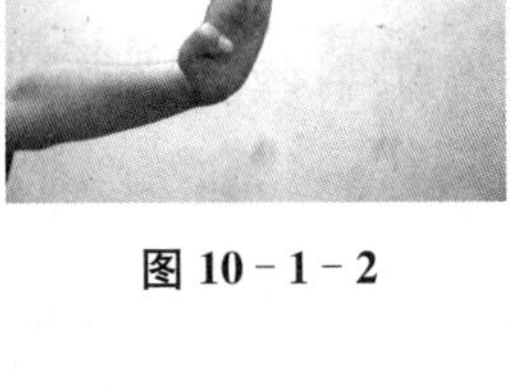

图 10－1－2

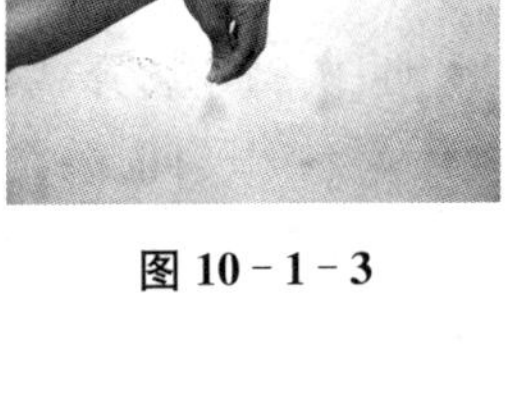

图 10－1－3

（二）手法

1. 冲拳

预备姿势：两脚左右开立，两拳抱于腰间，拳心朝上。（图 10－1－4）

动作说明：右拳从腰间旋臂向前猛力冲出，力达拳面，目视前方。（图 10－1－5）

要点：挺胸，收腹，直腰，出拳快速有力，做好拧腰、顺肩、急旋前臂的动作。

2. 架拳

预备姿势：同冲拳。

动作说明：右拳向右上方架起，拳眼向下，目视左方。（图 10－1－6）

要点：松肩，肘微屈，前臂内旋，力达前臂外侧。

3. 推掌

预备姿势：同冲拳。

动作说明：右拳变掌，以掌外沿着为力点向前猛力推出，目视前方。（图 10－1－7）

要点：同冲拳，注意沉腕、翘掌，力达掌外沿。

4. 亮掌

预备姿势：同冲拳。

动作说明：抖腕亮掌，臂呈弧形举于头上，目视左方。（图 10－1－8）

要点：抖腕、亮掌与转头要同时完成。

图 10－1－4

图 10－1－5

图 10－1－6

图 10－1－7

图 10－1－8

二、下肢练习

（一）步型

1. 弓步

动作说明：前脚微内扣，全脚掌着地，屈膝半蹲，两腿呈水平，膝部约与脚面垂直；另一腿挺膝伸直，脚尖里扣斜向前方，全脚掌着地，上体正对前方，两手抱拳于腰间。（图 10－1－9）

要点：挺胸，立腰；前腿弓，后腿绷。

2. 马步

动作说明：两脚左右开立，距离约为脚长 3 倍，脚尖正对前方，屈膝半蹲，丙腿呈水平，眼看前方，两手抱拳于腰间。（图 10－1－10）

要点：头正，挺胸，立腰，扣足。

3. 虚步

动作说明：后脚尖斜向前，屈膝半蹲，大腿接近水平，全脚掌着地；前腿微屈，脚面绷紧，脚尖虚点地面。（图 10－1－11）

要点：挺胸，立腰，虚实分明。

4. 仆步

动作说明：一腿全蹲，大腿和小腿靠紧，臀部接近小腿，全脚掌着地，膝与脚尖稍外展；另一腿平铺接近地面，全脚掌着地，脚尖内扣。（图 10－1－12）

要点：挺胸，立腰，开髋，全脚掌着地。

5. 歇步

动作说明：两腿交叉屈膝全蹲，前脚全脚掌着地，脚尖外展；后脚跟离地，臀部外侧紧贴后小腿。（图 10－1－13）

要点：挺胸，立腰，两腿贴紧。

图 10－1－9　**图 10－1－10**　**图 10－1－11**　**图 10－1－12**　**图 10－1－13**

（二）压腿

1. 正压腿

预备姿势：并步站立。

动作说明：左脚跟搁在肋木上，脚尖勾紧，上体向前做下压动作。（图 10－1－14）

要点：直体向下振压，压至疼痛时进行拉伸练习。

2. 侧压腿

预备姿势：同正压腿，唯方向为侧对。

动作说明：左脚跟搁在肋木上，脚尖勾紧，右臂上举，左掌附于右胸前，上体向左侧做下压动作。（图 10－1－15）

要点：立腰，展髋，直体向侧做下压动作。

3. 仆步压腿

预备姿势：开步站立。

动作说明：右腿全蹲，左腿挺膝伸直，脚尖内扣。两脚全脚掌着地，两手分别抓握两脚外侧。（图 10－1－16）

要点：挺胸，立腰，沉髋，臀部尽量贴近地面。

（三）劈腿

1. 竖叉

预备姿势：并步站立。

动作说明：两腿前后分开呈直线。左腿后侧着地，脚尖勾起；右腿内侧或前侧着地。（图 10－1－17）

要点：挺胸，立腰，沉髋，挺膝。

2. 横叉

预备姿势：并步站立。

动作说明：两腿左右分开呈直线，腿内侧着地。（图 10－1－18）

要点：挺胸，立腰，沉髋，挺膝。

图 10－1－14

图 10－1－15

图 10－1－16

图 10－1－17

图 10－1－18

（四）直摆性腿法

1. 正踢腿

预备姿势：并步站立，两臂侧平举。（图 10－1－19）

动作说明：左脚上步直立，右腿挺膝，脚尖勾起向前额处猛踢；目向前平视。（图 10－1－20）

要点：挺胸，收腹，立腰。踢腿时，迅速收髋、收腹，脚尖勾起绷落，过腰后动作加快，要有寸劲。

2. 侧踢腿

预备姿势：同正踢腿。

动作说明：右脚上步，脚尖外展；左脚跟稍提起，身体略右转，两臂后举。随后，左腿勾脚向左耳际踢起，右臂上举亮掌，左臂立于右肩前；目向前平视。（图 10－1－21，图 10－1－22）

要点：开髋，侧身，猛收腹。

图 10－1－19

图 10－1－20

图 10－1－21

图 10－1－22

3. 外摆腿

预备姿势：同正踢腿。

动作说明：右脚上步；左脚尖勾紧，向右侧上方踢起，经面前向左侧上方摆动，直腿落在右脚旁；目向前平视，可用手掌在面前依次迎击脚面。（图 10－1－23，图 10－1－24）

要点：展髋，腿呈扇形外摆，幅度要大。

4. 里合腿

预备姿势：同正踢腿。

动作说明：同外摆腿，唯由外向内合。（图 10-1-25，图 10-1-26）

图 10-1-23

图 10-1-24

图 10-1-25

图 10-1-26

（五）屈伸性腿法

1. 弹腿

预备姿势：同拍脚动作。

动作说明：支撑腿直立或稍屈，另一腿由屈到伸向前弹出。

要点：收髋，弹击要有寸劲，力达脚尖。脚面绷平，力达脚尖。（图 10-1-27，图 10-1-28）

图 10-1-27

图 10-1-28

图 10-1-29

图 10-1-30

图 10-1-31

2. 蹬腿

预备姿势：同弹腿动作。

动作说明：同弹腿，唯脚尖勾起，力达脚跟。（图 10-1-29）

要点：同弹腿。

3. 侧踹腿

预备姿势：成插步。（图 10-1-30）

动作说明：右腿伸直支撑；左腿由屈到伸，脚尖里扣，用脚掌猛力踹出，高与肩平，上体倾斜；目视左侧方。（图 10-1-31）

要点：挺膝，开髋，猛踹；脚外侧朝上，力达脚掌。

三、腰部练习

1. 前俯

预备姿势：并步站立，直臂上举。

动作说明：上体前俯，两掌心尽量贴地。

要点：挺膝，挺胸，收髋，前折。

2. 后甩

预备姿势：开步站立，直臂上举。

动作说明：以腰、髋关节为轴，上体后屈甩腰，两臂随之后摆。

要点：快速，紧凑，富有弹性。

3. 涮腰

预备姿势：开步站立。

动作说明：以髋关节为轴，上体前俯，两臂随之向左前方伸出，继而向右后绕环一周。

要点：两脚抓地，两臂随着腰部动作放松绕动，尽量增大上体环绕幅度。

第二节　初级长拳(三路)

一、预备势

两脚并步站立，两臂垂于身体两侧，两手五指并拢贴靠腿呈立正姿势；目向前平视。(图 10－2－1)

要点：头要正，下颏微收，注意挺胸、立腰、收腹。

图 10－2－1

图 10－2－2

图 10－2－3

图 10－2－4

1. 虚步亮掌

(1) 右脚向后方撤步成左弓步。右掌外旋向右、向上、向前划弧；左臂屈肘，左掌提至腰间，掌心向上；目视右掌。(图 10－2－2)

(2) 右腿微屈，重心后移。左掌经胸前由右臂上向前穿出伸直；右臂屈肘，右掌收至腰间，掌心向上；目视左掌。(图 10－2－3)

(3) 重心继续后移，左脚稍向右移，脚尖点地成左虚步。左臂内旋向左、向后划弧，成勾手，勾尖向上；右手继续向后、向左、向上、向前划弧，屈肘抖腕亮掌于头前上方，掌心向前，手指向左；目视左方。(图 10－2－4)

要点：三个动作必须连续完成，不能间断；虚步时重心落于右腿上，大腿平行于地面；左腿微屈，脚尖虚点地面。

2. 并步对拳

(1) 右腿蹬直，左腿提膝，脚尖里扣，上体姿势不变。(图 10－2－5)

(2) 左脚向前落步，重心前移。左臂屈肘，左勾手变掌经左肋前伸；右臂外旋向前下落于左掌右侧，两掌同高，掌心均向上。(图 10-2-6)

(3) 右脚向前一步，两臂下垂后摆。(图 10-2-7)

(4) 左脚向右脚并步，两臂向外、向上经胸前屈肘下按。两掌变拳，拳心向下，停于小腹前；目视左方。(图 10-2-8)

要点：并步后挺胸、立腰；对拳、并步、转头要同时完成。

图 10-2-5

图 10-2-6

图 10-2-7

图 10-2-8

二、长拳"四段"

(一) 第一段

1. 弓步冲拳

(1) 左脚向左上一步，脚尖向斜前方，右腿微屈成半马步。左臂向上、向左格挡，拳眼向内，拳与肩平；右拳收至腰间，拳心向上；目视左拳。(图 10-2-9)

(2) 右腿蹬直成左弓步。左拳收至腰间，拳心向上；右拳由腰间向前冲出与肩平，拳眼向上；目视右拳。(图 10-2-10)

要点：成弓步时右腿充分蹬直，脚跟不能离地；冲拳时尽量转腰顺肩。

2. 弹腿冲拳

重心前移至左腿，右腿屈膝提起，脚面绷直，猛力向前弹出伸直，高与腰平；右拳收至腰间，左拳由腰间向前冲出；目视前方。(图 10-2-11)

要点：支撑腿可微屈，弹出的腿要有爆发力，力达脚尖。

图 10-2-9

图 10-2-10

图 10-2-11

图 10-2-12

3. 马步冲拳

右脚向前落步，脚尖内扣，上体左转 90 度；左拳收至腰间，两腿下蹲成马步，右拳向前冲出；目视前方。(图 10-2-12)

要点：成马步时大腿要平，两脚平行，脚跟外蹬，注意挺胸、立腰。

4. 弓步冲拳

(1) 上体右转 90 度，右脚尖外展，脚尖向斜前方成半马步；右臂屈肘向右格打，拳眼向内；目视右拳。(图 10-2-13)

(2) 左腿蹬直成右弓步，右拳收至腰间，左拳向前冲出；目视前方。(图 10-2-14)

要点：与本段的弓步冲拳相同，唯左右相反。

5. 弹腿冲拳

重心前移至右脚，左腿屈膝提起，脚面绷直，猛力向前弹出伸直，高与腰平；左拳收至腰间，右拳由腰间向前冲出；目视前方。(图 10-2-15)

图 10-2-13

图 10-2-14

图 10-2-15

6. 大跃步前穿

(1) 左腿屈膝，右拳变掌内旋，手背向下至左膝外侧，上体前倾，目视右手。(图 10-2-16)

(2) 左脚向前落步，两腿微屈；右掌继续向后挂，左拳变掌向后、向下伸直；目视左掌。(图 10-2-17)

(3) 右腿屈膝向前提起，左腿立即猛力蹬地向前跃出；两掌向前、向上划弧摆起；目视右掌。(图 10-2-18)

(4) 右脚落地全蹲，左腿随即落地向前铲出成左仆步；右掌变拳抱于腰间，左掌由上向右、向下划弧成立掌停于右胸前；目视左脚。(图 10-2-19)

要点：跃步要远，落地要轻，落地后立即做下一个动作。

图 10-2-16

图 10-2-17

图 10-2-18

图 10-2-19

7. 弓步击掌

右腿猛力蹬直成左弓步。左掌经左脚面向后划弧至身后成勾手，左臂伸直，勾尖向上；

右拳由腰间变掌向前推击成立掌，掌指向上，掌外侧向前；目视前方。（图 10－2－20）

要点：左腿猛力蹬直成弓步，勾手、推掌动作要协调一致。

8. 马步架掌

（1）重心移至两腿中间，左脚脚尖内扣成马步，上体右转 90 度；右掌收至左胸前，同时左勾手变掌由后经腰间从右臂内向前上穿出，两掌心均向上；目视左手。（图 10－2－21）

（2）右掌立于左胸前，左臂向左上屈肘抖腕亮掌于头部左上方，掌心向前；目右转视。（图 10－2－22）

要点：成马步右立掌、左抖腕亮掌、右转视要协调一致，同时完成。

图 10－2－20

图 10－2－21

图 10－2－22

（二）第二段

1. 虚步栽拳

（1）右脚蹬地，屈膝提起，左腿伸直，以左脚掌为轴向右后转体 180 度；右掌由左胸前向下经右腿外侧向后划弧成勾手，左臂随身体转动左掌外旋，使掌心朝内做格挡；目视右手。（图 10－2－23）

（2）右脚向右落地，重心移至右腿，下蹲成左虚步。左掌变拳下落于左膝上，拳眼向里，拳心向后；右勾手变拳，屈肘向上架于头右上方，拳心向前；目视左方。（图 10－2－24）

要点：虚步要挺胸、立腰，右脚实、左脚虚，虚实要分明。

2. 提膝穿掌

（1）右腿稍伸直，右拳变掌收至腰间，掌心向上；左拳变掌由下向左、向上划弧盖压于头上方，掌心向前。（图 10－2－25）

（2）右腿蹬直，左腿屈膝提起，脚尖内扣。右掌从腰间经左掌背向右前上方穿出，掌心向上；左掌收至右胸前成立掌；目视右掌。（图 10－2－26）

图 10－2－23

图 10－2－24

图 10－2－25

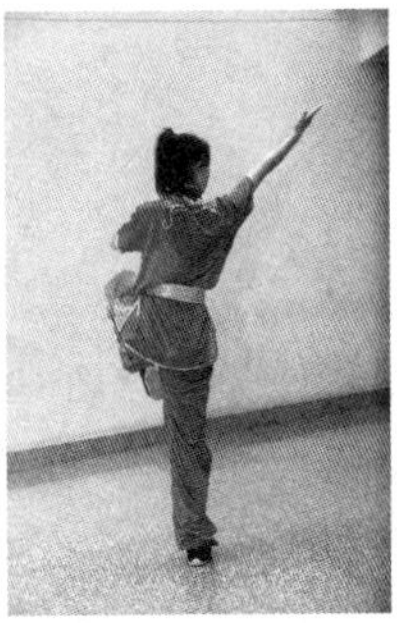

图 10－2－26

要点:支撑腿与右臂充分伸直。

3. 仆步穿掌

右腿全蹲,左腿向左后方铲出成左仆步;右臂不动,左掌指尖向下翻转由左胸前向下经左腿内侧,向左脚面穿出;目随左掌转视。[图 10-2-27(前)、图 10-2-27(后)]

要点:前手低、后手高,两臂伸直,上体向左侧前倾。

4. 虚步挑掌

(1) 重心前移至左腿成弓步,右掌微下降;左掌随重心前移向前挑起。(图 10-2-28)

(2) 右脚向左前方上步,左腿半蹲成右虚步。身体随上体左转 180 度。左掌由前向上、向后划弧成立掌;右掌向下从右腿外侧向上挑起成立掌,指尖与眼平;目视右掌(图 10-2-29)。

要点:上挑动作要快,虚步要稳。

图 10-2-27(前)

图 10-2-27(后)

图 10-2-28

图 10-2-29

5. 马步击掌

(1) 右脚落实,脚尖外展,重心微升高并后移;左掌变拳收至腰间,右掌外旋掳手。(图 10-2-30)

(2) 左脚向前上一步,以右脚为轴心向右转体 180 度,下蹲成马步;左掌从右臂上成立掌向左侧击出,右掌变拳收至腰间;目视左掌。(图 10-2-31)

要点:收拳和击掌动作要同时进行。

图 10-2-30

图 10-2-31

图 10-2-32

图 10-2-33(前)

图 10-2-33(后)

6. 叉步双摆掌

(1) 重心微后移,两掌同时向下、向右摆,掌指均向上;目视右掌。(图 10-2-32)

(2) 右脚向左腿后插步,前脚掌着地;两臂由右向上、向左摆停于身体左侧,两手均成立掌,右掌停于左肘窝处;目随双掌转视。[图 10-2-33(前)、图 10-2-33(后)]

要点：两臂要划成立圆，幅度要大，摆掌与后插步要配合一致。

7. 弓步击掌

(1) 两腿不动，左掌收至腰间，右掌向上、向右划弧，掌心向下。(图 10 - 2 - 34)

(2) 左腿后撤一步成右弓步；右掌向下、向后伸直成勾手，勾尖向上；左掌经腰间成立掌向前推击；目视左掌。(图 10 - 2 - 35)

要点：撤步成弓步与勾手、推掌要同时完成。

图 10 - 2 - 34

图 10 - 2 - 35

8. 转身踢腿马步盘肘

(1) 两脚以前脚掌为轴向左后转体 180 度；同时左臂向上、向前划半立圆，右臂向下、向后划半立圆。(图 10 - 2 - 36)

(2) 上动不停，两脚不动，右臂由后向上、向前划半立圆；左臂由前向下、向后划半立圆。(图 10 - 2 - 37)

(3) 上动不停，右臂向下成反臂勾手，勾尖向上；左臂向上成亮掌，掌心向前上方；右腿伸直，脚尖勾起，向额前踢。(图 10 - 2 - 38)

(4) 右脚向前落地，脚尖内扣；右手不动，左臂屈肘下落至胸前，左掌心向下；目视左掌。(图 10 - 2 - 39)

(5) 上体左转 90 度，两腿下蹲成马步。左掌向前、向左平搂变拳收至腰间；右勾手变拳，右臂伸直，由体后向右、向前平摆至体前，屈肘，肘尖向前，高与肩平，拳心向下；目视肘尖。(图 10 - 2 - 40)

要点：两臂抡动时要划立圆，动作连贯。盘肘时要快速有力，右肩前倾。

图 10 - 2 - 36

图 10 - 2 - 37

图 10 - 2 - 38

图 10 - 2 - 39

图 10 - 2 - 40

（三）第三段

1. 歇步抡砸拳

(1) 重心稍提，右脚尖稍外展。右臂由胸前向上、向右抡直；左臂由腰间向下、向左抡直；目视右拳。（图 10－2－41）

(2) 上动不停，两脚以脚掌为轴，向右转体 180 度，右臂向下，向后抡摆，左臂向上、向前随身体转动。（图 10－2－42）

(3) 上动不停，两腿全蹲成左歇步。左手握拳随身体下蹲向下平砸，拳心向上，左臂微屈；右臂伸直向上举起；目视左拳。（图 10－2－43）

要点：抡臂动作要连贯，划成立圆；歇步要两腿交叉全蹲，左腿大、小腿靠近，臀部贴于左小腿外侧，膝关节在右小腿外侧，脚跟提起，右脚尖外展，全脚掌着地。

图 10－2－41

图 10－2－42

图 10－2－43

2. 仆步亮掌

(1) 左脚由右腿后抽出上前一步，左腿蹬直成右弓步；上体微向右转，左拳收至腰间，右拳变掌向下经胸前向右横击掌，掌心向下；目视右掌。（图 10－2－44）

(2) 右脚蹬地屈膝提起，上体右转 180 度；左拳变掌从右掌上向前穿出，掌心向上，右掌平收至左肋下。（图 10－2－45）

(3) 右脚向右落步，屈膝全蹲，左腿伸直成左仆步。左掌向下、向后划弧成勾手，勾尖向上；右掌向右、向上划弧微屈抖腕亮掌，掌心向前。头随右手转动，至亮掌时目视左方。（图 10－2－46）

要点：仆步时，左腿充分伸直，脚尖内扣，全脚掌着地；右腿全蹲，全脚掌着地。上体挺胸、立腰，微左转。

图 10－2－44

图 10－2－45

图 10－2－46

3. 弓步劈拳

(1) 右腿蹬地起立,左腿收回并向左前方上步;右掌变拳收至腰间,左勾手变掌由下向前、向左做搂手。(图 10-2-47)

(2) 右腿经左腿前方向左绕上一步,左腿蹬直成右弓步;右臂伸直向后、向上、向前抡劈拳,高与耳平,拳心向上,左掌外旋贴撞右小臂。(图 10-2-48、图 10-2-49)

要点:左右脚上步稍带弧形。

图 10-2-47

图 10-2-48

图 10-2-49

4. 换跳步弓步冲拳

(1) 重心后移,右脚微向后移;右拳变掌臂内旋,以掌背向下划弧挂至右膝内侧,左掌背贴靠右肘内侧,掌指向前;目视右掌。(图 10-2-50)

(2) 右腿自然上抬,上体微向左扭转;右掌挂至体左侧,左掌向右腋下插;目随右掌转视。(图 10-2-51)

(3) 在左脚抬起的同时,右脚用力向下震跺;右手由左向上、向前搂盖,而后变拳收至腰间,左掌伸直向下、向上、向前屈肘下按,掌心向下;上体微右转,目视左掌。(图 10-2-52)

(4) 左脚向前落步,右腿蹬直成左弓步;右拳向前冲出,左掌背贴靠右腋下;目视右拳。(图 10-2-53)

要点:换跳步动作要连贯、协调。震脚时腿要弯曲,全脚掌着地,左脚离地不要高。

图 10-2-50

图 10-2-51

图 10-2-52

图 10-2-53

5. 马步冲拳

上体右转 90 度,重心移至两腿中间成马步;右拳收至腰间,左掌变拳向左冲击;目视左拳。(图 10-2-54)

图 10－2－54

图 10－2－55

6. 弓步下冲拳

右脚蹬直成左弓步；左掌变拳向下经体前向上架于头左上方，掌心向上；右拳自腰间向左前斜下方冲出；目视右拳。（图 10－2－55）

7. 插步亮掌侧踹腿

（1）上体微右转。右拳变掌由头上下落于右手腕上；两手交叉成十字；目视双手。（图 10－2－56）

（2）右脚蹬地向左腿后插步，以前脚掌着地。左掌由体前向下、向后划弧成勾手，勾尖向上；右掌由前向右、向上划弧抖腕亮掌，掌心向上；目视左侧。（图 10－2－57）

（3）重心移至右腿，左腿屈膝提起，向左上方猛力蹬出。目视左侧，上肢姿势不变。（图 10－2－58）

要点：插步时上体微向右倾斜，腿、臂的动作要一致。侧踹高度不能低于腰，大腿内旋，着力点在脚跟。

图 10－2－56

图 10－2－57

图 10－2－58

8. 虚步挑拳

（1）左脚在左侧落地。右掌变拳微后移，左勾手变拳由体后向左微屈臂上挑，拳背向上。（图 10－2－59）

（2）上体左转 180 度，微含胸前俯。左拳向前、向上划弧上挑，右拳向下、向前划弧挂至右膝外侧；目视右拳。（图 10－2－60）

（3）右脚向左前方上步，脚尖点地，重心落于左脚，左腿下蹲成右虚步；左拳向后划弧收至腰间，右拳向前微屈臂挑出，拳心向内，拳与肩同高；目视右拳。（图 10－2－61）

要点：虚步与上肢的动作要一致。

图 10-2-59

图 10-2-60

图 10-2-61

（四）第四段

1. 弓步顶肘

（1）重心升高，右臂内旋向下直臂划弧挂至右膝内侧。（图 10-2-62）

（2）左腿蹬直，右腿屈膝上抬；左拳变掌，两臂向前、向上划弧摆起；目随右拳转视。（图 10-2-63）

（3）左脚蹬地起跳，身体腾空，两臂继续划弧至头上方。（图 10-2-64）

（4）右脚先落地，右腿屈膝，左脚向前落步，以前脚掌着地；同时两臂向右、向下屈肘停于右胸前，右拳变掌，左掌变拳，右掌心贴靠于左拳面。（图 10-2-65）

（5）左脚向左上一步，右腿蹬直成左弓步；右掌推左拳，以左肘尖向左顶出，高与肩平；目视前方。（图 10-2-66）

要点：交换步时不要过高，但动作要快。两臂抡摆时要呈圆弧。

图 10-2-62

图 10-2-63

图 10-2-64

图 10-2-65

图 10-2-66

2. 转身左拍脚

（1）以两脚前脚掌为轴向右后转体 180 度；右臂向上、向右、向下划弧抡摆，同时左拳变掌向下、向后、向前划立圆。（图 10-2-67）

（2）左腿伸直向前上踢起，脚面绷平；左掌变拳收至腰间，右掌由体后向上、向前拍击左脚面。（图 10-2-68）

要点：右掌拍脚时，手掌微横，拍脚要准而响。

3. 右拍脚

（1）左脚向前落地，右掌变拳收至腰间，左拳变掌向下、向后摆。（图 10-2-69）

（2）右腿伸直向前上踢起，脚面绷平；左掌由后向上、向前拍击右脚面。（图 10-2-70）

要点：与本段的转身左拍脚相同。

图 10-2-67

图 10-2-68

图 10-2-69

图 10-2-70

4. 腾空飞脚

(1) 右脚落地，上体微后倾。(图 10-2-71)

(2) 左脚向前抬起，右拳变掌向前、向上摆，左掌拍击右掌背。(图 10-2-72)

(3) 右脚猛力蹬地跳起，左腿继续上摆，右腿在空中弹踢，脚面绷平；右手拍击右脚面，左掌由体前向上举起。(图 10-2-73)

要点：蹬地要向上，要高，不要太向前冲。击响要在腾空时完成，同时左腿屈膝于体前尽量上提。

图 10-2-71

图 10-2-72

图 10-2-73

5. 歇步下冲拳

(1) 左、右脚先后落地，左掌变拳收至腰间。(图 10-2-74)

(2) 右脚尖外展，身体右转 90 度，两腿全蹲成歇步；右掌抓握、外旋变拳收至腰间，左拳由腰间向前下方冲出，拳心向下；目视左拳。(图 10-2-75)

要点：右掌抓握动作要快速，歇步与左冲拳的动作要一致。

6. 仆步抡劈拳

(1) 重心升高，右臂由腰间向体后伸直，左臂随身体重心升高向上摆起。(图 10-2-76)

(2) 以右脚掌为轴，左腿屈膝提起，上体左转 270 度；左拳由前向上、向左、向下、向后划立圆一周，右拳由后向下、向前、向上绕立圆一周。(图 10-2-77)

(3) 左腿向后落一大步成右仆步；右拳由上向下抡劈，拳眼向上，左拳后上举；目视右拳。(图 10-2-78)

要点：抡臂一定要划立圆，上体向右侧倾。

图 10－2－74

图 10－2－75

图 10－2－76

图 10－2－77

图 10－2－78

7. 提膝挑掌

（1）重心右移成右弓步。右拳变掌由下向上抡摆，掌心向左，左拳变掌微下落，掌心向左；目视前方。（图 10－2－79）

（2）左、右臂在垂直面上由前向后各划一立圆。右臂伸直停于头上方，掌心向左，臂伸直停于身后成反勾手；右腿蹬地屈膝提起，左腿挺膝伸直独立；目视前方。（图 10－2－80）

要点：抡臂一定要划立圆。

8. 提膝劈掌弓步冲拳

（1）下肢不动。右掌由上向下猛劈伸直，停于右小腿内侧；左勾手变掌，屈臂向前停于右上臂内侧，掌心向右；目视右掌。（图 10－2－81）

（2）右脚向右后落地，上体右转 90 度。左掌变拳收至腰间；右臂内旋向外划弧做搂手；目视右手。（图 10－2－82）

（3）上动不停，左腿蹬直成右弓步；右手抓握变拳收至腰间；左拳由腰间向左前方冲出，拳眼向上；目视左拳。（图 10－2－83）

要点：左搂手动作要快，右弓步与左冲拳的动作要一致。

图 10－2－79

图 10－2－80

图 10－2－81

图 10－2－82

图 10－2－83

三、结束动作

1. 虚步亮掌

（1）右脚扣于左膝后，两拳变掌，两臂屈肘交叉于体左前，右臂在上，掌心向下；目视右方。（图 10－2－84）

（2）脚向右后落步，重心后移，右腿半蹲，上体微右转；右掌向上、向右、向下划弧停于左

腋下，左掌向下、向左、向上停于胸前右臂上，两掌心左下右上；目视左掌。（图 10-2-85）

（3）脚尖右移，右腿下蹲成左虚步；左臂伸直向左、向后划弧成反勾手，右臂伸直向下、向右、向上划弧抖腕亮掌，掌心向前；目视左方。（图 10-2-86）

图 10-2-84

图 10-2-85

图 10-2-86

2. 并步对拳

（1）左腿提膝，随后撤一步，双掌同时从腰间向前穿出伸直，掌心向上；目视前方。（图 10-2-87）

（2）右腿后撤一步，两臂同时向体后摆。（图 10-2-88）

（3）左脚后退向右脚并拢，两臂由后向上经体前屈臂下按，两掌变拳，停于腹前，拳心向下；目视左方。（图 10-2-89）

（4）两臂自然下垂呈预备势，目视正前方。（图 10-2-90）

要点：与预备动作同，松肩，精神饱满。

图 10-2-87

图 10-2-88

图 10-2-89

图 10-2-90

第十一章　太极拳

第一节　太极拳概述

太极拳是中华民族辩证理论思维与武术、艺术、导引术的完美结合。其拳理来源于《易经》《黄帝内经》等中国传统经典著作，并在其长期发展过程中吸收道家、儒家等文化精粹，故太极拳又被称为“国粹”。练习太极拳要求中正安舒、轻灵圆活、松柔慢匀、开合有序、刚柔相济，动如“行云流水，连绵不断”。

太极拳作为一种技击术，善于以柔克刚，以静待动，以圆化直，以弱胜强，因而深受广大群众喜爱。为广泛传播太极拳，供广大人民群众健身娱乐，国家体育总局于 1956 年组织太极拳专家汲取杨氏太极拳精华，编成一套简单易学的 24 式简化太极拳，又称简化太极拳。24 式简化太极拳虽然只有 24 个动作，但相比传统太极拳套路，其内容更精练，动作更规范，充分体现了太极拳的运动特点，因此得到广大初学者的喜爱，并广为传播。

太极拳的运动特点主要有以下三个方面。

1. 体松心静

体松心静是太极拳的重要特点之一。“体松”指练太极拳时，在维持动作基础上，尽量使身体肌肉处于放松状态，要求动作舒展自然，不要僵力。腿部在运动时经常是半弯曲的，肌肉必须用力，但在两腿交替支撑体重时，负重腿仍然应放松。“心静”是指排除一切杂念，注意力集中。

2. 缓慢柔和

缓慢柔和是太极拳的另一个重要特点。一套太极拳一般要求在 5～10 分钟内完成。动作缓慢还应连贯，各拳式之间不得停顿，应做到连绵不断。缓慢的前提是放松，在此基础上使两臂动作姿势及运动路线都保持弧形。

3. 动作、呼吸和意念相配合

练太极拳到一定程度，要把动作、呼吸和意念配合起来，这样才能体现太极拳的特点，取得良好的锻炼效果。① 动作与呼吸的配合。太极拳动作由起落开合动作组成，要求起的动作要吸气，落的动作要呼气：开时为吸气，合时为呼气。另一种呼吸方式为：凡一个动作完成时为呼气，过渡动作为吸气。无论哪一种呼吸方式都求其自然。② 动作与意念的配合。在练拳时首先要排除杂念，把注意力集中到动作的运动过程中，以意识引导动作，做到“意领身随”。

第二节　太极拳基本姿势与套路动作

一、太极拳的基本姿势

（一）头部姿势

要求头部自然上顶，下颏微内收，颈部肌肉放松；运动中随着各种动作的进行，头部沿纵轴转动时，不能前倾后仰、左右歪斜；面部表情应自然，口轻闭，舌尖微抵上腭，用鼻呼吸。

（二）上肢姿势

要求"沉肩垂肘""舒指塌腕"。"沉肩垂肘"是指练习时肩关节要放松、下沉，并有意识地使两肩向外延伸，肘尖下垂，不可外翻。两臂要保持弧形，不可过分弯曲与伸直。"舒指塌腕"是指做推掌时，手指要自然伸展，手腕微微下沉。总之，上肢动作既要舒松伸展，又不能绵软无力。

（三）躯干部姿势

要求上体正直，以腰为轴带动两臂运动。胸部应做到"含胸圆背"。所谓"含胸"是相对长拳而言，练太极拳时不能挺胸，也不可使两肩前送使肩部内陷，应求其自然正直。"圆背"是指放松胸背肌肉，两肩向外牵引，使背部呈弧形。腰部动作应注意松沉，不能随上体前俯后仰、左歪右斜。运动中要以腰带臂，使两臂的动作随着腰左右转动进行。

（四）下肢姿势

要求虚实分明、进退轻灵。练太极拳时，多是一脚负重多，另一脚负重少，负重多者为实，负重少者为虚，必须做到虚实分明，避免重心落在两腿中间。进退要轻灵，即提脚落步要轻起轻落，前进要用脚跟着地，后退要用前脚掌着地。无论是前进还是后退，都要求脚着地以后，再移身体重心，以保证全身动作的稳定与灵活。

二、24式太极拳套路动作

（一）起势（图 11－2－1 至图 11－2－3）

（1）身体自然直立，两脚分开，与肩同宽，两臂自然下垂，眼向前平视。

要点：头颈正直，下颏微收，勿挺胸收腹，精神要集中。一般由立正姿势开始，然后左脚向左分开，成开立步。

（2）两臂慢慢向前平举，高与肩平，手心向下。上体保持正直，两腿屈膝下蹲，同时两掌轻轻下按，两肘下垂与两膝相对，眼平视前方。

图 11－2－1

图 11－2－2

图 11－2－3

要点：肩下沉，肘松垂，手指自然弯曲。屈膝松腰，臀部勿突出，重心落于两腿间，臂下落和体下蹲的动作要协调一致。

（二）左右野马分鬃（图 11－2－4 至图 11－2－11）

（1）身体微向右转，重心移至右腿，同时右手收在胸前，手心向下；左手经体前向右下划弧放于右手下，手心向上，两手呈抱球状，左脚随之收到右脚内侧，脚尖点地，眼视右手。

（2）上体左转，左脚向左前方迈出，右脚跟后蹬成右弓步，同时左右手慢慢分别向左上、右下分开，左手高与肩平，手心斜向上，肘微屈。右手落在右胯旁，手心向下，指尖向前，眼视左手。

（3）上体慢慢后坐，重心移至右腿，同时左手翻转向下，收在胸前，右手向左上划弧放于左手下，两手呈抱球状，右脚随之收在左脚内侧，脚尖点地，眼视左手。右脚向右前方迈出，左脚后蹬成右弓步，同时左右手慢慢向左下、右上分开，右手高与眼平，手心斜向上，肘微屈，左手放于左胯旁，手心向下，指尖向前，眼视右手。

图 11－2－4

图 11－2－5

图 11－2－6

图 11－2－7

图 11－2－8

图 11－2－9

图 11－2－10

图 11－2－11

要点：上体不可前俯后仰，胸部必须宽松舒展。两臂分开时要保持弧形。身体转动要以腰为轴。弓步动作与分手的速度要均匀一致。做弓步时，迈出的脚先是脚跟着地，然后脚掌慢慢踏实，脚尖向前，膝盖不要超过脚尖；后腿自然伸直。

（三）白鹤亮翅（图 11－2－12 至图 11－2－14）

（1）上体微向左转，左手翻转向下在胸前，右手向左上划弧，手心转向上，与左手呈抱球状。

（2）右脚跟进半步，上体后坐，重心移至右腿，左腿稍向前移，脚尖点地，同时两手慢慢分别向右上、左下分开，右手上提停于头部右侧（偏前），手心向左后方，左手落于左胯旁，手心向下，眼看前方。

要点：完成姿势时，胸部不要挺出，两臂保持半圆形，左膝微屈。身体重心后移和右手上提、左手下按要协调一致。

图 11－2－12

图 11－2－13

图 11－2－14

（四）*左右搂膝拗步*（图 11－2－15 至图 11－2－24）

（1）右手从体前下落，由下向后上方划弧至右肩部外侧，臂微屈，手与耳同高，手心向上，左手上起由左向上、向右下方划弧至右胸前，手心向下，同时上体微向左，再向右转，眼视右手。

（2）上体左转，左脚向前迈出成左弓步，同时右手屈回，由耳侧向前推出，高与鼻平，左手向下由左膝前搂过落于左胯旁。眼视右手。上体慢慢后坐，重心移至右腿，左脚尖跷起外撇随即慢慢前弓，身体左转，重心移至左腿，右脚向左脚靠拢，脚尖点地，同时左手向外翻掌由左后向上平举，手心向上。右手随转体向上、向左划弧落于左肩前，手心向下，眼视左手。

图 11－2－15

图 11－2－16

图 11－2－17

图 11－2－18

图 11－2－19

图 11－2－20

图 11－2－21

图 11－2－22

图 11－2－23

图 11－2－24

要点：前手抽出时，身体不要前俯后仰，要松腰松胯。推掌时要沉肩垂肘、坐腕舒掌，同时须与松腰、弓腿上下协调一致。搂膝拗步成弓步时，两脚的距离在 30 厘米左右。

（五）手挥琵琶（图 11－2－25 至图 11－2－27）

右腿跟进半步，上体后坐，身体重心移至后腿上，左腿略提起稍向前移，变成左虚步，脚跟着地，膝部微屈，同时左手由左下向上举，高与鼻平，微屈臂，右手收回放在左臂肘部里侧，眼视左手食指。

要点：身体要平稳自然，沉肩垂肘，胸部放松。左手上起时不要直向上挑，要由左向上、向前微带弧形。右脚跟进时，脚掌先着地，再全脚踏实。身体重心后移和左手上起、右手回收要协调一致。

图 11－2－25

图 11－2－26

图 11－2－27

（六）左右倒卷肱（图 11－2－28 至图 11－2－42）

（1）右手翻掌，手心向上，经腹前由下向后上方划弧平带，臂微屈。左手随之翻掌向上，左脚尖落地。眼随右手，再转视左手。

（2）右臂微屈回收，右手由耳侧向前推出，手心向前，左手回收经左肋外侧向后上方划弧平举，手心向上，右手随之再翻掌向上。同时，左腿轻轻提起向左后侧退一步，脚尖先着地，然后慢慢踏实，重心在左腿成右虚步。眼随左手，再转视右手。

图 11－2－28

图 11－2－29

图 11－2－30

图 11－2－31

图 11－2－32

图 11－2－33

图 11－2－34

图 11－2－35

图 11－2－36

图 11－2－37

图 11-2-38

图 11-2-39

图 11-2-40

图 11-2-41

图 11-2-42

要点：前推时要松腰松胯，两手的速度要一致。退步时脚掌先着地，再慢慢全脚踏实，同时，前脚随转体以脚掌为轴扭正。退左脚略向左后斜，退右脚略向右后斜，切忌两脚落在一条直线上。后退时，眼神随转体动作先向左右看，然后再转看前手。最后退右脚时，脚尖外撇的角度略大些，以便接做“左揽雀尾”的动作。

（七）左揽雀尾（图 11-2-43 至图 11-2-54）

（1）上体微向右转，同时右手随转体向后上方划弧，手心向上，左手随即翻掌，掌心向上；眼视左手。

（2）身体继续右转，左手自然下落经腹前划弧至右肋前，手心向上；右臂屈肘，手心转向下，收至右胸前，两手相对呈抱球状；同时身体重心落在右脚上，左脚收到右脚内侧，脚尖点地；眼视右手。

图 11-2-43

图 11-2-44

图 11-2-45

图 11-2-46

图 11-2-47

图 11-2-48

图 11-2-49

图 11-2-50

(3) 上体微向左转，左脚向左前方迈出，上体继续左转，右腿自然蹬直，左腿屈膝成左弓步；同时左臂向左前方伸出(即左臂平屈成弓形，用前臂外侧和手背向前方推出)，高与肩平，手心向后，右手向右下落放于右胯旁，手心向下，指尖向前；眼视左前臂。

(4) 身体微向左转，左手随之前伸翻掌向下，右手翻掌向上，向上向前伸至左腕下方，然后两手下捋，身体稍向右转，两手经腹前向后划弧，直至右手心向上，高与肩平，左手心向后平曲于胸前。同时重心移至右腿，眼视右手。

(5) 上体微向左转，右臂屈肘折回，右手附于左手腕里侧(相距约 5 厘米)，双手同时慢慢向前挤出，左手心向后，右手心向前，左前臂保持半圆，同时身体重心前移成左弓步。眼视左手腕部。

(6) 右手经左腕上方向前、向右伸出与左手齐，手心向下，左手翻掌向下，两手向左右分开，宽与肩同，然后上体后坐，重心移至右腿，左脚尖跷起，两手屈肘回收至胸前，手心向前下方。眼平视前方。

(7) 上式不停，两手向前、向上按出，手腕部高与肩平。同时左腿前弓成左弓步。眼平视前方。

要点：向前按时两手须走曲线，手腕高与肩平，两肘微屈。

图 11－2－51

图 11－2－52

图 11－2－53

图 11－2－54

(八) 右揽雀尾(图 11－2－55 至图 11－2－62)

(1) 上体后坐并向右转，重心移至右腿，左脚尖里扣。右手向右平行划弧至右侧，然后由右下经腹前向左上划弧至右肋前，手心向上，左手翻掌向下平屈胸前与右手成抱球状。同时重心再移至左腿上，右脚向左脚靠拢，右脚尖点地；眼看左手。

(2) 其余步骤均与“左揽雀尾”相同，唯方向相反。

图 11－2－55

图 11－2－56

图 11－2－57

图 11－2－58

图 11－2－59

图 11－2－60

图 11－2－61

图 11－2－62

（九）单鞭（图 11－2－63 至图 11－2－66）

（1）上体后坐，重心逐渐移至左腿上，右脚尖里扣，同时上体左转，两手（左高右低）向左运转，直至左臂平举于左侧，右手经腹前运至左肋前（左手心向左，右手心向后上方）。眼看右手。

（2）身体重心再逐渐移至左腿，左脚向右脚靠拢，脚尖点地，同时右手向右上方划弧至右侧方时变勾手，臂与肩平。左手向下经腹前向右上方划弧停于右肩前，手心向后，眼看左手。上体微向左转，左脚向左侧方迈出，右脚后蹬成左弓步。在重心移向左腿的同时，左掌慢慢翻转向前推出。手心向前，指与眼平，臂微屈，眼视左手。

图 11－2－63

图 11－2－64

图 11－2－65

图 11－2－66

要点：上体保持正直，松腰。完成时，右臂肘部稍下垂，左肘与左膝上下相对，两肩下沉。左手向外翻掌前推时，要随转体边翻边推出，不要翻得太快或突然翻掌。全部动作要协调一致。单鞭的方向（左脚尖和上体）应向东偏北（约 15 度）。

（十）云手（图 11－2－67 至图 11－2－76）

（1）重心移至右腿，身体渐向右转，左脚尖里扣，左手经腹前向右上划弧至右肩前，手心斜向后，同时右手变掌，手心向右；眼视左手。

（2）身体重心慢慢左移，左手由面前向左侧运转，手心渐转向左方。右手由右下经腹前向左上划弧至右肩前，手心斜向后，同时右脚靠近左脚，成小步开立（两脚相距 10～20 厘米）。眼视右手。

（3）右手继续向右运转，左手经腹前向右上方划弧至右肩前，手心斜向后，同时手心翻转，手心向右，左脚向左侧横跨一步；眼视左手。

（4）同（2）。

（5）同（3）。

（6）同（2）。

要点：身体转动要以腰脊为轴，松腰、松胯，不可忽高忽低。两臂随腰的转动而运转，要自然圆活，速度要缓慢均匀。下肢移动时，身体重心要稳定，两脚掌先着地再踏实，脚尖向前。眼随左右手而移动。第三个“云手”，右脚最后跟步时，脚尖微向里扣，便于接“单鞭”动作。

图 11－2－67

图 11－2－68

图 11－2－69

图 11－2－70

图 11－2－71

图 11－2－72

图 11－2－73

图 11－2－74

图 11－2－75

图 11－2－76

（十一）单鞭（图 11－2－77 至图 11－2－79）

（1）右手继续向右运转，至右侧方时变勾手，右手经腹前向右上方划弧至右肩前，手心向后，眼视左手。

（2）上体微向左转，左脚向左侧方迈出，右脚后蹬成左弓步，在身体重心移向左腿的同时，左掌翻掌慢向前推成单鞭式。

图 11-2-77　图 11-2-78　图 11-2-79

要点:与前“单鞭”式相同。

(十二) 高探马(图 11-2-80 至图 11-2-81)

(1) 右脚跟进半步,身体重心移至右腿,右勾手变掌,两手心翻转向上,两肘微屈,同时身体微向右转,左脚跟离地成左虚步;眼视左手。

(2) 上体微左转,右掌经耳旁向前推出,手心向前,指与眼同高,左手收至左侧腰前,手心向上,同时左脚微前移,脚尖点地成左虚步;眼视左手。

要点:上体自然正直,双肩要下沉,右肘微下垂。跟步移换重心时,身体勿起伏。

图 11-2-80　图 11-2-81

(十三) 右蹬脚(图 11-2-82 至图 11-2-87)

(1) 左手手心向上,前伸至右手腕背面,两手相互交叉,随即两手分开自两侧向下划弧,手心斜向下,同时,左脚提起向左前方进步成左弓步。

(2) 两手由外侧向里圈划弧合抱于胸前,右手在外(手心均向后),同时右脚向左侧靠拢,脚尖点地,眼平视右方。两臂左右分开平举,手心均向外,同时右脚提起向左前方慢慢蹬出;眼视右手。

图 11-2-82　图 11-2-83　图 11-2-84

图 11－2－85

图 11－2－86

图 11－2－87

要点：身体要稳定，不可前俯后仰。两手分开时，腕部与肩齐平。蹬脚时，左腿微屈，右脚尖回勾，劲使在脚跟。分手和蹬脚须协调一致。右臂和右腿上下相对，此时方向应为正东南。

（十四）双峰贯耳（图 11－2－88 至图 11－2－91）

（1）右脚收回，膝盖提起，左手由后向上、向前下落，右手心也翻转向上，两手同时向下划弧分落于右膝盖两侧，手心均向上。

（2）右脚向右前方落下成右弓步，同时两手下垂，慢慢变拳，分别从两侧向上、向前划弧至脸前呈钳形状，拳眼都斜向后（两拳相距 10～20 厘米），眼视右手。

要点：完成时，头部正直，松腰松胯，两拳松握，沉肩垂肘，两臂均保持弧形。身体方向与右蹬脚方向相同。弓步的两脚横向距离同“揽雀尾”式。

图 11－2－88

图 11－2－89

图 11－2－90

图 11－2－91

（十五）转身左蹬脚（图 11－2－92 至图 11－2－94）

（1）左腿屈膝后坐，重心渐移至左腿上，左脚尖里扣，上体向左转，右脚尖里扣；同时两拳变掌，由上向左右划弧分开平举，手心向前；眼视左手。

（2）重心再移至右腿，左脚靠近右脚内侧，脚尖点地，同时两手由外圈向里圈划弧合抱于胸前，左手在外，手心均向后；眼平视左方。

（3）臂左右分开平举，肘部微屈，手心均向外，同时左脚提起向左前方慢慢蹬出；眼视左手。

要点：与右蹬脚相同，唯左右相反。左蹬脚方向与右蹬脚成 180 度（正西偏北，约 30 度）。

图 11-2-92

图 11-2-93

图 11-2-94

（十六）左下势独立（图 11-2-95 至图 11-2-99）

（1）左脚收回平屈，上体右转，右掌变勾手，然后左掌向上、向右划弧下落，立于右肩前，掌心斜向后；眼视右手。

（2）右脚慢慢屈膝下蹲，左脚向左侧（偏后）伸出成左仆步。左手下落（掌心向外）向左下顺左腿内侧穿出；眼视左手。

图 11-2-95

图 11-2-96

图 11-2-97

图 11-2-98

图 11-2-99

要点：右腿全蹲时，上体不要过于前倾。左腿伸直，脚尖里扣。两脚掌全部着地。左脚尖与右脚跟踏在中轴线上。

（3）身体重心前移，以左脚跟为轴，脚尖向外撇，左脚前弓，右脚后蹬，右脚尖里扣，上体微向左转并向前起身，同时左臂继续向前伸出（立掌），掌心向右，右勾手下落，勾尖向后；眼视左手。

（4）右脚慢慢提起呈独立式，同时右勾手下落变掌由后下方顺右腿外侧向前伸出，屈臂立于右腿上方，肘与膝相对，手心向左。左手落于左胯旁，手心向下，眼视右手。

要点：上体要正直，独立的腿要微屈，右腿提起时脚尖自然下垂。

（十七）右下势独立（图 11－2－100 至图 11－2－104）

（1）右脚下落于左脚前，脚尖点地，然后以左脚掌为轴向左转体，左脚外撇，同时左手向后平举变勾手，右掌随转体向左侧划弧立于左肩前；眼视左手。

（2）其余步骤均与“左下势独立”相同，唯左右相反。

图 11－2－100

图 11－2－101

图 11－2－102

图 11－2－103

图 11－2－104

要点：右脚尖触地后须稍微提起，然后再向下仆腿。其他与“左下势独立”相同，唯左右相反。

（十八）左右穿梭（图 11－2－105 至图 11－2－110）

（1）身体微向左转，左脚向前落地，脚尖外撇，右脚跟离地呈半坐盘式，同时两手在胸前呈抱球状（左上右下），然后右脚向左脚内侧靠拢，脚尖点地；眼视前臂。

（2）右脚向前迈出成右弓步，同时右手由面前向上举出翻掌停在右额前，手心斜向上，左手先向左下再经体前向前推出，高与鼻平；手心向前；眼视左手。

（3）身体重心略向后移，右脚尖略向外撇，随即重心移至右脚，左脚跟进附于右脚内侧，脚尖点地的同时两手在右胸前呈抱球状；眼视右前臂。

图 11－2－105

图 11－2－106

图 11－2－107

(4) 同步骤 2,唯左右相反。

要点:完成姿势面向斜前方(即左右穿梭方向分别为正西偏北和正西偏南,均约 30 度)。手推出后,上体不可前俯。手向上举时,勿引肩上。一手上举一手前推,要与弓腿、松腰上下协调一致。

图 11-2-108

图 11-2-109

图 11-2-110

(十九) 海底针(图 11-2-111 至图 11-2-114)

右脚向前跟进半步,左脚稍向前移,脚尖点地成虚步,同时身体稍向右转,右手下落经体前向上提起,由右耳旁斜向前下方插出,指尖向下。与此同时,左手向前、向下划弧落于左胯旁,手心向下。眼视下方。

要点:身体要先向右转,再向左转。上体不可太前倾,避免低头和臀部外凸,左腿微屈。完成姿势应面向正西。

图 11-2-111

图 11-2-112

图 11-2-113

图 11-2-114

(二十) 闪通臂(图 11-2-115 至图 11-2-117)

上体稍右转,左脚向前迈出成左弓步。同时右手由体前上提,掌心上翻,右臂平屈于头上方,拇指朝下。左手上起向前平推,高与鼻平,手心向前;眼视左手。

图 11-2-115

图 11-2-116

图 11-2-117

要点：上体自然正直，松腰、松胯；左臂不要完全伸直，背部肌肉要伸展。推掌、举掌和弓腿动作要协调一致。

（二十一）转身搬拦锤（图 11－2－118 至图 11－2－120）

（1）上体后坐，重心移至右腿，左脚尖里扣，身体向右后转，然后重心再移至左腿。同时右手随转体而向右向下（变拳）经腹前划弧至左胯旁，拳心向下。左掌上举于头前方，掌心斜向上；眼视前方。

（2）向右转体，右拳经胸前向前翻转撇出拳心向上。左手落于左胯旁，同时右脚收回后再向前迈出，脚尖外撇；眼视右拳。

（3）身体重心移至右腿，左脚向前迈一步，左手上起经左侧向前平行划弧拦出，拳心向前下方，同时右拳收到右腰旁，掌心向上，眼视左手。

（4）左脚前弓变成左弓步，同时右拳向前打出，拳眼向上，高与胸平，左手附于右前臂里侧，眼视右拳。

图 11－2－118

图 11－2－119

图 11－2－120

要点：右拳回收时，前臂要慢慢内旋划弧后再外旋停于右腰旁，掌心向上。向前打拳时，右肩随拳略向前伸，沉肩垂肘，右臂微屈。弓步时两脚横向距离同“揽雀尾”式。

（二十二）如封似闭（图 11－2－121 至图 11－2－125）

（1）左手由右腕下向前伸，右拳变掌，两手心向上慢慢回收，同时身体后坐，左脚尖跷起，重心移至后腿；眼视前方。

（2）两手在胸前翻掌，向前推出，高与肩平，手心向前，同时左腿前弓变左弓步。眼视前方。

要点：身体后坐时，避免后仰，臀部不可凸出。两臂随身体回收时，肩、肘部略向外松开，不要直着抽回。两手推出宽度不要超过两肩。

图 11－2－121

图 11－2－122

图 11－2－123

图 11－2－124

图 11－2－125

（二十三）十字手（图 11－2－126 至图 11－2－129）

（1）身体重心移至右腿，左脚尖里扣，向右转体。右手随转体动作向右平摆划弧，左右两手臂侧平举，肘下垂，同时右脚尖随转体稍外撇成右弓步；眼视右手。

（2）身体重心慢慢移至左腿，右脚尖里扣，然后右脚向左收回，与左脚成开立步，两脚相距与肩同宽，同时两手向下经腹前向上划弧交叉于胸前，右手在外，手心均向后成十字手。眼视前方。

要点：两手分开和合抱时，上体不要前俯。站起后，身体自然正直，头微向上顶，下颏稍后收。两臂环抱时须沉肩垂肘，圆满舒适。

图 11－2－126

图 11－2－127

图 11－2－128

图 11－2－129

（二十四）收势（图 11－2－130 至图 11－2－132）

两手外翻掌，手心向下，慢慢下落于两胯外侧；眼视前方。

要点：两手左右分开下落时，全身注意放松，同时气徐徐下沉，待呼吸平稳后把左脚收至右脚旁，再走动休息。

图 11－2－130

图 11－2－131

图 11－2－132

参考文献

1. 蔡仲林，周之华．武术（第三版）[M]．北京：高等教育出版社，2000．

2. 武冬．太极拳竞赛套路全书[M]．北京：北京体育大学出版社，1998．

3. 中华人民共和国体育运动委员会运动司．太极拳运动[M]．北京：人民体育出版社，1976．

4. 顾留馨．太极拳术[M]．上海：上海教育出版社，2008．

第十二章　散　打

第一节　现代散打运动概述

散打，又称散手，是两人按照一定的规则，并运用传统武术中的踢、打、摔等攻防技法制服对方的、徒手对抗的格斗项目，它是中国武术的重要竞赛形式。分为古传散手、现代散打。古传散手作为散打的最早发展要能对抗单人和兵器或多人的格斗，用头、指、掌、拳、肘、肩、膝、腿、胯、臂等部位攻击，主要的技法为打、踢、跌、摔等技法，在格斗中讲究出其不意，不讲究花法只讲究打赢实用。现代散打就是常见的以直拳、摆拳、勾拳、鞭拳、鞭腿、蹬腿、踹腿、摔法等技法组成的以踢、打、摔结合的攻防技术。散打没有套路，只有单招和组合，见招拆招。

一、散打的形成、发展与现状

散打的前身称为散手，是具有独特中华民族风格的体育项目，多年来在民间流传发展并深受人民喜爱。散打的起源与发展，与中华民族悠久历史同步。它缘起于先辈的生产劳动、生存斗争，但又服务于此，演化至今成为华夏民族灿烂文化遗产中的瑰宝。原始社会人类为了生存、猎取食物，长期与野兽搏斗并学会了搏斗的不同方法。

现代的散打是两人按照国家体育总局武术运动管理中心制定的规则，运用武术中的踢、打、摔和防守等方法，进行徒手对抗的现代体育竞技项目，它是中国武术的重要竞赛形式。中国武术有两种竞赛形式，一种是套路演练形式，一种是格斗对抗形式。散打就是格斗对抗形式的一种。

现代的散打通过对传统技击术进行归纳、整理，舍弃它们的具体形态；找出其中带有共性的规律，即对中国各拳种门派的基本拳法和基本腿法进行规整并最终总结出它们的基本运动形式。经过整合，最后确立的进攻技术具有两种运动形式：一种是直线型方法，另一种是弧线型方法。拳法以冲、掼、抄、鞭为内容，腿法以蹬、鞭、踹、摆为内容；摔法则根据“快摔”的要求和“无把”（主要是戴手套无法获得把位）的特点，主要把握“破坏重心”和“抢圈”的要点来使用“接招摔”和“夹打摔”的方法。同时，防守技术也被划分为“接触式防守”和“不接触式防守”两种。散打从比赛形式上借鉴了中国传统的“打擂台”的方式，一方掉下擂台，即为输方。在竞赛方法上采用三局两胜制，评点数得分先赢两局者即为赢家。散打不拘泥于固定的招式与套路，学习者在通过对拳法、腿法、摔法的学习以及反复训练，待熟练掌握之后，在比赛或者实际需要时自由发挥出来，以达到制胜自救的目的。

散打是以双方互相对抗为运动形式，这就要求练习者在实践中正确把握进攻的时机，防守要到位，反击要及时，从而建立正确的条件反射；同时还要针对不同的对手和双方临场的变化，提高应变能力，以及提高击打和抗击打的能力，这一切都完全起到了掌握防身自卫和克敌制胜的技能作用。初学散打，要忍受拉韧带的痛苦；攻防练习，要承受击打和抗击打的皮肉之苦；进行实战，要克服胆怯、犹豫、紧张、鲁莽等不良心理反应。散打是一项对抗性很强的运动，通过长期的散打训练，可以培养练习者勇敢、顽强、机智、果断、灵活等精神，进而形成成熟、稳健、积极向上的优秀品质。

1979 年，随着一股中国武术热的再度兴起；国家体育运动委员会按照现代竞技体育模式，首先在浙江省体委、北京体育学院和武汉体育学院进行了武术对抗性项目的试点训练。当时这三个试点的散手比赛允许使用踢、打、摔等各种技法，但不允许使用擒拿肘膝，也不许攻击喉、眼、裆、后脑等人体要害部位；而运动员则分体重、穿护要在相同的条件下平等竞争。1979 年 5 月，在广西南宁举行的全国武术观摩交流大会上做了首次汇报表演。1982 年，制定了《散打比赛规则》，自此，散打运动按照“积极、稳妥”的精神，每年举行一次“全国武术对抗性项目散打表演赛”，逐步发展。1989 年，散打被国家体委批准为正式比赛项目，并设“团体锦标赛”和“个人锦标赛”赛制。1993 年，散打比赛正式列入第七届全运会比赛项目。1998 年，散打比赛被列入第十三届亚运会正式比赛。2000 年，首届中国武术散打王争霸赛在湖南长沙市举行，湖南卫视对赛事作了全程报道，这是中国武术散打发展史上的里程碑，中国武术散打进入了专业赛制时期。

通过 2000 年一年来的比赛，散打王争霸赛已经在体育界、武术界；尤其是散打专业队中得到了普遍认同，广大教练员、运动员参加散打王争霸赛的热情空前高涨。2001 年中国武术散打王争霸赛在竞赛组织方面的最大突破是邀请外国选手正式组队参加常规比赛。这标志着中国武术散打王争霸赛的国际化理念将由设想成为现实。2001 年中国武术散打王争霸赛将分为资格晋级赛、八强赛、半决赛、决赛（各级别冠军赛）、总决赛（王者争霸赛）、超级散打王争霸赛等六个阶段进行比赛。

二、散打的特点

1. 技击技术整合性

所谓技击技术“整合”，是指具有不同文化特质的技击技术经过相互吸收、融合而趋于一体化的过程。正是这种整合，才使得传统技击术在内容与形式上发生了变化，从而逐渐演变成为一种有别于传统的新的技击技术体系。现代武术散打，对技术的整合主要通过两个方面来完成的。一是对传统技击术进行整理、归纳，舍弃它们的具象形态，找出其中带有本质特点和共性的规律。二是对处于同一时代的各国搏击技术和一些相关类项目的应用技术进行大胆的借鉴。如对中国式摔跤、国际式摔跤和柔道中的摔法，拳击中的拳法，空手道、泰国拳中的腿法进行分析研究，摄取其中有益成分。

2. 民族性

武术散打是中华民族的优秀文化遗产，是在中国特定的社会历史条件下逐渐演变发展形成的，因此它具有鲜明的民族特色。中国散打不同于西洋拳击，也不同于跆拳道；不同于使用腿击、肘撞、膝顶的泰拳，区别于不能用踢打，只能用掉、拌、擒方法的柔道；由于散打设擂比试，又不同于西方国家有缆绳的自由搏击；也不同于日本的空手道、相扑、踢拳道、格斗术，以及法国的踢拳等。武术散打要求“远踢、近打、贴身摔”，它的形式不是凝固单一的，而是多变的、演进的。

3. 对抗性

散打运动的内在特点，决定了它以相互对抗的形式来表现，所以散打的基本形式就是对抗性，这种对抗是在双方掌握了散打的基本动作和基本技术的基础之上的；经过一段的训练，在没有固定格式的情况下，在规则规定的范围内进行较技、较勇、较智，一分上下。

第二节 散打预备姿势与基本步法

一、预备姿势

散手预备姿势是进入对抗前的准备姿势，它可有多种表现形式，在此，我们仅把带有普遍意义的姿势作为标准的教学范例来讲解(图 12－2－1)。

图 12－2－1

【基本要求】

(1) 便于进攻。实战中，运动员必须准确地把握进攻时机。这除了运动员要有娴熟的技术、灵敏的 反应和必备的身体素质外，预备姿势正确与否对运用技术的效果关系重大，它主要表现在使用动作前把身体各部位调整到适于发动进攻的状态，从而达到攻防动作突然、快速、有力、奏效的目的。

(2) 便于防守。正确的预备姿势不会造成顾此失彼的状况，它总是能够事先兼顾到自身所需防守的各个部位，以及在防守时表现出最佳的能力和效果，并能及时地处理好防守过后迅速转入进攻的关系。

(3) 便于转移。实战中，运动员要不断地根据敌我双方的态势及攻防技术的特点和要求，在不同的情况下迅速地变换体位与方位。这就要求预备姿势时的重心不宜过低，基底范围不宜过大，中心应在人体中轴线周围游离，身体始终处千蓄势状态，以增加移动时启动的突然性。

【动作要领】

(1) 两脚微呈八字平行开立，距离略比肩宽，两膝微屈成并肩档。

(2) 左脚不动，右脚以脚前掌为轴向左旋转，身体随之转动 25 度左右，重心在两脚的脚前掌上，右脚跟稍稍踮起。

(3) 松胸、溜臀、收下颊，前手轻握拳，屈臂抬起，拳与下颊等高，前臂与上臂夹角成 90～110 度，后手轻握拳，屈臂抬起，前臂上臂夹角小于 60 度，后手拳自然置于下颊外侧处，肘部下垂轻贴在右肋部。

【易犯错误】

(1) 两脚容易并在一条直线上，削弱了自己进攻的能力和对来自侧面进攻的防守能力，并且稳定性差。

(2) 预备姿势完成时骶部与肩部不在一个立面上，容易破坏动作完成时的整体协调性。

【练习方法】

(1) 反复练习转体动作，要求注意重心的分配和身体立面的统一。

(2) 转体动作熟练后再做上肢的配合动作。

(3) 动作基本定型后可进行前后左右的摇晃练习,使之能够使身体协调、放松。

(4) 掌握动作后,教练员可根据情况下达指令改变体位方向,使之在不断变换动作中迅速调整好自身的动作,以提高运用预备姿势的能力。

二、基本步法

散手步法首先是为了配合攻防动作的运用,以达到攻防效果;其次是为了保持动态中的身体平衡与敌我双方的有效距离。步法是散打技术运用的基础,是构成单体技术的基本要素,"有招必有步"和"步动招随,招起步进"就是这个意思。

散手步法的总体要求是"快""灵""变"。"快"是指步法移动要迅速;"灵"是指步法移动要轻灵,有弹性,不僵滞;"变"是指步法在运用中能随机应变,转换自如。

1. 滑步

单滑步分为向前、后、左、右四种,主要用于直接配合拳的进攻。现以向前滑步为例。

【动作方法】

从预备姿势开始,上体保持原来姿势,后脚蹬地,重心前移,前脚微离地面,以脚前掌向前蹭出 30 厘米左右,后脚随之跟进相同距离,整个动作完成后仍成原来预备姿势。(图 12-2-2)

图 12-2-2

【动作要点】

(1) 在移动中,身体各部位要相对固定,但要紧而不僵,重心不得过于起伏或出现前俯后仰的情况。

(2) 前后脚移动的距离应大致相等,不然在完成动作后的步型会过宽或过窄,进而影响下一个动作的完成。

(3) 在移动过程中,两脚应始终保持平行,以保持移动中的稳定性。

(4) 移动时不应出现迈步现象,不然既影响启动速度又容易暴露动作的意图。

(5) 向后、向左、向右的滑步,一般情况下都应由向所滑动方向的脚先行移动,另一脚紧跟滑步,两脚间的滑动距离应大致相等。

2. 闪步

闪步分为左、右闪步,主要用于躲闪对方的正面进攻,并有利于自己的迅速反击。

【动作方法】

左闪步:从预备姿势开始,上体保持原来姿势,前脚向左侧迅速蹭出 20～30 厘米,紧接着后脚以前脚为轴迅速向左滑动,角度在 45～90 度以内,动作完成后呈预备姿势的步型。[图 12-2-3(a)]

右闪步:从预备姿势开始,后脚向右方横向蹭出,随后以髋部带动前脚向右侧滑动,身体转动角度一般在 60～90 度之间,动作完成后呈预备姿势。[图 12-2-3(b)]

a　b

图 12-2-3

【动作要点】

(1) 做闪步移动时,重心容易在瞬间出现前俯现象,这不利于保护自己。

(2) 闪步动作的完成主要靠髋部的力量带动,在移动过程中整个身体要相对固定,但不能僵滞。

3. 垫步

垫步大体分为两种,一种是垫一步,另一种是在上一步的基础上再跟垫一步。垫步一般直接用于配合腿的进攻动作。这里只介绍垫一步技术。

【动作方法】

(1) 从预备姿势开始,重心前移,后脚蹬地向前脚内侧并拢,随即前腿屈膝提起,根据情况使用蹬、踹腿法。(图 12-2-4)

(2) 上动不停,在用腿法同时,支撑腿随蹬(踹)腿向前再垫出一步,脚跟斜向前。

a b c

图 12-2-4

【动作要点】

(1) 后脚向前脚并拢要快,前腿提起的动作与后脚的并拢动作不脱节、不停顿。

(2) 配合出腿的垫步要与腿法同时完成,但要注意垫步时不能腾空,为加大力度和充分伸展,踹出后的支撑腿的脚后跟必须斜向前方。

第三节 散打进攻技术

一、基本拳法

散手拳法主要分为冲拳、惯拳、抄拳、鞭拳四种。

1. 冲拳

冲拳属于直线形攻击方法,它分为前冲拳、后冲拳两种,在拳法中是中远距离进攻对方的主要手段。由于冲拳动作相对隐蔽,尤其后手冲拳力量较大,是给对手重击的有效方法,所以在比赛中使用率较高。

前手冲拳:

【动作方法】

(1) 从预备姿势开始,后脚蹬地,重心前移,同时以髋带动肩向内旋转 10 度左右。

(2) 由肩带动前手臂的前臂快速直线出击,力达拳面,手臂自然伸直,后手置于原来位置。

(3) 收拳的路线亦是出拳的路线，收拳后迅速恢复到原来的预备姿势。(图 12-3-1)

a　　b

图 12-3-1

【动作要点】

(1) 出拳时不得有回拉现象，以免暴露动作意图。

(2) 出拳时要以肩催臂动，而不能以肘为轴出现敲的现象。

(3) 防止出拳时出拳臂翻肘，形成横向出拳的动作。

(4) 前手出拳的同时，后手不可有后张反拉的动作出现。

后手冲拳：

【动作方法】

(1) 从预备姿势开始，后脚蹬地并以脚前掌为轴向内扣转。

(2) 随之合髋转腰压肩，向正前方直线出拳，力达拳面。

(3) 出拳同时前手拳直线收回至下颊前方，肘部自然弯曲贴于肋部。(图 12-3-1)

【动作要点】

(1) 后手冲拳完成时，从正面看，向内转扣的后大腿应垂直于地面，这样的蹬地才能产生最大的反作用力而传递至拳面。从侧面看，两腿之间应与身体中心线形成一定角度，不然则破坏了力的完整性。

(2) 出拳后容易出现重心不稳的现象，大多是两脚居于一条线上的缘故。

(3) 出拳时要避免耸肩、转体不到位等，以致出现抖肘关节的情况，还应避免出拳时往下蹲的现象，这些都会影响打击速度、力度和破坏了击打距离。

2. 摆拳

摆拳属于弧线形进攻方法，分为前摆拳、后摆拳两种，在相互的连续击打中使用率较高。由于摆动幅度大，所以击打力量很大，但也因幅度大和运行路线长，使得动作的隐蔽性较差。为此，教学重点是认真掌握动作要领和摆拳的发力机制。

前手摆拳：

【动作方法】

(1) 从预备姿势开始，后脚蹬地，身体由髋部带动腰向内旋转 15～20 度，同时重心前移。

(2) 同时前手臂抬肘，略与肩高，微张肩，前手拳向外侧前方伸出，上臂和前臂的角度相对固定。

(3) 当髋部完成旋转角度后迅速制动，由制动的惯性使张开的肩回收而产生合力。此时的出拳臂仍按从侧前方向正前方的路线划动，最终又因髋部制动的合力牵制而制动，产生摆拳的力量。

动作完成后迅速放松，基本是按原来出拳路线恢复到预备姿势。

【动作要点】

(1) 摆拳空击时的到位标准应是手腕摆动至身体中心线处。

(2) 在做摆拳动作时要防止拳往回引拉，使动作幅度过大，正面防守出现空当。

(3) 出拳臂的拳与肘应基本保持在一个运动轨迹中，切不可过早翻肘，以免出现甩拳。

(4) 摆拳在中近距离时的手型应该是拳心向内、向下，远距离的手型应该是拳心向外、向下。[图 12－3－2(a)]

a　　b

图 12－3－2

后手摆拳：

【动作方法】

(1) 从预备姿势开始，以后脚的前脚掌为轴内旋，带动转髋，重心前移。

(2) 后手臂抬起略与肩平，拳向前外侧伸展，上臂和前臂形成一定夹角并相对固定。同时前手臂自然弯曲收回贴于肋间，拳置于下颏处。

(3) 上动不停，继续向内转髋，出拳臂微微张肩，由于惯性带动拳向前水平横摆。

(4) 转动的髋部随之制动，其惯性带出拳臂产生制动，最终形成摆拳的合力。[图 12－3－2(b)]

【动作要点】

(1) 摆拳上臂与前臂的夹角应根据击打距离来调整确定。

(2) 摆拳不能用上臂带动前臂的方式，那样即成为甩拳，并容易使肘部受伤。

(3) 当摆拳角度小于 90 度时，拳心向内、向下；当角度大于 90 度时，拳心向外、向下，这样不至于使腕部受伤。

3. 勾拳

勾拳在散打中是近距离攻击的拳法，它分为前手勾拳、后手勾拳两种，主要是在相互间对抗时使用，或是在与其他拳法的配合中使用，但使用率较低。勾拳的教学宜先使受训者掌握后手勾拳，这是因为后手勾拳动作幅度大，易于掌握。在掌握后手勾拳之后，再学习前手勾拳，较容易体会到勾拳的发力。

后手勾拳：

【动作方法】

(1) 从预备姿势开始，上体微向后、向下转动，重心略降低并合胯。

(2) 后脚蹬地挺胯，微向前、向上转体，随之后手臂根据所击打距离加大角度向前、向上出拳，拳心向内，重心随之前移。

(3) 随着挺胯到位后的制动，产生的惯性使出拳臂制动，力达拳面。

(4) 出拳后肩部迅速放松，出拳臂借回降之力收回，呈原来预备姿势。

【动作要点】

(1) 出拳时不可向后引拳，防止出现大的预摆，过早地暴露意图。

(2) 重心如不能随出拳臂迅速前移，会致使上体后仰。

(3) 不注意出拳后肩部的迅速放松，会使动作僵硬，不利于下一动作的运用。[图 12－3－3(a)]

a　　b

图 12－3－3

前手勾拳：

【动作方法】

（1）从预备姿势开始，上体微向外、向下转动，前腿微屈，扣膝合胯，前手臂收回轻贴于左肋部，前手拳自然置于左面颊外侧，重心偏于前腿。

（2）上动不停，后脚蹬地，左胯向上、向内挺出，前手拳随挺胯动作向前上方击出，出拳臂夹角根据所击距离调整，拳心向内，微微内扣。

（3）当挺胯到位即前腿基本挺直后马上制动，由于制动的作用，击出的勾拳也随之制动，产生短促发力。

（4）随着挺胯制动后的肩部放松，拳也有弹性地收回，呈原来预备姿势。[图 12－3－3(b)]

【动作要点】

（1）出拳时肩部要放松，不能耸肩。

（2）挺胯时上体不能向侧后仰或挺腹。

（3）出拳前不能向后引拉拳。

二、基本腿法

1. 侧踹腿

侧踹腿分前、后侧踹两种，是散手中运用率较高的腿法，而前侧端又多于后侧踹，它主要用于进攻与阻击。

前腿侧踹：

【动作方法】

（1）从预备姿势开始，重心稍后移，上体保持原来姿势，前腿屈膝提起与胯同高，与上体成 90 度，小腿外摆，脚尖勾起微向外翻出。[图 12－3－4(b)(c)]

（2）身体继续向侧后仰，同时展髋伸膝向前端出，脚尖横向，力达脚掌的后三分之二处，此时支撑腿的脚后跟斜向前方。[图 12－3－4(d)]

（3）此时前手置于踹出腿的大腿上方，后手置于下颊前方。

a　b　c　d　e

图 12－3－4

【动作要点】

（1）踹腿是身体配合腿的屈伸运动，发力来自于蹬地、展胯和快速伸直膝关节。要避免形成以膝关节为轴心发力的勾脚弹踢。

（2）完成动作的瞬间，从平面看，上体与腿基本保持在一条直线上，而不能低头收胯。

后腿侧踹：

【动作方法】

(1) 从预备姿势开始，前脚尖外摆，后脚蹬地，重心前移，上体向左外侧转动，后腿在腰带动下屈膝提腿向前上方迅速提起，小腿向前方外翻，脚尖勾起，脚尖斜向上方。[图 12-3-5(b)(c)]

(2) 上动不停，支撑腿以脚前掌为轴随之转动，使脚跟朝前方，上体向侧后仰，前手收回置于下颊前方，后手自然前伸置于准备踹出的腿的上方。[图 12-3-5(b)]

(3) 上体继续向后侧仰，展髋，挺胯，带动大小腿伸展踹出，力达脚掌后三分之二处。

a　b　c　d　e

图 12-3-5

【动作要点】

(1) 由于后腿侧踹的路线较长，稳定性较差，加之易受对方阻击，所以要求速度快，整体动作一气呵成。

(2) 转体要到位，不然腿的前进路线就会歪斜，以致出现空击，容易给对方的反击造成机会。

2. 正蹬腿

正蹬腿主要分为前、后正蹬两种，大级别运动员采取此腿法的比例较高。此外在相互抱缠阶段或在互打互踢时，作为摆脱方法效果较好。

前腿正蹬：

【动作方法】

(1) 从预备姿势开始，重心微后移，后腿膝关节微屈，上体微后坐，前腿屈膝正面提起，脚尖勾起。[图 12-3-6(b)]

a　b　c　d　e

图 12-3-6

(2) 上动不停,两臂微下落或回收置于头部两侧,两臂自然下垂护住两肋,同时送胯,带动大小腿向正前方水平蹬出,脚前掌下压,力达脚全掌。[图 12-3-6(c)]

【动作要点】

(1) 屈膝上提膝关节要超过自己腰部。

(2) 出腿不能往下踏,同时避免弹踢现象。

(3) 送胯出腿时,上体不可后仰太多,以免减少打击力度。

后腿正蹬:

【动作方法】

(1) 从预备姿势开始,后脚蹬地,重心前移。后腿迅速向正前方屈膝提起,两臂微下落回收,支撑腿微屈。[图 12-3-7(b)]

(2) 上动不停,提膝腿到位后送胯,带动大小腿向正前方蹬出,脚前掌下压,力达脚全掌。[图 12-3-7(c)]

a　　b　　c　　d　　e

图 12-3-7

3. 鞭腿

前腿鞭腿:

【动作方法】

(1) 从预备姿势开始,重心后移,上体微向右后转动并向后侧仰,两手臂下落,同时屈膝提腿,并向内扣膝翻胯,大小腿夹角保持在 130 度左右。[图 12-3-8(b)(c)]

(2) 上动不停,由转体翻胯带动大小腿向外侧前上方鞭踢,在击打到物体的瞬间,小腿由于加速甩出与大腿基本成直线。[图 12-3-8(d)]

(3) 在翻胯出腿的同时,支撑腿以脚前掌为轴跟着转体,脚跟斜向前。

a　　b　　c　　d　　e

图 12-3-8

后腿鞭腿：

【动作方法】

(1) 从预备姿势开始，后脚蹬地.重心前移，上体左转，后腿膝关节微外展，收胯带动大小腿向前上方提起。[图 12－3－9(b)]

(2)上动不停，支撑腿以脚前掌为轴随身体转动，同时后腿翻胯，上体继续向左侧后仰，大小腿夹角 150 度左右，随转体向右前方摆踢。[图 12－3－9(c)]

(3) 上动不停，鞭踢腿踝关节绷紧，力达踝关节部位及脚背处，当接触到被击打物体的瞬间，由于大腿的摆动使小腿加速与大腿成直线。[图 12－3－9(d)]

a　　b　　c　　d　　e

图 12－3－9

【动作要点】

(1) 鞭腿发力的机制是以上体的转体后仰带动摆腿产生的。

(2) 在完成鞭踢动作前，膝关节不要超过身体中心线，当大腿与身体中心线成 20～30 度时，小腿加速甩出，此时大腿随转体继续向中心线摆动，以加大小腿的鞭踢速度。

(3) 前腿鞭踢的提膝也应与身体中心线成一夹角，一般在 5～10 度以内。

三、基本摔法

1. 主动摔

(1) 抱腿前顶。

【动作方法】

双方由实战姿势开始，上左步，身体下潜闪躲，然后两手抱对方膝窝下方，两手用力回拉。同时用左肩顶大腿根部或腹部，将对方摔倒。(图 12－3－10)

a　　b

图 12－3－10

【动作要点】

抱住对方双腿时，一定要身体下潜贴近对手双腿，两臂后拉与肩配合协调。

(2) 抱腿旋压。

【动作方法】

右脚蹬地，上左步，身体下潜，重心移至左腿，同时左手包抄对方大腿内侧，右手抱住对方小腿后，以左脚掌为轴，身体向右后方旋转，以右手提、左肩压的合力，将对方摔倒。(图12-3-11)

a　　b

图 12-3-11

【动作要点】

下潜要快，抱腿要紧，注意胸腹部紧贴对方腿部内侧。应注重提、拉、顶与旋转腰配合一致。

2. 接腿摔

(1) 接腿涮。

【动作方法】

① 甲方接住乙方的左(右)腿，用双手将其固定住，不让其挣脱。[图 12-3-12(a)]

② 上动不停，甲方左(右)腿往侧后方撤一步，并固定住乙方的腿往怀里带。[图 12-3-12(b)]

③ 上动不停，甲方双手固定住乙方的腿向下、向左(右)、向上做弧形的牵引，将对方摔倒。[图 12-3-12(c)]

a　　b　　c

图 12-3-12

【动作要点】

抓握对方腿时"把"位要准确，要固牢，划弧牵引的动作幅度要大，要连贯有力，要牵动对方的重心。

(2) 接腿别腿。

【动作方法】

① 甲方接住乙方的左(右)腿,用一只手将乙方的脚踝关节固定住,用另一只手搂抱住乙方的膝关节部位。[图 12-3-13(a)]

② 上动不停,甲方左(右)腿伸至对方支撑腿侧后,别对方,同时用胸部向外、向下压对方被搂抱的腿,把对方摔倒。[图 12-3-13(b)]

a b c

图 12-3-13

【动作要点】

接腿要快捷、准确,要迅速把对方被固定的腿牵引至自己的右(左)肋部,以便于使用别腿方法,别腿压腿要协调一致。

参考文献

1. 中国国家体育总局.中国体育教练员岗位培训教材:武术(散手)[M].北京:人民体育出版社,1999.

2. 中国散手武术教材编写组.中国散手[M].北京:人民体育出版社,2000.

3. 朱瑞琪,王华锋,张明延,等.武术散打教程[M].北京:北京体育大学出版社,2012.

4. 王智慧.散打技术与实战训练[M].北京:人民体育出版社,2012.

第十三章　体育养生功法

第一节　健身气功·易筋经

一、"健身气功·易筋经"概述

易筋经源自我国古代导引术,历史悠久。根据史料记载,由于禅宗修持时大多以静坐为主,坐久则气血瘀滞,须以武术、导引术来活动筋骨。少林寺僧侣也借此来活动筋骨,习武健身,并在这一过程中不断对其进行修改、完善、补充,使之成为一种重要的习武健身方式,最终定名为"易筋经"。

2000年9月,国家体育总局颁布了《健身气功管理暂行办法》;2001年6月,成立了健身气功管理中心。健身气功管理中心成立后,为满足广大气功爱好者的多元化健身需要,决定从优秀传统养生健身功法入手,挖掘、整理、编创气功新功法,并在新功法前面加上"健身气功"四字,予以区别,其具有如下特点。

1. 动作舒展,伸筋拔骨

"健身气功·易筋经"功法中的每一势动作,不论是上肢、下肢还是躯干,都要求有较充分的屈伸、外展内收、扭转身体等运动,从而使人体的骨骼及大小关节在传统定势动作的基础上,尽可能地多方位和广角度地呈现活动。其目的就是要通过"拔骨"的运动达到"伸筋",牵拉人体各部位的大小肌群和筋膜,以及大小关节处的肌腱、韧带、关节囊等结缔组织,促进活动部位软组织的血液循环,改善软组织的营养代谢过程,提高肌肉、肌腱、韧带等软组织的柔韧性、灵活性以及骨骼、关节、肌肉等组织的活动功能,达到强身健体的目的。

2. 柔和匀称,协调美观

"健身气功·易筋经"功法在传统的"易筋经十二定势"动作的基础上进行了改编,增加了动作之间的连接,每势动作变化过程清晰、柔和。整套功法的运动方向为前后、左右、上下;肢体运动的路线为简单的直线和弧线;肢体运动的幅度是以关节为轴的自然活动角度所呈现的身体活动范围;整套功法的动作速度是匀速缓慢地移动身体或身体局部。在动作力量上,要求肌肉相对放松,用力圆柔而轻盈,不使蛮力,不僵硬,刚柔相济。本功法动作要求上下肢与躯干之间,肢体与肢体之间的左右上下,以及肢体左右的对称与非对称,都应有机地整体协调运动。因此,"健身气功·易筋经"呈现出动作舒展、连贯、柔畅、协调,动静相兼的特点。

3. 注重脊柱的旋转屈伸

脊柱旋转屈伸的运动有利于对脊髓和神经根的刺激,以增强其控制和调节功能。本功法的主要运动形式是以腰为轴的脊柱旋转屈伸运动,如"九鬼拔马刀势"中的脊柱左右旋转屈伸动作，“打躬势”中椎骨节节拔伸前屈、卷曲如勾和脊柱节节放松伸直动作，“掉尾势”中脊柱前屈并在反伸的状态下做侧屈、侧伸动作。因此，本功法是通过脊柱的旋转屈伸运动以带动四肢、内脏的运动，在松静自然、形神合一中完成动作，达到健身、防病、延年、益智的目的。

二、“健身气功·易筋经”习练要领与动作图解

（一）习练要领

1. 精神放松，形意合一

习练本功法要求精神放松，意识平静，不做任何附加的意念引导。通常不意守身体某个点或部位，而要求意随形体动作的运动而变化，即在习练中，以调身为主，通过动作变化导引气的运行，做到意随形走，意气相随，起到健体养生的作用。

2. 呼吸自然，贯穿始终

习练本功法要求呼吸自然、柔和、流畅，不喘不滞，以利于身心放松、心平气和及身体的协调运动。相反，若不采用自然呼吸，而执着于呼吸的深长绵绵、细柔缓缓，则会在与导引动作的匹配过程中产生“风”“喘”“气”三相，即呼吸中有声（“风相”），无声而鼻中涩滞（“喘相”），不声不滞而鼻翼扇动（“气相”）。这样，练习者不但不受益，反而会心烦意乱，动作难以松缓协调，影响健身效果。因此，习练本功法时，要以自然呼吸为主，动作与呼吸始终保持柔和协调的关系。

3. 刚柔相济，虚实相兼

本功法动作有刚有柔，且刚与柔是不断相互转化的：有张有弛，有沉有轻，是阴阳对立统一的辩证关系。习练本功法时，应力求虚实适宜，刚柔相济。要有刚和柔、虚与实之分，但习练动作不能绝对地刚或柔，应做到刚与柔、虚与实的协调配合，即刚中含柔、柔中寓刚。否则，用力过“刚”，则会出现拙力、僵力，以致影响呼吸，破坏宁静的心境；动作过“柔”，则会出现疲软、松懈，起不到良好的健身作用。

4. 循序渐进，个别动作配合发音

习练本功法时，练习者可以根据自己的实际情况灵活地选择各势动作的活动幅度或姿势，如“三盘落地势”中屈膝下蹲的幅度、“卧虎扑食势”中十指是否着地姿势的选择等。习练时还应遵循由易到难、由浅到深、循序渐进的原则。

另外，本功法在练习某些特定动作的过程中要求呼气时发音（但不需出声），如“三盘落地势”中身体下蹲、两掌下按时，要求配合动作口吐“嗨”音，目的是为了下蹲时气能下沉至丹田，而不因下蹲造成下肢紧张，引起气上逆至头部；同时口吐“嗨”音，气沉丹田，可以起到强肾、壮丹田的作用。因此，在该势动作中要求配合吐音、呼气，并注意口型，吐“嗨”音时口微张，音从喉发出，上唇着力压于龈交穴，下唇松，不着力于承浆穴。这是本功法中“调息”的特别之处。

（二）动作说明

1. 手型、步型

（1）基本手型。

握固：大拇指抵掐无名指根节，其余四指屈拢收于掌心。（图 13－1－1）

荷叶掌：五指伸直，张开。（图 13－1－2）

柳叶掌：五指伸直，并拢。（图 13－1－3）

图 13-1-1

图 13-1-2

图 13-1-3

龙爪：五指伸直、分开，拇指、食指、无名指、小指内收。（图 13-1-4）

虎爪：五指分开，虎口撑圆，第一、二指关节弯曲内扣。（图 13-1-5）

图 13-1-4

图 13-1-5

(2) 基本步型。

弓步：两腿前后分开一大步，横向之间保持一定宽度。前腿屈膝前弓，大腿斜向地面，膝与脚尖上下相对，脚尖微内扣；后腿自然伸直，脚跟蹬地，脚尖微内扣，全脚掌着地。（图 13-1-6）

丁步：两脚左右分开，间距 10～20 厘米。两腿屈膝下蹲，前腿脚跟提起，脚尖着地，虚点地面，置于后脚足弓处；后腿全脚掌着地踏实。（图 13-1-7）

马步：开步站立，两脚间距约为本人脚长的 2～3 倍，屈膝半蹲，大腿略高于水平。（图 13-1-8）

图 13-1-6

图 13-1-7

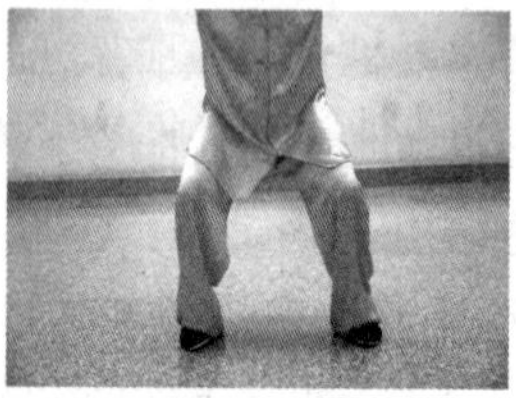

图 13-1-8

2. 动作图解

预备势

两脚并拢站立，两手自然垂于体侧；下颏微收，百会虚领，唇齿合拢，舌自然平贴于上腭；目视前方。（图 13-1-9）

第一式：韦驮献杵第一势

动作一：左脚向左侧开半步，约与肩同宽，两膝微屈，成开立姿势；两手自然垂于体侧。（图 13-1-10）

动作二：两臂自体侧向前抬至前平举，掌心相对，指尖向前。（图 13-1-11）

动作三、四：两臂屈肘，自然回收，指尖向斜前上方约 30 度，两掌合于胸前，掌根与膻中穴同高，虚腋；目视前下方。动作稍停顿。（图 13－1－12）

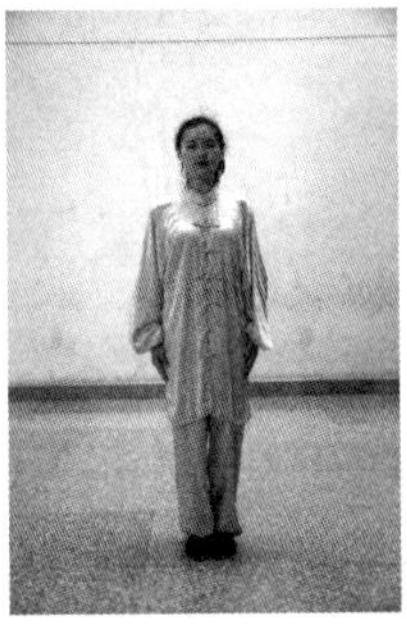
图 13－1－9

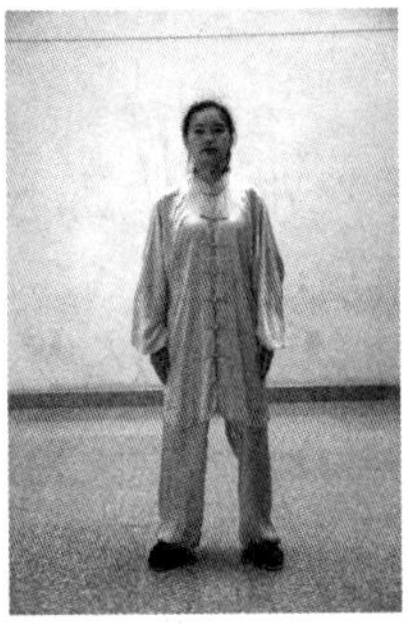
图 13－1－10

图 13－1－11

图 13－1－12

文献口诀：立身期正直，环拱平当胸，气定神皆敛，心澄貌亦恭。

第二式：韦驮献杵第二势

动作一：接上式。两肘抬起，两掌伸平，手指相对，掌心向下，掌臂约与肩呈水平。（图 13－1－13）

动作二：两掌向前伸展，掌心向下，指尖向前。（图 13－1－14）

动作三：两臂向左右分开至侧平举，掌心向下，指尖向外。（图 13－1－15）

动作四：五指自然并拢，坐腕立掌；目视前下方。（图 13－1－16）

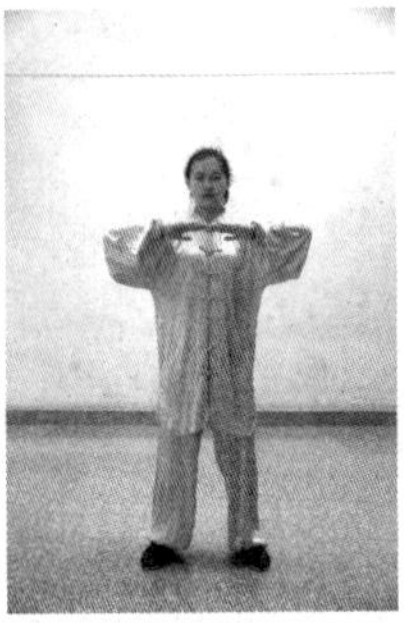
图 13－1－13

图 13－1－14

图 13－1－15

图 13－1－16

文献口诀：足趾拄地，两手平开，心平气静，目瞪口呆。

第三式：韦驮献杵第三势

动作一：接上式。松腕，同时两臂向前平举内收至胸前平屈，掌心向下，掌与胸相距约一拳，目视前下方。（图 13－1－17）

动作二：两掌同时内旋，翻掌至耳垂下，掌心向上，虎口相对，两肘外展，约与肩平。（图 13－1－18）

动作三：身体重心前移至前脚掌支撑，提踵；同时，两掌上托至头顶，掌心向上，展肩伸肘；微收下颏，舌抵上腭，咬紧牙关。（图 13－1－19）

动作四：静立片刻。

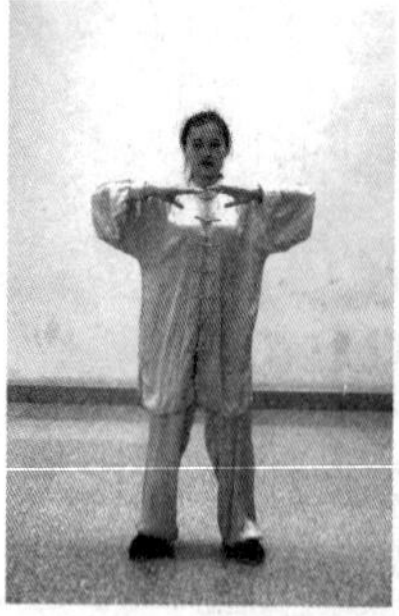

图 13－1－17

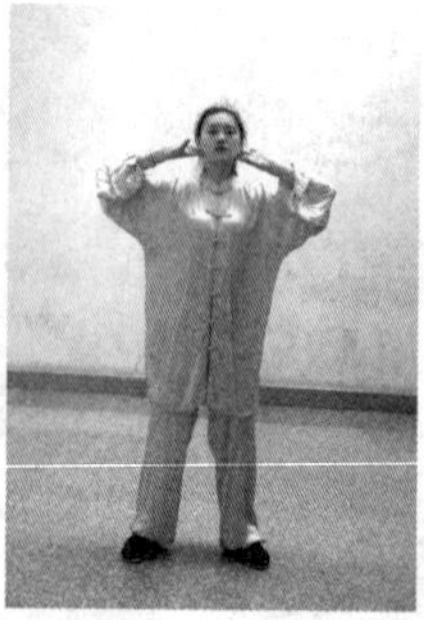

图 13－1－18

图 13－1－19

文献口诀：掌托天门目上观，足尖着地立身端，力周髋胁浑如植，咬紧牙关不放宽，舌可生津将腭抵，鼻能调息觉心安，两拳缓缓收回处，用力还将挟重看。

第四式：摘星换斗势

● 左摘星换斗势

动作一：接上式。两脚跟缓缓落地；同时，两手握拳，拳心向外，两臂下落至侧上举。（图 13－1－20）随后两拳缓缓伸开变掌，掌心斜向下，全身放松；目视前下方。（图 13－1－21）身体左转，屈膝，同时，右臂上举经体前下摆至左髋关节外侧“摘星”，右掌自然张开；左臂经体侧下摆至体后，左手背轻贴命门；目视右掌。（图 13－1－23）

图 13－1－20

图 13－1－21

图 13－1－22

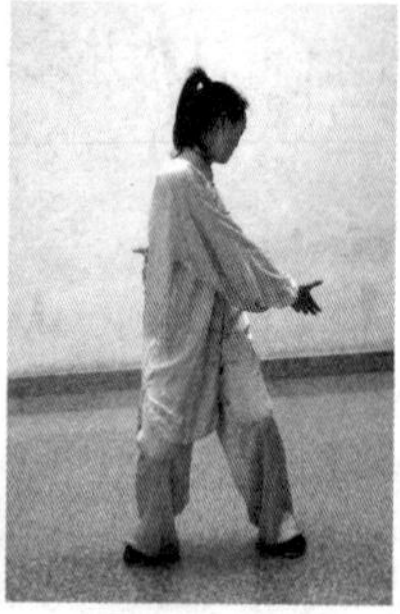

图 13－1－23

动作二：直膝，身体转正，同时，右手经体前向额上摆至头顶右上方，松腕，肘微屈，掌心向下，手指向左，中指尖垂直于肩髃穴；左手背轻贴命门，意注命门；右臂上摆时眼随手走，定势后目视掌心。（图 13－1－24）静立片刻，然后两臂向体侧自然伸展。（图 13－1－25）

图 13－1－24

图 13－1－25

● 右摘星换斗势

右摘星换斗势与左摘星换斗势动作相同，唯方向相反。

文献口诀：只手擎天掌覆头，更从掌内注双眸，鼻端吸气频调息，用力收回左右眸。

第五式：倒拽九牛尾势

● 右倒拽九牛尾势

动作一：接上式。双膝微屈，身体重心右移，左脚向左侧后方约 45 度撤步；右脚跟内转，右腿屈膝成右弓步；同时，左手内旋，向前、向下划弧后伸，小指到拇指逐个相握成拳，拳心向上；右手向前上方划弧，伸至与肩平时小指到拇指逐个相握成拳，拳心向上，稍高于肩；目视右拳。(图 13－1－26)

动作二：身体重心后移，左膝微屈；腰稍右转，以腰带肩，以肩带臂；右臂外旋，左臂内旋，屈肘内收；目视右拳。(图 13－1－27)

动作三：身体重心前移，屈膝成弓步；腰稍左转，以腰带肩，以肩带臂，两臂放松前后伸展；目视右拳。(图 13－1－28)

图 13－1－26

图 13－1－27

图 13－1－28

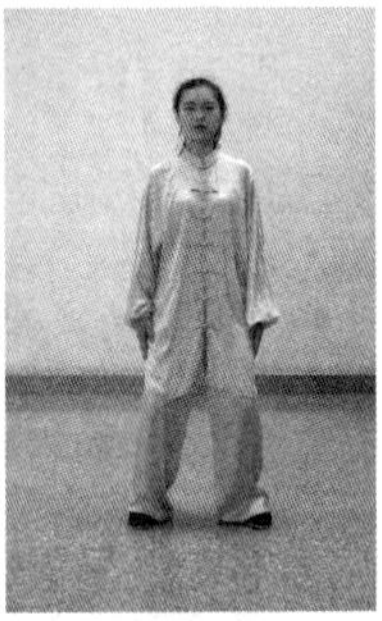
图 13－1－29

重复二至三动作三遍。

动作四：身体重心前移至右脚，左脚收回，右脚尖转正，呈开立姿势；同时，两臂自然垂于体侧；目视前下方。(图 13－1－29)

● 左倒拽九牛尾势

左倒拽九牛尾势与右倒拽九牛尾势动作、次数相同，唯方向相反。(图 13－1－30 至图 13－1－32)

文献口诀：两髋后伸前屈，小腹运气空松，用力在于两膀，观拳须注双瞳。

图 13－1－30

图 13－1－31

图 13－1－32

第六式:出爪亮翅势

动作一:接上式。身体重心移至左脚,右脚收回,呈开立姿势;同时,右臂外旋,左臂内旋,摆至侧平举,两掌心向前,环抱至体前,随之两臂内收,两手变柳叶掌立于云门穴前,掌心相对,指尖向上;目视前下方。(图 13－1－33 至图 13－1－35)

动作二:展肩扩胸,然后松肩,两臂缓缓前伸,并逐渐转掌心向前,成荷叶掌,指尖向上;瞪目。(图 13－1－36)

图 13－1－33

图 13－1－34

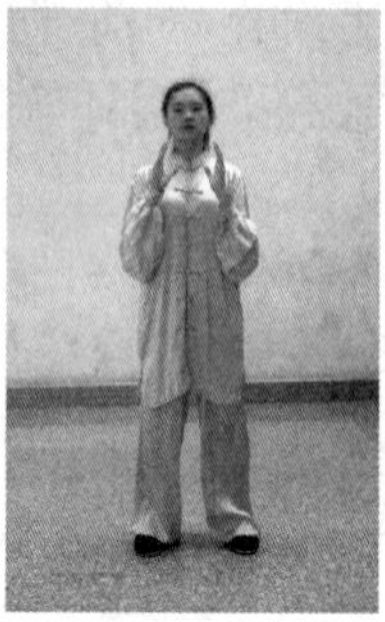

图 13－1－35

图 13－1－36

动作三:松腕,屈肘,收臂,立柳叶掌于云门穴;目视前下方。(图 13－1－37、图 13－1－38)

重复二至三动作七遍。

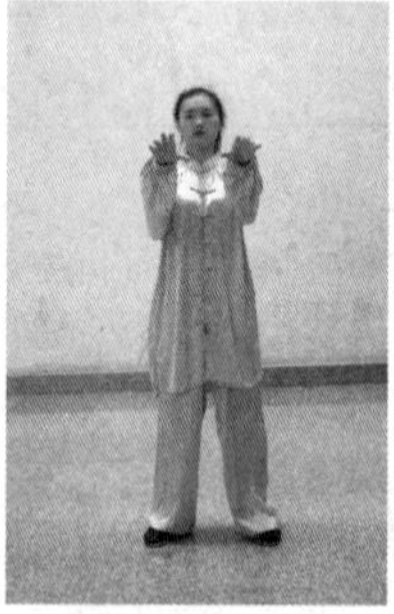

图 13－1－37

图 13－1－38

文献口诀:挺身兼瞪目,推手向当前,用力收回处,功须七次全。

第七式:九鬼拔马刀势

● 右九鬼拔马刀势

动作一:接上式。躯干右转,同时右手外旋,掌心向上;左手内旋,掌心向下。(图 13－1－39)随后右手由胸前内收经右腋下后伸,掌心向外;同时,左手由胸前伸至前上方,掌心向外。(图 13－1－40)躯干稍左转,同时右手经体侧向前上摆至头前上方后屈肘,由后向左绕头半周,掌心掩耳;左手经体左侧下摆至左后,屈肘,手背贴于脊柱,掌心向后,指尖向上;头右转,右手中指按压耳郭,手掌扶按玉枕;目随右手动,固定后视左后方。(图 13－1－41、图13－1－42)

动作二:身体右转,展臂扩胸;目视右上方,动作稍停。(图 13－1－43)

动作三:屈膝,同时上体左转,右臂内收,含胸;左手沿脊柱尽量上推;目视右脚跟,动作稍停。(图 13－1－44)

重复二至三动作三遍。

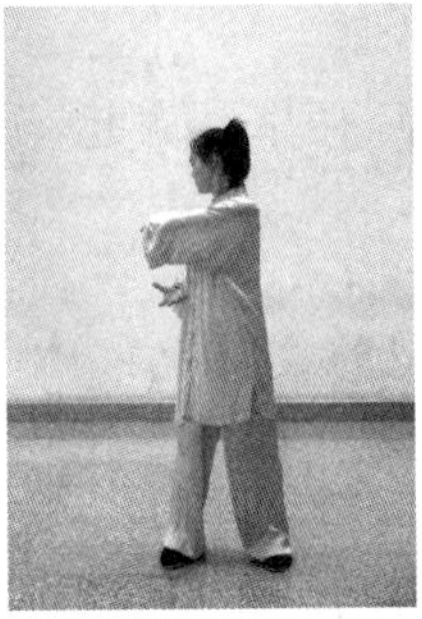
图 13－1－39

图 13－1－40

图 13－1－41

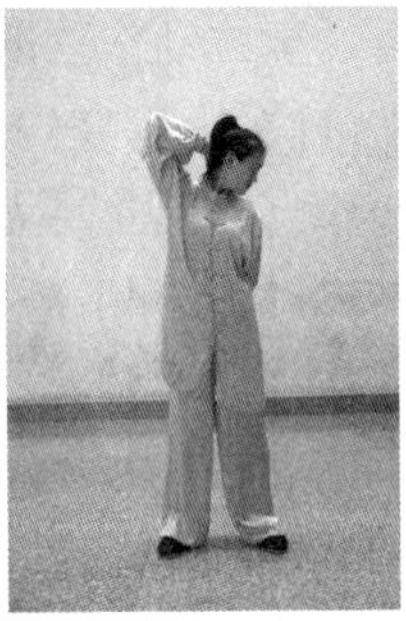
图 13－1－44

动作四：直膝，身体转正；右手向上经头顶上方向下至侧平举，同时左手经体侧向上至侧平举，两掌心向下；目视前方。（图 13－1－45）

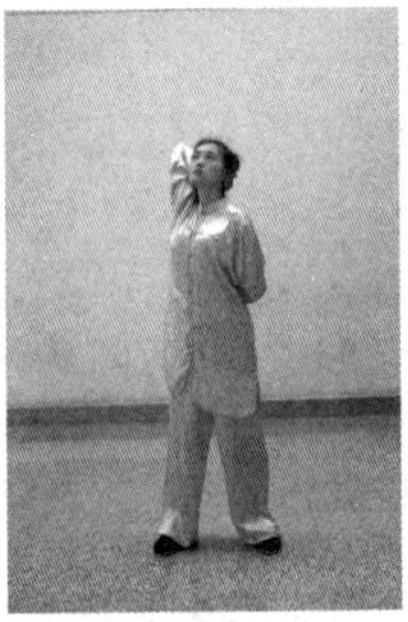
图 13－1－43

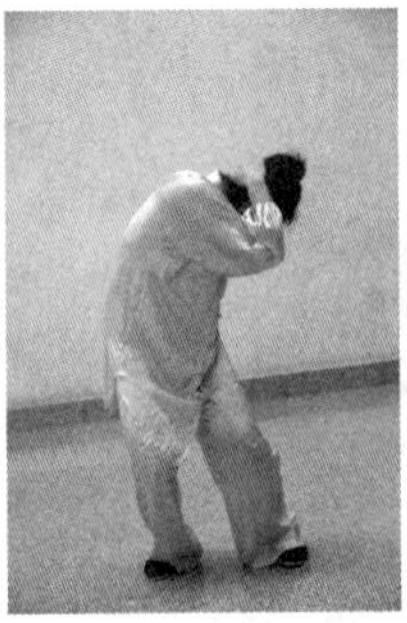
图 13－1－44

图 13－1－45

● 左九鬼拔马刀势

左九鬼拔马刀势与右九鬼拔马刀势动作、次数相同，唯方向相反。

文献口诀：侧首弯肱，抱顶及颈，自头收回，弗嫌力猛，左右相轮，身直气静。

第八式：三盘落地势

左脚向左侧开步，两脚距离约宽于肩，脚尖向前；目视前下方。（图 13－1－46）

动作一：屈膝下蹲；同时沉肩、坠肘，两掌逐渐用力下按至约与环跳穴同高，两肘微屈，掌心向下，指尖向外；目视前下方。同时，口吐“嗨”音，音吐尽时，舌尖向前轻抵上下牙之间，终止吐音。（图 13－1－47）

动作二：翻掌心向上，肘微屈，上托至侧平举；同时，缓缓起身直立；目视前方。（图 13－1－48、图 13－1－49）

图 13－1－46

图 13－1－47

图 13－1－48

图 13－1－49

重复一至二动作三遍。其中第一遍微蹲；第二遍半蹲；第三遍全蹲。

文献口诀：上腭坚撑舌，张眸意注牙，足开蹲似踞，手按猛如拿，两掌翻齐起，千斤重有加，瞪睛兼闭口，起立足无斜。

第九式：青龙探爪势

● 左青龙探爪势

动作一：接上式。左脚收回半步，约与肩同宽（图 13－1－50）；两手握固，两臂屈肘内收至腰间，拳轮贴于章门穴，拳心向上；目视前下方。（图 13－1－51）然后右拳变掌，右臂伸直，经下向右侧外展，略低于肩，掌心向上；目随手动。（图 13－1－52、图 13－1－53）

图 13－1－50

图 13－1－51

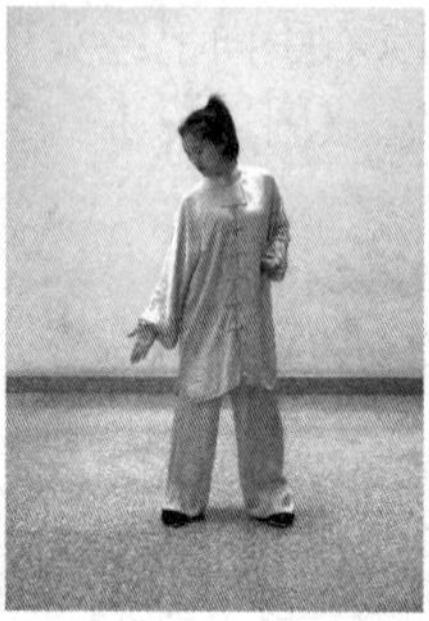

图 13－1－52

图 13－1－53

动作二：右臂屈肘、屈腕，右掌变“龙爪”，指尖向左，经下颏向身体左侧水平伸出，目随手动；躯干随之向左转约 90 度；目视右掌指所指方向。（图 13－1－54、图 13－1－55）

动作三：“右爪”变掌，身体随之左前屈，掌心向下按至左脚外侧；目视下方。（图 13－1－56）躯干由左前屈转至右前屈，并带动右手经左膝或左脚前划弧至右膝或右脚外侧，手臂外旋，掌心向前，握固；目随手动视下方。（图 13－1－57）

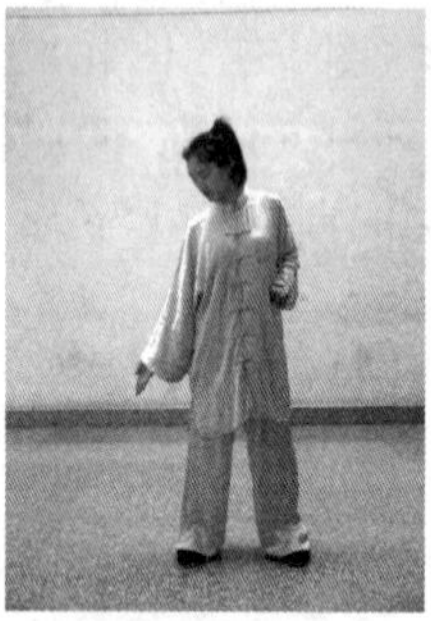

图 13－1－54

图 13－1－55

图 13－1－56

图 13－1－57

动作四：上体抬起，直立；右拳随上体抬起收于章门穴，拳心向上；目视前方。（图 13－1－58）

● 右青龙探爪势

右青龙探爪势与左青龙探爪势动作相同，唯方向相反。（图 13－1－59 至图 13－1－61）

文献口诀：青龙探爪，左从右出，修士效之，掌平气实，力周肩背，围收过膝，两目注平，息调心谧。

图 13-1-58

图 13-1-59

图 13-1-60

图 13-1-61

第十式:卧虎扑食势

● 左卧虎扑食势

动作一:接上式。右脚尖内扣约 45 度,左脚收至右脚内侧成丁步;同时,身体左转约 90 度;两手握固于腰间章门穴不变;目随转体视左前方。(图 13-1-62)

动作二:左脚向前迈一大步,成左弓步;同时,两拳提至肩部云门穴,并内旋变“虎爪”,向前扑按,如虎扑食,肘稍屈;目视前方。(图 13-1-63)

动作三:躯干由腰到胸逐节屈伸,重心随之前后适度移动;同时,两手随躯干屈伸向下、向后、向上、向前绕环一周。(图 13-1-64 至图 13-1-66)随后上体下俯,两“爪”下按,十指着地;后腿屈膝,脚趾着地;前脚跟稍抬起,随后塌腰、挺胸、抬头、瞪目;动作稍停,目视前上方。(图 13-1-67)

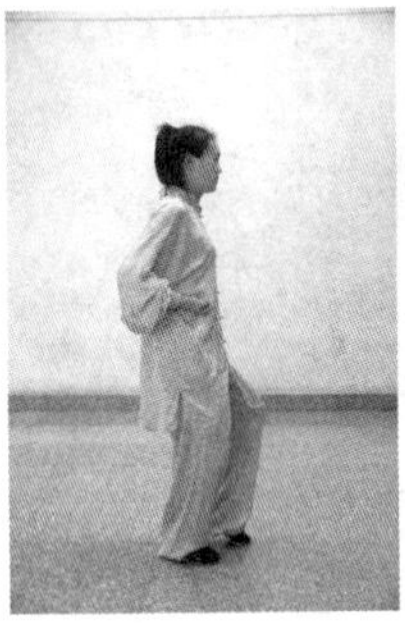

图 13-1-62

图 13-1-63

图 13-1-64

图 13-1-65

图 13-1-66

年老体弱者可俯身,两“爪”向前下按至左膝前两侧,顺势逐步塌腰、挺胸、抬头、瞪目。动作稍停。

动作四:起身,双手握固收于腰间章门穴;身体重心后移,左脚尖内扣约 135 度;身体重心左移;同时,身体右转 180 度,右脚收至左脚内侧成丁步。(图 13-1-68)

● 右卧虎扑食势

右卧虎扑食势与左卧虎扑食势动作相同,唯方向相反。(图 13-1-69、图 13-1-70)

文献口诀:两足分蹲身似倾,屈伸左右髋相更,昂头胸做探前势,偃背腰还似砥平,鼻息调元均出入,指尖着地赖支撑,降龙伏虎神仙事,学得真形也卫生。

图 13-1-67

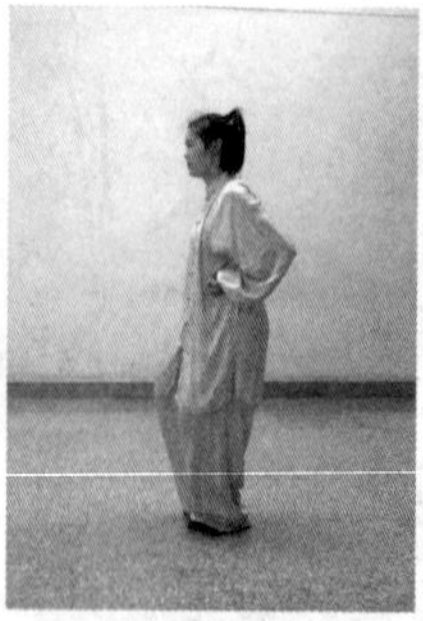

图 13-1-68

图 13-1-69

图 13-1-70

第十一式:打躬势

动作一:接上式。起身,身体重心后移,随之身体转正;右脚尖内扣,脚尖向前,左脚收回,呈开立姿势;同时,两手随身体左转放松,外旋,掌心向前,外展至侧平举后,两臂屈肘,两掌掩耳,十指扶按枕部,指尖相对,以两手食指弹拨中指击打枕部七次(即鸣天鼓);目视前下方。(图 13-1-71、图 13-1-72)

动作二:身体前俯由头经颈椎、胸椎、腰椎、骶椎,由上向下逐节缓缓牵引前屈,两腿伸直;目视脚尖,停留片刻。(图 13-1-73)

动作三:由骶椎至腰椎、胸椎、颈椎、头,由下向上依次缓缓逐节伸直后成直立;同时两掌掩耳,十指扶按枕部,指尖相对;目视前下方。(图 13-1-74)

图 13-1-71

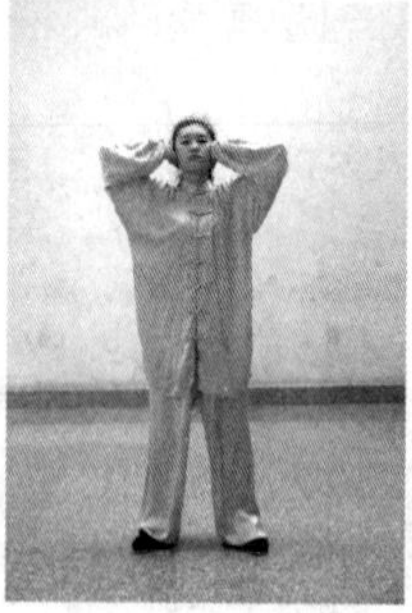

图 13-1-72

图 13-1-73

图 13-1-74

重复二至三动作三遍,逐渐加大身体前屈幅度,并稍停。第一遍前屈小于 90 度,第二遍前屈约 90 度,第三遍前屈大于 90 度。(图 13-1-75 至图 13-1-77)年老体弱者可分别前屈约 30 度,约 45 度,约 90 度。

图 13-1-75

图 13-1-76

图 13-1-77

文献口诀：两手齐持脑，垂腰至膝间，头唯探胯下，口更啮牙关，舌尖还抵腭，力在肘双弯，掩耳聪教塞，调元气自闲。

第十二式：掉尾势

接上式。起身直立后，两手猛然拔离开双耳（即拔耳）。（图 13－1－78）手臂自然前伸，十指交叉相握，掌心向内。（图 13－1－79）屈肘，翻掌前伸，掌心向外。（图 13－1－80）然后屈肘，转掌心向下内收于胸前；身体前屈，塌腰、抬头，两手交叉缓缓下按；目视前方。（图 13－1－81、图 13－1－82）年老体弱者身体前屈，抬头，两掌缓缓下按可至膝前。

图 13－1－78

图 13－1－79

图 13－1－80

图 13－1－81

图 13－1－82

动作一：头向左后转，同时臀向左前扭动；目视尾闾。（图 13－1－83）

动作二：两手交叉不动，放松还原至体前屈。（图 13－1－84）

动作三：头向右后转，同时臀向右前扭动；目视尾闾。（图 13－1－85）

动作四：两手交叉不动，放松还原至体前屈。（图 13－1－86）

图 13－1－83

图 13－1－84

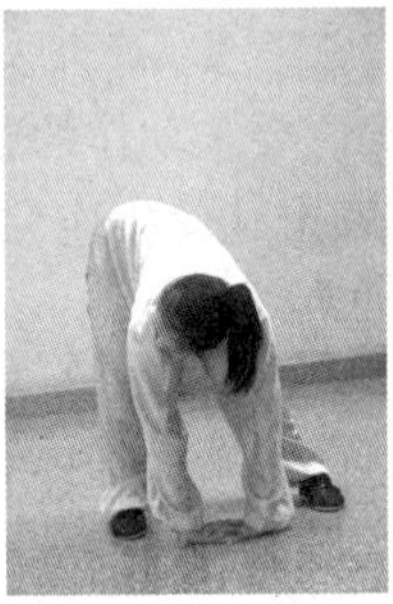
图 13－1－85

图 13－1－86

重复一至四动作三遍。

文献口诀：膝直膀伸，推手至地，瞪目昂头，凝神一志。

收势

动作一：接上式。两手松开，两臂外旋；上体缓缓直立；同时，两臂伸直外展呈侧平举，掌心向上，随后两臂上举，肘微屈，掌心向下；目视前下方。（图 13－1－87 至图13－1－89）

动作二：松肩，屈肘，两臂内收，两掌经头、面、胸前下引致腹部，掌心向下；目视前下方。（图 13－1－90）

重复一至二动作三遍。

两臂放松还原，自然垂于体侧；左脚收回，并拢站立；舌抵上腭；目视前方。

图 13-1-87

图 13-1-88

图 13-1-89

图 13-1-90

第二节　健身气功·八段锦

一、“健身气功·八段锦”概述

八段锦历史悠久，流传广泛。八段锦的运动强度和动作的编排次序符合运动学和生理学规律，属于有氧运动，安全可靠。整套功法增加了预备势和收势，使套路更加完整规范。这套功法的动作特点主要体现在以下几个方面。

1. 柔和缓慢，圆活连贯

习练时动作不僵不拘，轻松自如，舒展大方。身体重心平稳，虚实分明，轻飘徐缓。动作路线带有弧形，不起棱角，不直来直往，符合人体各关节自然弯曲的状态。以腰脊为轴带动四肢运动，上下相随，节节贯穿。要求动作的虚实变化和姿势的转换衔接，无停顿断续之处，既像行云流水连绵不断，又如春蚕吐丝相连无间，使人神清气爽，体态安详，从而达到疏通经络、畅通气血和强身健体的效果。

2. 松紧结合，动静相兼

松，是指习练时肌肉、关节以及中枢神经系统、内脏器官的放松。在意识的主动支配下，逐步达到呼吸柔和、心静体松，同时松而不懈，保持正确的姿态，并将这种放松程度不断加深。紧，是指习练中适当用力，且缓慢进行，主要体现在前一动作的结束与下一动作的开始之前。松紧配合适度，有助于平衡阴阳、疏通经络、分解黏滞、滑利关节、活血化瘀、强筋壮骨、增强体质。这套功法中的动与静主要是指身体动作的外在表现。动，就是在意念的引导下，动作轻灵活泼、节节贯穿、舒适自然。静，是指在动作的节分处做到沉稳，特别是在前面所讲八个动作的缓慢用力之处，在外观上看略有停顿之感，但内劲没有停，肌肉继续用力，保持牵引抻拉。适当的用力和延长作用时间，能够使相应的部位受到一定的强度刺激，有助于提高锻炼效果。

3. 神与形合，气寓其中

神，指人体的精神状态和正常的意识活动，以及在意识支配下的形体表现。“神为形之主，形乃神之宅。”神与形是相互联系、相互促进的整体。本功法每势动作以及动作之间充满了对称与和谐，体现出内实精神、外示安逸，虚实相生、刚柔相济，做到了意动形随、神形兼备。气寓其中，指通过精神的修养和形体的锻炼，促进真气在体内的运行，以达到强身健体的功效。习练本功法时，呼吸应顺畅，不可强吸硬呼。

二、“健身气功·八段锦”习练要领与动作图解

（一）习练要领

1. 松静自然

松静自然，是练功的基本要领，也是最根本的法则。松，是指精神与形体两方面的放松，解除心理和生理上的紧张状态，由内到外、由浅到深的锻炼过程，使形体、呼吸、意念轻松舒适无紧张之感。静，是指思想和情绪要平稳安宁，排除一切杂念。放松与入静是相辅相成的，入静可以促进放松，而放松又有助于入静，二者缺一不可。自然，是指形体、呼吸、意念都要顺其自然。具体来说，形体自然，要合于法，一动一势要准确规范；呼吸自然，要莫忘莫助，不能强吸硬呼；意念自然，要“似守非守，绵绵若存”，过于用意会造成气滞血淤，导致精神紧张。需要指出的是，这里的“自然”绝不能理解为“听其自然”“任其自然”，而是指“道法自然”，需要习练者在练功过程中仔细体会，逐步把握。

2. 准确灵活

准确，主要是指练功时的姿势与方法要正确，合乎规格。在学习初始阶段，基本身型的锻炼最为重要。在锻炼身体时，要认真体会动作要领，克服关节肌肉的酸痛等不良反应，为放松入静创造良好条件，为学习掌握动作打好基础。在学习各式动作时，要对动作的路线、方位、角度、虚实、松紧分辨清楚，做到姿势工整、方法准确。灵活，是指习练时对动作幅度的大小、姿势的高低、用力的大小、习练的数量、意念的运用、呼吸的调整等，都要根据自身情况灵活掌握，特别是老年人和体弱者更要加以注意。

3. 练养相兼

练，是指形体运动、呼吸调整与心理调节有机结合的锻炼过程。养，是通过上述练习，身体出现的轻松舒适、呼吸柔和、意守绵绵的静养状态。

练与养是并存的，不可截然分开，应做到练中有养、养中有练。特别要合理安排练习的时间、数量，把握好强度，处理好“意”“气”“形”三者的关系。

4. 循序渐进

八段锦对于初学者来说有一定的学习难度和运动强度，在初学阶段，本功法要求习练者采取自然呼吸方法。待动作熟练后，逐步对呼吸提出要求，习练者可采用练功时的常用方法——腹式呼吸。在掌握呼吸方法后，注意同动作进行配合。这其中也存在适应和锻炼的过程，不可急于求成。最后，逐渐达到动作、呼吸、意念的有机结合。由于练功者体质状况及对功法的掌握与习练上存在差异，其练功效果不尽相同。良好的练功效果是在科学练功方法的指导下，随着时间和习练数量的积累而逐步达到的。因此，习练者应持之以恒，循序渐进，合理安排好运动量。

（二）动作说明

1. 手型、步型

（1）基本手型。

拳：大拇指抵掐无名指根节内侧，其余四指屈拢收于掌心（即握固）。（图 13 - 2 - 1）

掌：掌一：五指微屈，稍分开，掌心微含。（图 13 - 2 - 2）；掌二：拇指与食指竖直分开成八字状，其余三指第一、二指节屈收，掌心微含。（图 13 - 2 - 3）

爪：五指并拢，大拇指第一指节，其余四指第一、二指节屈收扣紧，手腕伸直。（图 13－2－4）

（2）基本步型。

马步：开步站立，两脚间距约本人脚长的 2～3 倍，屈膝半蹲，大腿略高于水平。

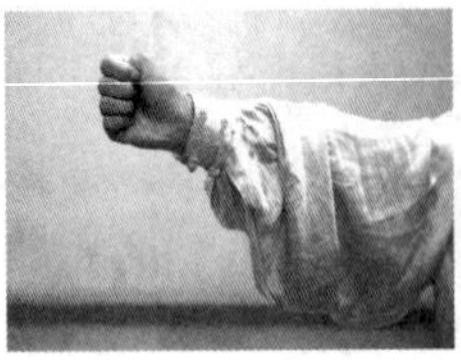
图 13－2－1

图 13－2－2

图 13－2－3

图 13－2－4

2. 动作图解

预备势

动作一：两脚并步站立；两臂自然垂于体侧；身体中正，目视前方。（图 13－2－5）

动作二：随着松腰沉髋，身体重心移至右腿；左脚向左侧开步，脚尖朝前，约与肩同宽；目视前方。（图 13－2－6）

动作三：两臂内旋，两掌分别向两侧摆起，约与髋同高，掌心向后；目视前方。（图 13－2－7）

动作四：上动不停。两腿膝关节稍屈，同时两臂外旋，向前合抱于腹前呈圆弧形，与脐同高，掌心向内，两掌指间距约 10 厘米；目视前方。（图 13－2－8）

图 13－2－5

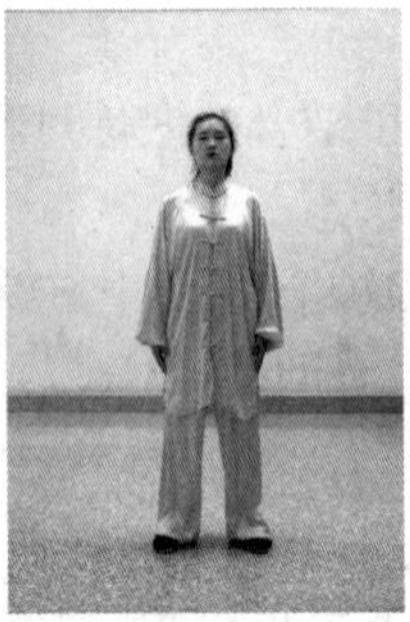
图 13－2－6

图 13－2－7

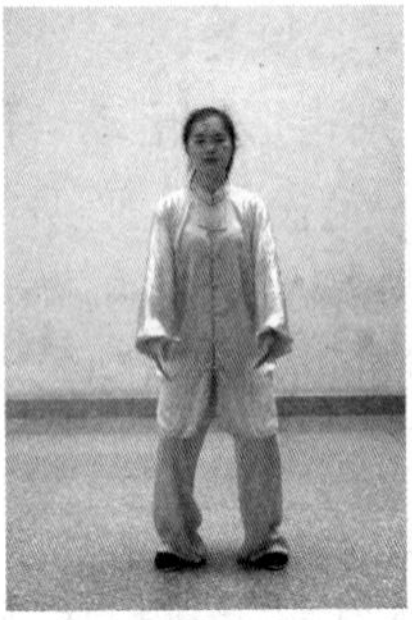
图 13－2－8

动作口诀：两脚平行与肩宽，双手侧摆抱腹前。屈膝身正心平静，调整呼吸守丹田。

第一式：两手托天理三焦

动作一：接上式。两臂外旋微下落，两掌五指分开在腹前交叉，掌心向上；目视前方。（图 13－2－9）

动作二：上动不停，两腿徐缓挺膝伸直，同时两掌上托至胸前，随之两臂内旋向上托起，掌心向上；抬头，目视两掌。（图 13－2－10）

动作三：上动不停，两臂继续上托，肘关节伸直；同时下颏内收，动作略停；目视前方。（图 13－2－11）

动作四：身体重心缓缓下降；两腿膝关节微屈；同时十指慢慢分开，两臂分别向身体两侧下落，两掌捧于腹前，掌心向上；目视前方。（图 13－2－12）

图 13－2－9

图 13－2－10

图 13－2－11

图 13－2－12

本式托举、下落为一遍，共做六遍。

动作口诀：叉指上托抬头看，平视上撑意通天。两臂下落沉肩肘，松腕舒指捧腹前。

第二式：左右开弓似射雕

动作一：接上式。身体重心右移，左脚向左侧开步站立，两腿膝关节自然伸直；同时两掌向上交叉于胸前，左掌在外，两掌心向内；目视前方。（图 13－2－13）

动作二：上动不停，两腿徐缓屈膝半蹲成马步，同时右掌屈指成“爪”，向右拉至肩前；左掌成八字掌，左臂内旋，向左侧推出，与肩同高，坐腕，掌心向左，犹如拉弓射箭之势；动作略停，目视左掌方向。（图 13－2－14）

动作三：身体重心右移，同时右手五指伸开成掌，向上、向右划弧，与肩同高，指尖朝上，掌心斜向前；左手指伸开成掌，掌心斜向后；目视右掌。（图 13－2－15）

图 13－2－13

图 13－2－14

图 13－2－15

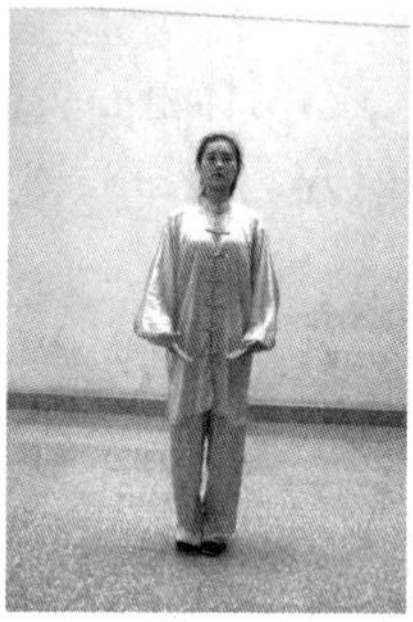

图 13－2－16

图 13－2－17

动作四：上动不停，重心继续右移；左脚回收成并步站立；同时两掌分别由两侧下落，捧于腹前，指尖相对，掌心向上；目视前方。（图 13－2－16）

动作五至动作八：同动作一至动作四，唯左右相反。

本式一左一右为一遍，共做三遍。第三遍最后一动作时，身体重心继续左移；右脚回收成开步站立，与肩同宽，膝关节微屈；同时，两掌分别由两侧下落，捧于腹前，指尖相对，掌心向上；目视前方。（图 13－2－17）

动作口诀：跨步直立搭手腕，马步下蹲拉弓弦。变掌外推臂伸展，并步起身往前看。

第三式：调理脾胃须单举

动作一：接上式，两腿徐缓挺膝伸直，同时左掌上托，左臂外旋上穿经面前，随之臂内旋上举至头左上方，肘关节微屈，力达掌根，掌心向上，掌指向右；同时右掌微上托，随之臂内旋下按

至右髋旁，肘关节微屈，力达掌根，掌心向下，掌指向前，动作略停；目视前方。（图13－2－18）

动作二：松腰沉髋，身体重心缓缓下降；两腿膝关节微屈；同时左臂屈肘外旋，左掌经面前下落于腹前，掌心向上；右臂外旋，右掌向上捧于腹前，两掌指尖相对，相距约 10 厘米，掌心向上；目视前方。（图 13－2－19）

动作三、四：同动作一、二，唯左右相反。

本式一左一右为一遍，共做三遍。第三遍最后一动作时，两腿膝关节微屈；同时右臂屈肘，右掌下按于右髋旁，掌心向下，掌指向前；目视前方。（图 13－2－20）

图 13－2－18

图 13－2－19

图 13－2－20

动作口诀：外旋上穿经面前，一掌上撑一掌按。掌根用力肘微屈，舒胸拔脊全身展。

第四式：五劳七伤往后瞧

动作一：接上式，两腿徐缓挺膝伸直，同时两臂伸直，掌心向后，指尖向下，目视前方。（图 13－2－21）然后上动不停，两臂充分外旋，掌心向外；头向左后转，动作略停；目视左斜后方。（图 13－2－22）

动作二：松腰沉髋，身体重心缓缓下降；两腿膝关节微屈，同时两臂内旋按于髋旁，掌心向下，指尖向前；目视前方。（图 13－2－23）

图 13－2－21

图 13－2－22

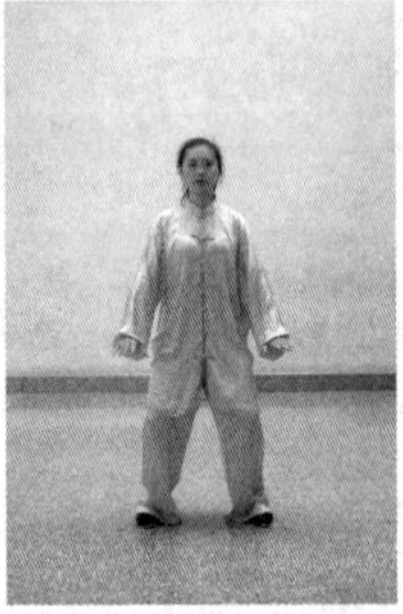

图 13－2－23

图 13－2－24

动作三：同动作一，唯左右相反。

动作四：同动作二。

本式一左一右为一遍，共做三遍。第三遍最后一动作时，两腿膝关节微屈；同时，两掌捧于腹前，指尖相对，掌心向上；目视前方。（图 13－2－24）

动作口诀：起身松腕臂外旋，转头双目往后看。身体调正膝微屈，掌指向前往下按。

第五式：摇头摆尾去心火

动作一：接上式，身体重心左移，右脚向右开步站立，两腿膝关节自然伸直；同时两掌上托

与胸同高时，两臂内旋，两掌继续上托至头上方，肘关节微屈，掌心向上，指尖相对；目视前方。（图 13－2－25）

动作二：上动不停，两腿徐缓屈膝半蹲成马步，同时两臂向两侧下落，两掌扶于膝关节上方，肘关节微曲，小指侧向前；目视前方。（图 13－2－26）

动作三：身体重心向上稍升起，而后右移；上体先向右倾，随之俯身；目视右脚。（图 13－2－27）

动作四：上动不停，身体重心左移；同时上体由右向前、向左旋转；目视右脚。（图 13－2－28）

动作五：身体重心右移，成马步，同时头向后摇，上体立起，随之下颏微收；目视前方。（图 13－2－29）

图 13－2－25

图 13－2－26

图 13－2－27

图 13－2－28

图 13－2－29

动作六至动作八：同动作三至动作五，唯左右相反。

本式一左一右为一遍，共做三遍。做完三遍后，身体重心左移，右脚回收成开步站立，与肩同宽，同时，两掌向外经两侧上举，掌心相对；目视上方。（图 13－2－30）随后松腰沉髋，身体重心缓缓下降。两腿膝关节微屈，同时屈肘，两掌经面前下按至腹前，掌心向下，指尖相对；目视前方。（图 13－2－31）

图 13－2－30

图 13－2－31

动作口诀：马步下蹲臂收敛，先倾后旋向足看。颈尾伸拉头上顶，头摇尾摆对称转。

第六式：两手攀足固肾腰

动作一：接上式，两腿挺膝伸直站立，同时两掌指尖向前，两臂向前、向上举起，肘关节伸直，掌心向前；目视前方。（图 13－2－32）

动作二：两臂外旋至掌心相对，屈肘，两掌下按于胸前，掌心向下，指尖相对；目视前方。

(图 13-2-33)

动作三:上动不停,两臂外旋,两掌心向上,随之两掌手指顺腋下向后插;目视前方。(图 13-2-34)

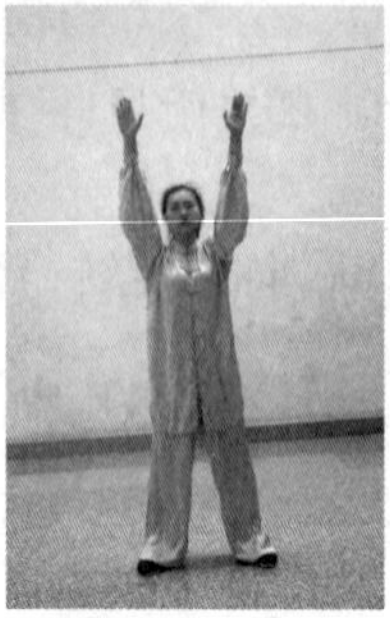

图 13-2-32

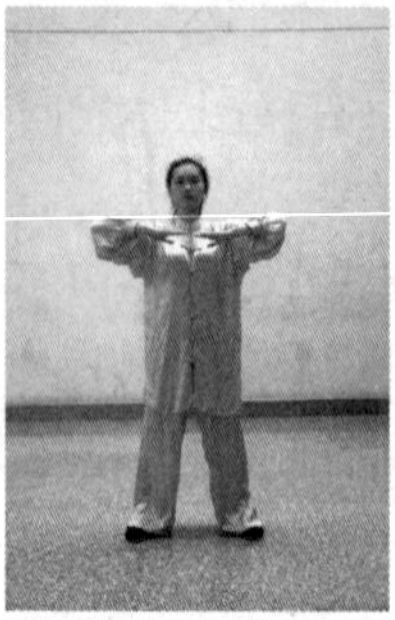

图 13-2-33

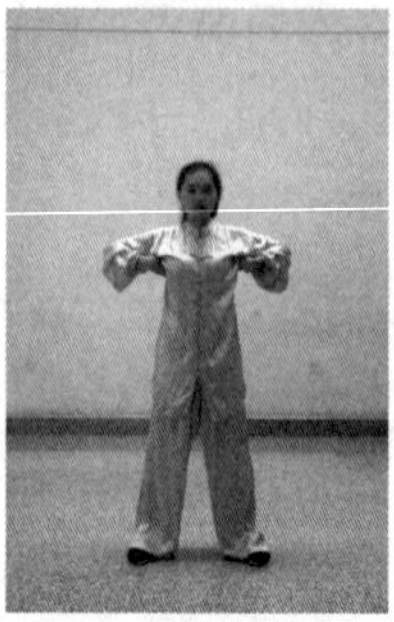

图 13-2-34

动作四:两掌心向内沿脊柱两侧向下摩运至臀部;随之上体前俯,两掌继续沿腿后向下摩运,经脚两侧置于脚面;抬头,动作略停;目视前下方。(图 13-2-35)

动作五:两掌沿地面前伸,随之用手臂带动上体起立,两臂伸直上举,掌心向前;目视前方。(图 13-2-36)

本式一上一下为一遍,共做六遍。做完六遍后,松腰沉髋,身体重心缓缓下降;两腿膝关节微屈;同时,两掌向前下按至腹前,掌心向下,指尖向前;目视前方。(图 13-2-37)

图 13-2-35

图 13-2-36

图 13-2-37

动作口诀:以臂带身上抻展,转掌下按膻中前。指顺腋下向后插,摩运脊背将足攀。

第七式:攒拳怒目增气力

接上式身体重心右移,左脚向左开步;两腿徐缓屈膝半蹲成马步;同时两掌握固,抱于腰侧,拳眼朝上;目视前方。(图 13-2-38)

动作一:左拳缓慢用力向前冲出,与肩同高,拳眼朝上;瞪目,视左拳冲出方向。(图 13-2-39)

动作二:左臂内旋,左拳变掌,虎口朝下;目视左掌。(图 13-2-40)左臂外旋,肘关节微屈;同时左掌向左缠绕,变掌心向上后握固;目视左拳。(图 13-2-41)

动作三:屈肘,回收左拳至腰侧,拳眼朝上;目视前方。(图 13-2-42)

动作四至六:同动作一至三,唯左右相反。

本式一左一右为一遍,共做三遍。做完三遍后,身体重心右移,左脚回收成并步站立;同时,两拳变掌,自然垂于体侧;目视前方。(图 13-2-43)

图 13-2-38　图 13-2-39　图 13-2-40　图 13-2-41　图 13-2-42

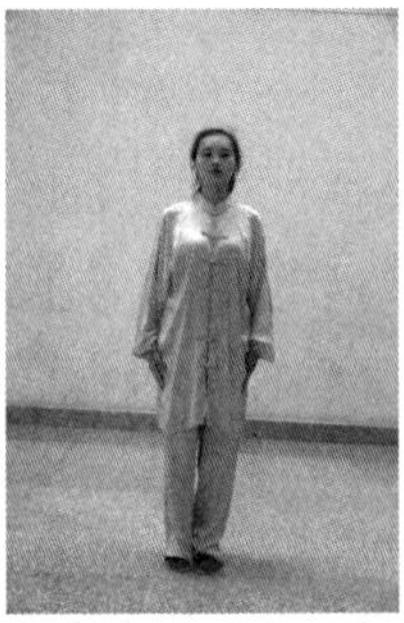
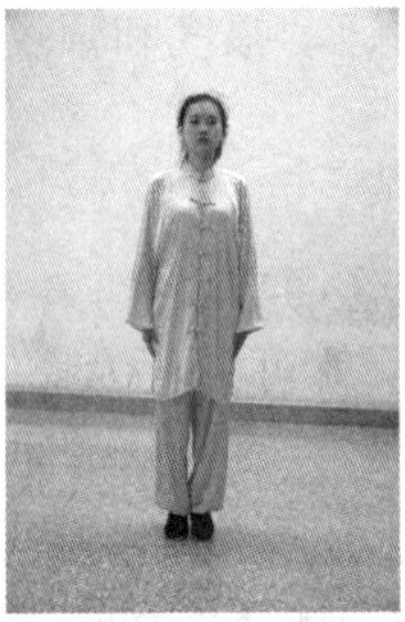

图 13-2-43　图 13-2-44

动作口诀：马步下蹲握固拳，单臂前冲瞪双眼。拧腰顺肩趾抓地，旋腕握拳收腰间。

第八式：背后七颠百病消

动作一：接上式，两脚跟提起，头上顶，动作略停；目视前方。（图 13-2-44）

动作二：两脚跟下落，轻震地面；目视前方。

本式一起一落为一遍，共做七遍。

动作口诀：两脚并拢要沉肩，呼吸均匀把足颠。脚跟抬起稍停顿，下落震地全身安。

收势

动作一，接上式，两臂内旋，向两侧摆起，与髋同高，掌心向后；目视前方。（图 13-2-45）

动作二：两臂屈肘，两掌相叠置于丹田处（男性左手在内，女性右手在内）；目视前方。（图 13-2-46）

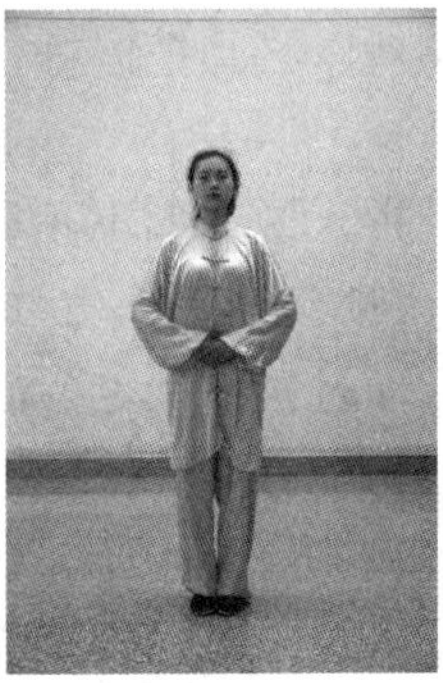

图 13-2-45　图 13-2-46

动作口诀：体态安详身自然，均匀呼吸鼻内旋。两手相叠小腹处，将气收归下丹田。

第三节　健身气功·五禽戏

一、“健身气功·五禽戏”概述

五禽戏最早由汉代华佗编创。“健身气功·五禽戏”在对传统五禽戏进行挖掘整理的基础上编创，动作力求简捷，既可全套连贯习练，也可有侧重练习，属有氧训练，习练者可根据自身情况调节每一式动作的运动幅度和强度，安全可靠。本功法的特点主要体现为以下三个方面。

1. 安全易学，内外合一

五禽戏虽然整套功法动作简单，但每一动作无论是动姿还是静态，都有细化、精化的余地。如“虎举”中手型的变化，就可细化为撑掌、屈指、拧拳三个过程；两臂的举起和下落，又可分为提、举、拉、按四个阶段，并将内劲贯注于动作的变化之中，眼神要随手而动，带动头部的仰俯变化。待动作熟练后，还可按照起吸落呼的规律以及虎的神韵要求，内外合一地进行锻炼。习练者可根据自己的身体条件和健康状况，循序渐进，逐步提高。

2. 引伸肢体，动诸关节

五禽戏功法动作体现了身体躯干的全方位运动，包括前俯、后仰、侧屈、拧转、折叠、提落、开合、缩放等各种不同的姿势，对颈椎、胸椎、腰椎等部位进行了有效的锻炼。总的来看，新功法以腰为主轴和枢纽，带动上、下肢向各个方向运动，以增大脊柱的活动幅度，增强健身功效。本功法注重手指、脚趾等关节的运动，以达到加强远端血液微循环的目的。

3. 动静结合，练养相兼

“健身气功·五禽戏”模仿五禽的动作和姿势，舒展肢体，活络筋骨，同时在功法的起势、收势以及每一戏结束后，配以短暂的静功站桩，诱导习练者进入相对平稳的状态和“五禽”的意境，以此调整气息、宁心安神，起到“外静内动”的功效。

二、“健身气功·五禽戏”习练要领与动作图解

（一）习练要领

习练“健身气功·五禽戏”，必须把握好“形、神、意、气”。

1. 形

形，即练功时的姿势。古人说：“形不正则气不顺，气不顺则意不宁，意不宁则神散乱”，这说明姿势在练功中的重要性。开始练功时，头身正直，含胸垂肩，体态自然，使身体各部位放松、舒适，不仅肌肉放松，而且精神上也要放松，呼吸要调匀，逐步进入练功状态。

2. 神

神，即神态、神韵。养生之道在于“形神合一”。习练健身气功应当做到“唯神是守”。只有“神”守于“中”，才能“形”全于“外”。所谓“戏”，有玩耍、游戏之意，这也是“健身气功·五禽戏”与其他健身气功功法的不同之处。只有掌握“五禽”的神态，进入玩耍、游戏的意境，神韵方能显现，动作形象才可能逼真。

3. 意

意，即意念、意境。《黄帝内经》中指出："心为五脏六腑之大主，心动五脏六腑皆摇。"这里的"心"指的是大脑，说明人的思维活动和情绪变化会影响五脏六腑的功能。因此，在习练中，要尽可能排除不利于身体健康的情绪和思想，创造一个美好的内环境。开始练功时，可以通过微想腹部下丹田处，使思想集中，排除杂念，做到心静神凝。习练每戏时，逐步进入"五禽"的意境，模仿不同动物的不同动作。

4. 气

气，即指练功时对呼吸的锻炼，也称调息。这是习练者有意识地注意呼吸调整，不断去体会、掌握、运用与自己身体状况或与动作变化相适应的呼吸方法。对于初学者，应先学会动作，明确其含义，使姿势达到舒适准确。待身体放松、情绪安宁后，逐渐注意调整呼吸。

（二）动作说明

1. 手型、步型和平衡

（1）基本手型。

虎爪：五指张开，虎口撑圆，第一、二指关节弯曲内扣。（图 13-3-1）

鹿角：拇指伸直外张，食指、小指伸直，中指、无名指弯曲内扣。（图 13-3-2）

熊掌：拇指压在食指指端，其余四指并拢弯曲，虎口撑圆。（图 13-3-3）

图 13-3-1

图 13-3-2

图 13-3-3

猿勾：五指指腹捏拢，屈腕。（图 13-3-4）

鸟翅：五指伸直，拇指、食指、小指向上起，无名指、中指并拢向下。（图 13-3-5）

握固：拇指抵掐无名指根节内侧，其余四指屈拢收于掌心。（图 13-3-6）

图 13-3-4

图 13-3-5

图 13-3-6

（2）基本步型。

弓步：两腿前后分开一大步，横向之间保持一定宽度，右（左）腿屈膝前弓，大腿斜向地面，膝与脚尖上下相对，脚尖微内扣；左（右）腿自然伸直，脚跟蹬地，脚尖稍内扣，全脚掌着地。（图 13-3-7）

虚步：右（左）脚向前迈出，脚跟着地，脚尖上翘，膝微屈；左（右）腿屈膝下蹲，全脚掌着地，脚尖斜向前方，臀部与脚跟上下相对。身体重心落于左（右）腿。（图 13-3-8）

丁步：两脚左右分开，间距约 10～20 厘米，两腿屈膝下蹲，左（右）脚脚跟提起，脚尖着

地，虚点地面，置于右(左)脚中间处，右(左)脚全脚掌着地踏实。(图 13－3－9)

图 13－3－7

图 13－3－8

图 13－3－9

(3) 平衡。

提膝平衡：① 左(右)腿直立站稳，上体正直；右(左)腿在体前屈膝上提，小腿自然下垂，脚尖向下。(图 13－3－10)② 后举腿平衡：右(左)腿蹬直站稳，左(右)腿伸直，向体后举起，脚面绷平，脚尖向下。(图 13－3－11)

图 13－3－10

图 13－3－11

2. 动作图解

“健身气功・五禽戏”除预备势、收势外，每戏两个动作，共十个动作。

预备势：起势调息

动作一：两脚并拢，自然伸直；两手自然垂于体侧；胸腹放松，头项正直，下颏微收，舌抵上腭；目视前方。(图 13－3－12)

动作二：左脚向左平开一步，稍宽于肩，两膝微屈，松静站立；调息数次，意守丹田。(图 13－3－13)

动作三：肘微屈，两臂在体前向上、向前平托，与胸同高。(图 13－3－14)

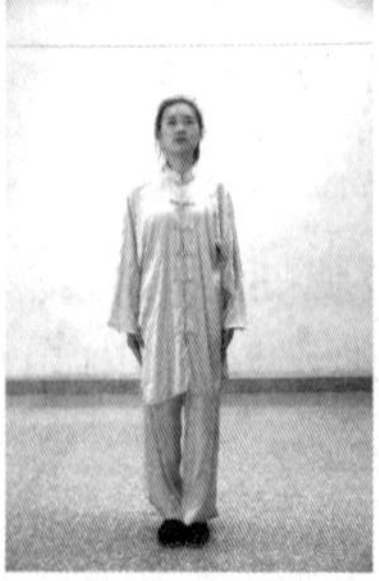

图 13－3－12

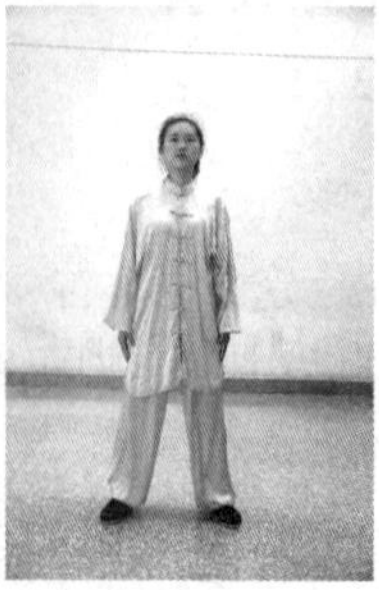

图 13－3－13

图 13－3－14

图 13－3－15

动作四：两肘下垂外展，两掌向内翻转，并缓慢下按于腹前。（图 13－3－15）

重复三、四动作两遍后，两手臂自然垂于体侧。

第一戏：虎戏

“虎戏”要体现虎的威猛。神发于目，虎视眈眈；威生于爪，伸缩有力；神威并重，气势凌人。

● 第一式：虎举

动作一：两手掌心向下，十指撑开，弯曲成虎爪状；目视两掌。（图 13－3－16）

动作二：两手外旋，由小指先弯曲，其余四指依次弯曲握拳，两拳沿体前缓慢上提。（图 13－3－17）至肩前时，十指撑开，举至头上方再弯曲呈虎爪状。（图 13－3－18）

图 13－3－16

图 13－3－17

图 13－3－18

图 13－3－19

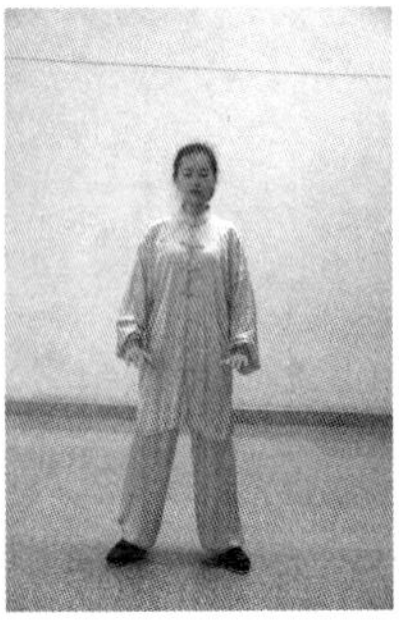

图 13－3－20

动作三：两掌外旋握拳，拳心相对；目视两拳。

动作四：两拳下拉至肩前时，变掌下按。（图 13－3－19）沿体前下落至腹前，十指撑开，掌心向下；目视两掌。（图 13－3－20）

重复一至四动作三遍后，两手臂自然垂于体侧；目视前方。

● 第二式：虎扑

动作一：两手握空拳，沿身体两侧上提至肩前上方。（图 13－3－21）

动作二：两手向上、向前划弧，十指成“虎爪”，掌心向下，同时上体前俯，挺胸塌腰；目视前方。（图 13－3－22）

图 13－3－21

图 13－3－22

图 13－3－23

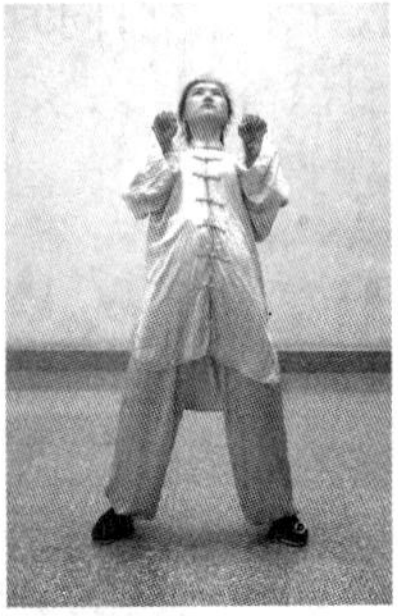

图 13－3－24

动作三：两腿屈膝下蹲，收腹含胸，同时两手向下划弧至两膝侧，掌心向下；目视前下方。（图 13－3－23）两腿伸膝，送髋，挺腹，后仰；同时两掌握空拳，沿体侧向上提至胸侧；目视前上方。（图 13－3－24）

动作四:右膝提起,两手上举(图 13-3-25),向前迈出一步,脚跟着地,右腿屈膝下蹲,成左虚步;同时上体前倾,两拳变“虎爪”向前、向下扑至膝前两侧,掌心向下;目视前方。(图 13-3-26)随后上体抬起,左脚收回,开步站立,两手自然下落于体侧;目视前方。(图 13-3-27)

图 13-3-25

图 13-3-26

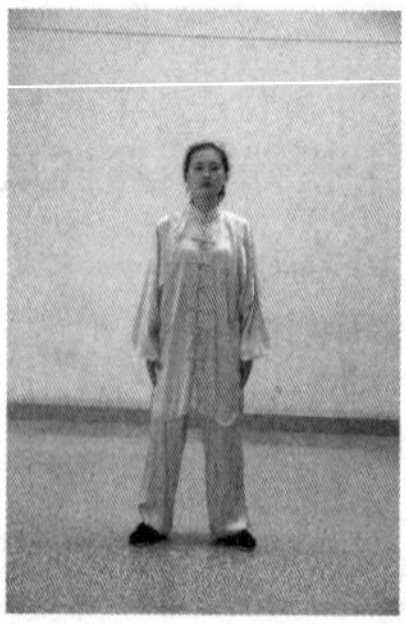
图 13-3-27

图 13-3-28

动作五至八:同动作一至四,唯左右相反。

重复一至八动作一遍后,两掌向身体侧前方举起,与胸同高,掌心向上;目视前方。(图 13-3-28)屈肘,两手掌内合下按,两臂自然垂于体侧;目视前方。(图 13-3-29)

第二戏:鹿戏

鹿喜挺身眺望,好角抵,运转尾闾,善奔走,通任、督两脉。习练鹿戏时,动作要轻盈舒展,神态要安闲雅静,意想自己置身于群鹿中,在山坡、草原上自由快乐地活动。

● 第三式:鹿抵

动作一:两腿微屈,重心移至右腿,左脚经右脚内侧向左前方迈步,脚跟着地;同时,身体稍右转;两掌握空拳,向右侧摆起,拳心向下,高与肩平;目随手动,视右拳。(图 13-3-29)

动作二:重心前移;左腿屈膝,脚尖外展踏实;右腿伸直蹬实;同时,身体左转,两掌成“鹿角”,向上、向左、向后划弧,掌心向外,指尖朝后,左臂弯曲外展平伸,肘抵靠左腰侧;右臂举至头前,向左后方伸抵,掌心向外,指尖朝后;目视右脚跟。(图 13-3-30)随后,身体右转,左脚收回,开步站立;同时两手向上、向右、向下划弧,两掌握空拳下落于体前;目视前下方。(图 13-3-31)

图 13-3-29

图 13-3-30

图 13-3-31

动作三、四:同动作一、二,唯左右相反。

动作五至八：同动作一至四。

重复一至八动作一遍。

● 第四式：鹿奔

动作一：左脚向前跨一步，屈膝，右腿伸直成左弓步；同时两手握空拳，向上、向前划弧至体前，屈腕，高与肩平，与肩同宽，拳心向下；目视前方。（图 13 - 3 - 32）

动作二：重心后移；左膝伸直，全脚掌着地；右腿屈膝；低头，弓背，收腹；同时，两臂内旋，两掌前伸，掌背相对，拳变“鹿角”。（图 13 - 3 - 33）

动作三：重心前移，上体抬起；右腿伸直，左腿屈膝，成左弓步；松肩沉肘，两臂外旋，“鹿角”变空拳，高与肩平，拳心向下。（图 13 - 3 - 34）

动作四：左脚收回，开步直立；两拳变掌，回落于体侧。（图 13 - 3 - 35）

动作五至八：同动作一至四，唯左右相反。

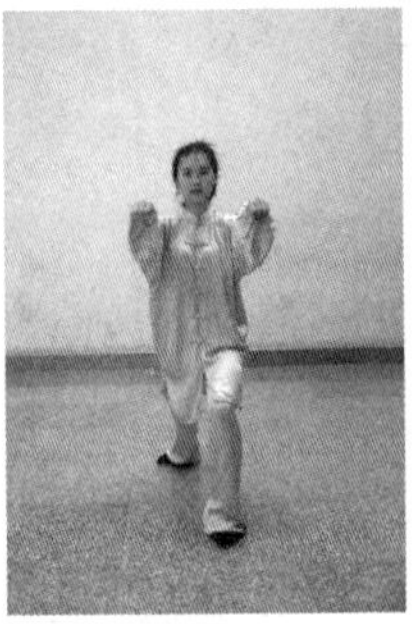
图 13 - 3 - 32

图 13 - 3 - 33

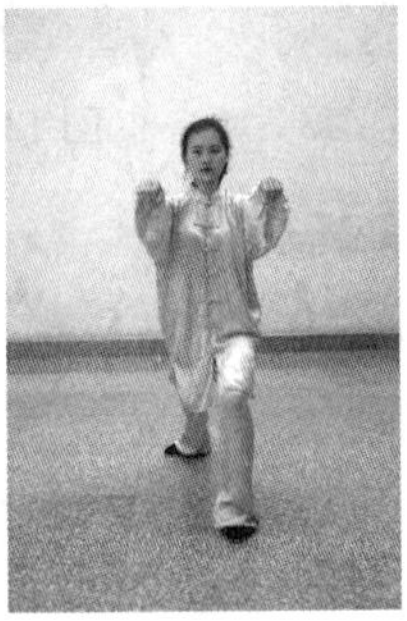
图 13 - 3 - 34

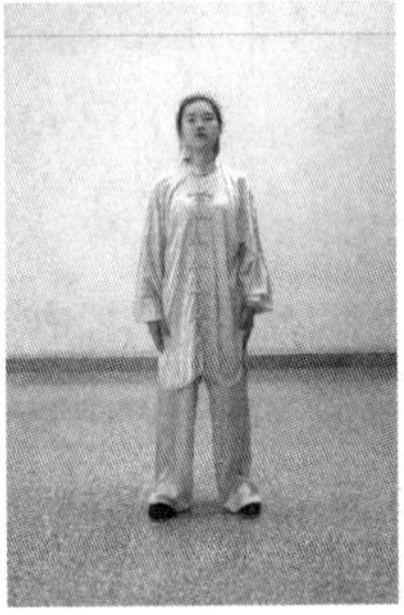
图 13 - 3 - 35

图 13 - 3 - 36

重复一至八动作一遍后，两掌向身体侧前方举起，与胸同高，掌心向上；目视前方。（图 13 - 3- 36）屈肘，两掌内合下按，自然垂于体侧；目视前方。

第三戏：熊戏

“熊戏”要表现出熊憨厚沉稳、松静自然的神态。运势外阴内阳，外动内静，外刚内柔，以意领气，气沉丹田；行步外观笨重拖沓，其实笨中生灵，蕴含内劲，沉稳之中显灵敏。

● 第五式：熊运

动作一：两掌握空拳成“熊掌”，拳眼相对，垂于下腹部；目视两拳。（图 13 - 3 - 37）

动作二：以腰、腹为轴，上体做顺时针摇晃；同时两拳随之沿右肋部、上腹部、左肋部、下腹部划圆；目随上体摇晃环视。（图 13 - 3 - 38 至图 13 -3 - 41）

图 13 - 3 - 37

图 13 - 3 - 38

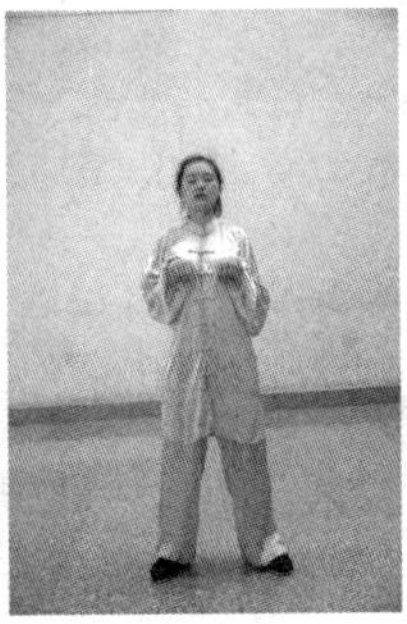
图 13 - 3 - 39

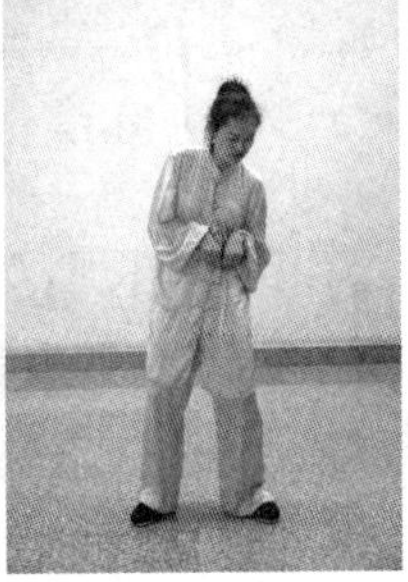
图 13 - 3 - 40

图 13 - 3 - 41

动作三、四:同动作一、二。

动作五至八:同动作一至四,唯左右相反,上体做逆时针摇晃,两拳随之划圆。(图 13-3-42 至图 13-3-45)

做完最后一个动作,两拳变掌下落,自然垂于体侧;目视前方。

图 13-3-42

图 13-3-43

图 13-3-44

图 13-3-45

● 第六式:熊晃

动作一:重心右移;左髋上提,牵动左脚离地,再微屈左膝;两掌握空拳成“熊掌”;目视左前方。(图 13-3-46)

动作二:重心前移;左脚向左前方落地,全脚掌踏实,脚尖朝前,右腿伸直;身体右转,左臂内旋前靠,左拳摆至左膝前上方,拳心朝左;右拳摆至体后,拳心朝后。(图 13-3-47)

动作三:身体左转,重心后坐;右腿屈膝,左腿伸直;拧腰晃肩,带动两臂前后弧形摆动;右拳摆至左膝前上方,拳心朝右;左拳摆至体后,拳心朝后。(图 13-3-48)

动作四:身体右转,重心前移;左腿屈膝,右腿伸直;同时左臂内旋前靠,左拳摆至左膝前上方,拳心朝左;右拳摆至体后,拳心朝后。(图 13-3-49)

图 13-3-46

图 13-3-47

图 13-3-48

图 13-3-49

动作五至八:同动作一至四,唯左右相反。

重复一至八动作一遍后,左脚上步,开步站立,同时两手自然垂于体侧。(图 13-3-50)两掌向身体侧前方举起,与胸同高,掌心向上;目视前方。(图 13-3-51)屈肘,两掌内合下按,自然垂于体侧;目视前方。

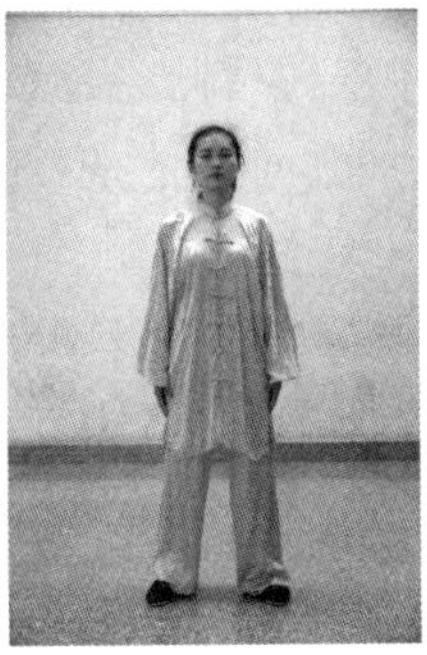

图 13－3－50

图 13－3－51

第四戏:猿戏

猿生性好动,机智灵敏,善于纵跳,折枝攀树。习练"猿戏"时,外练肢体的轻灵敏捷,内练精神的宁静,从而达到"外动内静""动静结合"的境界。

● 第七式:猿提

动作一:两掌在体前,手指伸直分开(图 13－3－52),再屈腕撮拢捏紧成"猿钩"。(图 13－3－53)

动作二:两掌上提至胸,两肩上耸,收腹提肛;同时脚跟提起,头向左转;目随头动,视身体左侧。(图 13－3－54)

动作三:头转正,两肩下沉,松腹落肛,脚跟着地;"猿钩"变掌,掌心向下;目视前方。(图 13－3－55)

动作四:两手掌沿体前下按落于体侧;目视前方。

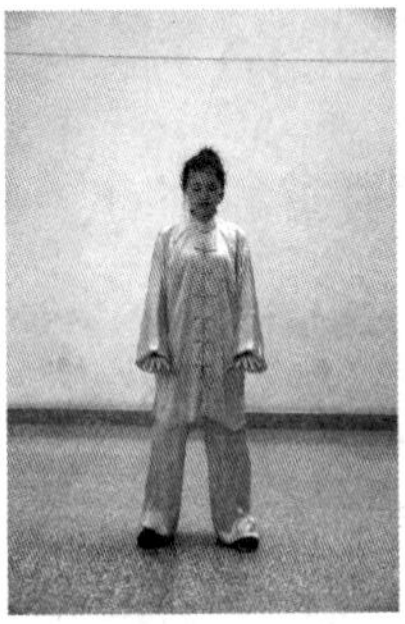

图 13－3－52

图 13－3－53

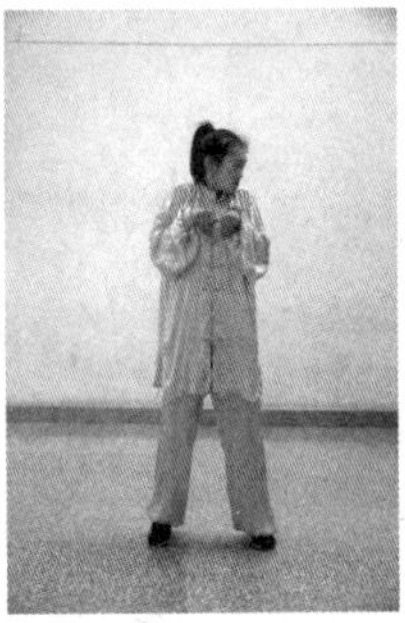

图 13－3－54

图 13－3－55

动作五至八:同动作一至四,唯头向右转。

重复一至八动作一遍。

● 第八式:猿摘

动作一:左脚向左后方退步,脚尖点地,右腿屈膝,重心落于右腿;同时左臂屈肘,左掌成"猿钩"收至左腰侧;右掌向右前方自然摆起,掌心向下。(图 13－3－56)

动作二:重心后移;左脚踏实,屈膝下蹲,右脚收至左脚内侧,脚尖点地,成右丁步;同时,右手掌向下经腹前向左上方划弧至头左侧,掌心对太阳穴;目先随右手掌动,再转头注视右前上方。(图 13－3－57)

动作三：右掌内旋，掌心向下，沿体侧下按至左髋侧；目视右掌。（图 13－3－58）右脚向右前方迈出一大步，左腿蹬伸，重心前移；右腿伸直，左脚脚尖点地；同时右掌经体前向右上方划弧，举至右上侧变"猿钩"，稍高于肩；左掌向前、向上伸举，屈腕撮钩，成采摘势；目视左掌。（图 13－3－59）

动作四：重心后移，左掌由"猿钩"变为"握固"；右手变掌，自然回落于体前，虎口朝前。（图 13－3－60）随后，左腿屈膝下蹲，右脚收至左脚内侧，脚尖点地，成右丁步；同时，左臂屈肘收至左耳旁，手指分开，掌心向上，成托桃状；右掌经体前向左划弧至左肘下捧托。（图 13－3－61）

图 13－3－56

图 13－3－57

图 13－3－58

图 13－3－59

图 13－3－60

动作五至八：同动作一至四，唯左右相反。

图 13－3－61

图 13－3－62

图 13－3－63

重复一至八动作一遍后，左脚向左横开一步，两腿直立，同时两手臂自然垂于体侧。（图 13－3－62）两掌向身体侧前方举起，与胸同高，掌心向上；目视前方。（图 13－3－63）屈肘，两掌内合下按，自然垂于体侧；目视前方。

第五戏：鸟戏

鸟戏取形于鹤。鹤是轻盈安详的鸟类，人们对它进行描述时往往寓意它的健康长寿。习练时，要表现出鹤昂然挺拔、悠然自得的神韵。仿效鹤翅飞翔，抑扬开合。两臂上提，伸颈运腰，真气上引；两臂下合，含胸松腹，气沉丹田。从而活跃周身经络，灵活四肢关节。

● 第九式：鸟伸

动作一：两腿微屈下蹲，两掌在腹前相叠。（图 13－3－64）

动作二：两掌向上举至头前上方，掌心向下，指尖向前；身体微前倾，提肩，缩项，挺胸，塌腰；目视前下方。（图 13－3－65）

动作三：两腿微屈下蹲，同时两掌相叠下按至腹前；目视两掌。（图 13－3－66）

动作四：重心右移，右腿蹬直，左腿伸直向后抬起，同时两掌左右分开，掌成“鸟翅”，向体侧后方摆起，掌心向上；抬头，伸颈，挺胸，塌腰；目视前方。（图 13－3－67）

图 13－3－64

图 13－3－65

图 13－3－66

图 13－3－67

动作五至八：同动作一至四，唯左右相反。

重复一至八动作一遍后，左脚下落，两脚开步站立，两手臂自然垂于体侧；目视前方。

● 第十式：鸟飞

接上式。两腿微屈；两手掌成“鸟翅”合于腹前，掌心向上；目视前方。（图 13－3－68）

动作一：右腿伸直独立，左腿屈膝提起，小腿自然下垂，脚尖朝下；同时两掌呈展翅状，在体侧平举向上，稍高于肩，掌心向下；目视前方。（图 13－3－69）

动作二：左脚下落在右脚旁，脚尖着地，两腿微屈，同时两掌合于腹前，掌心向上。（图 13－3－70）

动作三：右腿伸直独立，左腿屈膝提起，小腿自然下垂，脚尖朝下，同时两手掌经体侧，向上举至头顶上方，掌背相对，指尖向上。（图 13－3－71）

动作四：左脚下落在右脚旁，全脚掌着地，两腿微屈，同时两手掌合于腹前，掌心相对。（图 13－3－72）

图 13－3－68

图 13－3－69

图 13－3－70

图 13－3－71

图 13－3－72

动作五至八：同动作一至四，唯左右相反。

重复一至八动作一遍后，两手掌向身体侧前方举起，与胸同高，掌心向上；目视前方。（图 13－3－73）

屈肘，两手掌内合下按，两臂自然垂于体侧；目视前方。（图 13－3－74）

图 13-3-73

图 13-3-74

收势:引气归元

动作一:两手掌经体侧上举至头顶上方,掌心向下。(图 13-3-75)

动作二:两手掌指尖相对,沿体前缓慢下按至腹前;目视前方。(图 13-3-76)

重复一、二动作两遍。

动作三:两手缓慢在体前划平弧,掌心相对,高与脐平。(图 13-3-77)

动作四:两手在腹前合拢,虎口交叉,叠掌;眼微闭静养,调匀呼吸,意守丹田。(图 13-3-78)

图 13-3-75

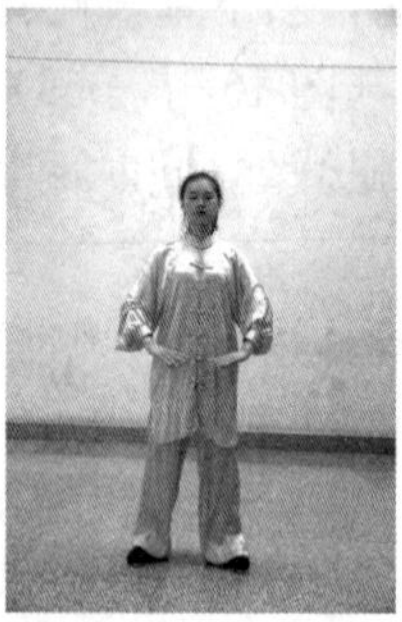

图 13-3-76

图 13-3-77

图 13-3-78

动作五:数分钟后,两眼慢慢睁开,两手合掌,在胸前搓擦至热。(图 13-3-79)

动作六:掌贴面部,上、下擦摩,浴面 3～5 遍。(图 13-3-80)

动作七:两手掌向后沿头顶、耳后、胸前下落,自然垂于体侧,目视前方。(图 13-3-81)

动作八:左脚提起向右脚并拢,前脚掌先着地,随之全脚踏实,恢复成预备势,目视前方。

图 13-3-79

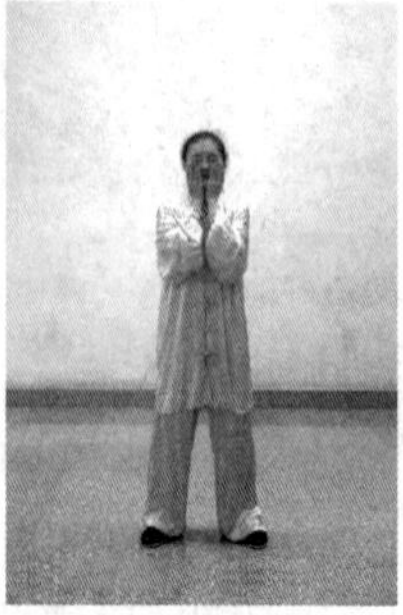

图 13-3-80

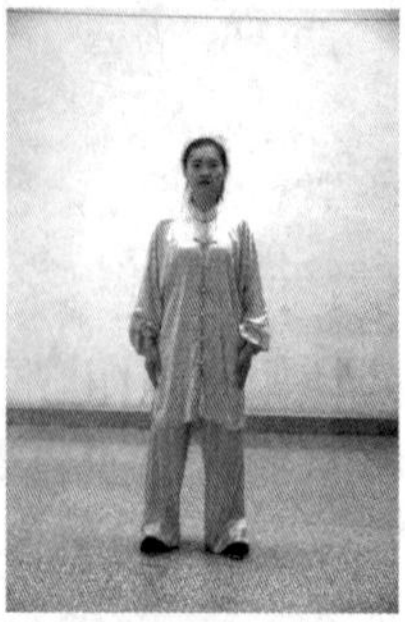

图 13-3-81

第十四章　舞龙舞狮

龙狮文化堪称中华文化的缩影，舞龙和舞狮家喻户晓、喜闻乐见。在近代，龙狮文化随着华人的迁移而传播到世界各地，因此世界上凡是有华人聚居的地方就有舞龙、舞狮运动的开展。舞龙、舞狮以其深厚的文化积淀和独特的民族风格，唤起中华儿女的民族意识，形成了巨大的民族凝聚力。

第一节　舞龙运动

一、舞龙运动的起源与发展

舞龙是指运动员在龙珠的引导下，手持龙具，随鼓乐或音乐伴奏，通过人体运动和姿势的变化，完成龙的游、穿、腾、跃、翻、滚、戏、缠及组图造型等动作和套式，充分展示龙的精、气、神、韵等内容的一项民族传统体育项目，反映了龙所象征的中华民族不屈不挠、奔腾争跃、喜庆祥和的精神风貌。

舞龙运动的发展有悠久的历史。最初舞龙是古代劳动人民为了祈求风调雨顺、五谷丰登而举行的仪式。龙是中华民族的图腾，有资料显示，舞龙活动的兴起与古老的图腾崇拜、宗教祭祀活动有关。经过漫长时间的发展，舞龙活动的宗教、神话色彩逐渐被淡化，其娱乐、喜庆、健身等功能得以强化。

近年来，舞龙运动迅速发展起来，并被列为全国正式比赛（四类）项目，民间民俗传统舞龙活动走向了现代竞技舞龙运动发展的道路。舞龙运动突出的社会价值和文化功能，极大地满足了高校的需求，被很多院校引入体育实践中，成为高校体育教育的重要内容。2003 年，中国大学生体育协会舞龙舞狮分会挂牌成立，随后便推出"百校龙狮进课堂"推广计划，十年来加盟高校已逾百所。两年一届的全国大学生舞龙舞狮锦标赛，竞赛规模不断壮大，竞赛水平不断提高，竞赛内容和形式也不断丰富。

图 14－1－1

二、舞龙的基本技术

（一）基本握法

1. 正常位

双手持龙具把，左（或右）臂肘微屈。手握于龙具把位末端，与胸同高，右（或左）臂伸直，手握把的上端。

2. 滑把

一手握龙具把端不动,另一手握龙具把上下滑动。

3. 换把

结合滑把动作,当滑动手接近固定手位时,双手转换,滑动手握把成固定手,固定手变成滑动手。

(二) 基本型形和步法

1. 步型

(1) 正步:两脚靠拢,脚尖对前方;重心在双脚上。

(2) 小"八"字步:两脚跟靠拢,脚尖分开,对左、右前角。

(3) 大"八"字步:两脚跟间相距一脚半,其他同小"八"字步。

(4) 丁字步:右(左)脚跟靠拢左(右)脚足弓处,脚尖方向同小"八"字步。

(5) 虚丁步:(前点步)站丁字步,右(左)脚顺脚尖方向伸出,绷脚点地,大腿外旋。

(6) 虚步:站虚丁步,左(右)腿半蹲。

(7) 弓箭步:右(左)脚向前迈出,屈膝,小腿垂直,脚尖朝前,左腿(或右腿)挺直,脚尖稍内扣;重心在两腿中间,上身与右(左)脚尖在同一方向。

(8) 横弓步:将弓步的上身左(右)转成与左(右)脚尖在同一方向。

2. 步法

(1) 圆场步:沿圆线行进,左脚上一步,脚跟靠在右脚尖前,脚跟先着地,再移至前脚掌,同时右脚跟提起。右脚做法同左脚,两脚动作保持在一条线上。

(2) 矮步:两腿半屈,勾脚尖,迅速、连续地以脚跟到脚尖滚动向前行进;每步长短约为运动本人的一脚长。

(3) 弧形步:两腿微屈,两脚迅速、连续向前行进;每步大小略比肩宽,走弧形路线;眼注视龙体。

(4) 单碾步:预备势脚站小"八"字步,手握把位呈上举姿势,右脚以脚掌为轴,脚跟微提起,左脚以脚跟为轴,脚掌微提起,两脚同时向右碾动,由正小"八"字步碾成反小"八"字步,然后右脚以脚跟为轴,左脚以脚掌为轴,同时向右碾动,成正小"八"字步,反复按此进行。

(5) 双碾步:预备势站正步,以双脚跟为轴,双脚尖同时向右(左)碾动,然后再以双脚尖为轴,双脚跟同时向右(左)碾动,反复按此进行。

(6) 腾空箭弹:右脚向前上步,膝关节伸直,脚后跟着地;右臂前摆,持龙珠后摆;眼视前方;接着右脚踏实蹬地向上跳起,左脚随之向前、向上摆起,同时右脚蹬地向上跳起,使身体腾起;右腿迅速挺膝向前上方弹踢,脚面绷平,左腿屈膝回收。

(三) 舞龙基本动作

舞龙所用龙具有5把一珠和9把一珠之分,以下以9把一珠用龙为例。执龙珠者为0号队员,龙头者为1号队员,龙身队员按序向龙尾依次为2、3、4、5、6、7、8号队员,执龙尾者为9号队员。

1. "8"字舞龙动作

(1) 跪步舞龙。

动作要领:全体队员大"八"字步前后一臂距离成一列纵队站立,龙体在队员两侧做"8"字形环绕舞龙一次后,除龙头队员外,其他队员降低重心,单膝着地成跪步,龙体不停,继续在队员两侧做“8”字形环绕舞龙四次以上。

要求：跪步要整齐，跪步舞龙时队员挺胸立腰，加大向上和左右的舞动幅度。

(2) 靠背舞龙。

动作要领：全体队员大“八”字步前后一臂距离成一列纵队站立，3、5、7、9 号队员向后 180 度转身分别与 2、4、6、8 号队员背对背成“人”字形造型，同时龙体不停，继续在队员身体两侧做“8”字舞龙四次以上。

要求：队员转身动作连贯顺畅，龙形饱满，不停顿。

(3) “8”字形舞龙磨转。

动作要领：全体队员大“八”字步前后一臂距离成一列纵队站立，做“8”字形舞龙动作不停，同时以 5 号队员为圆心，逆时针方向磨转一周。

要求：磨转过程中全体队员要始终保持前后一臂距离的直线队形不变，磨转一周完成 6～8 次的“8”字形舞龙动作。

(4) 站腿舞龙。

动作要领：站腿舞龙时，双数号队员马步站立，上体前倾，双臂尽力前伸，在以手为中心的大立圆内做“8”字形舞龙，双手以拧把为主，龙杆运行前后的幅度一定要小；单数号队员双脚紧扣其下队员的腰腿部，屈膝内扣贴紧其肩背部，上体尽力弯曲前倾。

要求：“8”字形舞龙的上下幅度要大。队员站腿要稳，马步与站腿队员舞龙动作配合要顺畅，不塌肚，不扯龙，完成四次“8”字形舞龙动作。

2. 游龙动作

(1) 单侧起伏跑小圆场。

动作要领：“龙珠”引龙体逆时针方向走小圆场，同时龙体在队员右侧快速大幅度上下起伏。

要求：队员互相靠近，身体重心随龙形变化而变化，龙体上下起伏如波浪般流畅，不塌肚，不扯龙。

(2) 快速跑斜圆场。

动作要领：“龙头”起伏一次后正向跑斜圆场。动作的掌握可以先分两步进行。第一步，龙体成圆，“龙头”要内扣咬住“龙尾”，为保持龙形饱满，各节要尽量将龙杆向外撑开；第二步，成一斜圆。要达到此目的，首先要把握好一个最低点和最高点，在最低点每把都要放到最低，同时身体重心也要降到最低；在最高点，每把都要将龙杆上滑，双手持龙杆举至最高点，同时脚尖踮起，身体重心升至最高点。在最高点和最低点之间的转化要匀速，每把龙杆在两点之间的转化始终处在上升和下降的运动过程中，不可出现“拖龙”现象。

要求：“龙头”“龙珠”“龙尾”相接成斜圆盘，斜圆场跑动时圆心要相对固定，尽量减少前后和左右的偏移。

(3) “S”形游龙。

动作要领：“龙珠”引龙体快速左右曲线起伏，成“S”形行进，改变三次以上方向。

要求：龙体圆顺，队员改变方向时要沿切线向外走，不要向内切，以保持龙形饱满，不塌肚。

(4) 骑肩双杆起伏行进。

动作要领：“龙珠”引龙体行进成圆后向内聚拢，3、5、7、9 号队员分别接 2、4、6、8 号队员龙把后，持双杆骑在2、4、6、8号队员肩上，在“龙珠”引导下，“龙头”带领龙体上下起伏行进。

要求：聚拢成形动作要快，一气呵成，不拖沓，双杆舞龙配合协调，龙体运行才能流畅。

3. 穿腾动作

(1) 龙穿身。

动作要领：“龙头”沿弧线由右侧穿第5节龙身，在穿过之前，6号队员引身后龙体左右摆动，保持龙形活跃；在龙头穿过之后，6号队员顺龙体先下运行之势下滑龙把，7、8、9号队员换把，矮步依次从6号队员身前穿过。

要求：6号队员和龙头配合协调，穿过与滑把衔接要紧凑。

(2) 2号穿越8、5节。

动作要领：“龙珠”引龙体逆时针跑圆场，成圆后，“龙头”带龙身穿越“龙尾”，之后换把反向顺时针跑弧线，依次穿越第8、5节龙身，当3号队员穿过第8节龙身后，6、7、8号队员分别腾越第1、2、3节龙身，随龙头行进。

要求：“龙头”穿越后内扣行进，使龙体向中心聚合，不松散。

(3) 快腾进。

动作要领：“龙珠”引龙体弧线行进成半圆后，“龙头”左后急转弯走直线穿越第5节龙身，6、7、8、9号队员分别腾越第1、2、3、4节龙身后随“龙头”弧线行进成半圆，反复三次。

要求：龙体一环扣一环，始终保持一个半环。

(4) 慢腾进。

动作要领：“龙珠”引龙体弧线行进成半圆，“龙珠”左后急转弯举珠带领“龙头”腾越第4节龙身，“龙头”腾越第5节龙身随珠而行，第2、3、4号队员分别交叉越过第6、7、8节龙身。“龙珠”右转弯引龙体反复重复以上腾越动作。

要求：龙体一环扣一环，始终保持一个半环。

4. 翻滚动作

(1) 快速逆向跳龙行进。

动作要领：“龙头”带领龙身在“龙珠”的引导下举龙快速行进，逆时针方向连续做两次立圆行进。各龙节迅速依次跳跃，龙身随“龙头”行进。

要求：队员在跳龙时要高举龙把至最高点。为了进一步加大立圆的饱满度，队员在跳龙时做“S”形曲线行进，跳龙后恢复直线行进。

(2) 大立圆螺旋行进。

动作要领：“龙头”在内侧，身体重心随龙体起伏，顺时针方向舞大立圆3次，使龙体连续螺旋状翻滚行进。

要求：龙形旋转立圆一致，队员腾越龙身轻松利索，不碰踩龙体，不拖地。

(3) 360度斜圆盘跳龙。

动作要领：“龙头”引龙体做原地“8”字形舞龙两次后，高抛龙头逆时针转体360度舞斜圆扫2号队员脚下，当龙杆运行到2号队员脚下的时候，2号队员起跳空中转体180度，从第1节龙杆上跳过，随即下蹲将龙杆扫向第3节，落地后不停，顺势转回原来方向……以此类推，不同的是，以后每节是从龙身上跳过，而不是从龙杆上跳过。

要求：龙体运行连贯顺畅，不打地。

(4) 连续螺旋跳龙。

动作要领:"龙头"逆时针方向舞立圆,队员迅速从龙身上依次跳过,如此反复4次以上,使龙体连续螺旋翻转。

要求:连续跳龙动作要圆顺,速度要均匀,幅度要统一。

5. 组图造型动作

(1) 龙门造型。

动作要领:"8"字形舞龙,高抛龙头从5号队员前穿过,然后自打一结,同时龙尾从5号队员后穿过再从8号队员前穿过打一结。第4、5、6节成一直线。接着4、6号队员跪步扶龙杆撑地,5号队员蹲下放龙身时第4、5、6节龙体成一"V"字形造型。7、9号队员靠拢弓步相对,8号立于其腿上,1、2、3号队员动作同7、8、9号队员动作。然后,"龙珠"空翻从第5节跳进,呈龙门造型。

要求:龙门造型要规范,左右对称。

(2) 蝴蝶盘花造型。

高抛龙头换把,端龙内扣,龙头、龙尾相接成一圆场,高擎龙之后,9号队员换把下滑龙杆端,龙反向内扣走弧线,5号队员不动,然后4、6号队员与5号队员靠拢成一直线,单跪步龙杆撑地,龙头、龙尾队员高擎龙相接,其余各节向内"龙珠"靠拢,成一团身龙舟造型。然后"龙珠"从内跳出,1号队员骑3号队员肩,9号队员骑7号队员肩,2、8号队员将龙杆向外撑出,其余各节动作基本不变。接着1、9号队员跳出龙身,同时其余各节内扣靠拢,成蝴蝶盘花造型。

要求:造型要规范,左右对称,形象逼真。

(3) 高塔盘造型。

动作要领:龙体在"龙珠"引导下走圆,向内两周螺旋收缩,到位后"龙头"迅速站上2号队员肩膀,组成高塔盘螺旋造型,接着顺时针方向自转一周。

要求:螺旋造型要协调、稳定,"龙头"站肩迅速、稳定。

(4) 大横"8"字花造型。

动作要领:"龙珠"引龙体左右上下起伏缓慢行进,整个龙体组成明显的大横"8"字花造型,重复四次以上。

要求:首尾相连成一完整"8"字形,两边对称,行进过程慢而不断,柔中带刚。

三、舞龙运动的竞赛规则

(一) 竞赛人员及其有关规定

参加人员包括领队、教练员、运动员。为确保比赛顺利,须遵守以下规定。

(1) 每支运动队人数不超过16人,其中领队1人,教练1人,运动员14人(包括替换队员兼鼓手4人)。

(2) 每名运动员每次只能代表一支队伍参赛,违者取消比赛资格。

图14-1-2

(3) 比赛套路完成时间为7~8分钟。

(4) 比赛时,运动员应穿具有特色的表演服装。要求穿戴整洁,服饰的款式、色彩须与舞龙器材相协调,执龙珠队员的服饰与其他队员应有区别。运动员上场比赛须佩戴号码,执龙珠者为"0"号,执龙头者为"1"号,其余依次顺延,替换队员、伴奏队员均应佩戴号码。

(二) 竞赛场地要求

竞赛场地为边长20米的正方形场地(特殊情况除外),要求是边长不得小于18米的正方形,并要求地面平整、清洁,场地边线宽0.05米,边线内沿为比赛场地。边线周围至少有1米宽的无障碍区。上空从地面量起,至少有8米的无障碍空间。

(三) 比赛器材要求

(1) 龙珠:球体直径不小于0.33米,杆高(含珠)不低于1.7米。

(2) 龙头:重量不得小于2.5千克,杆高(含龙头)不低于1.85米。

(3) 龙身:以九节布龙参赛,龙身为封闭式圆筒形,直径不小于0.33米,全长不小于18米,龙身杆高(含龙身直径)不低于1.6米,两杆间距大致相等。

(4) 龙体、龙尾、龙珠的重量不受限制。

(5) 凡器材不符合规定者,不允许参加比赛。

第二节　舞狮运动

一、舞狮运动的起源与发展

舞狮在我国历史悠久,流传地域广阔,每逢佳节,很多地方都有舞狮的风俗,它由民俗活动逐渐发展成为一种具有独特民族风格的传统体育运动,并以它绚丽的色彩和千姿百态的动作吸引人们参与、观赏,其逐渐发展成为一项体育竞赛活动。

1985年3月,福建省体委等7个单位联合举办了首届舞龙、舞狮表演赛。来自全国8个地区的16支代表队,共派出13条龙、9头狮,约300名运动员参赛,显现了这项民间欢庆活动走向竞技体育的趋势。与此同时,东南亚及中国香港地区的华人舞狮活动也日益兴盛。国际性的舞狮比赛也逐年增多,并于1995年1月23日在中国香港地区成立了国际龙狮总会。1995年7月,中国龙狮运动协会成立。1995年底,广东的南狮、京津地区的北狮等专家起草了舞狮竞赛规则。1996年协会又两次组织研讨会对规则进行修改,同年底,举行了首届全国舞狮锦标赛,来自全国各地的20支舞狮队参加了角逐。

1998年10月,在以狮子为主题的苏州乐园举行了第二届全国舞狮锦标赛。2005年5月,在湖南长沙举办了第三届全国舞狮锦标赛。此后我国又分别在广州、上海、深圳成功地举办了三届国际龙狮邀请赛。另外,首届中国大学生舞龙舞狮锦标赛于2003年12月在中南大学成功举行。如今两年一届的全国大学生舞龙舞狮锦标赛已成功举办了十二届,参赛队伍、竞赛规模和竞赛水平不断提高。这都促进了"龙狮运动"在我国高校的发展。

二、舞狮运动分类

(一) 北狮运动

1. 表演欣赏

北狮表演不拘形式,多种多样,一般分为单狮或群狮表演。单狮动作讲究轻巧,以跳跃、翻腾和一些技艺造型动作为主体,群狮动作则讲究集体造型和队形变化。表演的场地器材也不受限制,场地有广场、舞台等,器材有高台、梅花桩、跳板、大球等。表演时间没有限制,一般为30分钟左右。音乐伴奏可以用京鼓、京锣、京钹,也可以播放现代的民族吹打乐伴奏。总之,舞狮活动一出现就标志着喜庆节日或庆典活动的开始。

2. 竞赛欣赏

北狮竞赛是指在严格遵守竞赛规则要求的前提下所进行的北狮表演活动。有关规则规定,北狮竞赛上场队员10人,其中包括鼓乐5人、引狮员1人、舞狮员4人,比赛场地为边长20米的正方形,比赛时间为10～15分钟。器材按规则要求自行设计。比赛有规定套路比赛和自选套路比赛。现在舞狮比赛基本采取自选套路比赛,自选套路比赛的编排要求内容丰富、构思巧妙、结构新颖、风格别致。舞狮技巧难度、创新动作借助器材的设计来演绎,表达山、岭、岩、谷、溪、间、水、桥、洞等意境,展现狮子喜、怒、醉、睡、醒、动、静、惊、疑、怕、寻、探、望等情态和翻、滚、卧、闪、腾、扑、跃、戏、跳等动作。其动作与鼓乐伴奏和谐一致,既有观赏价值,又有健身价值。欣赏北狮竞赛,应从整套动作的编排、音乐的配合及动作的完成情况三个方面去进行。

(二) 南狮运动

1. 南狮的起源与发展

南狮表演在唐朝时开始盛行,讲究表情细腻、柔和而稳重,有搔痒、舔毛、抖毛、打滚飞跃等动作,惟妙惟肖,逗人喜爱,着重刻画狮子温顺可爱及雄伟、俊武、勇猛的性格。南狮表演以广东为中心,并风行于中国港澳地区、东南亚以及海外华人居住的地方。南狮由一人舞狮头,一人舞狮尾。舞狮者穿各种灯笼裤,上身穿密纽扣的唐装灯笼袖衫或短文化衫。狮背用五彩布条或绸布做成。“狮子郎”头戴大头佛面具,身穿长袍,腰束彩带,手握葵扇以逗引狮子,以此舞出各种优美的招式,动作滑稽风趣,雄壮威武。南狮流派众多,有广州、佛山的“大头狮”,高鹤、中山的“鸭嘴狮”,东莞的“麒麟狮”,等等。南狮除外形与北狮不同外,尚有性格不同。黄头狮舞法沉着刚健,威严有力,民间称为“刘备狮”;红头狮舞姿勇猛雄伟,气概非凡,人称“关公狮”;黑头狮动作粗犷好战,俗称“张飞狮”。

图 14-2-1

2. 南狮的形神表现

南狮表演,注重形象的表现,要求表现出狮子生动活泼、威武稳重、刚健、勇猛、多疑、贪玩、贪食等特征。如狮子睡醒后慵懒的动作,探洞时多疑的性格,登山时的昂首阔步,过桥时看到水中影子的惊愕,戏水时欢愉的情绪,采食灵芝时贪馋的表情,吞食时的得意，月夜吐球时的谨慎等各种形神，都要生动传神地表现出来。舞狮者在鼓乐的伴奏下，须将狮子各种神态淋漓尽致地表现出来，配合生动的步形、步法，才可给予观众以美的享受。各种形神的表情要求如下。

喜——狮子为了采青，不惜千辛万苦，排除万难，当采到青时兴高采烈的神态；怒——狮子遇到物体阻碍或外物骚扰时愤恨发怒的状态；醉——狮子采青后自我陶醉的神态；乐——狮子在桩上自由跳跃，落脚抓水时活泼畅快的动态；醒——狮子清醒时威武雄壮的形态；动——狮子行走时活泼好动的体态；静——狮子休息时稳重安宁的定态；惊——狮子遇到危险时恐惧、颤抖的心态；疑——狮子对周围事物的猜测或焦虑的神态；猛——狮子跳跃或飞桩的动态。

形神表现，务求形似神似，切忌骆驼狮（狮背凹凸不平的狮子）的出现。

3. 南狮的演练与欣赏

南狮比赛套路分传统南狮与高桩狮两类。根据故事内容，以采青为主题，分开始部分、发展部分、主体部分、结束部分。

（1）开始部分。主要表现狮子睡醒饥饿外出觅食的情景。主要套路动作有平地直线行跑，平地左右行进，醒狮惊望、平地行拜等表演动作。鼓法配以擂鼓、平鼓、步鼓、快鼓等。

图 14-2-2

（2）发展部分。主要表现狮子游山玩水过程中发现崇山峻岭，危机重重，疑惑四起，经过试探，仍左右徘徊的状态。主要套路动作有平地 360 度环回快走、平地 180 度回头跳、平地腾起、平地双腿站立、卧地惊望等连接和动态表现动作。鼓法配以震鼓、三星鼓、平鼓、快鼓等。

（3）主体部分。主要表现狮子发现山上有一把仙草，一时性起，以百兽之王的英雄气概，不怕艰险，不顾一切勇敢冲上山。跋山涉水，险象环生，终于排除万难，成功采得仙草。主要套路动作有 2.8 米高桩坐头造型，180 度回头跳接坐头，桩上飞跃，台上飞跃，观青、探青、采青、吃青、吞青、吐青以及洗、舔、擦脚等动态、静态连接表现动作。鼓法配以击鼓边、震鼓、平鼓、快鼓、擂鼓、七星鼓等。

（4）结束部分。主要表现狮子饱食一顿，睡醒后愉快而归的状态。主要套路动作有连续飞跃、桩上跳下、地上接滚翻以及醒狮舔、擦、抹、平地行拜等动态动作。鼓法配以擂鼓、快鼓、三鼓、七鼓、平鼓等。

参考文献

1. 江宇.大学体育与健康[M].苏州：苏州大学出版社，2017.
2. 罗斌，朱梅.舞龙舞狮[M].北京：中国文联出版社，2009.
3. 雷军蓉.中国舞龙运动[M].北京：北京体育大学出版社，2018.

第十五章　花样跳绳

第一节　花样跳绳概述

一、花样跳绳的起源与发展

跳绳在我国已经有一千多年的历史，最初是一种在环摆的绳索中做各种跳跃动作的体育游戏，可分为单人跳绳和多人跳绳。单人跳绳早在南北朝就已出现，到了明朝开始出现多人跳绳。跳绳在古代被称为荡绳或跳白索。《北齐书·后主传》记载："游童戏者好以两手持绳，拂地而却上，跳且唱高末。"到了唐朝称之为透索，每年中秋节以透索为戏，已成为时令。元明时期，跳绳称为跳白索，是燕云地区的重要时令活动。清朝出版的《有益游戏图说》中也有关于跳绳的记载，那时跳绳称为绳飞。欧洲最早关于跳绳的记载是在中世纪，其中交互绳最早起源于荷兰，也叫"荷兰双绳"(Double Dutch)，后来流传至美洲和亚洲各国。

长期以来，跳绳在世界各地一直作为一种民俗活动，并没有得到广泛的开展。直到 1996 年国际跳绳联合会成立，才开始有机构负责组织国际跳绳赛事以及在全球范围内开展跳绳运动的研究、宣传、指导和管理工作。

随着跳绳运动的快速发展，跳绳技术不断推陈出新，技术方法已多达上千种。跳绳比赛的项目也不单单局限于计数赛，更多的是花样赛，因此本章将跳绳称为"花样跳绳"。

二、花样跳绳的功能与特点

21 世纪，音乐、体操、武术、舞蹈等元素的融入，大大增强了跳绳运动的趣味性、观赏性、合作性、表演性、挑战性，跳绳运动的功能逐步得到开发，日趋完善。花样跳绳功能的完善可以满足不同人群的运动需求，更好地促进其身心发展。

1. 简单易行，成本不高，健身效果好

花样跳绳对场地、器材的要求不高，简单易行。只需要一根跳绳，一块平整场地(约 3 平方米)，轻便的着装就可以开展了。花样跳绳的健身效果非常显著，持续跳绳 10 分钟相当于慢跑 30 分钟的能量消耗。

2. 种类丰富，技术多变

花样跳绳的功能日趋完善，其种类也日益丰富，技术动作更是层出不穷，各类跳法已多达上千种。花样跳绳的比赛项目大致可以分为计数类和花样类两大类，按种类可以分为个人绳、两人一绳、车轮跳、交互绳、长绳五大类。

3. 人数可多可少，量和强度可自由调整，男女老幼皆宜

花样跳绳可以单人跳，也可以双人或更多人跳。跳绳时，可以通过改变摇绳的速度和时

间来灵活控制运动的量和强度。花样跳绳有一些摇绳、打绳类动作，这些动作不需要进行跳跃就可以完成，比较适合热身或放松，也适合于中老年人锻炼身体。

4. 训练周期短，应用广泛

跳绳的训练周期相对较短，有时两年左右的时间就可以使运动员的跳绳水平达到国际水平。跳绳训练由于对于锻炼和提高运动员的速度、灵敏、耐力、爆发力等身体素质效果非常显著，所以被广泛应用在拳击、篮球、羽毛球等运动项目的训练中。

第二节　花样跳绳基本技术

一、个人基本花样

个人基本花样是指跳绳者手持短绳完成的摇绳、打绳、直摇跳、交叉跳等技术动作，通常以8拍为单位进行练习。练习个人基本花样要做好以下几项工作。

准备跳绳：一般使用花样绳——竹节绳，长度要求为单脚踩住绳子中间，手握绳柄前端拉至肚脐上方5厘米处即可(图15-2-1)，熟练后可适当调短。

持绳方法：要求大拇指和食指握住绳柄前端，其余三指并拢握住手柄。(图15-2-2)

预备姿势：并脚站立，两膝关节并拢，手握绳柄置绳于身后，大臂紧贴身体两侧，小臂自然弯曲，大臂与小臂形成约100度夹角。(图15-2-3)

基本跳绳姿势：两手臂将绳子由后向前摇起后，含胸收腹提踵，大臂靠着身体，小臂自然下垂，手腕摇绳。(图15-2-4)

图15-2-1

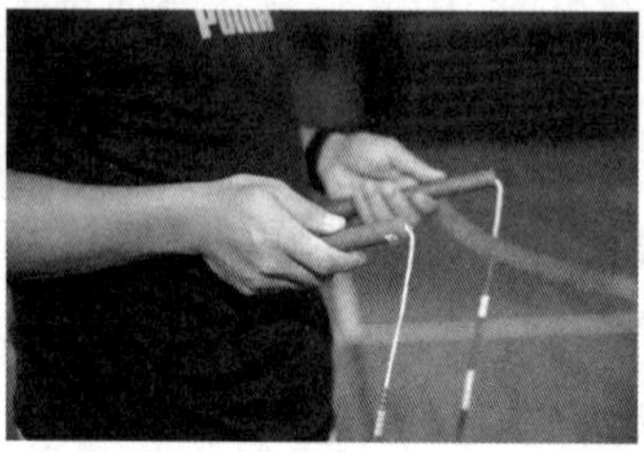

图15-2-2

图15-2-3

图15-2-4

1. 左右摇绳(图15-2-5)

第1拍：从预备姿势开始将绳子摇到身体的左侧，右手在外，左手在内，小臂部分交叉，绳子下落时右手积极主动地向正后方发力摇绳。

第2拍：绳子到达上方时，右手摇到左手里面，在左侧再摇一次。

第3拍：绳子落地后快速将绳子摇到右侧，左手在外，右手在内。

第4拍：左手积极主动地将绳子摇到上方时换到右手里面，在右侧再摇一次。

第5—8拍：重复1—4拍的动作。

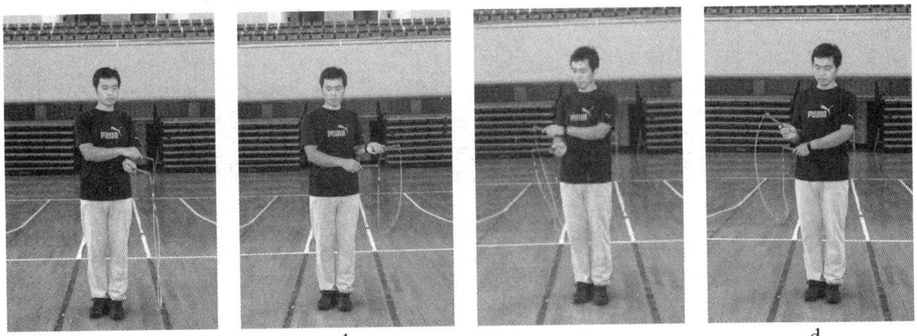

a　b　c　d

图 15－2－5

2. 左右打绳(图 15－2－6)

第 1 拍:从预备姿势开始将绳子摇到身体的左侧,右手在前,左手在后,绳子要前后摇正。

第 2 拍:左手从背后移动到右侧,右手用力摇绳,手心由向后转为向上,从体前移动到右肩的正前方。在移动过程中稍微加入外旋动作,将绳子摇到右侧。

第 3 拍:右手和绳子开始下落时,左手从背后回到左侧,然后再将绳子摇到右侧,左手在前,右手在后,绳子要前后摇正。

第 4 拍:右手从背后移动到左侧,左手用力摇绳,手心由向后转为向上,从体前移动到左肩的正前方。在移动过程中稍微加入外旋动作,将绳子摇回左侧。

第 5—8 拍:重复 1—4 拍的动作。

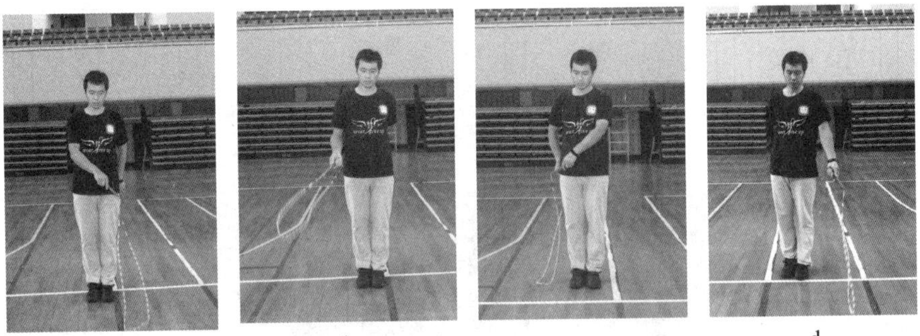

a　b　c　d

图 15－2－6

3. 前后打绳(图 15－2－7)

第 1 拍:两脚左右开立与肩同宽,身体左转 45 度左右,两手将绳子摇到上方,当绳子开始下落时,身体右转 90 度左右,绳子落在左脚外侧前方,两手在身体两侧,绳子落地后随着身体转动从左侧横向移动到右侧后,向后摇起到空中。

第 2 拍:待绳子开始下落时,身体左转 90 度左右,让绳子在身后落在左脚外侧后方,绳子落地后随着身体转动从左侧横向移动到右侧后,向前摇起到空中。

第 3—8 拍:重复 1—2 拍的动作,整个过程两手始终在身体的两侧。

a　b　c

图 15-2-7

4. 基本跳(图 15-2-8)

第 1 拍:从预备姿势开始,两手臂将绳子由后向前摇起后,含胸收腹提踵,大臂靠着身体,小臂自然下垂,两手腕同时向正后方摇绳,当绳子即将落地时,并脚轻轻跳过绳子。

图 15-2-8

第 2 拍:保持身体姿势和摇绳动作,并脚跳。

第 3—8 拍:重复第 1 拍的动作。

5. 两弹一跳(图 15-2-9)

基本跳要求每一拍绳子过脚一次,而两弹一跳则要求绳子每两拍过脚一次,即绳子过脚后,摇到头顶上方时再空跳一次。两弹一跳的摇绳速度要比基本跳慢一倍,摇绳时主要通过微微上抬手臂来放慢摇绳的速度。

第 1 拍:并脚跳,绳子过脚。

第 2 拍:并脚跳,绳子在头顶。

第 3—8 拍:重复 1—2 拍的动作。

a　b

图 15-2-9

6. 开合跳(图 15-2-10)

第 1 拍:绳子落地时两脚跳起左右分开,与肩同宽。

第 2 拍:绳子再次落地时并脚跳过绳子。

第 3—8 拍:重复 1—2 拍的动作。

a　　b

图 15－2－10

7. 弓步跳(图 15－2－11)

第 1 拍:绳子落地时跳起,两脚前后分开成左弓步。

第 2 拍:绳子再次落地时并脚跳过绳子。

第 3 拍:两脚前后分开成右弓步。

第 4 拍:并脚跳过绳子。

第 5—8 拍:重复 1—4 拍的动作。

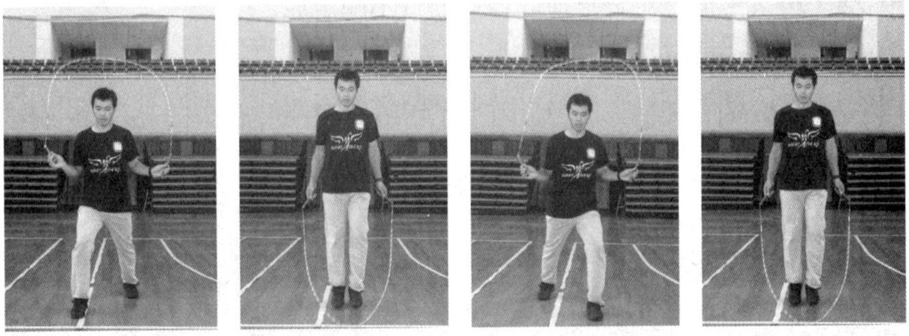

a　　b　　c　　d

图 15－2－11

8. 滑雪跳(图 15－2－12)

第 1 拍:绳子落地时两脚迅速向左侧跳出。

第 2 拍:绳子再次落地时两脚迅速向右侧跳出。

第 3—8 拍:重复 1—2 拍的动作。

a　　b

图 15－2－12

9. 钟摆跳(图 15－2－13)

第 1 拍:绳子落地时两脚跳起,左脚像钟摆一样向左侧伸出,右脚落地。

第 2 拍:绳子再次落地时,左脚收回落地,右脚向右侧伸出。

第 3—8 拍:重复 1—2 拍的动作。

a　b

图 15－2－13

10. 弹踢腿跳(图 15－2－14)

第 1 拍:绳子落地时右脚跳起,左脚向前伸出,左腿自然伸直。

第 2 拍:绳子再次落地时左脚落地,右脚收起,小腿后屈。

第 3 拍:绳子再次落地时左脚再次跳起,右脚向前伸出。

第 4 拍:绳子再次落地时右脚落地,左脚收起,小腿后屈。

第 5—8 拍:重复 1—4 拍的动作。

a　b　c　d

图 15－2－14

a　b

图 15－2－15

11. 踏步跳(图 15－2－15)

第 1 拍:绳子落地时左脚先抬起,右脚起跳过绳,空中完成并脚,双脚落地。

第 2 拍:绳子再次落地时右脚先抬起,左脚起跳过绳,空中完成并脚,双脚落地。

第 3—8 拍:重复 1—2 拍的动作。

12. 吸腿跳(图 15－2－16)

第 1 拍:绳子落地时左脚抬至大腿水平,右脚起跳过绳,右脚落地。

第 2 拍：绳子再次落地时右脚跳起并脚跳过绳子，双脚落地。

第 3 拍：绳子再次落地时右脚抬至大腿水平，左脚起跳过绳，左脚落地。

第 4 拍：绳子再次落地时左脚跳起并脚跳过绳子，双脚落地。

第 5—8 拍：重复 1—4 拍的动作。

a　　b　　c　　d

图 15－2－16

13. 前交叉跳（图 15－2－17）

第 1 拍：从预备姿势开始，当绳子摇到头顶上方时，两手小臂交叉于腹前，当绳子落地时身体稍微前倾，双脚或单脚跳过绳子。

第 2 拍：绳子过脚后两手立即打开，做一个基本跳。

第 3—8 拍：重复 1—2 拍的动作。

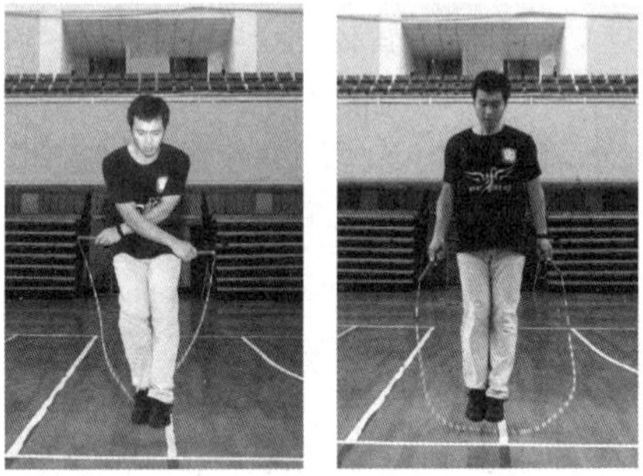

a　　b

图 15－2－17

14. 敬礼跳（图 15－2－18）

第 1 拍：从预备姿势开始，将绳子摇到左侧，右手在前，左手在后，绳子前后摇正，靠着身体。

第 2 拍：右手留在左侧腰间，左手从背后移动到右侧背后，将绳子摇到脚下，并跳过绳子。

第 3 拍：左手保持位置不动，右手用力摇绳，手心由向后转为向上，从体前移动到右肩的正前方。在移动过程中稍微加入外旋动作，将绳子摇到右侧。

第 4 拍：右手和绳子开始下落时，左手从背后回到左侧，完成一次基本跳。

第 5 拍：将绳子摇到右侧，左手在前，右手在后，绳子前后摇正，靠着身体。

第 6 拍：左手留在右侧腰间，右手从背后移动到左侧背后，将绳子摇到脚下并跳过绳子。

第 7 拍：右手保持位置不动，左手用力摇绳，手心由向后转为向上，从体前移动到左肩的正前方。在移动过程中稍微加入外旋动作，将绳子摇到左侧。

第 8 拍：左手和绳子开始下落时，右手从背后回到右侧，完成一次基本跳。

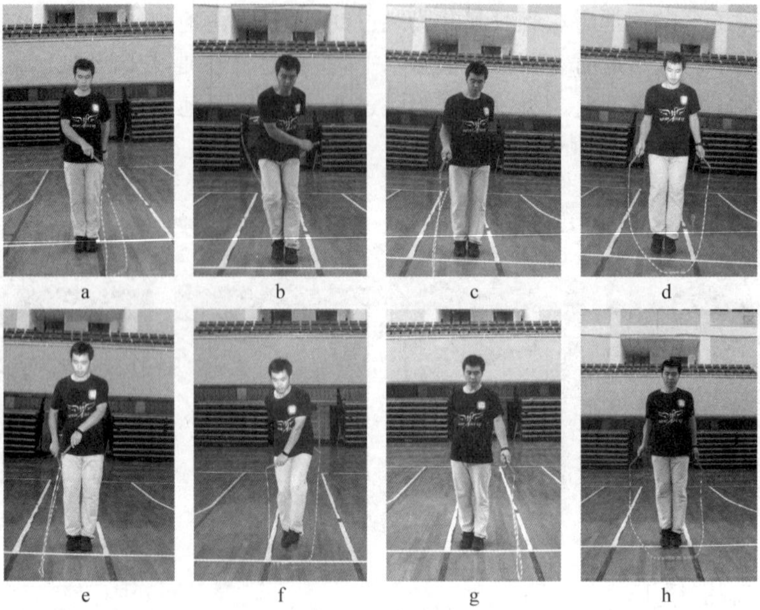

图 15-2-18

15. 前后转换跳(图 15-2-19)

第 1—2 拍:从预备姿势开始,采用两弹一跳的节奏将绳子摇起完成一次基本跳。

第 3—4 拍:向左转身 180 度,转身 90 度时完成一次前打绳。

第 5—6 拍:绳子变成后摇,完成一次后摇跳。

第 7—8 拍:后摇跳完成之后迅速向左继续转身 180 度,并将绳子摇在体前(切不可摇到身后),待绳子从前面落下时完成一次基本跳。整个过程都是单数绳子落地,双数绳子在空中。

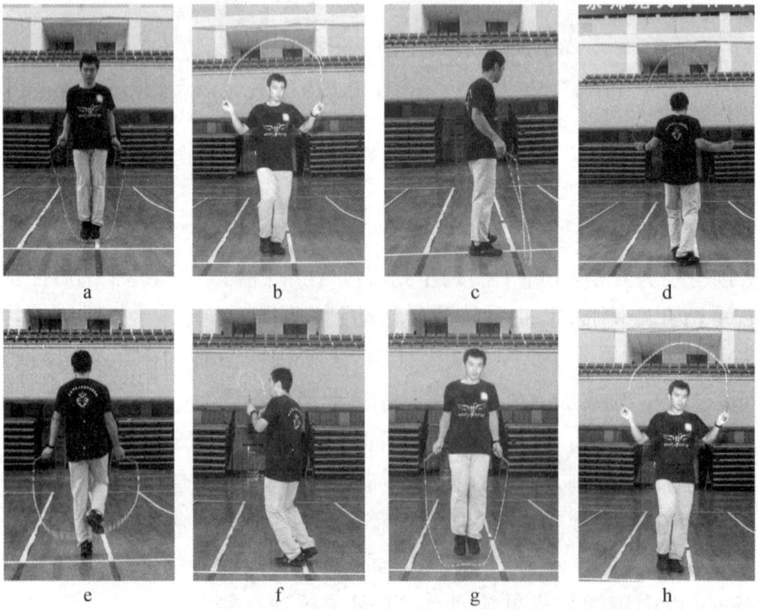

图 15-2-19

16. 侧甩直摇跳(图 15－2－20)

第 1 拍:从预备姿势开始,将绳子摇到左侧,右手在外,左手在内。

第 2 拍:绳子落地后,右手迅速返回右侧,完成一次基本跳。

第 3 拍:将绳子摇到右侧,左手在外,右手在内。

第 4 拍:绳子落地后,左手迅速返回左侧,完成一次基本跳。

第 5—8 拍:重复 1—4 拍的动作。

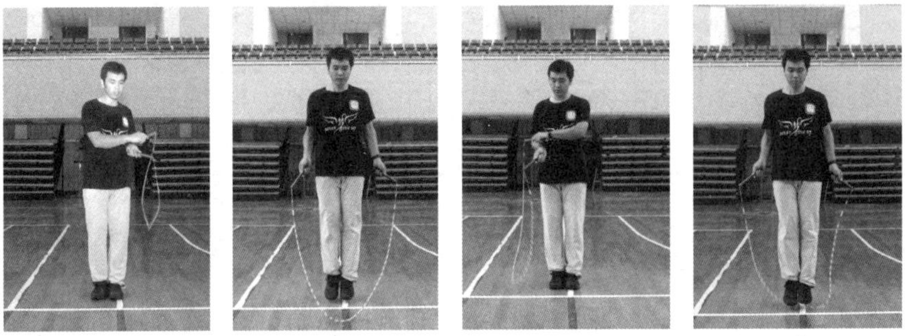

a　b　c　d

图 15－2－20

图 15－2－21

运动小贴士

脚下停绳:跳绳者跳完最后一拍之后,伸出左脚,脚后跟点地,前脚掌抬起,将绳子摇到左脚下,完成停绳。(图 15－2－21)

手臂收绳:跳绳者跳完最后一拍之后,当绳子摇到头顶时,两手开始交叉,右手在上,稍靠后,将右手绳子落在左手手腕处;待绳子下落时,右手从左手下面向前伸出;绳子落到手腕处时,左手向左,右手向右打开,将绳子缠在手腕处,完成手臂收绳。(图 15－2－22)

a　b　c　d

图 15－2－22

蛇形接绳:右手持绳柄,将另一端绳柄放在地上,右手在腹前顺时针方向轻轻地画两个小圆;在第二个圆即将结束时,右手将手臂抬起至大臂水平,小臂上举,将地上的绳柄拉向左肩,左手接住绳柄。(图 15－2－23)

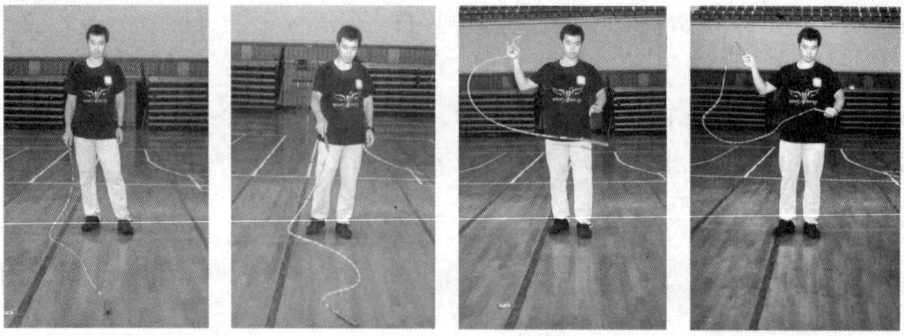

a　　b　　c　　d

图 15-2-23

二、两人一绳基本花样

两人一绳基本花样是指两人共用一根跳绳完成的各种跳绳技术动作，通常采用两弹一跳的节奏。

1. 一带一跳(图 15-2-24)

带人者持绳，两人可面对面站立，也可同向站立，被带者可位于带跳者体前或体后，两人协调配合，以同时跳过落地的绳子为完成一个动作。

第 1 拍：两人同时跳过绳子。

第 2 拍：绳子在空中。

第 3—8 拍：重复 1—2 拍的动作。

a　　b

图 15-2-24

2. 同摇绳(图 15-2-25)

摇绳者面对面站立，用同侧的手摇绳。

第 1 拍：绳子落地。

第 2 拍：绳子在空中。

第 3—8 拍：重复 1—2 拍的动作。

a　　b

图 15-2-25

3. 同摇进绳跳(图 15－2－26)

第 1—4 拍:同摇绳。

第 5 拍:当绳子摇到高点时,左侧的摇绳者向左转身 90 度进绳,完成跳绳。

第 6 拍:跳完绳后可以向右转身 90 度退出,继续摇绳。

第 7—8 拍:同摇绳。

下一个 8 拍的第 5 拍换成右侧的摇绳者向右转身 90 度进绳,完成跳绳,跳完绳后向左转身 90 度退出,继续摇绳。

a　　　　b

图 15－2－26

4. 同摇跳(图 15－2－27)

第 1—4 拍:同摇绳。

第 5—8 拍:两名摇绳者同时完成转身进绳,左侧的摇绳者向左转身 90 度,右侧的摇绳者向右转身 90 度,两人共同跳过绳子。

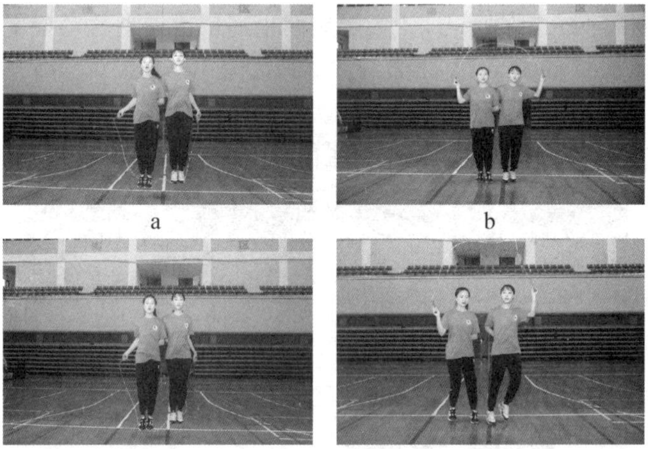

a　　　　b

c　　　　d

图 15－2－27

5. 轮流跳(图 15－2－28)

第 1—2 拍:左侧的摇绳者将左手从体前摇到自己的右侧腰间,让右面的摇绳者完成跳绳。

第 3—4 拍:在左侧摇绳者的左手摇回左侧的同时,右侧摇绳者将右手摇到自己的左侧,让左面的摇绳者完成跳绳。

第 5—8 拍:重复 1—4 拍的动作。

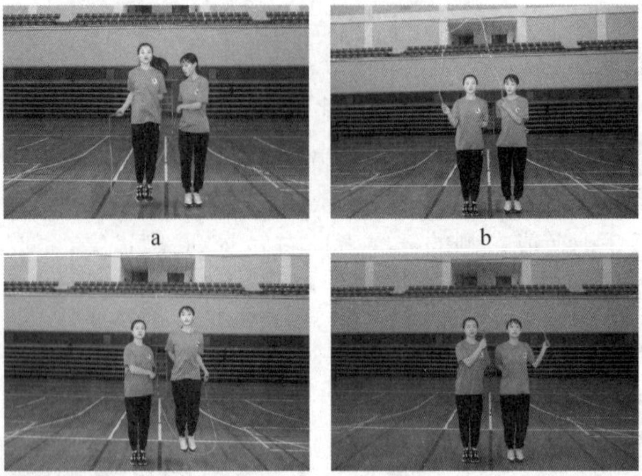

a b c d

图 15－2－28

三、车轮跳基本花样

车轮跳基本花样是指两人或两人以上各持一绳，相邻两人的内侧绳柄互换，相邻绳子相隔半周交替旋转打地，摇绳者相互配合共同完成的各种跳绳技术动作。

1. 车轮跳摇绳练习

摇绳者两手各持一绳，一手摇到头顶时，另一手开始摇绳，两手如此依次摇绳，使两绳始终相差 180 度；(图 15－2－29)待摇绳熟练之后，增加跳跃练习，即当绳子落地时，摇绳者进行并脚跳；然后可进行两人摇绳练习，一人手握两根绳依次向前轮动摇绳，自己绳子落地时并脚跳，同伴一只手摇绳，边摇边跳，两根绳要保持相差 180 度。(图 15－2－30)

a b

图 15－2－29

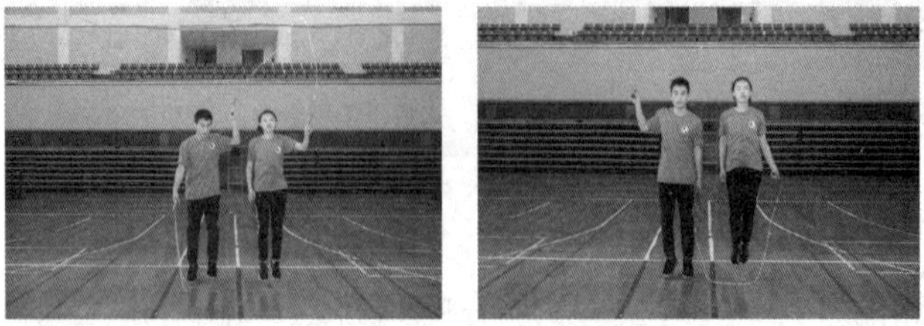

a b

图 15－2－30

2. 车轮跳基本跳(图 15－2－31)

摇绳者两人并排站立，将绳子置于身后，内侧绳柄互换，外侧绳子先摇，且摇到最高点时另一绳开始向前摇动，两绳始终相差 180 度，摇绳者依次跳跃过绳。

第 1 拍：右边摇绳者跳。

第 2 拍：左边摇绳者跳。

第 3—8 拍：重复 1—2 拍的动作。

a　　b

图 15-2-31

3. 车轮跳转身（图 15-2-32）

在车轮跳基本跳的基础上，以右侧摇绳者为例，当右侧绳子摇到头顶时，摇绳者左脚后撤一小步，随着绳子下落，开始向内、向后转身 180 度，两手摇绳节奏不变，右手绳柄向下并紧贴自己右腿，使自己的绳子在两人之间空打地一次，接着继续转身 180 度，还原成基本跳。

第 1—4 拍：车轮跳基本跳。

第 5 拍：右边摇绳者转身。

第 6 拍：左边摇绳者跳。

第 7—8 拍：车轮跳基本跳。

第 2 个 8 拍的第 6 拍由左边摇绳者转身，其他动作不变。

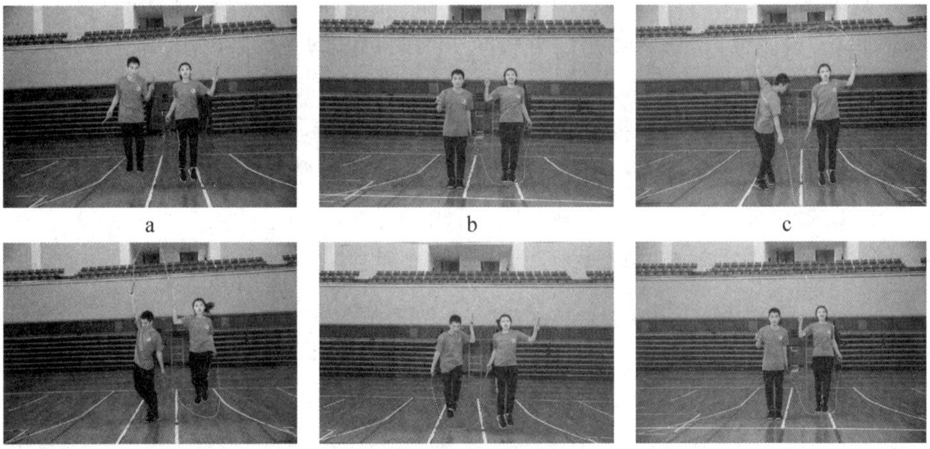

a　　b　　c

d　　e　　f

图 15-2-32

4. 车轮跳换位（图 15-2-33）

在车轮跳基本跳的基础上，当右侧绳子落地时，右侧摇绳者向自己的左侧前方跳出，同时左侧的摇绳者向自己的右侧后方移动，两人前后站立；接着将左手绳在左侧空摇一次；绳子落地后，站在前面的摇绳者向自己的左侧后方移动，后面的摇绳者向自己的右侧前方移动，并完成跳绳，整个过程摇绳节奏不能改变。

第 1—4 拍：车轮跳基本跳。

第 5 拍:右边摇绳者向前跳,左边摇绳者向后走。

第 6 拍:两个摇绳者前后站立,左手绳在左侧空摇后,前面的摇绳者向左移动,后面的摇绳者向右移动。

第 7—8 拍:车轮跳基本跳。

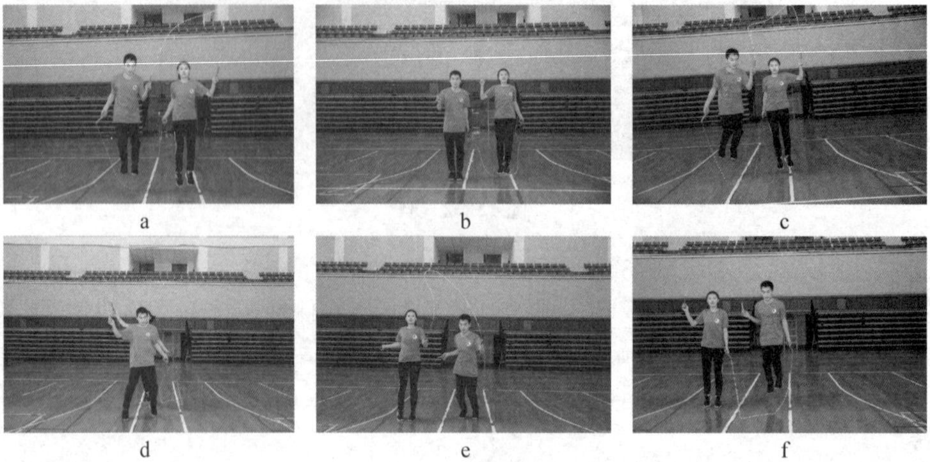

图 15 - 2 - 33

5. 车轮跳挽花(图 15 - 2 - 34)

在车轮跳基本跳的基础上,当右侧绳子落地时,两名摇绳者同时将自己的右手摇到自己的左侧腰间,左侧摇绳者完成跳绳;然后两名摇绳者同时将自己的左手绳摇到自己的右侧腰间,两手在腹前形成交叉,右侧摇绳者完成跳绳;接着两名摇绳者将右手摇回自己的右侧,右侧摇绳者继续完成跳绳;最后两名摇绳者将左手摇回自己的左侧,左侧摇绳者完成跳绳。

第 1—4 拍:车轮跳基本跳。

第 5 拍:两名摇绳者将右手摇到各自左侧腰间,左侧摇绳者跳。

第 6 拍:两名摇绳者将左手摇到各自右侧腰间,右侧摇绳者跳。

第 7 拍:两名摇绳者的右手返回到右侧,右侧摇绳者跳。

第 8 拍:两名摇绳者的左手返回到左侧,左侧摇绳者跳。

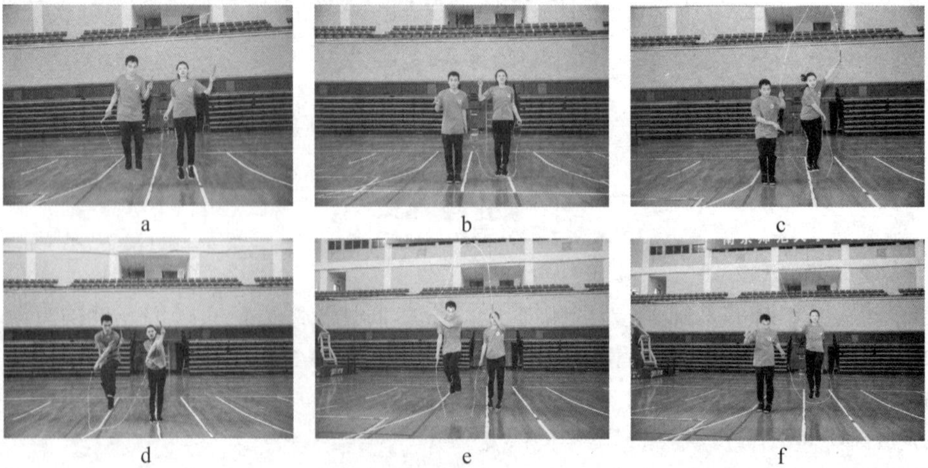

图 15 - 2 - 34

四、交互绳基本花样

交互绳是指两个人将两根绳一上一下摇起来交替打地，一人或多人进入绳中进行跳绳的技术方法，摇绳的方向一般都是从外向内摇。

1. 交互绳摇绳

起绳后，大臂自然靠着身体，以肘关节为指点，小臂画圆进行摇绳，摇绳时两手不要越过肚脐和下巴的连线。

起绳方法：可以将绳子拉直进行上下摇绳，然后慢慢缩短摇绳者之间距离，直到绳子落地；(图 15－2－35)也可以直接起绳，当一根绳子摇到高点时，另一根绳子向相反方向起绳，然后交替进行摇绳。(图 15－2－36)

a　　b　　c

图 15－2－35

a　　b　　c

图 15－2－36

2. 交互绳进出绳(图 15－2－37)

进绳：以离跳绳者近的一根绳为近端绳(单数拍)，另一根为远端绳(双数拍)，跳绳者通常以近端绳为参照物，当近端绳摇到跳绳者肩部高度时，跳绳者要快速地跑到绳子的中央位置进行原地跳绳。

出绳：对于初学者，一般练习跳 3 次出绳，跳绳者进绳跳 2 次后，第 3 次采用向前跨步的动作跳出来，不能原地跳完第 3 次之后再出绳。

第 1 拍：进绳跳。

第 2 拍：并脚跳。

第 3 拍：跨步出绳。

第 4—8 拍：基本摇绳。

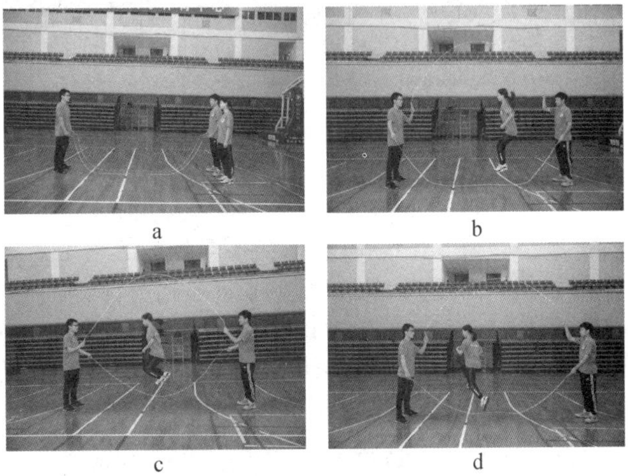

图 15－2－37

3. 交互绳基本步法(图 15-2-38)

跳绳者可以在交互绳中完成开合跳、弓步跳、滑雪跳、吸腿跳等各种基本步法,每一个步法完成 1 个 8 拍。例如:开合跳。

第 1 拍:两脚左右分开,与肩同宽。

第 2 拍:两脚合并。

第 3—8 拍:重复 1—2 拍的动作。

a b c

图 15-2-38

4. 交互绳换接绳(图 15-2-39)

跳绳者从摇绳者的右侧进绳,跳 3 次,从另一名摇绳者的右侧出绳,在跨步出绳的同时跳绳者用右手抓住摇绳者右手的绳柄并接过跳绳,摇绳者向左侧移动,跳绳者接过绳柄转体迅速站在摇绳者的位置,同时用左手接过摇绳者左手的跳绳,继续完成摇绳动作。没有进行换接绳的摇绳者要尽量控制好摇绳的节奏。

第 1 拍:进绳跳。

第 2 拍:并脚跳。

第 3 拍:在跨步出绳的同时右手抓住摇绳者的右手手柄。

第 4 拍:一边转身一边接过摇绳者左手的手柄。

第 5—8 拍:基本摇绳。

a b c

图 15-2-39

5. 交互绳侧摇绳(图 15-2-40)

摇绳者按 8 拍进行摇绳,当第 3 拍绳子落地后,第 4 拍摇绳者将单数绳摇到侧面,将双数绳也从上面摇到侧面,两手将绳摇到身体侧面时,将绳子绷起至腰的高度(可以稍微转体),单数绳在外,稍慢;双数绳在内,稍快,两手要达到肩的高度,第 5 拍要让原来的双数绳变为单数先落地返回,第 6 拍将原来的双数绳变为单数从上面返回,第 7 拍和第 8 拍为正常摇绳,但是单双数已经换边。

第 1—3 拍:摇绳者基本摇绳,跳绳者基本跳。

第 4 拍：摇绳者将近端绳从下面、远端绳从上面摇到侧面，跳绳者向另一侧跳出一小步。

第 5—8 拍：摇绳者基本摇绳，单双数换边，跳绳者基本跳。

a　　b　　c

图 15－2－40

6. 交互绳上摇绳（图 15－2－41）

摇绳者按 8 拍进行摇绳，第 1 拍和第 2 拍绳子落地后，依次将手臂上抬至肩的正上方，使绳子中间的最低点接近肩的高度，并保持摇绳节奏不变，继续摇第 3 拍至第 6 拍，第 7 拍和第 8 拍绳子依次落地，还原成基本摇绳。

第 1—2 拍：摇绳者基本摇绳，跳绳者进绳跳，第 2 拍开始下蹲。

第 3—6 拍：摇绳者上摇绳，跳绳者完成立卧撑。

第 7—8 拍：摇绳者基本摇绳，跳绳者第 7 拍起身，恢复基本跳。

a　　b　　c

d　　e　　f

图 15－2－41

五、长绳基本花样

一名或多名跳绳者在一根或多根长绳中做出各种跳绳技术动作，称为长绳花样。长绳主要通过手臂进行摇绳，速度比较慢，通常采用两弹一跳的节奏。

1. 单长绳（图 15－2－42）

当长绳摇到跳绳者的肩部高度时，跳绳者逆向进入长绳，完成并脚跳、开合跳、弓步跳、滑雪跳、吸腿跳等基本步法，要求绳子摇到头顶上方时也要完成一拍跳跃动作。例如：开合跳。

a　　　　b

图 15-2-42

2. 乘风破浪 & 穿越时空

同时摇起两根或两根以上长绳，排成竖排，节奏保持一致，跳绳者在绳子中间部分的一侧站成竖排，采用逆向进绳的方式，连续依次跳过所有长绳，称为“乘风破浪”。(图 15-2-43)跳绳者如果采用顺向进绳的方式，连续依次穿过(不用跳)所有长绳，称为“穿越时空”。(图 15-2-44)

a　　　　b

c　　　　d

图 15-2-43

a　　　　b　　　　c

图 15-2-44

3. 三角绳

3 名摇绳者两手各持一绳柄站在三角形的顶点上，同时向里(三角形内侧)或向外(三角形外侧)摇绳，跳绳者从任意一绳进入，沿逆时针或顺时针方向在绳子之间移动。(图 15-2-45)

a　b　c　d

图 15 - 2 - 45

4. 天罗地网

将 3 根或 3 根以上的长绳按照顺序依次交叉，交叉点为绳子中间，摇绳者同时向同一个方向摇绳，跳绳者在长绳的交叉点到达自己肩部高度时，迅速跑到绳子中间完成跳绳。摇绳者可以站到两边成两排进行摇绳，也可以围成圆形进行摇绳。(图 15 - 2 - 46)

a　b　c

图 15 - 2 - 46

参考文献

1. 孙洪涛.我国普通高校体育课程改革的现状及对策[J].北京体育大学学报，2011，34(8)：89 - 92.

2. 刘树军.花样跳绳[M].北京：高等教育出版社，2013.

3. 国家体育总局社会体育指导中心.跳绳竞赛规则[M].北京：高等教育出版社，2011.

4. 张欣.绳彩飞扬[M].沈阳：白山出版社，2010.

5. 王然科，张吾龙.中外跳绳运动发展研究[J].体育文化导刊，2011，9：41 - 45.

6. 何金华.跳绳的价值与跳绳方法体系探讨[D].北京：北京首都体育学院，2006.

7. 朱应明.民间传统体育项目应用于学校体育教学的尝试[J].体育学刊，2001，8：56 - 57.

艺术体育篇

第十六章　艺术体操

第一节　艺术体操概述

一、艺术体操的起源与发展

艺术体操，也叫韵律体操，起源于欧洲，是一种徒手或手持轻器械在音乐的伴奏下运动的新兴体育项目，具有很强的艺术性。它起源于19世纪末20世纪初的欧洲，并于50年代经苏联传入我国。

艺术体操的主要项目有绳操、球操、圈操、带操、棒操等五项，它吸收了芭蕾舞、现代舞、民间舞和杂技等精华，不但能够培养运动员的力量、灵巧、节奏感等素质，而且从心理和生理角度来看，更符合女子锻炼的要求，是深受现代女性欢迎的运动。20世纪20年代，艺术体操逐步发展为竞技运动项目，并在1984年第二十三届奥运会上被列为比赛项目。随着高超新颖的难度技巧、独特巧妙的成套编排、快速多变的动作连接、独具风格的情感表现以及新异的音乐伴奏形式等的不断涌现，艺术体操的运动技术水平被迅速推向新的高峰。

作为一项新兴的体育项目，艺术体操在20世纪80年代以其特有的魅力在各体育院校普及。当前随着社会的发展，该项目在中国国内已产生了较大的影响。

二、艺术体操的特点与功能

（一）艺术体操的特点

艺术体操是体操的升华，是一项具有独特风格和特点、探求体育艺术美和自然美、充分显示体育美的价值的运动项目。

1. 当代女子所特有的体育运动项目

在艺术体操练习中，柔韧性这项身体素质起着极其重要的作用。由于女子和男子在生理上存在差异，女子的肌肉力量比男子弱，但关节韧带较男性灵活，韧带的弹性较好，具有良好的柔韧性，因而可以动作幅度大，具有曲线美的特征。同样，在心理方面，女性善于表达自己的感情，她们特别偏爱优美、柔和与韵律性强的动作，因此运用肢体语言进行表达时也较男子更为细腻和富于美感。此外，由于艺术体操运动的特殊性，还要求习练者具有较强的节奏感、音乐感和表演艺术，而艺术体操正是以女性的生理和心理特点为基础的，是符合女子身体解剖原理的一项运动，因此特别适合不同年龄和体格的女子练习，深受女性欢迎。

2. 以节奏为中心，以自然性动作为基础

自然性动作是指人体遵循自然状态下的运动规律进行练习的动作。艺术体操，特别是大众艺术体操，是以人体自然性动作的法则为基础进行运动的，特别强调身体动作的节奏对比、韵律乐感,并贯穿练习始终。节奏是艺术体操的中心要素。艺术体操的节奏协调是指动力在时间、空间和力度及形式等方面有着合理的分配,用最省的力完成最大的动作。在一定的时间和空间里表现丰富多彩的形体动作,使音乐和动作的节奏和谐统一,充分体现了艺术体操的节奏特点。

3. 音乐是艺术体操的灵魂

艺术体操是一项在音乐伴奏下进行的运动项目。音乐能调动人的主动性和积极性,它不仅有助于激发练习者的情感,还有助于发展练习者的想象力和表现力。有计划地培养和发展练习者理解音乐和利用肢体语言正确表达音乐情感的能力,使音乐和动作有机结合,可以充分发挥练习者的潜能,从而通过艺术体操的表演,感染观众,陶冶人的心灵,给人们留下深刻的印象。

4. 充分利用轻器械进行练习

当人们看到球在转体中的表演者身上连续不停地滚动,火棒被抛向空中又被在地面上的表演者稳稳接住时,一定会为人与器械如此默契的结合而赞叹不已,这正是艺术体操不同于其他运动项目的特点。持轻器械的各种练习是竞技性艺术体操中必不可少的内容之一,虽然它对于动作来说主要起辅助作用,但必须把它看作身体的延长,而不是动作中的摆设,只有充分利用各种器械的特性,使器械与身体动作更加巧妙地融为一体,才能更好地表现艺术体操的运动特点。一般类艺术体操轻器械除了国际体联认定的绳、圈、球、棒、带以外,还可以有手鼓、纱巾、哑铃等等。

5. 具有群众性

作为一个独立的体育健身和竞赛项目,艺术体操有许多其他项目所不具备的优点。它不受练习人数、年龄的限制,不使用重器械,危险性小,对身体素质的要求较低,难易程度可根据练习者的情况有所选择,运动量也可以因人而异,既可以是个人练习,又可以是集体练习,通过练习可以较全面地锻炼身体。由于不容易发生伤害事故,因而深受女性朋友的喜爱,尤其适合作为女生体育课内和课外锻炼的项目之一。

(二) 艺术体操的分类

根据不同的目的和任务,艺术体操可以分为一般类艺术体操和竞技类艺术体操两大类。

1. 一般类艺术体操

一般类艺术体操以自然性动作和协调性动作为基础,分徒手练习和持器械练习两种,须在音乐伴奏下进行练习,有助于培养练习者的乐感,充分表达自己的情感。

一般类艺术体操基础以徒手练习为主,包括各类基本动作组合及成套练习。其由于不受场地、器材、时间、人数等条件的限制,对身体素质的要求不太高,动作难度和运动强度也可自行调整。如今,中国不少地区已将艺术体操列入体育教学内容中,使之成为体育教育的一种手段和开展课外活动的内容之一。

2. 竞技类艺术体操

竞技类艺术体操是在一般类艺术体操自然性动作的基础上,通过更精确的身体动作和器械的配合及不断创新的高难度动作,更加突出"美"这一核心的体操运动。在音乐伴奏下所进行的个人和集体的竞赛项目,除了能完成一般类艺术体操所需要完成的任务外,还可以提高运动技术水平,参加竞技比赛。

竞技类艺术体操具有明确的竞赛规则和评分方法。对完成成套动作的时间、难度数量、难度种类、场地路线、人数及动作的衔接编排等，都具有明确的规定和扣分标准。裁判员根据运动员完成成套动作的情况，对整套动作进行评分。

艺术体操
重大赛事

第二节 艺术体操基本技术与练习方法

艺术体操器械操包括绳操、圈操、球操、棒操、带操等，下面以球操和圈操为例进行讲解。

一、球操练习

（一）球操基本动作

1. 摇动

主要有：① 单手持球前后摆动；② 单手持球水平摆动。

2. 绕环

主要有：① 单手持球体侧向前大绕环；② 双手持球向左螺旋绕“8”字；③ 单手向内螺旋绕“8”字；④ 单手向外螺旋绕“8”字。

3. 拍球

主要有：① 手型与球型吻合，手随球动，球随人起，击地为拍；② 原地单手拍、接球；③ 单手连续拍球；④ 转动与旋转；⑤ 双手体前向前转动球；⑥ 单手地面旋转球。

4. 滚动

主要有：① 向前地滚球；② 手臂扶持滚球；③ 双手体前胸臂滚球；④ 双手胸背滚球；⑤ 单臂滚球。

5. 抛接

主要有：① 双手抛接球；② 单手向上抛接球；③ 接反弹球。

（二）球操成套动作示范（20×8 拍）

动作示范视频

预备姿态：右腿单脚站立，左腿向后脚趾点地，双手体前交叉，球放于胸前与小臂之间。

1. 第 1 个 8 拍动作（图 16－2－1）

第 1—2 拍：左脚上步并右脚，同时双腿屈膝半蹲，上身动作保持双手体前交叉持球动作，同时抬头下胸腰。

第 3—4 拍：双腿并脚站立，双手交叉持球体前胸滚球，伸直双手向上，臂置于头顶。

第 5—8 拍：双腿并脚站立，双臂伸直向上持球置于头顶，慢慢屈膝下蹲的同时双手持球缓慢从上经过体前弯肘向下置腹部夹球。

2. 第 2 个 8 拍动作（图 16－2－2）

第 1—2 拍：双脚并拢站立，右手体前持球左手侧并举。

第 3—6 拍：左脚开始上步完左右左 3 次向前走，同时右手拍球 3 次。第 6 拍双手接球的同时并腿站立。

第 7—8 拍：双手胸前持球，并脚站立不动。

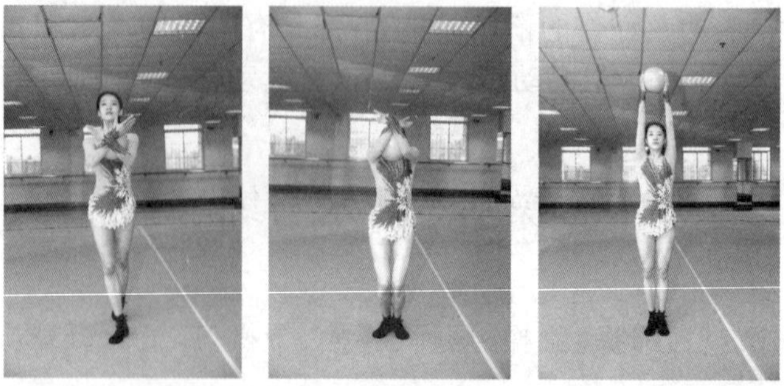

a b c

d e f

图 16-2-1

a b c d e

图 16-2-2

3. 第 3 个 8 拍动作(图 16-2-3)

a b c

图 16-2-3

第 1—2 拍:左腿向后点地成右弓步,双手胸前持球不动。

第 3—4 拍:保持右弓步动作,同时完成胸拍球一次。

第 5—6 拍:双接球的同时左脚上步并脚不动。

第 7—8 拍:双脚并步不动,同时右手持球左手侧平举打开。

4. 第 4 个 8 拍动作(图 16－2－4)

第 1—4 拍:脚下碎步 90 度到 3 点方向,左手臂翻转弯曲于胸前,右手持球放于胸前,同时完成手动作。

第 5—6 拍:右腿单脚站立,左腿屈膝不动,左臂打来于斜后上举,右手持球放在右肩。

第 7—8 拍:右腿单脚站立左腿屈膝不动,左臂打来于斜后上举保持不动,右臂完成弹球双手接球并腿站立 3 点方向完成。

a　b　c　d

图 16－2－4

5. 第 5 个 8 拍动作(图 16－2－5)

第 1—2 拍:右脚向侧上步移动左脚点地,同时左手持球于胸前,右手臂侧上举摆动。

第 3—4 拍:左脚并右脚转动 90 度到 1 点反向,同时右臂收手,双手胸前持球。

第 5—6 拍:反方向动作(同第 1—2 拍)。

第 7—8 拍:同第 3—4 拍。

a　b　c　d

图 16－2－5

6. 第 6 个 8 拍动作(图 16－2－6)

第 1—6 拍:右脚开始右左右 2 拍一次连续 3 次滚动步,同时双手前举持球上下转动 3 次。

第 7—8 拍:左手侧下举的同时右手胸前持球。

a　　b　　c

图 16－2－6

7. 第 7 个 8 拍动作(图 16－2－7)

第 1—4 拍:保持左脚弯曲脚掌点地右脚直立，同时左手侧下举,右手持球颈部绕环到左肩。

第 5—6 拍:右脚弯曲脚掌点地左脚直立,同时放球落地接球。

第 7—8 拍:双腿并拢屈膝,同时左手接球右臂侧上举,接球后并脚站立。

a　　b　　c　　d　　e

图 16－2－7

8. 第 8 个 8 拍动作(图 16－2－8)

第 1—2 拍:左手持球移动重心向右拍球右手接,还手拍球后左臂侧上举。

第 3—4 拍:反方向动作。(同第 1—2 拍)

第 5—6 拍:双脚合并双手持球头顶上举。

第 7—8 拍:双脚合并屈膝,双手持球背滚球。

a　　b　　c

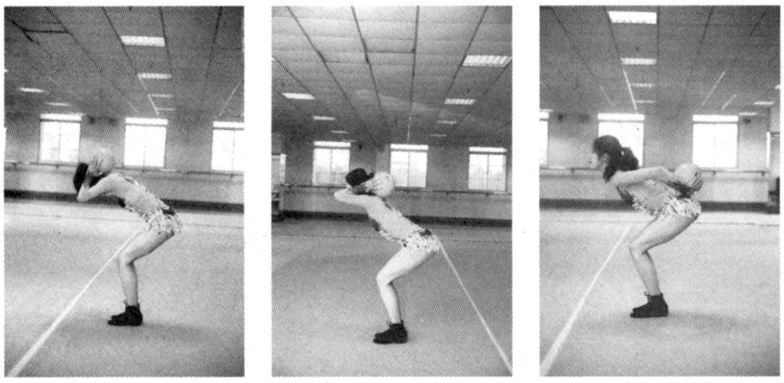

d　　e　　f

图 16－2－8

9. 第 9 个 8 拍动作(图 16－2－9)

第 1—8 拍:左脚侧跨正“8”字绕球

a　　b　　c

d　　e　　f

图 16－2－9

10. 第 10 个 8 拍动作(图 16－2－10)

第 1—8 拍:右脚开始转圈上步右脚左脚交替完成,同时右手持球左手向后侧举。

a　　b　　c　　d

图 16－2－10

11. 第 11 个 8 拍动作(图 16-2-11)

第 1—8 拍:反方向动作(同第 10 个 8 拍动作)

a b c d

图 16-2-11

12. 第 12 个 8 拍动作(图 16-2-12)

第 1—8 拍:(同第 11 个 8 拍动作)回原时双脚合并,双手持球头顶上举。

a b c d e

图 16-2-12

13. 第 13 个 8 拍动作(图 16-2-13)

第 1—2 拍:双脚合并双手交叉持球头顶上举。

第 3—4 拍:右脚向后退步左脚前点,手臂动作保持头顶交叉持球不动。

第 5—6 拍:反方向动作(同第 3—4 拍)。

第 7—8 拍:右脚向侧跨一步左脚点地,同时左手臂侧平举,右手臂持球上举。

a b c d

图 16-2-13

14. 第 14 个 8 拍动作(图 16-2-14)
第 1—2 拍:双脚合并双手体前交叉持球。
第 3—8 拍:向左碎步旋转 360 度回到正面,手臂动作保持双手体前交叉持球。

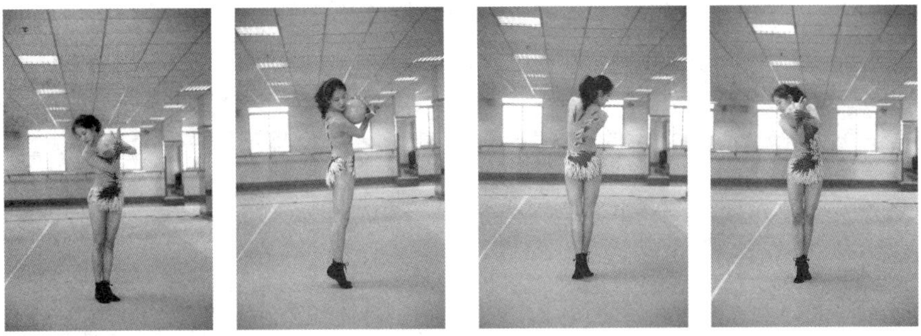

a　　b　　c　　d

图 16-2-14

15. 第 15 个 8 拍动作(图 16-2-15)
第 1—2 拍:左脚向左 7 点方向分脚站立,双手胸前持球。
第 3—6 拍:分腿双手持球背滚球。
第 7—8 拍:左腿弯曲右腿伸直站立,同时双臂侧平举右手持球。

a　　b　　c　　d

图 16-2-15

16. 第 16 个 8 拍动作(图 16-2-16)
第 1—6 拍:右脚开始 2 拍移动 3 次滚动步,同时右手持球手臂上摆动到侧举平。
第 7—8 拍:双脚合并,双手头顶持球。

a　　b　　c

图 16-2-16

17. 第 17 个 8 拍动作(图 16-2-17)

第 1—2 拍:左脚向下单膝跪地,双手持球从头顶向下到胸口持球。

第 3—4 拍:双膝跪地,左手胸前持球右臂上举。

第 5—8 拍:双膝跪坐的同时左手胸前持球右臂从上向后绕臂一圈亮相。

a b c d

图 16-2-17

18. 第 18 个 8 拍动作(图 16-2-18)

第 1—4 拍:向左 7 点方向右手撑地,左手胸前持球,双膝弯曲坐地。

第 5—8 拍:双腿同时分开成横叉姿态,同时左手持球地面向前,右臂后上举。

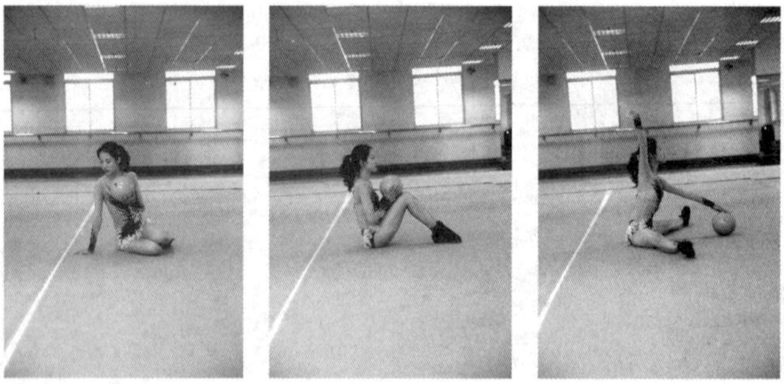

a b c

图 16-2-18

19. 第 19 个 8 拍动作(图 16-2-19)

第 1—2 拍:保持横叉动作,左手持球向右腿方向拨球。

第 3—4 拍:反方向动作(同第 1—2 拍)。

第 5—6 拍:重复第 1—2 拍动作。

第 7—8 拍:反方向同第 3—4 拍动作。

a b

图 16-2-19

20. 第 20 个 8 拍动作(图 16－2－20)

第 1—2 拍:左腿并右腿向正面 1 点方向并腿坐,双手向前持球。

第 3—4 拍:双腿并坐 ,同时双手持球放于两脚踝之间。

第 5—6 拍:双腿抬起离地,双手体后撑地,球从腿部长滚到腹部夹球。

第 7—8 拍:双腿合并屈膝,双臂斜上举打开亮相结束。

a　　b　　c　　d　　e

图 16－2－20

二、圈操练习

(一) 圈操基本动作

1. 摆动

主要有:① 单手或双手持圈钟摆式弧形摆动;② 单手持圈左右垂直摆动;③ 双手持圈左右水平摆动;④ 体后双手换握摆动;⑤ 单手持圈上下弧形交换摆动。

2. 绕环

主要有:① 单手持圈颈部、腰间、膝部绕环水平面左右手交换绕环;② 单手持圈头上水平面大绕环;③ 双手持圈体前垂直绕环;④ 单手持圈从上向外“8”字绕环;⑤ 单手持圈从上向外“8”字绕环并腰间换手绕环;⑥ 单手持圈体侧手腕上下“8”字绕环;⑦ 单手持圈上举手腕上下“8”字绕环。

3. 转动

主要有:① 单手或双手持圈在虎口处体前垂直旋转;② 单手持圈上举圈在虎口处水平旋转;③ 双手持圈体前旋转。

4. 旋转圈

主要有:① 单手持圈,圈面垂直地面旋转圈;② 单手持圈,体前左右手交换旋转圈;③ 单手持圈,斜前方虎口处闪花旋转圈。

5. 跳圈

主要有:① 单手地滚回圈从圈上跳过;② 双手持圈从圈中跳过;③ 圈在腰间,单手持圈从圈上跳出。

6. 抛接

主要有:① 摆动抛;② 圈面翻转抛;③ 圈面水平面抛。

(二) 圈操基本动作成套练习

圈操成套动作示范(15×8 拍)

动作视频

预备姿态:7 点方向右脚向前屈膝点地,双手两侧持圈亮相。(图 16-2-21)

1. 第 1 个 8 拍动作

第 1—2 拍:向右转 90 度到正面 1 点方向双脚合并,同时双手持圈从圈中穿至腰间站立。

第 3—4 拍:双脚同时分开站立,圈脱手落在双脚背上,双手打开侧上平举。

第 5—8 拍:双脚同时分开站立不动,手臂上体左右向下侧大波浪。

a b c d e

图 16-2-21

2. 第 2 个 8 拍动作(图 16-2-22)

第 1—4 拍:右腿勾圈上步,同时左手上举右手抓圈。

第 5—8 拍:向 2 点方向站立,同时右手持圈向下站立。

a b c d

图 16-2-22

3. 第 3 个 8 拍动作(图 16-2-23)

第 1—4 拍:脚下碎步向前跑动,同时右手臂摆动向外头顶绕圈。

a b c

图 16-2-23

第 5—8 拍：左脚交叉上步转身到 1 点正面，同时右手持圈从上向下“8”字绕身后换圈至左手到双手体前向下持圈站立。

4. 第 4 个 8 拍动作（图 16－2－24）

第 1—4 拍：左腿上步起重右腿吸腿立，同时双手持圈向上小脱手翻圈抛 360 度接。

第 5—8 拍：双脚合并，同时双手接圈站立。

a　　b

图 16－2－24

5. 第 5 个 8 拍动作（图 16－2－25）

第 1—2 拍：向右 45 度 2 点方向转身站立，右手持圈不动。

第 3—6 拍：右脚上步弯曲左腿吸膝，上转身含胸同时右手持圈摆动地面五花转圈。

第 7—8 拍：左脚并右腿站立，同时右手抓圈。

a　　b　　c　　d

图 16－2－25

6. 第 6 个 8 拍动作（图 16－2－26）

第 1—4 拍：向后碎步退，同时右手持圈前举圈面向后转圈左手波浪向前推动。

第 5—8 拍：转向 1 点方向正面左脚弯曲踏点，同时右手持圈至双手，人穿进圈中。

a　　b　　c

图 16－2－26

7. 第 7 个 8 拍动作（图 16－2－27）

第 1—8 拍：左右滚动步，同时双手腰间摆动，圈在腰间转动时双手头顶斜上举。

a　　b　　c

图 16－2－27

8. 第 8 个 8 拍动作(图 16－2－28)

第 1—4 拍:左脚点步,右手持圈从身体绕出,向左 45 度上举双手持圈。

第 5—8 拍:双脚合并屈膝下蹲,同时单手抓圈至双手持圈从上向下翻转圈面。

a　　b　　c　　d　　e

图 16－2－28

9. 第 9 个 8 拍动作(图 16－2－29)

第 1—8 拍:左脚向后跪地右腿跟并双膝滚地,同时右手持圈向后腰间换圈至左后双手持圈放于地面。

a　　b　　c　　d

图 16－2－29

10. 第 10 个 8 拍动作(图 16－2－30)

第 1—8 拍:双膝跪地左右交换踢后腿。

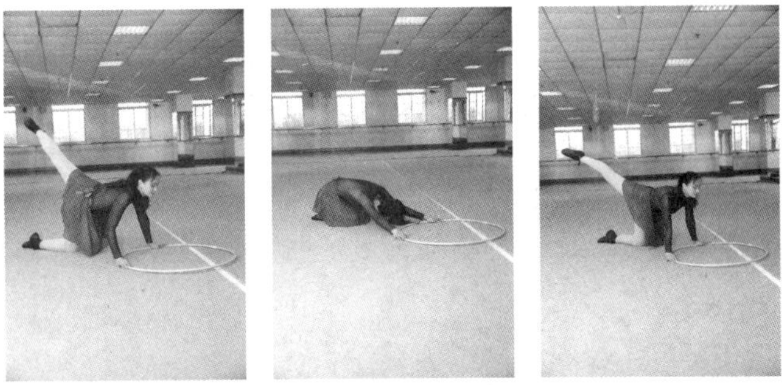

a　　b　　c

图 16-2-30

11. 第 11 个 8 拍动作(图 16-2-31)

第 1—2 拍:向右转身 3 点方向双膝分腿跪,同时左手持圈,圈面放置双脚踝。

第 3—4 拍:臀部向下坐在圈上,同时身体从圈中穿过。

第 5—8 拍:右脚上步站立,同时双手持圈翻转圈面至右手持圈站立。

a　　b　　c　　d

图 16-2-31

12. 第 12 个 8 拍动作(图 16-2-32)

第 1—4 拍:1 点方向站立左脚向左交叉变换步,同时双手并掌体前手上绕圈。

第 5—6 拍:双脚依次向上交换吸腿跳,同时双手保持并掌体前手上绕圈。

第 7—8 拍:双脚合并,同时右手持圈从右侧向上至双手头顶抓全上举。

a　　b　　c　　d　　e

图 16-2-32

13. 第 13 个 8 拍动作(图 16-2-33)

第 1—4 拍:双脚合并 6 点方向屈膝下蹲,同时双手持圈从上向下翻转圈面。

第 5—8 拍:双脚合并,同时直立双手持圈头顶上举。

a　　b　　c

图 16-2-33

14. 第 14 个 8 拍动作(图 16-2-34)

第 1—8 拍:双手持圈从圈中小跳穿过,连续 3 次。

a　　b

图 16-2-34

15. 第 15 个 8 拍动作(图 16-2-35)

第 1—8 拍:向 8 点方向左膝跪地完成地面臀部跪转,同时右手持圈向外"8"字绕圈成坐地,双腿合并,双手持圈。

a　　b　　c　　d

图 16-2-35

16. 第 16 个 8 拍动作(图 16－2－36)

第 1—4 拍:身体平躺地面左踢前腿,同时右手持圈腿下交换至左手。

第 5—8 拍:反方向完成(同第 1—4 拍动作)。

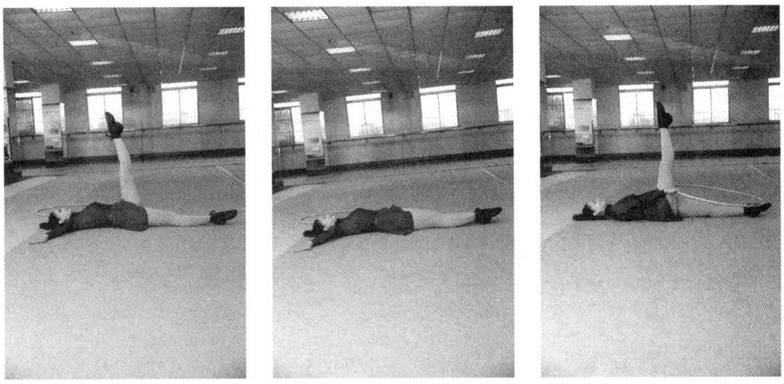

a　　b　　c

图 16－2－36

17. 第 17 个 8 拍动作(图 16－2－37)

第 1—4 拍:身体保持平躺地面,双腿依次蹬踢 4 次,右手持圈平举于地面。

第 5—6 拍:身体坐立双腿屈膝,同时双手持圈头顶平举。

第 7—8 拍:身体保持坐立双腿屈膝,双手两侧持圈身体从圈中穿过,同时右手持圈抬头左手向上亮相结束。

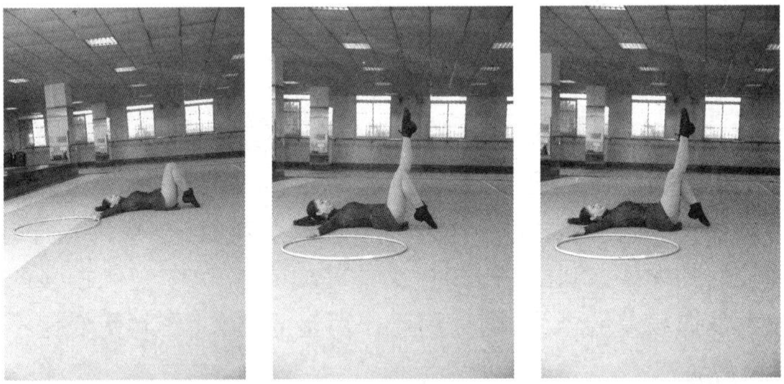

1—4

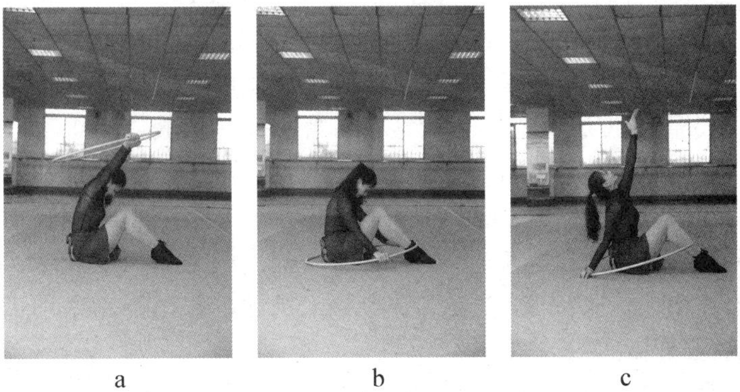

a　　b　　c

图 16－2－37

第三节　艺术体操教学动作创编

艺术体操
教学方法

艺术体操教学组合的创编，是将丰富多样、不同形式的徒手或持轻器械的单个动作，按一定的时间、场地范围和方向路线，根据音乐的节奏和旋律的变化合理地连贯起来，组成适合于教学的动作组合。

在艺术体操教学中，当掌握了单个动作后，都要进行组合动作的练习，这就需要合理精心地编排动作，只有通过教学组合的创编，才能进一步提高练习者的学习兴趣和积极性，进一步发展练习者的协调性和节奏感，以及巩固提高已学会的单个动作的技术。

艺术体操教学组合的创编绝不是简单的单个动作的罗列，而是动作间的有机结合、和谐配合、完整统一，是具有时间和空间要素的立体性艺术，是一项创造性的工作。为了进一步提高教学效果和运动成绩，艺术体操教师必须具备相应的知识和能力，讲求教学方法，不断提高编排动作的技巧。

（一）创编的目的性

由于目的、任务不同，编排设计艺术体操动作的结构和艺术加工处理会有所不同。在进行教学组合动作和成套动作编排时，其主要目的是提高和巩固单个动作和联合动作的技术。因此，可以此为核心，以不同的排列和连接方法进行单一动作组合的编排，从而提高学生编排动作的能力，发展学生的协调性、节奏感和表现能力。

（二）创编的针对性

在艺术体操教学组合的编排中，首先要考虑对象的年龄、身体条件、技术水平、素质条件和个性特点。针对女大学生的编排，就要考虑到学生的身体特点，如对于身材修长、柔软舒展型的学生，可多编排优美、抒情、含蓄、幅度大的动作；而对于中等身材的学生，则在编排上突出热情奔放、优雅柔美、灵巧活泼的动作。在创编教学组合时，应考虑学生的技术掌握程度，对于技术掌握较好的学生，可以采用衔接动作较复杂和动作变化较多的套路；而对于艺术体操基础差、技术掌握较差的学生，则采用动作衔接简单，动作起伏变化不大的简单套路。

（三）结合器械的特点

在艺术体操教学组合的创编过程中，必须依据所持器械的不同特点，应充分利用和开发器械本身的特性来编排动作。例如，绳是一种伸缩性、柔软性较强，且高度灵活的器械，因此要求运动员对绳的掌握要非常熟练，动作与器械的配合必须快速敏捷，连成一气。在编排中，除了考虑教学要完成的动作以外，还应考虑将舞蹈动作和相应器械巧妙地连接在一起，形成一种优美、有趣、新颖、独特的风格。圈的面积较大，动作幅度也大，一般不太好控制，因此在编排过程中要考虑学生的完成能力。圈的基本动作一般包括摆动、转动、绕环、抛接、滚动、跳跃、旋转圈和钻圈等，衔接动作一般采用摆动、绕环和绕“8”字。再如球具有反弹和滚动的性质，创编时要根据这些特点，针对教学内容来设计柔软流畅、连绵不断、轻飘柔和、富有活力的教学组合动作。

（四）动作与音乐相结合

艺术体操是通过动作、轻器械和音乐三者的结合而表现出来的。音乐是动作节奏的基础，而动作又表现音乐的情感、性格、形象和结构。因此，我们在编排动作时，一定要注意将音乐和动作融为一体；根据音乐的旋律创编出动作的旋律；根据音乐的色彩发展动作变化的多样性；伴随音乐的起伏、对比，要创编出独特性格化的动作；音乐的曲式结构要体现在动作结构中。同时，音乐又是离不开动作的，在艺术体操中音乐是以动作为主，人们的欣赏趣味往往更多地落在动作上。艺术体操既是视觉艺术，又是听觉艺术，动作与音乐的配合，对整个组合的艺术效果起着关键的作用。

（五）根据体育美学的法则创编

形式美法则是人类运用形式规律创造美的形象的经验总和。整齐、层次、和谐、对比、均衡、节奏、多样和统一等，都是形式美的表现形式。在编排艺术体操教学组合时，必须遵循这一美学规律，才能充分体现出艺术体操的优美和艺术性特征。在编排个人完成的教学组合时，应注意通过节奏快慢、力度刚柔、高潮起伏和幅度大小等对比手法，进一步表现每个动作的特色。在编排中，还应注意动作的多样化和生动性，以及音乐、身体动作和器械动作之间的协调一致。编排集体教学组合，也应充分运用对比、层次、和谐、多样等形式美法则，而整齐这一表现形式又是集体项目编排时最重要的特点，必须使所编排动作的性质、做法、节奏变化及队形移动等，都有利于学生整齐一致地完成动作并表现出清晰的队形图案。总之，应根据形式美法则的相关规律进行艺术体操动作的编排。

艺术体操竞赛的组织与规则

参考文献

1. 邝丽，李文慧，马更娣.艺术体操[M].北京：北京体育学院出版社，1989.
2. 傅雪云.艺术类体育[M].南京：河海大学出版社，2003.
3. 全国体育院校教材委员会.大众艺术体操[M].北京：人民体育出版社，2000.

第十七章　形体训练

第一节　形体训练概述

一、形体训练的概念和意义

（一）形体训练的概念

形体是指人在先天遗传和后天获得的基础上所表现出的身体形态上相对稳定的特征。先天遗传对形体起着决定性的作用，后天训练则起着改善的作用。

所谓“形体训练”，就是以运动人体科学理论为基础，通过徒手或利用各种器械，运用专门动作的方式和方法，以改变人的形体的原始状态、提高灵活性、增强可塑性为目的的形体素质基本练习。同时，它也是以提高人的形体表现力为目的的形体技巧训练。

根据形体训练的定义，形体课是在有限的课时内，在遵循运动人体科学理论的同时，利用艺术体操、舞蹈和健美操的内容，在音乐的伴奏下按一定的节奏进行练习的过程。其中，改变人的形体的原始状态，提高灵活性和形体表现力，是教学的最终目标。

（二）形体训练的意义

我国在形体训练方面有着悠久的历史，积累了许多丰富的经验，长沙马王堆三号汉墓出土的一卷绘有人体各种运动姿态的帛画中，反映了当时人们为形体健美而锻炼的内容。东汉医学家华佗所创的“五禽戏”也是以模仿动物形象和动作来达到强身健美的目的。

今天，随着人们健康意识和生活质量的提高，越来越多的人开始寻求适合自身的科学健身方式，人们希望通过形体训练，在增强体质的同时改变自己的体形，培养优美的姿态，从而达到体态美的目的。

二、形体训练的方法

（一）改善体形的方法

大学生属于青年人，骨骼的发育已经基本定型，调节体形已不可能寄希望于增长四肢和身体高度，改变身体的形态只能靠改善肌肉的成分，增加肌肉的围径，调整肌肉与脂肪的比例关系。

具体做法：① 在增加肌肉的同时增加脂肪，使瘦长型的人丰满起来；② 在增加肌肉的同时消耗脂肪，使肥胖型的人消瘦下来；③ 通过局部肌肉的运动挤压脂肪层，使局部松弛的皮下脂肪紧缩起来，促进出现肌肉块垒。

（二）改善姿势的方法

姿势是指人体各部位（肢体、头、躯体）在空间的相对位置，或存在于空间的人体状态。姿势不仅反映身体的外表形象，也是身体健康的外观描述。养成正确的姿势，必须做到以下三点：第一，应该了解什么是正确的姿势，为什么要养成正确的姿势；第二，要重点掌握良好姿势的基本要求和进行各种正确姿势的练习；第三，形成正确姿势的习惯，即不论在什么场合，不分什么时间，都要严格按照正确的要求保持身体的正确姿势，并经过长期的坚持形成习惯。

不良的姿势是由于错误的运动模式造成的。在形体训练中，单个练习或组合练习，可以使身体完成静态和动态的正确动作；在站立、移动、转体等身体所处的各种状态下，进而完成正确优美的动作，使正确的运动模式输入人体，通过反复练习形成动力定型，并能在日常生活中体现出来，起到进一步强化的作用，久而久之就会使姿势变得优美，使不良的姿势得到改善。

三、基本姿态介绍

1. 女士的站姿（图 17－1－1）

（1）直立，两脚呈“V”字形，脚跟靠拢，约成 45～60 度角，双手自然放于身体两侧，或两手相叠置于腹前。

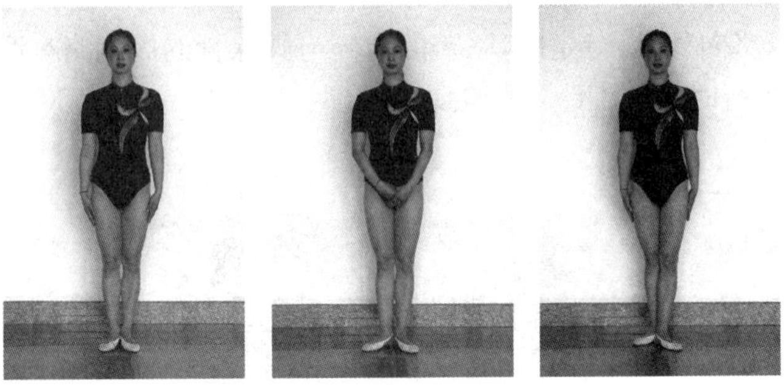

a　　b　　c

图 17－1－1

（2）身体面对正前方，前脚脚尖正对前方，脚跟顶着后脚的脚弓处，后脚脚尖对右（左）前 45 度方向，前脚膝盖放松，身体重心落在后脚，双手自然下垂于身体两侧，或两手相叠置于腹前，或两手相握置于体前。

2. 女士的坐姿（图 17－1－2）

（1）端坐，身体面对前方，上体挺直，双腿弯曲，双脚并拢斜放于左侧或右侧，双手自然旋转。

（2）端坐，身体面对前方，上体挺直，双腿弯曲并拢，双脚交叉略向前、向后放或斜放于某侧，双手自然放置。

（3）身体面对前方，上体挺直，双腿交叠而坐，双脚的脚尖朝同一方向，上脚的脚跟尽量去靠下脚的脚踝，双手交叠放在上脚的大腿上。

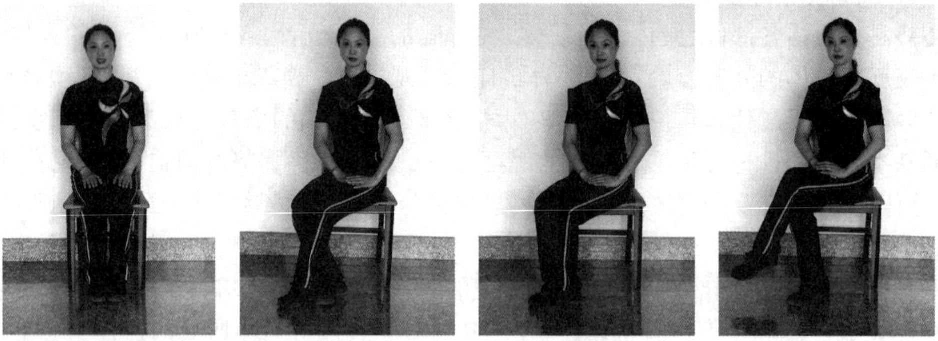

a b c d

图 17-1-2

3. 规范的走姿(图 17-1-3)

走姿是人体结构与功能的体现之一。走姿包含从静止、开始迈步,到一定速度的步行,再到停止。走姿分为恒定走姿、自由走姿、规定走姿和负荷走姿等。恒定走姿即为规范走姿,标准如下。

(1) 躯干部分姿势与前面所述站立姿势的要点相同,挺胸、收腹、立腰、肩膀放松、两眼平视。

(2) 双脚沿着直线行进,穿平底鞋时脚跟先落地,穿高跟鞋时脚尖先落地;脚跟走在一条直线上,脚尖可以略向外开;行走时,膝盖的内侧与脚踝骨的内侧略有摩擦。

(3) 步长是指步行时双脚脚跟或脚尖之间的距离,步长一般为 50～80 厘米,步长受身高的影响。

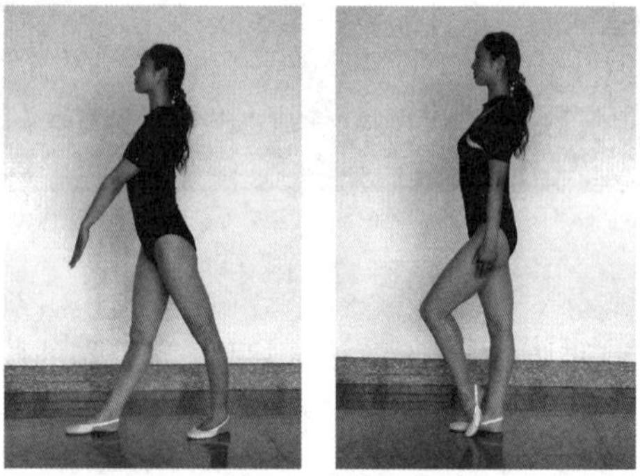

a b

图 17-1-3

(4) 步频是指单位时间内所走的步数,步频一般为 95～125 步/分。

(5) 步幅是指单位时间内所走的距离,步幅一般约 1.2 米/秒。

(6) 手臂配合腿部进行摆动,左脚迈步时,右手向前摆动;右脚迈步时,左手摆向前方,手臂前摆不超过 25 度,后摆不超过 15 度。

(7) 手臂自然放松地在身体两侧摆动,手掌向内略微弯曲,虎口向前。

(8) 上体挺直,重心平稳,步态力求轻盈、稳健、协调、优美。

第二节　形体训练教学内容与技术要求

一、基本位置练习

（一）手臂的基本位置

在徒手体操的基本部位基础上，根据各种不同身体动作及姿势的要求，艺术体操的手臂位置除了常用的基本位置外，常采用芭蕾舞手臂基本位置。

1. 常用的手臂基本位置

（1）两臂同方向的举。（图 17－2－1）

a　　b　　c　　d

图 17－2－1

主要有：① 前上举——以大臂带动肘，小臂抬起至前上举，掌心向下；② 前下举——做法同上，唯两臂举至前下举；③ 侧上举——做法同上，唯两臂位置在侧上举 45 度，掌心向内或向外均可；④ 后斜下举——同上，唯两臂位置在后下 45 度，掌心向上或向内。

（2）两臂不同方向的举。（图 17－2－2）

a　　b　　c　　d

图 17－2－2

主要有：① 一臂前举，另一臂前上举；② 一臂前上举，另一臂后下举；③ 一臂侧上举，另一臂侧下举；④ 一臂后上举，另一臂前下举。

技术要点：举臂时保持挺胸，收腹立腰，两肩自然放松，臂、腕自然伸直，身体重心保持平稳，头部配合协调。

动作规格：部位准确，动作伸展，幅度大，有美感。

教学步骤：① 分别进行各种手臂位置练习；② 基本掌握后，可连贯进行练习，结合不同身体姿态及变换各种手臂位置进行组合练习。

2. 芭蕾舞手臂的七个基本位置

芭蕾舞手臂的基本要求：肩放松，肘、腕自然微弱下垂，手臂呈弧形，手指并拢，自然伸长，拇指与中指稍向里合。（图 17－2－3、图 17－2－4）

（1）一位：两臂体前自然下垂，指尖相对，掌心稍向内。

（2）二位：两臂保持弧形前举（稍低于肩），掌心向内。

（3）三位：两臂保持弧形上举（稍偏前），掌心向内下方。

（4）四位：一臂上举，另一臂前举。

（5）五位：一臂上举，另一臂侧举，掌心向前下方。

（6）六位：一臂前举，另一臂侧举。

（7）七位：两臂侧举，掌心向前下方。

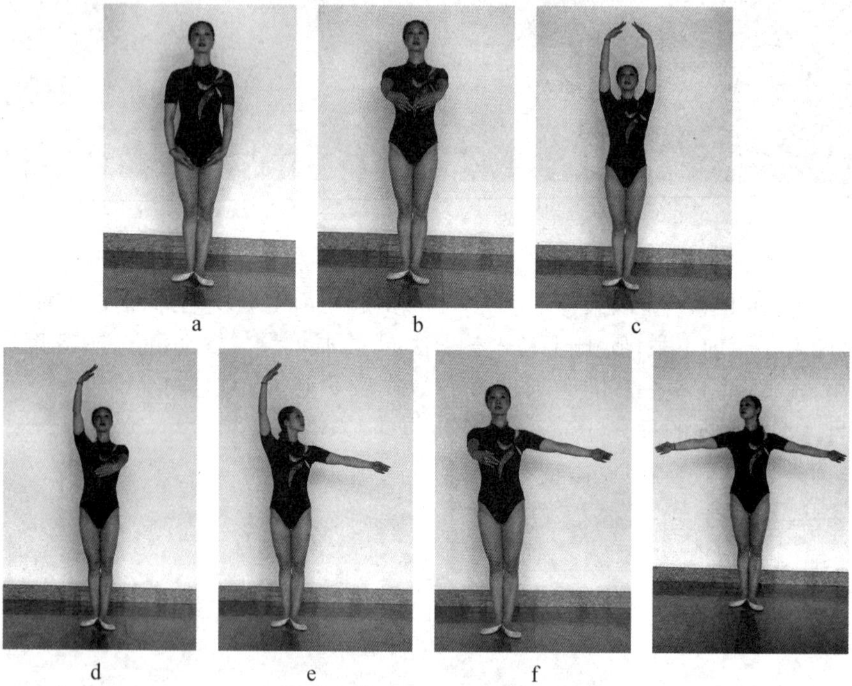

图 17－2－3

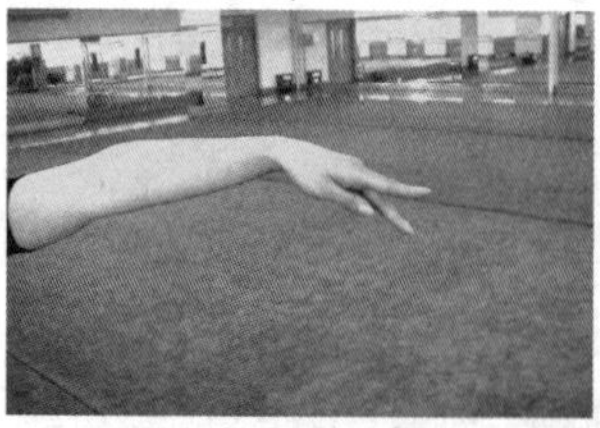

图 17－2－4

（二）脚的基本位置

在艺术体操动作练习中，除常用基本脚位站立外，还常采用芭蕾舞脚的基本位置。

1. 脚的基本站立位置

（1）并立（正步）——两脚并拢，脚尖向前。

（2）自然位（八字步）——脚跟相靠，两脚尖向斜前方成“八”字形。

（3）开立（大八字步）——两脚侧开，相距约同肩宽，脚尖各向斜前方。

（4）丁字步——一脚跟在另一脚弓处成“丁”字形。

（5）点立——一脚站立，另一脚向前（侧、后）伸出脚尖点地。前、后点地时脚面绷直向外；侧点地时脚面向上。

技术要点：站立各脚位时，上体保持正直，使身体重心落在两脚上。做点立时，重心在支撑腿上。

动作规格：身体姿势和脚的各种位置要准确。

教学步骤：① 扶把练习，体会正确的动作要领；② 离把练习，可配合简单的手臂动作，掌握后可练习各脚位提踵立。

2. 芭蕾舞脚的五个基本位置

（1）一位——两脚跟靠拢，脚尖向两侧，两脚成一横线。

（2）二位——脚尖向两侧，两脚跟左右距离约一脚，两脚成一横线。

（3）三位——脚尖向两侧，一脚跟相叠在另一脚的脚弓处，平行横立。

（4）四位——两脚前后平行，脚尖向两侧，两脚间距离约一脚。

（5）五位——两脚前后平行相靠，脚尖向两侧。

技术要点：髋、膝关节充分外开，身体重心平均在两脚上。

动作规格：站立平稳，姿势正确，两脚在一横线上或前后平行。

教学步骤：① 双手扶把站立，进行各脚位练习，以帮助控制身体重心及体会正确姿势；② 单手扶把进行各脚位练习；③ 离把练习，可配合简单手臂动作，并做各脚位的提踵立。

两脚外开不能用强力达到，根据情况可从 120 度左右开始练习，待髋关节外旋具备条件时逐步加大。

二、形体训练的组合练习

（一）姿态组合

预备姿势：八字脚立正站立。

1. 第一部分动作

第 1—8 拍：八字脚立正不动，双手完成芭蕾手臂的七个位置；

第 2—8 拍：双脚开立，起踵完成 1×8 拍动作。

2. 第二部分动作

练习时要求做到两手后背，挺胸、立腰、双肩下沉、头正和颈直。

（1）1×8 拍。（图 17－2－5）

第 1—2 拍：右脚前擦地；

第 3—4 拍：蹲；

第 5—6 拍：移重心成左脚后点地；

第 7—8 拍:右脚收回成自然步。

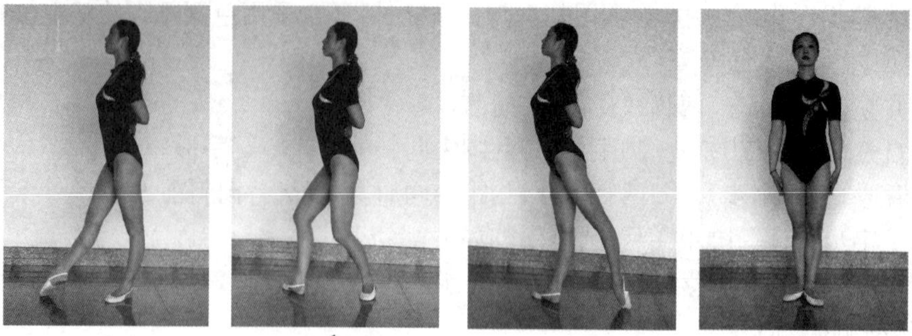

a　　b　　c　　d

图 17－2－5

(2) 2×8 拍。(图 17－2－6)

第 1—2 拍:左脚后擦地;

第 3—4 拍:蹲;

第 5—6 拍:移重心成右脚前点地;

第 7—8 拍:右脚收回成自然步。

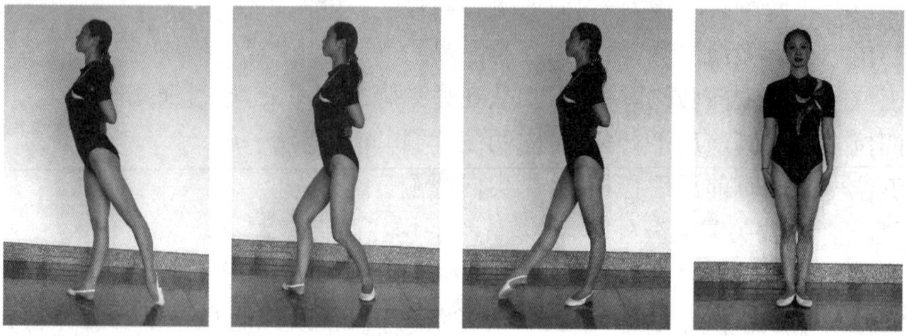

a　　b　　c　　d

图 17－2－6

(3) 3×8 拍。(图 17－2－7)

第 1—2 拍:右脚向右侧点地;

第 3—4 拍:蹲;

第 5—6 拍:移重心成左脚侧点地;

第 7—8 拍:收右脚成自然步。

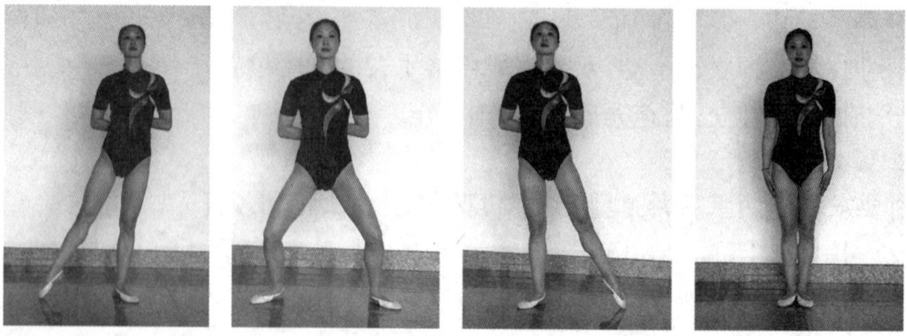

a　　b　　c　　d

图 17－2－7

第4—6个8拍动作同第1—3个8拍动作，方向相反。

3. 第三部分动作

每一个8拍结合一个手位进行，最后一个手位(七位手)单独完成。

(1) 1×8拍：一位手(同时)。(图17-2-8)

第1—2拍：右脚前擦地；

第3—4拍：移重心成左脚后点地；

第5—6拍：划圈；

第7—8拍：右脚收回成自然步。

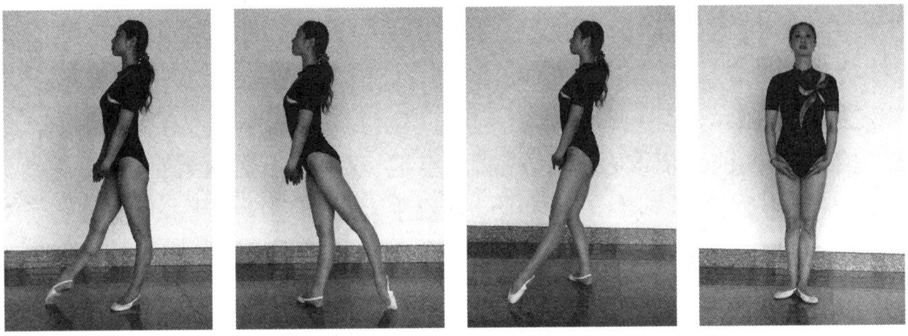

a　b　c　d

图17-2-8

(2) 2×8拍：二位手(同时)。(图17-2-9)

第1—2拍：左脚后擦地；

第3—4拍：移重心成左脚前点地；

第5—6拍：划圈；

第7—8拍：左脚收回成自然步。

a　b　c　d

图17-2-9

(3) 3×8拍：三位手(同时)。(图17-2-10)

第1—2拍：右脚向右侧点地；

第3—4拍：移重心呈蹲状；

第5—6拍：左脚侧点地；

第7—8拍：收左脚成自然步。

第4—6个8拍动作同第1—3个8拍动作，方向相反。

a　b　c　d

图 17－2－10

（二）摆动绕环组合

运动小贴士：身体姿势

1. 1×8 拍，向前摆动绕环（图 17－2－11）

第 1—2 拍：右脚向前一步重心前移，左脚后点地；双手经下摆动至前平举。

第 3—4 拍：重心后移至左脚，右脚前点地；双手经下摆动至侧平举。

第 5—6 拍：左脚并向右脚，起踵；双手经下向左绕环至三位手。

第 7—8 拍：右脚向前一步重心前移，左脚后点地；双手经下摆动至前平举。

a　b　c　d　e

图 17－2－11

2. 2×8 拍，向后摆动绕环（图 17－2－12）

第 1—2 拍：重心后移落在左脚上，右脚前点；双手经下摆动至侧平举；

第 3—4 拍：重心前移落在右脚上，左脚后点；双手经下摆动至前平举；

第 5—6 拍：右脚向后并向左脚，起踵；双手经下向右绕环至三位手；

第 7—8 拍：左脚向后一步，右脚前点；双手经左绕环至侧平举。

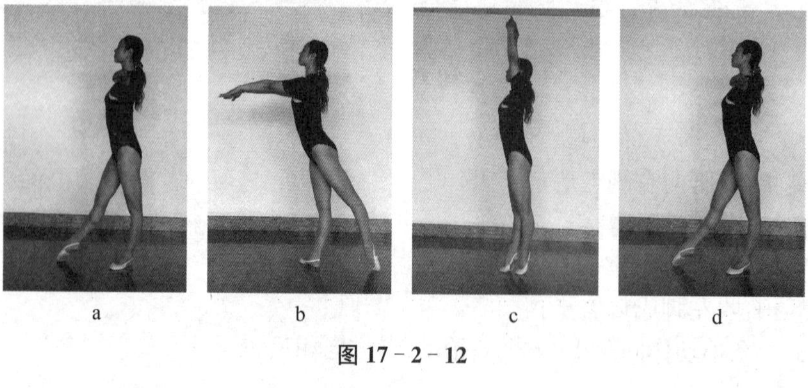

a　b　c　d

图 17－2－12

3. 3×8 拍，向左右摆动绕环

第 1—2 拍：右脚向右侧一步，左脚侧点地；双手经下摆动至右手前平举，左手侧平举。

第 3—4 拍：重心侧移落在右脚上，左脚侧点地；双手经下摆动至左手前平举，右手侧平举。

第 5—6 拍：右脚并向左脚，起踵；双手经下向左绕环至三位手。

第 7—8 拍：左脚向左侧一步，右脚侧点地；双手经右下摆至右手前平举、左手侧平举。

第 2 个 8 拍动作同第 1 个 8 拍动作，方向相反。

4×8 拍同 3×8 拍，方向相反，右脚开始。

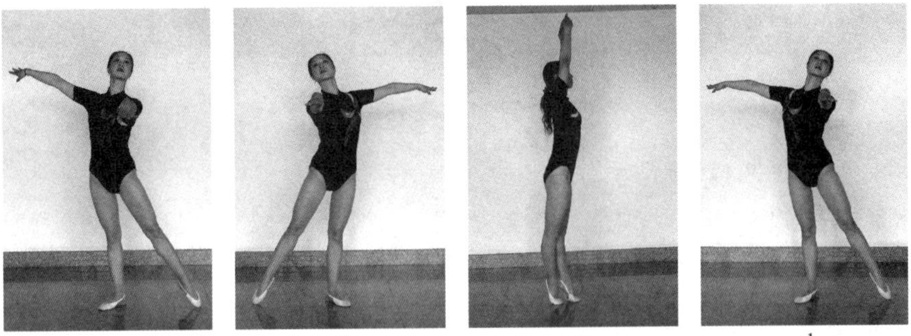

a　　b　　c　　d

图 17－2－13

（三）舞姿组合

运动小贴士：姿势控制

1. 1×8 拍的动作

第 1—2 拍：左 45 度方向，右脚擦地前点，同时左臂前下举；

第 3—4 拍：两脚经蹲向前移重心，右腿直立，左脚后点地，同时右臂由下经前至上举；

第 5—6 拍：面向正前，右腿屈膝蹲，左脚侧点地，两臂经下落至侧上举；

第 7—8 拍：左腿收回，两臂收回。

a　　b　　c　　d

图 17－2－14

2. 2×8 拍同 1×8，动作方向相反

3. 3×8 拍、4×8 同 1×8 拍、2×8 拍，重复动作

4. 5×8 拍的动作

第 1—2 拍：左 45 度方向，左脚向前一步，右腿屈膝后点地，两臂由二位打开至七位；

第 3—4 拍：右脚向前一步，左腿屈膝后点地，两臂三位；

第 5—8 拍：小碎步立踵后退，两臂打开至落下。

a b c

图 17-2-15

6. 6×8 拍同 5×8 拍，动作方向相反

7. 7×8 拍的动作

第 1—2 拍：面向正前，左脚向前一步，右脚后点地，同时左臂经前至上举；

第 3—4 拍：右脚向前一步，左腿后点地，同时右臂上举，两臂成三位；

第 5—8 拍：小碎步立踵后退，两臂头上方两次交叉划波浪后，打开至落下。

8. 8×8 拍同 7×8 拍，动作方向相反

a b c

图 17-2-16

9. 9×8 拍的动作

第 1—2 拍：面对正前，左腿向侧一步成左弓步，左臂侧上举，右臂侧下举，眼视右手；

第 3—4 拍：身体右转 90 度，左腿直立，右脚屈膝后点地，两臂落下；

a b c d

图 17-2-17

第 5—6 拍：重心后移，右腿屈膝蹲，左腿前点地，含胸两臂前伸；

第 7—8 拍：重心前移，左腿直立，右脚后点地，右臂在前四位手。

10. 10×8 拍的动作

第 1—2 拍：身体左转 90 度，右脚侧点地，左臂侧平举，右臂由左向上；

第 3—4 拍：右弓步，右臂继续向右打开至侧平举，手心向上；

第 5—8 拍：原地立踵碎步左转至正面，两臂划波浪落下收回；

a　b　c

图 17－2－18

11. 11×8 拍、12×8 拍同 9×8 拍、10×8 拍，动作方向相反

12. 13×8 拍的动作

第 1—2 拍：左 45 度方向，左腿前点地，两臂胸前交叉；

第 3—4 拍：右腿向前一步成右弓步，手臂六位，手心向上；

第 5—6 拍：身体右转 90 度；

第 5—7 拍：两手同时翻腕，手心向下；

第 7—8 拍：右腿直立，左腿后举，两臂侧上举。

a　b　c　d

图 17－2－19

13. 14×8 拍的动作

第 1—2 拍：两腿屈膝蹲，低头含胸，两臂收回；

a　b　c　d

图 17－2－20

第 3—4 拍：左腿后点成右弓步，右臂前平举，左臂侧后举；

第 5—6 拍：左腿向前一步成左弓步，左臂由下向前至前平举，右臂由上向后至侧后举；

第 7—8 拍：左腿收回，两臂收回，面对正面。

14. 15×8 拍、16×8 拍同 13×8 拍、14×8 拍，动作方向相反

15. 17×8 拍的动作

第 1—2 拍：右脚侧点地，左臂在侧五位手；

第 3—4 拍：右腿直立，体左转 45 度，左脚后点地，右臂在侧五位手，眼视左手，手心向内；

第 5—6 拍：两腿屈膝蹲，两臂落下，含胸低头；

第 7—8 拍：并腿提踵立，左臂斜上举，右臂前平举。

图 17-2-21

a　　b　　c　　d

图 17-2-22

16. 18×8 拍的动作

第 1—4 拍：原地立踵左转 360 度，两臂打开至侧平举；

第 5—6 拍：左腿后退一步，右脚前点地，两臂侧波浪至斜上举；

第 7—8 拍：右脚收回，手臂收回。

a　　b　　c

图 17-2-23

17. 19×8 拍、20×8 拍同 17×8 拍、18×8 拍，动作方向相反

(四) 华尔兹步

华尔兹步是常用舞步，具有轻盈、优美、流畅的特色，动作形式变化多样，可向前、向后、

向侧、转体及跑动进行。该动作以三拍完成，做时采用3/4节拍的华尔兹舞曲。

1. 向前华尔兹步(图17-2-24)

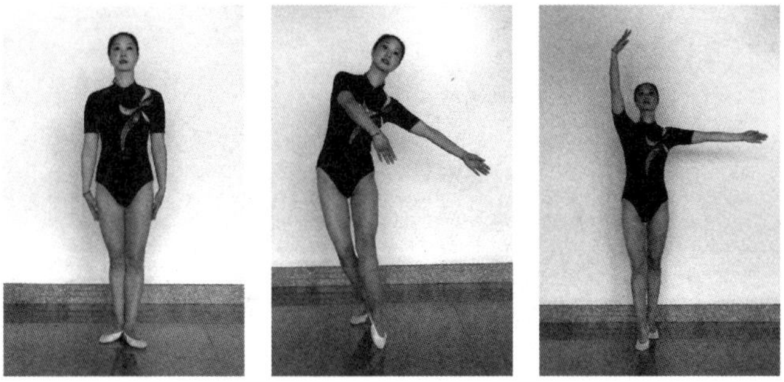

a　　b　　c

图17-2-24

预备姿势：两脚并立提踵，两臂侧举。

动作过程如下，以左脚为例。

(1) 1×3拍的动作。

第1拍：左脚向前做一次柔软步，落地稍屈膝，重心随之前移。

第2—3拍：右脚开始向前做两次足尖步。

在三拍动作过程中，配合左臂做一次波浪。

(2) 2×3拍的动作同1×3拍的动作，方向相反。

(3) 3×3拍、4×3拍同1×3拍、2×3拍的动作。

技术要点：三步的步幅均等，动作起伏自然，收腹立腰，重心随出步而移动。

动作规格：协调，连贯，柔和，步幅均等。

教学步骤：(1) 两手叉腰慢速度练习，体会三步的协调连贯；(2) 基本掌握后，可配合手臂波浪或其他手臂动作练习。

2. 向后退华尔兹步(图17-2-25)

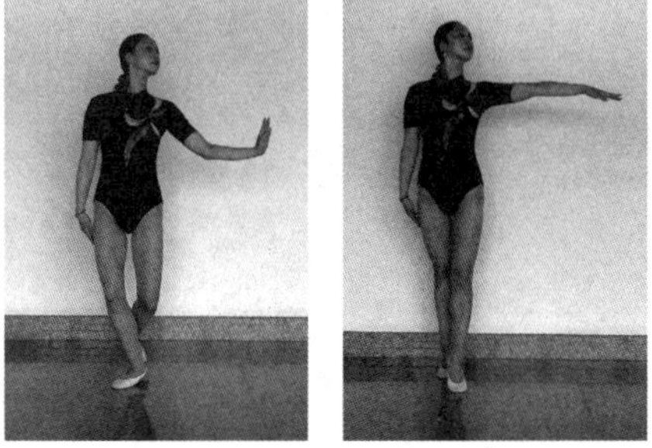

a　　b

图17-2-25

(1) 1×3拍的动作。

第1拍：左脚向后做一次柔软步，落地稍屈膝，重心随之前移。

第2—3拍：右脚开始向后做两次足尖步。

在三拍动作过程中，配合左臂做一次波浪。
(2) 2×3 拍的动作，同 1×3 拍的动作，方向相反。
(3) 3×3 拍、4×3 拍的动作同 1×3 拍、2×3 拍的动作。
3. 向侧华尔兹步(图 17-2-26)

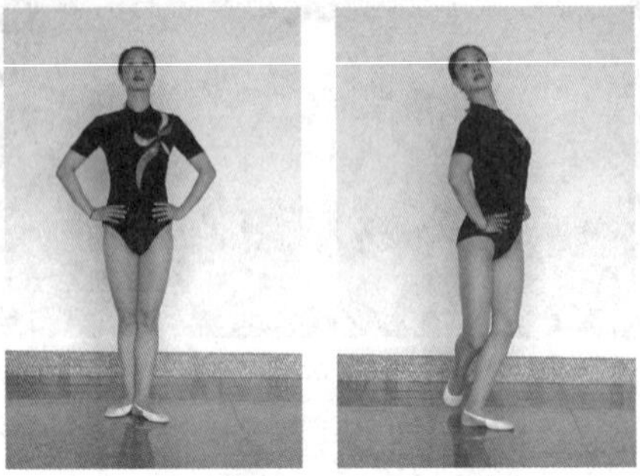

a　　b

图 17-2-26

预备姿势：自然站立，两臂右侧举。
动作过程如下。
(1) 1×3 拍的动作。
第 1 拍：左脚向侧做柔软步，落地时稍屈膝，重心随之移至左腿。
第 2—3 拍：右脚前掌踏在左脚跟后，右腿伸直立踵，接着左脚与右脚并立提踵。
在三拍动作过程中，两臂经前摆至左侧举。
(2) 2×3 拍同 1×3 拍，方向相反。
(3) 3×3 拍、4×3 拍同 1×3 拍、2×3 拍的动作。
4. 转体华尔兹步(图 17-2-27)

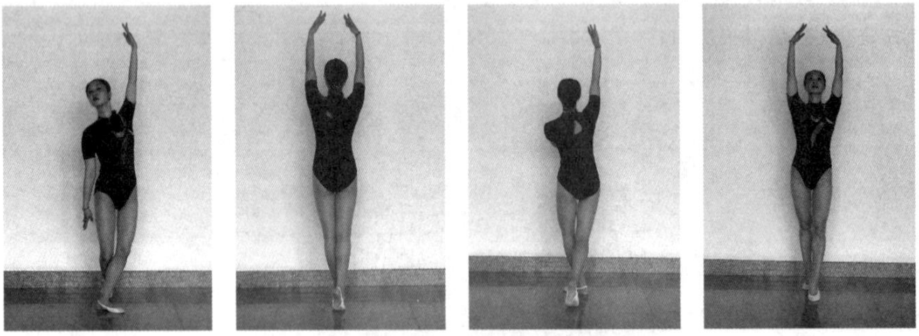

a　　b　　c　　d

图 17-2-27

预备姿势：两脚并立提踵，两手叉腰。
动作过程如下。
(1) 1×3 拍的动作。
第 1 拍：左脚向前做一次柔软步，稍屈膝，左手上举。
第 2 拍：右脚向前做一次足尖步，同时向左转体 90 度。

第 3 拍:左脚做足尖步与右脚并成提踵立,同时继续向左转体 90 度,右手上举,双手成三位。

(2) 2×3 拍的动作。

第 1 拍:右腿后退做一次柔软步,稍屈膝,左手向下摆动,右手不动。

第 2 拍:左脚后退做一次足尖步,同时向左转体 90 度。左手向后摆动,右手不动。

第 3 拍:右脚做足尖步与左脚并成提踵立,同时继续向左转体 90 度。左手向上摆动,成三位手。

(3) 3×3 拍的动作。

左脚向后华尔兹一次,同时双手向侧打开;手心向上。

(4) 4×3 拍的动作。

左腿向前,屈膝重心前移,成右脚后点地,右手上举,左手侧举,呈结束姿势。

技术要点:在第 2—3 拍做足尖步的同时进行转体 180 度,收腹立腰 0,身体正直。

动作规格:转体准确、连续,起伏自然、柔和。

教学步骤:① 慢速度练习,以体会转体的时机及动作方向;② 基本掌握后,可配合不同手臂动作练习。

做此动作时,如左脚开始,则向左转体;如右脚开始,则向右转体。

(五) 球操组合

预备姿势:右膝微屈,左脚后点,双膝前后靠紧,重心落在右脚上;左手扶球于右肩,右手右侧下举。

1. 第一部分动作(图 17－2－28)

(1) 1×8 拍的动作。

第 1—4 拍:右手持球成单手正托球,左右脚各向前一步,成右手前上方托球,左手置于体侧,右脚提踵,左腿屈膝,双膝靠拢。

a　b　c　d　e　f　g

图 17－2－28

第 5—8 拍：左脚落地向后撤一步，成右脚支撑，左脚侧点；右手持球于右下侧，左手上举，掌心向外。

(2) 2×8 拍的动作。

第 1—4 拍：左脚向右脚并拢，屈膝弹动两次；右手持球，双手体侧上下摆动两次。

第 5—6 拍：左脚向侧跨一步，右脚并上，起踵；手臂伸直，双手持球于头上。

第 7—8 拍：左脚向侧一步，重心落在左脚上，右脚点地；左手持球侧平举，右手侧上举。

2. 第二部分动作（图 17－2－29）

(1) 1×8 拍的动作。

第 1—4 拍：右脚向前一步，屈膝弓步，左腿后踢；左手持球侧平举，右手前平举。

第 5—8 拍：左右脚各向后撤一步，向右转体 90 度，成右腿屈，左脚侧点地。

(2) 2×8 拍的动作。

第 1—4 拍：右手经下摆动成侧上举，左手持球前平举，左手持球还原成立正。

第 5—8 拍：右脚向右一步，两手侧平举；两脚并拢，双手持球于头上。

a　　　　b

图 17－2－29

3. 第三部分动作（图 17－2－30）

(1) 1×8 拍的动作。

第 1—4 拍：双手持球螺旋绕“8”字，成双膝微屈，左脚稍后点，双手持球于头上。

第 5—8 拍：下肢动作不变；左手从上经前成侧平举。

(2) 2×8 拍的动作。

第 1—4 拍：两脚并拢屈膝，右手持球从上到下绕半个“8”字；双手膝部绕球。

第 5—8 拍：起踵直立，双手持球于胸前。

a　　　　b　　　　c　　　　d

图 17－2－30

4. 第四部分动作(图 17-2-31)

(1) 1×8 拍的动作。

第 1—8 拍:足尖碎部向后退,同时手臂扶持滚球。

(2) 2×8 拍的动作。

第 1—8 拍:左脚向侧一步,左右移重心两次;右手持球前后绕半个“8”字。

(3) 3×8 拍的动作。

第 1—4 拍:右脚上一步,左腿后举;右手向上抛球,左手侧平举。

第 5—8 拍:左脚上一步成左弓步;左手前平举,球置于左肩上,右手扶球。

a b c d

图 17-2-31

5. 第五部分动作(图 17-2-32)

(1) 1×8 拍的动作。

第 1—8 拍:原地足尖碎步,双手抛接球两次。

(2) 2×8 拍的动作。

第 1—8 拍:双膝靠拢微屈,重心落在右脚上,左脚后点地;左手后上举,原地右手拍球两次。

(3) 3×8 拍的动作。

第 1—4 拍:右手拍球三次,同时左手由后向前带,身体划波浪一次。

第 5—8 拍:左脚支撑,右腿微屈前点;双手持球于胸前。

a b c

图 17-2-32

6. 第六部分动作(图 17-2-33)

(1) 1×8 拍的动作。

第 1—4 拍:左脚支撑,右腿微屈前点;双手体前胸臂滚球一次。
第 5—8 拍:右腿支撑,膝微屈,左腿后举;右手前平举,左手侧平举,右手持球。
(2) 2×8 拍的动作。
第 1—8 拍:重复 1×8 拍的动作。
(3) 3×8 拍的动作。
第 1—4 拍:左脚支撑,右吸腿站立;右手持球腰间绕球一次。
第 5—8 拍:右弓步站立,双手持球于体前。
(4) 4×8 拍的动作。
第 1—4 拍:立正,直臂持球于头上;背滚球一次。
第 5—8 拍:双膝靠拢微屈,重心落在右脚上,左脚后点地;左手持球前平举,右手后上举。
重复第一至第六部分的动作,方向相反。

图 17-2-33

(六) 波浪组合
预备姿势:立正。
动作过程如下,以左脚为例。
1. 第一部分动作(图 17-2-34)
(1) 1×8 拍的动作。
第 1—4 拍:右手向前做两次波浪,同时两脚各起踵一次。
第 5—8 拍:右手在水平方向做一次水平波浪,同时两脚各起踵一次。
(2) 2×8 拍的动作。
第 1—4 拍:右手向侧做两次波浪,同时两脚各起踵一次。
第 5—6 拍:右脚向侧打开,双手向侧划波浪一次。
第 7—8 拍:左脚向后撤一步脚尖点地,同时右手前下举,左手屈肘前举。

a　　b　　c

图 17－2－34

(3) 3×8 拍的动作。

第 1—4 拍:右手、左手分别向前水平波浪一次,同时两腿分别屈膝前移一次。

第 5—8 拍:右手、左手分别经前向上波浪一次,手臂成三位;同时两腿分别屈膝前移一次。

(4) 4×8 拍的动作。

第 1—8 拍:左脚向侧打开,双手向侧打开掌心向上。半蹲屈膝双膝并拢,重心在左腿,同时双手前下方划波浪一次,成两手侧平举,立正站立。双手前上方波浪一次,且双腿屈膝一次,成左脚起重踵,同时双臂微屈,左手位于体前,右手位于体后。

(5) 5×8 拍的动作。

第 1—8 拍:足尖碎步向后退,同时手臂前后波浪两次。

(6) 6×8 拍的动作。

第 1—8 拍:足尖碎步向后退,同时手臂前后波浪两次(手臂幅度稍大于前面动作)。

(7) 7×8 拍的动作。

第 1—8 拍:肩带动手臂,身体垂直方向旋转,螺旋波浪一次。

2. 第二、三部分的动作(图 17－2－35)

(1) 1×8 拍的动作。

第 1—8 拍:身体侧波浪三次,成双手三位,左脚支撑,右脚后点地。

(2) 2×8 拍的动作。

第 1—8 拍:向后身体波浪一次,转体 270 度立正站立。

(3) 3×8 拍的动作同 1×8 拍和 2×8 拍的动作,4×8 拍只是方向相反。

a　　b　　c

图 17－2－35

3. 第四部分的动作

(1) 1×8 拍的动作。

第 1—8 拍：手臂水平方向摆动的身体波浪三次，同时屈膝三次。

(2) 2×8 拍的动作。

第 1—8 拍：手臂前上方摆动的身体波浪三次，同时屈膝三次。

(3) 3×8 拍的动作。

第 1—8 拍：双手屈臂前交叉，脚尖碎步转体 360 度。

(4) 4×8 拍的动作。

第 1—8 拍：左弓步站立，双手水平方向向外推两次波浪，右手上举，左手侧平举。

运动小贴士

温馨提醒：

第一，形体训练是为礼仪服务的，是为人们在工作和社交场合能够举止优雅得体；在所有的组合练习中，都要强调表现力，即完成动作时要面带微笑，要有眼神的转换。

第二，练习要求质量，而非数量。

参考文献

1. 隋东旭.形体训练[M].北京：北京交通大学出版社，2019.

2. 全国体育院校教材委员会.大众艺术体操[M].北京：人民体育出版社，2000.

3. (美)Jane Johnson.姿势矫正：治疗师操作指引 30 种常见的姿势问题[M].刘鼎浩，译.台湾：合记图书出版社，2018.

4. 黄宽柔.形体健美与健美操[M].北京：高等教育出版社，1997.

5. 曲宗湖.青少年学生形体教育[M].北京：人民体育出版社，2001.

第十八章　体育舞蹈

体育舞蹈是体育与舞蹈的叠加，是舞蹈的运动化、运动化的舞蹈。它是一种按国际上的规范化标准舞动作进行锻炼和比赛的运动项目，因此国际上也把国际标准交际舞称为“体育舞蹈”。

体育舞蹈融体育和舞蹈为一体，融体育运动和人体动态艺术为一体，它契合了当代科学发展一体化的趋势。体育舞蹈主要包括摩登舞(华尔兹、探戈、狐步、维也纳华尔兹、快步)和拉丁舞(伦巴、恰恰恰、桑巴、斗牛、牛仔)两大类。

第一节　摩登舞

摩登舞包括华尔兹和探戈等。

一、华尔兹

华尔兹的名词来自德文(Walzer)，原为旋转之意，又译为“圆舞”，它是一种三步舞，通常称为“慢三步”，起源于德国和奥地利民间，是由古老的民间自娱性舞蹈“兰德勒”舞发展而成的。华尔兹18世纪盛行于英国、法国，并逐步形成绅士的舞步，19世纪以来风行于世界各国。

华尔兹属旋转型舞步，其特点是舞姿华丽、秀美潇洒，舞步起伏流畅，风格华贵典雅、飘逸舒展，比其他舞步更温文尔雅、富于诗情画意，因此华尔兹有“舞中皇后”的美称。

华尔兹舞曲优美、抒情、明朗、动人。其节奏为3/4拍，拍速为每分钟30～32小节，三拍子的音乐节奏为“蓬、嚓、嚓”，第一拍为强拍，第二拍为次强拍，第三拍为弱拍。华尔兹舞步主要由左转系列、右转系列和原地的旋转组成，根据动作的不同需要，可以在三拍之内表达一个静态的造型，也可以在三拍之内跳较多的动作。

华尔兹舞步升降起伏非常明显，舞步的升降一般为“降、次升、升起”。第一步，前半拍是降，脚跟着地，屈膝下降，而在后半拍时脚跟已转为脚掌，屈膝已逐步转为伸膝，身体开始上扬，包含着开始降、结尾升，先降后升，由降转升的降升转化形态；第二步，脚掌逐步过渡到脚尖，身体继续上升；第三步，前半拍两膝伸直，两脚尖上升至最高点，后半拍两脚掌下落着地，身体徐徐降下，包含着继续升、结尾降以及先升后降、由升转降的升降转化状态。在比赛和表演中，为了取得更好的艺术效果，华尔兹变成了一种舞步没有刻意升降的舞蹈，舞步大重心就会降低，摆荡合足时则自然升起。

（一）华尔兹步名和技法

1. 左脚并换步

表 18－1－1　左脚并换步技法(男士)

步　序	步　位	脚底动作	方　位	升　降	倾　斜	反身动作	节　奏
1	左脚前进	脚跟—脚尖	面向斜壁	降,结尾开始升		轻微	1
2	右脚向侧,并稍向前	脚尖	面向斜壁	继续升	左		2
3	左脚并右脚	脚尖—脚跟	面向斜壁	继续升,结尾下降	左		3

表 18－1－2　左脚并换步技法(女士)

步　序	步　位	脚底动作	方　位	升　降	倾　斜	反身动作	节　奏
1	右脚后退	脚尖—脚跟	背向斜壁	降,结尾开始升,脚不升		轻微	1
2	左脚向侧,并稍后退	脚尖	背向斜壁	继续升	右		2
3	右脚并左脚	脚尖—脚跟	背向斜壁	继续升,结尾下降	右		3

注：左脚并换步是华尔兹最基本的舞步,它是一种桥梁步、换脚步,便于使左转步变为右转步,也可作为开始步。

前导步:左转步、右旋转步之后,接左转步的 4、5、6 步序。

后续步:任何右转系列组步。

2. 右脚并换步

表 18－1－3　右脚并换步技法(男士)

步　序	步　位	脚底动作	方　位	升　降	倾　斜	反身动作	节　奏
1	右脚前进	脚跟—脚尖	面向斜中央	降,结尾开始升		轻微	1
2	左脚向侧,并稍向前	脚尖	面向斜中央	升	右		2
3	右脚并左脚	脚尖—脚跟	面向斜中央	继续升,结尾下降	右		3

表 18－1－4　右脚并换步技法(女士)

步　序	步　位	脚底动作	方　位	升　降	倾　斜	反身动作	节　奏
1	左脚后退	脚尖—脚跟	背向斜中央	降,结尾开始升,脚不升		轻微	1
2	右脚向侧,并稍后退	脚尖	背向斜中央	升	左		2
3	左脚并右脚	脚尖—脚跟	背向斜中央	继续升,结尾下降	左		3

注：右脚并换步是与左脚并换步相对应的组步,在双脚相并的一瞬间转换重心,把右转步转换为左转步。

前导步：右转步。

后续步：任何左转系列组步。

3. 右转步

表 18-1-5　右转步技法(男士)

步　序	步　位	脚底动作	方　位	转　度	升　降	倾　斜	反身动作	节　奏
1	右脚前进	脚跟—脚尖	面向斜壁	开始右转	降，结尾开始升		有	1
2	左脚向侧	脚尖	背向斜中央	1～2 右转 1/4	继续升	右		2
3	右脚并左脚	脚尖—脚跟	背向舞程线	2～3 右转 1/8	继续升，结尾下降	右		3
4	左脚后退	脚尖—脚跟	背向舞程线	继续右转	降，结尾开始升，脚不升		有	1
5	右脚向侧	脚尖	指向斜中央	4～5 右转 3/8，身体少转	继续升	左		2
6	左脚并右脚	脚尖—脚跟	面向斜中央	身体完成转动	继续升，结尾下降	左		3

表 18-1-6　右转步技法(女士)

步　序	步　位	脚底动作	方　位	转　度	升　降	倾　斜	反身动作	节　奏
1	左脚后退	脚尖—脚跟	背向斜壁	开始右转	降，结尾开始升，脚不升		有	1
2	右脚向侧	脚尖	指向舞程线	2～3 右转 3/8	继续升	左		2
3	左脚并右脚	脚尖—脚跟	面向舞程线	身体完成转动	继续升，结尾下降	左		3
4	右脚前进	脚尖—脚跟	面向舞程线	继续右转	降，结尾开始升		有	1
5	左脚向侧	脚尖	背向中央	4～5 右转 1/4	升	右		2
6	右脚并左脚	脚尖—脚跟	背向斜中央	5～6 右转 1/8	继续升，结尾下降	右		3

注：右转步是华尔兹中实用的组步，共 6 步，它的前 3 步尤为重要，许多右转系列组步都以右转步的前 3 步开始。

前导步：左脚并换步、侧行追步、外侧换步、迂回步。

后续步：右脚并换步，右转步的 1、2、3 步序结束时，背向中央接做外侧换步，并左转 1/8，面向斜壁结束。

4. 左转步

表 18-1-7　左转步技法(男士)

步　序	步　位	脚底动作	方　位	转　度	升　降	倾　斜	反身动作	节　奏
1	左脚前进	脚跟—脚尖	面向斜中央	开始右转	降，结尾开始升		有	1
2	右脚向侧	脚尖	背向斜壁	1～2 左转 1/4	继续升	左		2
3	左脚并右脚	脚尖—脚跟	背向舞程线	2～3 左转 1/8	继续升，结尾降	左		3
4	右脚后退	脚尖—脚跟	背向舞程线	继续左转	降，结尾开始升，脚不升		有	1
5	左脚向侧	脚尖	指向斜壁	4～5 左转 3/8，身体少转	继续升	右		2
6	右脚并左脚	脚尖—脚跟	面向斜壁	身体完成转动	继续升，结尾下降	右		3

表 18-1-8　左转步技法(女士)

步　序	步　位	脚底动作	方　位	转　度	升　降	倾　斜	反身动作	节　奏
1	右脚后退	脚尖—脚跟	背向斜中央	开始右转	降，结尾开始升，脚不升		有	1
2	左脚向侧	脚尖	指向舞程线	1～2 左转 3/8，身体少转	继续升	右		2
3	右脚并左脚	脚尖—脚跟	面向舞程线	身体完成转动	继续升，结尾下降	右		3
4	左脚前进	脚尖—脚跟	面向舞程线	继续右转	降，结尾开始升		有	1
5	右脚向侧	脚尖	背向墙壁	4～5 左转 1/4	继续升	左		2
6	左脚并右脚	脚尖—脚跟	背向斜壁	5～6 左转 1/8	继续升，结尾下降	左		3

注：左转步是华尔兹中运用较少的组步，共 6 步，它的技法难度比右转步大，许多左转系列组步也都以左转步的前 3 步开始。左转步与右转步相对应，实际上也往往是右转步的调节步。

前导步：右脚并换步，犹豫换步。

后续步：左脚度平、扫步，左转的 1、2、3 步序之后接迂回步，左转截步。

5. 外侧换步

表 18-1-9 外侧换步技法(男士)

步序	步位	脚底动作	方位	转度	升降	反身动作	节奏
1	在反身动作位置中,左脚后退	脚跟—脚尖	面向斜中央		降,结尾开始升,脚不升		1
2	左脚后退	脚尖	背向斜中央	开始左转	继续升	有	2
3	左脚向侧,并稍向前	脚尖—脚跟	指向斜壁	2～3 左转1/4,身体少转	保持升位,结尾降		3
4	在反身动作位置和外侧舞伴中,右脚前进	脚跟	面向斜壁			有	1

表 18-1-10 外侧换步技法(女士)

步序	步位	脚底动作	方位	转度	升降	反身动作	节奏
1	在反身动作位置和外侧舞伴中,右脚前进	脚跟—脚尖	面向斜中央		降,结尾开始升,脚不升		1
2	左脚向侧	脚尖	面向斜中央	开始左转	继续升	有	2
3	右脚向侧,并稍向后	脚尖—脚跟	背向斜壁	2～3 转 1/4,身体少转	保持升位,结尾下降		3
4	在反身动作位置中,左脚后退	脚尖	背向斜壁				1

注：外侧换步是一种交换舞姿和方向的组步,对学习迂回步等组步有着重要的训练作用。

前导步:左转截步的 1、2、3 步序(在角落上,女士第一步进外侧),右转步的 1、2、3 步序,迂回步的 1、2、3 步序。

后续步:任何右转组步若结束在侧行位置上,再续接侧行追步。

6. 右旋转步

表 18-1-11 右旋转步技法(男士)

步序	步位	脚底动作	方位	转度	升降	反身动作	节奏
1—3	与右转步相同						
4	左脚后退	脚尖—脚跟—脚尖	背向舞程线	向左转 1/2(轴转)		有	1
5	右脚前进	脚跟—脚尖	面向舞程线	继续右转	结尾升	有	2

续 表

步 序	步 位	脚底动作	方 位	转 度	升 降	反身动作	节 奏
6	左脚向侧并稍后	脚尖—脚跟	背向斜中央	5～6 右转 3/8	保持升位，结尾下降		3

表 18－1－12　右旋转步技法（女士）

步 序	步 位	脚底动作	方 位	转 度	升 降	反身动作	节 奏
1—3	与右转步相同						
4	右脚前进	脚跟—脚尖	面向舞程线，结束时背向舞程线	向右转 1/2（轴转）		有	1
5	左脚后退，并稍向左	脚跟	背向舞程线	继续右转	结尾升		2
6	右脚刷步，经左脚斜进	脚尖—脚跟	面向斜中央	5～6 右转 3/8	保持升位，结尾下降		3

注：右旋转步是一种技术性较强的旋转步法，初学者必须掌握其技术细节，熟练者可将此组步连续跳，形成动作优美、技巧性很高的旋转步。

前导步：左脚并换步、侧行追步、外侧换步、迂回步。

后续步：左转 4、5、6 步序，面向斜壁或舞程线结束，可接迂回步、左转截步。

二、探戈

探戈（Tango）由阿根廷民间舞米隆加（Milonga）演变而来，19 世纪中叶传入法国，20 世纪初风行欧洲、美洲。

探戈舞的风格特点是庄严、豪放、刚劲、平稳、高雅、洒脱。相传阿根廷斗士在跳探戈舞时，男士腰佩短剑，女士身穿长裙，两人共舞要防范情敌暗算，脸上不带丝毫笑容、神态严肃，头左顾右盼，迈步稳健有力，没有升降起伏，舞蹈动作铿锵有力、顿挫分明，男士威风凛凛，女士英姿飒爽。其动作编排动静结合，有反身动作、闪势和造型。

探戈舞步运行呈弧形线，讲究脚内缘、脚外缘的变化，要掌握好“蟹行猫步”的步法，犹如螃蟹般横行、斜进、侧走，宛如猫般控制着出步、探索前进。

探戈舞节拍为 2/4，其节拍速度为每分钟 33～34 小节，基本节奏为慢、慢、快、快、慢。

（一）探戈概述

探戈有“舞中之王”的美称。其实，探戈舞蹈动作并不复杂，它最接近日常生活中的走步，没有升降起伏的摆荡动作，也没有身体的倾斜动作，其转度是在不停的走步中完成的。它与日常走步又有不同，探戈舞步是屈膝运行，长期低重心运步，因此要有一番好功底。无论前进、后退，还是转弯，均应保持弧形线，为了帮助转动，较多地运用反身动作这一技法。

1. 握持

探戈舞的握持比其他舞种更为紧密。

男士:双足稍分,前后并立(左足稍前,右足在左足的脚窝旁;足尖皆指向左侧15度处,男女皆同)。膝盖微屈,重心下沉。男士右臂向下斜插过女士的脊椎骨靠近右肩胛骨下方,右肘与女士左肘相叠,并以右肘抵住女伴的肘内窝。左臂肘部稍为上抬,略高于其他舞种的握持;左小臂内弯,使肘部形成小于90度的锐角,左手握住女士右手。

女士:面对男士站立,其站位要向男士右旁错位1/2,使右胯延伸到膝盖与男士右胯相贴,足部前后并合动作与男士相同。左手四指并拢,大拇指弯向掌心形成虎口抵住男士右臂腋下部位,左肘与男士右肘相叠。右手与男士左手相握,同其他舞种,自肘部以上随同男士手臂的位置而形成锐角。其余握持动作要领与其他舞种基本相同。

2. 走步

探戈舞是"走步型"舞蹈,它的很多舞步名称都沿用走步。屈膝、弯腿、低重心的趟步是探戈舞最重要的基本功。

(1) 前进常步。

在上述握持站立姿势的基础上,身体开始向前移动,男士的身体斜向舞池中央,女士相反。移动足利用膝部松屈动作带动足跟离地,呈横向弧形线运行,运步时始终在同一水平线上,重心下沉,移动足(左脚)从足外缘触地到全脚落地。继而后足(右脚)开始向前移动,探戈运步特点应在音乐节奏许可的范围内尽量延迟,即往往在音乐的后半拍才出步,使膝部更为弯曲、稳住重心,后足(右脚)从足内缘触地到全脚落地。当左、右足连续行进时,左足起动时要运用反身动作,要求舞者的头、肩、腰、胯四点一线,右足前进时应运用右肩引导,可使行进路线略曲转向左,以显示蟹形猫步的特点。前进常步,男女皆同。

(2) 后退常步。

女士:上述前进常步的要求适用于后退常步,不同要求是后退时移动足以脚尖后退,在步子进入位置时,前脚掌离地,并将脚从地面轻微弹起,向后经过后脚继续后退。

男士:后退常步的方式,男士与女士不同。如后退截步的第一、二步和左转步的第三、四步等。男士在后退时,必须将重心控制在主力足,身体姿势应使躯干保持垂直向前,移动足以脚尖后退,脚跟必须在步子的结尾时才落地。

(3) 走步特性。

左足前进皆在反身动作位置下(大脚交叉),而右足前进皆为右肩引导(大脚张开)。如此连续行进,在运步前进时应将移动足弹起直接进入位置,不同于其他舞种的是脚尖擦掠地面向前滑进。双膝始终保持微屈,重心下沉,运步时皆在同一水平线上移动,没有升降起伏和摆荡动作,步子较其他舞种短促、平稳、步子较小,刚劲、利落,带有控制性。

3. 脚底动作

在探戈的舞步叙述中,对脚底动作有以下说明。

(1) 由于没有上升,所以有组步的叙述中以脚掌来代替其他舞种中的脚尖。

(2) 所有前进步及侧行步的第一、二步为"脚跟",不再详述脚尖擦掠地面、脚跟、全脚。

(3) 所有在反身动作位置下后退的步子为"脚掌、脚跟"。

(4) 所有同伴以肩引导后退的步子则为"脚掌内缘、脚跟"。

(5) 向侧的步子根据不同的变化，分别为“脚的内缘”“脚掌的内缘”“脚跟”“脚掌、脚跟”或“全脚或整只脚”。

(二) 探戈步名和技法

1. 常步

表 18－1－13　常步技法(男士)

步　序	步　位	脚底动作	方位或朝向	转　度	节　奏
1	在反身动作位置中，左脚前进	脚跟	面向斜壁	稍左转	慢
2	右脚前进	脚跟	面向斜壁	稍左转	慢

表 18－1－14　常步技法(女士)

步　序	步　位	脚底动作	方位或朝向	转　度	节　奏
1	在反身动作位置中，右脚后退	脚掌、脚跟	背向斜壁	稍左转	慢
2	左脚后退	脚掌、脚跟	背向斜壁	稍左转	慢

注：常步亦称走步，它是探戈舞中最基本的入门动作，一般分为前进常步和后退常步两种，详见“探戈概述”部分。

2. 前进侧步

表 18－1－15　前进侧步技法(男士)

步　序	步　位	脚底动作	方位或朝向	转　度	节　奏
1	在反身动作位置中，脚前进	脚跟	朝斜壁	不转或向左曲转	快
2	右脚前进并稍向后移	脚的内缘	面向斜壁		快
3	在反身动作位置中，左脚前进	脚跟	朝斜壁		慢

表 18－1－16　前进侧步技法(女士)

步　序	步　位	脚底动作	方位或朝向	转　度	节　奏
1	在反身动作位置中，脚后退	脚掌、脚跟	朝斜壁	不转或向左曲转	快
2	左脚向侧并稍向前	脚掌、脚的内缘	背向斜壁		快
3	在反身动作位置中，右脚后退	脚掌、脚跟	朝斜壁		慢

注：前进侧步亦称行进旁步，它是第二步向侧移动，学好这个动作便于掌握“前进连接步”，其行走路线有一个小弧形，脚跟离地不可太高，否则会出现上下起伏。

前导步：右脚常步、侧行并合步。

后续步：右脚常步、摇转步。

3. 前进连接步

表 18－1－17　前进连接步技法(男士)

步　序	步　位	脚底动作	方位或朝向	转　度	节　奏
1	在反身动作位置中，左脚前进	脚跟	朝斜壁		快
2	在侧行位置中，右脚向侧并稍后	右脚内缘与左脚掌内缘	面向斜壁	面向斜壁	快

表 18－1－18　前进连接步技法(女士)

步　序	步　位	脚底动作	方位或朝向	转　度	节　奏
1	在反身动作位置中，右脚后退	脚掌、脚跟	朝斜壁	右转 1/4	快
2	在侧行位置中，左脚向侧并稍后	左脚掌内缘脚跟与右脚掌内缘	面向中央		快

注：前进连接步是一个从闭式位置转向侧行位置的连接动作，它是一个非常实用的连接步。

前导步：右脚常步、侧向并合步。

后续步：侧行并合步、右扭转步。

第二节　拉丁舞

一、拉丁舞概述

拉丁舞起源于不同国家和地区，是多元文化交融的产物。16 世纪，随着新航路的开辟和黑奴贩卖活动的进行，非洲的舞蹈文化在美洲生根发芽，它与拉美当地舞相融合，又随着欧洲宫廷舞蹈元素的加入变得更加规范与完善，最终形成了集竞技和表演于一身的现代拉丁舞。

拉丁舞分为拉丁国标舞和拉丁风情舞。拉丁风情舞是拉丁国标舞的起源，其中最出名也最为大多数人所喜爱的 Salsa 起源于古巴。古巴 Salsa 来源于曼波，曼波是 20 世纪 40 年代至 60 年代非常流行的舞蹈，恰恰恰是它的一个变种。古巴风格 Salsa 源于街头，人们伴着音乐翩翩起舞、自由派对，空气中弥漫着欢乐和喜悦。现流行于欧美和世界的 Salsa 是美国纽约 Salsa。美国纽约 Salsa 和古巴 Salsa 有着本质的不同：纽约 Salsa 是一小节 4 拍，跳 3 步，第 4 拍停顿不跳，特点是欢快热烈，舞蹈动作花样繁多、变化快，具有很强的欣赏性和表演性；古巴 Salsa 每小节 4 拍跳 4 步，第 4 拍踮地，特点是风趣和自娱自乐成分较多。拉丁国标舞是规范、严格的，它是在拉丁风情舞基础上发展形成的集竞技和表演于一身的专业舞蹈，包括伦巴、恰恰恰、牛仔、桑巴和斗牛。第二次世界大战后，英国皇家舞蹈教师协会对拉丁舞系列进行了整理，将它纳入国际标准舞范畴。1960 年，拉丁舞被正式列为世界国际标准舞锦标赛比赛项目。

拉丁舞在20世纪80年代中期传入我国，并在短短的20年内快速地发展起来。作为一项新兴体育运动，它在丰富大学生精神生活和增强体质方面已显示出不可估量的作用。男女混合组成的双人拉丁舞模式是拉丁舞最常见的表演形式，从竞技的角度来看，增加了比赛的成分，从表演的角度来看增加了观赏性。这种双人表演的传统模式，在需要掌握好个人技术的同时还要相互配合默契，这无形中增加了学习难度。单人拉丁舞突破了以双人为主的模式，从各个舞种的基本动律、基本技术到花样套路都以单人的形式出现，并严格遵循国际比赛规定的音乐及技术的规范性，既保留了原有的拉丁基本元素和风格，又在很大程度上降低了拉丁舞的难度。

如何选择
拉丁舞服装

中国大学生健美操艺术体操协会相继主办的三届全国学校体育舞蹈锦标赛已将单人拉丁舞设为比赛项目。来自全国各级各类学校的选手参加了该组别的比赛，成为该赛事一道亮丽的风景。世界体育舞蹈协会IDSA（中国）总部也将单人拉丁舞注册并正式列入比赛项目，于2007年在北京和香港相继举办了单人拉丁舞师资培训班和比赛，产生了极大的社会反响。

二、拉丁舞技术动作和练习方法

（一）伦巴

起源于古巴，被誉为“拉丁之魂”的伦巴舞，它的音乐节拍是4/4拍，强拍落在每小节的第4拍上。速度是每分钟27～30小节。舞步的节奏是第一步占1拍，第二步占1拍，第三步占2拍，即每小节4拍，4拍走3步，由1个慢步和2个快步组成。其运步方法与众不同，要“先出胯，后出步”，呼数为“2—3—4—1”，即第一拍先出胯，第二拍才出步。

1. 身体形态与技术要领

伦巴和恰恰恰的身体姿态都是两脚自然轻松地靠拢站好，挺胸，脊椎骨伸直，不可耸肩。任一脚向侧跨出一步，支撑重心的另一脚伸直，以使髋部可往前、旁和后方转动。重心落在支撑脚的脚跟，膝关节要向后锁紧。髋部的移动幅度以不影响上身姿势为原则。

2. 步法

伦巴舞所有向前的舞步，都应先以脚尖接触地板，再换成前脚掌，并在地板上加些压力，而脚跟则在步伐抵达定位之前下降。后退的步伐则先以前脚掌带动，再换成脚尖，最后脚跟才随着步伐抵达定位，等重心稳定后才下降。完成此步动作后，非重心脚的另一脚跟才能很轻松地离开地板，并且需要拉长脚的线条。

3. 伦巴基本舞步

伦巴基本舞步一般从左脚开始；右脚与左脚动作相同，方向相反。

（1）原地换重心。

表18-2-1　原地换重心

步　序	节　奏	动作描述	动作要点
第一步	2	前1/2拍，放胯，左腿弯曲，右腿重心；后1/2拍，左腿慢慢伸直，落跟，重心转移，同时右脚脚跟抬起	在放重心的同时要放气息；右腿用力转动身体，髋部由右向左转动

续　表

步　序	节　奏	动作描述	动作要点
第二步	3	前1/2拍，放胯，右腿弯曲，左腿重心；后1/2拍，右腿慢慢伸直，落跟，重心转移，同时左脚脚跟抬起	在放重心的同时要放气息。左腿用力转动身体，髋部由左向右转动
第三步	4、1	与第一步动作相同	

（2）移动步。

表18－2－2　移动步

步　序	节　奏	动作描述	动作要点
第一步	2	前1/2拍，放胯，左腿弯曲，右腿重心；后1/2拍，左腿慢慢伸直，落跟，重心转移，同时右脚脚跟抬起	在放重心的同时要放气息。右腿用力转动身体，髋部由右向左转动
第二步	3	前1/2拍，放胯，右腿弯曲，左腿重心；后1/2拍，右腿慢慢伸直，落跟，重心转移，同时左脚脚跟抬起	在放重心的同时要放气息。左腿用力转动身体，髋部由左向右转动
第三步	4、1	左脚向侧，脚掌平伏，重心跟上	右脚大腿和脚尖向外转约1/16，完成胯部旋转，右脚踝向内向下压，保持对地板的压力

（3）库克拉恰。

表18－2－3　库克拉恰

步　序	节　奏	动作描述	动作要点
第一步	2	左脚向侧，部分重心，脚掌平伏	右脚向左脚推动部分重心，结束时保持右脚跟停留在地面
第二步	3	右脚原地，脚掌平伏，原地重心转移	前1/2拍，左脚推动重心向右脚移动，重心由内侧边缘滚动到中间；后1/2拍，右胯与右腿大腿肌肉由前经过旁侧并向后进行转动，重心下压，并带动左腿收回
第三步	4、1	左脚收回，脚掌平伏	双脚并合，做左脚的原地重心转换

（4）方步。

表18－2－4　方步

步　序	节　奏	动作描述	动作要点
第一步	2	左脚前进，部分重心，脚掌平伏，右腿膝部略弯曲并靠向左腿的膝部	出腿前先转动右侧身体和胯部向后，带动左脚收回，左腿膝关节弯曲；前1/2拍，左腿经过右腿向前移动，慢慢伸直膝关节，以脚尖、脚掌、脚跟的顺序着地，同时右脚脚跟离地，身体重心继续前移直至大部分重心到达左脚；后1/2拍，右腿膝关节向左腿靠拢，将胯部摆动到左侧，并保持右腿外旋的姿态，右脚脚掌撑地，踝关节向内向下压，对地板保持一定的压力

续 表

步 序	节 奏	动作描述	动作要点
第二步	3	左脚推地，右脚原地，脚掌平伏，原地重心转移至右脚	前 1/2 拍，右脚落跟，膝关节伸直，右脚大腿和脚尖自然向外转约 1/16，大部分重心移动至右脚；后 1/2 拍，左脚推地，脚后跟离开地面，保持压力在脚尖，膝关节伸直，重心继续转移，同时右胯向后转动，完成胯部动作
第三步	4、1	左脚经过右脚向侧稍向后退，脚掌平伏	右脚大腿和脚尖向外转约 1/16，完成胯部旋转，右脚踝向内向下压，保持对地板压力
第四步	2	右脚经过左脚后退，脚掌平伏	右腿大腿和脚尖自然向外转约 1/16，左脚推地，脚后跟离开地面，保持压力在左脚尖、膝关节伸直，同时右胯向后转动
第五步	3	左脚原地，脚掌平伏，做原地重心转移	摆动胯部向前，让身体重心向前移动并完全转移至左腿，右脚大腿和脚尖向外转约 1/16，完成胯部旋转动作，并将右脚踝关节向内向下压，对地板保持一定的压力
第六步	4、1	右脚经过左脚向侧前进，脚掌平伏	右脚向侧，重心跟上；左脚大腿和脚尖向外转约 1/16，完成胯部旋转，左脚踝向内向下压，保持对地板的压力

(5) 纽约步。

左脚开始(右转)。

表 18－2－5 纽约步

步 序	节 奏	动作描述	动作要点
第一步	2	前 1/2 拍，以右脚掌为轴右转 1/4；后 1/2拍，左脚迅速经过右脚前进，脚掌平伏。右腿膝部略弯曲并靠向左腿的膝部	转动前身体反向延伸
第二步	3	左脚发力，重心转换至右脚，脚掌平伏，左脚绷脚尖	在节奏的后半拍反身
第三步	4、1	右脚掌为轴，左转至正面方向，左脚经右脚向左旁打开，脚掌平伏，做侧向步	身体不要完全转回正面，作为下一个左转纽约步的反向延伸

左转纽约步动作相同，方向相反。

(6) 手对手。

表 18－2－6 手对手

步 序	节 奏	动作描述	动作要点
第一步	2	前 1/2 拍，以右脚掌为轴左转 1/4；后 1/2 拍，左脚迅速经过右脚后退，脚掌平伏。右脚推地，脚后跟离开地面，保持压力在右脚尖、膝关节伸直，同时左胯向后转动	转动时保持身体直立；左腿大腿和脚尖自然向外转约 1/16
第二步	3	向前移动重心至右脚	右脚大腿和脚尖自然向外转约 1/16

续　表

步　序	节　奏	动作描述	动作要点
第三步	4、1	右脚掌为轴，右转至正面方向，左脚经右脚向左旁打开，脚掌平伏，做侧向步	出脚要快、轻，保持身体正直

(7) 定点转。

左脚开始(向右的定点转)。

表 18-2-7　定点转

步　序	节　奏	动作描述	动作要点
第一步	2	前 1/2 拍，右脚重心，左脚脚跟离地，前脚掌外侧点地，经右脚前穿越身体；后 1/2 拍，以双脚掌为轴右转，半重心，左脚落跟。右脚尖绷起	转向斜前 150 度左右，收紧大腿内侧。定点转注意视点转换，头部变换角度时要快。右脚尖绷起时，要向下压。右胯同时下压，左胯则向后打开
第二步	3	双脚不动，重心前移至右脚，全脚掌着地，左脚半脚掌着地	后 1/2 拍，留头并注意视点的转换，立腰
第三步	4、1	以右脚为轴转向正面，左脚经右脚向左旁打开，脚掌平伏，做侧向步	横步时身体的力量要向上

向左的定点转动作相同，方向相反。

左、右方向定点转连接起来，会旋转成一个 360 度的圈。

(8) 前进走步。

表 18-2-8　前进走步

步　序	节　奏	动作描述	动作要点
第一步	2	前 1/2 拍，右腿重心，左腿膝关节弯曲，经右脚向前，以脚尖、脚掌、脚跟着地顺序慢慢伸直膝关节，同时右脚跟离地，身体重心继续前移至左脚；后 1/2 拍，将身体重心向前完全转移至左腿	左脚掌平面。右大腿和脚尖向外转约 1/16，完成胯部旋转动作，并将右脚踝关节向内向下压，对地板保持一定压力
第二步	3	前 1/2 拍，左腿重心，右腿膝关节弯曲，经左脚向前，以脚尖、脚掌、脚跟着地顺序慢慢伸直膝关节，同时左脚跟离地，身体重心继续前移至左脚；后 1/2 拍，将身体重心向前完全转移至右腿	右脚掌平面。左大腿和脚尖向外转约 1/16，完成胯部旋转动作，并将左脚踝关节向内向下压，对地板保持一定的压力
第三步	4、1	与第一步动作相同	

(9) 后退走步。

表 18-2-9　后退走步

步　序	节　奏	动作描述	动作要点
第一步	2	前 1/2 拍，左脚弯曲，脚尖擦地经右脚向后，到达位置后落跟，膝关节慢慢伸直；后 1/2 拍，右脚推地脚后跟离开地面，脚尖保持压力，膝关节伸直，重心继续后移，同时左胯向后转动，完成胯部动作	左脚落跟后，大腿和脚尖自然外转约 1/16

续 表

步 序	节 奏	动作描述	动作要点
第二步	3	前 1/2 拍,右脚弯曲,脚尖擦地经左脚向后,到达位置后落跟,膝关节慢慢伸直;后 1/2 拍,左脚推地脚后跟离开地面,脚尖保持压力,膝关节伸直,重心继续后移,同时右胯向后转动,完成胯部动作	右脚落跟后,大腿和脚尖自然外转约 1/16
第三步	4、1	与第一步动作相同	

4. 单人伦巴基本步组合

单人伦巴基本步组合主要有原地换重心、移动步、库克拉恰、方形步、方形步四分之一转、方形步二分之一转、纽约步、手接手、定点转、前进后退基本步、前进转等。

单人伦巴
基本步视频

5. 双人伦巴基本步套路

双人伦巴基本步套路主要有基本动作步、扇形步、曲棍形转步、基本动作步、后退走步、臂下右转、手对手步、纽约步、原地左转步等。

双人伦巴
基本步视频

(二) 恰恰恰

恰恰恰起源于墨西哥,原是模仿企鹅在生活中的各种姿态而创造出来的舞蹈。舞蹈时,男女舞伴好似两只企鹅:高兴时,相亲相爱,相对而舞;不高兴时,女伴则"转身而去",男士则"尾随其后""表示和解"。故恰恰恰一反男士领舞常态,多由女士领舞、男士跟跳,而且两人动作不必整齐划一。恰恰恰诙谐花哨的风格,备受人们的欢迎,是拉丁舞中最流行的舞蹈。

恰恰恰的音乐节拍是 4/4 拍,每小节强拍在第 1 拍。它的速度是每分钟 32～34 小节。恰恰恰是四拍跳五步,因此它的舞步节奏是:第一步占一拍,第二步占一拍,第三步和第四步各占 1/2 拍,第五步占一拍。其运步方法与伦巴相似:以音乐每小节的第二拍作为一个步伐的开始,要"先出胯,后出步",呼"2—3—4—&—1"或"2—3—恰恰恰"。舞步力度要在重拍上展现。

1. 基本握抱姿态

在恰恰恰、伦巴和桑巴舞中,闭握式男女方相距约 15 厘米,且女方略靠男士的右侧,身体可以落在任一脚。女方体重着落的脚通常与男方相反,都是垂直站立、两脚分开、挺胸、脊椎骨伸直、不可耸肩。男士右手放在女士左肩胛骨部位,女士左手臂顺着男士右手臂弧度轻轻放到男士的肩部。男士的左手大约上举到眼睛的高度,女士的右手与男士左手轻轻互握。(图 18－2－1)

正面　　侧面

图 18－2－1　闭式位置

2. 脚底动作与重心

恰恰恰所有的前进走步都是以脚尖着地开始，再以脚前掌对地板施压，脚跟在步伐完成之前下降，此种脚底动作称为“脚掌平伏”。后退走步则先以脚前掌着地，随着脚的移动再换成脚尖，脚跟在步伐抵达时下降，重心也移转过来。一个舞步完成后，不支撑体重脚的脚跟，便可轻松、自然、不被察觉到有任何弯曲地离开。

3. 恰恰恰基本舞步

(1) 移动步。

左脚开始(左侧)。

表 18-2-10　移动步

步　序	节　奏	动作描述	动作要点
第一步	2	右脚重心，左脚并合右脚，左膝弯曲，无重力有压力	在下一步之前，将重心转移至左脚，左膝伸直，同时左胯摆动到左后侧
第二步	3	与左脚动作相同，方向相反	
第三步	4	左脚向左侧一小步，脚掌平伏	左胯移至左前侧
第四步	&	原地重心转移。右脚并合左脚，脚掌平伏	上一拍结束时，左侧身体与左腿肌肉外旋，带动右腿收回，伸直右膝盖，重心转换后右侧胯部经前旁摆动到右后侧
第五步	1	左脚向侧，脚掌平伏	两膝伸直，胯部摆动到左前侧

右侧移动动作相同，方向相反。

(2) 前进锁步。

表 18-2-11　前进锁步

步　序	节　奏	动作描述	动作要点
第一步	2	左脚前进，脚掌平伏	前进走步，胯部移动至左侧
第二步	3	右脚前进，脚掌平伏	前进走步，胯部移动至右侧
第三步	4	左脚前进一小步，脚掌平伏，膝盖伸直	左侧身体带领，胯部开始移动至左侧
第四步	&	右脚交叉在左脚后，脚后跟抬起	两膝自然弯曲，胯部移回中央
第五步	1	左脚前进稍向左，脚掌平伏	两膝伸直，胯部移向左侧

(3) 后退锁步。

表 18-2-12　后退锁步

步　序	节　奏	动作描述	动作要点
第一步	2	左脚后退，脚掌平伏	后退走步，胯部移动至左侧
第二步	3	右脚后退，脚掌平伏	后退走步，胯部移动至右侧
第三步	4	左脚后退一小步，脚掌平伏	左膝伸直，胯部开始移动至左侧
第四步	&	右脚交叉在左脚前，脚掌平伏	两膝自然弯曲，胯部移回中央
第五步	1	左脚后退稍向左，脚掌平伏	两膝伸直，胯部移向左侧

(4) 划圆追步。

表 18－2－13 划圆追步

步 序	节 奏	动作描述	动作要点
第一步	2	左脚前进，脚尖外转，部分重心，脚掌平伏，右腿膝部略弯曲并靠向左腿的膝部	出腿前先转动右侧身体和胯部向后，带动左脚收回，左腿膝关节弯曲；前 1/2 拍左腿经过右腿向前移动，慢慢伸直膝关节，以脚尖、脚掌、脚跟的顺序着地，同时右脚脚跟离地，身体重心继续前移直至大部分重心到达左脚；后 1/2 拍右腿膝关节向左腿靠拢，将胯部摆动到左侧，并保持右腿外旋的姿态，右脚脚掌撑地，踝关节向内向下压，对地板保持一定压力
第二步	3	原地重心转换至右脚重心，脚掌平伏。在接近结束时，左脚尖触地向外画圆	划圆时，保持右脚重心，胯部由右侧移动到左侧
第三步	4	左脚交叉在右脚后，脚掌平伏	胯部移回中央
第四步	&	右脚并向左脚，左脚脚掌平伏	原地重心转换，左膝伸直，胯部移向左侧
第五步	1	左脚向侧，脚掌平伏	两膝伸直，胯部移向左侧

(5) 扭臀追步。

表 18－2－14 扭臀追步

步 序	节 奏	动作描述	动作要点
第一步	2	右脚后退，脚掌平伏	后退走步，胯部在右侧
第二步	3	原地重心转移至左脚重心，脚掌平伏	结束时开始转动胯部向左后转动
第三步	4	右脚经左脚前进，左转 1/8，膝部弯曲，脚掌平伏	胯部向左移动
第四步	&	左脚并合右脚，向右转 1/8，两膝弯曲，两脚脚掌平伏	胯部移回中央
第五步	1	右脚向右侧打开，脚掌平伏	两膝伸直，胯部移向右侧

4. 单人恰恰恰基本步组合

单人恰恰恰基本步组合有原地换重心、移动步、方形步、方形步四分之一转、方形步二分之一转、纽约步、手接手、定点转、前进后退锁步、前进转、划圆扭臀追步。

单人恰恰恰基本步视频

5. 双人恰恰恰基本步套路

双人恰恰恰基本步套路有闭式基本步、扇形步、曲棍形转步、前进锁步、后退锁步、臂下右转、手对手步、纽约步、原地左转步。

双人恰恰恰基本步视频

(三) 牛仔舞

牛仔舞是拉丁舞中唯一一个在原生地域发端、演化并形成的重要舞蹈形式。20 世纪 40 年代，牛仔舞开始流行于美国南部。第二次世界大战期间，由美国水手带到欧洲，故有“水兵舞”之称。这种舞蹈带有踢踏动作，脚步轻盈敏捷，常伴有快速的旋转，并要求腰和胯部做钟摆式摆动。牛仔舞节奏快，对体能要求较大，但上手难度不高,非常适合在体育选修课中开展。

牛仔舞的音乐节拍是 4/4 拍,每小节强拍落在第 2 拍和第 4 拍上。它的速度是每分钟 42～44 小节。牛仔舞很多时候都是从摇步开始,后踏一步数 1(数拍子“快”),回前脚重心数 2(数拍子“快”),都各自用了一拍。

1. 基本握抱和姿态

与伦巴舞、恰恰恰、桑巴舞相同,牛仔舞只是双方手臂相握的位置稍低。牛仔舞由于速度快、跳跃和旋转多,需要重心在脚前掌,身体略前倾,脚后跟很少落地,即使落地也不承担重力。

2. 牛仔舞的追步

对于牛仔舞的节奏韵律演绎,由于切分音 3/4、1/4、1 拍的运用,可以说追步是最典型的牛仔舞节奏韵律的步型。侧向追步由一组三步动作组成,节奏为“QaQ”,节拍值是“3/4、1/4、1 拍”。它可用于很多基本动作之中,通常也被数成“1a2、3a4”。

牛仔舞追步可以转或不转地向任何方向跳。在跳牛仔舞时,重心都落在脚前掌上。虽然牛仔舞追步的第 1、2 步的足部动作被标示成“脚掌”,可是跳时脚跟几乎着地,甚至接触到地板。最后一步在做身体转动时,脚底的动作是由“脚掌”来完成的。

表 18－2－15　牛仔舞追步(左侧)

步　序	节　奏	动作描述	动作要点
1	Q(1)	左脚小步向侧,部分重心,脚掌平伏	在前一拍 a 时,身体做轻微上升和下降;1 时,左膝弯曲,胯部摆动到右侧,左脚到位后,身体略微上升,重心在两脚之间
2	a	右脚半并合左脚,重心移动至右脚,两膝弯曲,脚掌平伏	重心降低
3	Q(2)	左脚向侧一小步,脚掌平伏	左膝弯曲由轻柔地伸直,臀部移向中央,脚步到位后,身体略向上升

表 18－2－16　牛仔臂追步(右侧)

步　序	节　奏	动作描述	动作要点
1	Q(1)	右脚小步向侧,部分重心,脚掌平伏	在前一拍 a 时,身体做轻微上升和下降;1 时,右膝弯曲,胯部摆动到右侧,右脚到位后,身体略微上升,重心在两脚之间
2	a	左脚半并合左脚,重心移动至左脚,两膝弯曲,脚掌平伏	重心降低
3	Q(2)	右脚向侧一小步,脚掌平伏	右膝弯曲并轻柔地伸直,臀部移向中央,脚步到位后,身体略向上升

所有的并步都有一个弹跳的动作,所以膝部脚踝以及胯部都要保持弹性。

3. 单人牛仔基本步组合

单人牛仔基本步组合有摇摆步、并合步、并退基本步、左至右换位步、右至左换位步、弹踢等。

单人牛仔基本步
组合视频

参考文献

1. 张清洲.体育舞蹈[M].北京:北京体育大学出版社,1997.
2. 吴谋.体育舞蹈的理论与实践[M].上海:复旦大学出版社,1999.
3. 杨仲华.舞蹈艺术教育[M].北京:人民出版社,1999.
4. 杨斌.形体训练纲论[M].北京:北京体育大学出版社,2000.
5. 吴东方.体育舞蹈[M].北京:高等教育出版社,2016.
6. 李小芬.体育舞蹈运动教程[M].北京:北京体育大学出版社,2017.

第十九章 啦啦操

第一节 啦啦操概述[①]

一、啦啦操的起源与发展

啦啦操是指在音乐伴奏下，通过队员徒手或手持道具集体完成复杂高难度的基本手位与舞蹈动作。该运动凭借特有难度、过渡配合等动作内容，为比赛加油助威，调节紧张气氛及提高比赛观赏性，旨在集中体现团队意识与集体主义精神，折射青春活力、朝气蓬勃的精神面貌，并追求最高团队荣誉感，具有竞技性、观赏性、表演性等独特魅力。

20世纪五六十年代，啦啦操也在高校得到了大力推广。1967年，美国举办了第一届"年度十佳大学啦啦队"排名活动，由国际啦啦队基金会（今为世界啦啦队基金会）颁发"全美啦啦队奖"。20世纪70年代，啦啦队出现在各种比赛现场，开始逐渐关联学校的所有体育项目，甚至还服务于摔跤、游泳和田径比赛。1978年，哥伦比亚广播公司通过电视第一次向全国转播"大学生啦啦队锦标赛"，从此，啦啦操作为一项新兴而严肃的运动开始被人们所认识和认可。1980年，美国举办了首届全美啦啦队锦标赛，并且首次制定了比较规范的啦啦操运动项目竞赛规则，标志着啦啦操运动进入了竞技比赛的行列。目前，全世界已经有60多个国家开展了啦啦操运动。

20世纪80年代，啦啦操开始从美国向世界传播，并建立了统一的啦啦操标准。出于安全考虑，剔除了很多危险的翻转和叠罗汉动作。国际全明星啦啦队联盟（International All-Star-Federation）总部设在美国，它是美国全明星啦啦队联盟（United States All-Star-Federation）推动啦啦操运动的进一步发展。随着国际化的推进，美国全明星啦啦队联盟开始发展为国际全明星啦啦队联盟，国际全明星啦啦队协会（International All-Star-Cheerleading Association）也由此诞生。国际啦啦队联盟（International Cheer Union）在国际全明星啦啦队联盟、美国全明星啦啦队联盟的鼎力支持下推广啦啦操运动。1998年，国际啦啦操联合会（International Federation of Cheerleading）在日本东京成立。2001年11月，日本东京举办首届世界啦啦队锦标赛（Cheerleading World Championships，世界啦啦队锦标赛每两年举办一届，时间为当年11月的前两个星期）吸引了全世界8个国家和地区参与，正式将啦啦操提升为世界竞技运动。2003年，在英国的曼彻斯特举办了第二届世界啦啦操锦标赛，有9个国家和地区参加；2005年11月5日—6日，日本东京举行第三届

---

① 本章中《校园啦啦操示范套路（第三套）——花球大学组》版权归全国啦啦操委员会所有，特别感谢全国啦啦操委员会（CCA）给予的大力支持！

世界啦啦操锦标赛，有 12 个国家和地区参加；2007 年 11 月 17 日—18 日，芬兰赫尔辛基举办了第四届世界啦啦操锦标赛，来自世界各地的 25 支队伍同场竞技；2013 年，在美国奥兰多环球中心举行的世界啦啦操锦标赛中，西华啦啦队代表中国用丰富的情感、东方的韵味，歌舞交融，斩获了全球第五的优异成绩。

啦啦操虽然有 100 多年历史，但在中国却是一项新兴运动项目。2001 年，中国大学生体育协会健美操艺术体操分会邀请美国专家到中国进行业务培训，对普及和推广啦啦操运动起到了至关重要的作用。同年，在广州举办了首届中国大学生啦啦操比赛，取得了巨大的成功。从此啦啦操运动在中国落地生根，全面发展。

2004 年 6 月，中国大学生体育协会健美操艺术体操分会举办了全国啦啦操教练员及裁判员培训班，首次推出中国啦啦操专业教练员与裁判员认证体系及啦啦操规定套路。2005 年，国家体育总局体操运动管理中心开始关注啦啦操运动，并与相关国际组织进行交流合作。2006 年，中国大学生健美操艺术体操协会成立了第一个中国啦啦操专业委员会，并组队参加了在美国奥兰多环球中心举办的世界啦啦操锦标赛，这是我国首次参加国际啦啦操大赛。自此，与国际全明星啦啦队联盟、美国全明星啦啦队联盟达成了在啦啦操运动项目上一系列的合作协议，标志着中国啦啦操运动正式迈上了国际啦啦操运动的大舞台。

2008 年，在北京奥运会体育展示现场，我国啦啦操运动员的精彩表演吸引了国内外众多媒体的关注与报道。2009 年，中国蹦床技巧协会开始单独举办全国啦啦操锦标赛和冠军赛。2010 年，国家体育总局体操运动管理中心正式启动啦啦操项目。啦啦操作为全国体育大会正式比赛项目，被纳入技巧比赛中。2010 年，国家体育总局体操运动管理中心正式审定推出了《2010—2013 年全国啦啦操竞赛规则》。2011 年，国家体育总局体操管理中心审定了《全国啦啦操推广普及规定套路及竞赛规程》，让这项充满朝气与活力的运动项目走进校园。从 2013 年起，中国啦啦操联赛开始实行 A 级赛区和 B 级赛区制。联赛之外还有总决赛、锦标赛、冠军赛和中国公开赛。2013 年 5 月 31 日，国际单项联合会在圣彼得堡夏季年会上表决通过，正式在奥运和非奥运项目中接受国际啦啦操联合会，我国也正式成为国际啦啦操联合会第 107 个成员。啦啦操成为与体操、足球、田径等并列的独立体育项目。

二、啦啦操运动的价值与意义

啦啦操运动的价值与意义主要表现为以下几个方面。

(1) 啦啦操是一项以育人为本，以团队奉献文化为引领，以培养社会精英为目标的全民运动。中国啦啦操运动的发展目标是培养“品德好、学习好、气质好、技术好”的精英人才，其发展策略是以普及推广、提高技术为基础，以健身休闲、竞赛表演为支撑，凝练体育卓越品质，传承团队协作精神。

(2) 啦啦操属于健美操，既能健身美体，又能陶冶情操。啦啦操由舞蹈、体操、托举、翻腾、跳跃、技巧等动作组成，以身体运动为主要表现形式，通过啦啦操训练，可以提高协调能力，促进肌肉力量和骨骼的生长，能有效地促进肺活量，提高呼吸系统换氧功能，提高血液携氧能力和改善血液循环功能，促进心肌功能的全面发展，由此达到促进练习者身体体质的功效。

(3) 啦啦操又被称为“Smile Sport”，表演者自始至终都面带微笑，用优美的肢体动作传达欢乐与自信，用洋溢着青春活力的表演影响和感染观众。啦啦操表演传递的是积极向上、快乐健康的精神，它所蕴含的文化素养和自身魅力彰显了体育运动的社会价值。

(4) 啦啦操是一项集体运动项目。一个完美的啦啦操表演，是对团队意识与协作的全面展示。啦啦操运动有助于培养练习者团队配合与协作意识，可以增进集体荣誉感，促进自身修养的发展与完善，因而啦啦操具有重要的育人价值。

第二节　啦啦操运动的技术特征

啦啦操从社会群体和功能两方面可分为校园啦啦操、职工啦啦操、社区啦啦操、残疾人啦啦操、亲子啦啦操和看台啦啦操；从展示场所来划分，可分为场地啦啦操和看台啦啦操；根据不同的技术表现风格来区分，场地啦啦操可分为技巧啦啦操、舞蹈啦啦操和赛间表演啦啦操。

一、啦啦操专业术语

(一) 上肢基本动作

1. 基本手臂位置(Arm Positions)

上A　　下A　　高V

图 19-2-1

(1) 上 A(Up A)：两臂上举，拳心相对。

(2) 下 A(Down A)：两臂胸前下举，拳心相对。

(3) 高 V(High V)：两臂侧上举握拳，拳心向外。

(4) 倒 V(Low V)：两臂侧下举握拳，拳心向内。

(5) 加油(Applauding)：两手握式击掌于胸前，肘关节向下，手低于下颏。

(6) T(T)：两臂侧平举，握拳，拳心向下。

倒V　　加油　　T

图 19－2－2

短T　　W　　上L

图 19－2－3

(7) 短 T(Half T):两臂胸前平屈握拳,拳心向下。
(8) W(Muscle Man):两臂肩上屈,肘关节成 90 度。
(9) 上 L(Up L):两臂上举,拳心相对。

下L　　斜线　　K

图 19－2－4

(10) 下 L(Down L):一臂侧举,另一臂前下举握拳,拳心向下。
(11) 斜线(Diagonal):一臂侧上举,另一臂侧下举,握拳,举成一斜线。
(12) K(K):一臂前上举,另一臂前下举,拳心向下。

侧K　　弓箭　　小弓箭

图 19－2－5

(13) 侧 K(Side K):弓步或开立,手臂同 K。

(14) 弓箭(Bow and Arrow):一臂胸前平屈,前臂低于上臂,另一臂侧平举。两手握拳,拳心向下。

(15) 小弓箭(Bow):一臂侧平举,拳心向下,另一臂胸前屈,拳心向内。

短剑　　侧上冲拳　　侧下冲拳

图 19－2－6

(16) 短剑(Half Dagger):以左手叉腰为例,右臂胸前屈,拳心向内。

(17) 侧上冲拳(High Side Punch):以左手叉腰为例,右臂侧上冲拳,拳心向外。

(18) 侧下冲拳(Low Side Punch):一手叉腰,拳心向后,另一臂做下 V 的一半。

斜下冲拳　　斜上冲拳　　高冲拳

图 19－2－7

(19) 斜下冲拳(Low Cross Punch):以左手叉腰为例,右臂左前下冲拳,拳心向下。

(20) 斜上冲拳(Up Cross Punch):以左手叉腰为例,右臂左前上冲拳,拳心向下。
(21) 高冲拳(High Punch):一臂前上举,拳心向内,另一手叉腰,拳心向后。

R　　上M　　下M

图 19-2-8

(22) R(R):一手头后屈,拳心向内;另一手向前下冲拳,做 K 的一半,拳心向下。
(23) 上 M(Up M):两臂肩上屈,手指触肩,肘关节向外。
(24) 下 M(Hands On Hip):两手叉腰于髋部,握拳,拳心向外。

屈臂X　　高X　　前X

图 19-2-9

(25) 屈臂 X(Bend X):前臂交叉于胸前,拳心向内。
(26) 高 X(High X):两臂交叉于头前上方,拳心向前。
(27) 前 X(Front X):两臂交叉于体前,拳心向下。

低X　　X　　上H

图 19-2-10

(28) 低 X(Low X):两臂交叉于体前下方,拳心向斜下。
(29) X(X):双腿开立,两臂头后平屈,拳心贴头,肘关节朝外。
(30) 上 H(Touch Down):两臂上举与肩同宽,拳心相对。

小H　　下H　　屈臂H

图 19-2-11

(31) 小 H(Little H):一臂上举,另一臂胸前屈,握拳,拳心向内。
(32) 下 H(Low Touch Down):两臂前下举,拳心相对。
(33) 屈臂 H:双臂胸前屈,握拳,拳心相对。

后M　　O　　前H

图 19-2-12

(34) 后 M:双臂后拉夹肘,双手握拳放于腰间,握拳,拳心向上。
(35) O(O):两臂屈肘成 O 型上举于头上方,双手握拳,拳心向下。
(36) 前 H:两臂前举,与肩同宽,拳心相对。
2. 基本手型

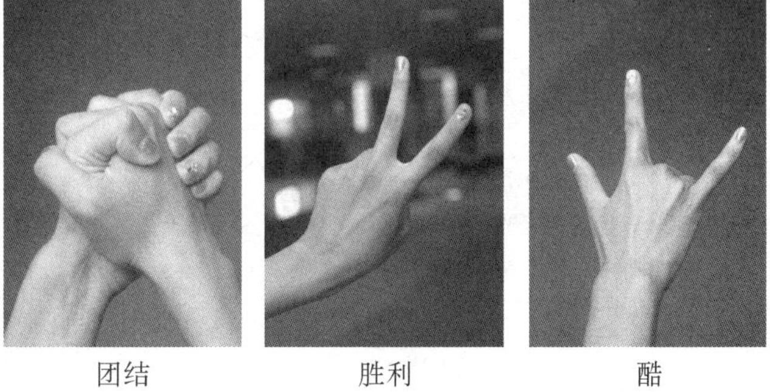

团结　　胜利　　酷

图 19-2-13

(1) 团结(Clap):双手在虎口处相握。

(2) 胜利(Victory):握拳,食指和中指伸直成"V"字形。

(3) 酷(Cool):中指和无名指弯曲,其他三指自然张开。

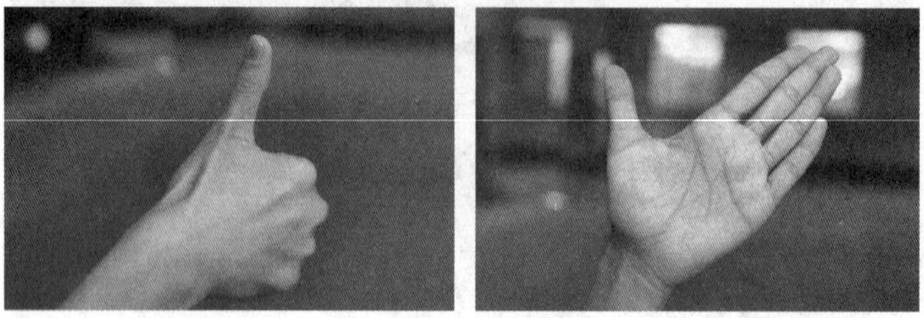

真棒　　自信张扬

图 19-2-14

(4) 真棒(Thumb):四指相握,拇指竖起。

(5) 自信张扬(Palm):四指并拢,拇指张开。

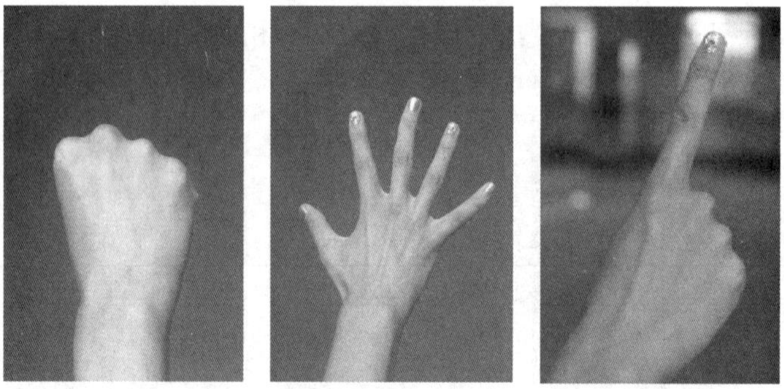

力量　　喝彩　　勇往直前

图 19-2-15

(6) 力量(Fist):拇指握于四指。

(7) 喝彩(Open Palm):五指用力张开。

(8) 勇往直前(Forefinger):握拳,食指伸出。

(二) 下肢基本动作

分腿直立 (Cheer Stance)　　基本站姿 (Beginning Stance)　　侧弓步 (Side Lunge)

图 19-2-16

锁步 (Lock Step)　　吸腿 (Front Lunge)　　前弓步 (Knee Life)

图 19－2－17

校园啦啦操示范套路
——花球大学组

第三节　啦啦操教学要点与注意事项

啦啦操教学方法是根据教学内容、任务及学生的特点等选用的。合理使用啦啦操教学方法是教师完成教学任务，学生掌握动作技术及技能的前提和保证。

一、教学要点

（一）技巧啦啦操

技巧啦啦操是指在音乐伴奏下，以跳跃、翻腾、托举、抛接、金字塔组合等技巧性难度动作为主要内容，并配合口号、基本手位，展示运动员高超技能和技巧的竞赛项目。因其具有独特性、多样性、配合性和危险性等特点，故在教学中对教师的教和学生的学都提出了很高的要求。

由于技巧啦啦操组成的独特性，如难度动作多、配合多、空间层次变化多，因此在教学中尤其强调教师对学生、学生与学生间的保护与帮助，教师要教会学生如何做动作，如何去保护，如何做到保中有帮、帮中有保，从而让学生正确地理解动作要求与要领，减轻学生的害怕心理。在教学过程中，每一位队员的位置和职责都要明晰，尖子、底座、保护人员各司其职，共同完成每一次的托举、抛接或者金字塔动作。教学过程中要特别强调教学的规范性，由简至繁，由易到难，遵循动作原理，保证动作完成的安全性、平稳性、规范性和艺术性。

（二）舞蹈啦啦操

舞蹈啦啦操是指在音乐伴奏下，融合多种舞蹈元素动作，结合转体、跳步、平衡与柔韧等技术技巧及过渡连接技巧，通过空间、方向与队形的变化，强调速度力量与运动负荷，展示技能及团队风采的一项运动项目。

舞蹈啦啦操主要由花球啦啦操、爵士啦啦操和街舞啦啦操组成。其中，花球啦啦操因为难度较低，比较容易掌握，所以它是推广最多、普及性最强和最具代表性的一类舞蹈啦啦操。

花球啦啦操需要手持花球，结合啦啦操 36 个基本手位组合及脚步移动完成啦啦操。花球舞蹈啦啦操的技术特点是短暂加速、快速到位。由于花球持于手上，所以上肢动作的完成质量决定了整套动作的质量，在动作过程中，要求重心稳定，移动快速平稳，动作的发力速度快，到位制动，移动脚步和手位迅速准确到位，最后刹那的停顿有“寸劲”，干脆利落且有力度，因而教师在教学中除了对学生进行整体力量的锻炼外，还要着重对其上肢力量的训练，尤其注意指导学生练习时，要强调花球的出手不能用腕关节，使之变成“甩花球”，而应是身体延长线的最远端，最终达到的效果是“发力快、路线短、制动脆、定位准”。

二、教学注意事项

啦啦操既是一项体育项目，也是一门艺术，故而教学中要注意以下几点的培养。

(1) 正确的身体姿态是表现“健、力、美”的关键。在啦啦操教学中，应严格训练身体各部位的基本姿态、基本技术和基本技能，严格要求姿态的准确性。正确的动作姿态训练一般经过两个阶段：第一阶段是建立正确的动作姿态，使其形成动力定型。方法是通过持之以恒地运用正确意念来控制动作的训练过程，形成正确的动力定型。例如，通过正确的手位动作，建立准确的本体感觉；第二阶段是通过啦啦操训练来塑造健美形体的同时，还要美化、充实心灵，要求训练时寓情感于动作姿态之中，使其具有激情、活力和感染力。

(2) 重视表现力的训练。表现力是通过面部表情和身体动作两方面表现来完成的，一套完整的技巧啦啦操或优美舞蹈啦啦操如果缺乏生动的表现力，就会失去啦啦操的生命力。淳朴、自然、真实、富有激情的表现力，能给人以美的享受，会起到感染人、激励人的作用。表现力的训练包括神态、气质和风格三个部分。

(3) 重视体能的训练。技巧啦啦操有其特定的托举、抛接、金字塔等难度动作，队员要默契配合，完成难度动作，整套动作下来，对队员的体力和体能有很高的要求，因此在教学过程中特别需要锻炼学生的体力与体能。

(4) 啦啦操是在音乐伴奏下完成的艺术类项目，音乐与动作的水乳交融是视觉与听觉的双重盛宴。因此，在教学中对音乐的选择至关重要，让学生用心去体会，并用动作表现出音乐所赋予的时尚、独特、激情、活力等文化内涵，就是对音乐和啦啦操的最佳诠释。

参考文献

1. 马鸿韬.啦啦操运动(第二版)[M].北京：高等教育出版社，2017.
2. 王洪.啦啦操教程[M].北京：人民体育出版社，2013.
3. 马鸿韬.花球舞蹈啦啦操的技术特征与教学方法[J].中国学校体育，2016(3)：58－59.
4. 马鸿韬.啦啦操运动概述[J].中国学校体育(基础教育)，2016(1)：56－57.
5. 丁辉.校园啦啦操运动的推广价值研究[J].广州体育学院学报，2015(6)：126－128.
6. 曹晏熙美.啦啦操的意义和文化价值[J].文化用品与科技，2015(2)：19－22.

第二十章　排舞运动

第一节　排舞运动概述

一、排舞运动概念

排舞，英文为“Line Dance”，从字面看，可以理解为成排成排跳的舞蹈。它是一项音乐和固定舞步融合在一起，一人或多人通过重复风格各异的舞步组合来愉悦身心的国际性体育运动。

随着排舞的不断发展，其舞曲已经发展到每一支舞曲都具有自己独一无二的舞码。新舞曲的编制要在全世界发行和推广，必须经过国际排舞协会的认证，因此，同一支舞曲在全世界的舞步动作都是统一的。在一致的舞步标准、多重舞蹈元素的组合与变化下，舞者能跳出自己的个人风格，诠释属于自己的舞蹈，在全世界各地享受以舞会友的乐趣。

排舞的每首舞曲可由 32 拍、48 拍或 64 拍等不同的循环节奏组成。因此，每首曲子的舞步也随着特定的循环节奏而重复。另外，每首舞曲的基本跳法规律还分为两个朝向和四个朝向交替旋转。排舞的难度分为初级（beginner）、中级（intermediate）、高级（advanced）等，舞者可自由选择，自由诠释，跳出自己的风格，这使排舞更具魅力。

二、排舞运动的起源与发展

（一）排舞运动的起源

关于排舞的起源，由于文献资料不足，很难知道排舞起源于何时，为何兴起。

一般认为，排舞萌芽于美国西部乡村民间社交舞。社交舞是起源于西方的一种舞蹈形式，又称为舞厅舞、舞会舞或交谊舞，它来源于各国的民间舞蹈，在古老民间舞的基础上发展并演变而成。19 世纪初，大量的欧洲移民涌入美国，后来在欧洲地区流行的社交舞也传入美国。由于社交舞必须男女结伴才能起舞，这极大地限制了喜欢跳舞却没有舞伴的人，因此当时美国的一些社交舞俱乐部就尝试着让大家站成一排排的队列跳舞，而不用按照方块或圆形的站位形式以男女结伴的形式跳舞，这种不断的尝试促使排舞产生。受此启发，美国的一些迪斯科俱乐部和西部乡村民间舞俱乐部也纷纷效仿，派生出各种不同风格的类似排舞风格的舞蹈形式，并在全国传播开来。

20 世纪 50 年代，多家美国电视台不断播放带有排舞特征的舞蹈节目，这些舞蹈节目主持人帮助传播了早期的排舞概念，但是严格地说，这一时期的排舞还不是真正意义上的排舞，只能称之为以排舞形式出现的社交舞或民间舞。20 世纪 70 年代，随着多媒体音响技术的发明和迪斯科音乐在美国的流行，迪斯科舞台上正式出现在今天被称为“排舞”的舞蹈形式。可以说，迪斯科音乐的兴起对现在排舞的产生具有重要的意义。到了20世纪80年代早期，随着美国西部乡村音乐的大流行，为配合西部乡村音乐的传播，现代排舞才真正诞生。

(二) 排舞运动的发展

排舞运动开始全面发展是在20世纪90年代初。1992年，美国乡村音乐人比利创作了一首叫《Achy Break Heart》的歌曲，为了更好地推广这首歌曲，委托人为这首歌编排设计了一支排舞，这首歌曲最终成为90年代最著名的乡村音乐之一，并传播到世界各地。这首歌的巨大成功也使这首歌的排舞广为人知，并随着乡村音乐被广泛传播到美洲、欧洲和澳洲等许多国家。同时，配合乡村音乐而编排的排舞热潮再次被掀起，许多著名的排舞作品都产生于这一时期。90年代中期，排舞逐渐脱离乡村音乐的束缚，开始寻求大量其他风格的舞蹈和音乐，也正是这一时期，排舞大量吸取了体育舞蹈的舞步动作和编排模式，形成了具有自己风格特点的编排设计和舞步规范。例如，每支排舞都有固定的曲目名称和舞步组合节拍数，并逐渐形成了独一无二的舞步。

排舞运动在我国起步较晚，自2004年传入我国以来，以舞步多元、风格创新、简单易学的运动形式深受人们的喜爱。全国排舞运动推广中心从2014年起开展"阳光排舞进校园"评比活动，打开了排舞运动进入校园的大门。2018年"中国·大同2万人排舞"以"舞动中国"为背景曲目，2万人同时开跳，全场动作整齐划一，挑战规模排舞世界纪录，获得成功，这次活动对我国排舞运动的进一步开展有着重大的意义。

排舞运动的特点与价值

三、排舞运动的分类与风格

(一) 排舞运动的分类

1. 按音乐旋律和舞蹈段落分类

一是常规型排舞。这种类型的排舞特点是有明显固定的舞步段落，并随音乐从开始到结束，反复这一固定的舞步段落，中间没有任何变化。动作难度不大，属于初级水平的排舞。二是分段型排舞。分段型排舞的特点是在两段舞步当中加入一段间舞(tag)舞步，或者是某一段落的舞步还没有跳完，就接着又从头开始，这称为中断(short wall)。通常与常规型排舞相比，这一类型的排舞开始学习时不易记忆或易重复，难度较大，属于中级水平的排舞。三是组合型排舞。这一类型的排舞可以将三段或三段以上不同分格的段落组合在一起，允许这些段落有所重复，针对不同的舞曲规律，编舞者可以自由发挥，可以自由组合进行编排。组合型排舞比较适合具备一定排舞基础的人员演绎，难度较大，属于中高级水平的排舞。四是表演型排舞。这种类型的排舞，舞步组合花哨，变幻多端，相当考验舞者的舞蹈技巧和音乐剪接配合。它没有固定的规律性，从音乐开始到结束，中间允许加入其他不同舞步或音乐，属于最高级别的排舞。

2. 按舞步组合变化的方向分类

一是两个方向的排舞。这一类型的排舞在段落与段落之间有一次方向的变化，一般情况下是方向相反的变化，如面向12点的舞步组合结束后，面向6点方向又开始重复。二是四个方向的排舞。这一类型的排舞，每完成一次舞步组合，都在一个新的方向开始动作，一般情况是按顺时针12点、3点、6点、9点进行方向的变化，也可以按逆时针12点、9点、6点、3点的方向进行变化。

3. 按舞蹈动作难易程度分类

一是初级排舞。以开始到结束反复重复固定的舞码组合，动作难度相对较低。二是中级排舞。由两个或三个段落组合而成，舞码重复，或者一段落的舞蹈还没跳完，又从头开始跳，变化相对复杂，动作难度也较大。三是高级排舞。此类排舞由三个或三个以上的段落组成，段落重复不固定，无规律性，变化相当复杂，动作难度大。

（二）排舞运动的风格

随着排舞运动的不断发展，其风格也在不断拓展。排舞的常见风格及舞步，如表20－1－1所示。

表 20－1－1　排舞的风格分类及常见舞步

舞蹈风格		音乐速度	节拍及节奏	常见的舞步动作
拉丁风格	恰恰恰	慢—中慢	Ladin chas：节奏为“1，2，3，4&5，6，7，8&1” Country chas：节奏为“1，2，3&4，5，6”	索步：在两拍中夹有间拍的段落完成
	曼波	中等速度	在排舞中节奏为“1&2，3&4，……” 在拉丁舞和舞厅舞中节奏为“1，2&3，4&5，6&7，8&1”	摇摆步，曼波步
	伦巴	速度较慢	“1，hold 2，3，4……或……1，2，3 hold，4” （hold 表示 sway，也就是在迈步前先要示髋）	伦巴盒步，水手步
	桑巴	中等偏快	“&1—2&3—4”或“1&2，3&4” 在排舞中几乎任何类型的排舞都适用桑巴风格	桑巴步，交叉步
摇摆风格	东部	中—中快	“1，2，3&4，5，6，7&8”或是 6 拍的段落“1，2，3&4，5&6，……”	摇摆步，三联步
	西部	慢—中速	音乐节奏有一个非常明显的重拍或间拍，如“1，2，3&4，5&6”或“1，2，3&4，5，6，7&8”	摇摆步，三联步，踏点步
传统风格	波尔卡	中等速度	“1&2，3&4，……” （Q—Q—S，Q—Q—S）	并步及跳步
	华尔兹	速度较慢	“1，2，3；4，5，6”，第一拍为强拍，第二拍为次强拍，第三拍为弱拍	基本步，盒步，平衡步
	爱尔兰风格	中—中快	“1，2，3，4，5，6，7，8”或“1&2&3&4，5&6&7&8”	点踏，拖步
其他风格	两步	中—快速	“1，2，3，5，……1，2，3，5，……” （Q—Q—S，S，Q—Q—S，S）， 在 4、6 拍有一个停顿	行进步，交叉步
	街舞	慢—中速	节奏较为复杂，“1，2，3&4，5，6，7&8”，也有“1&2，3&4，5，6，7&8”，取决于不同音乐类型	膝关节随着音乐节奏上下弹动
	夜总会	速度较慢	节拍“1，2&3，4&5，6&7，8&1”；音乐节奏“S，Q—Q—S，Q—Q—S，……”	索步，摇摆步，后退步
	现代舞	速度较慢	节奏有 1/3、2/4、4/4 拍	基本步，平衡步
各民族舞蹈		中等速度 速度较慢	节奏较复杂	各种步伐

第二节　排舞运动的术语

一、动作方向术语

排舞动作方向是指人体或人体某一部分运动的指向或位置。为了正确地辨别身体方向和检查动作旋转的角度，方便理解和记忆套路动作，国际排舞协会规定以时钟的方向作为运动方向。因此，动作方向的参照体前者是时钟，后者是人体，如图 20－2－1 所示。

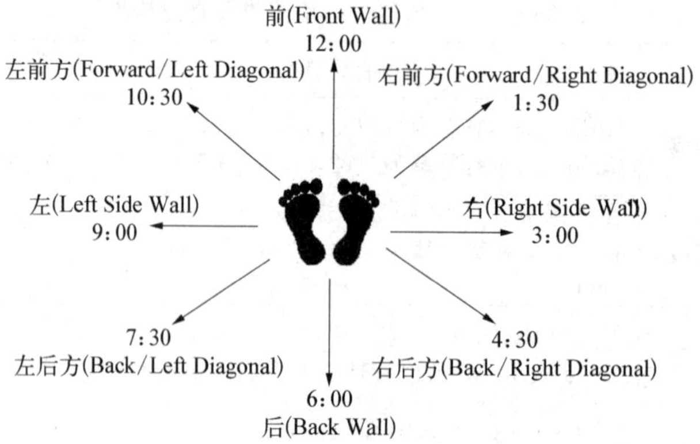

图 20－2－1

(1) 时钟 12:00 方向：人体直立时胸部所对的方向。
(2) 时钟 3:00 方向：人体直立时右肩所对的方向。
(3) 时钟 9:00 方向：人体直立时左肩所对的方向。
(4) 时钟 6:00 方向：人体直立时背部所对的方向。
(5) 时钟 1:30 方向：人体直立时左肩与时钟 10:30 方向相同时胸所对的方向。
(6) 时钟 4:30 方向：人体直立时左肩与时钟 1:30 方向相同时胸所对的方向。
(7) 时钟 10:30 方向：人体直立时右肩与时钟 1:30 方向相同时胸所对的方向。
(8) 时钟 7:30 方向：人体直立时右肩与时钟 10:30 方向相同时胸所对的方向。
(9) 顺时针方向：按照时钟的 12:00、3:00、6:00、9:00 方向依次完成动作的方法。
(10) 逆时针方向：按照时钟的 12:00、9:00、6:00、3:00 方向依次完成动作的方法。

二、排舞步伐术语

表 20－2－1　排舞步伐

编　号	舞步名称	节　拍	基本类型	舞步描述
1	平衡步 (Balance Step /Waltz)	1、2、3	左/右前进平衡步 (Left/Right Forward Balance)	① 右脚进 ② 左脚并步 ③ 右脚原地踏
			左后/右后退平衡步 (Left/Right Back Balance)	① 右脚退 ② 左脚并步 ③ 右脚原地踏

续　表

编　号	舞步名称	节　拍	基本类型	舞步描述
2	恰恰步（Cha Cha Cha/Shuffle/Chasse）	1&2	左/右恰恰 Left/Right Chasse	① 右脚向后一步 & 左脚并步 ② 右脚向右一步
3	海岸步（Coaster Step）	1&2	左/右海岸步 （Left/Right Coaster Step）	① 右脚后退 & 左脚并步 ② 右脚前进
			反向海岸步 （Reverse Coaster）	① 右脚前进 & 左脚并步 ② 右脚后退
			海岸交叉步 （Coaster Cross）	① 右脚后退 & 左脚并步 ② 右脚前交叉
4	藤步（Grapevine/Vine）	1—4	左/右藤步 （Left/Right Grapevine）	① 右脚右踏 ② 左脚后交叉 ③ 右脚右踏 ④ 左脚前交叉（左脚并、点、刷等）
5	爵士盒步（Jazz Box）	1—4	左/右爵士盒步 （Left/Right Jazz Box）	① 右脚前交叉 ② 左脚退 ③ 右脚右踏 ④ 左脚前交叉（并步、侧点等）
6	踢换脚（Kick Ball Change）	1&2	踢换脚 （Kick Ball Change）	① 右脚踢 & 右脚还原 ② 左脚原地踏（点、侧点、前交叉等）
			踢侧开 （Kick Out Out）	① 右脚踢 & 右脚向右一侧步 ② 左脚向左一侧步
7	锁步（Lock）	1&2	前锁步 （Forward Lock）	① 右脚进 & 左脚锁在右脚后 ② 右脚进
			后锁步 （Back Lock）	① 右脚退 & 左脚锁在右脚前 ② 右脚退
8	曼波步（Mambo Step）	1&2	前曼波 （Forward Mambo）	① 右脚前进 & 重心回左脚 ② 右脚并步
			后曼波 （Back Mambo）	① 右脚后退 & 重心回左脚 ② 右脚并步
			左/右曼波 （Left/Right Mambo）	① 右脚向右一侧步 & 重心回左脚 ② 右脚并步
			曼波交叉步 （Mambo Cross）	① 右脚向右一侧步 & 重心回左脚 ② 右脚前交叉

续 表

编　号	舞步名称	节　拍	基本类型	舞步描述
9	摇摆步 (Rock Step)	1、2	前摇摆 (Rock Forward)	① 右脚前进 ② 重心回左脚
			后摇摆 (Back Forward)	① 右脚后退 ② 重心回左脚
			左/右摇摆 (Left/Right Rock)	① 右脚向右一步 ② 重心回左脚
10	摇椅步 (Rocking Chair)	1—4	左/右摇椅步 (Left/Right Rocking Chair)	① 右脚前进 ② 重心回左脚 ③ 右脚退 ④ 重心放在左脚
			反向摇椅步 (Reverse Rocking Chair)	① 右脚退 ② 重心回左脚 ③ 右脚进 ④ 重心放左脚
11	伦巴盒步 (Rumba Box)	1—8	左/右伦巴盒步 (Left/Right Rumba Box)	① 右脚向右一步 ② 左脚并步 ③ 右脚前进 ④ 停顿 ⑤ 左脚经右脚向左一步 ⑥ 右脚并步 ⑦ 左脚后退 ⑧ 停顿
12	水手步 (Sailor Step)	1&2	左/右水手步 (Left/Right Sailor Step)	① 右脚后交叉、左脚左踏 ② 右脚右踏
			水手交叉步 (Sailor Cross)	① 右脚后交叉、左脚左踏 ② 右脚前交叉
13	桑巴步 (Samba Step)	1、2	左/右桑巴步 (Left/Right Samba Step)	① 右脚前交叉、左脚向左一步，重心留在右脚 ② 右脚原地踏
			桑巴交叉步 (Samba Cross)	① 右脚前交叉、左脚向左一步 ② 右脚前交叉
14	剪刀步 (Scissors Step)	1、2	左/右剪刀步 (Left/Right Scissors Step)	① 右脚向右一步、左脚并步 ② 右脚前交叉
15	趾踵步 (Strut)	1、2	尖趾步 (Top Strut)	① 右脚尖前点地、右脚跟踏下 ② 左脚尖前点地、左脚跟踏下
			跟趾步 (Heel Strut)	① 右脚跟前点地、右脚掌踏下 ② 左脚跟前点地、左脚掌踏下

续　表

编　号	舞步名称	节　拍	基本类型	舞步描述
16	闪亮步 (Twinkle)	1、2、3	左/右闪亮步 (Left/Right Twinkle)	① 右脚前交叉 ② 左脚向左一步 ③ 右脚并左脚
17	查尔斯频步 (Charlston Step)	1—4	查尔斯频步 (Charleston Step)	① 右脚前踏 ② 左脚前点 ③ 左脚后踏 ④ 右脚后点
			查尔斯踢步 (Charleston Kick)	① 右脚前踏 ② 左脚前踢 ③ 左脚后踏 ④ 右脚后点
18	骆驼步 (Camel Step)	1—4	骆驼步 (Camel Step)	① 右脚前进 ② 左脚锁在右脚后 ③ 右脚前进 ④ 左脚锁在右脚后
19	桃乐茜步 (Dorothy)	1、2	左/右桃乐茜步 (Left/Right Dorothy)	① 右脚右斜角进 ② 左脚锁在右脚后、右脚右斜角进
20	扇形步 (Fan Step)	1、2	脚尖扇形步 (Toe Fan Step)	① 单脚尖向外(向内)平展 ② 脚尖还原
				① 双脚尖向外(向内)平展 ② 脚尖还原
			脚跟扇形步 (Hell Fan Step)	① 单脚跟向外(向内)平展 ② 脚跟还原
				① 双脚向外(向内)平展 ② 脚跟还原
21	跟掌交叉步 (Heel Ball Cross)	1、2	左右跟掌交叉步 (Left/Right Heel Ball Cross)	① 右脚跟侧点、右脚掌并于左脚旁 ② 左脚前交叉
22	跳 (Jump)	1	双脚跳 (Jump)	双脚同时起跳，双脚落地
			爵士跳 (Jazz Jump)	单脚起跳，双脚落地
		1、2	开合跳 (Jump Jack)	① 双脚起跳，分开落地 ② 双脚起跳，并脚落地
23	夜总会二步 (Night Club/Basic)	1、2&	左/右夜总会二步 (Left/Right Basic Step)	① 右脚向右大侧步 ② 左脚至右脚跟后成三位脚、右脚前交叉

续　表

编　号	舞步名称	节　拍	基本类型	舞步描述
24	糖果步 (Sugar Step)	1、2、3	左/右糖果步 (Left/Right Sugar)	① 右脚尖点地,右膝关节内收 ② 右脚跟点地,右膝关节外展 ③ 右脚前交叉
25	开关步 (Switch Step)	1、2	脚尖开关步 (Top Switch Step)	① 右脚尖前(侧)点地、右脚还原 ② 左脚尖前点地、左脚还原
			脚跟开关步 (Heel Switch Step)	① 右脚跟前(侧)点地、右脚还原 ② 左脚跟前点地、左脚还原
26	纺织步 (Weave Step)	1、2、3	左/右纺织步 (Left/Right Weave Step)	① 右脚前交叉 ② 左脚向左一步 ③ 右脚后交叉
27	抛锚步/支撑步 (Anchor Step)	1、2	左/右抛锚步/支撑步 (Left/Right Anchor Step)	① 右脚后踏、左脚原地踏 ② 右脚原地踏
28	苹果杰克 (Apple Jack)	1、2	苹果杰克 (Apple Jack)	① 左脚尖向左同时右脚跟向右、还原 ② 左脚跟向左同时右脚尖向右、还原
29	兜风步 (Cruising Step)	1—8	兜风步 (Cruising Step)	① 右脚向右一步 ② 左脚后交叉 ③ 右转 1/4 右脚进 ④ 左脚进 ⑤ 右转 1/2 重心放右脚 ⑥ 右转 1/4 左脚向左一步 ⑦ 右脚后交叉 ⑧ 左脚向左一步
30	旋步 (Swivel Step)	1、2	左/右旋步 (Left/Right Swivel)	① 左脚跟、右脚尖同时向右转动 ② 左脚尖、右脚跟同时向右转动
			跟旋步 (Heel Swivel)	① 双脚跟一起向左(右)转动 ② 双脚跟复位
			尖旋步 (Top Swivel)	① 双脚尖一起向左(右)转动 ② 双脚复位

注:所有排舞脚步以右脚为例。

三、排舞转体步伐术语

表 20-2-2　排舞转体步伐

编　号	舞步名称	节　拍	基本类型	舞步描述
1	定轴转 (Pivot Turn)	1、2	1/4 定轴转 (Pivot 1/4 Turn)	① 右脚前进 ② 左转 90 度重心移到左脚
			1/2 定轴转 (Pivot 1/2 Turn)	① 右脚前进 ② 左转 180 度重心移到左脚
			3/4 定轴转 (Pivot 3/4 Turn)	① 右脚前进 ② 左转 270 度重心移到左脚
2	交叉转 (Cross Unwind Turn)	1、2	左/右交叉转 (Left/Right Cross Unwind Turn)	① 右脚前交叉 ② 左转 180～360 度
3	藤转 (Rolling Vine)	1—4	左/右藤转 (Left/Right Rolling Vine)	① 右转 1/4 右脚进 ② 右转 1/2 左脚退 ③ 右转 1/4 右脚向右一步 ④ 左脚并步(点、刷等)
4	蒙特利转 (Monterey Turn)	1—4	1/4 蒙特利转 (Monterey 1/4 Turn)	① 右脚侧点 ② 右转 1/4 右脚并步 ③ 左脚侧点 ④ 左脚并步
			1/2 蒙特利转 (Monterey 1/2 Turn)	① 右脚侧点 ② 右转 1/2 右脚并步 ③ 左脚侧点 ④ 左脚并步
5	三连步转 (Triple Turn)	1、2	三连步转 180～360 度 (Triple 180～360 Turn)	根据节拍，可以用右—左—右脚或左—右—左脚进行不同方向、不同角度的转动

注：所有排舞转体步伐均以右脚为例。

第三节　排舞运动的练习方法

排舞的基本动作训练应从舞姿、基本技术、运步和基本的音乐处理等方面入手。当同学们掌握一定的基本动作后，就可以进行速度训练和高效的音乐处理训练。注意在进行基本动作训练时，要及时纠正和改进错误动作，避免错误的动作定型，影响排舞练习的效果。

（一）柔韧性练习

每天坚持在把杆上进行前压腿、侧压腿、后压腿动作练习，或在垫子上做直腿前压腿、分腿侧压腿、直腿或分腿的体前屈和侧屈练习，以及头颈、肩部、腰部伸展练习，同时要注意加强身体各关节的柔韧练习，所有练习要重复多次，持之以恒，只有这样身体的柔韧性才会大大提高。

（二）基本姿态练习

1. 原地站位

双脚跟并拢，两脚尖略朝外呈小八字脚站立，双手叉腰，两腿并拢伸直，后背肌肉收紧，收腹挺胸提气，头往上顶，下颚略内收，两眼平视前方，站30秒后放松，然后再反复练习。

2. 移重心站位

双脚跟并拢，两脚尖略朝外呈小八字脚站立，双手叉腰。

第1—2拍：右腿跟沿地面擦出向前伸，右腿伸直，脚尖绷直略朝外，重心在左腿上。

第3—4拍：重心前移至右腿站立，左腿伸直后点地，脚尖绷直略朝外。

第5—6拍：左脚脚尖由后向侧划圈至侧点地，重心在右腿上。

第7—8拍：左脚跟沿地面擦地并收至呈两腿并拢。左脚动作同右脚动作，但方向相反，重复练习。

3. 移中心加手位

双脚跟并拢，两脚尖略朝外呈小八字脚站立，两手置于体侧。

（1）1×8拍的动作。

第1—2拍：右脚前伸，脚尖点地，左手臂上举呈二位手，右手臂侧平举。

第3—4拍：右脚收回至双腿站立，两手收至呈一位手。

第5—6拍：同第1—2拍动作，但方向相反。

第7—8拍：同第3—4拍动作，但方向相反。

（2）2×8拍的动作。

第1—2拍：右脚向侧一步，重心移至右腿，左腿伸直脚尖侧点地；同时左手上举呈三位手，右手臂侧平举。

第3—4拍：重心向左移，同时右腿收至双腿并拢，两手收至一位手。

第5—6拍：同第1—2拍动作，但方向相反。

第7—8拍：同第3—4拍动作，但方向相反。

（3）3×8拍的动作。

第1—2拍：右脚向前伸，脚尖点地，重心在左腿上，同时两手呈二位手。

第3—4拍：重心移至右腿上，左腿向左侧伸直脚尖点地，同时左手呈三位手，右手臂向右侧伸出。

第5—6拍：左腿向右侧盖步交叉呈半蹲，同时两手在右体侧做一个腕花一周动作。

第7—8拍：右腿向右侧点地脚尖绷直，重心移至左腿上站立，同时两臂打开成左斜上举，右侧下举。

（4）4×8拍的动作。

第1—2拍：左脚向后退步，重心移至左腿上，右腿伸直脚尖点地，同时两手呈二位手。

第3—4拍：重心移至左腿上，右脚向右侧伸直脚尖点地，同时右手呈三位手，左手臂向左侧伸出。

第5—6拍：右腿向左侧后退交叉呈半蹲，同时两手在左体侧做一个腕花一周动作。

第7—8拍：左腿向左侧点地脚尖绷直，重心移至右腿上站立，同时两臂打开成右斜上举，左侧下举。

（三）灵活性练习

两腿分开站立，两手叉腰。

(1) 1×8 拍的动作。

第 1—2 拍：髋部用力向右侧方顶出，上身保持直立姿势。

第 3—4 拍：髋部用力向左侧顶出，并用力收至正位。

第 5—6 拍：同第 1—2 拍动作，但方向相反。

第 7—8 拍：同第 3—4 拍动作，但方向相反。

(2) 2×8 拍的动作。

第 1—2 拍：髋部用力向前上顶，上身保持直立姿势。

第 3—4 拍：髋部用力向后上顶，上身保持直立姿势。

第 5—6 拍：髋部用力向右侧方顶，上身保持直立姿势。

第 7—8 拍：髋部用力向左侧方顶，上身保持直立姿势。

(3) 3×8 拍的动作。

第 1—2 拍：髋部由左向右绕一圈。

第 3—4 拍：髋部向右侧方顶，上身保持直立。

第 5—6 拍：同第 1—2 拍动作，但方向相反。

第 7—8 拍：同第 3—4 拍动作，但方向相反。

在以上动作的基础上，可以配合手臂的上下、左右摆动来提高身体灵活性。

（四）专项舞步练习

刚开始练习舞步时，可以对着镜子进行分解动作练习，由慢到快，逐步连贯动作练习。对特别难的舞步动作，可以请排舞老师重点辅导，然后自己再重复多次练习，直到每一个舞步动作准确熟练为止。

（五）乐感练习

主要方法有以下几点。

一是经常反复听音乐，要做到能识别和熟悉音乐的旋律，并随音乐节拍练习音乐节奏，培养自己的音乐节奏感。

二是按音乐节奏和节拍来练习排舞动作。如在伦巴音乐中做行步动作时，按一拍一步走，走在 2、3 拍节拍上；一拍两步走，分别走在 4 拍和 1 拍节拍上。

三是对于初练者来说，可以改变音乐的速度，放慢练习节奏，等到熟悉后再逐渐回到音乐原来的节奏上进行反复练习。

（六）成套动作练习

根据每套排舞动作的难易程度、学习目标安排、技术水平、掌握动作熟练程度和快慢等情况，可选用不同的练习方法。

(1) 分节练习：把成套动作按每节动作分别来进行练习。这种方法通常是在新学成套动作开始时，且技术动作不熟练及动作变化较为复杂时采用，使初学者能较快掌握舞码和舞步。

(2) 分段练习：可将排舞的全套动作划分成几段，每次重复练习一段的各节动作，掌握后再将各段动作连接起来，并反复练习成为全套动作。此种方法常用于分段熟记和提高动作质量，使练习者能熟练记住排舞舞码以及段落中连接的规律动作。

(3) 完整练习：全套排舞动作从开始至结束不停地连续完成动作。此方法常在成套动作较为熟练和加大练习强度时采用，使练习者能熟练完成舞码和舞步，展示整套动作的舞蹈风格。

(4) 重复练习：每节动作先练二八拍后进行动作纠正，再重复练习二八拍。此方法常用于学习新动作或较复杂动作。

(5) 对称练习：在排舞的一节动作中，可按左右路或前后排，在动作方向、部位、方法等方面进行相对称的练习。此方法常在动作熟练时用于提高练习难度、兴趣及配合能力。对称练习法可采用面对、侧对、背对、起伏、转动、移动等。

参考文献

1. 宋红莲，金晶，万益.排舞运动理论与实践指导[M].长春：吉林大学出版社，2019.
2. 李仪，傅健.大学体育与健康教程(第二版)[M].北京：高等教育出版社，2018.
3. 郑丹蘅.排舞[M].北京：科学出版社，2018.
4. 李遵.排舞运动[M].北京：人民体育出版社，2013.
5. 赵晓玲.排舞教程[M].重庆：重庆大学出版社，2017.

第二十一章　瑜　伽

第一节　瑜伽概述

瑜伽迄今为止已有5 000多年的历史。瑜伽的梵文本义为“人与自然的和谐、相应、统一”，它的内在含义是指肉体和精神相结合达到最和谐的状态，身心处于稳定、平衡的状态，最早由印度北部的先知者和圣人们（森林隐士）修习。瑜伽能够帮助人们应对现代生活的紧张和压力，通过站、坐、跪、卧、倒立等动作的练习，充分弯曲、伸展、扭转身体各个部位，活化僵硬的关节部位，通畅经络，按摩人体的各个器官，调整神经系统和内分泌系统，缓解一些疾病的症状，并改正不良生活习惯，促进身体健康。练习瑜伽可达到强健肌肉，增加身体韧性及灵活性的效果，更能够减去多余的脂肪，保持身体的苗条。

练习瑜伽要注意以下几点。

第一，注意选择教练。选择教练很重要，要跟随高水平、高素质及能在身心两方面引领自己的教练；初级瑜伽课程也许不需要老师，但要学习一些基本瑜伽知识。较高的课程则需要一位有经验的老师，帮助自己纠正可能会犯的错误，防止运动损伤。

第二，注意选择场地。如果是室内学习，就要选择空间开阔、环境优美、通风设备良好、空气清新的环境；自己平时练习，也可选择林间、草地、水边等宁静优美的自然环境。

第三，注意选择服装。轻薄透气，宽松舒适，便于各种肢体动作，一般最好是赤脚练习，如果觉得太冷，可以穿棉质（防滑）的短袜。

第四，注意练习时间。清晨、早饭之前是瑜伽锻炼的最佳时间，傍晚或是其他时间也可练习，但要保证空腹或完全消化以后进行练习。不同时间要练习不同的内容，例如早晨多练习体位法，晚上多练习冥想等等。争取每天都在同一个时间练习，而且每天坚持（或每周5～6次）。每次至少20分钟，且定时进行。

第五，练习时精神要集中。动作缓慢柔和，配合呼吸，呼吸均匀缓慢，绵绵不断。不要过度紧张和勉强用力，量力而行，不要急于求成，完全的、有节奏的呼吸可以更好地给身体充电和控制情绪。

第六，注意饮食。遵循瑜伽饮食原则，营养、健康、自然的食品能保持身体清洁、柔软，使身心平静并能提高人体的免疫能力，开始练习时早晚宜素。

此外，练习瑜伽前，应除去身上的首饰、手表、隐形眼镜等物品，使身体更舒适、自然。女性在经期和怀孕四个月后，不宜做腹部挤压、扭转和倒立的瑜伽练习。

第二节 瑜伽呼吸与常用坐姿

一、瑜伽呼吸法

瑜伽术认为，人类依赖吸取宇宙的能量而生存，而在有生命素之称的空气、阳光、泥土、水分和食物中，空气呼吸是最为重要的。

（一）胸式呼吸

气息的吸入，局限于胸腔区域，气息较浅，这种呼吸适宜做针对性较强的动作。

做法：站着或伸直背坐着，意识力集中于肺部，缓缓吸气，感觉自己的肋骨向外扩张，气息充满胸腔，保持腹部的平坦；缓缓呼气放松胸腔，将气呼尽。

（二）腹式呼吸

气息的吸入，局限于腹部区域，气息较深，横膈膜下降较为充分。

做法：更多地关注腹部，缓缓吸气，感觉腹部被气息充分膨胀，向前推出，胸腔保持不动；缓缓呼气，横膈膜上升，腹部慢慢地向内瘪进。

（三）自然完全的呼吸（胸腹式呼吸）

自然完全的呼吸能够为身体提供最充足的氧气，能将体内的浊气、废气、二氧化碳充分地排出体外。这种呼吸能够温和地按摩腹脏器官，促进其机能，增加体内循环，防止呼吸道的感染。

做法：缓缓吸入气息，感觉到由于横膈膜下降，腹部完全鼓起；随后，肋骨处向外扩张到最开的状态，肺部继续吸入氧气，胸腔完全张开，胸部上提；吸满气后，缓缓地呼出，放松胸腔，将胸部的气呼出，随后温和地收紧腹部，腹部向内瘪进去，感觉肚脐贴后背，将气完全呼尽为止。

二、瑜伽坐姿

（一）简易坐（图 21－2－1）

双腿交叉，左脚压在右腿下方，右脚压在左腿下方，挺直脊背，收紧下巴。

图 21－2－1

图 21－2－2

图 21－2－3

（二）金刚坐（图 21－2－2、图 21－2－3）

双膝跪地，两小腿胫骨和两脚脚背平放地面；两膝、两脚、两小腿靠拢，脚趾朝后；伸直背部，将臀部放在两脚内侧，即分开的双脚之间。

（三）半莲花坐（图 21－2－4）

坐在地上，两腿向前伸直；弯起左小腿并让左脚脚底顶紧右大腿内侧；弯起右小腿并把右脚放在左大腿上面。

图 21－2－4

图 21－2－5

图 21－2－6

（四）莲花坐（图 21－2－5、图 21－2－6）

坐在地上，两腿向前伸直，屈起右腿，将右腿放在左大腿上，脚心朝上，再屈起左腿，将左脚放在右大腿上，脚心朝上。

（五）英雄坐（图 21－2－7）

双腿屈膝，脚趾向后，小腿分别在大腿外侧，双膝并拢，臀部坐于两腿之间，后背挺直。双手掌心向下，自然放于大腿上。

图 21－2－7

图 21－2－8

图 21－2－9

（六）坐山式（图 21－2－8，图 21－2－9）

坐在地上，双腿向前伸直、并拢，背部直立，头部端正，眼睛平视，双臂自然地放于体侧或放在腿上。

提示：一种坐姿（除坐山式外）都要左右两腿交换练习；每次打坐之后，要按摩两膝、大腿、两踝和两小腿。

要点：头、颈和躯干应该保持在一条直线上，不要耸肩，进行莲花坐时，努力保持两膝贴在地面。

第三节 瑜伽的体式

一、站立体式

（一）山式（图 21－3－1）

做法：① 双脚并拢站立，大腿内侧收紧，腹部内收，尾骨向下轻轻向前锁住。② 展开锁骨，展宽胸部，肩膀放松，双臂自然下垂，贴于身体两侧。③ 头部保持在正中心，正视前方，头、颈轻轻向上延伸。

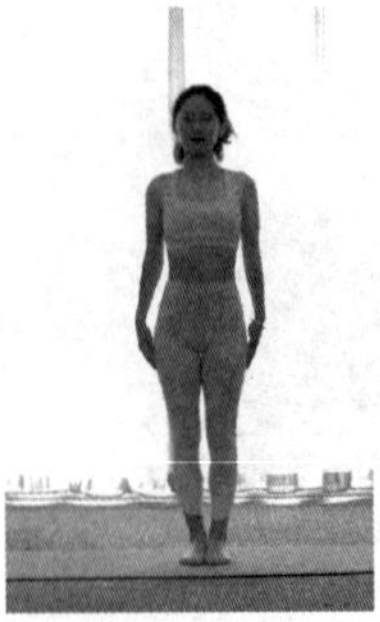

图 21-3-1

益处:可改善体形,加强大腿、膝关节和踝关节的力量,锻炼下腹部和臀部的肌肉,减轻坐骨神经痛。

(二) 摩天式(图 21-3-2、图 21-3-3)

做法:① 双脚并拢或分开与肩宽,脚趾指向正前方。② 吸气,双手从体侧向上伸展,直至头顶交握,翻腕掌心向上。③ 继续吸气,一边伸展脊柱,一边慢慢踮起脚跟,重心前移,收紧腹部、背部、腿部肌肉,最后让脚趾支撑住身体。保持 6 个深长的呼吸。④ 呼气,重心后移,落下脚跟。同时,放下手臂,还原直立。

益处:可有效缓解腰椎间盘突出症所引起的疼痛,缓解坐骨神经痛,减缓肩周炎,消减肩部、上臂以及腹部的多余脂肪。

图 21-3-2

图 21-3-3

(三) 风吹树式(图 21-3-4)

做法:① 双脚并拢,山式站立准备。② 吸气,手臂两侧上举,头顶合十。③ 呼气,身体向左侧弯曲到最大限度,保持数秒。④ 吸气,回到直立的位置。⑤ 呼气,换边练习,保持数秒。⑥ 吸气,身体回正,重复 2~3 次。⑦ 呼气,双手两侧放下。

图 21-3-4

益处:增强腰髋部和肩膀的灵活性,使脊柱得到侧向的延伸,促进消化和排泄,有助于排毒和增加免疫力。

(四) 幻椅式(图 21-3-5、图 21-3-6)

做法:① 山式站立准备。② 吸气,双手经体侧向上举过头顶,双手合十,手肘伸直。③ 呼气,屈双膝,臀部向下,直到大腿与地面平行,脚跟踩地。④ 吸气,回到山式站立。

益处:缓解肩部僵硬,纠正腿部不良姿势,强壮腹部器官和背部。

提示:向下屈膝时注意胸腔上提,双肩下沉,大腿肌肉收紧,不要翘臀。

图 21-3-5

图 21-3-6

（五）直角式图（图 21－3－7）

做法：① 山式站立准备。② 吸气，双手体侧上举，头顶合十。③ 呼气，双臂带动身体向前、向下伸展至双臂、双肩、背部、臀部与双腿形成一个直角，眼睛看向手指，保持数秒。④ 吸气，上身缓慢抬起。呼气，双手体侧放下回到山式站立。

益处：强健脚踝，消除臂部僵硬，缓解腰部、背部的酸痛疲劳，预防小腿抽筋。

图 21－3－7

图 21－3－8

（六）树式（图 21－3－8）

做法：① 站立，两脚并拢，两臂自然垂于体侧。② 右腿弯曲，右手抓右脚踝，让右脚贴于左大腿内侧。双手侧平举，保持平衡。③ 双臂向上伸直，伸展背部，挺起胸部，双手头顶合掌，保持 30 秒。④ 双手合掌收至胸前，右腿落地还原站立。⑤ 换腿练习。

益处：增强双腿和双脚的柔韧性。扩展胸部、美化背部，使身材更加修长挺拔。

提示：支撑腿要伸直，收起弯曲的腿尽量向外打开。

（七）鸵鸟式（图 21－3－9）

做法：① 双脚分开与肩同宽。② 吸气，尽可能挺伸上身，重心放在双脚掌上。③ 呼气，上半身俯身向下，把手放在脚心下面，让手心与之相通，保持腿部伸直。④ 吸气，慢慢抬头，呼气，头尽量向后仰。⑤ 保持正常的呼吸，深深地吐气，慢慢地吸气，身体慢慢恢复直立。

益处：强化大腿内侧的韧性，伸长脖颈有助于消除颈部的细纹，有美化和拉长颈部的功效，同时改善颈椎。

图 21－3－9

图 21－3－10

（八）加强脊柱前屈伸展式（图 21－3－10）

做法：① 山式站立，保持两膝伸直并拢。② 呼气，身体前屈，手臂向后下方伸展，膝盖伸直，掌心向下，手指着地，置于双脚外侧，手腕与脚后跟保持在一条直线上。伸展脊柱，收紧臀部，腿部与地面垂直，头向上抬，保持这个体式两个深长的呼吸时间。③ 再次呼气，躯干靠近腿部,头部触膝,手掌贴地,移至脚跟后面,手臂伸直。保持数秒,均匀深长地呼吸。④ 吸气,抬头,手掌不要离开地面,保持两个呼吸时间后,再深吸气,从地面上抬起手,回到山式站立。

益处:舒缓脑细胞,缓解胃部疼痛,强健肝脏、脾脏和肾脏,还能够缓解月经期间的腹部疼痛,减缓心跳,使脊柱神经恢复活力。

(九) 鸟王式(图 21-3-11、图 21-3-12)

做法:① 山式站立。左膝弯曲,把右腿绕过左膝叠放在左大腿上,注意将右大腿的后部放在左大腿的前部,右脚放在左小腿后,使右脚胫骨紧贴左小腿,右脚脚趾钩住左脚脚踝内侧上部,使右腿完全盘绕在左腿上,保持身体平衡。② 左手屈肘向上,上臂与胸齐平,前臂与地面垂直。③ 右手屈肘,绕过左肘下方,再向上与左手合掌,使左肘放存右上臂的前部,接近肘关节处,左臂完全缠绕在右臂上。保持 15～20 秒,保持深长的呼吸。④ 放松双臂和腿部,回到山式站立。换边练习。

益处:灵活指、腕关节,锻炼手臂肌肉线条,扩张胸部,扩张背部肌肉群,消除上臂及上背部多余脂肪,伸展两腿后侧韧带。

提示:注意协调手臂及肩部的各个关节,缓慢进行,配合好呼吸。

图 21-3-11

图 21-3-12

(十) 蹲式(图 21-3-13)

做法:① 开立,两脚分开比肩稍宽,脚尖向外微开,挺直后背,双手体前交叉。② 呼气,同时将身体慢慢下蹲 30 厘米。③ 吸气,直立还原;再呼气下蹲到最大限度,保持 10 秒还原。④ 重复 5 次。

益处:增强大腿肌肉群的力量,减少大腿内侧赘肉,增强踝关节的力量。

提示:半蹲时保持上身躯干正直,不可以前倾后倒,且屈膝时,膝盖不要超过脚尖。

图 21-3-13

图 21-3-14

(十一) 双角式(图 21-3-14)

做法:① 挺身站立,两脚分开,两手垂于体侧。② 吸气,两手手臂放在下背部,十指相扣。③ 呼气,上身自腰部起向前弯,尽量把双臂向头的上方伸展,同时低头,保持 20 秒。④ 吸气,还原。

益处:可伸展两腿、两臂和肩膀的肌肉,发展背部的肌肉群,发展颈部和胸部。

提示:向上还原起身时动作要缓慢,防止头晕,站立后闭眼放松。

(十二) 战士一式(图 21-3-15)

图 21-3-15

做法:① 山式站立准备,双脚分开两个肩宽,双脚在一条直线上,脚尖朝前。② 吸气,双臂侧平举,掌心向下。③ 呼气,躯干和右脚向外转 90 度,左脚向内扣 45 度。④ 吸气,双臂向上伸展,头顶合十。⑤ 呼气,屈右膝,右大腿与地面平行,小腿与地面垂直,左腿膝盖伸直。保持 20～30 秒,正常呼吸。⑥ 吸气,伸直右腿,躯干和双脚回正。⑦ 呼气,双腿并拢,双手体侧放下。⑧ 换边重复练习。

益处:增强足弓、脚腕、膝部和大腿的力量,增强身体肌肉的耐力,增强意志力,舒缓髋部和肩部,扩张胸腔,改善消化系统和循环系统的功能,缓解坐骨神经痛等症状。

提示:心脏较弱的人不宜做这个体式,即使身体较为强健的人也最好不要在这个体式上停留过长的时间。

(十三) 战士二式(图 21-3-16)

做法:① 山式站立准备,双脚分开两个肩宽,双脚在一条直线上,脚尖朝前。② 吸气,双臂侧平举,掌心向下。③ 呼气,躯干和右脚向外转 90 度,左脚向内转 45 度。④ 再次呼气,屈右膝,右大腿与地面平行,右小腿与地面垂直,膝盖和脚踝在一条直线上,脸向右转,双目注视右掌,保持 20～30 秒,保持深长的呼吸。⑤ 吸气,伸直右腿,躯干和双脚回正。⑥ 呼气,双腿并拢,双手体侧自然下垂。⑦ 换边重复练习。

益处:可锻炼腹部器官,缓解小腿和大腿肌肉痉挛,增加腿部和背部肌肉弹性,使腿部肌肉更为匀称、强健。通过扩展胸部,可以改善呼吸系统功能。

提示:躯干不要右移或者前倾,两肩胛骨内收,专注身体伸展的一侧。

图 21-3-16

图 21-3-17

(十四) 战士三式(图 21-3-17)

做法:① 战士一式开始。② 呼气,身体向前,手指尖指向前方,慢慢地向上伸直右腿,同时抬高右腿，身体成一条直线平行于地面，坚持5次呼吸。③ 吸气，起身还原，重复另一侧。

益处：增进脊柱的弹性和身体应有的均匀对称。腹部自动内收，腹部内脏器官得到按摩，同时让身心更加警觉。

提示：先学会做战士一式再做此体式，刚开始练习时，可以靠墙近距离练习，要在自身承受范围内练习。

（十五）舞蹈式（图 21－3－18）

做法：① 站立，吸气，左腿弯曲向后抬，左手抓住左脚踝，右臂向前上方伸直。② 呼气，左手抓住左腿向上伸展，保持 10～20 秒还原。③ 换边重复练习。

益处：提高臀部，收紧腰部、腹部、臀部的肌肉，强化腿部力量与平衡能力。

提示：支撑腿应伸直，抬头挺胸，腰部、背部尽量伸展。

图 21－3－18

图 21－3－19

（十六）三角伸展式（图 21－3－19）

做法：① 山式站立，挺直腰背，手臂自然垂落于体侧。② 吸气，双脚打开，距离约两个肩宽，右脚尖朝向右侧，左脚朝前，身体保持挺直。③ 呼气，双手抬起，与肩平行，保持1次呼吸的时间。④ 吸气，身体向右侧弯曲，右手握住右脚踝；左臂上举，指尖朝上。头部转向上侧，眼睛注视左手指尖，保持3～5次呼吸的时间，感受到侧腰和腿部的拉伸。⑤ 呼气，回到开始的姿势，换方向练习。

益处：美化手脚曲线，紧实腰部肌肉，纤细腰围，预防肥胖；有助于脊椎血液循环，舒缓坐骨神经痛。

提示：一定要先稳定住脚掌，双腿伸直，不要弯曲。

（十七）加强侧伸展式（图 21－3－20）

做法：① 山式站立准备，双脚分开两个半肩宽。② 吸气，双手背后合十，肩部和手肘尽量向后。③ 呼气，腕部翻转，双掌向上接近胸后的中部，手指在肩胛骨的位置。④ 吸气，右脚外转90度，左脚内扣45度，身体转向右侧，膝部绷直，头部后仰。⑤ 呼气，身体前屈。头放右膝上，伸展背部，双膝绷直。保持20～30秒。⑥ 吸气，回到开始的姿势，换方向练习。

益处：缓解腿部和臀部的紧张和僵硬，纠正肩膀下垂。

提示：双膝保持绷直，双肩尽量向后展开。如果双手在背后合十困难，可以抓住手腕或者双手互抱手肘，回正时尽量缓慢，以免头晕。

图 21-3-20

图 21-3-21

(十八) 侧角扭转伸展式(图 21-3-21)

做法:① 山式站立准备。② 吸气,双脚分开两个半肩宽,脚尖朝前,双臂侧平举,掌心向下。③ 呼气,右脚右转 90 度,左脚内收 60 度,向右转髋,保持中正,双脚在一条直线上。④ 吸气,屈右膝,右大腿与小腿成直角,右大腿平行于地面。左腿膝伸直。⑤ 呼气,左臂经体侧向上伸展,髋屈并扭转,同时左腋窝抵右膝外侧,左手放于右脚外侧,双臂成一条直线。⑥ 吸气,身体回正,左臂向上带起上身,伸直膝盖。⑦ 呼气,双手体侧下落。换方向练习。

益处:加强躯干两侧、背部与双腿后侧肌肉,缓解背部不适,灵活脊柱,按摩腹部。

提示:后脚内侧呈 60 度,双小臂成一条直线垂直地面,前腿屈膝呈 90 度。

二、跪立体式

(一) 四角板凳式(图 21-3-22)

做法:① 金刚坐准备,上半身向前向下,双肘抵靠在膝关节前侧,小臂相互平行,指尖朝前。② 抬高臀部向上,记住中指指间的位置,用掌跟去压实中指指尖的位置。③ 双臂与肩同宽,双腿微分,与髋同宽。双臂与双腿相互平行且垂直于地面。④ 吸气,缓慢放下右腿,恢复到站姿,再换方向练习。

益处:四角板凳式是瑜伽的跪姿系列根基,有助于加强四肢、腹肌和背肌的能力。

图 21-3-22

图 21-3-23

(二) 婴儿式(图 21-3-23)

做法:① 四角板凳式准备,双脚的大脚趾轻轻相触,两个手掌紧紧地压实垫子,去感受手掌用力向下推地。② 呼气,臀部跪坐在脚后跟上。③ 吸气,身体向后折叠,腹部贴靠大腿,额头轻触地面,两个手臂自然放于身体两侧,掌心向上。④ 呼气,感受脊柱一节一节沿头顶方向延伸,尾骨去找地面。保持 5~8 个深长缓慢的呼吸,不要憋气。

益处:有效舒展髋部和背部,配合着腹式呼吸可以有效舒展和放松腰的前侧和后侧的肌肉，舒缓紧张的心情。

提示：不要塌腰，臀部无法坐到脚跟上时不要勉强，可借助瑜伽辅具。

（三）叩首式（图 21－3－24）

做法：① 金刚跪姿，腰背挺直，双手放在大腿上，眼睛平视前方。② 呼气，上半身向前弯曲，直到额头抵在垫子上，胸部和腹部贴在大腿上，双肩和手臂尽量放松，双手放在体侧，掌心朝上。③ 吸气，臀部抬起离开脚后跟，重心向前移，眼睛看向膝盖的方向，使大腿与小腿垂直，头顶百会穴顶地，颈椎垂直于地面。④ 呼气，臀部慢慢落回脚跟，胸部和腹部贴放在大腿上，呈婴儿式放松。

益处：消除背部紧张，预防椎间盘突出而压迫神经，调理生殖系统，增加脑部血液循环，缓解哮喘症状，伸展整个脊柱。

提示：患有高血压及眼压高的人不适合练习。

图 21－3－24

图 21－3－25

（四）猫式（图 21－3－25）

做法：① 跪在地上，双手、双膝和小腿着地，两臂和两大腿与地面垂直，脚趾向后。② 吸气，抬头向上看，收紧背肌，腰部下压，翘起臀部，头尽量向上向后仰，屏气，保持 10 秒。③ 呼气，放松颈部，低头含胸，收缩腹肌，拱起后背，屏气，保持 10 秒。④ 重复 5～10 次。

益处：收紧腹肌与背肌，放松肩部与颈部，减缓痛经，改善月经不调和子宫下垂。

提示：保持身体与地面平行，使双臂和双腿与身体、地面垂直。

（五）虎式（图 21－3－26）

做法：① 跪撑，双手、双膝着地，上身与大腿成直角，大腿与小腿成直角。② 吸气，同时右腿伸直慢慢向后抬升，挺胸、抬头、深长呼吸，停留 15 秒钟。③ 呼气，还原放松，换腿练习。

益处：收紧臀部、腰部、腹部的肌肉，提高臀部，强化腿部力量。

提示：双臂支撑与身体和地面垂直，肘关节不可以弯曲。

图 21－3－26

图 21－3－27

（六）半虎式（图 21－3－27）

做法：① 跪撑，双手、双膝着地，上身与大腿成直角，大腿与小腿成直角。② 吸气，抬升右腿向后伸直，使右腿与地面平行，同时抬起左臂，将左臂向前伸直，使左臂与地面平行。此时，右腿与左臂应在一条直线上。保持这个姿势数秒。③ 换腿练习。

益处：有助于脊柱得到伸展和运动，强壮脊柱神经和坐骨神经，缓解肌肉疲劳，改善脊椎不适。

提示：动作不易太快，吸气时，伸直的腿部切勿在身体后摆动。

（七）单手骆驼式（图 21－3－28）

做法：① 双膝跪地，双腿岔开，两膝与腰同宽，脚背贴地，上半身挺直。② 吸气，右臂竖直向上，左臂自然垂落，以腰部为轴向后屈体，直到左臂触摸到脚后跟为止，两手托住髋部，骨盆轻轻向前推，臀部肌肉收紧，保持 10～20 秒。③ 呼气，将身体还原到跪姿状态。④ 换方向练习，重复 5～10 次。

益处：长期坚持练习，有助于矫正驼背。

提示：只要求练习者单手触碰到脚后跟即可。

图 21－3－28

（八）骆驼式（图 21－3－29）

做法：① 双膝跪地，两腿略微分开，双手叉腰。② 吸气，缓慢将脊柱向后弯曲，收缩臀部的肌肉。③ 在呼气的同时，把手掌放在脚掌上，颈部向后放松，保持 10～20 秒还原。④ 重复 5～10 次。

益处：可伸展腿部、腹部和颈部的肌肉，刺激脊柱和脊神经，促进血液循环。调整和按摩腰、腹部的内脏器官，治疗驼背，美化下巴线条，促进胸部的丰满，防止乳房下垂。

提示：尽量用双手压住脚底，借此轻轻将脊柱向前尽力推出，使身体得到充分伸展。

图 21－3－29

图 21－3－30

（九）新月式（图 21－3－30）

做法：① 金刚坐开始，右脚向前跨出一大步，左腿尽量伸直，小腿及膝平放于地上。② 双手合十于胸前，抬头挺胸，腰背挺直。③ 手臂向后伸直，同时上身后倒，保持 20 秒还原。④ 换腿练习。

益处：伸展大腿肌肉群，美化胸部和颈部线条，消除背部疼痛、肌肉紧张，增强脊柱的柔韧性。

提示：向前跨出的大腿尽量与地面平行，腹部向内收紧。

（十）门闩式（图 21－3－31）

做法：① 跪立，腰背挺直，双手自然下垂。左腿向侧面打开伸直，脚趾指向右侧，与大腿膝盖平行，右大腿保持垂直于地面，左手轻放在左腿上。② 吸气，放松双肩，两臂由侧面平举，体会两臂向两侧无限延伸的感觉。③ 呼气，左臂扶住左腿向下滑动，身体向左侧弯曲，右臂随之上举，与地面垂直，眼睛注视右手指尖延伸的方向，保持 2～3 次呼吸的时间。④ 再次呼气，身体进一步向左侧弯曲，右臂也随之向下压，贴向右耳，向左方延伸，停留 5～8 次呼吸时间。⑤ 吸气，慢慢回到基础跪姿，换方向练习。

图 21－3－31

益处：可调整不正的脊柱，美化身体线条，纤细腰、手臂，防止肩关节紧张、僵硬，是全身性的减肥动作，还可美化肌肤。

提示：侧弯时，骨盆要正，不可向前倒，不要为了加大侧弯幅度而将臀部向后推。

（十一）下犬式（图 21－3－32）

做法：① 四角板凳式开始，将双脚勾起，身体下放，腹部靠向大腿，手臂向前伸展，十指充分张开压向地板。② 吸气，腿部发力，双脚蹬地，向上抬高臀部。③ 呼气，脚跟踩地，重心移到双脚之上，双肩下压，颈部放松，头部自然下垂，保持背部放平。④ 重复练习。

益处：可以拉伸手臂和腿部的韧带，锻炼腰背的肌肉，强化背部力量，矫正驼背等不良体态，改善消化系统的功能，缓解失眠、生理期和更年期不适。

提示：血压异常或患有眩晕症的人，练习需谨慎。

图 21－3－32

图 21－3－33

（十二）神猴哈努曼式（图 21－3－33）

做法：① 跪姿，双手放于身体两侧，手掌撑于地面。② 吸气，膝盖提升，使右腿向前，左腿朝后，试着把双腿伸直，保持臀部上提。然后把双腿和臀部压向地面，将身体的重量放在双手上。③ 呼气，臀部着地，双腿一前一后伸直紧贴地面。④ 吸气，双手抬起，胸前合十，保持平衡约 10～30 秒，正常呼吸。⑤ 呼气，在双手的帮助下，抬起臀部，回至跪姿。⑥ 换腿重复练习。

益处：有助于治疗坐骨神经痛和其他腿部疾患，在增强腿部肌肉的同时放松和强健大腿的展肌。

提示：臀部着地，双腿伸直放在地面上，前腿的后部和后腿的前部应该紧贴地面。

（十三）云雀式（图 21－3－34）

做法：① 金刚坐，将左腿向后伸展，右脚脚跟抵住会阴部，双手自然支撑于体侧。② 吸气，双臂向两侧充分伸展，与地面平行，掌心向下。③ 呼气，双臂充分向后伸展，上身躯干尽量向后伸展，头部向后仰。④ 吸气，还原。⑤ 换方向练习。

益处：促进全身血液循环，消除四肢易冰冷等问题，美化胸部和颈部。

提示：注意保持身体的平衡稳定，不要把身体重量放在后腿膝盖上，防止受伤。

图 21－3－34

三、坐立体式

（一）坐立山式（图 21－3－35）

做法：① 双腿向前伸直并拢，脚掌内侧并拢。② 手臂自然垂放在臀部的外侧，肩膀向后向下沉，胸腔上提，自尾骨向上延伸脊柱。③ 眼睛凝视大脚趾的方向。

益处：坐立的山式是所有坐姿和前屈体式的起点和基础，可以伸展双腿和脊柱，纠正不良坐姿，让脊柱更挺拔。

提示：想象能量沿着脊柱向上流动，从耻骨到达胸骨，然后在背后从肩膀两侧向下流向尾骨。

图 21－3－35

（二）单腿背部伸展式（图 21－3－36、图 18－3－37）

做法：① 坐立山式准备。屈右膝，右脚脚掌靠在左大腿根部。② 吸气，手臂经身体两侧向上抬起，双臂贴耳。③ 呼气，自腰部向前向下弯曲，双手十指交叉，放于左脚脚心。双手拉脚，上体弯曲，肘部触地板，下颏触胸骨，上身靠近左腿，头触小腿或膝盖。保持 10～20 秒。④ 吸气，慢慢抬起上身和双臂，将上身直立。⑤ 呼气，将双臂放回身体两侧。换方向练习。

益处：有助于提高肾脏功能，有益部分机体组织，对肠胃有益，促进肝脾机能。

提示：初学者切莫急于让身体靠近下侧腿部，只需做到最大限度。应保持正常呼吸，持续练习身体便会变得柔韧。

图 21－3－36

图 21－3－37

（三）双腿背部伸展式（图 21－3－38）

做法：① 坐立山式，伸直双腿，双脚并拢，双手抓脚趾。② 吸气，伸直脊柱。③ 呼气，曲手肘，上半身向前伸展，胸腹部贴近双腿，双膝伸直。正常呼吸，保持 60 秒。④ 吸气，慢慢抬起上身。⑤ 呼气，放松调整。

益处：强健肾脏，按摩心脏，活跃脊柱，改善消化功能，促进下半身血液循环。

提示：注意双脚要保持伸直，尽可能让腹、胸、额紧贴双腿。

图 21－3－38

图 21－3－39

（四）束角式（图 21－3－39）

做法：① 坐立山式准备。② 膝盖弯曲，使双脚贴近躯干，双脚脚跟、脚掌相合，用手抓住双脚脚趾，脚后跟靠近会阴部。③ 十指相扣，牢牢抓住脚趾，脊柱挺直，双眼注视前方或者内视鼻尖。④ 大腿分开，肘部抵住大腿下压，膝盖放低，直到膝部接触地面。⑤ 呼气，身体前屈，依次把头、鼻子、下巴放在地面上。保持 10～20 秒。⑥ 吸气，慢慢抬起上身，松开双脚，伸直双腿，放松。

益处：缓解坐骨神经痛，防止疝气；缓解经期疼痛。

提示：注意后背要保持挺直，头部不要放在地面上。

（五）牛面式（图 21－3－40、图 21－3－41）

做法：① 山式坐立准备。两手撑地，抬起臀部。② 屈左膝，左腿向后，坐在左脚上。抬右腿，右腿放在左大腿上，两膝盖上下重叠。抬起臀部，在双手的帮助下，将双脚的脚踝和脚跟相靠。放松脚踝，脚趾向后。③ 吸气，抬左臂，屈肘，左手由上向下放在背后颈部以下两肩之间的位置，右手从背后右下向上抬起直到两手相扣，眼睛注视前方，保持 30～60 秒。④ 呼气，松开双手，伸直腿部。换方向练习。

益处：改进人的体态和平衡，纠正背部，扩展胸部，使手臂纤细，放松肩关节，使背部肌肉得到伸展。

提示：上身直立，背肌紧张，挺胸抬头。如果双手不能互握、可加辅助物进行帮助，如毛巾、短绳等。

图 21－3－40

图 21－3－41

（六）圣哲玛里琪一式（图 21－3－42）

做法：① 坐立山式准备，双腿向前伸直。② 屈左膝，左脚踩于垫面，左腿胫骨与地面成直角，小腿紧贴大腿，把左脚脚后跟靠近会阴处，左脚内侧抵靠右大腿内侧。③ 左肩向前伸，左腋下抵住垂直于地面的左腿胫骨，将左臂由前环绕左腿胫骨和左大腿。屈左肘，左前臂摆到背后接近腰的高度，右手背后握住左手手腕。④ 吸气，脊柱向左，右腿始终绷直，眼睛看向右脚大脚趾。⑤ 呼气，身体回正，上身弯曲向前，依次把前额、鼻子、嘴唇和下巴放在右膝上，正常呼吸，保持 30 秒。⑥ 吸气，抬头，松开双手，身体回正。⑦ 呼气，伸直左腿放松。换方向练习。

益处：增加手指力量，促进腹部器官血液循环，延长脊柱，拉伸腿部。

提示：伸出的腿后部自始至终要放在地面上。

图 21－3－42

图 21－3－43

（七）半脊柱扭转式（图 21－3－43）

做法：① 山式坐立准备，两腿向前伸直，手臂垂放于体侧，挺直上身。② 右膝弯曲，右脚放在左膝内侧。③ 吸气，右臂绕过左小腿，握住左脚脚踝或脚背，左手放在臀部后方，掌心贴地。④ 呼气，身体尽量向左后方扭转，保持均匀呼吸，停留 10 秒。⑤ 吸气，回到坐姿。换方向练习。

益处：长期练习可以有助于排除体内毒素，防止便秘，增强脊柱周围的血液循环，缓解腰部疼痛。

提示：注意后背保持挺直。

（八）脊柱扭转式（图 21－3－44）

做法：① 山式坐立准备，双腿向前伸直。② 屈右膝，大腿和小腿折叠，右脚放在臀部下方。③ 屈左膝，抬左腿，将左腿放在右大腿外侧，使左脚踝外侧触碰到放在地面上的右大腿外侧，左腿胫骨与地面垂直。④ 吸气，身体右转 90 度，右腋窝抵住左大腿外侧。⑤ 呼气，伸展右手臂绕左膝盖扭转。左手置于臀部后方，手指指向后方，颈部向左转，注视眉心。⑥ 吸气，身体慢慢回正，左腿伸直。⑦ 呼气，右腿伸直。换边练习。

益处：伸展肩膀、臀部和颈部，缓解月经不调、疲劳、坐骨神经痛和背痛，对哮喘和脱发有辅助治疗作用。

提示：由于横膈膜受到脊椎扭转时的挤压，呼吸起初会变得急促，但经过一段时间练习后，就可以在正常呼吸下保持 1 分钟。

图 21-3-44

图 21-3-45

（九）分腿 V 字式(图 21-3-45)

做法:① 山式坐立准备,屈两膝,膝盖靠近身体,两手分别抓住两脚跟。② 将双腿向上拉,伸直背部。③ 两腿分别往左右两边伸展分开,借用两手抓住两脚跟保持平衡,两腿成 V 字形。④ 重复 5～10 次。

益处:有助瘦腿,打造完美的腿部线条,也能减少腹部脂肪,让身材恢复苗条。

提示:向上抬腿要注意控制身体重心,保持后背挺直。

（十）V 字平衡式(图 21-3-46)

做法:① 坐立山式准备,双臂自然垂于体侧,腰背正直。② 吸气,双手抱脚踝。③ 呼气,伸直双腿,尽量贴紧身体,同时挺直背部,收紧腹部。保持 10～20 秒还原。④ 重复5～10次。

图 21-3-46

益处:减少腹部脂肪,增强腰部肌肉力量,改善腿部线条。

提示:向上抬腿要注意控制身体重心,如果直腿练习困难可适当屈膝。

（十一）坐角式(图 21-3-47,图 21-3-48)

做法:① 坐在地面上,双腿向前伸直。② 双腿依次尽可能地向两边打开,双腿整个腿的后部紧贴地面。③ 用拇指,食指和中指抓住大脚趾,保持脊柱挺直,扩展肋骨。④ 呼气,身体前弯,把头放在地面上,然后伸展颈部,把下巴放在地面上。双手抓住双脚或者双手向前伸直贴于地面,试着把胸部贴在地面。保持 30～60 秒,正常呼吸。⑤ 吸气,起上身,松开双手,双脚并拢,放松。

益处:伸展腿部筋腱,促进骨盆区域的血液循环,缓解坐骨神经痛,可以控制和规律月经流量,对女性很有益处。

提示:向上抬腿要注意控制身体重心,如果直腿练习困难可适当屈膝。

图 21-3-47

图 21-3-48

（十二）拉弓式（图 21-3-49）

做法：① 山式坐立准备，双手的大拇指、食指、中指，分别去钩住两脚的大脚趾。② 吸气，屈左肘，左膝弯曲，抬起左脚。③ 呼气，向上拉伸左脚，直至脚后跟去贴近左耳，同时从肩部向后拉动左臂。保持 20 秒，自然呼吸。④ 吸气，左脚放下。⑤ 呼气，伸直左脚。⑥ 换边练习。

益处：使腿部肌肉更加灵活，腹部肌肉得到收缩，有助于肠胃蠕动，有助于矫正髋关节的轻微畸形。

提示：腿部筋腱受伤时避免做此体式。

图 21-3-49

图 21-3-50

（十三）鸽子式（图 21-3-50）

做法：① 放松身体，坐直，深呼吸。② 两脚弯曲，往右边方向伸展。③ 呼气，双臂充分向后伸展，上身躯干尽量向后伸展，头部向后仰。④ 吸气，还原。⑤ 换方向练习。

益处：促进全身血液循环，消除四肢易冰冷等问题，美化胸部和颈部。

提示：注意保持身体的平衡稳定，不要把身体重量放在后腿膝盖上，防止受伤。

四、仰卧、俯卧体式

（一）炮弹式（图 21-3-51）

做法：① 仰卧，双腿伸直，两臂放在体侧，掌心向下。② 吸气，腰背下压，双膝弯曲，双脚抬起，双手手指交叉抱住双膝。③ 呼气，双手用力下压，将双膝贴靠胸部。④ 吸气，抬起头部，用眉间去触碰膝盖。⑤ 呼气，放下头部，松开双手，双腿伸直放下。

益处：调理肠胃，改善便秘症状，同时消除腹部多余脂肪。

提示：每次做的时间不要太长，运动要适量。

图 21-3-51

图 21-3-52

（二）上伸腿式（图 21－3－52）

做法：① 仰卧，身体紧贴地面，双腿伸直，手臂上举过头顶贴地，掌心朝上。② 双腿伸直，慢慢向上抬起，与地面约成 45 度角。正常呼吸，保持 20 秒。③ 双腿继续上举，直至与地面垂直。自然呼吸，保持 40 秒。④ 呼气，将双腿慢慢放回地面，双臂划弧，贴在身体两侧的地面上。

益处：放松髋部，加强双腿肌肉力量，有效按摩腹部器官，滋养内部脏器，提高消化功能。

提示：腰部不适者不宜勉强做这个动作。若双腿上举过高时有不适感，可适当屈腿以降低难度。

（三）鱼式（图 21－3－53）

做法：① 仰卧，双脚并拢，双臂伸直，放于身体两侧。② 吸气，拱起背部，躯干抬离地面，胸口上顶，抬头。弯曲双臂，肘部贴地，双手紧压臀部外侧。③ 呼气，头部后仰，头顶触地，紧贴地面，双手放在臀部两侧的地面上，掌心朝下，双腿绷直。④ 吸气，保持自然呼吸30～60 秒。⑤ 呼气，放低双腿和双臂回到地面上，脊柱伸直，放松。

益处：有助于放松髋关节，调整甲状腺、脑垂体，促进身体发育正常；有助于缓解驼背、月经不调、痔疮，还可消除紧张的情绪。

提示：重点在于胸、腰向上提拉的力量抬高上身，臀部、大腿紧贴地面不要左右摇晃。

图 21－3－53

（四）桥式（图 21－3－54）

做法：① 仰卧。两膝弯曲，两脚踩地，两手握住脚踝。② 吸气，同时臀部、腰、背抬离地面，尽量抬高。③ 自然呼吸，停留 15～30 秒钟，还原仰卧。④ 重复 5～10 次。

益处：收紧臀肌，美化臀部曲线，增强背部肌肉群，促进血液循环。

提示：妇女怀孕期间不可以练习；此式是练习轮式的准备姿势。

图 21－3－54

图 21－3－55

（五）犁式（图 21－3－55）

做法：① 仰卧，双脚并拢，双臂伸直，放于身体两侧。② 吸气，抬起双腿与地面垂直。③ 呼气，双腿伸过头顶，脚尖踩在头顶的垫子上，双手扶住腰部，膝盖靠在额头上。④ 吸气，伸直膝盖，双腿蹬地，双手将后背向前推，保持背部与地面垂直。⑤ 呼气，由背、腰、臀、腿依次落回于地面，仰卧放松。

益处：有助于消除腰部、背部、腿部的脂肪，促进消化功能，缓解月经失调等。

提示:如果不能把双脚放到地面,可先在头部后面放一张椅子做辅助练习,以便搁稳双脚。

(六) 肩倒立式(图 21-3-56)

做法:① 仰卧,完成犁式前三步。② 弯曲双肘,上臂贴地,手掌按在肋骨处,以保持躯干稳固,肩膀仍在地面上。③ 利用手掌的压力抬起躯干,慢慢抬起右腿,向上伸展,膝盖绷直,脚趾朝上,与地面垂直,再以同样的方法抬起左腿。④ 双腿并拢,绷紧大腿后部肌肉,垂直向上伸展,胸骨抵住下巴,身体其他部位呈一条直线,与地面保持垂直,保持正常呼吸。⑤ 松开双手,双腿和躯干回到地面上,平躺,放松。

益处:滋养双腿、脊柱、颈部、腹部等。

提示:甲状腺、肝脾肿大,高血压患者,心脏病患者不宜练习。月经期间不适合做此动作。

图 21-3-56

图 21-3-57

(七) 单腿肩倒立式(图 21-3-57)

做法:① 以肩倒立为开始姿势。② 呼气,下降右腿于地面,膝盖不要弯曲,将脚趾置于地面,绷直双腿,左腿向上绷直,右腿朝下绷直。保持 10～15 秒钟,正常呼吸。③ 呼气,上举右腿,回到肩倒立姿势。④ 换方向练习。

益处:能缓解腰部疼痛,改善背部肌肉,缓解神经压力。

提示:患有高血压和颈椎病的人不宜练习此体式。

(八) 仰卧毗湿奴式(图 21-3-58)

做法:① 仰卧,双腿伸直。② 吸气,抬高左腿,脚底朝上,双手握住左脚,向头部方向伸展,保持双膝、双肘绷直。③ 呼气,双手握住左脚,将左腿拉过头顶,右腿保持挺直,正常呼吸。④ 吸气,松开左脚,放回地面。换方向练习。

益处:双腿完全伸展,能促进身体机能调整,使精神保持平和、宁静。

提示:可借用毛巾等辅助器具拉伸腿部韧带。

(九) 仰卧放松式(图 21-3-59)

做法:① 背部贴地仰卧,双腿微分,下巴微收。② 手臂放在身体两侧斜向下,掌心朝上。③ 腰骶展开,臀部稍向外移动,大腿、膝盖和双脚都微微外翻,自然地让全身下沉。④ 闭上双眼,放松全身,平静而自然地呼吸。

益处:让呼吸缓慢顺畅,安抚神经,平复心情等。

提示:在睡觉之前练习仰卧放松式,可以提高睡眠质量。

图 21－3－58

图 21－3－59

（十）上犬式（图 21－3－60）

做法：① 俯卧，双腿向后伸展，脚趾向后，屈肘，双手张开手掌放在腰侧的地面上，手指向前，前臂与地面相对垂直。② 吸气，双手推地，完全伸展双臂，抬起上身，两腿伸直，双膝离地。挤压尾骨向前，使耻骨向肚脐靠近，稳固两肩，肩胛骨内收。自然呼吸，保持 15～30 秒。④ 呼气，身体回到地面。

益处：改善体态，强健脊椎、手臂、手腕，紧实臀部，有助于缓解轻度忧郁、疲劳和坐骨神经痛，对哮喘有辅助治疗作用。

提示：背部损伤、怀孕、头痛者不可练习。

图 21－3－60

图 21－3－61

（十一）弓式（图 21－3－61）

做法：① 俯卧，两臂平放于体侧，掌心向上。② 双膝弯曲，两手向后伸，抓住两脚或脚踝。③ 吸气，双手抓紧，尽量向上抬起，头向后抬起，使背部呈弓形，保持 10～20 秒还原。④ 重复 5～10 次。

益处：可按摩腹部器官和肌肉，伸展腹直肌，减少腹部脂肪，有助于治疗月经不调和生殖器官的疾病。

提示：双脚尽量用力向上推，臀大肌夹紧，肩胛骨向后向里靠。

（十二）双腿蝗虫（图 21－3－62）

做法：① 俯卧，两臂平放于体侧，两腿并拢伸直，额头着地。② 吸气，肩胛骨夹紧，提起胸腔。③ 呼气，抬高双腿向上，保持自然呼吸。④ 吸气，双腿落回地面，侧脸贴地，放松身体。

益处：强壮腰背部和双腿，改善腰肌劳损和腰椎间盘突出。

提示：双腿上抬时尽可能伸直，不要弯曲膝盖，切记不要憋气。

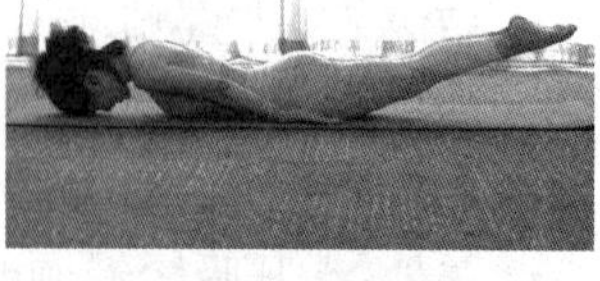

图 21－3－62

五、拜日式

拜日式，别名向太阳致敬式、祈祷式。它是瑜伽的一种练习方法，一般由十二个体式组成，可用于热身，有利于舒展身体，平和内心。

（一）拜日式练习方法

1. 祈祷式（图 21－3－63）

做法：双脚自然并拢，身体直立，双肩放松，目视前方。双手胸前合十，正常呼吸。

功效：集中和宁静思绪。

图 21－3－63

图 21－3－64

2. 展臂式（图 21－3－64）

做法：保持双腿伸直不要弯曲，深长缓慢地吸气，将双手上举过头顶，伸直手肘，脊柱向后缓慢弯曲到极限位置。

功效：伸展腹部脏器，促进消化，消除多余脂肪。加强脊神经，开阔肺叶。

3. 前屈式（图 21－3－65）

做法：慢慢呼气，双手臂带动身体向前弯曲，保持双腿伸直不要弯曲，双手掌尽量按在地面上，上身尽量靠近双腿。

功效：预防胃病，促进消化，柔软脊柱，加强脊神经。

图 21－3－65

图 21－3－66

4. 骑马式（图 21－3－66）

做法：双手控制力量，慢慢吸气，左脚向后一大步，抬起背部，再次吸气，脊柱向后卷起，胸部推向前方。

功效：按摩腹部器官，改善其活动功能。加强两腿肌肉，增强平衡能力。

5. 顶峰式/山岳式(图 21－3－67)

做法:① 呼气,放松背部,将右脚向后与左脚并拢。② 吸气,臀部上顶,伸直双膝,脚跟放在地面上。③ 呼气,低头向下,肩背下压,尾骨转向天空的方向。

功效:有助于脊柱柔软和脊神经供血,强化四肢神经和肌肉。

图 21－3－67

图 21－3－68

6. 眼镜蛇式(图 21－3－68)

做法:吸气,头部带动身体向前向上,伸直手肘,大腿和耻骨尽量贴于地面,颈部向上扬起,带动脊柱后卷。

功效:这个姿势对胃病,包括消化不良和便秘非常有用,还可锻炼脊柱。

(二) 拜日式连贯动作组合

(1) 双脚站于垫面前侧,山式站立准备。

(2) 吸气,双手体侧打开,头顶合十;呼气,双臂落于胸前,祈祷式。

(3) 吸气,双手头顶合十;呼气,抬头向前顶髋,展臂式。

(4) 吸气,双臂带动身体向前向下,手放脚两侧;呼气,腹部贴靠大腿,额头贴靠小腿,前屈式。

(5) 吸气,屈膝;呼气,左脚向后一大步,骑马式。

(6) 吸气,右脚向后并左脚;呼气,提臀收腹,向后推肩,顶峰式。

(7) 吸气,屈膝跪于地面;呼气,屈肘,五体投地式。

(8) 吸气,身体向前贴于地面,脚尖绷直;呼气,起上身,眼镜蛇式。

(9) 吸气,双脚脚尖点地;呼气,收腹提臀,向后推肩,顶峰式。

(10) 吸气,左脚向前一大步,放于两手之间;呼气,抬头挺胸,骑马式。

(11) 吸气,右脚向前并左脚;呼气,腹部贴靠大腿,额头贴小腿,前屈式。

(12) 吸气,双臂头顶合十,带动身体起上身;呼气,抬头向前顶髋,展臂式。

(13) 吸气,身体回正;呼气,双臂落于胸前,祈祷式。

参考文献

1. (英)艾扬格.瑜伽之光[M].王晋燕,译.北京:世界图书出版公司北京公司,2005.

2. (韩)元桢惠.瑜伽美人[M].李松,崔花,译.北京:现代出版社,2005.

3. 柏忠言,张蕙兰.瑜伽、气功与冥想[M].北京:人民体育出版社,2000.

4. 倪欣,叶巍.教你学瑜伽[M].南京:江苏科学技术出版社,2005.

5. 周婵.睡眠瑜伽[M].西安:陕西旅游出版社,2004.

休闲体育篇

第二十二章　飞镖运动

第一节　飞镖运动概述

一、飞镖运动的发展

关于飞镖运动的起源，众说纷纭。20 世纪 70 年代初，飞镖"飞"出英国，迅速风靡整个欧洲大陆并波及世界，许多国家相继成立了飞镖协会。

1. 世界飞镖运动的发展

19 世纪末，英国人贝利恩·甘林发明了飞镖计分系统。计分法的出现推动了飞镖运动在英国迅速普及，使其成为酒吧里一项非常受欢迎的体育休闲娱乐运动。随之飞镖组织和联盟也相继成立。1924 年，英国国家飞镖协会主办了一次飞镖锦标赛。1927 年，英国一家国际新闻报纸开始赞助伦敦的地方性飞镖比赛，这项比赛在英国此后逐步成为地区和全国性的重要赛事——国际新闻锦标赛。到 1939 年，飞镖运动已非常盛行，甚至在二战期间依然备受欢迎。1947 年起，国际新闻锦标赛每年都在英国举行。

1976 年，国际飞镖联合会(WDF)诞生。1992 年，职业飞镖协会(PDC)成立。目前每年都会举办世界飞镖锦标赛及许多职业或业余的国际飞镖比赛。由于大多数的比赛赞助商都是啤酒公司，而且比赛场地往往设在酒吧，所以飞镖运动也成了酒吧文化的一种。

当今，具有影响力的国际大赛有飞镖世界杯、飞镖公开赛、职业飞镖大师挑战赛、大奖赛、世界锦标赛。

2. 中国飞镖运动的发展

1997 年是中国飞镖运动推广的起始年，这一年飞镖运动进入国家体委立项审批过程；也是在这一年每周四的晚上，中央电视台体育频道《假日体育》栏目开始播放世界职业飞镖锦标赛的录像。为了推动全民健身运动在全国深入开展，国家体育总局社会体育指导中心、国家体育总局于 1999 年 5 月 26 日批准将飞镖运动正式列为体育竞技项目。2004 年 9 月 6 日中国飞镖协会正式成立，这标志着飞镖运动在中国得到正式认可，成为一项名副其实的运动项目。目前，飞镖运动在中国高校中逐渐推广普及，不少高校开设了选修课，成立了学生飞镖社团。

著名的国内大赛有中国飞镖联赛、中国飞镖公开赛。

二、飞镖运动的益处

1. 愉悦心情，增进友情

在闲暇之时，呼朋唤友，欢聚一堂，邀上朋友扬手飞镖，切磋技艺，既是消遣也增进友情。

2. 强度适宜，有助健康

飞镖运动主要利用指、腕、肘、肩关节及三角肌、肱三头肌、腕、指部等肌肉，特别是对于一些平时很少锻炼到的肌肉有锻炼作用。虽然投标过程的运动量不大，但能让人在清闲舒适中得到有益休息。

3. 活跃思维，沉着果断

飞镖运动是一项在规定时间内完成一轮投镖击准的运动，需要投标者具有较高的分值规划计算能力及强有力的果敢判断，所以经常参与该项运动，能帮助人们保持良好的思维敏捷状态，以及培养沉着果断的性格。

第二节　飞镖运动技术与方法

一、投镖准备

(一) 持镖技术

持镖方法因人而异，需要在平时练习中摸索掌握。注意在持镖时，大拇指应放在飞镖的重心点上。

1. 三指握镖法(图 22－2－1)

此种方法较为常见，即用大拇指和食指、中指三根手指握住金属杆，大拇指在一侧，放在飞镖的重心位置，食指、中指在另一侧，共同用力夹住金属杆。

2. 毛笔法(图 22－2－2)

以拇指、食指、中指的末节指腹握住镖筒，镖尖向前，前臂屈起，镖的高度与眼平齐。

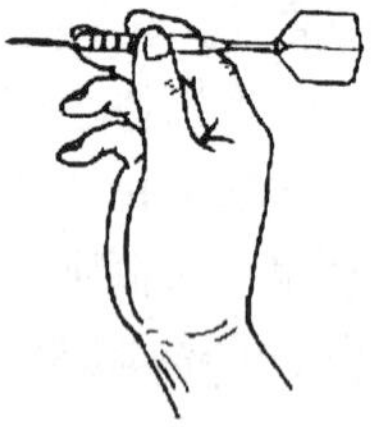

图 22－2－1

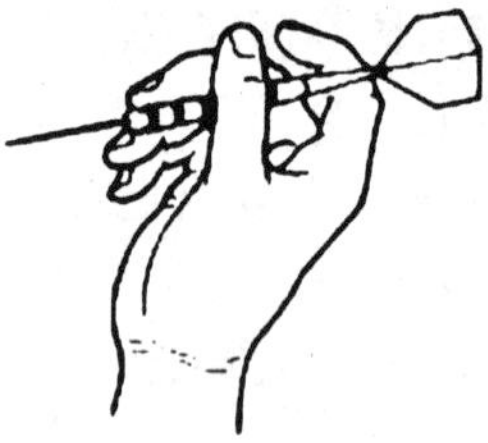

图 22－2－2

3. 两指法(图 22－2－3)

这种握法是以拇指、食指指腹握住镖筒，中指在下抵住镖筒，镖尖向前，前臂屈起，镖的高度与眼平齐。

4. 五指法(图 22－2－4)

用拇指、食指、中指、无名指握住镖筒，小拇指指尖在下轻抵镖筒，这种握法稳定但不灵活。

图 22－2－3

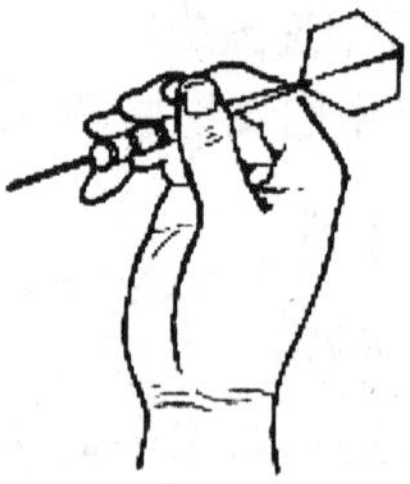

图 22－2－4

（二）站姿技术

在投掷线前站立的正确姿势，是准确投掷飞镖的重要因素。应当以最自然的状态投掷并保持舒适、稳定和完全的平衡。上体的姿势基本是一致的，即投镖手一侧的肩部正对镖盘，大臂上举与肩平行，小臂自然上举。（图 22－2－5）脚位的站姿区别会因个体的习惯而不同。

图 22－2－5

（1）45 度脚位法（图 22－2－6），这是较为常见的站位，投镖时双脚站在投镖线后，前脚与投镖线呈 90 度站立，身体微微前倾，以投镖手同侧的脚为支撑点，另一只脚向后自然伸展以保持平衡。

图 22－2－6

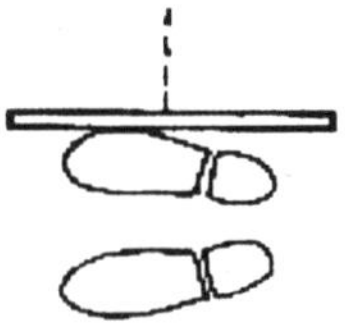

图 22－2－7

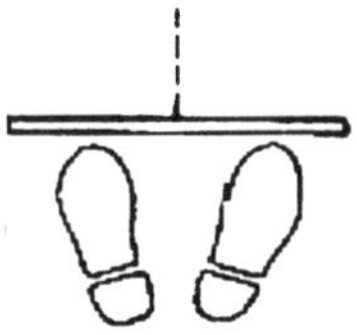

图 22－2－8

（2）平行脚位法。（图 22－2－7）投镖手同侧脚平行贴近投镖线，以前脚为支撑，重心前移，后脚顺势后伸保持身体平衡。

（3）垂直脚位法。（图 22－2－8）两脚脚尖贴近投镖线，与投镖线成近似垂直关系。身体前移时前脚掌要起到抓地支撑作用。

（三）瞄准

侧转上体，以投镖手肩部朝向镖盘，两眼盯着目标，肘关节抬起，上臂与地面垂直，让眼睛、飞镖、目标点形成一线。（图 22－2－9）

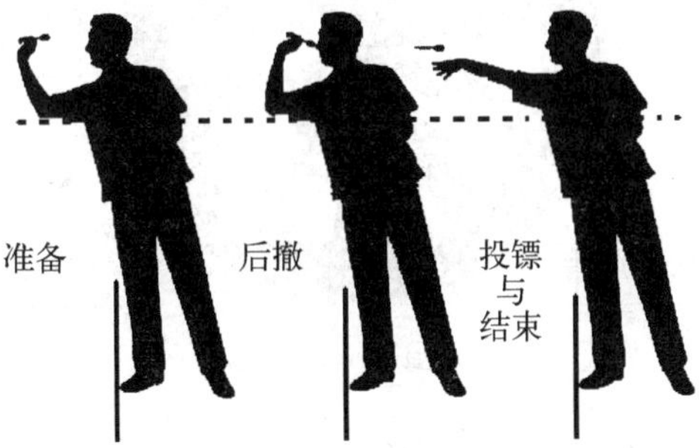

图 22－2－9

（四）投镖与结束技术

在做好投镖准备后，即瞄准完毕，肘部不动，手臂后撤，然后肩部不动，用小臂带动手腕和手将镖投出。注意，当手臂投镖接近垂直，加速出手前肘部保持不动，镖出手后，肘部才顺势上扬，保证投手继续向目标方向前行，直至伸直后手腕自然下垂。

投准要点：① 集中注意力；② 身体应保持平稳，出手连贯；③ 出手抬肘时机一般在出手后顺势完成。一般飞镖有三种运行路线，分别为大弧线、小弧线和下弧线，其中小弧线为最理想的飞行路线。

第三节　飞镖规则与常见比赛方法

中国飞镖协会制定的《中国飞镖竞赛规则》是全国各级飞镖比赛执行的统一规则；各地区组织比赛时也通常在《中国飞镖竞赛规则》的基础上结合需要制定具体比赛规程。

一、器材与场地

（一）飞镖

参加比赛的运动员必须自备飞镖。飞镖长度不得超过 30 厘米，硬式飞镖重量不得超过 40 克。飞镖必须具备镖针、镖身、镖杆和尾翼，共四部分。（图 22－3－1）

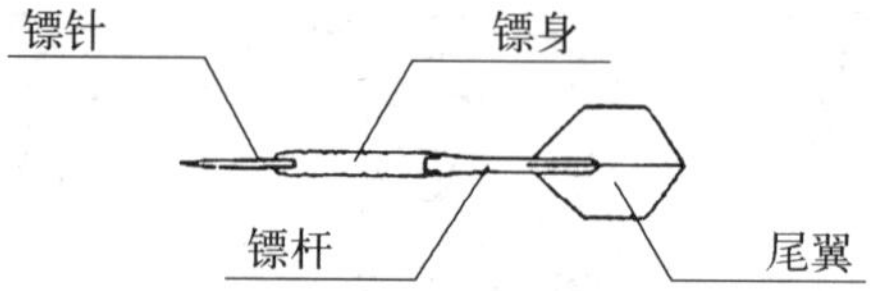

图 22－3－1

（二）飞镖盘

在飞镖竞赛中，必须使用由中国飞镖协会指定或认定的、符合国际标准的 20 等分琼麻质地的镖盘。（图 22－3－2）

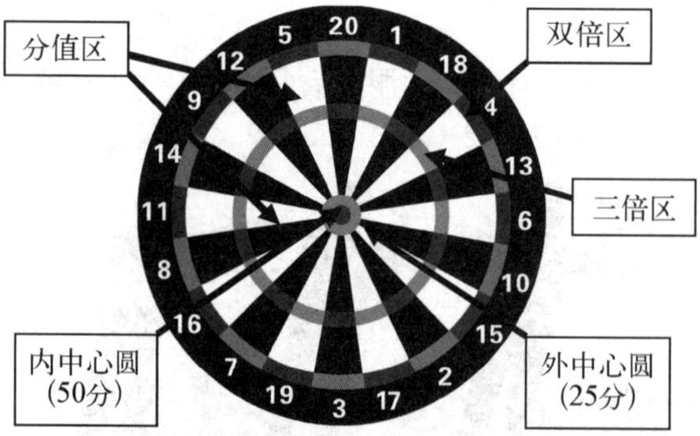

图 22－3－2

分值区：此区为镖盘外圈标定分数的本分值区。

双倍区：镖盘外圈的狭窄圈环，为各分值区的两倍。

三倍区:镖盘内圈的狭窄圈环,为各分值区分数的三倍。

外中心圆:此区为25分(绿色)。

内中心圆:此区内为50分,此区为外中心圆的双倍区(红色)。

镖盘20分区应在镖盘的正上方(即时钟12时的位置),并为黑色,而其他分值区从20分开始被交叉分为两种颜色,按顺时针方向分为1分、18分、4分、13分、6分、10分、15分、2分、17分、3分、19分、7分、16分、8分、11分、14分、9分、12分、5分、20分。

(三) 场地

1. 比赛场地

飞镖比赛的场地一般设置在室内,室内高度应不低于2.4米。镖盘背板应为木质,并垂直于地面,颜色应为单一深色,且不反光。投镖区地面下层为木质地板,地板上覆盖地毯或胶皮,并应保持清洁平坦、无障碍物。

2. 投镖区

(1) 镖盘悬挂高度:从内中心圆(50分)的中心点到地面的垂直高度为1.73米。镖盘整体应垂直于地面。

(2) 投镖距离:从镖盘正面中心点到地面垂直线顶点至投镖线的正中心点距离为2.37米,是选手投镖的最短距离。

(3) 投镖线:投镖线应为突起地面的金属、木质或塑料质地的规则线或板,其高度不低于0.03米,宽为0.6米以上,与镖盘正面平行。从内中心圆的中心点到投镖线正中心点的对角线长为2.93米。投镖区侧面图(图22-3-3),正面图(图22-3-4)

比赛灯光要求

(4) 各投镖区之间的距离以两个镖盘对应一侧之间的距离为准,此距离应不小于2米。

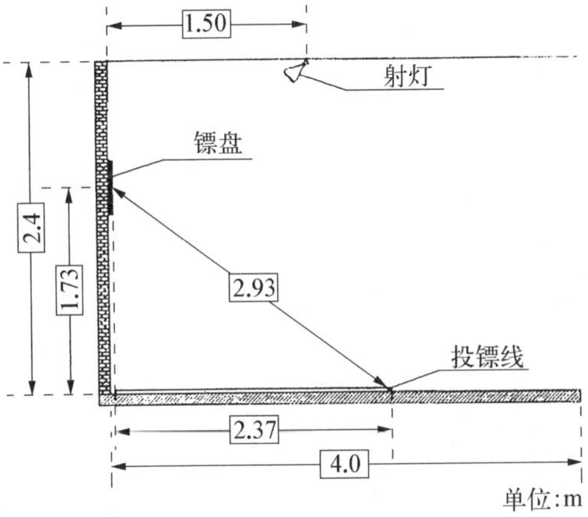

图 22-3-3

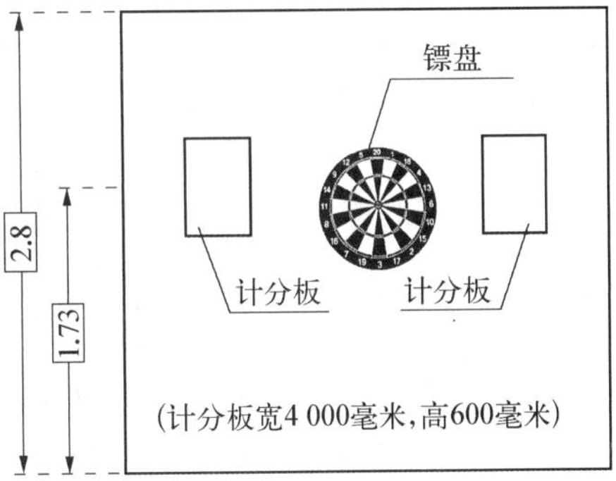

图 22-3-4

二、比赛方法

(一) 单人赛、双人赛比赛局数(暂行)

预赛:5局3胜。复赛:5局3胜。1/8决赛:7局4胜。1/4决赛:7局4胜。半决赛:9

局5胜。第三、四名决赛：9局5胜。第一、二名决赛：11局6胜。

（二）参赛规定

1. 赛前

（1）赛前20分钟第一次检录。赛前5分钟第二次检录，送检自备飞镖，参赛运动员被检录长带领入场。赛前2分钟，第三次检录，参赛运动员就位准备比赛。

（2）参赛运动员允许在其专用比赛场地上练习9镖，时间不得超过5分钟。

2. 赛中

（1）争先：裁判员以投硬币或其他抽签方法决定由哪一方先投红心。然后，在双方（若团体，则排序第一人）各投一镖后，由裁判员决定哪一方的镖距离红心近，距离红心近者为胜方。胜者在第一局，以及其后该场比赛中所有奇数局均先开始投镖；另一方在第二局及其后的偶数局先开始投镖。

（2）投镖：① 每一轮9秒内不借助外力连投3镖。② 投镖过程中双脚严禁同时离地。③ 不能以任何方式踩踏或超越投镖线。④ 投镖手所持飞镖的镖翼与眉平行并超过肩部时即为投镖开始，在此时间以后飞镖无论以任何形式脱离投镖的手，即为投出，此镖不得重投。⑤ 飞镖被镖盘弹回、坠落地面时，此镖不得重投，不计入分数。⑥ 双人、团体比赛时，运动员必须按照比赛表格上所排列的顺序投镖。

3. 结束

（1）运动员投完镖后，必须等裁判员宣布并记录得分后才能将镖拔下收回。如果对得分有异议，必须在拔镖前提出。

（2）每局比赛结束，运动员应签字认可。

（三）胜负

1. 局胜

所有单人、双人、团体比赛单局采用501分法，即双方的基本分数各为501分，以倒扣的方法进行比赛，以先扣到0分的一方为胜方，结束镖必须在所剩分数一半的双倍区。

2. 不得分的情况

主要有：① 爆镖，即某轮的三镖或三镖内任意一镖的分数超过所剩余的分数或只剩1分时，其分数仍为此轮投镖前的分数。② 飞镖投在有效计分区外。③ 被镖盘弹回或投中后未及时拔镖而掉落（或在镖盘停留未超过5秒钟，5秒钟是指第3支镖或最后一支镖投后）。④ 扎在前一支镖的镖杆上。⑤ 镖杆倒着扎入镖盘不得分。⑥ 违反规则的投镖。

3. 其他情况

主要有：① 镖尖并未扎入镖盘，而是搭在前两支镖上接触到镖盘，应予计分。② 如前一镖爆镖，剩余的镖就不能再投，希望将前一镖打掉，或用后两镖再练习一下都是不允许的。但有时在未爆镖的情况下将前一支不稳的镖打掉，会是一个好的选择。③ 飞镖投在两个分区之间，此时要按较高的分区计算得分。④ 任何人的手接触到镖盘上的飞镖，该轮即结束。

民间玩法举例

参考文献

1. 周兵.休闲体育[M].广西：广西师范大学出版社，2005.

2. 江苏省飞镖协会.江苏省飞镖培训班培训教材.2019.

第二十三章　飞　盘

第一节　飞盘运动概述

飞盘运动(极限飞盘)是一项严格要求无身体碰撞的新兴团队竞技型运动,该运动项目没有裁判,男女混合,融合了橄榄球、足球和篮球等运动的特点。此运动正式比赛为七人制,在100 m×37 m 规格的场地上进行,赛场两侧各有一块 18 m×37 m 的得分区域,进攻方通过各种战术方式的跑动来传递飞盘,让队友们在攻入得分区接盘得分。

1968 年,美国哥伦比亚高中学生制定了飞盘运动的最初规则,同时成立了飞盘队,很快这个有趣的运动就受到了许多学生的青睐,并逐渐传播到各地。后经最初不断演变,逐渐发展成为一项规则齐备,兼具竞技性、观赏性和锻炼价值的现代运动项目。随着赛事影响的扩大,飞盘运动在国际上的知名度也不断提高,被《纽约时报》评为世界上发展速度最快的运动。

一、飞盘运动的发展

(一) 飞盘在国外的发展

美国是世界上飞盘运动发展最快、水平最高、普及程度最高的国家。美国极限飞盘协会(UPA)于 1978 年成立,此后飞盘运动在美国迅速普及,目前,美国已经有上百所学校组织队伍参与一年一度的大学生极限飞盘锦标赛。2012 年,美国出现了职业极限飞盘联盟AUDL,又将飞盘运动带到了全新的高度。

1984 年,世界飞盘联盟(WFDF)成立,这是国际性的飞盘运动组织,推动该项运动在全球发展壮大。目前该联盟已有 84 个正式成员国和地区,举办的主要赛事为世界极限飞盘俱乐部锦标赛(WUCC)、世界青年极限飞盘锦标赛(WU24)、世界青少年极限飞盘锦标赛(WJUC)、世界极限飞盘锦标赛(WUGC)、世界运动会极限飞盘项目。

极限飞盘于 2001 年成为世界运动会项目,奥林匹克委员会也在 2013 年承认世界飞盘联合会为国际单项运动组织。2016 年,极限飞盘成为东京奥运会的备选项目之一。2017 年,国际大学体育联合会认可了飞盘运动。2018 年,在曼谷举办的世界体育大会上,国际单项联合会(GAISF)发布了第一届世界城市运动会和第一届世界竞技运动会两项赛事,飞盘也成为这两项赛事的正式项目。

(二) 飞盘在中国的发展

2013 年,国内 20 多所高校联合发起了中国大学生极限飞盘联盟(CUUA),以培养高校的飞盘文化为主要目的。2015 年,第一届中国大学生极限飞盘联赛在南京成功举办,推动了高校飞盘社团运动的发展,引起了社会的广泛关注。

2018 年 12 月 18 日，国家体育总局社会体育指导中心在其官方网站发布了《飞盘项目办赛指南》与《飞盘赛事参赛指引》，逐步规范飞盘竞赛，制定并完善赛事体系。

2019 年 3 月 21 日，在北京先农坛体育场召开的中国极限运动协会新闻发布会上，极限飞盘运动作为新兴项目正式亮相。中国飞盘协会也依托中国极限运动协会正式成立，规范化、正式化的管理也由此开始，中国飞盘元年已经到来。

二、飞盘运动的特点

飞盘运动属于一项激烈对抗的团队竞技项目，具有完整严谨的比赛规则体系，专业的场地、人员和设备，比赛攻防转换快，强度大，机会稍纵即逝，攻防战术深奥，需要团队对飞盘运动有深度理解、能够密切配合与协作，表现出极强的竞技性与合作性，其有如下特点。

1. 健身性

首先，飞盘运动中需要反复练习的投掷及接盘动作，可以锻炼队员的手臂力量、掌握各种发力的技巧、提升手眼协调配合的能力。其次，飞盘运动需要队员不停地去跑动，需要队员频繁做出快跑、急停、折返、变相、跳跃、飞扑等动作，对于运动员的耐力、爆发力和敏捷性都有很大的锻炼价值。同时，在跑动过程中，需要队员随时保持高度的注意力，对队员的判断力、反应力和观察能力都可以起到很好锻炼的作用。最后，由于飞盘运动是一项需要高度配合的团队运动，对团队的配合和默契都有着相对较高的要求。可以说，飞盘运动既能全面提升参与者的身体素质，又能锻炼参与者的合作精神。

2. 简便性

极限飞盘运动具有较高的易开展性，对场地和参与人数的要求都不是很高，实际活动开展中可以根据参与者的年龄、身体状况及场地的实际情况进行调整，只要有一块空旷、平坦的空地就可以开展活动，两个人就可以进行飞盘运动的练习。

相较于其他运动项目而言，极限飞盘运动技术动作非常简单，容易掌握。即使是一名零基础的飞盘爱好者，在经过几次练习之后，便可掌握掷盘和接盘的技术动作，从而可以参加一些较为初级的比赛。人们可以很容易地参与到这项运动之中。

3. 安全性

极限飞盘运动虽然是一项同场竞技类运动，但是由于它禁止身体接触和宣扬飞盘精神的特点，使得这项运动在比赛时相对文明与和谐。在掌握基础技术后飞盘的轨迹也易于控制和掌握，比赛场上被飞盘砸伤的事件也非常少见。同时，极限飞盘对于场上队员更换等没有限制，每一分结束后都可以任意更换队员。这些特点保障了飞盘运动的安全性，使得飞盘运动与篮球、足球和橄榄球这些运动相比，运动损伤与事故发生的概率很低。

4. 文化感染性

飞盘运动具有独特的文化，它真正的魅力在于飞盘精神。在比赛中没有裁判，双方队员自主裁判，这就需要双方的队员共同遵守规则，相互监督，要求队员们要具备诚信、自律、互相尊重、公平竞技等品质。在比赛结束后，双方队员相互交叉围成一圈，就赛场上的表现进行相互鼓励。在正式比赛中，还会就场上发生的一些小冲突进行总结，从而更好地改善双方队员以后在场上的表现，也促进了参与者形成健康、积极的价值观念。

飞盘运动的锻炼价值　　**其他飞盘运动介绍**

三、极限飞盘的规则

(一) 装备

1. 飞盘

不是所有的飞盘都叫极限飞盘,极限飞盘在国际上有统一规格。极限飞盘的国际标准重量为 175 g(±3 g),直径 274 mm(±3 mm),高度是 32 mm(±2 mm),更利于远距离飞行。针对 12 岁以下的飞盘选手,国际标准为:重量 145 g(±3 g),直径 249 mm(±5 mm),高度 33 mm(±2 mm)。此规格之外的飞盘均不能称作极限飞盘。

极限飞盘的外形要求也很高,这决定了手握的舒适感和飞行的精准及距离。持盘一般有正手、反手的握法,飞盘边缘的弧度和深浅决定了手握的吻合度,也决定了飞盘离手时的平稳度。盘面边缘有摩擦带,由于运动时人的手很容易出汗,有摩擦带更利于持控飞盘。飞盘要平,且不易变形,即使变形也要有较快的自我恢复能力。整个飞盘的外形符合空气动力学,飞盘形成的内部空间容量适中,在高速旋转中既能减轻阻力,又能保持较好的滞空时间。

飞盘一般采用上等的聚乙烯(PE)材料作为主料,再用各厂家自行调配的改性剂进行混合,在硬度、韧度、定性、手感、温度适应性、抗撞击能力、变形恢复能力上均有非常好的表现。飞盘密度均匀,对注塑要求非常高,密度不均的飞盘将影响其飞行的平稳性。(图 23-1-1)

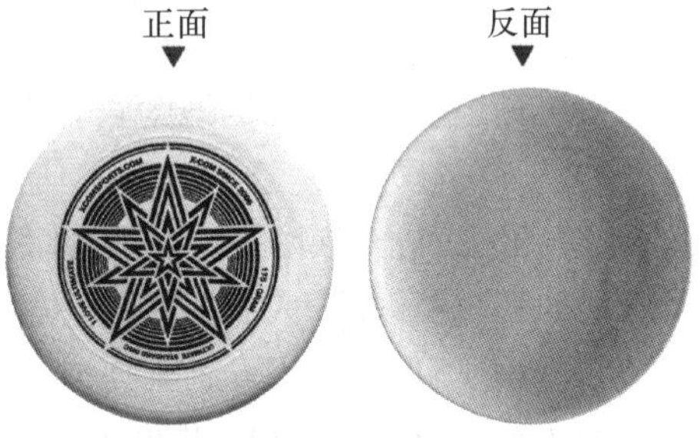

图 23-1-1

2. 飞盘手套

飞盘手套是备受飞盘运动员喜爱的装备,尤其在雨天或者场地湿滑的情况下,一副手套可以在很大程度上避免飞盘的滑落,保持传盘的稳定性。

飞盘手套贴合手部线条,穿戴十分舒适,既可以增加对手部的保护,又能增加与飞盘的黏合力,增强抓握,减少掉盘概率。(图 23-1-2)

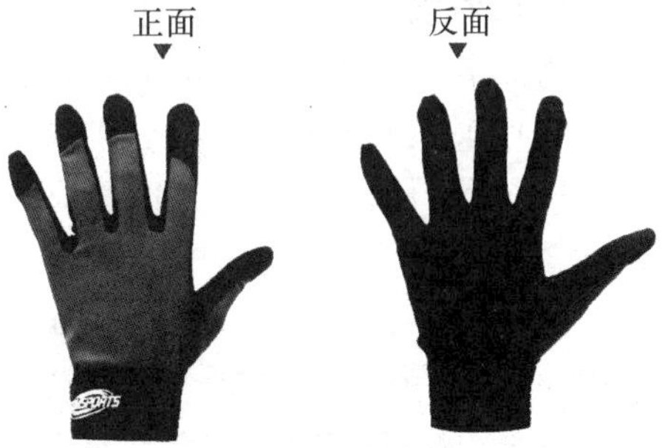

图 23-1-2

3. 足球鞋

由于飞盘比赛一般在草地或者足球场进行,因此,一双舒适合脚的足球鞋可以避免打滑,更有利于各种折返跑动,是飞盘运动员比赛时的必备装备。运动员需要根据不同的草皮草质选择不同的足球鞋,一般长钉的足球鞋用于真草或者质量较高、草皮较厚的人造草场地,碎钉足球鞋用于质量一般、草短底薄的人造草场地。

（二）场地

(1) 比赛场地是一块长方形区域,尺寸和区域如图 23－1－3 所示,基本平坦、没有障碍物并且能合理保证场上选手安全。

(2) 边界线包围比赛场地,并且由两条沿着长边的边线和两条沿着短边的底线组成。边界线不是比赛场地的一部分。

(3) 得分线是将中央区域和得分区分隔开的线,并且得分线是中央区域的一部分。

(4) 砖标志是两个长 1 米的线十字交叉的交叉点,位于中央区域,距离每一条得分线均为 18 米,并且处于两条边线的中间。

(5) 用八个颜色鲜艳、柔软的物体(比如塑料锥桶)标志中心区域和得分区的角点。

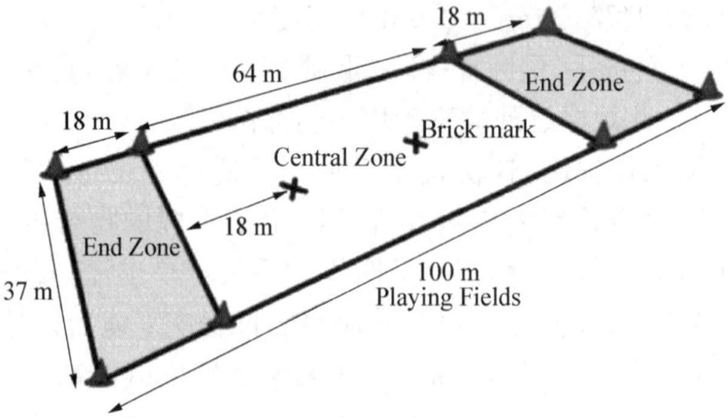

图 23－1－3

（三）极限飞盘十项简易规则

(1) 场地:正式比赛场地为长方形,长 64 米,宽 37 米;得分区分别位于场地两端,深 18 米(或 23 米)。

(2) 开盘:每一分比赛开始时,双方选手在各自防守的得分区内排成一队。先防守的队伍把飞盘扔给进攻的队伍(称为"发盘")。正规的比赛中,每支队伍只允许有七位选手上场。

(3) 得分:如果进攻方选手在对方的防守得分区内接住飞盘,则得一分。

(4) 传盘:选手可以往任意方向传盘给自己的队友。不允许持盘跑动。持有飞盘的选手(称为"掷盘者")有十秒钟的时间来掷盘。防守掷盘者的选手(称为"防盘者")应该大声地数出这十秒钟(称为"延时计数")。

(5) 攻防转换:如果进攻方传盘没有成功(例如,出界、掉地、被对方断下、被对方截获),则视为失误。此时防守方获得盘权,立刻攻防转换。

(6) 换人:只有在得分之后或选手受伤的情况下允许替换场上比赛选手。

(7) 无身体接触:选手之间不应该有任何身体接触,也不允许阻挡别的选手的跑动。身体接触发生时判为犯规。

(8) 犯规:当一方选手跟另一方选手发生身体接触时,视为犯规。被犯规的选手要立刻喊出"犯规"(Foul),此时所有场上选手要停在当前位置不得移动,直到比赛重新开始。如果犯规没有影响进攻方的盘权,比赛继续;如果影响了进攻方的盘权,飞盘交还给进攻方继续比赛。如果防守方选手不同意犯规,飞盘还给前一位持盘者,重新开始比赛。

(9) 自判:比赛中没有裁判,场上选手自行裁决犯规、出界和失误。选手们应该互相文明地讨论与解决争议。

(10) 极限飞盘的比赛精神：极限飞盘很重视体育道德和公平竞争。它鼓励选手们去激烈对抗，但激烈对抗必须建立在互相尊重、遵守规则和享受乐趣的基础上。

第二节　飞盘基本技术与练习方法

极限飞盘精神

一、飞盘基本技术

(一) 握盘

正确的握盘方法对于投掷飞盘十分重要，飞盘分为正手和反手两种握法，下面介绍极限飞盘的两种主要握盘方法。

1. 反手握法

(1) 基础握法。手在盘的边缘握成一拳，拇指放于盘的顶部，其他手指置于底部。食指伸出贴于盘沿用于把握方向，其他三根手指在盘的底部紧握着盘沿。(图 23－2－1)

a　　　　b

图 23－2－1

(2) 进阶握法。这种方法在经验丰富的掷盘者人群中最为流行，拇指放于盘的顶部，其他所有手指都紧紧地握着盘沿，不用任何手指来支撑飞盘。由于出盘点很难把握，所以有可能控制不好飞盘，经常练习可以熟悉并掌握对飞盘的控制。(图 23－2－2)

a　　　　b

图 23－2－2

有一部分控制力量在于拇指及握盘力度。通常而言，握得越紧，越能使盘获得更多的旋转，这样有助于在有风的情况下把握好盘的飞行。无论是盘的盘沿，还是指向盘顶部的中心，拇指可以放在它们之间的任何位置。

2. 正手握法

(1) 基础握法。伸出手指做出投篮球三分球的手势，飞盘的盘沿放在虎口位置，中间不可以留有空隙，中指指腹贴紧飞盘的盘沿内壁弧圈位置，食指朝盘底部的中心伸展大约一手指的距离支撑飞盘。(图 23－2－3)

a　　b

图 23－2－3

(2) 进阶握法。食指紧靠中指，紧贴飞盘底部的内沿。这样手腕可以往后竖过来，给予盘更多的动力，因而出盘可以更有力。(图 23－2－4)

a　　b

图 23－2－4

(二) 掷盘方法

掷盘前先要了解飞盘运行过程中的几种倾斜角，每一种倾斜角的旋转方向都会有所不同。飞盘运行过程中的倾斜角分为俯角、仰角、正倾斜角、零度角、负倾斜角五种。(图 23－2－5)

a. 俯角　　b. 仰角　　c. 正倾斜角　　d. 零度角　　e. 负倾斜角

图 23－2－5

盘在飞行中保持稳定性的关键是空气动力学，类似于飞机机翼，由于空气在顶部比底部流动得更快，飞盘得以上升。但是，如果拿起一个飞盘只是使劲推它，会发现飞盘不但不上升，反而快速落地，关键所在就是旋转，旋转增强了飞盘的稳定性和力量，能够将手腕的力量提供给飞盘。在掷盘的最后一刻猛地甩动手腕(snapping your wrist),就可以给予盘更多的旋转,这样掷出的盘也会更准。因此,在掷盘时(尤其是在有风的情况下),应使盘快速旋转(甚至一直旋转)。

盘的飞行取决于出手方式。如果飞盘呈零度角出盘,它会平直地飞行。但是,如果出盘时出现仰角或者俯角,它会更容易往某个方向呈曲线飞行。在直线掷盘越来越熟练的时候,可以适当地学习掷曲线盘。当盘掷得很直而且带有充足的旋转力的时候,如果让飞盘出现仰角或者俯角,飞盘就会以弧线的方式飞向目标,飞盘出现一个小小的正负倾斜角,可以让飞盘“飘浮”(float)或者向下俯冲。

1. 反手掷盘

反手掷盘一般称为 backhand,这个动作非常接近网球的反拍击球动作。以右手投掷者为例,把飞盘放在左侧,转体带动手臂向右,然后把盘掷出。相对于其他掷盘技术,反手掷盘目标更精准,并且容易掌握。但在比赛中,反手掷盘容易让对手贴身防守,在掷盘过程中可以适当降低反手出手点的高度,并且增加跨步幅度。(图 23－2－6)

a b c d

图 23－2－6

反手掷盘是极限飞盘中最基本的掷盘方法,用反手持盘方法持盘,持飞盘的位置基本和腰一样高,双脚与肩同宽,分开站立,双眼直视目标,膝盖微微弯曲。出盘时右腿往侧前方跨出,转身到左脚左前方 45 度左右。掷盘时放松腰部、肩部,大臂、小臂、手腕如同三节棍,顺势旋转向前掷盘产生最大加速度。往外甩动手臂,同时将盘水平掷出手。建议出盘后食指指向目标,并保持飞盘的连贯性。在掷盘过程中注意大臂与身体距离不要太近。反手掷盘动作最符合平常人的习惯,也最容易掌握,所以初学者应该最先练习这个动作。

2. 正手掷盘

正手掷盘通常叫作 forehand。反手掷盘动作经典,但是需要空间大,容易被觉察。因此在飞盘比赛中,更加隐蔽快捷的正手掷盘和头顶掷盘才是最常采用的。

利用正手持盘方法持盘,面向目标,两膝略微弯曲,两脚与肩同宽。右脚往右前稍稍跨出,将身体重心移向掷盘一侧的脚上。上身向右侧微微弯曲,右手扣住飞盘向后蓄力。腰部旋转,带动手臂,利用手腕前后的一个旋转,将飞盘释放。飞盘出手时倾斜角为零度并保持旋转,这样飞盘才会平稳运行。(图 23-2-7)

a　b　c　d

图 23-2-7

可以通过半蹲或者非重心脚后撤一步来降低重心,这个动作可以使进攻者有效躲避防守队员的封堵。正手掷盘不太符合人们日常的发力习惯,所以初学者要多加练习才能掌握。

3. 锤子掷盘

锤子(hammer)掷盘是一种颠倒盘掷法,是所有飞盘运动都需要掌握的一种掷法。一般应用于过于严密的防守,掷盘者无法从正手、反手掷盘上寻求突破,而防守方后方过于松懈时,颠倒盘就会越过防守传给空位的队员,在面对区域防守时,队员们会常常使用这一招。

锤子掷盘的握盘与正手握盘方式相同,以正手握盘法握住飞盘,手臂置于头顶正上方,将飞盘斜放于头顶偏左侧的位置,出盘时,右腿微微向后撤一小步,左腿微屈,右臂向后引盘后,猛地向前甩动手腕,将飞盘掷出。

4. "内—外"与"外—内"掷盘

"内—外"(inside out)与"外—内"(outside in)掷盘是在比赛中不可缺少的掷盘方法,它可以有效绕过防守队员的防守,以一个弧线的方式将飞盘绕过防守队员并准确传到正前方队员手中。

"内—外"是由内侧向外侧旋转回中心目标的掷盘方法,分为反手、正手,其技术要领相同,区别在于使飞盘呈现一个仰角,由腰部位置向上掷盘到第一象限最外延位置,使飞盘在空中做一道弧线最终到达接盘队员手中。

"外—内"是由外侧向内侧中心目标旋转的掷盘方法,其技术要领区别在于使飞盘呈现一个俯角,由腰部以上位置向上掷盘到第二象限最外延位置,使飞盘在空中做一道弧线最终到达接盘队员手中。

(二) 接盘方法

正确的接盘方法对于提升接盘的稳定性十分重要。在极限飞盘运动中,可以用单手接盘，也可以用双手接盘。由于正手掷盘和反手掷盘造成盘飞行速度和旋转方向上的差异，单手接盘接触面积较小，很难平稳地接住快速运行的飞盘，所以应尽量使用双手接盘来提高接盘的稳定性和成功率，接住盘之后再去看前场或者掷盘。如果忘记这一步，一旦视线从飞盘移开就会掉盘。应该跑向在空中的飞盘而不是停步或者等着它飞近，否则防守者会跑着绕过进攻方然后将盘防断。

1. 双手闭合式接盘

双手闭合式接盘，又称为三明治接盘法，这是所有接法中最基础、最稳定的接盘方式。在飞盘飞向自己的时候，双手就如同三明治一样一上一下将飞盘拍住。通常（以右手为例）放在底部的是左手，放在顶部的就是右手。日常教学中一般鼓励学生常用此接盘方法。（图 23－2－8）

图 23－2－8

2. 蟹钳接盘法

蟹钳接盘法，顾名思义像螃蟹的蟹钳一样夹住飞盘。使用这种接法时，要用双手并排去接盘。如果飞盘高于肩膀，则拇指朝下，其他手指置于顶部。如果飞盘低于肩膀，则拇指要置于顶部，而其他手指放在底部。这种接法的优点是可以快速接住飞盘并迅速做出出盘动作，但缺点是不够稳定，尤其在有风或者有雨的天气，掉盘率要明显高于双手闭合式接盘。（图 23－2－9）

a　　　　b

图 23－2－9

3. 单手接盘

单手接盘是一种较为高级且具有一定难度的接盘方式，接盘手法与蟹钳接盘法类似，手指需要紧扣住飞盘。比赛中有很多情况都必须使用这种接盘方式，因此单手接盘的训练也是必不可少的。然而，除了单手接盘的专门训练外，在其他练习中还是要鼓励学生多用双手去接盘，毕竟单手接盘是最容易导致失误的一种方式。

图 23－2－10

4. 扑盘

扑盘（图 23－2－10）是一种很高级的接盘技能。身体飞扑出去在空中接住一个可触及范围内的盘，然后持着盘冲向地面。这个技能在激烈的比赛中非常重要。在扑盘时要尽量用胸部着地，而不是侧身落地。如果在扑盘过程中身体飞跃出去后导致身体一侧落地，惯性会使头部剧烈地甩动，从而造成颈部扭伤。如果肩部先着地，则会导致肩部分离、脱臼或者锁骨骨折。

运动小贴士

表 23－2－1　掷盘过程中动作纠正表

出现的问题	产生原因	解决办法
盘抖动	出盘瞬间持盘不稳、旋转不够，出盘动作有停顿、不够流畅	持盘用力、出手瞬间手腕抖动加速，多做原地的动作练习
飞盘方向不准确	释放飞盘时机过早或过晚	对准目标、不断调整出手时机，出手后可以习惯性用手指指向目标
飞盘飞行轨迹不正确	出手瞬间飞盘出现仰角、俯角	端平飞盘，保持飞盘的平稳，可以做分解动作的练习，先将盘端平后再出手，等出盘稳定后再进行完整练习
飞盘速度不够	发力不准确，手腕旋转不够，飞盘出现负倾斜角	综合发力，手腕快速旋转，保持飞盘的平稳
飞盘力量过大	出手时手腕发力过大	减小出手力量，不需要过大的力量飞盘就可以飞得十分稳定，重点是动作的协调与手腕的旋转

二、极限飞盘的练习方法

在比赛当中，传盘和接盘技术十分关键，它关系着对进攻权的控制，因此稳定的传接盘技术尤为重要。传盘练习训练方法是熟悉并掌握飞盘基本传接技术的直接方法，可以让我们迅速灵活应用飞盘的掷盘与接盘。飞盘的练习方法也可以参照足球、篮球、橄榄球的传球练习方法。①

（一）基本传盘练习

1. 两人一组传盘练习

一般应用于训练初期，两个人一组，面对面相距 10～20 米，进行正手、反手、锤子掷盘、“内—外”与“外—内”的掷盘训练。注意每个动作尽量做到标准，双方互相监督，扎实练好飞盘的基本功。（图 23－2－11）

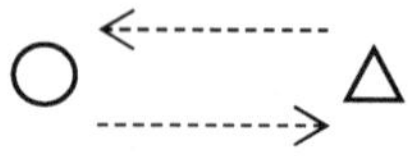

图 23－2－11

2. 两人两盘传接练习

在学生掌握初步的传盘技术后，可以用此方法巩固提升正反手的出手速度和出盘质量。两人一组，每人拿一个盘，同时用正手或者反手传给对方并接住，微微调整后再同时传递。熟练后可以逐渐加快传盘的速度，传完盘后注意力需要放在对方传来的盘上，不然很容易出现失误。

3. 三人攻防

这是一种非常简单实用的训练方法，可以训练队员的防盘能力和在防守下的出盘能力。三人一组，学生 A 和学生 C 相距 10～15 米。学生

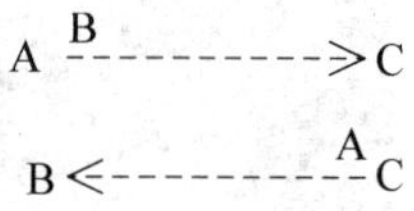

图 23－2－12

① 本部分的图示意为：-------->传盘方向　——>跑位方向　○进攻队员　△防守队员

B 防守学生 A，不让其顺利掷盘，延迟计数到 5 为止。学生 A 尝试掷盘给学生 C。当飞盘掷出给 C 后，学生 A 去防守学生 C，学生 B 在原地不动，学生 C 尝试在学生 A 的防守下掷盘给学生 B，然后跟随着盘去防守学生 B，如此反复。

（二）跑动传盘练习

1. 两队面对面传盘

两队面对面站立，中间间隔 10 米左右。任意一队的第一个学生拿盘，敲地示意后，传盘给对面第一个学生，对面第一个学生在需要面向持盘者直线跑动接盘，接到盘后从侧面绕开，把盘传到排头的学生后回到队伍队尾。传完盘的学生要立即启动，准备接对面学生的传盘，以此不断循环，注意，每队排头的学生需要提前准备好飞盘。

图 23－2－13

2. 两队折返传盘

此练习在上一个练习的基础上增加了折返跑动，主要锻炼学生折返接盘和控制传盘提前量的能力。由左侧第一名队员 A 向左下方设定方向加速跑动（见图 23－2－14 中箭头路线），到达折返点后做出折返，跑向右侧准备接盘，此时有一名第一名队员 B 将飞盘传给队员 A，注意传盘的提前量，传盘后，队员 A 排到右侧队尾，队员 B 从相反方向出发（见图 23－2－14 中箭头路线），折返跑位，接下一个队员 C 的传盘，以此循环。此训练方法可以使用正手、反手、“内—外”与“外—内”多组练习，可适当增加队员跑动距离，进行多次训练。

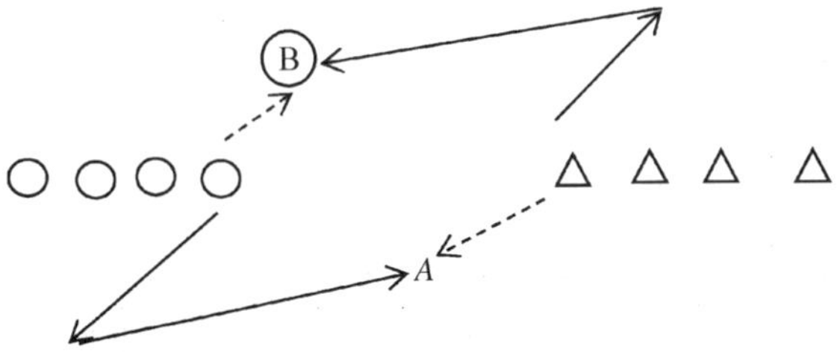

图 23－2－14

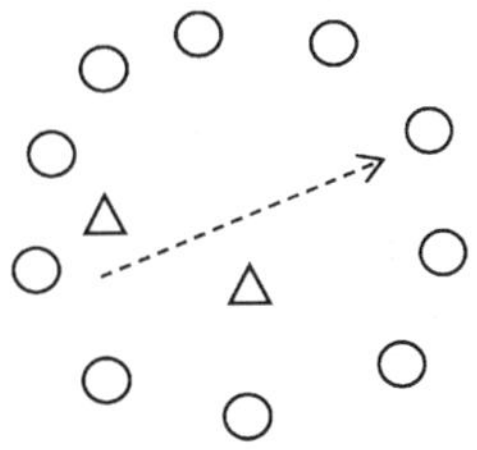

图 23－2－15

3. 飞盘抢圈

此训练方法大家并不陌生，类似于足球热身前的抢圈训练。所有队员围成一圈，按照具体人数在中间安排 1～3 名队员进行抢断，其他队员要想办法避开防守传给同伴练习，不可以传给自己左边的队员，如果传盘失误或者被防守成功，那么传盘者与防守队员进行更换。

4. 三角传盘练习

此练习为综合型练习，重点锻炼传接盘的稳定性和对于传盘提前量的把控。队员分为三队分别站在点 A、B、C 处，A 处学生先启动跑向 B 点，同时 C 点的学生传盘，飞盘需要有提前量让从 A 处跑来的学生在跑动中接盘，接到盘后把盘给 B 点排头的同学后排到队尾，C 点的同学在传完盘后，跑向 A 点准备接

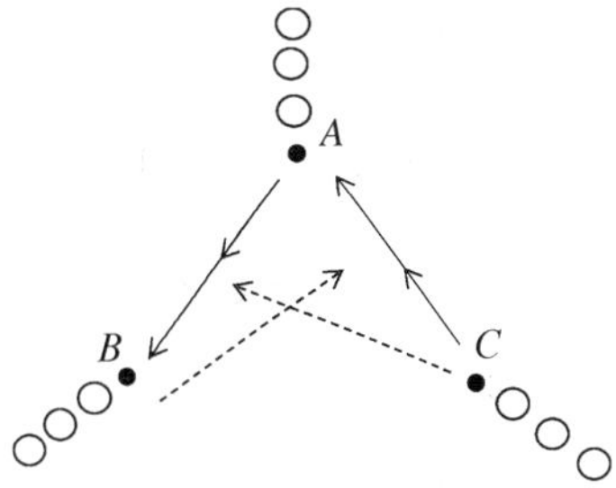

图 23－2－16

B 处同学的传盘，以此类推。

5. 盒子练习

此训练在三角传盘的基础上增加了折返，共有 A、B、C、D、E 五个点，学生从中点 E 点出发，跑向 C 点，同时 D 点处的同学瞄准 C 点传盘给跑动的同学。在 E 点同学跑向 C 点的时候，C 点处的同学要提前启动，从 E 点折返跑向 A 点，准备接 C 点处刚才接盘的那个同学的传盘，以此类推。注意，当折返的同学跑到中点的时候，下一名学生就要出发，这样可以使得练习变得十分流畅。（图 23－2－17）

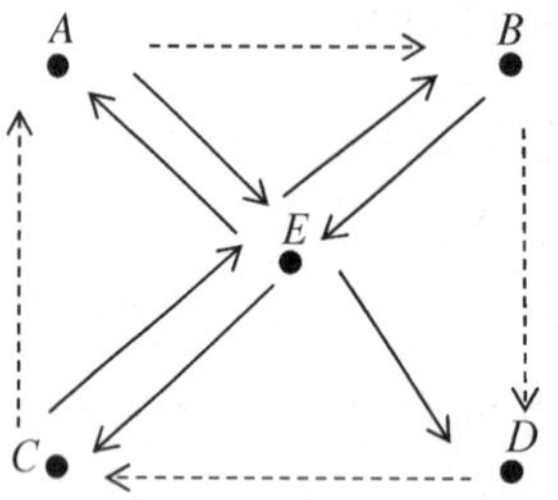

图 23－2－17

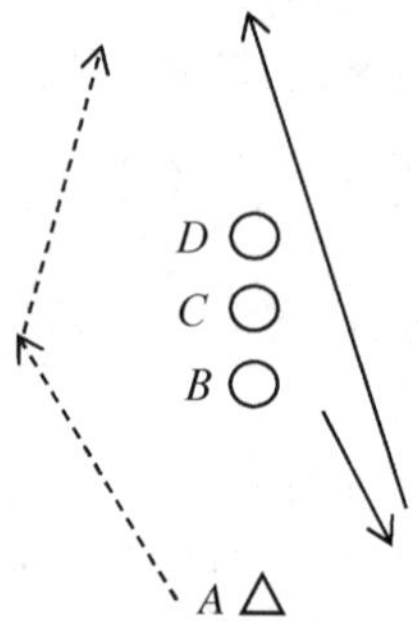

图 23－2－18

6. 折返下底练习

此练习主要练习学生的长传能力和接长传的能力。安排一名学生传盘，如图 23－2－18 中的学生 A。传 10 个盘后更换传盘队员，其他学生 B、C、D 排成一队，轮流折返下底，如图 23－2－18 中的的箭头路线，学生 B 先跑，当跑位学生折返加速后，传盘手 A 再扔出飞盘进行长传，下底队员需要尽可能去接住飞盘。学生 B 接到盘后，学生 C 沿相同路线跑位下底，接学生 A 的长传飞盘。当盘出手时所有人需要喊出“up”提醒接盘的队员。

第三节　飞盘各类游戏及规则

极限飞盘的比赛战术

一、传盘竞赛

准备：十二人，分成六组，每组二人；六只飞盘；四根标杆。

规则：将所有人分成六组。竞赛在六组玩家之间展开。两人相隔十米站立，各组玩家同时开始掷盘。目标是完成最多次数的传盘（即接盘）。救回飞盘后，接盘者必须回到原始位置后才能回传飞盘。完成一次反手传盘，得一分；完成一次正手传盘，得两分。最先达到二十分的小组获胜。或者可以给所有小组限定时间（比如两分钟），然后看哪一组得分最多。此外，还可以扩大传接盘的距离或规定接盘者不可移动双脚去接盘。

二、飞盘连连看

准备：每位组员一只飞盘，九个圆环。

规则：两组同时开始，安排一人在圆环边接盘，组员在起点将飞盘传给圆环边的队员，接住后在圆环中放置，先完成连线的队伍获胜。没有接住的飞盘不得分，投掷的组员可以自行去将飞盘取回准备下一次投掷。

三、打瓶子

准备：十二人；六只飞盘；十二根标杆。

规则：所有人分成两队，每队六人，彼此面对面各站成一排。每位玩家面前都有一只瓶子。每队各持有三只飞盘。目标是用盘将对方的瓶子击倒。玩家们必须从自己的瓶子后方出盘，并且只能在自己的瓶子还没倒的时候掷盘攻击对方。每位玩家有三次机会，瓶子倒下一次算作用完一次机会。一旦三次机会全部用完，则被淘汰出局。被淘汰的玩家必须坐下。任一位玩家都可以从两队之间的“无人区”救回飞盘，但不能越过“敌境线”。禁止干扰对方击打瓶子，接盘者不可在盘子越过“瓶子线”之前触碰飞盘。水平较高的玩家，可以将传盘被完全用单手接住的视为用掉一次机会。

四、棒球飞盘

准备：十八人，分成两队，每队九人；一只飞盘；七根标杆。

规则：布置一块与棒球场相似的菱形场地。除了没有“投手”之外，其他场地站位都与棒球运动相似。“击球者”仅仅从本垒掷盘，而且在犯规或者走步未达到五米时必须重掷飞盘。“击球者”可以在掷盘时助跑，但如果出盘太晚也会造成犯规。三次犯规意味着“击球者”出局。如果掷出的盘被稳稳地接住，“击球员”也会被判出局。“跑垒者”未能在飞盘到达之前跑到自己要跑的垒时，视为出局。只有“守垒者”可持盘跑动，其他所有人只能传盘给“守垒者”。“跑垒者”到达本垒，“击球方”视为完成一次“跑垒得分”。三次出局，则双方交换位置。出于安全考虑，“跑垒者”需要与“击球者”保持至少五米远的距离。

五、网球飞盘

准备：十二人，分成两队，每队六人；一只飞盘；八根标杆。

规则：每队六人分别站在网球场的两侧。网的两侧各有一“死区”，意味着“界外”。如果盘出界，则接盘方得一分；掉盘或者过网前传盘超过三次，则另一方得一分。比分上限为十五分。用一根标杆标示发盘者的发盘点，如果玩家水平较高可以将发盘点设定在场地靠后的位置。玩这个游戏，既可以在网球场玩，也可以用网自行布置一块场地。

六、五百分游戏

准备：六人，分成两组，每组三人；一只飞盘。

规则：两组相距二十米。一方往另一方上空投掷高盘。如果某人接住飞盘，此人得一百分。然后再由接盘方掷一个比较高、飘浮的盘给另一方。最先获得五百分的人获胜。此项游戏不允许身体接触，禁止推人和拉人，很适合练习站位、弹跳和读盘。

七、极限飞盘攻门赛

准备：八人，分成两队，每队四人；一只飞盘；六根标杆。

规则：此项游戏与极限飞盘相似，但得分方式像足球和曲棍球那样将盘掷进某个球门。

可以用两根标杆去标示出一个简单的球门。另外，比赛也可以在半个赛场进行，这时进攻队伍需要将盘传出正方形场地外一次，随后才能尝试得分（球门位于正方形场地中心）。

八、翻盘大战

准备：分成两组；规定区域内摆放任意数量飞盘。

规则：飞盘散落放在半块足球场内，间距三米左右，学生散点站在场内，游戏开始后迅速寻找飞盘并翻面。多名学生不能同时翻一个飞盘。游戏时，教师可以规定翻盘个数，比谁用时短；还可以规定时间，比谁翻盘的个数多。或规定两到三人手拉手进行游戏，培养学生的合作能力，游戏结束后集合点评。

飞盘运动手势和术语

参考文献

1. 龚晓，徐浩远.极限飞盘[M].北京：现代教育出版社，2016.

2. 许新厦，邓云龙，谭智平，等.极限飞盘推广研究[J].体育文化导刊，2016(2)：40－43.

3. 原颜东，郭坤.极限飞盘运动精神对大学生动商影响的研究[J].青少年体育，2018(9)：137－138.

第二十四章　跑酷运动

第一节　跑酷运动概述

跑酷是时下风靡全球的时尚极限运动，它以日常生活的环境（多为城市）为运动场所，依靠运动者自身的体能，快速、有效、可靠地驾驭任何已知与未知环境的运动艺术。它也是一种探索人类潜能，激发身体与心灵极限的活动。

跑酷不仅可以强健体质，而且可以使身体更加敏捷，反应能力更加迅速。跑酷的本质是模拟紧急脱逃，在遇到灾难性突发事件时如何改变常规行动路线、迅速摆脱危险。一个专业的跑酷运动者可以正确地控制危险，并把它减到最小，当遇到火灾、地震、遭遇袭击、车祸等紧急突发事件时，跑酷运动者的脱险概率比普通人高出 20 倍以上。

一、跑酷的历史

1902 年 5 月 8 日马提尼克岛火山喷发，3 万多人丧生，但当时法国军官赫伯特带领的 500 名士兵全部脱险。事后赫伯特开发了一套训练方法，用来建立人体的运动能力提升和对抗负面的自然力量，并将其称为跑酷。在法国，赫伯特的训练体系被消防队吸收，10 多年后他们成为了整个国家的英雄，当时的法国消防队员不但处理火灾，更像特种兵一样处理恐怖事件，雷蒙德·贝尔就是其中的优秀成员。雷蒙德·贝尔在法国消防队服役并且成为了城市英雄，受到所有市民崇拜。他的儿子大卫·贝尔在父亲的引导下接受自然训练法则的打磨，同时学习武术和体操。

1985 年大卫全家搬到法国里斯，他在那里结识了福冈并开始一起练习跑酷，后来与几个朋友组成了著名的雅马卡斯（Yamakasi）团队。跑酷在法国里斯开始迅速发展，并进一步普及，世界著名的英国跑酷团队 Parkour Generations 已经成为欧洲和亚太地区跑酷爱好者的偶像，并且在 2012 年伦敦奥运会的开幕式上进行跑酷演出。

二、中国跑酷

2006 年，跑酷运动进入中国，并开始在中国推广。跑酷不仅是一门运动的艺术，它的热衷者更愿把它看成是一种生活方式。“首届全国极限跑酷大赛”于 2009 年 10 月 31 日在北京举行，成为结合运动、音乐、时尚为一体的新兴时尚体育赛事。全国极限跑酷大赛作为目前国内唯一官方认可的极限跑酷赛事，它承载着重大的意义，即将民间的、自由的、无组织的极限跑酷运动，发展成为正规的、有组织的体育项目，并使之能够广泛传播，被社会大众所接受；同时，通过举办体育赛事的平台，将跑酷运动中所蕴含的健康向上、充满信心、勇于挑战、克服困难的运动态度和生活理念传播开来，倡导人们建立自由、健康、积极的生活方式。

第二节　跑酷的基本技术与练习方法

一、跑酷素质要求

1. 协调性

平衡能力:保持平衡和恢复平衡的能力。定向能力:根据环境和他人动作条件运动的能力。微调能力:精准完成动作的能力。节奏感:从外部或内部获得运动节奏的能力。反应能力:对外部信号做出快速反应的能力。调整能力:从新环境中快速变换计划的动作能力。配合能力:把肢体运动和全身运动结合起来的能力。

2. 力量

最大力量:人在绷紧肌肉时能使出的最大的力。速度力量:身体的各个部分以最快速度移动的能力。反弹力量:在短时间内扭转当前运动方向的能力。力量耐力:长时间保持力量的一种能力(耐疲劳能力)。

3. 耐力

尽管跑酷和自由奔跑的动作主要是爆发性动作,但为了获得基础耐力,还是建议初学者和进阶者从跑步训练开始。训练中可以根据心率调节跑步速度,但是其只能作为参考,因为心率和年龄有关,而且会随着耐力的增加而变化(见表 24-2-1)。

表 24-2-1　通过跑步锻炼基础耐力

方法	长时间长跑	高强度长跑	恢复性长跑
心率	140～160 次/分钟	160～180 次/分钟	低于 130 次/分钟
训练时间	30～60 分钟	20～30 分钟	20～30 分钟

训练频率建议:
1. 初学者:2～3 次/周(长时间长跑)
2. 进阶者:1 次/周(和动作训练一起)

4. 速度

行动速度:用最快速度进行非循环运动(一次性运动,如跳跃)的能力。频率速度:用最快速度进行循环运动(重复相同动作的运动,如短跑)的能力。

5. 灵活性

动作范围大在跑酷运动中占有很大优势。动作范围涉及多个关节的单独运动能力。拉伸训练是主要保持或增强肌肉伸缩性的训练方法。

6. 勇气

每个人都有恐惧心理,所以除了自己战胜心魔之外,还要到类似室内训练馆的地方练习,这种地方备有垫子,在练前空翻、后空翻、墙壁翻转时,不容易受伤。

二、基本动作

1. 平衡

(1) 走栏杆。进行跑酷练习时,良好的平衡能力意味着可以在不同的平面和高度控制身体运动。此外，狭窄的墙头、栏杆和路面对于平衡能力也有很高的要求。

走栏杆练习没有场地限制，初学者可以从练习站立平衡开始，方法是单腿站立并保持平衡。单腿站立时闭上眼睛已经是很大的挑战了。

走栏杆练习应当有规律地在不同的场地和不同的高度进行，如在狭窄的墙头、楼梯扶手和粗细不同的栏杆上。重要的是要逐渐提高难度和高度。

(2) 猫爬。猫爬又称四肢平衡。这一动作特别适合攀爬有坡度的墙头，因为攀爬这样的墙头时，练习者难以达到稳定的平衡状态，必须通过双手获得额外的支撑。同时，由于四肢并用会导致身体重心下移，练习者更容易掌握平衡。

做猫爬这个动作时，要依靠双手和脚底保持平衡。将膝盖置于支撑面平面或两侧，使腰部或者身体重心尽可能地贴近支撑面，眼睛注视前方，双手和双脚向前移动。

和其他所有的平衡练习一样，猫爬可以先在地面练习。在地面上，我们很容易选择一条直线。为了优化动作，可以选择在齐腰高的狭窄墙头上进行提高训练。对于猫爬来说，最大的挑战是在栏杆上完成这个动作。因为这不仅要练习者有良好的平衡能力，还要求其双臂和核心足够有力。训练的难度和场地的高度应该逐步提高。

2. 跳跃

(1) 蹬墙起跳。蹬墙起跳的概念包含所有的墙面反弹动作。其基本动作就是蹬墙。蹬墙是为了达到更高的高度，脚底蹬墙面，使身体背离墙面反弹。基本上蹬墙就是从墙面起跳，所以这种技巧也属于跳跃技巧。① 预备：沿对角线(45 度)向前方墙面起跑。离墙较远的那条腿向着墙壁从地面起跳。离墙较近的那条腿做摆动腿，蹬到墙面上尽量高的地方。② 完成：为了能爆发性地向上反弹离开墙面，摆动腿的脚底要贴在墙面上，膝盖抬高，与腰齐平(此时它变成起跳腿)。为了跳得更高，飞跃得更稳定，离墙较远的那条腿的膝盖要利用自身力量向上拉伸，上半身保持直立，几乎与墙面平行。③ 落地：紧接着的落地方式有很多种，因为蹬墙后经常接其他动作，如过障碍技巧、猫挂或精准落地。

(2) 定点跳。定点跳是跑酷运动的一个重要组成部分，应该进行多方面的训练。其特点是落地精准，如落在面积有限的墙头和栏杆上。所以在做定点跳时一定要注意力集中，并且做好自我保护。定点跳还要求练习者具有超凡的勇气，并充满自信。① 单脚定点跳。单脚定点跳属于最简单的跳跃，特别适合短距离跳跃，尤其是在落地点比起跳点低的情况下。摆动腿通常用于测定落地点距离。在腾空阶段，双腿需平行，以便同时落地。该技巧的缺点是跳得不够远。② 双脚定点跳。这种跳跃技巧的特点是双脚起跳且双脚落地。手臂要从身体两侧往前上方摆动。大部分情况下前脚掌落地，这样可以保证速度，使动作更灵敏。如果是足弓落地，那么落到栏杆或者狭长地带时双脚容易向后滑落，造成臀部或背部落地。③ 助跑定点跳。跑步时也能进行定点跳。单脚起跳，然后双脚前脚掌落地。运用这种技巧时，练习者可以完成最大距离的跳跃。当然，随着距离的增加，精准落地难度也随之上升。

3. 速降

速降的特点是主动、迅速地从高处跳到低处。起跳时不需要特别的技巧，起跳点不要太高，否则会提高落地的难度。速降对落地非常重要，落地的方式在起跳前就已经决定了。速降的另一个特点是腾空时间特别长。为了在空中控制好身体，保持头部竖直、注视落地点很重要，这样在腾空时身体就不会过于前倾。有条件的话，从高处速降落地时可以接一个前滚翻动作。

因为速降对身体和关节的冲击力较大,练习者可以慢慢地提升速降的高度。建议初学者在柔软的垫子或者草地、沙地上进行练习。

4. 落地

我们在跑酷的过程中要越过不同的障碍物,并在不同高度的平面上运动,所以跳跃和落地这对组合属于这项运动的基本技巧。因此,建议在初学阶段就把各种落地练习融入学习和训练中。在跑酷中落地技巧的选择依赖于前面用到的技巧和落地点的状况。另外,落地技巧也要和起跳高度及距离相适应。跑酷的基本特征在于一直保持向前运动,所以在跑酷过程中需要不同的落地技巧,就像在体操中要求落地站得非常稳一样。此外,在跑酷中要把安全放在首位,因此应该尽量控制好落地的动作,选择最安全的落地技巧。

(1) 单脚落地。通常只有在平地上或者在平面落差较小的时候才采用单脚落地。① 前后脚落地。前后脚落地常用于支撑跳跃后,这样之后可以直接接跑步动作。一条腿落地后另一条腿及时跟上,做前后脚迈步状,然后直接接流畅的跑步动作。② 夹墙落地。夹墙落地是一种特殊的落地技巧,用于在高度不同的平面上跳跃,或者起跳距离不足的情况。夹墙落地时,一条腿落在障碍物上,另一条腿靠在障碍物上。采用夹墙落地技巧可以实现精准落地,但有向后跌倒的风险。完成夹墙落地时,上半身向前倾斜的幅度很大,我们可以把双手支撑在落地那条腿的两侧以确保安全。

(2) 双脚落地。在跑酷中双脚落地有很多种形式。有些人在平地落地时使用这种技巧,有些人则在下降跳跃时使用。这类落地技巧可以分为以下四种:落地站定、落地接起跑、连续落地、落地接前滚翻。① 落地站定。落地站定时尽量通过脚部、膝盖和腰部的关节与肌肉的协作减小身体受到的冲击力。因为脚底是最先接触地面的,所以双脚应与肩同宽,尽量同时落到地面上,这样落地时作用到身体上的力才会均匀地分散到双脚上。尤为重要的是落地时小腿要保持和地面垂直。在跑酷中跳跃接落地站定时,双手通常会撑在地面上以辅助落地。双手可以支撑在身体两侧或者双腿之间。② 落地接起跑。在跑酷中完成下降跳跃落地后,可以沿着跳跃方向继续奔跑。在双脚落地阶段练习中可以通过双手支撑地面辅助落地,这样通过手臂转移一部分冲击力,这个姿势类似于起跑姿势,然后通过双手和双腿产生的反弹力量可以顺利过渡到向前的跑步动作。③ 落地接滚翻。双脚落地接滚翻是跑酷中的一种典型的落地技巧,它用于从较高处往下跳,或者跳跃后及以极大水平速度完成过障碍技巧后。该动作技巧同时依靠双腿和滚翻动作来吸收和转移部分冲击力。

落地和滚翻是一个连贯的动作,重点在于开始滚翻时双脚位置平行。为了避免脊柱被坚硬的地面伤到,滚翻时背部斜着经过地面。最理想的方式是绷紧背部肌肉完成滚翻,以免坚硬的地面伤及骨头。

为了正确滚翻,需要扭转上半身及双手着地。通过扭转上半身,一侧肩膀或者一只手臂相对靠前。如果右肩前滚翻,就右手在前。如果左肩滚翻,就左手在前。滚翻时手、前臂、肩膀、背部和肋部依次斜着经过地面。完成滚翻后,身体轻微偏转(与起始姿势约成 45 度角)。为了能立刻与跑步动作衔接,调整双脚位置,依靠手臂撑起身体。

5. 支撑跳跃

通过齐腰高至齐胸高的障碍物(如墙壁、栏杆)时,有许多支撑跳跃技巧可供选择。根据起跑角度、速度、障碍物宽度和高度,我们可以选择不同的支撑跳跃技巧。

(1) 侧跨。侧跨是最简单的支撑跳跃技巧,也是大部分该类进阶技巧的基础,尤其适用于低速起跑越过齐腰高的栏杆或狭长围墙。此外，练习者必须将注意力集中在较小的落地点上时，也可以使用该技巧。单脚起跳且双手或单手支撑在障碍物上后，摆动腿蹬障碍物，此时身体方向保持不变，越过障碍物。

（2）侧跃。侧跃也是跑酷中较常用也相对容易的基本技巧，它和侧跨非常相似。① 预备：快速起跑，右脚起跳。② 完成：左腿（摆动腿）弯曲一定角度，并从侧面向上抬或者侧踢；右手支撑在障碍物上。此时头部和上半身几乎与障碍物平行；右腿（起跳腿）弯曲越过障碍物落地，也就是说起跳在腾空阶段超过摆动腿先落地。③ 落地：落地时双脚一前一后，以便直接与跑步动作衔接。

以上讲解的侧跳是右手支撑、右腿起跳的技巧，两侧肢体都可以完成。通常人的两侧肢体在做动作时会有强弱之分，所以要有规律地对两侧肢体进行训练，不要忽视较弱的那一侧。

（3）懒人跳。懒人跳通常用于跨越栏杆和矮墙等障碍物。① 预备：从障碍物侧面起跳；用离障碍物较远的腿起跳。② 完成：离障碍物较近的手支撑在障碍物上，同侧腿越过障碍物；双腿分开，另一只手支撑到障碍物上的同时身体后仰，借助手臂的支撑帮助腰部越过障碍物；先支撑到障碍物上的手松开，准备用摆动腿落地。③ 落地：前后脚落地，直接与跑步动作衔接。

（4）猩猩跳。猩猩跳和屈腿支撑跳非常相似。要求落地的时候不停顿，直接奔跑。这种跳跃非常适合在全速奔跑时翻越较宽的围墙。① 预备：起跑；单腿、双腿、前后脚起跳均可，最常用的起跳方式是前后脚起跳的同时双臂用力摆动。通过摆动，手臂向障碍物方向伸展，此时上半身很容易前倾。② 完成：第一个腾空阶段，手臂向前伸直，腰部几乎绷直；支撑阶段，双手放在肩膀前平行支撑在障碍物上，收腹双腿快速往胸部方向弯曲团身；第二个腾空阶段，双手推离开障碍物，上半身很容易直立起来，双脚向下方伸展，眼睛注视落地点。③ 落地：可以双脚落地或者前后脚落地，直接过渡到跑步动作。

（5）双脚冲跳。双脚冲跳是跳跃技巧与支撑技巧的结合，与懒人跳非常相似。练习者正对障碍物起跑，当腰部和双腿伸向前时做蹲跳的动作，以便双手在身体完全越过障碍物之前进行支撑。① 预备：起跑，在离障碍物足够远的地方单脚起跳，确保在障碍物前有足够的空间抬起双脚，以使双脚先越过障碍物，上半身在起跳时往后仰。② 完成：越过障碍物时挺直上半身，同时双腿微屈；双臂打开，双手支撑在腰部下方或者稍靠后的位置；利用支撑障碍物产生的反弹力量帮助身体往前运动；在第二个腾空阶段伸直双腿，然后落地。③ 落地：如果跳到较低的平面，可以选择双脚落地。如果衔接向前跑动，可采用前后脚落地。

（6）反身跳。反身跳是正面起跳接转身，然后背对障碍物落地，再与跑步动作衔接的一种支撑跳跃，尤其适合短距离起跑或者作为衔接动作。另外这种技巧也用于通过障碍物落地或完成落地后改变运动方向。① 预备：单腿、双脚或者前后脚起跳均可；起跳后上半身开始旋转，手臂按旋转方向扭转。② 完成：双手一次抓住障碍物，靠前的那只手后抓住障碍物并向旋转方向扭转。支撑时靠前的那侧肩膀向一侧扭转的支撑手靠拢，靠后的支撑手尽早松开障碍物；在支撑阶段，头部控制身体的旋转，靠后的支撑手帮助身体旋转，上半身扭转至背对障碍物。在旋转过程中身体保持团身姿势；借助已经扭转过来的支撑手控制身体，为落地做好准备；转身背对障碍物伸展身体准备落地。③ 落地：采用哪种落地技巧取决于障碍物的高度。在平地上可以选择双脚同时落地或前后脚依次落地。如落差较大，落地后可以接一个滚翻动作。

(7) 侧手反抓栏杆。侧手反抓栏杆包括支撑和转身动作，通常用于越过齐腰高的栏杆，最后落到较低的平面。① 预备：先双手握住栏杆，如果左转身，就左手反握栏杆为支撑手，非支撑手拉栏杆，目的是使身体向上运动，并且使上半身向希望的方向扭转。为了使腰部越过栏杆，手的支撑和拉动与双腿的起跳几乎同时进行；伸直扭转的支撑手起跳，非支撑手推栏杆，帮助完成转身动作。② 完成：在支撑阶段，非支撑手改变抓握位置，身体依靠支撑手扭转并越过栏杆。在支撑点上，双腿在栏杆上方弯曲。有一瞬间身体仅依靠之前扭转的支撑手来支撑。此时推开栏杆的非支撑手再次抓住栏杆；通过改变非支撑手的抓握位置，使上半身扭转 180 度，为落地做好准备。完成双手位置的变换后，建议把身体重心往下移；双脚在墙上迅速找到一个落脚点。③ 落地：如果身体能在障碍物上稳定地停留并且双脚找到一个牢固的摩擦力大的落脚点，就可以在猫挂时使身体重心下移。

6. 攀爬

攀爬是跑酷中除平衡、跳跃和落地之外最重要的基本能力，应该针对攀爬进行多方面的训练。以下会介绍如何围绕围墙做快速上墙、猫挂和下墙等动作。

(1) 上墙。上墙是一种尽可能快速爬上围墙或翻越围墙的技巧。它是非常有用的技巧，要求练习者下肢、上肢、腰腹有足够的力量，能够依靠协调发力成功越过障碍物，上墙是复杂的动作组合，包括起跑、起跳、上爬、抓握(悬挂)和双立臂上墙。① 预备：起跑，在墙壁前单脚起跳，起跳点不要离墙壁太远，以一条腿长的距离为宜，这样才能在利用蹬墙的动作将水平方向的动能有效转移为垂直方向的动能的同时不减慢速度。② 完成：摆动腿的脚底踩到墙壁上，身体紧靠墙面，通过伸直摆动腿蹬墙把身体往上推；条件允许的话，双手抓住障碍物上方边角。也可以单手抓，这样手能够到更高的位置。另一只手要尽快跟上；在悬挂过程中，脚底贴着墙面，通过脚部迅速蹬墙帮助手臂完成引体向上动作；一旦胸部达到墙头的高度，就改变抓握方式，双手平撑到墙头上。撑起身体，使胸部高于双手，以便更好地支撑，产生更大的反弹力量。③ 落地：撑起时一只脚从侧面挨着手臂踩到围墙上；踩到围墙上的脚伸直，另一只脚也提起来，直起身体；双脚分开站立在围墙上，动作结束。

(2) 猫挂(屈腿悬挂)。猫挂是一种从悬挂过渡到落地的跳跃动作，如向下往墙头或者平缓的屋顶跳跃。当距离障碍物太远或者障碍物太高时，就可以采用这种技巧。① 预备：在站立姿势下或者在跑步过程中，单脚起跳或者双脚起跳；身体向斜上方伸展，双臂往斜上方摆动。在腾空阶段双腿绷紧往前摆动。② 完成：脚底和双手几乎同时碰到障碍物，双手抓住障碍物的边角。抓握时应为身体提高足够的安全保障，避免坠落。跳跃距离越远，就越要注意双脚落到墙面时的位置，以便稳定身体，双脚可以同时或者依次踩到墙面上。③ 落地：挺直悬挂，把自己拉到较高的平面上。要像上墙那样从下往上拉，撑起后直立。

(3) 下墙。安全地从障碍物上往下爬是初学阶段尤为重要的一项技巧。① 预备：站定，眼睛注视墙头。初学者此时可以屈腿下蹲，以使之后的支撑更容易。② 完成：上半身对着目光向墙头扭转。扭转时，身体重心下移，双手放在墙上；为了使支撑更加稳定，扭转时一只脚踩在墙面上。一旦双脚都移到墙面上，上半身就向前倾，将身体重心落到抓住墙的双手上以免滑落；有控制地从支撑姿势变换到悬挂姿势。这时可以采用猫挂的姿势；有控制地落到地面上，如果落差非常大，也可以以伸展身体的悬挂姿势起跳。③ 落地：根据高度和经验选择落地姿势，落地后站定或者 180 度转身以变换运动方向，也可以落地接滚翻动作。

三、锻炼方法

下面介绍初学者在早期训练中需要注意的事项和相应的训练方法。

1. 热身部分

准备期间，即训练前的热身准备活动，热身通常以慢跑为主，通过适量、低强度的运动来使肌肉和关节充分活动开，使身体在开始训练前保持一个良好的状态。

在开始阶段的慢跑，速度不宜过快，使身体在低强度的活动下刺激关节，使关节分泌的关节液可以充分地润滑关节，从而减少之后训练中对关节的磨损，如果运动者本身的膝盖有伤的话也可以通过猫爬的方式来使自己的关节得到润滑。猫爬就是通过整个人学习猫类的行走方式，来使关节充分活动，关节活动效果好于慢跑。

热身的第二个阶段就是对韧带的拉伸和关节的深度润滑。由躯干到四肢，由上向下的方式开始热身。通常的拉伸韧带的方式为热身操，在拉伸韧带的时候需要注意的是，最开始的几个动作幅度切记不能过大，再者就是动作的标准程度，只有标准的拉伸动作才能将所要拉伸的韧带充分拉伸开，在第二个阶段结束后，略微休息并喝口水，便可开始重点训练了。

2. 重点训练部分

必须自己确定训练重点，先要想清楚自己的训练目的是什么，是娱乐、学习技能还是提高身体素质？

娱乐：考虑身体和环境因素，选择能很快学会又简单容易的动作；学习技能：选择明确的动作进行分解练习和完整练习；提高身体素质：进行耐力、力量或者速度训练。

3. 放松部分

在的重点训练结束后，要进行静态的身体拉伸。目的是反向拉伸或压迫肌肉群，使肌肉组织放松，并且使运动中产生的乳酸在压迫和反向拉伸下排除出去，使得肌肉组织更快地恢复到正常状态，尤其需要注意的是四肢的肌肉群，因为如果没有进行拉伸，堆积在四肢肌肉内的乳酸会对运动者第二天的工作学习生活造成一定影响，所以锻炼之后的静态拉伸尤为重要。

保持拉伸姿势 5～15 秒(独自拉伸或者在条件允许的情况下借助外力拉伸)。提示：拉伸时不应该有疼痛并且肌肉不颤动。

跑酷比赛
基本规则

参考文献

1. [德] 扬·维特菲尔德，伊洛纳·E.盖尔琳.亚历山大·帕赫.跑酷健身(第二版)[M].嘉宁，译.北京：北京科学技术出版社.2017.

2. 秦小平，黄传勇，夏青.大学体育教程[M].北京：高等教育出版社，2016.

第二十五章　定向越野

第一节　定向越野概述

一、定向越野的起源与发展

定向运动起源于19世纪末20世纪初欧洲北部斯堪的纳维亚半岛。定向运动最初只是一项军事体育活动，第一届正式的定向比赛于1895年在瑞典和挪威联合王国的军营中举行。1897年10月31日，定向运动首次在挪威开展了面向民众的比赛，当时参赛的人数仅有8人。到了20世纪初，定向运动在挪威逐渐销声匿迹，但在瑞典却逐渐得到重视。1918年，瑞典一位名叫吉兰特的童子军领袖组织了一次名叫“寻宝游戏”的活动，引起参加者的极大兴趣，这是定向运动的雏形。1919年3月25日，在瑞典首都斯德哥尔摩南部那卡(Nacka)的林中举行了一场定向比赛，当时参赛人数已达217人。这一次影响深远的定向比赛，其组织模式及规格标志着定向运动作为一项独立的体育项目，结束了最初的长期探索阶段。因此，时任斯德哥尔摩体育联合会主席的吉兰特，由于他对定向运动富有创意的领导和对这项运动的伟大贡献，被人们视作现代“定向运动之父”。

定向运动作为一项体育项目，20世纪初在瑞典和挪威开展起来，到了20世纪30年代已在瑞典、挪威、芬兰和丹麦等国有了较快的发展，1932年举行了第一次世界定向锦标赛。为促进定向运动在全世界更好、更快、更健康地发展，1961年5月，国际定向运动联合会(International Orienteering Federation，英文简称IOF，中文简称国际定联)在丹麦首都哥本哈根成立。国际定联的成立，标志着定向运动从此进入一个崭新的发展阶段。

国际定联是世界定向运动的行政实体，早在1977年就成为国际奥委会承认的“世界单项体育组织”，并长期得到国际奥委会的精神支持和物质资助。从2001年起，定向运动成为世界运动会的正式比赛项目。2004年，国际定联将定向运动定义为一项参赛者借助地图和指北针在尽可能短的时间内到达若干个被分别标记在地图上和实地中检查点的运动，定向运动的参与者可以是个人，也可以是由两个人以上组成的队伍。

定向运动于1979年开始传入我国香港地区，1983年才传入我国内地。定向运动传入我国内地后，最初也只是在部分军事院校中开展。直到20世纪90年代初，广州解放军体育学院首次在广州白云山组织了一次“定向越野试验比赛”，这是我国第一次举办正式的定向比赛。1992年7月，国际定向运动联合会批准中国以“中国定向运动委员会”的名义加入国际定联，成为该组织的正式会员国。1994年在北京市怀柔举行了第一届全国定向锦标赛，1995年在吉林省吉林市举行了首届全国大学生定向锦标赛。1995年12月，“中国定向运动协会”在北京成立，简称“中国定协”。从此，我国的定向运动事业翻开了崭新的一页。2003

年，中国大学生体育协会定向运动分会成立，它是中国大学生体育协会的分支机构之一，简称“中国学生定向协会”。

二、定向越野的分类

定向越野按运动方式可分为两大类，即徒步定向越野和代步定向越野。

徒步定向越野按竞赛时间有白天定向、夜间定向、多日定向；按组织形式和计分方式有个人、团体、接力、积分定向；按比赛场地有公园定向、校园定向、城市定向、山地定向、森林定向、水上定向。

代步定向越野有滑雪定向、山地自行车定向、残疾人轮椅定向、划船定向、摩托车定向、骑马定向等。

目前国际定向越野运动比赛的类型主要有定向越野、接力定向、滑雪定向、夜间定向、记分定向、五日定向等。

第二节　定向越野基本知识

一、定向越野的物质条件

下面介绍的是参加一般的越野式定向比赛所需要的物质条件。

1. 个人需要的装备

(1) 鞋。选择合脚、轻便而又结实的越野鞋，同时鞋底的材料和造型应能牢靠地“抓住”所有类型的地面，包括湿滑的泥泞地和坎坷坚硬的岩石地面。

(2) 指北针。目前国际上已有多款久经考验的定向专用指北针，基本上分为两类，即基板式(图 25－2－1)与拇指式。(图 25－2－2)

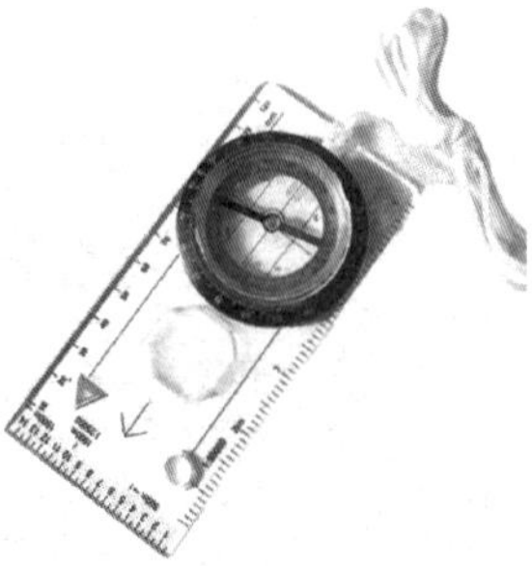

图 25－2－1　基板式定向专用指北针

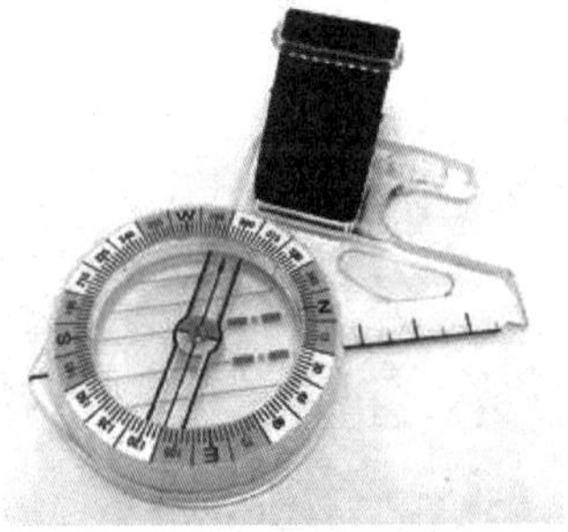

图 25－2－2　拇指式定向专用指北针

2. 赛会提供的器材

(1) 地图。这是定向越野最重要的器材，其质量的好坏直接关系比赛过程是否安全，以及结果是否公正等。因此，“国际定联”专门为定向越野地图制定了《国际定向运动地图规范》，按照不同的赛事特点，分别对比例尺、等高距、符号、色彩等方面进行了详细的规范。

(2) 比赛线路。由活动组织者印刷或手绘在地图上，发给参赛人使用，如图 25－2－3 所示。

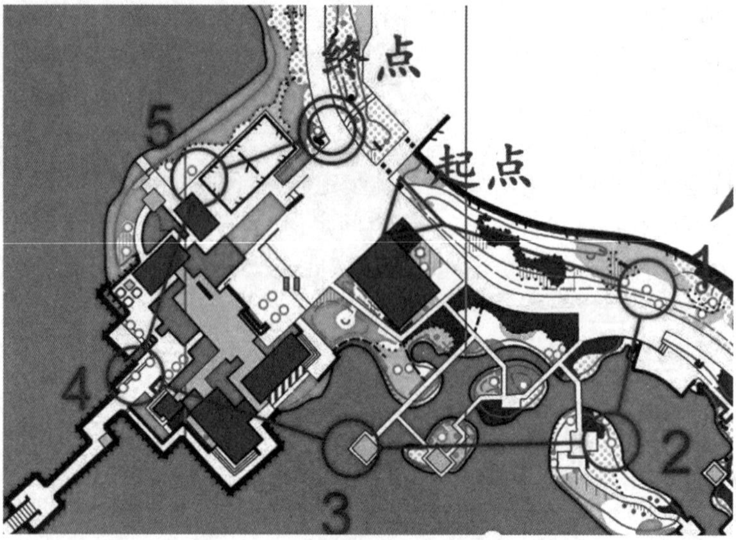

图 25 - 2 - 3　定向越野比赛地图及路线

在一条典型的定向越野比赛线路中，三角符号表示起点；单圆圈表示检查点，它在现地的精确位置是在圆圈的中心；双圆圈表示终点。检查点的圆圈之间有直线连接，但这并不意味着必须沿着该直线前进，而是可以自己选择行进路线，但必须按图上标明的检查点序号按顺序依次行进。

定向越野比赛线路通常设计成环形，其难度、长度主要根据参赛人的水平、比赛的预定时间来确定。

(3) 检查卡。为了证明参赛人找到并到访了各个检查点，赛事组织者会在比赛前发给每个参赛人一种验证成绩的装置——检查卡或电子指卡，见图 25 - 2 - 4。

(4) 检查点。这是工作人员于比赛前在比赛场地中摆放的标志。严格意义上的检查点由三个部分构成，即点标、点签和特征物/特征点，见图 25 - 2 - 5。

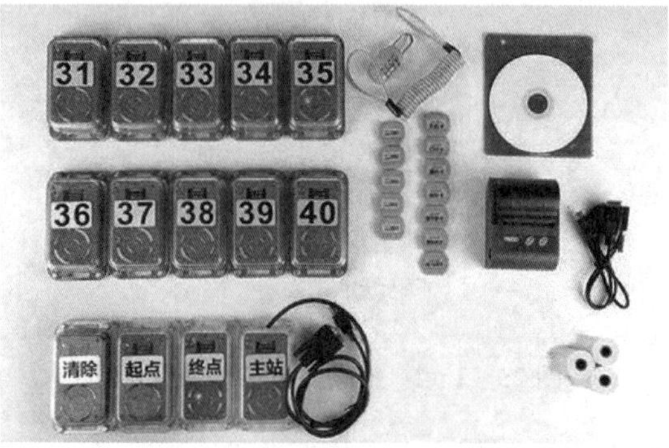

图 25 - 2 - 4　定向越野电子打卡计时系统

图 25 - 2 - 5　检查点及电子打卡

(5) 号码布。这是用来识别参赛人的必需物品，利于裁判工作的进行。

(6) 检查点说明。这是一种以表格形式在赛前发给参赛者的一套全世界统一符号或文字的系统。它可以使参赛者在进入图上的检查点圆圈之后，不必再为点标的位置而四处寻找，以保证参赛者的主要精力和时间都用在比赛的快速行进上，见图 25 - 2 - 6。

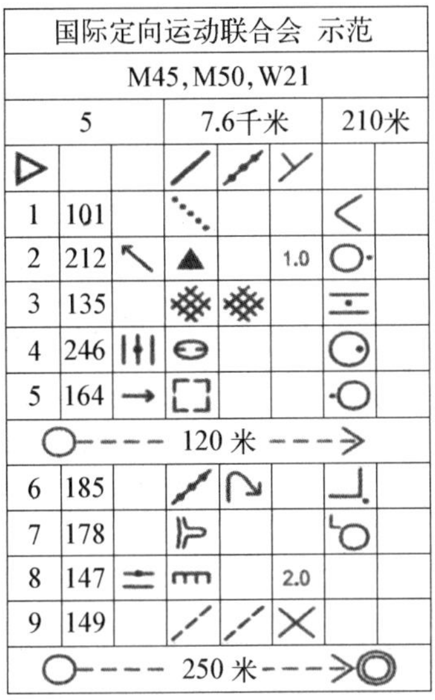

赛事名称:Control Descriptions for IOF Event Example		
组别:M45,M50,W21		
线路编号:5	线路长:7.6千米	爬高量:210米
起点		大路与墙的交会处
1	101	细沼的弯部
2	212	西北边的石块,高1米,东侧
3	135	在两个稠密植被之间
4	246	中间的凹地,东部
5	164	东边的废墟,西侧
沿着120米的栏绳通道前行		
6	185	倒塌的砖石墙,东南拐角外
7	178	山凸,西北脚下
8	147	上面的陡崖,高2米
9	149	小路交叉处
沿着最后点至终点的250米栏绳通道前行		

图 25-2-6　检查点说明的符号表(左)和文字说明表(右)

二、地图的识别

定向越野地图是一种专门为野外运动测绘的精确、详细的地形图。为满足使用者导航定位和辨别地面障碍程度的需要,同时保持地图在野外环境中清晰易读,定向越野地图在尽可能全面地表示各种地物地貌特征,特别是植被特征的情况下,使用了较多的鲜艳色彩来表现图中的内容。

1. 定向图对比例尺和现势性的要求

(1) 比例尺:(国际定向运动地图制图规范)中规定,比赛地图比例通常为 1∶15 000,等高距为 5 米。为适应特殊需要可使用不同比例尺和等高距地图。国际定向比赛中通常采用 1∶15 000 的定向运动图。我国地形图的比例尺系列中没有 1∶15 000 的地形图,在国内定向越野比赛中通常采用比例尺为 1∶1 000 等高距为 5 米的定向图。对比赛地域较小,如公园、校园赛等,比例尺可采用 1∶500 等高距 2.5 米的定向图。

(2) 现势性:定向图对现势性的要求较高。所谓现势性是指地图所反映的情况与现地情况的一致程度。在比赛前必须对比赛中使用的定向图进行修测。具体要求是地貌、地物的关系位置要准确;要适当补充一些细部地貌、地物,特别是对于检查点标志说明表上的地貌、地物一定要在图上有所表示;取舍要合理,以保证正常速度奔跑的运动员不产生不准确感。

(3) 图上量算距离应注意的问题:从图上量得的距离,不论是直线还是曲线,都是两点间的水平距离。如果实地的地形平坦,图上所量距离接近实地水平距离;如果实地两点间的地形起伏,则两点间的实际距离大于图上量得的水平距离。因此,当需要精确计算图上两点间的距离时,必须根据地形的起伏情况进行具体分析,将图上量得的距离加上适当改正数。

2. 地图符号

地图符号是地图与用图者对话的语言,是获取现地地形信息的主要来源。因此,完整、准确地识别符号是正确使用地图的前提。同其他地形图一样,定向地图也要求完整而详细地表示地貌、水系、建筑物、道路、植被和境界,即所谓"地图的六大要素"。以下是国际定联根据定向越野比赛的特殊需要，将定向地图的符号分成七个类别，具体如下。

(1) 地貌，用棕色表示。

(2) 岩石与石块，用黑色和灰色表示。

(3) 水系与沼泽(湿地、淤泥地)，用蓝色表示。

(4) 植被，用空白或黄色和绿色表示。

(5) 人工地物，用黑色和用于显示范围的浅棕色、橄榄绿色等表示。

(6) 技术符号，用黑色和蓝色表示。

(7) 线路设计符号，用紫色表示。

定向越野比赛
地图符号

3. 地貌——等高线的识别

地貌是地表的高低起伏状态，如山地、平地、山背、山谷等，当然也包括一些附属于它的地物，如土堆、土坎、冲沟等。

定向地图采用等高线法表示地貌，能够熟练地利用等高线图形理解地貌是非常重要的。因为定向地图上的所有要素都建立在地貌的基础上，并与地物形成各种关系。要想在野外充分地利用定向地图上表示的地貌，必须先弄懂等高线表示地貌的方法和学会运用等高线研究地貌的方法。

(1) 等高线表示地貌的原理。可以通俗地解释为：设想把一座山从下至上按相等的高度一层一层地水平切开，这时山的表面便形成了若干大小不同的截口线，同一条截口线上各点的高度相等，将这些截口线垂直投影到一个水平面上，形成一圈套圈的等高线图，显示出该山的形态。(图 25－2－7)

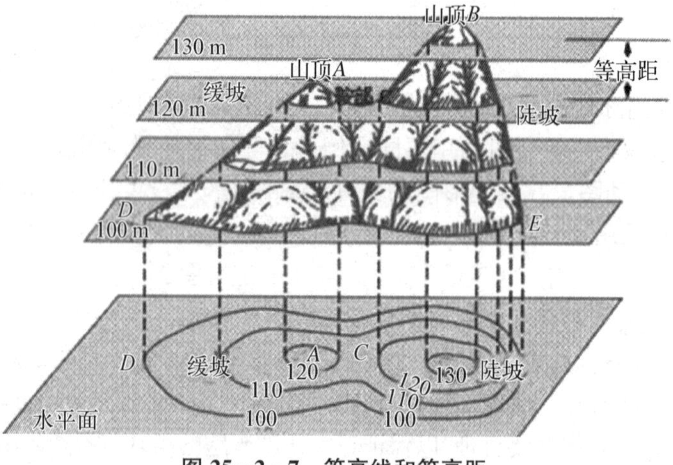

图 25－2－7　等高线和等高距

如果切割山体的每个水平截面都具有各自的海拔，那么我们就不难看出，等高线实际上就是由高程相等的各点连接而成的闭合曲线。

(2) 地貌的基本形态及其等高线图形。地貌的每一种形态都有一个独有的等高线图形。等高线上任一微小的弯曲都可以表明地貌的特征。图 25－2－8 中所示为定向地图上常见的几种地貌基本形态及其等高线图形。

(3) 斜面形状和坡度的判定。其作用主要是可以帮助参赛者避开体力消耗过大的地形。同时，特征明显的地貌斜面形状又是良好的行进参照物。

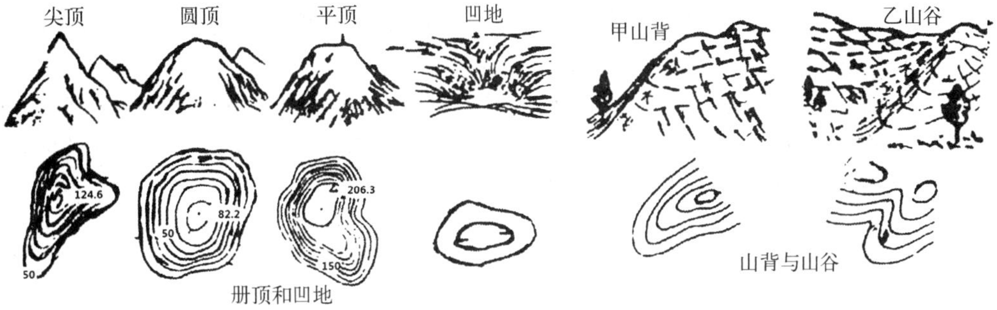

图 25-2-8　地貌的基本形态及其等高线图形

据等高线表示地貌的原理，利用最简单的方法——目估法，来判定斜面形状和坡度。斜面形状可根据等高线图形的疏密变化直接判定。（图 25-2-9）

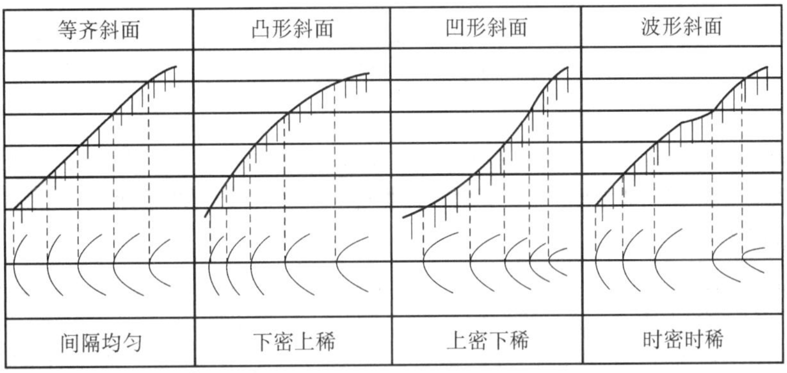

图 25-2-9　斜面形状及其等高线图形

4. 使用定向地图前需要知道的“4W、1H”

When（什么时候）：了解地图的制作时间，特别是修测时间。因为这决定了地图的可靠性，也就是现地变化的程度。

Who（谁）：查看地图制作人（或组织）是谁。

What（是什么）：虽然那些用图经验丰富的定向越野比赛参赛者一眼即可看出定向地图质量的好坏，但它的精确度不到现地依然难以判断。一个简单的方法就是以它的底图（又称基本图）来判断，底图越新，比例尺越大，使用的底图类型越先进，其精度应该就越高。

Where（在哪儿）：最终目的是在现地又快又准地找出自己在图上的位置。

How（如何）：按照由大到小、由重要到一般的顺序，逐一解读图内的各种地物、地貌以各种特征。

以上这些都是属于把握全局的信息，能使参赛者对地图所涵盖的区域建立起一个整体的、概括的认识。了解这些之后，就可以再往下逐一识别其他次要的地物、地貌和地形特征。

第三节　定向越野运动的基本技术

熟练地掌握使用地图与指北针的各种方法，在定向越野中具有十分重要的意义。识别定向地图是为了在现地使用，因此，在学习定向越野技能的阶段，必须选择最合适的场地、用较多的时间去进行使用定向地图与指北针的练习。

以下介绍的使用定向地图与指北针的内容中，有的属于最基本的和必须通过反复练习熟练掌握的，有的则可以根据具体情况与各种定向越野的技能结合起来进行练习，以便起到触类旁通、由浅入深、循序渐进的学习效果。

一、在野外使用地图

1. 地图的正确拿法

为保证把全部精力和时间用于选择运动路线和发现检查点的位置上，需要将地图折叠起来使用。折叠的大小，以抓在手中稳定、露出前方一两个检查点即可。通常折成巴掌大小的矩形条块，并应该让图上的磁北线与某条折叠边平行，这样有利于快速地标定地图。

2. 标定地图（正置地图）

标定地图就是使定向地图的方位与现地的方向相一致。这是野外使用定向地图最重要的前提。标定地图是个持续不断的、贯穿用图始终的基本要求，如果不遵守，就很容易犯“南辕北辙”的严重错误。

（1）概略标定。定向地图上的方位是：上北、下南、左西、右东。当我们在现地正确地辨别了方向之后，要将定向地图的上方对准选地的正北方向，地图即标定。这种方法简便迅速、是定向越野比赛中最常用的方法。

（2）利用直长地物标定。利用直长地物，如道路、围墙、沟渠、输电线等标定地图，首先应在图上找到这段直长地物，然后转动地图，使图上的直长地物与现地的直长地物方向一致，再检查对照两侧地形，如果现地各地形点的关系位置与图上相符，则地图即已标定。（图 25－3－1）

（3）利用明显地形点标定。当位于明显地形点上，并已从图上找到该地形点的位置时，可以利用明显地形点标定地图。方法是，先选择一个图上与现地都有的远方明显目标点，然后转动地图，使图上的站立点至目标点的连线与现地的站立点至目标点的连线重合，此时地图即已标定。（图 25－3－2）

图 25－3－1　利用直长地物标定地图

图 25－3－2　利用明显地形点标定地图

（4）利用指北针标定。先将基板式指北针圆盒内的定向箭头“↑”朝向地图上方，并使箭头两侧的平行线与定向地图上的磁北线重合（成平行），然后转动地图，使磁针北端（通常为红色）正对磁北方向，地图即已标定。（图 25－3－3）

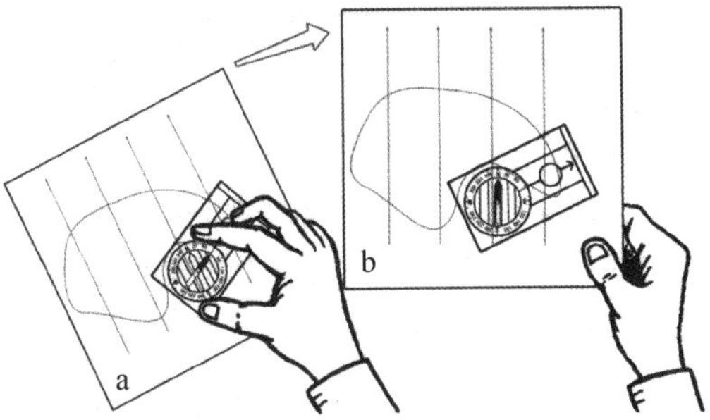

a. 使磁北标定线与图上的磁北线重合（或平行）
b. 转动地图，使磁针北端正对磁北方向

图 25－3－3　利用指北针标定地图

利用指北针标定地图属于精确标定，故在实际操作时应尽量选择在平整的地面上或将地图固定在图板上进行。标定完毕后还必须保证地图不被触动，才可进行之后的操作和使用。

3. 确定站立点

掌握确定站立点的各种方法，是学习现地使用地图的主要目标之一。对于这些方法，除了要熟悉它们各自的步骤、要领外，尤其重要的是要学会根据不同情况，对它们进行选择使用或者结合使用。

（1）直接确定。当自己所处位置是在明显地形点上时，只要从图上找出该地形点、站立点即可确定。这是一种在行进中，特别是奔跑中最常用的方法。（图 25－3－4）

图 25－3－4　直接确定——利用道路交会点

但采用直接确定法的困难在于，在紧张的进程中，怎样才能很快地发现可供利用的明显的地形点（包括地物、地貌的特征物及其特征点，图 25－3－5）；当同一种明显的地形点互相靠近的时候，怎样才能够正确地区分它们，防止“张冠李戴”。

（2）利用位置关系确定。当站立点位于明显地形点附近时，可以采用位置关系法确定站立点。利用位置关系法确定站立点主要依据两个要素，一是站立点至明显点的方向，二是站立点至明显点的距离。在地形起伏明显的地方，还可以结合高差进行判定。如图 25－3－6所示，参赛者首先判明了自己所处的位置是在房屋的西北偏西方向（10 点钟方向），距离约 60 米（1∶15 000 图上约 4 毫米）；然后从图上找出相应位置“○”，站立点即初步确定。为了进一步证实站立点的正确性，他又利用了高差：从现地看，参赛者与房屋间的高差约 10 米，恰好又在山背线上，从图 25－3－6 上看“○”处至房屋间隔两条等高线，约 10 米，站立点位置经证实正确无误。

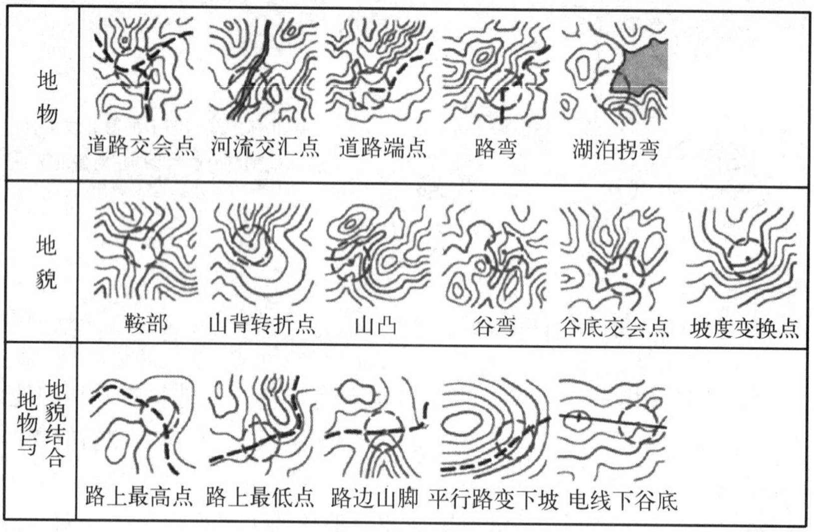

图 25－3－5　山地常见的明显特征点

图 25－3－6　利用位置关系确定站立点

(3) 利用“交会法”确定。当站立点附近无明显地形点时，可以利用“交会法”确定站立点。按不同情况，它又可以具体分为 90 度法、截线法、连线法、后方交会法和磁方位角交会法等。这些方法的优点是不需要估算或步测距离也能确定较为准确的站立点位置，对初学者理解和巩固使用定向地图的训练很有帮助。但由于它们中的一些方法步骤烦琐，费时费力，因此在定向越野比赛中一般较少使用。但在某些特定的条件下，比如解决迷失、修测地图时，采用这些方法就非常有效。后方交会法和磁方位角交会法，仅在地图与现地同时具有两个以上的明显地形点，且待测点上无线状地形可利用的情况下使用。

90 度法。当待测点位于线状地形，如道路、沟渠、山背线、谷底线、坡度变换线上时，如果在与运动方向相垂直的方向上能够找出一个明显地形点，那么确定站立点就简单得多——线状地形与垂直方向线的交点即为站立点。(图 25－3－7)

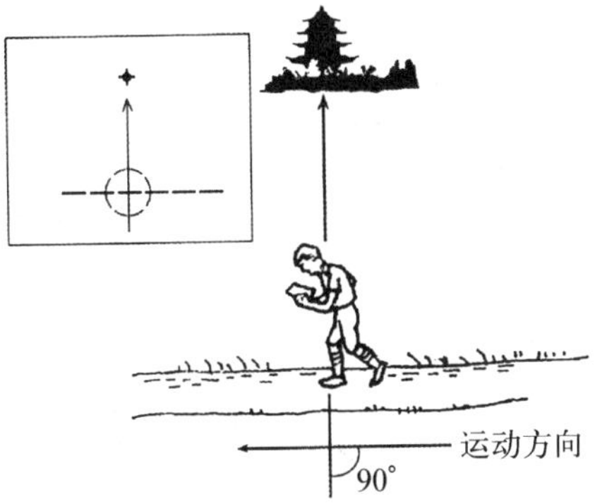

图 25－3－7　利用 90 度法确定站立点

图 25－3－8　利用截线法确定站立点

截线法。当待测点位于线状地形上，但在其与运动方向相垂直的方向上没有明显地形点时，可以采用此方法。其步骤如下，第一，利用指北针精确标定地图；第二，在线状地形的侧方，选择一个图上与现地都有的明显地形点(图 25－3－8 中为鞍部)；第三，利用指北针的直长边，也可用其他直长物品(如尺子、铅笔等)切于图上明显地形点的定位点上(为便于操作可插一细针)，然后转动指北针，使其直长边照准该地形点；第四，沿指北针的直长边向后画方向线，该方向线与线状地形符号的交点，就是站立点在图上的位置。

连线法。当待测点位于线状地形上，同时待测的位置恰好是在某两个明显地形点的连线上时，可以利用这种方法确定站立点。(图 25－3－9)

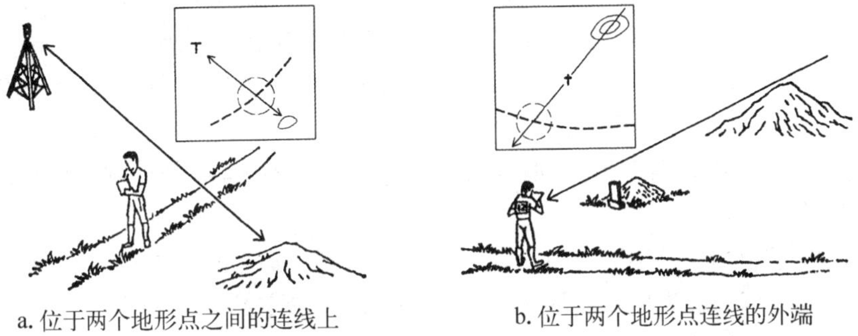

a. 位于两个地形点之间的连线上　　b. 位于两个地形点连线的外端

图 25－3－9　利用连线法确定站立点

后方交会法。后方交会法通常要求地形较开阔，通视良好。其步骤如下：第一，在图上找到选定的方位物之后，精确标定地图；第二，按照截线法的步骤分别向各个方位物瞄准并画方向线；第三，图上方向线的交点就是站立点。(见图 25－3－10)

磁方位角交会法。此法既可以在地形开阔时使用，也可以在丛林中使用。但是，在丛林中需要攀爬到便于向远方观察的树上或其他物体上进行。其步骤如下：第一，选择图上和现地都有的两个明显地形点，并用指北针分别测出至这两个地形点的磁方位角；第二，精确标定地图，将所测磁方位角图解在地图上(绘出两个地形点的磁方向线)；第三，两条磁方向线

的交点就是站立点在图上的位置。(图 25－3－11)

运用后方交会法、磁方位角交会法确定站立点时需要注意,两条交会方向线之间的夹角不应小于 15 度或大于 165 度,最佳夹角为 60 度,否则确定出来的站立点会有误差。

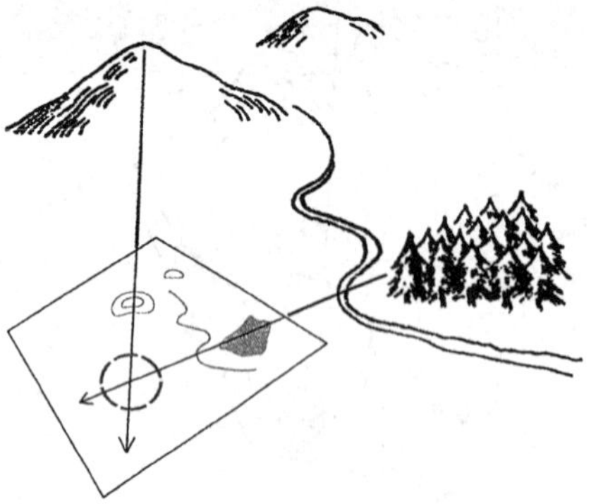

图 25－3－10　利用后方交会法确定站立点

图 25－3－11　利用磁方位角交会法确定站立点

4. 利用地图行进

利用地图行进是定向越野的基本运动方式,有赖于参加者对前面所述各种方法的综合运用。因此,在实践中要根据地形情况和个人特点,选择最适合自己的各种方法,反复练习,融会贯通,以便比赛时在不降低运动速度的情况下,始终正确地行进在自己选定的路线上,顺利到达目的地。

(1) 路线选择的基本原则。路线选择是定向运动实践的重要环节,选手在行进之前选择一条好的路线,就比别人取得了一定的优势。在选择路线时,应充分考虑自身的体能、技能情况,选择一条能充分发挥自身优势的路线。

“有路不越野”原则。当地图现势性强,点与点之间道路标示详细,则可按照“有路不越野”原则进行。因为道路有利于运动中图地对照,在运动中随时明确站立点在图上位置,如路的拐弯角,路与路的交叉口,路的最高点、最低点等,不易迷失方向。而且道路相对光滑、平坦,不仅有利于提高奔跑速度,还可以节省体力。

“择近不择远”原则。若两点之间树林稀疏,地势起伏不大,通透性强,则可按照“择近不择远”原则进行。

“走高不走低”原则。路线选择时,若选择了越野,则应遵守尽量在高处行进,避免在低处行进的原则。这是因为首先地势高的地方,视线好,便于确定站立点和保持行进方向;其次高处大多干燥、通风良好,荆棘、杂草、虫害及其他危险少;再则人们都习惯在高处行走,因此,像在山脊这样的地方,常常会有被放牧、砍柴的人踏出的小路,利用它便于提高运动速度。

“遇障提前绕”原则。在起伏较大、树林密集、障碍大的地段,坚持“遇障提前绕”的原则,尽量寻找大路或明显参照物来确定自己的站立点,切勿在密林里或有大障碍物的路段穿行。

(2) 路线选择的方法。

拇指辅行法。第一,明确自己的站立点、运动路线、到达的目标;第二,转动地图,使地图与现地的方向一致;第三,以左手拇指压于站立点上(此时要把左手拇指想象为自己——缩小到图中的自己);第四,开始行进,注意行进中要根据自己所到达的位置,通过不断移动拇指、转动地图,以保持位置、方向的连贯性与正确性,即“人在地上走,指在图上移”。(图25－3－12)

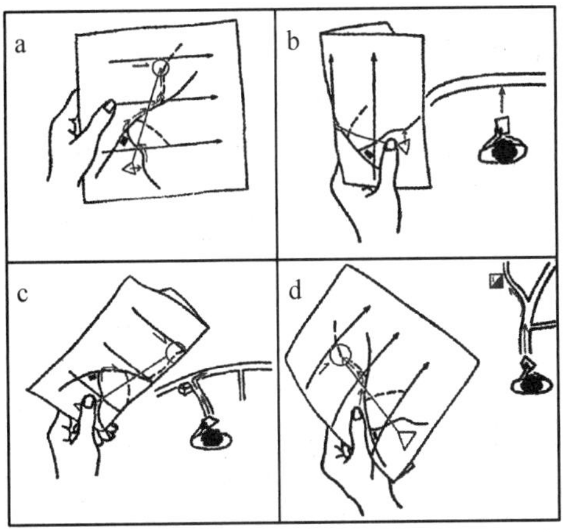

a. 明确站立点、运动路线、到达地

b. 转动地图，使地图标定，并拇指紧贴在站立点一侧（先上大路）

c. 到大路后转动地图，移动拇指（沿大路跑，看到路旁小屋后向右转）

d. 再转动地图，移动拇指（沿着大路跑，经过右侧路口后在下一路口左拐，即可直达检查点）

图 25－3－12 利用连线法确定站立点

记忆法。按运动的顺序，分段记住运动路线的方向、距离、经过的地形点、两侧的特征物等内容。通过记忆，应该使自己具备这样一种能力，即现地的情景能够不断地与记忆的内容“叠影”、印证，即“人在地上跑，心在图上移”。这是定向比赛中高级选手经常使用的方法，他们在短短几秒钟的看图时间内，借此方法理解、记忆前方相当长一段距离的运动路线，以便能在行进中保持较高的奔跑速度。有些专业选手又将此方法称为“超前记图”。

借线法。当检查点位于线状地形或其附近时，可以采用此法。行进时，要先明确站立点，然后利用易于辨认的线状地形，如道路、栏、输电线、山背线、坡度变换线等，作为行进的引导，使自己运动时更具有信心。（图 25－3－13）

由于沿着线状地形前进犹如扶着楼梯的栏杆行走，因此这种方法又被称为“扶手法”（Handrail）。

目标偏测法。这是从借线法延伸发展出来的一种技术，采用时需借助指北针精确定向。

当检查点位于线状地形上或其附近时，如果我们直接瞄准它行进，途中多种因素造成的偏移一定会使我们在到达该线状地形后，不知检查点在何方。

相反，假如一开始我们就有意识地将目标方向往左或往右偏测适当的角度，则在到达线状地形后就可以非常明确检查点所在的位置了。（图 25－3－14）

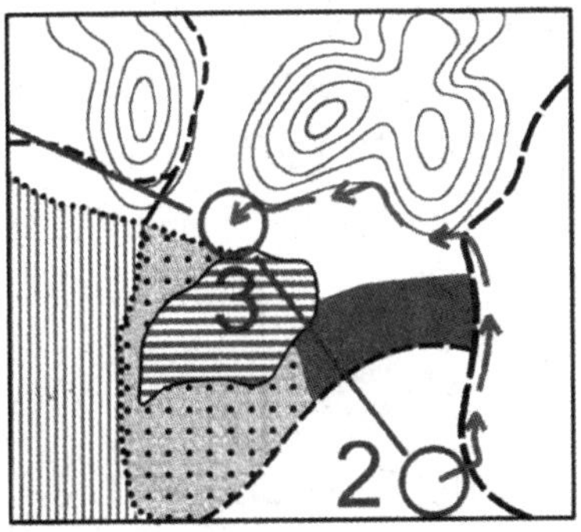

图 25－3－13 采用借线法行进

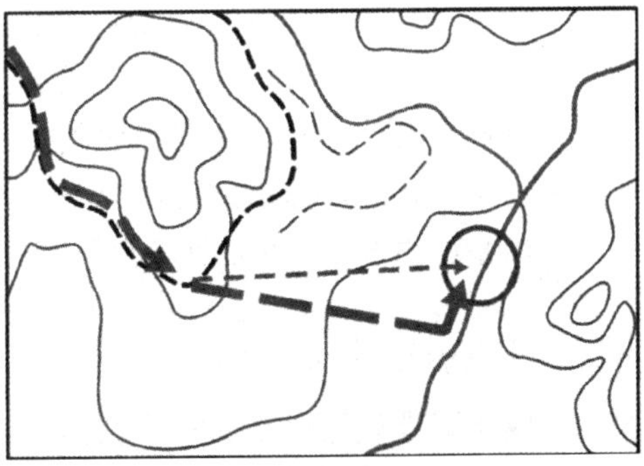

图 25－3－14 采用目标偏侧法行进

借点法。当检查点近旁有高大或明显的地形点时，可用此方法。行进前，要先将该地形点辨认清楚(可借助其他物体辅助、佐证辨认)，然后用最快的速度前往检查点。(图 25－3－15)此方法与精确定向中运用进攻点的原理相似。

水平位移法。水平位移法实际上就是沿着等高线行进。(图 25－3－16)运用此方法的时机是：① 站立点(或辅助点)与检查点在同一高度上；② 站立点(或辅助点)与检查点之间的植物可通行，且无其他不利于奔跑的障碍物。

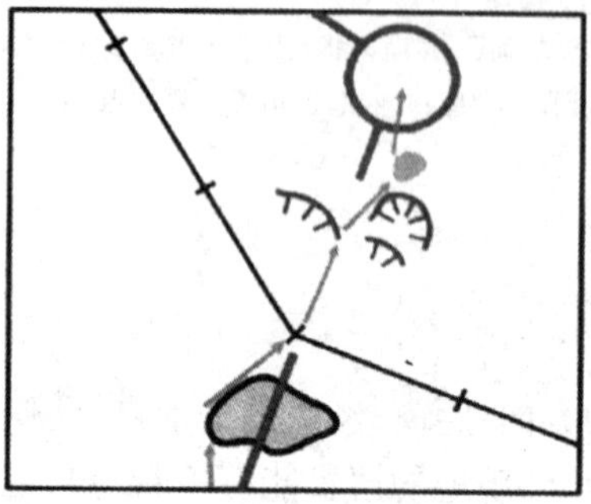

图 25－3－15　采用借点法行进

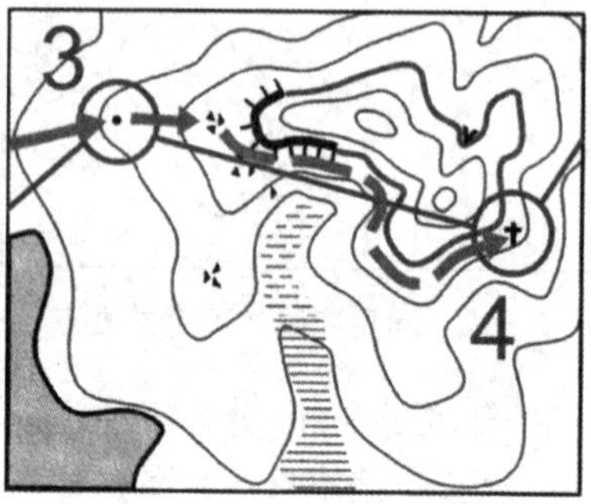

图 25－3－16　采用水平位移法行进(途中石块为辅助点)

二、现地用图问题的处理

1. 野外迷失的解决方法

即使我们掌握了现地使用地图的各种方法，但是在野外遇上天气不好，或由于自己的心理、身体出现不适时，迷路甚至迷向、找不到站立点位置的问题仍然可能出现。下面介绍的是解决这些问题的几种常用方法。

(1) 沿道路行进时，标定地图，对照地形，判明是从哪里开始发生的错误及偏差有多大，然后根据情况另选迂回的道路前进。如果错误不大，可原路返回重新行进。

(2) 越野行进时，应尽早停止行进，标定地图后选择最适用的方法确定站立点，然后尽量取捷径穿插到原来的正确路线上去，不得已时再返回原路。

(3) 在树林中行进时，根据行走过来的大致方向和概略距离，找出最近的那个开始发生偏差的地点，并以此为基础，确定站立点的概略位置。如果确定不了站立点，又不能原路返回，就要在图上看一看，迷失地区附近是否有较大型或较突出的明显地形(最好是线状的)。如果有，就要果断地放弃原行进方向向它靠拢，并利用它重新确定站立点。如果没有这个条件，那么就继续按原定方向前进，待途中遇到机会，搞清楚站立点的位置后，再迅速取捷径奔向目的地。在山林中行进，最忌讳神经紧张、意识混乱，在没有查明差错程度和连正确的行进方向都搞不清楚的情况下，匆忙而轻率地左冲右突找“捷径”，只会使错误加剧，甚至导致意外发生。

2. 现地对照地形的方法

对照地形属于野外使用地图的一种基本技术。在野外迷失或无法确定站立点的情况下，对照地形就是解决该问题的最有力武器。

对照地形，就是通过仔细观察，使图上与现地的各种地物、地貌一一“对号入座”、相互对应。对照地形一般应先标定地图，然后根据不同的需要采用不同的对照方法。

（1）当在野外迷失或无法确定站立点时，概略地标定地图，观察四周是否有较大或很有特点的地物、地貌，然后根据它们的大概方位与距离，在图上找到它们。此时站立点的位置应该能概略地确定。

（2）解决迷失问题之后，需要继续前行时，概略地标定地图，然后从图上查明自己选定的运动路线前方两侧的特征物，同时记清它们的大概方位与距离，并将它们在现地辨别出来，然后再前进。如果因为地形太复杂，如山体重叠、形状相似等，不易进行对照，则需要采用精确标定地图的方法，然后用指北针的直长边切站立点和特征物，并沿这条直长边向前瞄准，那么特征物一定在此方向线上。

若以上方法还不能解决问题，应变换对照位置，或者登高观察和对照。在这里需要强调的是，无论在什么情况下进行现地对照地形，都必须特别注意观察和对照地形的顺序与步骤问题。现地对照地形的顺序一般是先对照大而明显的地形，后对照一般地形，要由近及远，由左至右；由点及线，由线及面；逐段分片，有规律地进行对照。在步骤方面，首要的也是必不可少的步骤是要保持地图方位与现地方位的一致——标定地图，然后再根据不同需要进行余下的步骤。

3. 要养成辨别方向的良好习惯

要想具备熟练用图的能力，特别是辨别方向的能力，需要依靠长期的实践、掌握正确的方法才能达到。这需要养成以下良好习惯。

（1）在家勤看图，出门就用图。

（2）不要总是选择“鼻子底下有张嘴”“打车不用请向导”的懒人方式出行。

（3）改变记忆、指示方位时运用“左、右、前、后”来辨别的传统习惯。

（4）学会利用各种地物特征、太阳的位置及夜晚的星体确定方向。

参考文献

1. 张晓威.定向越野[M].北京：机械工业出版社，2020.
2. 吴叶海，刘明，金熙佳，等.定向越野[M].杭州：浙江大学出版社，2019.
3. 胡允达.军事地形学与定向越野[M].武汉：武汉大学出版社，2020.
4. 杨向东，沈荣桂.定向运动教程[M].南京：河海大学出版社，2006.
5. 虞锡芳.实用体育教程[M].南京：南京师范大学出版社，2005.

特色体育篇

第二十六章　团体操

第一节　团体操概述

一、团体操的起源与发展

团体操是一项体育与艺术高度融合的大众性集体表演项目，重在以体操为主体，结合各类体育项目、舞蹈种类和艺术形式，通过动作造型和队形变化来表达一定的思想内容。

现代团体操诞生于19世纪的德国。“体操之父”阿特尔夫·施皮斯发明了“合同体操”，将团体操运动推向了世界。开展团体操较早的国家有捷克斯洛伐克、苏联、德意志民主共和国、墨西哥、日本、中国、朝鲜等，虽然在开展初期各国的表演风格和形式各不相同，但都展现了本国的民族传统与特色。进入20世纪以来，随着人民生活水平的不断提高及体育运动事业的蓬勃发展，团体操作为一项民众所喜爱的体育与艺术相结合的表演项目，得到了迅猛的发展。从最初的学校会演，到运动会上较大型的集体操演，再到大型赛事组织中惯有的开幕式表演，团体操融合不同的舞蹈种类、轻器械体操、叠罗汉、组字、队形变化、音乐伴奏等内容，更富有艺术性与表演性。当今体育、艺术与科技在人们文化生活中的影响不断加深，人们的审美素质和文化需求不断提高，团体操的发展已趋于多元化、艺术化、科技化，不再局限于表演动作的编排与队形的设计，更体现为多种艺术形式和文化内容的融合，从而既有文化与形式的传统，又有随时代进步的创新发展。

二、团体操的构成要素

团体操的动作设计、队形编排和艺术装饰（包括音乐、道具、服装及背景、场景、灯光等）是其最基本的构成要素。

（一）动作设计

动作设计是构成团体操内容的最基本要素，根据不同的主题可选择适合的动作风格进行编排。团体操的动作、造型种类繁多，风格各异，可归纳为以下几种。

（1）徒手操动作。包括基本体操、艺术体操、健美操、排舞、啦啦操、各类舞蹈、广播操等。

（2）持轻器械动作。包括手持中小型的轻器械或道具的动作，如绳操、圈操、球操、棒操、带操、纱巾操、花球操、旗操、扇操、哑铃操等。

（3）在器械上的动作。包括在单杠、双杠、平衡木、鞍马、山羊、高台、蹦床等大型器械上的操类动作。

（4）技巧动作及造型。包括动态和静态的单人、双人、多人等拼搭造型、技巧造型及健美操造型。

(5) 集体配合动作。包括依次动作和“波浪”,是团体操特有的集体配合动作。

(6)其他形式的体育动作。包括武术、篮球、排球、足球、羽毛球、旱冰、游戏、跳绳、跳板、跳竹等现代体育和民族传统体育表演动作。

(7) 文化表演动作。包括集体舞、秧歌、舞龙、舞狮、杂技、戏剧等民族传统表演动作。

(二) 队形编排

团体操是一项适合在大型运动会场馆或广场表演的项目。由于场地开阔且观众距离较远,表演者少则几十人,多则几百人甚至成千上万人,通过巧妙丰富的队形编排能够最直观地表达主题内容,获取较明显的、大动势的表演效果。队形编排是团体操最具特色的构成要素。团体操的队形种类众多。

(1) 散点队形。散点队形是表演者前后、左右距离相等的体操队形。通常间距为 2～2.5米,使用中长型道具的表演,则一般采用间距为 3.6 米的队形。散点队形横排与竖排人数的比例一般为 4∶3(如横排 40 人,竖排 30 人)和 3∶2(如横排 24 人,竖排 16 人)。这种比例以黄金分割律为原理,能给人较好的视觉效果。

(2) 直线队形。直线队形较为常见的包括横排、竖排、斜排等。直线队形往往有易操作、最直观等特点。以直线队形所编排的动作能够达到延伸和扩展的视觉效果。

(3) 曲线队形。曲线队形包括弧线和圆。弧线的正反组合即可形成波浪,圆又可设计成单圆、双圆、交错搭接圆等。曲线队形给人的总体印象是柔和、流畅,通常用作表现舒缓柔美、流动欢快的内容。

(4) 带角队形。带角队形包括折线、矩形、方形、棱形、三角形、多角形等。这些队形可以是实心的,也可以是空心的。带角队形的,图形感较重,表达意图明确,常有突出主题的效果。

(5) 综合队形。综合队形包括以上所有队形,是设计者根据内容需求将各种队形进行组合编排。队形图案可大体分为一般性图案(花朵、动物等)、象征性图案(国旗、地图等)和组字(字母、字形、日期等)。综合队形的组合难度较高,需要表演者进行大量排练和走位,一般都出现在团体操的高潮部分。

(6) 入、退场队形。入场队形是团体操重要的开场队形,力求新颖独特,快速简捷(除一些特殊设计要求外),切合实际;退场队形则是团体操的结束队形,更强调离场快速,以便下一环节演员的入场。

(三) 艺术装饰

艺术装饰是使团体操具有艺术魅力的重要构成因素,包括音乐、服装、道具、背景、场景、灯光等舞美效果。

(1) 音乐。音乐是团体操的灵魂,音乐的选择直接奠定了团体操的表演风格。由于表演场面大,人数多,内容丰富,团体操在音乐选择上偏于主题鲜明、旋律悦耳、气势宏伟等类型。

(2) 服装。选择契合主题的特色服装能起到渲染气氛、增添色彩的效果。服装可以根据表演段落和动作的设计,选用简洁大方、干净利落的轻便服饰,也可以选用具有民族特色的传统服饰,增加绚丽的东方文化色彩。

(3) 道具。道具是团体操特有的表演形式,不仅可以丰富表演内容,增强表现效果,增加艺术魅力，而且还是团体操创新的重要因素，有时创新团体操往往从创新道具开始。

（4）背景。团体操的背景大大扩展了表演的范围和效果，起到点明主题、序幕表演、转场铺垫、美化场面、烘托气氛等作用。背景为团体操向立体化表演发展提供了空间和舞台。

（5）场景。场景是指在团体操表演场内安装固定或不固定的表演台、景观等，如升降舞台、喷泉、花坛、石雕、灯屏地板等。

（6）灯光。团体操的灯光运用从室内团体操表演开始，随后又发展成在夜晚的室外场地运用灯光装饰来突出效果，尤其是2008年北京奥运会开幕式的表演效果更给世界各地的观众留下了深刻的印象。

三、团体操的特点、功能与价值

（一）团体操的特点

虽然不同种类的团体操特点各不相同，但从团体操项目的整体来看，其基本特点可归纳为以下几点。

1. 突出的团体参与性

团体操特有的集体表演性质有别于其他体育项目和文艺形式，由于表演的规模可大可小，难度可高可低，参与者可根据自身的能力胜任不同水平的演出内容，更具有广泛的大众性，且需要众多人相互配合排练，具有突出的参与性。

2. 鲜明的体育艺术性

团体操表演从最开始的简单集体操练，到后来发展成内容繁多、艺术性不断加强的多种演出形式，能够在团体操中进行编排的动作种类、音乐类型、舞美灯光日益丰富，使体育与艺术更加完美融合，成为具有强烈体育艺术性的广场群体表演项目，从而凸显了体育表演的艺术性特色。

3. 实效的宣传教育性

团体操作为一个文化载体，在重要的节庆活动、体育赛事的开幕式中进行表演，可传递和宣传国家、地区的政治、经济、体育、艺术水平，弘扬民族文化和体育精神。因此，一些国家在学校教育中把承接和开展团体操活动作为对学生进行德、智、体、美全面发展的素质教育的一种形式。

（二）团体操的功能与价值

1. 团体操的教育功能

团体操作为一般节日、庆典活动和体育运动会上进行的表演，能寓宣传教育于表演之中，使观众得到美的享受和精神上的鼓舞，具有一定的教育功能。具体而言，包括：宣传教育、文化交流，团队精神、增进协作，提高素质、强健体魄，塑造形体、培养气质，愉悦身心、陶冶情操等。

2. 团体操的审美价值

审美教育的目的是促进社会成员在智力、政治、道德和体格上的全面发展。团体操集中了体育、舞蹈、音乐、美术设计等多种艺术表现形式，是以追求美为目标的集体性表演活动，它的审美教育功能赋予团体操培养和提高人们审美能力的价值。团体操的审美内容主要体现在内容美、形式美、运动美、艺术美等方面。

第二节　团体操创编

一、团体操创编理论与原则

（一）创编团队的组建与职责分工

一场好的团体操表演离不开一个优秀的创编团队，创编团队的主要工作任务就是严格按照活动的主题思想，规划整场表演的构思，选择风格适宜的音乐，设计编排各种形式的操舞、队形图案，挑选能够彰显主题特色的道具，同时组织和实施训练工作，指挥表演等。

创编团队的大小根据表演任务的规模而定，一般由执行策划1～2人、总编导1人、执行编导1～2人、分场编导4～10人、音乐创编1～2人、舞美1～2人、撰稿1～2人、后勤1～2人组成。具体分工如下。

(1) 执行策划：确定主题思想、表演形式、演出规模、演出时长、参加单位、参演人数。

(2) 总编导：负责设计团体操的整体构思和演出框架，确定表演形式和结构，包括思路、主题、风格、形式、细分场次(章、节)。

(3) 执行编导(分场编导)：根据各场次(章、节)的主题思想和表演形式，设计音乐、动作、队形、图案、表演风格、道具、服装及参演人数等，并配合音乐的各个节点创编具体的表演内容。

(4) 音乐创编：以团体操的整体构思与主题思想为依据，根据各场次创编的表演内容，与执行编导共同商议完成音乐的选择和制作。

(5) 舞美(艺术装饰)：根据主题思想及各场次(章、节)表演的形式、反映的内容、色彩等，进行场景、背景、灯光、服装等的设计，绘制各种服装的图案，进行道具与颜色的调配、整体布局与景观搭配等，并结合执行导演的编排具体实施。

(6) 撰稿(文案)：根据设计创编方案进行文字记写说明，绘制图示，制作PPT演示稿，以及撰写解说词和串场词。

(7) 后勤：记录和管理团队所需的物资，包括道具、服装、景观、电子设备、特殊器材等。

（二）创编的总体设计构思与要素

1. 创编的总体设计构思

在创编团队组建与分工完成后，主创人员需要沟通确定表演的主题、题材、总体框架和参演人员等，对团体操进行初步的整体规划设计，这是进行创编活动的前提。团体操总体构思不是具体的动作与队形图案的设计编排，而是一种形象的思维活动和总体框架结构的规划，包括理清创编思路、明确创编依据、确定主题思想、选择表演题材、确定框架结构。

(1) 理清团体操创编的思路是团体操创编至关重要的第一步，它直接关系到节目最终能够呈现出的效果。这是一个综合性的艺术设计过程，需要创编人员具备清晰的思路和想法，并能够结合演出规模、场地等特定条件把握其可行性，是一项复杂的脑力和体力相结合的系统工程。

(2) 明确团体操创编的依据是为了能够更加精准地确定演出内容。团体操的形式多种多样，规模可大可小，需要依据不同的目的任务和要求来选择创编主题。同时，还要依据承担表演任务的人员情况（人数、性别、年龄、身高）、场地（室内、室外）、经费和训练时间等客观条件来进行设计，以达到最佳的编排效果。

（3）确定团体操的主题思想为整个团体操创编注入灵魂。无论是何种规模的团体操都有其明确的主题及鲜明的思想性。在整场表演中，每一个表演篇章都有中心思想，中心思想是决定团体操内容、风格特点及表现形式的关键所在。大型团体操的主题思想大多立足于当时的政治背景，展现国家建设的辉煌成就，人们的幸福安康，经济的繁荣，政治的稳定，歌颂民族团结、友谊等。学校内的校庆、运动会团体操表演，以及小型团体操同样也可以结合时代背景，从一个侧面反映学校生活，展现出欢乐的校园，以及学生的舞动青春、勤奋学习、奋发向上、刻苦锻炼、勇攀高峰、立志做国家建设的有用人才等主题内容。

（4）选择团体操的表演题材是团体操主题的具体表现形式。只有选择恰当的题材，才能集中和鲜明地凸显主题思想。不同的题材选择所表现出的演出风格也会各不相同，如健美操、啦啦操等运动项目，其活力动感的运动特点就可完美地诠释年轻向上、活泼欢快的主题；艺术体操、民族舞蹈等内容，能够彰显表演者的婀娜舞姿、柔美身段，更适合抒情、柔和、凸显女性魅力的主题。应通过对主要内容的选择，以及服装、道具、音乐、背景等艺术装饰等的综合运用，提炼加工，形成鲜明的表演艺术风格，丰富主题思想。

（5）确定团体操的框架结构是创编设计的最后一步，体现为对表演的各个组成部分进行有层次、有重点、有高潮的具体排列。一般包括场次的划分，如序幕、第一场、第二场等，还包括每一场次之间的衔接，如进场—表演—退场……当表演结构和模式基本确定后，就要按照表演的场次与顺序，设计确定参演的人员和人数（包括各场人数和总人数及男女数量），设计和选择每场表演的音乐、服装、背景及主要队形、图案和动作，计算表演的大致时间（包括各场时间和总时间）等。

2. 团体操创编设计要素

团体操创编的具体设计，可以根据团体操的总体构思和框架结构，针对每场次的具体表演内容进行设计与编排。具体包括表演风格设计、主题表演设计、进场设计、队形变化设计、动作表演设计、时间变化设计、造型图案设计、服装道具设计、音乐设计、退场设计等。以上内容和形式的设计是构成团体操最基本的要素，是团体操创编的具体工作任务。

演出方案要素

（三）团体操创编原则

团体操的创编是一项较为复杂的综合性创作工作。根据表演的目的不同，其主题思想、表演内容、表现手法也各不相同。团体操的创编原则主要有以下几个方面。

1. 主题性原则

鲜明的主题思想是团体操的灵魂。主题思想又是团体操的总纲，使丰富的表演内容层次分明，突出本质，形成一体。团体操的动作是反映主题思想最直观最形象的肢体语言，因此，在创编团体操动作时应紧扣主题思想，力求动作与操节的主题一致。表现青年人积极进取、朝气蓬勃的主题，可选用节奏欢快的动作，如啦啦操、街舞等；表现勇于进取，不畏艰难等精神风貌等主题，可选用刚劲有力、充满力量感的动作；表现柔和、抒情能唤起人们对祖国未来美好憧憬的主题，可选用优雅舒缓的动作，如现代舞、艺术体操等。

2. 艺术性原则

团体操是一项极具观赏性的表演项目，融入了大量表演艺术元素，具有欣赏价值和审美教育价值。在团体操创编设计中，可以通过音乐、服装、道具、背景、舞美等设计要素体现整场表演的艺术水准、艺术品位和艺术风格。音乐是团体操的“灵魂”，音乐可根据每场表演的中心思想，结合节目框架和层次选择不同氛围的音乐，体现出整场节目的节奏，起到指挥全场表演、烘托主题和氛围、增强表演效果的重要作用。服装、道具、背景的选择也应根据表演的需求来确定。通过色彩搭配、样式风格来配合动作的设计，能够对演出效果起到锦上添花的作用。背景可以使场内的表演内容更加具体化、形象化，扩大表演的范围，渲染气氛，与场内表演有机配合，互相补充。

3. 典型独特性原则

团体操表演内容的典型化，使团体操的主题以最直观、最形象的方式表现出来，从而增强团体操的感染力，引起观众的共鸣。团体操表演的典型独特化可遵循以下两个原则：一是根据主题思想设计典型内容。团体操的主题思想是通过动作、队形和图案来体现的，设计与主题思想相互呼应的内容最能使观众留下深刻的印象，如“庆祝中华人民共和国成立 70 周年”的主题，便可设计例如“70”“中国”等字形的图案。二是根据自身特点设计典型内容。在创编设计过程中，应当重点突出每个演出团队的特长内容，并将其作为整场节目的亮点或重点，以提升节目的记忆度，达到表演的目的。

4. 综合多样性原则

团体操创编过程中需要借鉴艺术表演的多种内容和多样形式，按照团体操的特征与要求，合理地运用对比、对称、主从、均衡、参差、比例、整齐划一等形式，采用虚构、夸张等不同的表演手法，可以形成一部内容与形式和谐统一、艺术完美并富有创意的综合完整作品，使团体操表演丰富多彩、生动活泼。

二、团体操创编的队形图案

(一) 队形图案设计原则

1. 图案布局要合理、美观

团体操表演中组成的各种图案是相对静态表现的画面，应具有较强的艺术性，依据艺术形式美的平衡和对称基本法则，根据表演规模和节目的整体框架进行设计。可选用以场地中心为轴心，左右对称的大范围队形，以展现宏大舒展的场面；也可以选用相对集中密集型的小范围图案队形，以展现活泼多变的场面。

2. 图形变化要力求自然、巧妙

团体操创编设计的精妙之处就在于将充满设计感且变化多端的图形，流畅自然地衔接起来，通过不断变化的队形，排列组合成与主题相呼应的图形，给观众带来充满视觉震撼的舞台表演。在创编设计中，应遵循自然、便捷、易操作的原则，甚至精确到每一位表演者的移动步数，使整场节目达到行云流水的效果。

3. 队形排列要注意视觉效果

在创编设计表演队形时要以主席台的高低、距离为参考标准，考虑表演者的最大演出范围，以及表演者相互之间的站位，使之既适合做动作又能使观众看清队形，队伍过稀或过密都会影响表演和视觉效果。

4. 队形设计要考虑服装道具特点

团体操表演可选用的服装、道具种类繁多。有时为了增添视觉效果，在道具的选择上多会采用较大型的服装和道具，因此，为了不影响动作的表演，队形设计时也要考虑使用道具的空间，留好足够的间距，从而在确保整体效果的同时将道具所带来的作用发挥到极致。

(二) 队形图案的构成规则与运用

1. 队形图案的基本构成

团体操是由大量的参与者通过站位、走动、拼凑、排列等，组合成各式各样的线条、图形，来体现出自身的主题思想。好的队形编排一般会依据以下几种类型进行。

线型：包括直线、锯线、弧形曲线、S形曲线、涡线等。(图 26-2-1)

面型：包括方形、三角形、菱形、多边形、花瓣形、圆形等。(图 26-2-2)

象征型：包括具有象征意义的图形和专用符号等。(图 26-2-3)

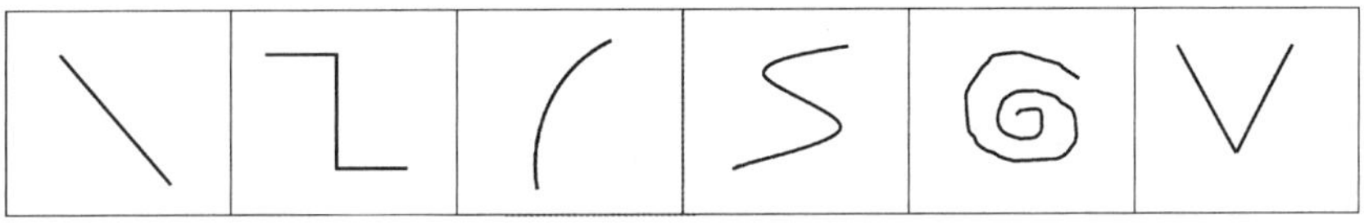

图 26-2-1

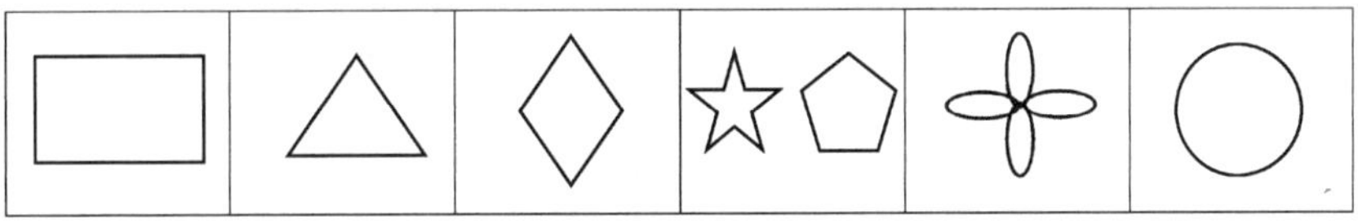

图 26-2-2

图 26-2-3

2. 队形图案的类别与运用

(1) 入场队形。新颖而独特的进场既可以反映团体操的主题思想和风格特点，又能扣人心弦地把观众带入团体操表演的意境中。一般从进场方位、进场队形、进场形式等多种角度进行入场设计。(图 26-2-4 至图 26-2-9)

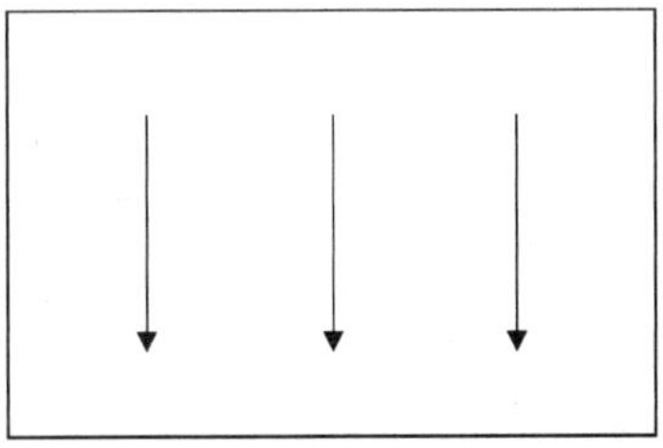

图 26-2-4

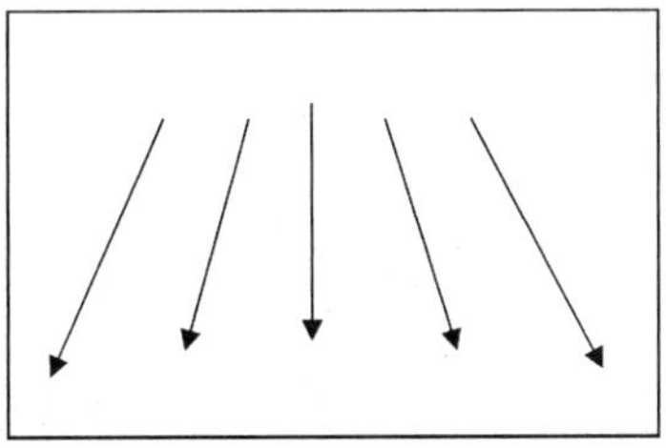

图 26-2-5

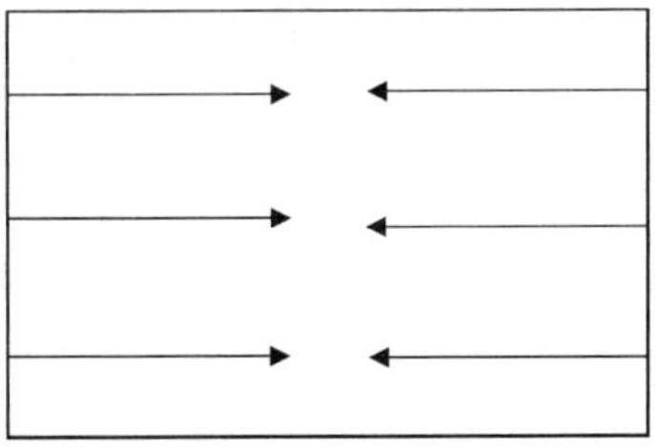

图 26-2-6

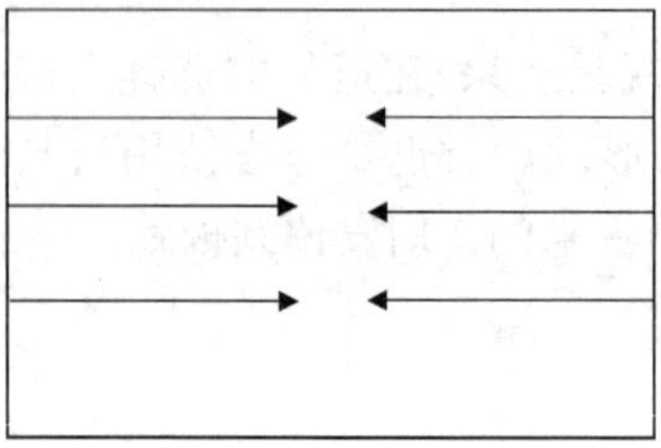
图 26-2-7

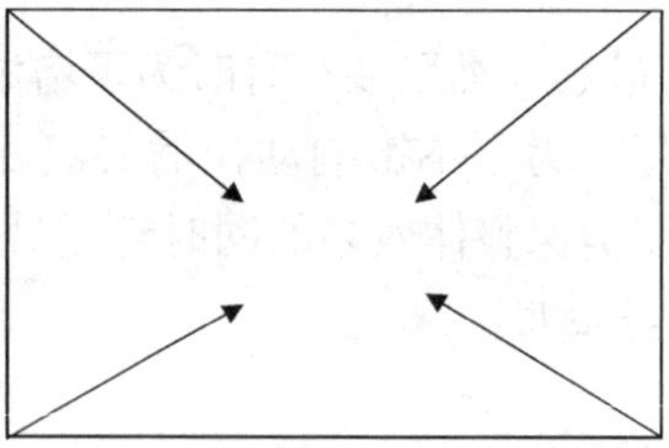
图 26-2-8

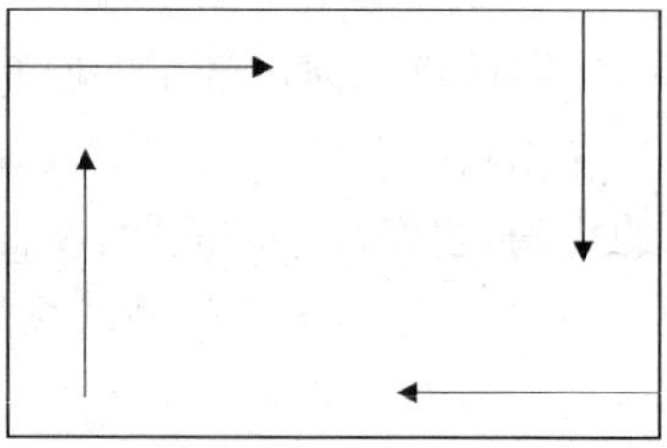
图 26-2-9

（2）表演队形。（图 26-2-10 至图 26-2-13）

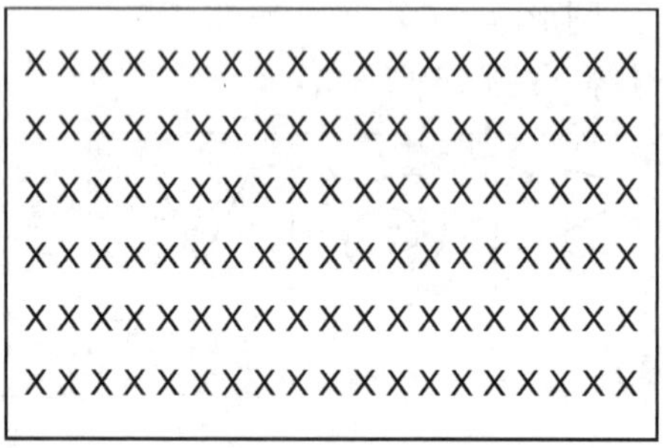
图 26-2-10

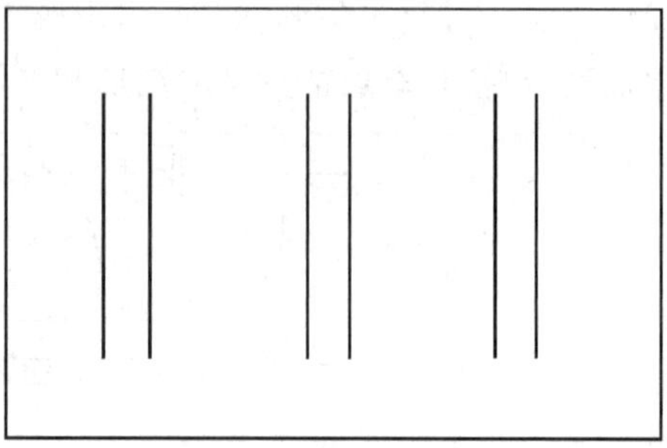
图 26-2-11

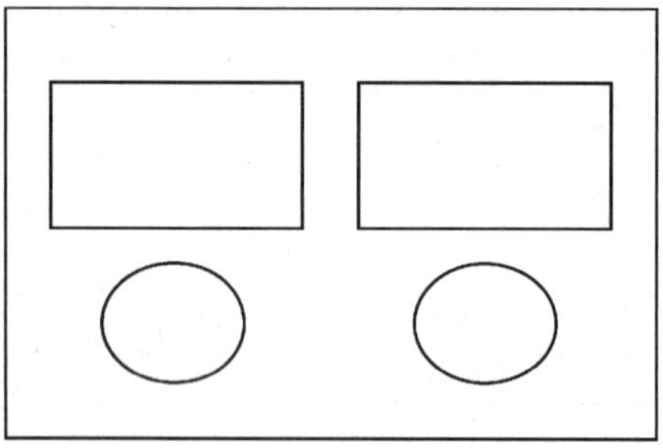
图 26-2-12

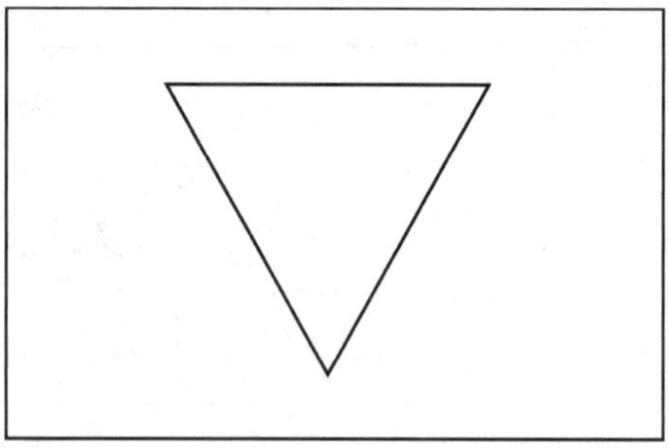
图 26-2-13

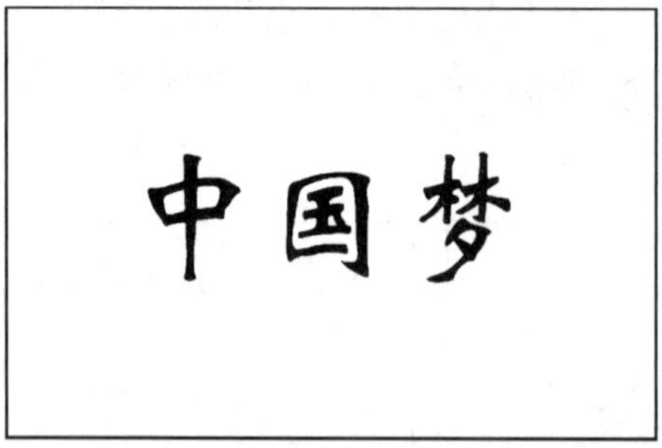

图 26-2-14

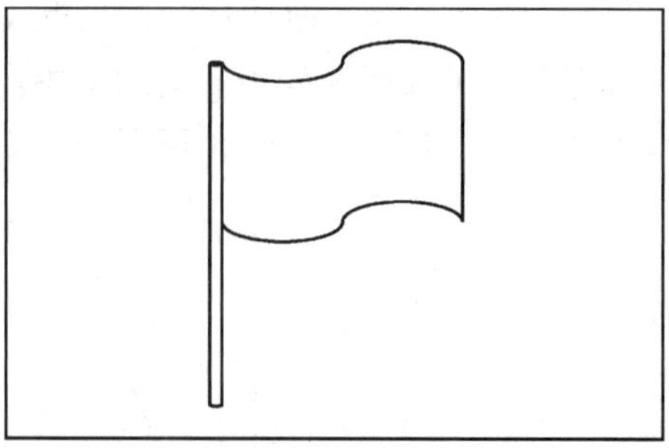
图 26-2-15

(3) 退场队形。(图 26-2-16、图 26-2-17)

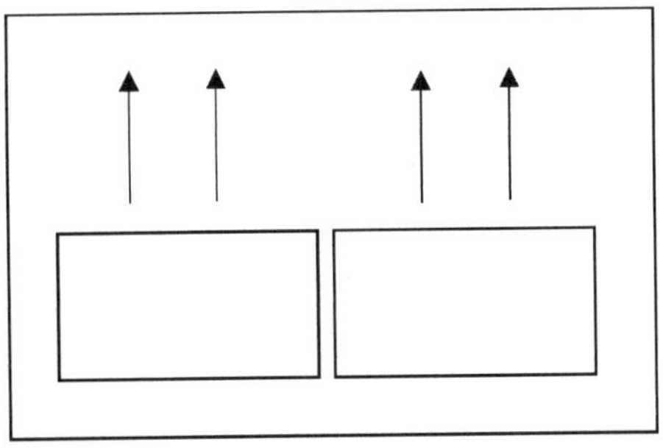

图 26-2-16

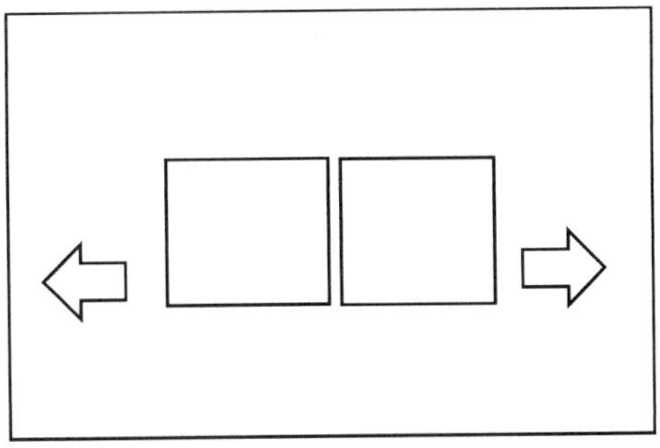

图 26-2-17

3. 队形图案变化示例

通过对各类队形图案的运用,结合主题、音乐、道具等设计因素,最终可以将团体操的创编思路整合成表格,用简单明了的文字说明每个队形的具体表演者及人数,并根据音乐节点将每个队形按顺序合理地编排出来。下面以一次校运会开幕式团体操为例进行说明。(图 26-2-18 至图 26-2-21)

校运会第三段图形排练示意

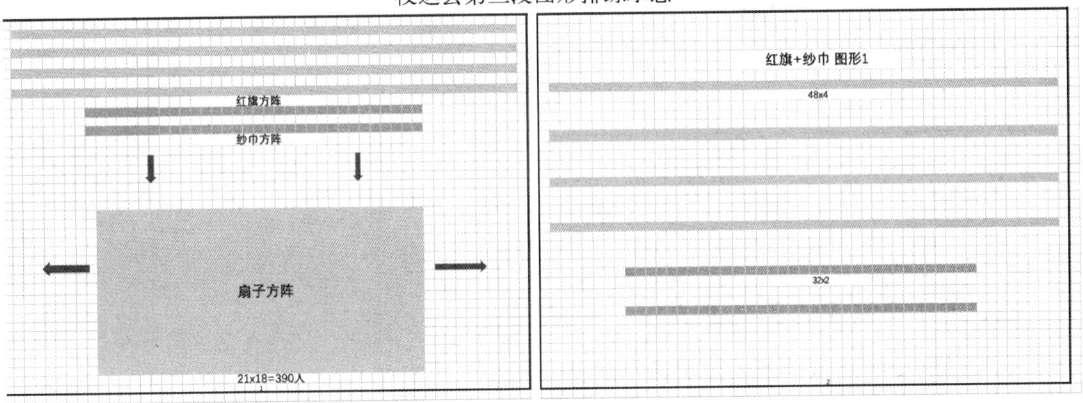

a　　b

图 26-2-18

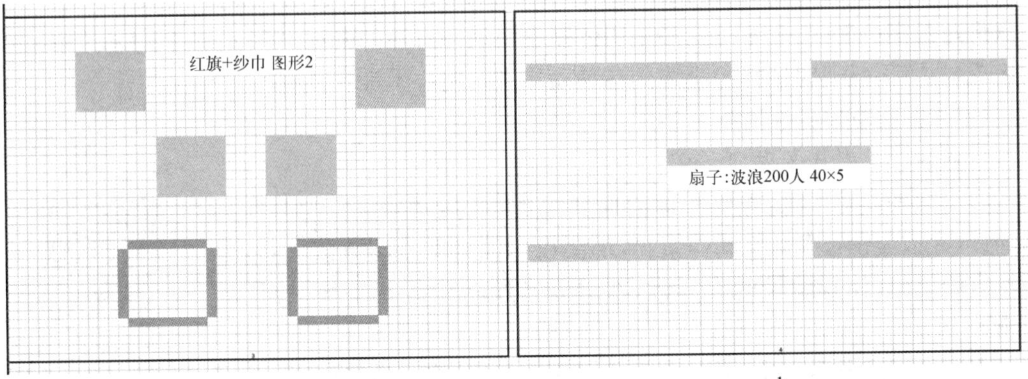

a　　b

图 26-2-19

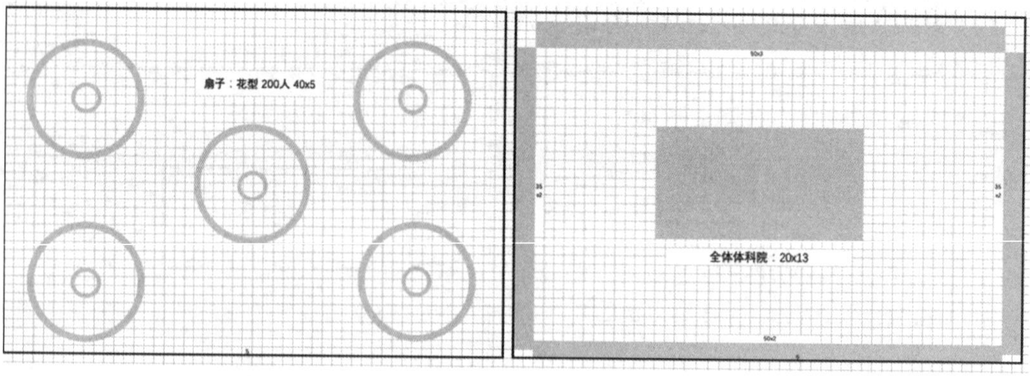

a　　　　b

图 26－2－20

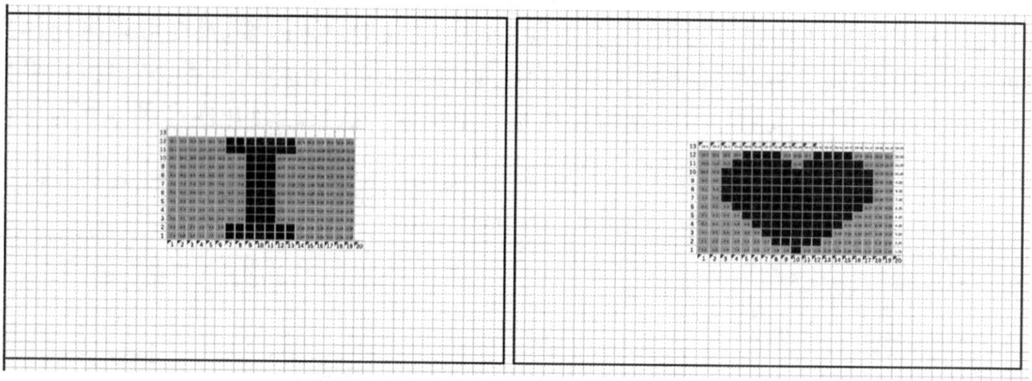

a　　　　b

图 26－2－21

三、团体操创编的表演动作

团体操的表演动作是指表演者在灵活多变的队形图案上，通过各种动作的表演，表现主题思想内容，并结合队形图案和造型等达到团体操表演目的。团体操表演最先让观众在视觉上感知的是变化的队形与图案，但是在场面上构成这些队形与图案，并使这些队形与图案产生动态变化效果的核心因素则是每个表演者展现的动作。没有表演动作的呼应，就不会有队形与图案的变化，更不可能产生团体操表演动态鲜活的画面。因此，在团体操总体设计构思完成之后，需要对团体操表演的各种动作进行精心设计和创编。

（一）表演动作创编技巧

1. 根据动作的节奏进行创编

在设计表演动作时，先要考虑前面创编提示的各种因素，同时在具体的操作中，无论选择什么动作素材，都要根据编排的基本方法进行，遵循特定的规律，体现编排的技巧性，在对立与统一中寻找平衡、协调的美感。

动作的节奏创编

根据动作的节奏变化，可以通过动作的快与慢、齐与乱、动与静等进行相应的创编。

2. 根据动作的幅度进行创编

团体操表演时，观众与场地的距离一般较远、较高，观众的视觉不是集中在某个人的表演，而是集中在整个大场面上，所以可以通过动作高低的变化、幅度的大小，来体现具有大效果和远效果的设计。个人动作多选大绕环、蹲起、左右摆动等；集体配合动作则更能体现出高低起伏、大小变换的效果，如圆形的大小变化，波浪线条的律动，左右队形的穿插等。

（二）表演动作的创编素材

1. 常用步伐

步伐多用于团体操进退场及表演过程中队形的变换，主要有走步（齐步走、正步走等）、跑步（快跑、节奏跑）、跑跳步（后踢腿跑、踏跳步、变换步）等。

2. 徒手动作

徒手动作主要是徒手完成的，由身体各个部位相互配合所构成的动作形式。徒手动作是团体操表演的主要素材，是道具表演动作的基础。比较常见的徒手动作有体操、健美操、艺术体操等各种操划类动作，也有武术、太极等套路类动作。

3. 道具动作

道具动作是手持小、中、大不同类型的道具进行的表演动作，道具用来丰富表演的动作内容与形式，提高表演水平与效果。团体操创编通常运用道具来烘托主题，装饰点缀队形，使表演动作和队形图案的变换构成艺术的妙境。

4. 造型动作

造型表演动作是指单人、双人或者多人共同协作完成的各种静止、平衡和托举的动作。这类动作结构巧妙，造型美观，效果好，能使整个表演场面趋于完整壮观。

第三节　团体操训练

一、团体操训练的组织与排练

团体操训练的组织与排练是一项复杂而又细致、紧张而又有序的重要工作任务。将团体操表演的各个环节合理、有效地统筹安排，是实施整个团体操表演的基础；把广大参与表演者由分散的个体、表演能力不同的群体培养成具有集体意识、协调统一的表演群体，是完成团体操表演任务的重要保证。团体操训练的计划一般可分为前期准备阶段、组织排练阶段、彩排表演阶段。

1. 前期准备阶段

前期准备阶段是团体操表演必不可少的一个前期工作，主要任务是为团体操训练的各个方面做好相应的准备。包括健全基础保障与设施，确定演出单位及演员，协调各演出单位训练时间，对各单位布置各项排练工作等。

2. 组织排练阶段

组织排练阶段是从全体演员第一次整体合练到演出前的整个组织排练过程，主要任务是按照编排设计方案，有计划、有步骤地对全体表演者进行训练，达到预期的表演效果。

3. 彩排表演阶段

彩排表演阶段是指彩排、预演和正式演出阶段，全面执行和检验团体操排练方案的落实与实施效果，布置场地、检查各项设施装备，调整表演的细节配合，检测交通、安全和指挥系统等，确保完成正式表演任务。

二、团体操训练的方法

1. 技术骨干培训

团体操技术骨干是排练和表演中的核心力量，能够起到指挥和执行编导无法替代的作用，特别是在繁重的排练过程中，技术骨干既是具体示范者又是助教，因此，在正式集体排练前，必须先培养一定数量的技术骨干来协助执行编导工作。

2. 表演动作的训练

表演动作的训练一般可分为单独练习和整体合练两个阶段，可依据团体操的内容灵活运用，有机结合。

3. 表演队形的训练

团体操表演效果的好坏在很大程度上取决于队形变化是否迅速、准确、自然、流畅。在实际排练前，先要通过直观的图示(如 PPT、板图)，让表演者了解场面的全局概况和队形的含义及变化的方法，明确每一名表演者的编号、位置和移动方向及周边的基准同伴。

4. 表演图案的训练

团体操表演中的图案有较直接的象征意义和代表性。通过形象的图案体现主题，同时将表演推向高潮。在训练中必须使每名表演者都能准确快速地找到自己的站位，可采用在地面标点、画线、找参照物等方法进行辅助。

5. 进、退场队形的训练

进场队形一般建立在进场后第一个表演队形的基础上。退场队形是表演的最后一个环节，一般在最后一个动作队形结束的基础上进行。

三、团体操彩排与表演

(一) 团体操彩排

团体操彩排通常是在全体合练全部完成后，可根据彩排情况在正式演出前安排 1～2 次，其目的是对前期的创编和排练进行全面的检验，以及对演出各环节做最后的调整和完善。

为保证彩排的顺利进行，必须建立完善而有效的指挥系统，指挥系统的岗位设置及人员的组成应根据表演的需要而定，通常由总指挥、外场指挥、背景指挥、各出入口指挥、音响效果指挥和灯光设施指挥组成。其中，总指挥负责与大会主持人取得联系，掌控正常演出的流程和节奏，向外场指挥、背景指挥、各出入口指挥、音响效果指挥、灯光设施指挥传达上级指示和下达指挥命令，同时听取各岗位指挥的工作汇报，对存在问题及时予以解决。通常总指挥的位置设于主席台旁，利于联络并观察全场。

(二) 团体操表演

1. 思想动员

正式表演前，有关领导应对参与者进行最后的思想动员，激发其集体荣誉感，使其自觉听从指挥，遵守大会的各项纪律规定，并鼓励演员以饱满的精神面貌大胆表现美、充分展示美。此外，应有应对突发情况的措施。

2. 组织工作

正式表演前的组织指挥工作同彩排，但要重点检查彩排小结会提出的各项改进措施是否予以落实，还要特别检查音响灯光和演出安全方面的工作准备情况，保证演出队伍出入的通道畅通，严格掌控时间，以确保团体操表演圆满成功。

3. 正式表演

正式表演时，一旦命令下达，表演就应按既定程序有序地进行，各场次要衔接紧凑，做到水到渠成。

4. 总结善后

团体操正式表演结束后要认真总结，表彰先进，为今后团体操的开展积累宝贵的经验，并查找不足，以供借鉴。此外，要细致地做好服装、道具的收回、保管或处理等工作，以免浪费。

总之，团体操从创编、训练到表演是一项复杂的系统工程，需要强干的队伍、周密的策划、统一的指挥和多方面的配合。

参考文献

1. 何溪.团体操编排教程[M].北京：经济科学出版社，2017.

2. 黄宽柔.健美操与团体操双语教程[M].北京：高等教育出版社，2012.

3. 徐培文.团体操的创编与训练[M].北京：人民体育出版社，1981.

4. 夏怀珍.团体操[M].北京：知识出版社，2001.

5. 倪旭芬.团体操创编理论与技术[M].北京：中国社会出版社，2007.

6. 熊英，周健辉.十运会开幕式大型文体演出的声光舞美[J].演艺设备与科技，2005(6)：76－84.

7. 巩凌.论团体操的审美价值[J].北京体育师范学院学报，1999(2)：30－31.

8. 闫丽敏.我国团体操动作造型的理论研究现状与分析(综述)[J].湖北体育科技，2006(3)：268－270.

9. 刘静.我国团体操理论体系的创新与发展[J].体育与科学，2005(1)：76－78.

10. 成都体院体操教研室.大众团体操[M].北京：人民体育出版社，1997.

11. 丁丙霞，曲家林，王良民，等.对新中国全运会开幕式艺术展演的研究[J].体育研究与教育，2013(5)：39－42.

第二十七章　校园马拉松

第一节　校园马拉松概述

一、马拉松的起源与发展

马拉松比赛的诞生来源于希腊的一则历史故事。公元前 490 年，希腊在马拉松河谷与波斯大军交战时，雅典军队在没有救兵的情况下团结一心，最终打败了波斯军队，取得了辉煌的胜利。当时担任传令兵的菲迪皮德斯奉命要将这一胜利消息尽快告诉雅典居民，让受难同胞早些分享这胜利的喜悦，他顾不得路途遥远，一路飞奔跑到雅典广场，当他用最后一口气高喊“我们胜利了！”之后便永远地倒下了。为了纪念希腊马拉松战役和壮烈牺牲的菲迪皮德斯，第 1 届雅典奥运会设立了马拉松项目，而马拉松也成为田径项目中唯一的以译音命名的项目。此后，马拉松比赛便风行于民间，而且一直作为奥运会的传统比赛项目。雅典马拉松比赛的距离，是昔日菲迪皮德斯所跑过的路线，全程为 40 km。第 2 届奥运会马拉松赛程为 40.260 km，第 3 届为 40 km，后来在第 4 届奥运会上，由于英国王室成员观看席位置问题，调整为 42.195 km 并沿用至今。

马拉松一般分为全程马拉松、半程马拉松和四分马拉松三种。自 1896 年首届奥运会设立马拉松项目后，马拉松赛在世界各地广泛举行。中国的马拉松运动起步晚，但发展较快。中华人民共和国成立后，在 1959 年第一届全国运动会上，马拉松正式作为竞赛项目被确立下来。改革开放以后，1981 年 9 月，我国举办了首届北京国际马拉松赛，这是我国马拉松比赛史上一个重要的里程碑，对于马拉松比赛具有开创性的意义。

二、中国校园马拉松比赛发展概况

校园马拉松是指由学校及校内各相关组织部门为提高学生身体素质，促进学生身心健康而开展的健身跑类的校园体育活动。它既是一种对“顽强拼搏、锐意进取、勇往直前、永不止步”精神的追求，也是一种校园体育文化的展现。校园马拉松在参赛人员方面主要以在校学生为主，教职工为辅；在参赛项目方面，校园马拉松以 5 km 和 10 km 为主；在比赛路线方面，校园马拉松主要以校园道路为主。

我国校园马拉松开端于 2015 年 4 月的清华大学校园马拉松，当时设置了 10 km 和半程马拉松项目，这引起了全国各高校的高度关注，随后各高校也纷纷组织开展马拉松运动，但是由于赛距过长、赛事枯燥的特点，当时参赛人数较少。近年来，随着各种跑步手机软件的盛行，以及学校对于学生综合素质的重视，校园马拉松比赛如火如荼地开展起来，受到了广大学生的喜爱，学生报名积极踊跃，参赛热情高涨，更甚者校外的参赛队伍也不断地参与进来。清华大学、北京大学、上海交通大学、南京师范大学、南京工业大学、苏州大学等高校纷纷举办校园马拉松比赛,以各校具有特色的环境为学生营造了一场场不一样的马拉松赛。

三、校园马拉松举办的意义和价值

1. 增强体质,增进健康

马拉松运动作为一项长跑田径项目,有利于提高心血管及呼吸系统功能,长期坚持还可增强肌肉的力量,提高各关节活动度,增加骨骼强度、密度,所以校园马拉松的开展能够有效增强学生体质,提高学生身体素质。另外,通过长跑,人们还可以缓解疲劳,减轻压力,使人产生满足感和愉悦感;还可以培养坚强的意志品质,有利于学生的心理健康。

2. 促进学生养成健康的生活方式

调查显示,我国绝大多数学生没有养成主动锻炼身体的习惯,网络科技的发展也导致不少学生养成了久坐不动的习惯。此外,大学生所面临的学习压力、生活压力、人际关系紧张等来自社会生活各方面的压力,也给一些学生带来了不良的情绪体验,而跑步运动具有经济性、技术门槛低、简便易行、活动场所灵活多样等特点,因而成为大学生促进身体健康、休闲娱乐与放松身心的重要方式之一,有利于促进学生养成健康的生活方式。

3. 丰富校园体育文化

体育文化建设是校园文化建设的重要组成部分,通过校园马拉松运动的开展,可以打开校园对外宣传的窗口,这也正是众多高校举办校园马拉松的原因之一,例如,为“祖国健康工作五十年”是清华大学的一种体育精神,“无体育、不清华”作为一种独特的校园文化深深扎根于清华大学的教学理念中。在校园马拉松活动策划中,通过围绕校园的跑步路线,能够让跑步者感受学校优美的自然风光和深厚的历史底蕴。同时,各个大学在赛道布置、运动衫风格设计、图案标识等方面都各具特色,实现了文化与体育的交融。

4. 促进了人的全面发展

首先,校园马拉松作为校园竞技体育的一种形式,使得参与者在运动过程中实现了体育运动与健康、快乐的完美结合。其次,马拉松需要耐力、毅力和心理承受能力等身心条件,有利于学生更好地投入学习生活。更重要的是,马拉松精神及规则意识可以实现“育体”与“育人”的完美结合,促进了人的全面发展。

第二节　举办校园马拉松的注意事项

校园马拉松的开展,吸引并有力带动师生参与到体育锻炼中,并逐渐形成了独特的校园品牌文化活动。由于参与人数众多,影响力较大,校园马拉松比赛的流程管理、保障服务等事项格外需要关注。

一、加强赛事相关人员的管理

(一) 提升参赛选手的风险防范意识

校方要制定完善的体检制度和赛前准备措施,通过多种途径宣传参赛风险及参赛知识,并在平时加强对大学生的安全教育,教授学生健康科学的体育知识,提升大学生的风险防范意识。参赛者在比赛中还应时刻关注自己的身体状况,在比赛中身体不舒服要及时向医务人员反映,避免对身体造成严重的伤害。

(二)健全医疗保障体制

严格的、专业的、经验丰富的医疗救护措施在马拉松比赛中必不可少,校方应为参赛学生及时提供医疗服务,降低参赛风险。同时,校方要为每一名参赛学生的身体健康负责,并为其提供心理疏导,帮助他们以更好的身心状态完成比赛,也要做好风险预案,保证每一名学生安全参赛。

(三)提升裁判员工作能力

校园马拉松的裁判员担任着赛事的裁判工作,应在赛事之前组织多次系统化的裁判培训,使裁判员熟悉赛事路线、赛事规程、裁判相关评定办法等,必要时可设定阶段考核来提升执裁的准确性。

(四)引导文明观赛

马拉松比赛的啦啦队和观众大部分都是在校学生,可以以专业为单位进行集中化组织管理,安排负责人划分固定区域,这一方面有利于营造赛事氛围,另一方面也可避免人员过于分散,从而达到降低风险发生的概率。

二、拓宽赛事融资渠道

在筹办校园马拉松赛事时,可以向社会企业公开招标或者寻求赞助,邀请企业提供比赛所需全部或者部分资金或者物资,这将在很大程度上减轻学校筹办校园马拉松经费的负担,企业也可借助比赛做好自身品牌的宣传,形成学校和企业共享互利共赢的合作模式。

三、合理有效配置资源

在交通方面,比赛时应对部分线路实施交通管制,以保障赛事安全。在医疗保障方面,应急预案要完备,要配备足够的医疗救护点,救护人员要坚守岗位,救护药品要及时到位,救护设备要先进,从而足以应对各种突发状况。除此之外,可以考虑由赞助商提供相应的纪念品,既让参赛者有更好的赛事参与体验,又能达到推广和宣传赛事的作用。

四、选择合适的时机

马拉松赛事的举办时间应结合当地的天气和气候,应选择天气条件较好的时间段进行比赛。如果比赛当天天气变化较大,应及时用广播和短信等方式提醒参赛队员,避免伤害事故的发生。

五、及时更新参赛者信息

针对当前校园马拉松未严格把控参赛者体检的现状,应加强对校园马拉松的体检要求。同时,可以建立学生体质健康数据库,对大学生从进校以来的体检结果、每年的体质测试、是否患有重大疾病及隐形疾病等相关信息进行跟踪记录,在保障个人隐私的情况下作为参与重大体育活动时的选拔参考,这也是一种避免参与体育活动中发生意外的有效方式。

参考文献

1. 朱慧芳,吴富勇,尹梅.马拉松运动的体育功能与文化内涵[J].四川体育科学,2014(5).

2. 宋春燕,江波.校园马拉松热的形成和发展[J].安徽体育科技,2016,37(3).

3. 刘乐.高校校园马拉松运动开展现状与对策研究[D].南京师范大学,2017.

4. 孙中懿.浅谈我国马拉松运动及其在高校的发展[J].当代体育科技,2017,7(21).

5. 唐佳兴,刘平.大众化马拉松风潮的自我超越致趣解析及其启示[J].沈阳体育学院学报,2019,38(01):46—51.

6. 方建强,张天峰.大学校园马拉松文化价值研究[J].运动,2016(19).

7. 石磊,时广彬.马拉松赛事竞赛组织风险与评估研究[J].体育文化导刊,2017(12).

8. 张芳霞,王岩.高校马拉松赛事风险与对策研究[J].青少年体育,2020(2).

第二十八章　体育游戏

第一节　体育游戏概述

体育游戏是在游戏发展过程中派生的一个分支，它既是游戏的组成部分，又与体育运动有着密切关系。人们早期的游戏行为与今日的竞技运动有密切联系，绝大部分竞技运动项目都源于民间游戏，后经不断总结综合、重新设计，并在实践中不断完善，逐步发展成为今天多样化的具有内在规律和特点的竞技运动。本章所论述的体育游戏实际是指在户外或室内进行的体力或者脑力活动。体育游戏是大学体育课的重要组成部分，也是活跃课堂气氛、提高练习兴趣的重要手段，如果能恰当运用，可以提高体育教学的教学效果和质量。有鉴于此，对体育游戏的本质属性可以概括为：体育游戏是以身体练习为基本手段，以增强体质、娱乐身心、陶冶性情为目的的一种现代游戏方法。

一、体育游戏的起源与发展

游戏是人类的一种具有悠久历史的娱乐活动。最初出现的游戏又大多与身体运动相联系。一方面，在原始时代，人们的智力水平很低，与智力相关的游戏难以产生；另一方面，原始时代的生产基本上都是一些笨重的体力劳动。在军事上，除了简单的标枪、弓箭等武器之外，也多为奔跑追逐、徒手攻防格斗。因此，游戏在开始基本上都是对原始人的生产劳动、军事作战及生活的一种模仿。

我国经考证的游戏主要有两种。一是文献中记载的士大夫的休闲游戏，例如，投壶、捶丸、蹴鞠、木射、角抵、射虎等。二是流传至今的民间游戏。在古代的体育游戏中，有的游戏一代代地流传下来，给人们带来欢乐，虽然经过漫长岁月，仍然没有多大变化，但更多的游戏却在历史的长河中不断改进和发展，其形式渐渐脱离对于生产生活的简单模仿，游戏的情节性逐渐减少，而趣味性、竞争性则逐渐增加，游戏的规则也逐渐严密，逐渐发展为学校体育游戏和竞赛性游戏两类。

1. 学校体育游戏

学校体育游戏是教育性游戏的一个重要组成部分。在体育教育中，游戏是一种有效的、深受学生欢迎的形式。因此，现代学校的教育普遍将体育游戏作为体育教学的重要手段，将体育游戏改变为游戏体育。这些游戏都有一定的规则，这些规则又具有一定的灵活性，运用者可根据具体情况进行修改或补充。

学校体育游戏早在清末就已经在学校体育中出现，1902 年清政府颁布的《奏定学堂章程》中规定：各级各类学堂均开设体操课……体操一科，幼稚者以游戏、体操发育其身体；稍长者以兵式体操严整其纪律。1906 年，清政府学部通令全国各省于省城师范学堂“附设 5 个月毕业的体操专修科，授以体操、游戏、教育、生理、教授法等，以养成小学体操教习”。可见当时已将游戏作为师范体育专业学生的必修课。中华人民共和国成立后，体育游戏在学校体育教学中占很大的比重。例如，1956 年制定的第一部中小学体育教学大纲中，规定教材只有基本体操与游戏两大类。根据各级学校体育教学中游戏教学的需要，国家教育部又于1986 年将体育游戏列为高等学校体育教育专业学生的一门专业必修课。现代西方国家在体育课教学内容的安排上，同样重视游戏。例如，对美国、日本等 8 个国家体育课教学内容的统计表明，有 5 个国家将游戏列在其中，而日本在现代的体育教学中推行“快乐体育”，游戏更是必不可少的内容。

2. 竞赛性游戏

竞赛性游戏又称为竞技运动，它是体育游戏发展的高级阶段。它是将一些对参加者具有持久吸引力的民间体育游戏，逐步用规则加以完善、严密并增加它们的竞争性，从而得到社会的公认而形成。

二、体育游戏的作用

体育游戏作为一种体育活动，对学生主要有以下几种作用。

（一）健身作用

体育游戏与其他体育活动一样，是以身体运动的形式进行的，活动的内容与形式又是经过预先设计的，因而它同样具有其他体育活动所具有的健身作用。

（二）娱乐作用

体育游戏的娱乐作用表现在以下几个方面，第一，青少年都乐于自己的能力得到表现，让他人了解自己的长处，从而得到相应的赞扬、尊重。第二，体育游戏是一种集体活动，这种活动能满足人们相互交往的需要，并且游戏中的这种交往轻松愉快。第三，体育游戏能使人摆脱现实生活中的忧愁和烦恼。游戏练习本身的新奇、惊险、激烈、紧张也会给参加者带来愉悦和满足，增强自信心。第四，不带功利色彩、没有任何负担的体育游戏活动，能调节人们的生活，消除学习与工作带来的疲劳，使人得到积极性休息，这无疑也有利于身心健康。

（三）社交作用

体育游戏都是集体进行的，学生通过游戏活动相互交往，能加深同学之间的了解，增进友谊，并在相互交往中增长社会交往的知识与经验。

游戏中参加者必须互相配合，才能更快更有效地完成游戏，取得胜利。同时，体育游戏常采用对抗竞争的形式，有的游戏还具有一定的体力与智力难度，因此通过这些游戏可以激发学生的进取精神，培养学生社交能力。

（四）发展智力的作用

体育游戏以增强学生体质为主要目的，但在一定程度上也具有发展学生智力的作用。在不少体育游戏中，本身就或多或少地具有智力因素，如集中注意力练习游戏、巧妙机智地完成游戏等；在一些对抗竞赛的游戏中，个人或团队如何在规则允许范围内选用最佳合作方案，采用更加有效的动作完成游戏以战胜对方，都需要开动脑筋，积极思考。

（五）能用于学习运动技术与战术

体育游戏对于学生学习运动技术具有积极的促进作用。首先，运动技术是以走、跑、跳、投、攀、爬、搬运等身体基本活动能力为基础的，体育游戏能有效地培养与提高身体的基本活动能力，这无疑为学习运动技术打下了基础；其次，在技术动作中，很多都需要多次反复练习才能建立巩固的动力定型，学生往往在练习时感到枯燥无味，如果以这些技术动作为素材，采用竞赛的游戏形式来练习，则很容易调动学生的练习积极性，收到意想不到的好效果。还有一些球类的战术练习，往往采用游戏的方式进行，效果也很好。

第二节　体育游戏创编

现成的体育游戏很多，但如果想让体育课与众不同，掌握体育游戏的创编方法尤为重要。

一、体育游戏的创编原则

体育教学对体育游戏的需求不断变化，体育游戏的功能不断被拓宽。作为体育工作者应该在实际工作中不断收集素材创编更新颖、更具实效的体育游戏，以满足社会和体育教学的需要。创编体育游戏时必须遵循下列几项原则。

（一）目的性原则

每个体育游戏都具有一定的目的。创编时要根据适用的范围、对象确立一个明确的目的。用于大众体育娱乐、休闲的体育游戏，主要是达到锻炼身体，娱乐身心，满足大众的身心需求，进行社会规范教育的目的。学校体育中常用的体育游戏，主要目的是增强学生体质，促进学生生长发育，配合学习掌握运动技术技能，有效发展学生思想品德和个性心理品质。

（二）趣味性原则

趣味性是体育游戏的一个显著特性，这是体育游戏能够带给人们欢乐的原因。因此，创编时一定要设法使游戏增添趣味性因素。体育游戏的乐趣体现在它的多样性、生动性、竞争性等方面。

（三）可操作性原则

在创编体育游戏时，还应注意吸收新信息、新观点，了解新的体育活动、文化娱乐方式，掌握体育、文化、娱乐发展的新动态，采用新方法、新手段，从而发扬创新精神，积极思维，创造新的游戏方法。

（四）安全性原则

在体育游戏过程中，参加者兴奋性高，精神放松，全身心投入，这种情况下也极易出现伤害事故。因此创编时必须防患于未然，尽可能排除不安全因素。在创编难度大、带有惊险性的动作时，应充分考虑游戏对象的年龄、运动能力等因素。

二、体育游戏创编的方法步骤

体育游戏的创编是一个复杂的过程。必须依据创编原则，考虑游戏的对象范围、场地器械等因素，并广泛收集素材。经过认真构思、周密设计，才能创编出新颖、有趣、功效显著的体育游戏。

（一）搜集与选择体育游戏的素材

搜集与选择体育游戏素材是创编体育游戏的基础，只有在广泛积累各类游戏资料的基础上才能推陈出新，创造出高质量的体育游戏。搜集与选择的渠道一般如下。

（1）各项运动项目的基本动作、分解动作，适合的教法手段、专门练习、辅助练习等。

（2）各种游戏的图书资料，包括古今中外的各种游戏书籍和资料。

（3）提炼、整理日常生活和劳动中的基本动作。

（4）民间流行的游戏，以及在青少年中较为流行的体育游戏和活动方式。

（5）选择、移植舞蹈、杂技、魔术、戏剧中能用于游戏中的技巧和其他动作。

（6）参考军事体育动作，如队列队形、对抗攻防的游戏。

（7）模拟某些可增强现实感，更具生活气息的物体形状和运动形式，如房屋、铁路、围墙、车辆、飞机、船舶等。

（8）模仿某些可增加游戏的生动性和形象性的动物的走、跑、跳、爬行等动作。

（9）搜集文化科学知识方面的素材，如文字、算术运算、物理、化学、电子等知识中结合体育基本动作和基本练习的素材。

（10）总结与整理体育锻炼和教学中采用过的游戏。

搜集与选择体育游戏的素材是一项十分细致和艰苦的工作，需要持之以恒，并按游戏的分类整理归档备用。

（二）体育游戏构思

体育游戏的构思应根据所要创编游戏的目的和任务、游戏对象的年龄特征、参加的人数及场地器材、时间等客观条件，通过创编者的创造性思维活动，对体育游戏的全过程进行安排构思。一般来说，体育游戏的构思需要充分考量以下几个环节，见图 28－2－1。

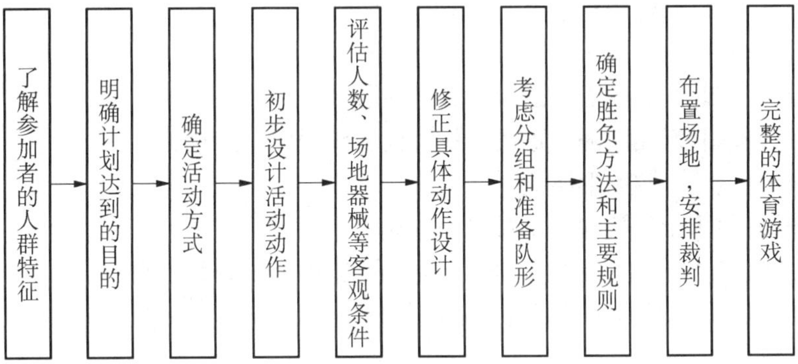

图 28－2－1

三、体育游戏的设计

体育游戏的设计，要从体育游戏的内容、活动方式、规则和要求等方面进行认真、细致的考虑。

（一）体育游戏的内容

体育游戏的内容选择，主要是根据游戏目的，选择运动项目的动作或者走、跑、跳、投、支撑、攀爬等基本活动技能。一个游戏一般以一个基本动作为主，再搭配一二个辅助动作。

（二）体育游戏的活动方式

体育游戏的活动方式多种多样，常见的有接力、角斗、追逐、传接、射准、比远、报数等等。

设计时我们可以根据游戏内容选择适当的活动方式，如同样的内容，根据参加的人数、参加者的兴趣爱好、场地器材等情况，可以选择不同的活动方式，使体育游戏有一定的变通余地，形式更灵活，功能更强大。

（三）体育游戏的规则

为了保证体育游戏的顺利进行，必须制定切实可行的规则，对游戏的动作、活动范围、形式等做出明确的规定，否则游戏将无法进行。此外，规则还是评定胜负的重要依据。制定规则既要符合学生智力发展水平，又要使学生有充分施展才能和特长的余地；同时，还要注意规则不宜过于复杂、烦琐，以及限制学生思维能力、创造能力、个性品质的发展，一般以3～4条规定为宜。

四、体育游戏的队列、队形

创编游戏还应考虑到其组织形式和方法，体育游戏活动中的队列、队形设计十分重要。合理地使用队列、队形，能使体育游戏有条不紊，严密而不呆板。

体育游戏常用的队列有如下几种。

(1) 纵队：一路纵队、疏散式一路纵队、二路纵队、三路纵队或多路纵队。上述各路纵队适用于成人远近距离接力游戏。

(2) 横队：一列横队、二列横队、三列横队或多列横队。上述各列横队适用于近距离的游戏。

体育游戏常用的队形有如下几种。

(1) 疏散式马蹄形：适用于球类、投掷等游戏。

(2) 疏散式单圆形：适用于球类、圆周形游戏。

(3) 疏散式双圆形(有间隔)：适用于攻守性游戏。

(4) 疏散式双圆形(无间隔)：适用于找替换者和圆周形游戏。

(5) 放射形：适用于圆周形游戏。

(6) 三角形：适用于球类和三角对抗等游戏。

(7) 无定形：游戏时无一定的队列、队形要求，适用于攻守型游戏。

上述队形，可单一使用，也可以混合使用。

第三节　体育游戏在体育课教学中的运用

体育游戏具有多种分类方式。针对体育课教学，体育游戏的应用可以参照以下分类方式，如图 28-3-1 所示。

体育游戏以其鲜明的特点和特殊的功能，在学校体育、社会大众体育中发挥着重要作用，具有广阔的运用前景。现代体育教学改革的一个重要方面，就是注重通过体育教学使学生获得自主、快乐的情绪，促进学生个性的发展，从而提高体育教学的实效性，而体育游戏的特点和作用决定了其在体育教学各个环节中的运用具有巨大的潜力，有利于提高教学质量，完成教学任务。

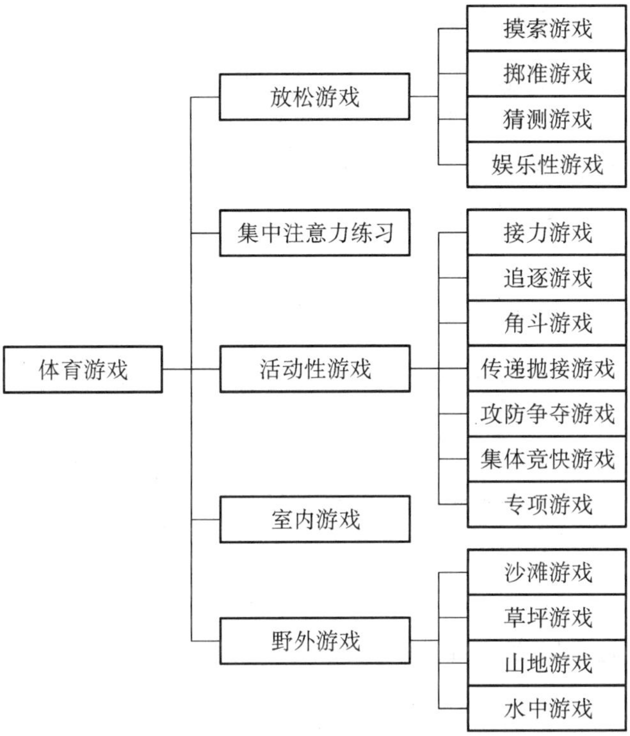

图 28－3－1

一、体育游戏在准备活动中的运用

根据各项内容的主要任务，有选择地将体育游戏穿插在各项活动中，有利于调动学生学习的积极性，使课堂气氛生动活泼，避免枯燥无味。

（一）体育游戏运用于准备部分的课堂常规组织

可以选用一些报数游戏、反向动作游戏、集中注意力游戏，以提高学生的兴奋性，使他们进入准备状态。

（二）体育游戏运用于一般性准备活动

在教学中，我们可以根据一般性准备活动的要求，选择一些体育游戏代替传统的慢跑。如跑动中的“听数报团”“蛇形跑”“螺旋形跑”“钻山洞”“拉网捕鱼”“传球触人”“老鹰抓小鸡”等，可使学生跑出欢乐，跑出兴趣。

（三）体育游戏运用于专门性准备活动

专门性准备活动可以选择创编一些动作性质和结构与基本部分的内容大体相似的体育游戏作为辅助性和诱导性练习。例如短跑技术教学的专门性准备活动，可选用以训练反应速度、动作速度为主的游戏内容：“喊号追人”“长江黄河”。体操“跳山羊”的专门性准备活动可以安排“跳山羊”游戏。在长跑弯道跑技术教学中，可安排“圆圈接力”等。这些体育游戏应用于专门性准备活动，具有较强的实效性，不仅能较好地发挥准备活动的作用，也能提高学生的学习积极性。

二、体育游戏在基本技术教学中的运用

体育游戏在基本技术教学中的运用，可以改善教学气氛，使单调、枯燥的技术教学变得生动、活泼，提高学生学习的积极性，促进运动技能的形成。

各个项目的基本技术教学都有丰富的游戏内容可以选择、创编。游戏在基本技术教学中的运用，关键在于如何把一些基本技术创编到生动活泼的游戏中，使其具有游戏的特点，调动学生的学习热情。

三、体育游戏在身体素质练习中的运用

体育教学的首要任务是增强学生体质，提高健康水平。为此，体育教学大纲中安排了全面的身体素质练习。通过游戏进行身体素质练习，可以使学生在轻松、愉快的气氛中达到提高素质、增强体质的效果。

身体素质练习中运动负荷较大，运用游戏法进行练习，学生情绪较高，但兴奋性过高时容易出现伤害事故。因此，在练习中，教师要注意调节运动负荷，控制学生情绪，采取安全措施。

四、体育游戏在教学结束部分的运用

体育游戏对于心理、机体的放松具有独特的功效。游戏性放松活动能转移大脑皮层运动神经的兴奋，使运动器官得到放松与恢复，使人恢复较好的身心状态。

在游戏的具体运用中，可以根据学生的年龄、性别等特点，选用或创编一些带有舞蹈动作的游戏和以放松为主带有智力竞赛的游戏。还可以利用教学器材进行游戏活动，如“器材快速归位”“组字”“摆图案”等游戏，既有利于组织，又进行了整理活动，并包含了育人因素，使学生在欢快的气氛中结束体育课，以较好的身心状态投入其他课程的学习。

总之，在进行体育游戏教学时，教师应根据学生的身心特点，紧密围绕体育教学的目的、任务，合理地运用教学原则和方法，使其在体育教学和训练中发挥出应有的作用。

附录　体育竞赛的组织与编排

体育竞赛的组织与编排是团体体育活动中常见的一项工作，其工作方法和流程要遵循体育竞赛公平合理的基本原则。其任务是按照规程的规定，合理安排比赛，促使比赛活动有计划、有秩序地顺利进行。编排工作的主要内容有制订竞赛规程、接受报名、安排练习场地、组织抽签、编排比赛秩序、印发秩序册、检录、组织比赛、公布成绩、印发成绩公告和成绩册，以及管理竞赛资料等。为了突出工作的流程和内容的重要性，我们将体育竞赛的组织与编排分为赛前、赛中、赛后三节工作进行讲解，并在比赛方法的选取中以球类竞赛为例进行阐述。

第一节　概　述

一、赛前工作的组织与编排

赛前工作的组织与编排是指赛事前期的筹备工作，包括赛事计划的制订，也包括部分计划的实施。主要有以下五个方面内容。

（一）拟订竞赛规程

竞赛规程一般由比赛主办方根据比赛的目的、性质、规模、时间、地点、参赛人员资格和人数、报名办法与截止日期、比赛办法、器材使用标准，以及录取名次与奖励办法等内容来制订。比赛前应尽早发给参加比赛的单位，以便报名单位做好比赛准备。

（二）接受报名

报名表是竞赛编排工作的重要依据，其内容应该是真实有效的，应有直接管辖单位的印章证明报名的有效性。接受报名后，应根据各队的报名情况，对报名人员参加的项目进行分类整理，并汇总到一张表格里。报名汇总表应反复审核，确保其准确无误。要更换运动员的参赛队伍，需要在抽签之前以书面申请的形式专门提出。

（三）组织赛前练习

在同一个单位或者到异地参加比赛的，比赛的主办方应当尽可能地提前安排比赛场地的训练，让参赛者提前适应场地。条件充足者，在比赛当日也应当提供赛前的场地，让参赛者做好赛前准备工作。练习场地可通过标注号码、时段安排不同单位进行有序练习。

（四）抽签（分组）

普通体育竞赛抽签（分组）工作多在比赛前一天，组织各参赛队伍领队或教练员在裁判长的主持下进行抽签。抽签工作有：第一，研究抽签方案，根据竞赛规程的要求确定比赛办法后，根据参赛队伍的数量，确定号码位置和轮空位置；第二，确定种子数量和种子名单；第三，将不同排位的种子抽入相应位置；第四，抽其他队伍进入位置；第五，公布抽签结果。

（五）编排秩序册

编排比赛秩序工作的任务，是将各个项目所要进行的全部比赛，在一定时间内科学地安排在一定数量的场地上，并按一定的秩序进行比赛，也就是确定全部比赛的日期、时间和场地号码。编排时要注意以下几个方面：一是保持参赛者的比赛强度合理；二是尽量满足观众观看比赛的时间要求；三是合理使用场地；四是注意安排男子、女子团体比赛和单项比赛的决赛；五是在符合规程规定的情况下尽可能节约比赛成本。此外，球类运动的编排一般是先进行团体比赛再进行单项比赛，先进行女子比赛再进行男子比赛；在场地、时间允许的情况下，男女比赛交替进行，以保证运动员赛后充分休息，打好接下来的比赛。

二、赛中工作的组织与编排

比赛的赛中工作主要是指比赛时裁判员的临场工作。比赛临场工作是由裁判长组织裁判员执行秩序册编排内容推动比赛进行的工作，但其工作还应当包括裁判员赛前学习和赛后小结部分。

（一）裁判员赛前学习

比赛前，裁判长要组织临场裁判员学习裁判法、执裁流程、执裁礼仪等内容。学习裁判法主要是针对新规则规定和执法尺度进行统一的学习。如乒乓球比赛发球过程中的抛球规定“近乎垂直地向上抛起不低于 16 厘米”，这一要求在面对业余选手时往往很难实现，但是比赛还必须顺利地进行下去，那么只有相对降低抛球的难度。降低多少？如何抛球才能勉强合法不至于让对手提出申诉，这个尺度就要由裁判长做出统一规定。裁判长还要强调现场工作的流程与裁判员礼仪，以便临场裁判工作的顺利进行。

（二）临场裁判员工作

临场裁判员工作包括编排裁判员开出比赛场次单据，临场裁判员获得单据召集运动员入场比赛、入场后挑边、赛前练习时间控制、宣布比赛开始并执裁、临场判罚，比赛结束后宣布比赛结果、参赛双方签字，将比赛结果送回编排裁判员，编排裁判员公示比赛结果后再次跟进比赛流程开出下一场比赛的对阵表，临场裁判员继续执裁，直至比赛全部结束。

（三）赛后小结

赛后小结是由裁判长组织裁判员对临场工作整体表现的一个工作总结，也是对工作推进情况、临场执裁情况的评价总结。

三、赛后工作的组织与编排

赛后工作是指所有比赛都结束后的工作，主要有赛后成绩公布、颁奖、向上级单位汇报、新闻发布及整理归档等内容。赛后成绩公布应为准确无误的最终成绩，应该按照竞赛规则规定的组别进行逐一归类整理，对重点突破的成绩另行备注归档，以用作下次比赛时的参考。

第二节　比赛基本方法——以球类比赛为例

球类比赛可分为大球和小球两类比赛。大球类的篮球、足球、排球等，属于集体运动的比赛项目；小球类的乒乓球、羽毛球、网球等属于单项运动比赛项目，比赛时可分为单项比赛和团体比赛两种。不管是大球还是小球的比赛，其比赛办法都可以用循环制、淘汰制进行组织编排。根据比赛的目的和比赛条件的不同，也可以两种办法结合进行，如第一阶段采用循环制、第二阶段采用淘汰制，或者二者顺序交换。大学校园比赛常常二者结合使用，如先分四个小组循环，取小组前两名进入前八名，然后小组之间第一名与第二名进行交叉淘汰赛（或附加赛），决出名次。同样，也可以分八个小组单循环比赛，取小组第一名进行组间淘汰赛，决出名次。

一、循环制

循环制是球类竞赛的一种基本方法，分单循环、双循环两种办法。所谓单循环制是指参加比赛的、在同一小组内的队伍（队员）之间都要直接比赛一次。如果再重复一次这样的比赛，两次比赛累计比赛成绩，就叫双循环制。循环制的优点是队伍（队员）之间的交流、锻炼机会增加，更能反映参赛者的运动水平；缺点是比赛场次多、耗时长，组织比赛的人力物力成本大。

循环制比赛的场数和轮次计算。在单循环赛中，组内的队伍（队员）之间每决胜一次为一场比赛，所有队伍（队员）之间都完成决胜一次（轮空除外）为一轮比赛。在个人运动项目中的团体比赛中，出场的队员与对手决胜一次也称为一小场比赛，队伍之间决胜一次称为一大场比赛。

单循环比赛场次的计算。设有 n 个队伍（队员）参加单循环比赛，由于参赛的每个队伍（队员）之间都要有一次比赛，也就是说，每个队伍（队员）的比赛场数为 $n-1$（n 为参赛者的数量，1 为自己）。同时，由于每场比赛均有两个队伍参赛，如果按照 n 个队伍（队员）一共有 $n(n-1)$场比赛算，就重复计算一次，因此单循环比赛的场次应该为$n(n-1)\div 2$场。单循环比赛轮次计算如下，在循环制比赛中，各队伍（队员）都参加完一场比赛为一轮，也就是说每轮换一次称一轮。当参赛队伍（队员）为偶数时，每一轮比赛都有 $n\div 2$ 场比赛，那么总场数除以每轮比赛的场数就是轮数，轮数计算结果为 $n-1$ 轮；当参赛队伍（队员）为奇数时，每轮比赛都有$(n-1)\div 2$ 场，轮数计算结果为 n 轮。

单循环比赛顺序的确定。在单循环比赛顺序的确定中，一般要考虑比赛场次进度的一致，尽量避免参赛者连场比赛，还要注意每一轮强队与弱队的搭配，使参赛者机会均等。经常采用的单循环比赛场次编排方法是“逆时针轮转法”，即在确定每个队伍（队员）的小组位置后，采用 1 号队伍（队员）不动，其他参赛者每完成一轮比赛其位置逆时针轮转一个位置，再次确定比赛对阵的方法。以 6 个队伍（队员）参加循环赛为例，对阵见表 1。

表 1　循环赛轮次对阵表

第一轮	第二轮	第三轮	第四轮	第五轮
1～6	1～5	1～4	1～3	1～2
2～5	6～4	5～3	4～2	3～6
3～4	2～3	6～2	5～6	4～5

当队伍（队员）数量为奇数时，如 5 时，就将“6”的位置用“0”代替，某队伍（队员）与“0”对阵比赛时，就是该轮轮空比赛，即没有比赛。

单循环制比赛的名次确定。名次的确定先要看积分的确定，不同项目比赛积分的确定方法不同。以乒乓球、足球两个比赛项目为例，乒乓球比赛规定，每获得一场胜利积 2 分，输一场比赛积 1 分；足球比赛规定，每获得一场比赛胜利积 3 分，平一场比赛积 1 分，输一场比赛积 0 分。根据这种积分方法，在循环赛所有比赛结束后，计算出最终积分，积分靠前的名次靠前。

积分相等时的名次确定。乒乓球比赛中，如果两个或者两个以上的参赛者积分相等，先看他们之间的场次胜负比率（胜/负），数值大的胜场多，名次在前。如果依然相等，再看他们之间的小场（单项赛的局数）的胜负比率，数值大的，名次在前。甚至计算每局的得失分比率，直至决出名次。按照以上顺序一旦决出一个参赛者的名次后其他参赛者分数再次相等的，剔除已经决出名次的参赛者成绩，按照以上顺序继续确定其他参赛者的名次。足球比赛中，看球队的胜负关系，胜者名次在前。互有胜负时，看净胜球个数，净胜球多的名次在前。再决不出名次，看比赛进球总数，多的在前。在校园比赛中，以上方法还是不能决出名次的，采用抽签决定优胜者。

分组循环比赛的方法。在大学校园比赛中，常常因为参赛人数多，但又想在较短的时间内增加学生之间的交流机会，这时就常常采用分组循环组织比赛。分组时，采用蛇形排列的方法进行。如 24 个参赛队伍（队员），分 4 组，每组 6 人，见表 2。

表 2　分组循环赛蛇形排列表

A	1	8	9	16	17	24
B	2	7	10	15	18	23
C	3	6	11	14	19	22
D	4	5	12	13	20	21

表 2 中的数字代表各队的顺序号，它是按照各队的实力强弱排列的，数字越小实力越强。在大学校园的比赛编排中，往往以上一次校级或校级以上队伍（队员）比赛的成绩作为参考，以种子队的形式排入前 8 个位置里，其余球队用抽签的形式进入 9～24 号位置。如果各队伍（队员）没有运动成绩参照，也可以用全部抽签的方式排定位置。横向上的 6 列也代表了循环赛时的位置，如 A 组的 1,8,9,16,17,24 分别代表该组循环赛时的 1,2,3,4,5,6 号位置。

在一般情况下，分组循环是在分阶段比赛中采用的，如第一阶段分组循环，第二阶段取前两名进行交叉淘汰，当然也可以取前两名继续进行循环比赛，直至决出名次。

二、淘汰制

单淘汰制比赛。淘汰赛的优点是比赛场次少、耗时短，缺点是部分运动水平较高的队伍（队员）可能被提前淘汰，比赛公平性稍差。在大学校园里，也时常采用单淘汰赛的方法组织比赛。所谓单淘汰赛是指将所有的参赛队伍（队员）编成一定的比赛顺序，由相邻的两名队伍（队员）进行比赛，获胜的一方进入下一轮比赛，失败的一方被淘汰。以后的每轮比赛都是由获胜者之间比赛，失败的淘汰出局，直至决出冠亚军。

单淘汰赛选择位置数。采用单淘汰赛时，首先选择位置数应该是 2 的 n 次幂的数（如 4,8,16,32,64 等），以便最后决出前 8 名、前 4 名及冠亚军。其次这个数应该是最靠近参赛队伍（队员）数量的数。比如 18 个参赛者应该选择 16 个位置，29 个参赛者选择 32 个位置。当参赛者数量大于位置数的时候，应该用抢号（也说抢位置）的方法组织比赛。如 18 名参赛者比16个位置的数量多出两个，即18个参赛者排完16个位置后，多出的两个参赛者怎么办？一般他们只有与前面参赛者中的两个争夺位置，这是抢号。相反，如果29名参赛者选择用32个位置组织比赛，那么就有3个位置是空位置，空位置对应的选手首轮没有比赛，在淘汰赛中直接进入下一轮，这是轮空。当然，在组织比赛前，如果通过合理方法控制比赛参赛者的数量正好是2的n次幂，那么编排时也就不需要考虑抢号和轮空。

单淘汰赛轮数与场数的计算。单淘汰赛所采用的号码位置数(2的n次幂)其指数(自乘的次数)即为轮数。比如，16个位置要打4轮比赛，32个位置要打5轮比赛。轮空的那一轮，其他参赛者有比赛，依然称为一轮。抢号的那一轮为抢号比赛，不计轮次。计算场数则指在单淘汰赛中，每进行一场比赛即淘汰一名运动员，所以当淘汰到只剩一名运动员为冠军时，实际比赛场数为参赛人数减1，如16人参加比赛，比赛场数为16−1=15场比赛。因为单淘汰赛只能确定冠亚军，第三、四名只能并列为第三名，第五、六、七、八并列为第五名。如果想要每个名次上只有一名参赛者，就要通过附加赛的形式决出名次。

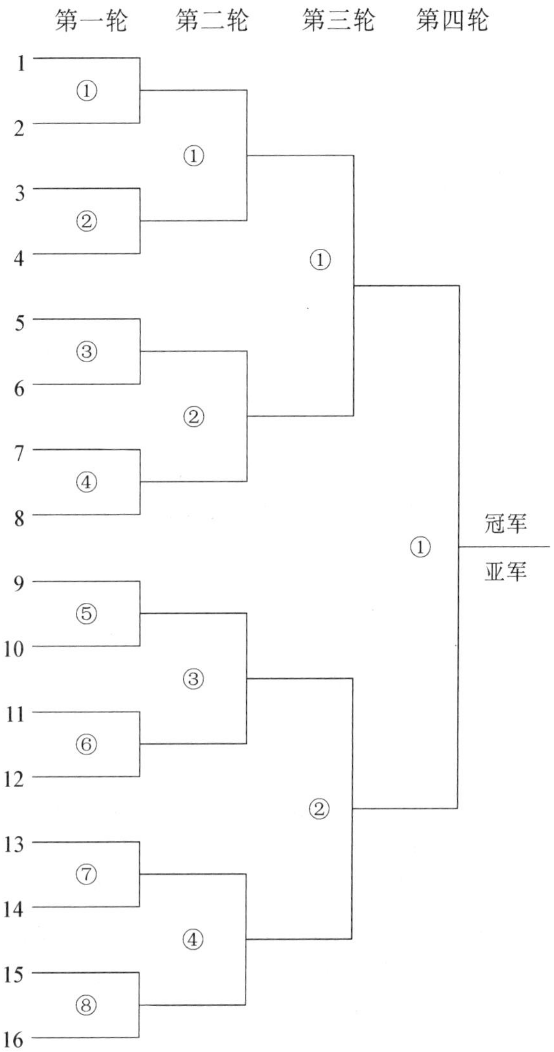

图1　单淘汰赛对阵图

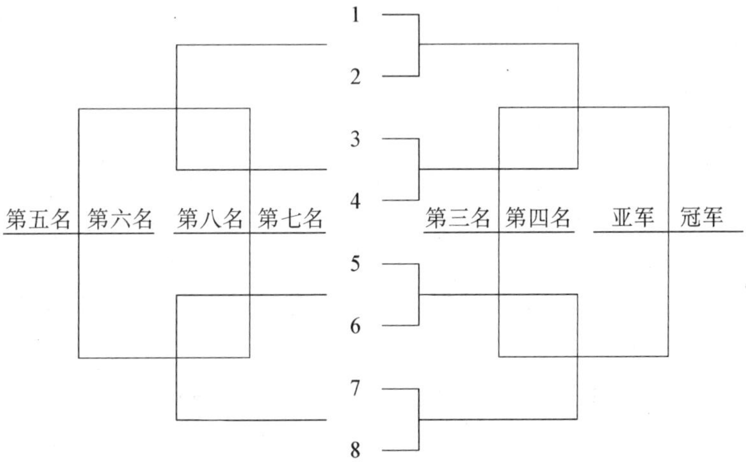

图2　附加赛对阵图

三、种子

在球类比赛中，不管采用循环制还是淘汰制，在编排第一阶段的比赛对阵中，为了避免强队和强队提前相遇，往往把一部分强队确定为种子队。抽签时将他们合理分开，使他们最后相遇，这样在比赛中产生的名次比较合理。

1. 确定种子

依据比赛的成绩确定种子。大赛级别越高，种子的排位越高则越靠前，大赛举办的时间距离本次比赛的时间越短则越具有参考意义。在大学校园的体育竞赛中，往往以前一届比赛的最终名次作为种子的参考。如前 4 名或者前 8 名，从冠亚军依次确定为 1 号种子、2 号种子……种子的数目也应该为 2 的乘方数。

2. 种子的位置

从确定种子的原因出发，种子的位置应该尽量合理分布。在循环赛中，种子应该均匀分入各小组，可以按照前文述及的蛇形排列方法进行编排。在淘汰赛中，种子应该均匀地分布在各个“区”内。所谓“区”是指单淘汰赛时全部号码位置所划分出的若干相等的部分。以 32 个号码位置为例，如果分两个区，那么 1～16 为上半区，17～32 为下半区；如果分 4 个区，那么 1～8，9～16，17～24，25～32 分别为 1/4、2/4、3/4、4/4 区，以此类推可以分为 8 个区、16 个区。

校园比赛一般设 8 个种子，如果是 32 个参赛者（即 32 个位置）时，种子的排列一般按以下位置分布。

由于是 8 个种子，可将 32 个位置分 4 个区。1 号种子的位置在 1/4 区的顶部，2 号种子的位置在 4/4 区的底部，也就是 1 号位置和 32 号位置。其余种子通过抽签进入规定的位置，操作如下。

第 3、4 号种子抽签进入 3/4 区的顶部和 2/4 区的底部，即 17 号位置和 16 号位置；

第 5、6 号种子抽签进入 2/4 区的顶部和 3/4 区的底部，即 9 号位置和 24 号位置；

第 7、8 号种子抽签进入 4/4 区的顶部和 1/4 区的底部，即 25 号位置和 8 号位置。

总之，在淘汰赛中，种子位置确定的原则是高排位种子尽量避免提前相遇。

四、轮空

在淘汰赛中，当参赛的球队或队员的数量少于位置数的时候，没有运动员的位置称为轮空位置，他们之间的差即为轮空位置数。如 29 个参赛者、32 个位置，就有 3 个轮空位置。轮空位置与高排位种子的位置形成对阵，排位高的种子优选轮空。如 29 个参赛者、32 个位置，3 个轮空位置应该在哪呢？从上文知晓，第 1、2、3 号种子的位置分布为 1 号、32 号、17 号，这三个对阵的位置号依次为 2 号、31 号、18 号，那么这三个位置也就是比赛的轮空位置。与轮空相对的是抢号，抢号的位置号及位置号的先后与轮空位置号的确定办法一致。

以上内容主要根据校园比赛人数少、人群单一的情况进行编写，如果在实际的比赛编排中遇到较为复杂的种子与轮空问题，可以参阅体育院校（系）使用的教材中提供的种子位置表、轮空位置表。

参考文献

1. 全国体育学院教材委员会.乒乓球[M].北京：人民体育出版社，1992.

2. 程嘉炎.球类运动竞赛法[M].北京：人民体育出版社，2003.